赵朴初传

倪强　黄成林　著

学诚敬题

人民出版社

赵朴初同志生平

中国人民政治协商会议第九届全国委员会副主席、中国民主促进会中央名誉主席、中国佛教协会会长、著名的社会活动家、杰出的爱国宗教领袖、中国共产党亲密的朋友赵朴初同志，因病于 2000 年 5 月 21 日在北京逝世，享年 93 岁。

赵朴初同志 1907 年 11 月 5 日生于安徽省太湖县。早年就学于苏州东吴大学。1928 年后，任上海江浙佛教联合会秘书，上海佛教协会秘书，"佛教净业社"社长，四明银行行长。1938 年后，任上海文化界救亡协会理事，中国佛教协会秘书、主任秘书，上海慈联救济战区难民委员会常委兼收容股主任，上海净业流浪儿童教养院副院长，上海少年村村长。1945 年参与发起组建中国民主促进会。1946 年后，任上海安通运输公司、上海华通运输公司常务董事、总经理。1949 年任上海临时联合救济委员会总干事，中国人民保卫世界和平委员会常委、副主席，亚非团结委员会常委。1950 年后，任中国人民救济总会上海市分会副主席兼秘书长，华东民政部、人事部副部长，上海市人民政府政法委员会副主任。1953 年后，任中国佛教协会副会长兼秘书长，中国作家协会理事，中日友好协会副会长、中缅友好协会副会长，中国红十字会副会长、名誉副会长，中国人民争取和平与裁军协会副会长。1980 年后，任中国佛教协会会长，中国佛学院院长，中国藏语系高级佛学院顾问，中国宗教和平委员会主席，中国书法家协会副主席。

赵朴初同志曾任上海市政协委员、常委，上海市人大代表。他是第一、二、三、四、五届全国人大代表。作为爱国宗教界的代表，他参加了中国人民政治协商会议第一届全体会议，历任第一、二、三届全国政协委员，第四、五届全国政协常委，第六、七、八届全国政协副主席。

赵朴初同志是著名的社会活动家，伟大的爱国主义者，是中国共产党的亲密朋友。他一生追求进步、探索真理，孜孜以求，矢志不移。在近七十年的漫长岁月中，他与中国共产党风雨同舟，亲密合作，为中国人民解放事业和社会主义建设事业，为造福社会、振兴中华，作出了不可替代的卓越贡献。早在大革命时期，年轻的赵朴初同志亲眼目睹了在帝国主义的野蛮侵略下中华民族备受欺凌，在封建地主的残酷剥削下广大农民蒙受苦难，从而立下救国救民的远大抱负。1937年上海"八·一三"抗战后，他积极进行抗日救亡宣传活动，组织妇女支前，动员和掩护300多名青壮年奔赴前线，千方百计地救济、安置难民。上海沦陷后，他冒着生命危险，克服重重困难，积极与新四军联系，把经过培训的千余名中青年难民，分批送往皖南新四军总部，其后陆续送往苏南、苏北等地参加抗战。1938年他参加了职业界救亡组织上海益友社并担任理事长，参加了上海各界人士抗日统一战线组织星二聚餐会及其核心组织星六聚餐会，积极宣传抗日主张，团结爱国人士，开展秘密斗争。抗战胜利后，赵朴初同志痛恨国民党反动独裁的黑暗统治，积极参加争取民主、反对内战、解救民众的爱国民主运动，迎来了上海的解放。50年代初期，新中国百废待兴。赵朴初同志在担任华东民政部、人事部副部长期间，为华东地区和上海的经济恢复和安定群众生活做了大量工作。作为佛教协会副会长，赵朴初同志号召佛教徒与全国人民一道，紧密团结在中国共产党和人民政府周围，为实现第一个五年计划而奋斗。在民族危亡时刻，在新中国建立的过程中，赵朴初同志义无反顾地与中国共产党和全国人民站到一起，同国家、民族的命运紧密相连，展现了他热爱祖国、热爱人民、热爱中国共产党的高尚情操。

赵朴初同志是中国民主促进会的创始人之一。1945年12月30日，赵朴初同志与马叙伦、王绍鏊、林汉达、周建人、雷洁琼等在上海成立以"发扬民主精神，推进中国民主政治之实现"为宗旨的政党———中国民主促进会。此后，赵朴初同志历任民进上海分会副主任，民进上海市委主委，民进中央委员、常委、副主席，民进中央参议委员会主任，是中国民主促进会德高望重的卓越领导人。赵朴初同志始终热爱中国共产党，一以贯之地拥护中国共产党的领导。他同毛泽东、周恩来、邓小平、江泽民等中共中央三代领导人有着亲密的友谊。他长期担任民进中央和全国政协的领导职务，积极建言献策，发挥参政议政和民主监督的作用，为发扬同中国共产党团结合作的优良传统，为巩固与发展爱国统一战线，为坚持中国共产党领导的多党合作和政治协商制度，为建设有中国特色的社会主义事业，付出了心血和汗水，作出了重要贡献。

赵朴初同志是杰出的爱国宗教领袖，在国内外宗教界有着广泛的影响，深受广大佛教徒和信教群众的尊敬和爱戴。他佛学造诣极深，《佛教常识问答》等著述深受佛教界推崇，多次再版，流传广泛。他从青年时期开始，就认真研究社会主义学说，经过漫长的求索，他逐步认识到，只有中国共产党最能代表中国劳苦大众的意志和利益，中国只有走社会主义道路才能建成繁荣富强的新社会。作为新中国一代宗教界领袖，赵朴初同志把佛教的教义圆融于中国共产党领导的建设有中国特色社会主义伟大事业之中；圆融于维护民族和国家的尊严，捍卫国家领土和主权的完整，促进祖国和平统一的伟大事业之中；圆融于促进中国佛教界与世界各国佛教界友好交往的伟大事业之中。他充分地论述了宗教与社会主义社会相协调的问题，指出：党和国家从政策上、法律上充分尊重和保护公民宗教信仰自由的权利，宗教徒则要爱国爱教，遵纪守法，拥护党的领导，报国家恩，报众生恩，积极为社会主义物质文明和精神文明建设作贡献。他告诫佛教弟子，佛教的利益必须与人民的利益结合起来。我们的生命好比一滴水，只要我们肯把它放到人民的大海中去，这一滴水是永远不会干涸的。赵朴初同志坚决拥护党中央制定的关于宗教工作的一系列方针政策和重要指示，积极协助党和政府全面正确地贯彻执行宗教信仰自由政策，加强对宗教事务的管理，积极引导宗教与社会主义社会相适应。赵朴初同志以高度负责的精神，对社会主义初级阶段的宗教理论和工作，坦诚提出许多宝贵意见和建议。他积极促进全国各宗教界的团结和稳定。他热情支持十世班禅为发展藏传佛教文化，建立藏传佛教正常秩序，为维护祖国统一，民族团结，反对境外势力分裂祖国的活动所开展的各项工作。他积极拥护按照宗教仪轨和历史定制，经金瓶掣签、报中央政府批准认定的十一世班禅，并热情关心十一世班禅的培养教育工作。他恪尽职守，殚精竭虑，为宗教与社会主义社会相适应的理论与实践作出了杰出的贡献。

赵朴初同志一生致力于中外友好交流活动。1951年，赵朴初同志代表中国佛教界主动送观音像给日本佛教界，打开了中日民间友好交流的大门。随即，日本佛教界发起了护送中国二战时期在日殉难烈士骨灰归回祖国的活动，受到周恩来总理的高度赞扬。赵朴初同志多次以团长身份出席禁止原子弹氢弹保卫和平的大会。1961年3月，他赴印度新德里出席世界和平理事会，会前应邀参加泰戈尔诞辰百周年纪念大会，当场义正词严地驳斥了某些反华势力突然发动的恶意攻击，赵朴初同志维护国家尊严的举动，赢得场内一片掌声和各代表团的热烈祝贺，陈毅副总理也给予了高度评价。1962年，赵朴初同志倡议中日佛教界共同纪念鉴真和尚逝世1200周年，日本佛教界举行了声势浩大的纪念活动，广泛宣传中日友好传统。1980年，他推动和组织了鉴真和尚塑像回中国探亲活动，掀起了中日民间友好交流往来的高潮，为中日邦交正常化奠定了群众基础。1993年，赵朴初同志提出佛教是中日韩三国友好交流"黄金纽带"的构想，得到韩国和日本佛教界一致认同，轮流在中国、韩国和日本召开了三国佛教友好交流会议。这些活动，充分发挥了宗教在国际交往中具有联系广泛的积极作用，向世界人民广泛宣传了中国政府的宗教政策，加深了中国人民与世界人民的友谊，为维护亚洲和世界和平作出了贡献。

赵朴初同志始终关心祖国的和平统一大业，积极开展同台湾、香港、澳门和海外华侨佛教界的友好交流与联系，同破坏祖国和平统一事业的言论和行动进行坚决斗争。1999年7月，当李登辉逆世界和平之潮流，悖中华民族统一之意志，公然鼓吹"两国论"时，已届耄耋高龄、久卧病榻的赵朴初同志，郑重发表谈话，严厉谴责李登辉的谬论。在他生命垂危时，还念及台湾的老友故旧，心系祖国统一。

赵朴初同志是享誉海内外的著名作家、诗人和书法大师。他对中国古典文学有着十分精湛深入的研究，在诗词曲和书法方面都达到了很高的造诣。他的诗词曲作品曾先后结集为《滴水集》、《片石集》，其中不少名篇在国内外广泛传诵。他的书法作品俊朗神秀，在书法界久负盛名。赵朴初同志又是一位以慈善为怀的慈善家，长期从事社会救济救灾工作，做了许多慈善事业，直到晚年体弱多病时，还亲自为遭受地震和洪水灾害的地区筹集救灾资金。他率先垂范，为自然灾害和希望工程捐出个人大笔资金。他生前立下遗嘱，他的遗体凡可以移作救治伤病者，请医师尽量取用。他在遗嘱中表达生死观云："生固欣然，死亦无憾。花落还开，水流不断。我兮何有，谁欤安息。明月清风，不劳寻觅。"充分展现了赵朴初同志的心灵境界。

赵朴初同志的一生，是不断探索真理、追求进步的一生，是在中国共产党的领导下，对国家和人民事业忠心耿耿、奋斗不息的一生。赵朴初同志豁达大度，识大体，顾大局，严于律己，宽以待人，生活简朴，清正廉洁，在海内外享有崇高威望和广泛赞誉。赵朴初同志永远值得人们尊敬和怀念。（新华社北京5月30日电）

（原载于《人民日报》2000年5月31日）

目　录

序言一·一诚 /1

序言二·傅印 /3

序言三·智慧 /5

前言 /6

第一章　儒佛一脉　诗书传家 /1

一、状元公赵文楷 /1

二、四代翰林 /6

三、状元府 /9

四、世太史第 /10

五、赵公馆 /12

六、父亲赵炜如 /13

七、母亲陈仲瑄 /14

第二章　喜降人间　茁壮成长 /17

一、呱呱坠地 /17

二、返状元府 /19

三、鱼的故事 /19

四、敢于担当 /20

五、才思敏捷 /21

六、哑姐默初 /22

七、打抱不平 /24

八、俭是美德 /25

九、佛缘殊胜 /26

十、志存高远 /27

第三章　苏沪求学　转瞬七载 /30

一、关氏姐弟 /30

二、姨舅之爱 /33

三、选择学校 /35

四、良师益友 /37

五、建同乡会 /38

六、声援"五卅" /39

七、中途辍学 /40

第四章　觉园疗养　皈依佛门 /42

一、参加护法 /42

二、暂别觉园 /44

三、皈依佛门 /45

四、广结挚友 /47

三、新中国成立前后的"临救会" /81

四、经历"三反" /83

五、筹建民进南京分会 /85

六、顾廷龙求援与陈市长索字 /86

第九章 工作需要 定居北京 /89

一、和诗盛赞新中国 /89

二、筹建"佛协" /90

三、"刻经处"与"三时学会" /92

四、圆瑛大师示寂 /94

五、定居北京 /96

第十章 铺和平路 架谊桥梁 /98

一、送日药师佛 /98

二、纪念鉴真 /101

三、舍利赴缅巡展 /103

四、佛牙在锡兰 /106

五、在印开盛会 /108

六、复兴佛诞地 /111

七、与国王的佛缘 /113

八、中泰两大盛事 /116

九、参加开罗亚非团结大会 /119

第五章 慈善济民 鞠躬尽瘁 /49

一、抢救伤员 /49

二、收容难民 /50

三、送"垦荒"者 /52

四、救助河南 /55

五、办教养院 /56

六、建少年村 /60

第六章 争取民主 反对独裁 /65

一、拒绝合作 /65

二、巧妙安排追悼会 /67

三、为鲁迅送葬 /68

四、参与创建"民进" /70

五、编《大藏经》 /72

六、太虚大师圆寂 /72

第七章 奋发工作 喜迎解放 /74

一、一首催人奋进的短诗 /74

二、成立宣传队 /75

三、保护地下党干部 /75

四、组建学生纠察队 /76

五、欣见"胜利之师睡马路" /77

第十一章 抑恶扬善 爱憎分明 /121

一、支持抗美援朝 /121

二、拥护根本大法 /123

三、怒斥达赖叛国集团 /124

四、狠批卡比尔 /128

五、弘扬佛教正信 /131

第八章 万象更新 勇挑重担 /79

一、上海小聚 /79

二、北上参政议政 /80

六、《京都宣言》伸张正义 /133

七、声援越南南方佛教徒的斗争 /134

八、《某公三哭》振民心 /136

九、长诗盛赞红旗渠 /139

第十二章　亲朋挚友　情意无尽 /142

一、父亲离世 /142

二、同道郑颂英 /143

三、教友丁光训 /146

四、文友谢冰心 /149

五、学者梁漱溟 /154

六、战友雷洁琼 /157

七、楷模周总理 /160

第十三章　十年浩劫　雪压青松 /165

一、特殊年代的"快乐学院" /165

二、对陈老总尽一份责任 /168

三、"文革"中的外事工作 /171

四、横眉冷对"四人帮" /174

第十四章　剪除四凶　拨乱反正 /177

一、难忘一九七六 /177

二、离京调研 /182

三、访日十八天 /184

四、鉴真首次回国省亲 /187

五、共筹佛教复兴 /190

六、率团访美 /194

七、荣膺中佛协会长 /197

八、举办展览，为教正名 /201

第十五章　续佛慧命　重振宗风 /203

一、佛教的春天 /203

二、放歌五台 /206

三、殷殷劝公 /209

四、护持普陀 /213

五、关爱中华首刹 /217

六、光孝重光 /220

七、新建弘法寺 /224

八、东林中兴 /227

九、天坛大佛向北京 /230

十、灵山大佛耀神州 /234

十一、"相国"回归 /238

十二、少林重振 /242

十三、峨眉更秀 /246

十四、柏林重兴 /249

十五、九华新貌 /253

十六、建玄奘三藏院 /256

十七、佛指再现 /258

十八、石经冠世 /261

十九、"刻经"回生 /264

二十、三湘树新风 /267

二十一、尼泊尔建中华寺 /270

二十二、藏传佛教得春雨 /274

二十三、南传佛教展新容 /279

二十四、不拘一格育僧才 /283

二十五、倡导"人间佛教" /288

二十六、提出"佛教是文化" /292

二十七、坚持佛教"三圆融" /295

第十六章　悲心深愿　慈济群生 /298
一、义卖赈灾 /298
二、播撒爱心 /301
三、兴教助学 /305
四、胜似家人 /307

第十七章　同道情深　高山仰止 /311
一、与十世班禅大师 /311
二、与一诚法师 /317
三、与传印法师 /322
四、与学诚法师 /327
五、与清定法师 /332
六、与明旸法师 /339
七、与真禅法师 /343
八、与隆莲法师 /349
九、与觉光法师 /356
十、与星云法师 /361
十一、与宏船法师 /364
十二、与大西良庆长老 /369

第十八章　文化传承　视为己任 /376
一、一份提案三封信 /376
二、书法驰名四海 /380
三、诗歌享誉五洲 /383
四、翰墨广结善缘 /387
五、当代中华道德楷模 /391

第十九章　烈士暮年　壮心不已 /396
一、喜迎香港回归 /396
二、心系祖国统一 /401
三、揭批"法轮功" /405
四、怒斥北约暴行 /409
五、"黄金纽带"构想 /410
六、人在米寿之年 /414
七、床板、鸡蛋、滑竿 /418
八、坚持"反求诸己" /421
九、故乡情比海深 /425
十、仁者养生之道 /431

第二十章　花落还开　水流不断 /436
一、举世同声哀悼 /436
二、逝者风范长存 /444

主要参考书目 /448
后记 /449

序言一

赵朴老是我国德高望重的宗教领袖。他杰出的一生是探索真理、追求进步的一生，是为国为民为教无私奉献的一生，是以慈悲智慧服务社会、利益众生的一生，是全国佛教徒学习的榜样。我们要学习朴老志存天下、心系民生、爱国爱教的崇高思想；学习他弘扬佛法、利益群生、悲智双运的菩萨精神；学习他平易近人、与人为善、谦和开朗的质朴品格；学习他孜孜不倦、广学多闻、不断进取的治学态度；学习他发扬民主、兢兢业业、公而忘私的工作作风；学习他超然物外、豁达大度、清正平和的心灵境界。

这些年，学习、弘扬赵朴老精神的活动一直不断。一些佛教寺院、民间团体，几乎每年在其诞辰、逝世日都举办形式各异、大小不一的纪念活动，并呼吁撰写出版《赵朴初传》及其他有关书籍。为纪念朴老诞辰110周年，人民出版社出版该传是顺应民意、功德无量的一大善举。我深为欢喜赞叹。

本传由倪强同志和黄成林先生两人撰写。倪强同志多年担任中国佛学院教务长、中国佛教协会副秘书长兼教务部主任。长时间负责佛教院校和全国佛教工作，在朴老直接领导下恪尽职守、认真工作。他对国家宗教政策、对佛教内部情况和新老法师都很熟悉，特别是对朴老感情很深。退休后，他著有《赤子佛心赵朴初》一书。此次，与人合作完成《赵朴初传》的写作，可以说是为弘扬朴老精神、传播正能量再立新功。

该传以翔实的材料写出了赵朴老在近一个世纪的人生中，在不同的历史阶段，坚决同中国共产党风雨同舟、亲密合作，和历代中央领导都结下了深情厚谊，是中国共产党的亲密朋友；写出了赵朴老以极深的佛学造诣和漫长的探索，在长期的佛教领导工作中，提出了佛教"三圆融""报四恩"等重要主张，为宗教与社会主义社会相适应、佛教的恢复发展与复兴作出了突出贡献；写出了赵朴老以无尽的爱国深情，讴歌祖国、关心时政、心忧天下的伟大爱国精神；写出了赵朴老一生致力和平，大力开展海外联谊，为祖国和平统一、维护亚洲和世界和平作出的巨大贡献；写出了赵朴老对中国古典文学有着十分精湛而深入的研究，达到了很高的造诣，是驰名中外的诗词曲作家和书法大师，对传承中华民族传统文化所作的重大贡献；写出了赵朴老长期从事社会慈善事业和社会救济工作，认真实践佛陀"不为个人求安乐，但愿众生得离苦"的立教本愿，在救灾济贫、扶困助学等方面做出了无量功德，不愧人称其"活菩萨""伟大的慈善家"。总之，本传写出了赵朴老崇高的精神和高尚的品德，写出了他伟大而光辉的一生，写出了他对当今社会的巨大影响和社会各界弘扬其精神的热潮，该传问世定会受到佛教界及社会各界的欢迎。

本人在赵朴老的领导下，为佛教事业工作数十年，对朴老的精神和品德无比钦佩。老人家对我的关怀和帮助永世难忘。写此序既是对他老人家的缅怀，也是对本传出版的祝贺。

一诚

2015 年 6 月 8 日

序言二

我们敬爱的赵朴老是伟大的爱国主义者、杰出的爱国宗教领袖、著名社会活动家。不知不觉间,朴老离开我们十七年了。每次追思朴老的光辉业绩和深重恩德,都会使我们回忆起朴老那亲切慈祥的音容笑貌和高风亮节的精神境界。

朴老一生追求进步、探索真理,与中国共产党风雨同舟、亲密合作,为中国人民解放事业和社会主义建设事业,为造福社会、振兴中华,作出了不可替代的卓越贡献。

朴老长期担任中国佛教协会的领导工作,一生为佛教事业鞠躬尽瘁,特别是十一届三中全会以来,朴老团结全国各族佛教徒,高举爱国爱教旗帜,发扬佛教优良传统,不断加强自身建设,积极服务社会,引导中国佛教从百废待举的状态逐步走向复兴。中国大陆佛教的发展格局是他老人家帮助奠定的。每当我们看到全国各地佛教一派欣欣向荣的景象时,内心深处就会对他老人家油然生起一种无限的怀念和感恩之情。总结朴老一生,他称得上如来使者,救世菩萨。

朴老的一生,是伟大的一生、光辉的一生、无私奉献的一生,对朴老的崇高精神和高尚品格,应该认真学习,大力宣传,这是弘扬主旋律,为社会提供正能量的重要举措。为纪念朴老诞辰110周年,人民出版社出版老人家的传记,这是一件功德无量的善举,我深表欢喜赞叹。

本传由倪强同志和黄成林先生合作撰写。倪强同志与我在中国佛学院共事八年,朴老是院长,我是副院长,他是教务长,工作配合默契。我们在工作上得到朴老的多方指教,生活上受到他老人家无微不至的关怀。后倪强同志调任中佛协任副秘书长兼教务部主任和南京金陵刻经处任主任,主要分管国内佛教事务,对全国佛教情况和高僧大德比较熟悉。日常向朴老请示、汇报或一起研究工作的机会很多,对朴老的精神、思想有较深了解。退休后,他把在朴老身边工作的所见所闻和大量感人故事,撰写成《赤子佛心赵朴初》一书,后又编辑出版了《赵朴初墨迹选》《赵朴初墨宝精选》。倪强同志有多年在朴老身边工作的经验与感受,又有出版这些书的基础,经和黄成林先生近三年的辛勤工作,完成了出版朴老传记这一善愿,实在可喜可贺。

本传真实地反映了赵朴老在近一个世纪的人生中,在中国共产党的领导下,为国为民所立下的丰功伟绩。本传把朴老"鞠躬尽瘁,死而后已"的奉献精神,与中国共产党风雨同舟、肝胆相照的政治品格，德才卓越的宗教领袖风范，博大精深、学贯古今的学识，文明优雅的交谈举止，豁达大度、虚怀若谷的人格魅力表现得生动、真实、自然，让朴老的一生，更加光辉照人。

本传对传主没有刻意地夸张，没有人为地虚构与塑造，更没有华丽的辞藻去修饰，所写的都是实实在在的故事，客观地反映了传主的精神、思想与品格，读后使人感到亲切、真实，让人看到了生活中的赵朴老。本传的出版，定会受到广大佛教徒和社会各界的欢迎。

本人跟朴老学习和工作数十年，和朴老的因缘可追溯到五十多年前。1960年到1965年，我就学于中国佛学院。每次我们佛学院的学生在广济寺举行佛事活动后，赵朴老必定站在天王殿东侧门口处，向我们一一亲切点头，含笑致意，送我们上车返院。朴老亲切慈祥的形象深刻地印在我心中。1981年到1983年，经国务院宗教事务局批准，朴老派我以中国佛学院讲师的身份赴日本京都佛教大学进修。临行之前，赵朴老谆谆指示：要认真考察日本的佛教教育，因为我们自己也要办教育，说不定有可借鉴之处。我从日本进修回国后，一直在中国佛学院任教，并先后担任教务长、副院长、院长等职。在几十年的工作中，对赵朴老高度重视佛教教育和对这一工作的高瞻远瞩无比钦佩！对朴老给予自己的热情关怀和多方帮助无比感激，永生不忘！写此序既是对朴老的沉痛悼念与深切缅怀，也是对本传出版的支持与祝贺。

传印

2016年5月4日

序言三

20 世纪初，中国佛教在太虚大师等大德的倡导下，明确地以"人间佛教"为未来发展方向，开展了中国佛教现代化的进程。20 世纪的中国，经历了巨大的社会变迁。要在这样一个动荡不已的时代中推动人间佛教，当然并不容易。作为当时中国佛教协会的会长，赵朴初居士以极大的善巧智慧和悲心愿力，在错综复杂的政治环境中带领中国佛教迎难而进，走出困境，迈上现代化的康庄大道。单从这个角度来看，赵朴初居士无疑是当代倡导中国人间佛教最杰出和最有成效的践行者。

赵朴初居士更是香港宝莲禅寺的大护法。早在 1979 年 3 月，香港宝莲禅寺组团访问中国佛教协会，赵朴初居士等佛教界老前辈亲切接待，结束了内地与香港佛教界停顿了 30 年往来的历史；1982 年 6 月，中国佛教协会在北京广济寺举行赠经法会，赵朴初居士代表内地佛教界向香港佛教界赠送稀世珍宝——清刻《乾隆版大藏经》，开启了中港两地佛教界的良性互动局面；1987 年，香港天坛大佛工程建造遇到经费困难，中国佛教协会成立了"香港天坛大佛造像随喜公德委员会"，赵朴初居士发动国内诸山长老、大德居士随喜捐助，大力支持香港"天坛大佛"的建造，把国内和香港佛教界的心紧紧地凝聚在一起；1993 年 12 月"天坛大佛"开光，中国佛教协会组团参加了这一盛典，赵朴初居士亲自主礼，为宝莲禅寺走向世界迈出关键的一步。可以说，宝莲禅寺过去三十五年的发展与赵朴初居士的支持与关怀分不开。

欣闻倪强先生近年来一直致力于赵朴初研究，最终与黄成林先生合作完成《赵朴初传》巨著。书中以翔实的史料全面展示了赵朴初居士精深的佛学造诣、深邃的传统文化底蕴、圆融无疑的善巧智慧和大无畏的悲心愿力。我坚信读者必能从该书中领悟赵朴初居士的真知灼见，启迪智慧，利益群生。特为序！

智慧

2017 年 9 月 18 日

前　言

早在 2004 年 9 月，赵朴老夫人陈邦织女士便对我说："朴老在世时，不愿别人为他写传，现在有人为其写了传。既写，就应客观、真实，把传写好……你那本写朴老的书，大家反应就好，写的都是实事，写出了对朴老的感情。你现在做什么？忙不忙？"当时我正收集、编辑《赵朴初墨迹选》（2008 年已出版），对朴老夫人的言外之意已心知肚明。

不久，有位高僧又坦诚地对我说："赵朴老无儿无女，为国为教奉献了一生。他对众生以佛眼相看，其精神达到了佛的境界。他在世时工作繁忙、日理万机，虽无煌煌巨著问世，但他那些讲话、报告、诗词本身就是一部大书，浸透了他的心血，充满了他的智慧，表现了他的精神。朴老的传应好好写。你最熟悉朴老，应挑起这一重担，不要推辞！现在了解朴老的人有的辞世了，有的身体不行了，您也年近七旬，再不抓紧恐怕……"

近几年，朴老夫人和这位高僧的话一直在我的脑际萦绕。2011 年末，先后有两家出版社的领导对我讲，为介绍朴老为国为民所作出的卓越贡献，弘扬其精神，建议我以《赤子佛心赵朴初》一书为基础撰写《赵朴初传》，此书可列为社里"重点图书出版规划项目"。

我在朴老身边工作近二十年，深知他在 20 世纪 20 年代，亲眼看到国家衰败，民族危亡，广大人民处在水深火热之中，从而树立了以救国救民为己任的远大抱负。他几十年如一日，为国家富强、人民幸福，义无反顾地与中国共产党亲密合作，风雨同舟，荣辱与共，为中国人民的解放事业和建设事业奉献了一生。我亲眼看到或听人讲述的朴老感人肺腑、催人奋进的故事数不胜数。在朴老近一个世纪的人生中，他亲历清末、民国和新中国三个时代，历经的战乱和磨难举不胜举，但不管在什么时代，不管什么条件，也不管做什么工作，他始终以一颗赤诚之心，热爱自己的祖国和人民，热爱自己的民族和所信奉的佛教；始终为国家的强大、人民的康乐、佛教的复兴，不惮辛劳，八方奔走，忘我工作；始终以"难学能学、难行能行、难舍能舍、难忍能忍"的过人精神和超人毅力奉献着一切；始终以坦荡的胸怀、纯正的信仰、炽热的感情，表达对国家、佛教和人民的无限忠诚。

赵朴老那崇高的精神、高尚的品格和所走过的光辉路程，对当代人乃至后人有无尽的影响力和感召力。它犹如有根的花，谢了还开，又如有源的水，绵绵不绝，一直激励着佛教四众弟子和社会各界人士，为振兴中华、造福社会而奋勇直前。在科技飞速发展的时代，许多东西都转瞬即逝，能坚持一贯的东西太少太少了，唯有精神的力量，才能显示着它的强劲与坚韧，富有顽强的生命力。赵朴老的精神与品格，就是我们强大的精神力量，最宝贵的财富！弘扬朴老的精神，对佛教界乃至社会各界倡导爱国敬业、诚信友善的高尚品德；弘扬清正廉洁、艰苦奋斗、勤俭节约的优良作风，继承优良的传统美德。培养自尊自强、积极向上的社会心态，对构建社会主义和谐社会有重要意义。想到这些，为纪念他老人家诞辰110周年，为其写传，是我义不容辞的责任。但考虑到自己年老体弱，独木难支，特别是做完白内障手术之后，两眼总是流泪，连续看书时间不能超过半个小时。无奈，找到中学时代的老同学黄成林先生。两个七十多岁的老头一拍即合，为弘扬朴老精神、传播正能量，决心"不惜一束骨"完成这一任务。

为做好撰写的准备工作，我们曾先后到安徽安庆市"赵朴初故居"、"赵朴初纪念馆"和"赵朴初文化公园"，安徽九华山，山西五台山，广东光孝寺、大佛寺、华林寺、南华寺等处采访；参加在安徽、上海、广东、北京举办的纪念赵朴老的活动；找中佛协、全国政协有关人士及朴老的亲属座谈了解情况；还翻读了大量的佛教书籍、刊物，查阅了有关档案。

撰写中，我们始终以2000年5月31日《人民日报》刊载的《赵朴初同志生平》内中央对其评价为准则，基本以其生平时间脉络为顺序，以中央评价的六大方面为重点，力图写出传主一生为国为民为教无私奉献的崇高精神和高尚品德，写出其伟大而光辉的一生。在选材上，突出了传主对祖国的大爱、对敌人的大恨、对众生的大慈大悲，体现了传主在工作中的大智、逆境中的大忍，对其日常生活小事则涉及较少。

写作中，在尊重历史事实的前提下，努力做到文字晓畅、叙事生动，融思想性、知识性和可读性于一体，力求把亲身经历和调查了解的大量感人事实写出来，以弘扬赵朴老精神，推动学习、弘扬赵朴老精神的深入开展。

赵朴老不仅是伟大的爱国主义者、杰出的爱国宗教领袖、著名社会活动家，还是驰名中外的文化、慈善、诗词、书法等诸方大家，涉及范围很广、感人故事颇多。他曾访问过几十个国家和地区，其朋友遍天下：上至国家领袖、总统、总理，下至各界贤达、平民百姓，所做的工作甚多，本传所写仅仅是一部分。由于水平所限，加之时间仓促，本书一定有许多遗漏、不足、不当之处，恳请读者给予批评指正。

作者　谨识
2017年元月

第一章

儒佛一脉 诗书传家

一、状元公赵文楷

数九寒天，地冻三尺，早晨山上山下一片白霜，偶尔天空飞过几只因冻馁而沉默的瘦麻雀、地上窜出几只孤零零的野兔，这个世界才显出些许生气。

太阳刚刚从东边露出苍白的脸，只见从安徽省太湖县玉望村走出一支送行的队伍。走在前面的是一个进京赶考的贫穷举子，穿着蓝色的棉衫。他贫寒，家中时有断炊之虞，所以川资都是由亲戚、邻里周济的。这已经是他第四次赴京参加会试了，前三次均名落孙山。队伍踽踽而行，已经离开村口二三里路了。母亲千叮咛万嘱咐，自然有说不完的话。妻子默默地走在人群里。一个远房弟弟替他挑着一对油漆过的黄色木书箱。五六个同榜中举的举人也来送行，他们谈的自然是有关考试的事情。几个孩子蹦蹦跳跳，不时捡起路边的石子向远方抛去。

不少富家子弟准备考试都是在京城租房长年居住，几乎都有书童相伴。而他，平日要干些文书、塾师之类的事，挣钱养家。而京试时间大都安排在春天，称为"春试"，所以从安徽的大别山区赶往京城，只好隆冬时节出发，一路晓行夜宿，到京城才能不误考期。

分别的时候到了。举子接过书挑子放到自己肩上，独自三步一回头地慢慢向前走去。其他人原地站着一动没动地目送远行人。

前面是一座年久失修的小木桥，他担担走过后，桥突然垮塌，众人看后大惊，纷纷跑了过去七嘴八舌地议论，都认为是不祥之兆，主张不去参加明年的考试，以后再做打算。举子本人也心生狐疑，是去还是不去，一时拿不定主意。

此时，举子的母亲高声说道："古人打仗有破釜沉舟之说，我儿此去定会旗开得胜、马到成功、吉星高照、金榜题名。好兆头啊，好兆头！踩断旧桥换新桥，脱下蓝衫换紫袍。"

听完母亲的话，举子担担毅然前行。

数月后，他顺利通过会试。殿试结束，被皇帝钦点为头名状元。

此位状元公正是本传传主赵朴初的六世祖赵文楷。

赵文楷，字逸书，号介山。他是赵氏家族史上一个承上启下，有开天辟地之功的关键性人物。赵文楷之后，接连又有三代翰林问世，从而使赵氏宗族形成世代相袭的良好家风。在此环境中，赵朴初——这一经天纬地人物的出现就顺理成章了。

赵文楷高中殿试一甲一名开科状元，嘉庆皇帝赐诗褒奖：

赐赵文楷

丙辰吁俊典依前，教养菁莪六十年。

寿宇作人昭化洽，金阶选士听胪传。

榜悬龙虎彤墀进，云护旌旗紫轵连。

文楷嘉名期雅正，为霖渴望副求贤。

从这首诗可以看出嘉庆皇帝求贤若渴的心情和对新科状元赵文楷寄予的厚望。其原因何在呢？这还得从当时大的政治环境说起。

乾隆晚年，政治窳败、官员贪腐、社会矛盾激化已见端倪。年迈的乾隆力不从心，发誓：在位时间决不超过祖父康熙。于是他在嘉庆一年（1796 年），85 岁时，禅位于永琰，改元嘉庆。乾隆本人做了太上皇。宰相和珅趁乾隆身体逐渐衰微，大权独揽。嘉庆帝一切看在眼里，但又投鼠忌器，只能不露声色、韬光养晦、积累人脉、以待将来。嘉庆钦点出身寒微、毫无背景的赵文楷为状元还有另外一层缘由。那些豪门出身的学子，其家庭和当朝宰相和珅都有千丝万缕的联系，在未来的政治斗争中，能放心地把哪个作为左膀右臂呢？

四年后（1799 年），乾隆驾崩。嘉庆帝以迅雷不及掩耳之势，令和珅自尽，并一举将和家抄没，竟得白银两亿三千多万两，相当大清国十年赋税的总和。所以有"和珅倒、嘉庆饱"之说。

和珅在相位时，对"三鼎甲"状元赵文楷、榜眼汪守和、探花帅承瀛极尽拉拢利诱之能事。据杨钟羲《雪桥诗话》记载："介山通籍时，和相欲使为弟子，适广东学政出，曰，一甲三人谁来我门，即以此与之。介山及汪巽泉（守和）、帅仙洲（承瀛）皆不往。"后来和珅使人转送钱财，均被拒收。从而可以看出赵文楷等三人的正直清廉和政治远见。

对六世祖殿试高中榜首一事，赵朴初一次回乡时对身边人说："我也常想，这样的穷乡僻壤，怎么就能考出个状元？"对此，不同人的回答会见仁见智：风水先生一定说，阳宅祥瑞或坟山灌气；星相学家会说，文曲星下凡；而慈善家会说，前几代人积德行善，福荫后世……但众所周知，一个人成才乃受家庭、社会的影响和本人努力的结果。孩子出生后受父母、家庭的影响，再后求学、工作，受师友的影响，形成自己特有的性格乃至人生观。一个人的成才与否，个人的努力起决定性作用。"天才出于勤奋，聪明在于积累"。古今概莫能外。

在一个人的成长过程中，家庭是第一所学校。赵文楷的幼年和童年便受到良好的家庭教育和影响。

赵文楷之父赵学浩（字佩两，号恪亭）自幼读书非常刻苦，小小年纪便有文名。平时每次考试都名列前茅。他博览群书、才思敏捷，写文章挥笔而就，但乡试屡屡不中。其著作有《艺制》百篇和《西蜀游草》二卷(不存)。因父亲赵像贤（字崇义，号一泉）为官清廉，乐善好施，无钱照顾家人，所以赵学浩生活清苦，以为人教书谋食，年仅40而殁。生长在这个家庭的赵文楷，从小就记忆超人，初露才华，胸怀大志。6岁时，祖父从四川回家，对赵文楷说："听说你上学两年来很用功、进步快，但不知实际怎样？"赵文楷说："请您老人家出题。"祖父指了指窗外落在树上的一只百舌鸟。聪明机敏的孙子马上吟出一首《咏百舌鸟》：

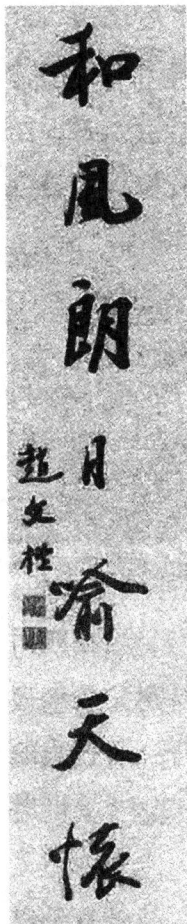

赵文楷手迹

> 桃花红未了，百鸟闹春晓。
>
> 能做百般声，枝头压众鸟。

祖父大喜过望曰："吾儿当魁天下矣。"

7岁时，赵文楷作《咏荷花》诗：

> 一叶复一叶，千枝更万枝。
>
> 昨夜沾雨露，开遍凤凰池。

为远离喧嚣、专心致志，赵文楷把自己关进龙佛庵，在孤寂的读书生活中，他为自己定下做人的规矩，并写在书桌上时刻鞭策自己。那也是一副对联：

> 静以修身，俭以养德
>
> 交不忘旧，言不崇华

他13岁中秀才，方圆数里已有文名。但不久，他的父亲、祖父相继离世，家境愈困。

甚至父亲死后无力举丧，安厝西园内长达 7 年，母亲也只好离家为人作帮佣。生活如此贫苦，但他仍发奋读书，真可谓"穷且益坚，不坠青云之志"。苍天不负有心人，乾隆五十三年（1788 年）他以第二名的成绩通过乡试，但会试却三次未中。生活所迫，他不得不离乡背井做一些代人书写文案等杂事，同时准备参加下次会试。这时，福建一官员因看他文案出色，欲以千金聘之。赵文楷毅然拒绝说："吾岂以砚耕终老耶！"

1796 年，乾隆禅让，嘉庆继位，特开恩科取士。嘉庆帝对此次考试非常重视，特命 75 岁的礼部尚书纪晓岚为正考官，左都御史金士松和兵部尚书李潢为副考官。赵文楷经会试，顺利进入殿试。对嘉庆皇帝的当场策问，他对答如流，语言得体，深得皇帝赏识，故引出前文御笔赐诗那段佳话。

"不受一番风霜苦，哪得梅花放清香"。几次赴京赶考，迢迢万里，交通不便，旅途困顿，缺衣少食，赵文楷只得借诗抒怀。在《早行》一诗中他写道：

早行

客枕尚残梦，征车催早行。

寒云留雪色，荒戍少鸡鸣。

足茧难为疾，名缰视欲轻。

长途复泥泞，艰苦叹吾生。

到京后，他住不起旅馆，只好委身于广安门外三里的普济堂，这本是个叫花子住的地方啊！

状元及第后，赵文楷被授予翰林院修撰、实录馆纂修、文渊阁校理等重要文职。

有生之年，赵文楷为朝廷做的最大一件事是作为宗主国使臣出使琉球（今日本冲绳县）册封尚温王。

按清朝典制，附属国新王登基，必须经大清朝册封。

1794 年（乾隆五十九年）琉球王尚穆离世，其孙尚温遣使来大陆，请求大清朝派遣使臣、册封王爵。1799 年（嘉庆四年），嘉庆皇帝赐赵文楷上卿鳞蟒服、白玉带，前往册封。离京前，嘉庆帝设宴送行。赵文楷赋诗一首表示绝不辜负皇恩：

奉命册封琉球国王留别都中诸友

沧溟东去是琉球，飞楫来迎使者舟。

万里鲸波劳远梦，五回龙节下炎洲。

直教薄海沾皇泽，敢谓乘风惬壮游。

辨岳山头回首望，紫云天半护神州。

1800 年（嘉庆五年），使团一行从福建出发，在海上同惊涛骇浪搏斗数日，终于到达琉球。国王尚温、文武百官和众多百姓在那霸港隆重迎接。7 月 24 日，举行了盛大的册封典礼。朝野上下一片欢腾。

在出使琉球期间，赵文楷一身正气，两袖清风，多次婉拒琉球王及大臣们的礼金。使团随员陈瑞芳因病去世，为不增加琉球人民的负担，用船桅改做木棺安葬（琉球不产木材），受到琉球官民的交口称赞。

正使赵文楷和副使李鼎元诗书俱佳。他们为琉球景点题名，为当地人书写条幅、扇面。至今赵文楷的二十多件手迹仍作为文物保存在日本的冲绳县。他们写诗、填词，和国王、贵族、臣民相互唱答，在琉球掀起了一股中国诗歌热，极大地促进了双方的文化交流。

半年后，使团启程回国。临行，国王尚温率文武百官行三跪九叩大礼，通事宣读感谢词。为贺赵文楷母亲大寿，尚温派人做了十二帧红缎寿序并亲写寿联："四海乐无为之化；万方瞻有道之光。"这幅寿联现完好保存在安庆"世太史第"（赵朴初故居）。

1990 年，赵朴初回到久别的故乡，将自己访日时搜集到的六世祖出使琉球期间所题的一幅碑刻、两幅石刻、一幅墨迹的拓本送给县人民政府，交县文管所永久保存，同时交存的还有自己访琉球期间写的 8 首诗。他对人说："我 1955 年从香港飞往日本过琉球，那时中日尚未建交，在飞机上，我写了一首怀念先祖的诗：'星槎吾祖昔曾游，诗卷惊涛浩荡秋。百五十年无限事，飞鸿一瞬过琉球。'1987 年，我才真正到琉球，是从日本北海道去的。先祖在日本琉球的手书虽然不多，但也有一些。过去的琉球国就是现在日本的冲绳县，日本的县相当于我们的省。我去后，冲绳县博物馆长大成宗清把先祖所写的字幅都送给了我。中山王造花园，先祖也题了字，太平洋战争的炮火使先祖撰写的碑刻稍有损坏。这些都是拓出来的，费了很多力气才弄到手。"

嘉庆帝对使团的琉球之行非常满意。为使赵文楷得到各方面的锻炼，以便将来委以重任，1804 年任其为山西雁平兵备道，协理总兵军务。上任后的赵文楷廉洁奉公，事无巨细亲自过问，结果积劳成疾，身染重病，而边地又缺医少药，嘉庆十三年（1804年）死于任上，时年 48 岁。嘉庆帝对赵文楷的英年早逝深表遗憾。可以想象，如果假以时日，他多活二三十年，也许成为嘉庆之重臣。

因为官清廉、乐善好施之故，赵文楷死后家徒四壁，甚至买棺木的钱及一家大小回乡的川资都无着落。一同为官的藩使金公对他的部下说："赵观察惟饮山西一杯水，今旅榇不归，君等忍坐视耶？"于是大家纷纷解囊，凑足路费，才使其夫人能带家小、扶棺木，悲怆万分踏上千里迢迢的返乡之路。

返回故乡后，赵文楷葬于望天乡人形山。墓圆形，高 1.8 米，墓碑高 1.7 米。现为安徽省级文物保护单位。

赵文楷一生著作颇丰。其诗作自己并不爱惜，往往随写随扔。今尚存《石柏山房诗集》，杂剧《菊花新梦稿》等。民国时期《太湖县志》载有他的诗歌二十六首，赋一篇。

《石柏山房诗存》是赵文楷在山西任雁平兵备道时，政务闲暇时亲手所编，诗人在卷一的自序中写道："余年十龄，颇能执笔为诗，后以蚤失所怙几至废学，然吟咏一道，性好之不能辍也。家贫甚而好游，姑其为诗非悲愤之言，即留连之什，率尔成咏，无复经营，虽多至千篇不足存也，年来删削再三，存者只百余首。语云，沙之汰之瓦砾在后，今之所删而存者，其果非瓦砾乎？"

官至太子太保，谥号文端公的汤金钊曾评价过赵文楷的诗："美哉先生之为诗也！其情豪、其气逸、其性至、其时论超、其魄力大；无猥琐龌龊之思，无雕琢锤炼之迹；淋漓浑脱，纯任自然，旷迈遒上，不落尘滓，往往有太白神致焉。"

据考，太湖赵姓为宋皇室后裔。在赵氏家族这一支脉中，赵文楷是个开天辟地的人物，他为后世创立了一以贯之的忠孝、笃学、清正廉明、乐善好施的家风。他身后的赵家，人才成井喷之势，除连续有三世翰林问世之外，还出了一批有名之士，在中国的教育、文化、科学、艺术乃至政治等各个领域都作出很大贡献。但在赵家众星灿烂、光烛四表的人才之林中，赵朴初无疑是最突出的一位。

二、四代翰林

赵朴初晚年曾对人说："文楷公到我这一代已经是第六代了。他是我的太高祖。我家四代翰林，太高祖是状元，我的高祖叫赵畇，是翰林，他是李鸿章的老丈人。我的曾祖父死得早，我的伯祖父也是翰林。从太高祖到伯祖父四人都是翰林，所以是四代翰林。"

有人做过统计，中国历代一个家庭出四个翰林的只有十几家，而连续四代的更是凤毛麟角。

翰林为何如此尊贵？翰林之家为何如此荣耀？这是由清朝的选士制度决定的。中国的科举制度起于唐，至明、清更加完备。清代科举考试分四级：童试考中者称秀才，乡试考中者为举人，会试（又称京试）考中者为进士，殿试选出的前三名称"三鼎甲"，直接进翰林院。其中状元授修撰（从六品），榜眼和探花授编修（正七品），其余同科进士经考试和皇帝圈阅，约有四分之一进翰林院学习，称庶吉士，又称"钦点翰林"。庶吉士经三年学习和政治历练参加"散馆"考试，合格者留馆或去中央各机构和地方上做官；不合格者回乡、外放为官，或再学三年。学制大约相当于现在的研究生。从1644年到1912年，大清王朝268年的历史上共取翰林5874名。

翰林是封建社会中层次最高的士子群体，也是清代汉族士子入阁的唯一途径。明清两代有"非进士不入翰林，非翰林不入内阁"这一不成文的规定。意为朝廷的内阁高官都必须是翰林出身。中国人耳熟能详清代的林则徐、曾国藩、李鸿章，还有名臣陈廷敬、张廷玉、刘统勋、刘墉、王鼎等均为翰林院庶吉士出身。所以，有人把翰林称作"储相"。

赵家连续四代翰林，皇帝御笔赐诗、为家宅题写匾额，地方官员更是众星捧月，当时的风光荣耀，可想而知！

第二代翰林——赵朴初的五世祖，名赵畇，字芸谱，号岵存，别号随翁，是赵文楷的遗腹子。母亲王氏为继室，山东聊城人。赵畇生于嘉庆十三年（1808年）。寡母王氏对其教导严格，并请饱学之士为师。两个儿子同时考中秀才，王夫人十分高兴，但她又谆谆告诫他们："尔曹肯读书，先绪当不坠。然俗谓作秀才为读书有成，此大误。作秀才始入学耳。读书人无限事业，方自此始，宜立志勿懈。史称范文正公作秀才时，以天下为己任，即所谓无限事业自此始也。"赵畇遵母命，发奋苦读，28岁时以第7名的成绩考取八旗官教习，中顺天府举人，34岁考中进士，被选为翰林院庶吉士。

在翰林院期间，赵畇除了四次任乡试、会试考官外，还参加了编纂史书之事，编写了《漕运史》《宣宗皇帝实录》。因工作努力，成绩斐然，不久被咸丰帝简拔为上书房行走，并创意编辑了《筹办夷务始末》。

咸丰三年（1853年）太平军占领南京，清廷实行坚壁清野，令各省办团练。赴皖主事的工部侍郎吕传基向朝廷奏请袁甲三、赵畇、李鸿章为助手。于是，赵畇以广东知府衔，不久又升道员衔帮办团练。咸丰六年（1856年）出任广东惠潮嘉道。到任后，他修海堤、创办义仓、稳定

慈心泽物似木逢春　古道照人如镜注影

赵畇书法手迹

物价、救济饥民，并亲自率兵剿除匪霸，维护地方治安。这些有利民生的措施在潮汕地方志里均有记载。

同治元年（1862年），母亲王氏在长沙病逝，赵畇万分悲痛，扶灵柩回太湖县玉望村与父亲赵文楷合葬，随生隐退之心。同治三年（1864年）厌倦了官场钩心斗角的赵畇辞官隐退回到安庆。晚年的他"优游林下者十六年，闭门罕通外事，唯以读书、临池自遣"。他对安庆的教育事业十分关心，贡献很大。同治六年（1867年），他首倡修复被太平天国时期毁坏的安庆府学宫。得到了李鸿章的鼎力相助，从而使学宫得以修复。其后，赵畇主讲敬敷书院，提携奖掖后进，自始至终孜孜不倦。光绪三年（1877年）赵畇病死安庆，享年69岁。

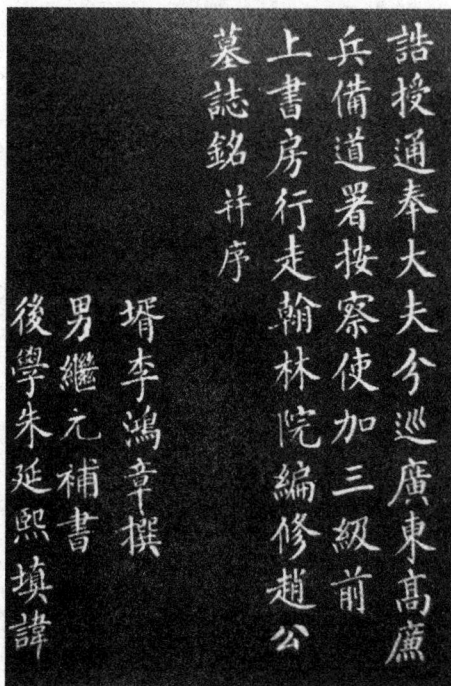
赵继元书父亲墓志铭

第三代翰林——赵朴初的四世祖赵继元，字梓芳，号养斋，生于道光八年（1828年），为赵畇之长子。22岁成为拔贡，32岁中举。太平天国战争绵延多年，赵继元携家小奔走于乱世之中，晚年在江宁（今南京）棉鞋营定居，光绪二十二年（1896年）病逝居所，享年68岁。

赵继元工诗文，留有《静观堂遗集》二卷。诗文多记咸丰乱事，颇具史料价值。他精书法，现安庆市迎江寺门额"迎江寺"三个大字即其所书。

第四代翰林——赵朴初的伯祖父赵曾重，字伯远，号蘅甫，为赵继元之长子，生于道光二十七年（1847年）。幼年遭逢动乱，随家人转徙四方，19岁入县学，24岁举优贡，同年江南乡试又中举人。光绪二年（1876年）他参加会试及第，但因假未能参加殿试，光绪六年（1880年）补殿试，被取为二甲进士，入翰林院，为庶吉士，三年后散馆授编修，光绪时任学部主事。他一生淡泊名利，不屑逢迎，光绪二十一年（1895年）急流勇退，回到安庆，主讲敬敷书院。他热心地方各项事业，除不遗余力躬身教育之外，光绪三十四年（1908年）还与地方乡绅共同呈请省政府修建铁路。赵曾重于民国元年（1912年）65岁时病逝于安庆。

三、状元府

赵朴初的六世祖赵文楷同发妻张氏生一子一女。子名孟然，女儿嫁入太湖县李家。王夫人乃其续弦。她生于乾隆四十八年（1783年），嘉庆四年（1799年）结婚，年仅16岁。王夫人随夫到山西雁平赴任，俸禄钱常常入不敷出。但她精打细算、省吃俭用、荆钗裙布，然而却知足常乐。他曾满意地对人说："吾被清白名，较纨绮珠玉所得多矣。"王夫人确实是一位识大体、顾大局、相夫教子的贤妻良母，对赵家后世发达是一位关键人物，是一位贡献很大的女性。

丈夫死后，身怀六甲的她，怀抱两岁的儿子，手牵四岁的女儿，凄凄惨惨切切地扶灵柩回到太湖县望天宝坪。到家后，王夫人一贫如洗，不久就与大夫人所生之子赵孟然分家另过，孤儿寡母，艰辛备尝。为了生活，她卖掉了自己的陪嫁妆奁，在县城置办房产，并在高家坦和寺前河两处购得田产七十余亩，家境逐渐好转。

嘉庆末年，由帅承瀛倡导，赵文楷在京中的朋友凑了些钱，寄给贫困中的王夫人。她又添置了些田，同时为适合孩子读书，卖掉老房，于一僻静处转购房屋十余间。

道光二十九年（1849年）5月，太湖县下大雨，发洪水，城墙被冲毁，赵宅被淹，王夫人受潮得病，长期不愈。她与两个孩子商量，觉得县城不可久居，希望择地另建新宅。最后新宅址选定离县城不过30里的寺前河。那里环境优美、交通便利，加上此地赵家还有不少田亩，建好房子住过来也便于管理。这就是建寺前河状元府的缘起。

赵畇回去着手在寺前河的建房工作。宅基地选在寺前河边虎形山下的洪诸畈。

赵朴初老家状元府所在的寺前镇

他设计好蓝图后，经母亲同意，延用本地能工巧匠精心施工，次年，一座砖木结构的大宅落成。因赵文楷状元公在当地无人不晓，所以此宅被当地人称作状元府。

咸丰二年（1852年），正值王夫人七十大寿，全家喜迁新居，并办酒席祝贺。

状元府坐东朝西，面对

天华山，背靠虎形山。宅前有银杏树，不远处还有一个池塘，沿着池塘边的小路往前走，就是寺前河，河上的桥就是寺前河桥，过了桥就是寺前河街。宅子分四进，共有房屋80多间。大门口有石狮子一对，侧面有青石抱鼓，一侧还有接官台。大门为四开，平日只开两旁单扇小门，逢红、白、喜事或贵人来访则中门大开，后院有花园、水井、马厩。

1958年，国家修建花凉亭水库（即今花亭湖），状元府原址被水淹没。为纪念赵朴初和陈邦织夫妇，太湖县政府已在花亭湖边的万年冲建成二位老人的合葬墓，并仿照状元府建成赵朴初纪念馆。

太湖县寺前镇恢复建设的状元府，现为赵朴初纪念馆

四、世太史第

同治三年（1864年），赵畇隐退，选择了安庆为自己的栖身之地。此前一年，赵畇的次女赵继莲嫁给时任江苏巡抚的李鸿章做二房。在李鸿章的帮助下他先借住四方城，后买怀宁都御史杨汝谷在安庆天台里的旧房子居住。

此房初建于明万历年间，坐北朝南，最先为明末刑部主事刘尚志私宅。其子中状元后，择地另建状元府，将此宅卖给杨汝谷。咸丰十一年（1861年）曾国藩曾在此设粮台。

经赵畇和后人的不断扩建和修缮，使其成为"堂宇轩昂，气象森严，庭院缜密，莫知深浅"的一所大宅，类似于曹雪芹笔下《红楼梦》中的荣国府。晚年的赵畇在世太史第过着陶渊明式悠然自得的生活，

位于安庆天台里的赵朴初故居

在主讲敬敷书院之余，吟诗、写字、灌浇田园以自娱自乐。

三四代翰林时是该处府邸的鼎盛时期。该院有七进，每进之间有天井，两侧有起伏而富有韵律感、大大高出房脊的防火马头墙。第三进中堂是专门为祭祖用的，被称为"祖先堂"。后面有花园，院中遍植桃、杏、石榴、枇杷等各种果树，还有一个小池塘，堂内栽荷、养鱼。

这座坐落在现安庆市人民路以北、锡林街以西、孝肃路以南的大宅，坐北朝南，背靠大龙山，面对长江。大门上方有砖刻横额"世太史第"，额前有四个大红灯笼，上均书隶体"赵"字。八字门两侧，有光绪帝御笔赐"江山如画，物我同春"楹联。门内高悬皇帝所写"四代翰林"匾（一说李鸿章所写，然而赵朴初曾对人说是皇帝所写）。关于这块匾赵朴初曾对身边人说："这块匾挂在安庆的屋门上，后来日本人侵略中国，他们作为战利品拿去了。"黑漆大门前两旁有上马石、下马石。当年众多的看家护院、门房、听差、丫鬟、仆妇来来往往；达官显贵、文人雅士进进出出，呈现出一派"簪缨之族"、"钟鸣鼎食"的繁华景象。赵朴初的大姐赵鸣初晚年曾写诗："红烛双辉兮，有锦果堆盘，瓶梅清艳兮，于残年共妍。"表达了她本人对往昔的追念和残年的叹息，但亦可看出当时大宅内的胜景。

"四代翰林"金匾

日寇占领时期，翰林府遭日军洗劫。大花园被占用，里面盖了几间平房，被搞得面目全非。连"四代翰林"匾额也被掠走，据说现藏于日本某博物馆。

1998年，世太史第（赵朴初故居）被列为省级重点文物保护单位；2006年，被国务院核准公布为全国重点文物保护单位；2011年，被确定为

安徽省统一战线教育基地。现为安庆市赵朴初纪念馆，里面藏有许多关于赵朴初的历史文物，对研究赵朴初有珍贵的参考价值。

五、赵公馆

在南京太平南路（新中国成立前称中正路）以东，中山东路逸仙桥以南，紧临秦淮河，有一条名叫棉花营的小巷，巷内有一大宅，当地人称为"赵公馆"。这一宅邸是四世祖赵继元于光绪七年（1881 年）任候补道被削后，打算在金陵久居，仿安庆天台里"世太史第"而建。从光绪八年开工到光绪十二年完工，前后历时四年。公馆建成后蔚为大观，前后九进，几乎占了整整一条街。北至复成桥，南到大中桥，整个建筑以中式为主，园内有亭台水榭、花园假山，正门为朱漆厚重大门，门口两尊大石狮子，院墙上有拴马桩，下设下马石。除中式房屋外，还有西式楼房、喷泉水池。大宅中有一宽阔大厅，栋梁上悬一匾额，上书"培远堂"三个遒劲有力的大字，乃赵继元亲笔所题。府内高挂一幅很大的赵畇油画像。此画像是李鸿章专门请人画好送来的。赵继元的住处自命名为"景观草堂"。

那时，赵继元为何不愿回安庆老家，而打算久居南京呢？其因有二：一是赵继元纳江宁杨氏为妾。杨氏才 17 岁，而赵继元已 47 岁。对这件事，其子赵曾重极力反对。如果被罢官后的赵继元率家眷回安庆，与子之口角自然难免。杨氏生子赵曾藩后，赵继元更怕爱妾幼子遭人冷眼。再者，赵继元为人通达，在南京交游甚广，常与段小湖、龚仰遽、郭月楼等名士聚集一处，吟诗填词、相互唱和，虽官场遭贬，心境难佳，但悠游终日，亦乐在其中。此外，当初选此地建宅时，赵继元还有另一层考虑：从大宅南行一二百米便是李鸿章相府和李家大花园，两家姻亲可经常互相走动、互相帮衬。这自然是安庆无法比拟的。

抗战期间，南京陷落。日寇制造了惨绝人寰的南京大屠杀，30 万无辜死于非命，犯下了人类历史上前所未有的滔天罪行，赵公馆遭严重破坏，但直至 1949 年新中国成立时，昔日的恢弘依然可辨。新中国成立后，政府收购此房开了一家小工厂，后经规划、拆迁，现已踪影皆无。

太湖县寺前河的状元府、安庆市的世太史第、南京的赵公馆这三所大宅，成了赵氏宗族栖息、繁衍之地。赵家人从这里走向全国、走向世界，或求学、或谋生、或谋职，闯天下，建功立业。

赵朴初生于安庆"世太史第",长于太湖县寺前河"状元府",也曾小住南京"赵公馆"。

六、父亲赵炜如

赵朴初的四世祖第三代翰林赵继元之次子赵曾裕生有二子,长子赵恩长,次子赵恩彤。赵恩彤即赵朴初之父。

赵恩彤,字炜如,生于光绪十年(1884年),自幼聪颖过人,涉猎颇广。科举制度废除后,青年时代的他,考进安徽省高等学堂,曾从师于著名思想家、教育家、翻译家严复,以优异成绩毕业。后被任命为湖北省候补知事。但他生活偶傥,不计名利,无意进入纷纭浑浊的宦海,一直赋闲在家,以读书、习字、写诗、填词、作画自娱自乐。

赵朴初之父
赵炜如先生像

赵炜如在家里是个甩手掌柜、是个油瓶倒了都不扶的人。家中事无巨细,全由妻子陈仲瑄一手操持。作为当地德高望重的乡绅,每当参加什么活动,甚至连说什么话妻子都要嘱咐清楚,赵炜如也言听计从。

赵炜如在当地百姓中深孚众望,谁家有大事小情常常请他出来公断。他与本地官员亦常有来往交谊,在他们面前为乡亲们讲公道话,有时那些官员也很给面子。一次,本乡一邹姓人家,男人早逝,寡母拉扯三个儿子过日子。国家乱局,世道不公,大儿子被抓了壮丁,二儿子刚到18岁又要被征兵,三儿子尚小。果真二儿子一走,家中只剩一老一小,生活难以为继。二儿子跑到赵炜如那里说明原委。赵炜如很同情地对他说:"你直接对那个官员说,是赵炜如让你来的,让他免除你家的壮丁。"官员听说后,果然按他的话办了,邹家自然感恩戴德。1909年11月13日,柳亚子等人发起组织"南社",以吟诗、填词、作赋从事反清反封建的宣传活动。柳亚子在《南社纪略》一书中回忆该社成员时曾提到赵炜如的名字。赵炜如对诗词、对联、书法、绘画等均造诣很深,大量作品散见于写给亲友的信札中,未曾集结成册。抗战胜利后,他曾给同乡诗友李淑道写了两首词,其一直保留至今,现选其一:

沁园春·赠李淑道

读罢楞严,付万古愁,无可有乡!似重重庭树,珠帘画栋,深深壁垒,蔓草斜阳。胜凯还都,狂飙振漠,新鬼纵横古战场。烽火远,更东连吴会,北指辽疆。

依然花月文章,有谁管,芳邻话短长。剩狗尾羊头,几番淘汰。铜山金谷,一梦荒唐。跳出婆娑,约来摩诘,泼墨人呼赵子昂。何须问,这寰中人物,眼底沧桑。

此词,忧国忧民之情流露笔端。遣词、造句、用典之准确,绝非常人可比,没有深厚的文学功底是写不出来的。

赵炜如还有《太湖县游学录(之二)》存世,充分显示了他的知识渊博、文风雄健。

在书法和绘画方面,赵炜如也几乎达到炉火纯青的地步。其书法笔力遒劲、端庄稳重、独树一帜,对儿子赵朴初影响很大;其绘画尤其工于人物。他在1929年作的一幅自画像现仍存世,看上去给人以冠服道貌、立志高洁之感。

1998年,赵朴初在给妹妹赵荣锦的一封信里谈到父亲的字。

荣锦:

接到来信,附来复印父亲写给十二爹的信,想必是恩语叔给你的。你能妥为保存,很好。恩语叔也曾寄了几封这样的信,我正装裱,待裱好复印给你留念。我还在医院,已住了两年半了,赖医生们随时留心照护,身体还算好,近来患痛风,步履较不方便,有些重要活动,还是出去参加的。父亲的字写得遒丽而流利,现在的人很少能赶得上了。我有他老人家写给我的对联,将和我们太高祖状元公的字,一并送给太湖博物馆去收藏。

我今年92岁了,精神还好,还能应付纷纭的人事。你们都要保重身体,祝健康愉快!

朴初 1998年5月12日

"遒丽而流利,现在的人很少能赶得上了。"这是赵朴初对父亲书法公允而准确的评价。

赵朴初晚年曾对人谈起父亲如何手把手地教自己写字、作诗,感恩之情溢于言表。

七、母亲陈仲瑄

赵朴初的母亲姓陈,名慧,字仲瑄,号拜石,湖北武汉人,生于光绪九年(1883年)。其曾祖陈銮,殿试探花及第,其父陈石臣也曾在皖地做官,所以能选择同其门当户对的赵家联姻。

陈仲瑄具有时事洞明和人情练达的双重优点。前文曾谈及赵朴初的父亲对家里的事从不过问，大事小事均由母亲料理。但她很尊重丈夫，每遇重要事情，办前无一不与丈夫商量。她又是虔诚的佛教徒，严格遵守"诸恶莫作，众善奉行"的准则。

作为封建官僚家庭出身的女性，陈仲瑄自幼并没受过正规教育。但她受家庭文化的熏陶，刻苦自学，博览群书，作诗、填词厚积薄发，往往一挥而就，且遣词优美、用典确切。她写过不少诗、词和剧本，基本丧失殆尽，只有一个剧本《冰玉影传奇》被赵朴初的大姐赵鸣初抄录收藏。1996 年，赵鸣初之子周以丰将其交舅舅后，赵朴初委托佛教文化研究所同仁将此剧本印行若干册，分赠亲朋好友惠存阅读。赵朴初亲自写一引言：

《冰玉影传奇》引言

1990 年，余回故乡安徽省太湖县寺前河（今名寺前镇），以先母之别号"拜石"之名义捐献奖学金人民币两万元。此后每年亦有捐献，至今已达十万元。盖用以培植掌握科技振兴家乡之人才，以报答先母爱念乡人子弟之遗愿。

先母姓陈名慧，字仲瑄，湖北武汉人。曾祖陈銮，清殿试探花及第，任两江总督，父陈石臣，仕于皖，因与我家联姻。1911 年，先父炜如公与先母携女由安庆迁回太湖老宅。1947 年，蒋介石发动内战，先父母因避兵祸，始欲离乡返安庆，临别先母有诗云："寄住湖山四十年，一丘一壑总留恋。"于太湖山川人物情意至深。先母辞世将近五十年，余年已九十，常有子欲养而亲不待之感。爰以吾姊鸣初录藏先母中年时戏作剧本名《冰玉影传奇》者，印若干册，分赠亲友，以为纪念。书中人皆化名。沈洁者先母之自谓也，传奇中简称"玉"。谢清者，先母之义姊关素，字静之，余兄弟称之为大姨者，传奇中简称"冰"。主要内容乃叙述二人之友情及晚年同隐西湖之愿望。今之观者，或可窥见当时社会状态之一二。

余少小离家，又屡遭丧乱，先人遗墨几无一存。惟于吾母致关大姨书札中，偶忆其诗词零句，如"怎得化为明月，照他江北江南"。余少依关大姨如母，姨亦能诗，传奇中酬咏一折，所载冰寄玉惜别诗，乃姨之亲作也，又有"西风吹老一天秋"之句，皆一般士人所难及。曩昔女子无受教育之权利，其文艺乃自学也。假令生于今日，其造诣可胜言哉？

此书之校印与装帧设计，皆得佛教文化研究所同仁之助，附此致谢。

赵朴初　1996 年 12 月 3 日

这一剧本属于自传体，真实地再现了当时的社会情景，对研究赵朴初、了解赵母及其家事，有重要的参考价值。同时，因作者文字功底深厚，有较高的文学欣赏价值，其可读性很强。

剧本中的小曲写得情真意切，清新淡然，别具一格：

【减字四边静】握手论心田，已结下他生雁。夜沉沉香自篆，静悄悄灯半掩。诉不尽这一宵情话，忘却了许多劳倦。

【集唐】望君烟水阔，天畔独清然。此地一为别，相逢又几年。

【前腔】山前田畈，小桥曲岸，已是自家塘畔，门掩重关，摇尾狗儿不肯喧。待上前扣扉呼唤，怕只怕惊醒高堂怒。

剧本中还有两首诗写得悲凉凄婉，情真意切，值得一读。一首即赵朴初在《引言》中所提关素大姨之作五律寄玉：

握手难为别，神伤无语中。

离人忘去住，帆影各西东。

对面成千里，浮云起万重。

断肠此时意，今古更谁同。

收到冰寄来的诗，玉泪如雨下，和诗一首：

别后情何似，凄凄风雨中。

性灵能聚结，色相任西东。

野渡人声寂，邯郸客梦重。

关心清月夜，并照泪痕同。

剧中塑造的人物，无论主角、配角均个性鲜明，活灵活现，呼之欲出。解说与对话也恰到好处，充分显示了陈仲瑄描绘人物的功底和驾驭语言的天分。

赵朴初曾对夫人陈邦织说到母亲："一个从未进过正规学校的女性，有如此高的写作水平，是她多年坚持自学的结果。她坚持晚睡早起，做完家务不是写字、抄书，就是看书，主要是文学方面的书。有些诗词她背诵如流。有时她同我比赛背诗，不懂的地方就问父亲。母亲的自学精神深深地影响了我。"

人生一世，父母是第一任教师，家庭是第一所学校。赵朴初人品纯正、多才多能，处处留有父母言传身教的印记，是母亲的奶水使他从襁褓中站了起来，又是父母知识的灌输使他长成一个铁肩担道义、妙手著文章的时代精英。赵朴初对中国的贡献是多方面的，对世界和平的贡献是有目共睹的，所有这些贡献中，父母之功，功不可没。

第二章

喜降人间　茁壮成长

一、呱呱坠地

赵朴初的母亲陈仲瑄同父亲赵炜如婚后，一连生了两个千金小姐，老大赵鸣初，老二赵默初；赵炜如之胞兄赵恩长同样只生了一对千金，长女赵荣绮，次女赵荣彩。两股儿守着四个女孩，心里不是滋味。要知道，在封建社会，不孝有三，无后为大。女儿长大是别人家的，只有生了男孩才算有了后，也才真算尽了孝。为此，陈仲瑄经常念经拜佛，求上天赐给她一个男孩。

安庆市离赵家不远有一座迎江寺。该寺建于明代，光绪十八年（1892年）大修过一次。当时的迎江寺游人如织，香火鼎盛。赵炜如、陈仲瑄夫妇经常来此礼佛，并作布施，希望早生贵子。

当地民间传说，陈仲瑄身怀赵朴初时曾做过一个奇怪的梦，那是在从迎江寺礼佛回来的一个夜晚。陈仲瑄刚刚睡熟，突见一头怪兽从彩云中奔腾而下。此怪兽鹿身、牛尾、狼头，头上长着两只硕大的角，落在世太史第的马头墙上，一本书从他的嘴里飘落到院子里。陈仲瑄来到院中捡起书，只见里面字字金光闪闪，刺得眼睛睁不开。她一下醒了过来，才知是梦，但她眼前仿佛仍有刺眼的白光。

光绪三十三年农历九月三十（1907年11月5日）时近中午，赵朴初这一伟大的生命诞生了。这一年，陈仲瑄24岁。

20 世纪初的安庆市振风塔

赵府一片喜庆气氛。满月时按习惯要给孩子起名。其父赵炜如有板有眼、慢条斯理地说道："就以'混沌初开'的最后一字为名吧。"故长辈们称之为"开伢"、"开孙"。百日要为孩子起学名（即字）。一说是赵炜如按"返朴归真，悟初笃静"之句起名朴初；另一说法是陈仲瑄据《老子》"朴虽小，天下莫能成"所起。因他在赵氏家族中数荣字辈，长辈们还给孩子取辈名"荣续"。这一辈名后来很少用，甚至很少有人知道。而朴初一名传遍中国，远扬世界。"开"这个小名在家族以及乡里人中倒是一直沿用，同辈人称其为"开兄""开弟"，晚辈人称其为"开叔""开伯"，同里人称其为"开爷""开翁'。晚年的赵朴初干脆专门刻了一枚"开翁"印章，盖在为别人的赠诗、题字、写的条幅之下。

按中国人的习俗，孩子满百日，要举行一个小小的仪式，名曰"抓周"。就是把许多小玩意儿放在一个起，而每一种玩意儿代表一种职业。如：小刀代表习武，毛笔代表从文，算盘代表经商……把装玩意儿的东西放在小开旁边，他一把抓住一只毛笔。看来赵家诗书传世、后继有人，所以长辈们个个兴高采烈，笑逐颜开。

1993年9月8日，86岁的赵朴初在给新华社河南分社记者刘雅鸣的信中说："我小时候曾跌了一跤，带我的小阿姨抓住我的手一起边打地上的砖边说'地不好，把宝宝绊倒了。'"这也许是赵朴初在世太史第最早记住的一件事。

自赵文楷之后，赵家世代称得上是"钟鸣鼎食之家，世代簪缨之族"。每逢年节，都大有曹雪芹笔下《红楼梦》中"宁国府除夕祭宗祠，荣国府元宵开夜宴"的气派。

虽然赵朴初幼年时赵家就同红楼梦中的贾家一样没落了，但陈规旧习仍在延续。晚年的赵朴初曾对堂弟赵荣声说过这样一件事："有一年除夕，当时我大约三岁多一点，世太史第正在举行除夕祭祖大典。祖先堂正中依次悬挂着太高祖、高祖、曾祖、祖父的画像。烛光下大人们焚香祭祖，三叩九拜。佣人、丫鬟各司其职。几个淘气的小孩无人照看，闯进了大堂好奇地去翻弄那些少见的祭品。这时，一位白发长者怒气冲冲地过来，抓住一个跑得慢的孩子，提着耳朵，扯了出去，那孩子痛得哇哇直叫。后来才知道，孩子的耳朵被扯伤了，过了许久才好。"赵荣声问赵朴初："那孩子是谁呀？"赵朴初大笑，指着自己说："正是我呀。"

早年在世太史第居住期间的生活，赵朴初的记忆很模糊，但一次摔在地上，一次被揪耳朵却深深地留在他的脑海里。

二、返状元府

发生在 19 世纪中叶的太平天国运动，虽被清廷镇压下去，但极大地动摇了清廷的统治。此后，列强瓜分中国愈演愈烈，革命党人不断举事，政治腐败不堪，大清王朝处于四面楚歌、风雨飘摇之中。

1911 年 10 月 10 日，发生了震惊中外的武昌起义，辛亥革命成功。11 月 8 日，安徽省咨议局宣布独立，时任安徽省议会副议长的赵继椿是赵朴初四世祖赵继元之弟，他成了革命对象。世太史第上下一片慌乱，赵家人纷纷逃离安庆，有的去上海，有的去南京，赵炜如、陈仲瑄夫妇也带领鸣初、默初、朴初及一岁的小女儿循初到太湖县寺前河状元府居住。

他们一路乘马车整整走了三天才到太湖县城。正值金秋时节，一路艳阳高照，田里的草垛像一座座小山，山上红透的枫叶像一团团烈火，河水清澈见底，成群的鸭、鹅在水中嬉戏捕食。这美丽的自然风光对于出生后一直深居城市的小开（朴初小名）而言简直就是一个神奇的童话世界。回乡后，父亲教经馆，母亲持家务，家境殷实，但不奢华。家里请了两个佣人，忙时母亲亲自下厨，在当时有限的条件下，亦能做出全家人都喜欢吃的饭菜。

冬天，漫漫长夜，天黑后母亲总是生着一个炭火盆，一家人围盆而坐，盆中放几块红心薯，烤熟了，满室喷香，全家老小分享香甜的红色薯肉；或在火灭的热灰里埋些玉米粒，将火盆放在屋地上，孩子们就可吃到爆米花了。

这时，民国已经成立，外面的世界热火朝天，革命斗争轰轰烈烈，而寺前河村位于大山深处，并未受到太大影响。一家人早也安然，晚也安然，过着世外桃源般的恬静生活。

三、鱼的故事

在旧社会，封建大家庭的日常所用，除有人专门采购外，一些商户或生产者往往送货上门。因为家中人多，嚼用多，商户每次卖货也多，所以都乐此不疲。当然，每次货到也时有讨价还价。

有一年中秋节，府中来了一个送鱼的人，陈仲瑄选中一条大鱼，付了钱，让一老佣人拿到厨房去，收拾好，准备午餐用；这时，又来了一个送柴的人，陈仲瑄同其讲好价钱，付了款，也让老佣人带着挑到厨房里去。

这位老佣人年纪大了，在府中已经干了几十年，办事非常可靠，从未发生过闪失。中午时分她要做饭，来到厨房，突然发现早晨已收拾好，挂在厨房准备下锅的那条鱼不见了，赶紧向陈仲瑄去报告这件事。她猜测，一定是早晨那个送柴人顺手捎带走了，因为厨房门一直是锁着的，只有他把柴放进去时才开了一次。最后两人一口认定，偷鱼人就是那个送柴的。

站在一旁的小开，听完大人的议论，心想你们可能错怪好人了。他对母亲说："你们不要乱猜了，我去找鱼，你们在这等着。"说着便跑了出去。过了一会儿，母亲和老佣人还在迷惑不解之时，小开提着那条下半部已被咬烂的鱼，气喘吁吁地回来了。后面还跟着府中那只肥大的老黑猫，不时发出喵喵的叫声。母亲和老佣人看到这儿，一切全都明白了。

母亲问："你怎么知道是老黑猫叼走了？"小开说："在你们买鱼时，我就看到老黑猫一副馋样，两眼直直地盯着那条鱼，喵喵地叫个不停。你们想，厨房门一直锁着，人是进不去的，可有一条排污水道，猫可以进进出出。弄走那条鱼的除了老猫还会有谁？所以我肯定，鱼是被猫叼走了。"

听完小开的话，母亲高兴得一下把他搂在怀中。

一个五六岁的孩子能这样仔细地观察事物，准确地作出判断，实在难得呀！

四、敢于担当

府内年龄和小开同样大小的孩子还有五六个。大人们商量，办一所私塾，地点设在状元府最后一进的房子里，教师由赵炜如选定。经再三考虑他选定了本镇的蔡少珊。

这位老先生省立自治讲习所毕业，学富五车，工书法，通经史，精诗、词、歌、赋。

蔡先生非常喜爱孩子，授课认真、规矩很严，平时以耐心教育为主，但遇到太调皮的，也会用戒尺打手心。赵朴初天资聪颖，听课一点即通，又性格温和，在所有的学生中是最得其赞赏的一个。

太湖县的吴朗丞、陈晓湖，还有蔡少珊先生的弟弟蔡拱恒都曾受邀在赵府任教。这些人名气不大，但确有真才实学。赵朴初少小离家，晚年这些私塾先生的名字他都回忆不起来了，但感念之情至深。正如堂弟赵洛在一本书中所说的："朴老从4岁到14岁是在寺前河度过的，那些私塾先生都是很普通的人，但朴老多次提过，那些先生对他后来的发展起了很大作用。"他自己也曾对人说过："我的整个启蒙教育都是在故乡接受的，别看老师都是些普普通通的民众，却给了我智慧，把我引上了探索学术的道路。"《片石集》前言中亦有记载："幼年时，由于家庭和环境的影响，胡乱地读过一些古诗词，逐渐受到感染，发生了兴趣。"

有一天下午，蔡先生给学生布置好作文题便有事出去了。好动是儿童的天性。这时，学生们坐不住了，大家纷纷议论要干点什么，赵朴初后来也参与进去。

私塾的院中有一棵大枇杷树，正值五月，满树枇杷熟透了，黄澄澄的，引得孩子们个个馋涎欲滴。趁蔡先生不在的机会，一个年龄较大的孩子带领他们悄悄地溜出教室，爬到树上；细心挑选最大、最熟的枇杷往嘴里送。这时蔡先生慢步走进院子，胆大的几个马上跳了下来，剩下两个不敢跳的，蔡先生把他们抱了下来。进教室后，蔡先生满脸严肃地问是谁出的主意。屋子里鸦雀无声，甚至一根针掉在地上都能听清。蔡先生一连问了三遍，如果再无人回答，就要打满堂。什么叫打满堂呢？凡读过私塾的人都知道，就是每个人都得挨打而且轻重一样。

这时，平日最守规矩的小开站了起来，低着头嗫嚅地说："先生，是我带的头。"

蔡先生心知肚明，绝不是赵朴初的主意，但既然自己承认了，也只好拉过他的小手用戒尺狠狠地打了几下，痛得他泪流满面。父亲赵炜如恰巧从门前经过，听到屋里的动静，乐呵呵地说："打得好，打得好，狠狠打，替我再打两下。"小开委屈地号啕大哭起来。

赵朴初小小年纪大有"亏了我一个，幸福千万家"的气概，敢于担当。

五、才思敏捷

由于蔡先生教育有方，加之父母的耐心辅导，小开学业进步很快。除能背、能讲《三字经》《弟子规》《朱子治家格言》《幼学琼林》等启蒙教材外，还学了《论语》《孟子》《大学》《诗经》等经典。八岁时便能诗善对。

据传禅宗六祖建的廯院寺离府不足二里，家里虽有小佛堂，但母亲还是常常带小开去那里烧香拜佛。主持僧姓冷，法名先觉，粗通文墨、喜欢诗词。每次礼佛毕，先觉都要在客堂摆上点心招待母子。先觉特别喜欢小开，说他聪敏过人，将来必成大器。

一个春天的上午，母亲又同儿子一起去癣院寺，先觉招待他们时，有意要考一考孩子，就开口问道："昨天先生教的什么书啊？"

赵朴初回答说："《大学》。"

先觉又问："能背过来吗？"

赵朴初如竹筒倒豆子一般背诵起来："大学之道，在明明德，在亲民，在止于至善。知止而后有定，定而后能静，静而后能安，安而后能虑，虑而后能得。物有本末，事有始终，知所先后，则近道矣。"

"能讲吗？"先觉进一步考问。

赵朴初学着蔡先生的样子，摇晃着小脑袋，声音童稚，一板一眼有声有色地讲了起来。

母亲和先觉听完都满意地笑了起来。小开看到大人高兴，更来劲了，眉飞色舞地说："我还会对对呢。"

先觉师父立即以"火神殿"为题说出一幅上联："火神殿火神菩萨掌管人间灾祸"。

小开稍作思考，立即也以庙中"观音阁"为题作答："观音阁观音大佛保佑黎民平安"。

先觉拍手称奇，夸奖说："这样聪明的孩子过去我还真没见过！"母亲也欣慰地笑了起来，但故作嗔怪地说："别自己到处瞎显摆。"

六、哑姐默初

在赵炜如和胞兄赵恩长先生的四个女孩中，小开的二姐赵默初大排行第四，故他呼之为四姐。四姐生于1905年，从小活泼可爱，招人喜欢。她3岁时，一个女佣人将其扛在肩上出去玩，一不小心，摔了下来，头部摔得很重，当时昏死过去，等苏醒过来，便再也不能说话，成了哑巴。

四姐虽然不能说话，但做事却有条不紊而且麻利，处处让人满意。私塾开学，当然她不能去读书，只好留在家里帮母亲干些力所能及的家务。每当看到姐姐和弟弟在家读书、写字，她就想起自己的不幸，不禁默默流泪。姐姐鸣初和弟弟朴初看到此情此景，心里也非常难过，经常主动帮默初分担家务。

母亲为了使哑姐长大后能自食其力，在家让她学会了做针线活，学会了织布……

一天，上学回来的姐弟俩看到默初仍坐在织布机前不停地忙碌。机器发出轧轧的声响。走到跟前一看，她两眼噙着泪花，头上起了一个很大的包。原来，机子出了故障，织布的梭子飞出来，正好打在默初的脸上，当时头昏眼花，幸好还没碰到眼睛。小开心痛地用手抚摸哑姐的脸，不知说些什么安慰的话才好。当时天尚早，母亲也有意让在机子旁坐了大半天的默初去散散心，就建议三人出去玩玩。鸣初、朴初自然高兴万分，默初也破涕为笑了。

三人商量好到府后的虎形山上去采蘑菇。正值阴历四月麦黄时节，雨过天晴，姐弟三人，连蹦带跳、兴高采烈地上了山。山上到处是茅草，茅草上挂满了露珠，空气湿漉漉的，弥漫着茅草的清香气味。茅草下的蘑菇真多，大小不一，颜色各异。小开发现一个蘑菇，从颜色到形状都特别漂亮，赶紧拾起来放到篮子里。哑姐看在眼里，急忙抢他的篮子，拿起那个蘑菇扔到远远的草丛里。后来才知道，那是一个毒蘑，吃了会毒死人的。小开不禁暗暗佩服哑姐的聪明。

父母总说艺不压身，家里不久又送哑姐认了一位师傅，学习裁缝手艺。在旧社会，从师学艺是非常苦的。在师傅家里什么活计都得干。天不亮就得起床，倒马桶、担水、劈柴、洗菜、做饭、洗碗、洗衣服、看孩子，一直干到天很晚才能休息。而且，给师傅干一两年活后，人家才真正教手艺。哑姐小小的年纪，深冬腊月还要不停地干各种脏活、累活，手都长了冻疮，化了脓。小开看在眼里，痛在心上。

一天，母亲让他去街上买东西，小开用自己的零花钱给哑姐买了一双棉手套，当晚给了哑姐。默初抱着弟弟，眼里流出感激的泪水。后来人长大了，手套不能戴了，但哑姐一直珍藏着。

赵朴初离家后，云游四方，但一直怀念着这位一起长大的哑姐。1945年，哑姐不幸病逝，当时赵朴初正在上海，并未得知音信。1990年秋，他回到故乡寺前河，祭奠先人，屈指算来离家整整64年了。他站在哑姐墓前，热泪纵横，久久不舍离去。当晚写诗一首：

谒四姐默初墓

悲思吾四姐，敏慧过常人。

默默劳先众，怡怡意倍亲。

然须酬宿愿，停棹别孤坟。

何处觅踪迹，青天望白云。

哑姐默初墓原被花亭湖水淹没，枯水期可露数日，有墓碑，是赵朴初的侄子赵锡厚所立。

1996年末，赵朴初曾给侄子立言、太平写信说："我这几天想着我的四姐（你们的四姑，聋哑姑姑）。因她早年去世，我于姐弟妹中，唯独对她没有尽什么心力。1990 年，我回到故乡太湖寺前镇。你们曾和我拜了她的坟。去年有人告知，水库水涨，她的坟已靠近水，快淹着了。我想把它移到山上，深埋地下，上面种棵松树，或几棵松树（不要坟包），在树下立一块小碑（原来的碑也可以深埋地下），碑文由我来写。这件事，我想还是让立言去办。"

后来镇政府帮助将其移到虎形山较高处，赵朴初得知后非常高兴并寄去工时费。

七、打抱不平

离状元府不远，住有一童姓人家。两口子只有一个 8 岁的儿子，起名童盛唐。一家人种几亩薄田，勉强度日。为延续后代，抱养了一个 5 岁的女孩做童养媳，名字叫刘翠花。身为童养媳，刘翠花经常受公婆虐待。小小年纪，平时她吃不饱、穿不暖，还要干各种家务活。更可恶的是，公婆稍不如意，就把气撒到刘翠花身上，非骂即打。

小开大刘翠花 3 岁，对这个女孩的处境非常同情。平日闲暇时间，他常常找翠花去玩，并像保护小妹妹一样，不许任何人欺侮她。

一天下午放学后，小开和几个小伙伴在打谷场上做游戏，大家玩得特别开心。而刘翠花坐在自家门口，面前晒着两担稻谷。公婆吩咐她要寸步不离地看着，不许让鸡或麻雀偷吃一粒。可小小的年纪那经得住玩耍的诱惑，于是她离开家门，忘了稻谷，跑到打谷场和大家一起高兴地玩了起来。

孩子们玩得正高兴，突然听到有人大喊一声："让你玩！"只见刘翠花的公公和婆婆各拿一根竹梢边骂边往这里跑。到跟前不由分说用竹梢对着刘翠花劈头盖脸地打了下来，打得她满地打滚，哭声凄厉，脸上条条血印。婆婆还骂道："你这个扯伢筋的（太湖方言，骂小孩子的话），叫你在家看稻，你却跑过来玩耍，麻雀和鸡把稻谷都吃光了，看全家人还吃什么！真是不打不成材！"越骂气越大，挥动竹梢还要继续打。

只见小开几步窜到公婆跟前，夺下他们的竹梢，用身子挡住翠花，大声说："不许打人，打人要坐牢，打死人要偿命的！"

那些一起玩耍的小伙伴也纷纷凑上前来喊，打人不对。

童家公婆一看，是一帮小孩，很不高兴地说："我们自家事，你们管不着。"拿起竹梢，又要打翠花。

正闹得不可开交的时候，陈仲瑄刚巧从府里走了出来。看到刘翠花满身泥土、血迹斑斑躺在地上，赶紧上前把她扶了起来。问明缘由后，生气地说："无论怎么说，也是你家的人，小小年纪，怎么能这样打她呢。她还是个孩子呀，要是亲生的，你们舍得吗？"

公婆又解释："她太懒了……"

陈仲瑄没等说完就打断了他们："这么小，能干什么呀？以后你们再这样打她，可别怪我多管闲事。"童家公婆看赵家少奶奶真的生气了，心想，日常有好多事用得着人家，就不再狡辩，连称："是，是。"

晚上一家人围着饭桌坐下来吃饭的时候，又议论起这件事。父亲知道后也很生气，对孩子们说："小开今天做得很对，以后遇到这种事就要打抱不平，及时制止。"

在此后漫长的人生道路上，赵朴初做了那么多见义勇为、毫不退缩的事，不能不说是幼时父母教育的结果。

1975 年，刘翠花病逝。晚年她经常对儿子童新华讲起这段往事，心中充满对赵家人的感激之情。

八、俭是美德

1998 年，91 岁的朴老曾对人说："我 90 年回到家乡寺前河，家乡人特意给我做了小时候母亲经常给我做的腌芥菜炒饭和银禾姜，到现在还觉得余味犹在呀！"又说："前几年我去日本，朋友给我吃茶泡饭，马上我就想起小时候母亲常给我吃茶泡饭，真香啊！我当时在日本还写了一首诗，可惜现在找不到了。"提起腌芥菜炒饭、银禾姜、茶泡饭，赵朴初怀念母亲的深情油然而生，而通过一次吃茶泡饭母亲对自己的教育也终生受用无穷。

放学后，活泼的小开像一只小鸟儿跳跳蹦蹦地从私塾教室里跑出来，回到自家房间，喊饿，向母亲要饭吃。不大一会儿，母亲端上一碗茶泡饭放在桌子上。小开大口大口地吃了起来。原来，几个小朋友约好要去河边捉鱼。这时，外面有小朋友喊他的名字，可他的饭还剩一少半，于是端起碗，飞快地把剩下的饭倒在厨房的排污水道里。母亲一切都看在眼里，等他往外跑的时候，突然叫住他，并让他规矩地站在自己面前。

"小开，还记得前几天教你的《悯农》二首吗？"母亲严肃地问道。

"记得。"小开嗫嚅地答道。

"好，背一遍！"母亲以命令的口吻说。

一

> 春种一粒粟，秋收万颗子。
> 四海无闲田，农夫犹饿死。

二

> 锄禾日当午，汗滴禾下土。
> 谁知盘中餐，粒粒皆辛苦。

小开低着头背，连看都不敢看母亲。背完小声说："妈妈，我错了。我不应该把饭倒掉，今后我一定改。"

"知道了能改就好。一粥一饭当思来处不易，半丝半缕恒念物力维艰嘛。好书、好诗读完了要按上面说的去做，不然读书有什么用呢！粮食是农夫一个汗珠摔八瓣种出来的，一定要珍惜别人的劳动成果。无论有钱或没钱都要节俭，节俭永远是美德。还有，前些日子我讲过，应该怎样花钱，不需花的，花一个铜板也是浪费，该花的花多少甚至全花光也不算浪费。懂了吗？"

"懂了，我一定记住您的话。"小开心悦诚服地说。

赵朴初一生经手的钱成千上万，甚至上亿，但"常在河边走，就是不湿鞋"，从没出过半点差错。自己平时省吃俭用，把大笔的钱捐给学校、灾区、故乡。一生到底捐了多少钱，没人统计过，也许根本统计不清，因为不记名的捐款太多了。

九、佛缘殊胜

赵朴初从4岁到14岁整整十年都是在太湖县度过的，这块土地同佛教有着不解之缘，而赵氏家族世代受佛教文化的影响，形成佛儒相融的赵氏家学。所以自赵文楷始的赵氏族人虽在不同领域出了不少英才，而唯独赵朴初，走上佛教道路，成为一代佛学大师，也是顺理成章之事。

据旧《太湖县志》记载：西晋时，西域名僧佛图腾途径太湖县寺前河，认为这是一块有山有水的风水宝地，在这里建了佛图寺。这是安庆市和太湖县有文字记载最早的寺庙，距今有1600余年了。

北周武帝灭法，禅宗二祖慧可避难南下，驻锡太湖县狮子山、司空山，开辟二祖道场，后传衣钵于三祖僧璨，三祖又传四祖道信。至今，太湖民间仍有不少有关禅宗祖师的传说。

民国时期的《太湖县志》记载：全县范围内有寺44所，庵93所，庙33所。佛教文化已深入人心，信士甚众，佛事活动不断。

这里浓郁的佛教氛围自然影响到赵氏家族。特别是众善奉行、慈悲为怀的思想和行为在先祖们的身上有很多体现。

赵朴初最爱的母亲陈仲瑄是一个非常虔诚的佛教徒，家中设有佛堂，供着菩萨像，料理家务外，每天都烧香拜佛，遇到特殊的日子，还要买些鱼虾之类的小动物放生。她严格奉行"诸恶莫作，众善奉行"的原则，为人心地善良，富有同情心，注重行善积德。

母亲的行为潜移默化地影响着小开，使他自幼便有一颗不忍杀生、关怀弱者的善良之心。天井中夏日常有蜘蛛结网，蝴蝶、蜻蜓常被网住。每当此时，小开都会找来竹竿，把蝴蝶、蜻蜓放掉。见登门乞讨者，他总会向母亲要一碗米或零钱送上。过年大人给的压岁钱，小朋友们都买了鞭炮、糖果，而他却把钱给了要饭的叫花子。母亲见到这些，往往夸奖几句或满意地笑一笑。

后来到上海，受关静之、关絅之（赵朴初姐弟称其为关大姨、关表舅）的直接影响，他走上了佛教道路。这也是童年时代佛教氛围长期熏陶的必然结果。

十、志存高远

赵炜如和陈仲瑄夫妇深知自己的儿子性情纯厚、聪敏过人，如用心加以培养将成有用人才。于是，不放弃任何机会对其进行教育，使其树远大理想，立鸿鹄之志。

经过几年的私塾生活，小开对中国的古典文化已打下较深厚的基础。阅读能力、理解能力提高很快。

一天，赵炜如拿出一篇学生作文给他看，题名是《虽曰未学，吾必谓之学矣》，署名是赵文楷。小开一看是六世祖状元公十四岁时的佳作，便认真地读了起来。

虽曰未学，吾必谓之学矣
赵文楷（十四岁作）

贤者定学之品，所以存真儒也。盖学也者，笃行之谓也。贤亲君友之间，既各尽其诚矣，虽曰未学，其谁信之？今夫学术之异，学者为之也。异于为学者之功，实异于士君子之口。是故不审所尚，则积行者不彰；惑于所称，则从事者多误。天下不少一二笃实之儒，相率而非之，亦将相率而倍之。君子于此，盖不可无定识已。有如贤亲君友各尽其当，然而无遗憾如此，此何如人也哉？昔先王以三德六行教人于党庠术序之中，而乡有书而岁有比，所谓敦实行以化民俗者，由此其选也。古大人本格至诚，正以尽夫子臣弟友之经，而由小成以几大成，所谓表人伦而昭物则者，其风未远也。使若人出而与当世之所谓学者较，吾未知其奚如，而或且以未学疑之，则不容不辨。炫异矜奇之举，末俗惊焉。独至于伦纪是敦，则往往视为庸行之常，而转没其闇修之自然，而诗书所载，风雅所歌，皆以立彝伦之极。当其至姓所流。虽千载之余犹将感慨唏嘘而不能已。吾恐被服儒林者，固未必感人之若斯矣。殚见洽闻之誉，举世趋焉。独至于拙诚自矢，则往往略其躬修之实，而姑奉以质美之名。彼夫训诂相高，风流相尚，亦各标尔雅之称，而苟大节有亏，则身心之际，终觉怀惭负疚而不自安。固不如悃愊无华者犹得为生初之无忝矣，而顾曰未学也哉？或者望道未见，则当局之怡然自下，未尝不出以虚衷。君子之为学也，第楔于本原之地。苟先立其大而无可疵议，即姑置其余而不必苛求。或者好尚多殊，则今日之如量以称，未必不讥为过当。儒者之伦学也，当求之性量之间，苟其尽伦常之秩序而无亏，即知其合先哲之仪型而不愧，吾必谓之学矣。夫吾岂敢为过情之誉哉？敦笃之儒不以儒见，则华文少实又何讥焉？悠悠之口，其无定评也久矣。

赵文楷的这篇文章，得到老师的高度赞赏，被其称之为"卓然名家"，51个字的评语如下："和平蕴藉，火色俱融，恰得抑扬吞吐之语妙。有直之处，有曲折处，有遥接应和处，神明于古人之法而不袭其貌，虚实兼到，卓然名家。"

小开一口气读完高祖状元公幼年时的这篇作文和教师的评语，状元公在他心目中的形象更加高大了。

"知道题目出处吗？"父亲问儿子。

"出自《论语·学而》篇。"小开斩钉截铁地答道。

"知道讲的是什么意思吗？"父亲又问。

"讲的是上上下下，人人要各尽其诚，这比学习多少东西都更重要。作文要先做人，做人比作文重要得多，要做到文如其人。"小开答道。接着又说："爸爸，我懂了。我长大一定像高祖状元公一样做好人，作好文，做好事。"

父亲抚摸着小开的头，满意地笑了。

这篇作文赵朴初珍藏着，后失而复得，一直保存到晚年。1997年10月，他曾复印若干份赠给亲友。在给其族侄赵国青先生邮寄这篇作文时还加了如下的说明文字：

"此乃先太高祖介山公十四岁时之习作，顷得此复印本，因重印若干份赠亲友留念。介山公于嘉庆元年（公元 1797 年）状元及第，至今年恰二百年。嘉庆四年出使琉球册封琉球国王，有存诗《槎上稿》一卷……1987 年，余访日本，特往琉球一游，时已夷为日本冲绳县，彼邦尚存介山公之墨迹甚多。携归若干石刻拓片，捐献太湖图书馆。"由此可见赵朴初对状元公这篇少年时期习作的推崇。

寺前河的下游有一座狄公庙，庙后有狄公墓。狄公即唐代名相狄仁杰。他曾被贬为江西彭泽令。彭泽与太湖不远，狄公多次来太湖，捐资修建过二祖禅堂。晚年的狄公任江南巡抚，路过太湖，不幸染重病而逝，临时安厝在此。因他为官清廉，一身正气，纠正了一大批冤、假、错案，挽救了不少好人，也惩办了很多不法之徒和贪官污吏，朝野上下，特别在老百姓中有很高的威望。太湖当地百姓为纪念他，特地建了一座狄公庙，庙内狄公像高大威严，香火鼎盛。赵炜如曾带领儿子小开来此一游，并向他详细讲解了狄公断冤案的故事。小开暗暗下定决心，长大后一定向狄公学习，为老百姓办好事办大事。

光阴荏苒，小开同父、母返回状元府转眼十年过去了。他继承了忠孝、勤学、自立、刚正、廉洁、乐施的家风，又打下了坚实的文化基础。他像一只即将展翅的雏鹰，看着远方，看着蓝天，寻找下一个可以飞得更高的落脚点。

第三章

苏沪求学 转瞬七载

一、关氏姐弟

1920 年（民国九年），14 岁的赵朴初由母亲护送到上海同关静之、关絅之姐弟一起生活、学习。

被赵朴初称为关大姨的关静之，在沪居住数十年，直至临终，赵朴初待之如生母。她生于光绪二年（1876 年），原居荆州，后移居汉阳。其父关棠，举人出身，为一代名儒，人称"汉阳先生"。关棠有一胞姐，早年丧夫，悲伤致病。关棠之妻亦体弱多病。夫妇二人将姐姐接回家中，煎汤熬药，朝夕陪护。自懂事始关静之忧姑母之疾病，念双亲之劳苦，终日记挂。

关静之受家庭熏陶，广览群书，博闻强记，精诗词，有深厚的古典文学功底。

她幼年时听父母之命、媒妁之言与同一城市的宋家公子宋康丰交换生辰八字，定下婚约，不料命途多舛，尚未过门，宋康丰 19 岁那年便离开人世。关静之决定终身不嫁，留在家中侍奉父母。宋康丰的姑姑就是陈仲瑄的母亲，赵朴初的外祖母。当她知道关静之守节如玉，非常感动，要女儿陈仲瑄奉关静之为楷模。陈仲瑄和关静之一见如故，两人结为义姊妹。陈仲瑄的母亲临终前特地嘱咐她要关心和照顾好关静之。

久病的姐姐去世后，关棠住在上海姐夫家。光绪二十二年（1896 年）关棠在上海病危。接电报后，关静之带着体弱多病的母亲和年仅 16 岁的弟弟连夜赶往上海。未等到达，父亲关棠已经故去。谁知祸不单行，母亲原已病入膏肓，加之伤心过度，不足一年也撒手人寰。临终时，母亲把关静之叫到床前嘱咐她一定把弟弟抚养成人。

人生路上接连不断的打击使关静之心灰意冷，转向空门，寻求慰藉，这也影响到陈仲瑄，两人都成为虔诚的佛教徒。后来关絅之和赵朴初也先后走上了佛教之路，关静之是主要源头之一。

关静之的双亲过世后，陈仲瑄牢记母亲遗嘱，一直关心着她的生活，书信来往不断。1916年初，关静之和为官的弟弟一起在上海居住，陈仲瑄曾经到上海看望过她。这是两人分别后的第一次见面，自然是日夜相伴，有倾诉不完的知心话。

其间，他们曾携手到杭州西子湖一游。一天，两人并肩坐在湖边的一个亭子里，此时细雨蒙蒙，远山近水模糊可

1937年，关静之（前右）、关絅之（后左）与家人合影于上海

辨，湖边树木葱茏，芳草萋萋，近岸的水里小荷才露尖尖角，成群结队的蜻蜓在空中飞，自由自在地锦鲤在水里游，简直一派人间仙境。西湖春天的美景使他们深深陶醉其中、流连忘返。

突然关静之说："慧妹，要是我们常住西湖边该多好啊！脱离尘缘，远离市井烦恼。"

陈仲瑄点头称是。她头脑里想的也是晚年如何同这位义姊在西湖边结庐为伴。这就是她写《冰玉影传奇》的缘起。这个剧本中有两支曲子真实地记录下陈仲瑄当时的心境和二人对未来的向往：

越洞集贤宾

山光明媚，湖波涌翠，小桥同饮闲滋味。看堤柳丝丝，花光细细，游客都成队。烟痕袅娜，塔影浮沉，日色西陲，始向村童问道归。

燕归梁

闻已金屋藏娇，向平愿了，儿女都成配。偿尽了人间宿债，好归来伴我，共领湖山味。你看那树挂夕阳天接水，风摇荷梗花如醉。小舟来去乱红中，双桨横飞，把一片绿波溅碎。我新室落在桥洞外，恰与陈庄相对。书室三楹，楼窗四面，收尽一堤空翠。待和你烹茶对卷，同悟古人精粹，便白发盈头休自馁。只大道相闻，性光圆满，终始追随，才落得个今生许多酸泪。

然而，友情天不助。二人的美好愿望也被连年的战乱击得粉碎。

关静之问起孩子们的情况，陈仲瑄首先说起赵朴初，男孩子嘛！说他如何聪明，读书如何用功。关静之听后非常高兴。她略作思考便建议说："慧妹，俗话说，三年住乡子孙愚。你还是把他送到上海来读书吧，你不用担心，生活上有我照顾。男孩子，

只有多见大世面将来才会有大出息。"陈仲瑄表示同意，但她心想孩子太小，自己哪舍得离开呀，于是推脱说："孩子才 9 岁，等长大点我一定把他送过来。"

这就是赵朴初后来去上海同关静之姐弟一起生活学习的缘起。

同年秋天，陈仲瑄突然接到关静之从湖北寄来的信。信中说，已经过世的宋康丰家要给关静之一个正式名分，即举行一个"抱牌婚"仪式。赵炜如、陈仲瑄夫妇安顿好家里的事，立即赶往湖北。参加完中国封建社会这一令现代人看来啼笑皆非的仪式之后，这对义姐妹少不了一番伤心叹息。分手之日临近，两人又满腹离愁别绪。

赵朴初多次听母亲讲关大姨不幸的身世，这次父母从湖北回来又讲了"抱牌婚"这一陋俗。在他幼小的心田里种下对中国封建礼教残害妇女仇恨的种子。

关静之的弟弟关絅之生于光绪五年（1879 年）比姐姐小三岁。父母双亡后，在姐姐的精心培育下，22 岁中举，次年由陈曾寿协助创办武昌"湖北民办普通中学"及"速成学堂"，深得两广总督张之洞的赞许。

关絅之精通英文，两年后，上海道台袁树勋聘其为上海道辖洋务翻译，三年后又受命为公共租界公廨谳员（主管审判定罪的官员）。1903 年后，关静之一直随弟弟宦居上海，平日里除帮助弟弟料理家务外，与义妹陈仲瑄常有书信往来。陈仲瑄也是在这期间应邀第一次赴沪相聚的。关絅之学富五车、为人正直、爱国心强、很有民族气节。他积极支持辛亥革命，曾加入"同盟会"。

关絅之像

关絅之供职的租界会审公廨是中国政府设在租借的司法机构。但帝国主义分子实行强权政治，外国领事硬要参与陪审，还经常抢夺发落人犯的权力。关絅之初到任上，便多次照会外国领事，采取"当堂发落权不争回，审案时就停止发落人犯"的策略，还强硬地表示"此事一日不定，即一日不能发落"，引起外国领事的大怒，决定要给关絅之一点颜色看。

1905 年 2 月 8 日，官眷黎黄氏由川经沪返粤，携带 15 名女孩，被疑为"拐匪人贩"，遭扑房拘押。关絅之、金绍成两谳员审明无据，让其回公廨女牢候释。陪审的英国副领事德为门硬要把其压入捕房，关絅之根据章程进行抵制，双方僵持不下。德为门命捕头将人犯抢去，还打伤廨役两人。事发后，舆论大哗，抗议浪潮此起彼伏。上海道台袁树勋命人前去交涉，德为门态度蛮横，市民怒砸巡捕房及公共租界市政厅，巡捕开枪镇压，死伤 30 多人，次日全市罢工、罢市。洋人束手无策，只好做出让步：把德为门贬调琼州，答应以后犯人一律由公廨收禁，并答应关絅之的要求，派英国水兵和西捕或印捕各 50 名听其调遣。要知道，由中国人率领外国军队上街，在租界历史上可是开天辟地第一次。"黎黄氏案"仍由公廨会审。关絅之最后审定"所有人犯，理由公廨当堂释放"。这个案子事关人犯发落权的归属。在这场斗争中关絅之获得胜利，大长了中国人的志气。

一时，关絅之的大名广为流传，上海市家喻户晓。人称关絅之为"关老爷"。

1911年辛亥革命后，革命党人陈其美出任护军都督，提拔关絅之为正审官。在此岗位一连干了二十余年，使关絅之成为鱼龙混杂的上海滩上十分显赫的人物。

1913年，宋教仁被暗杀，袁世凯实为元凶，孙中山力主南方各省起兵反袁。相对武昌起义而言，这就是历史上所称的"二次革命"。但因实力不足，旋即失败。当时上海镇守使郑汝成接袁世凯令，立即逮捕孙中山。而具体经办者就是关絅之。他作为同盟会员，立即让公廨秘书杨润之通知孙中山火速转移。孙中山顺利脱险后，亲自写一扇面送关絅之，以表感激之情。

关静之看到弟弟已成家立业，声名鹊起，心中无限欣慰。她想，自己没有辜负母亲的临终嘱托，对父母的在天之灵也可以有个满意的交代了。她每天除做点家务，便是读书，而且对《易经》有了比较深入的研究。据传，一天她看到弟弟书房的桌子上放着一幅租界当局绘制的上海简略地图，于是拿起来仔细端详。"啊！这不是一副标准的太极图吗！"她不禁惊叫道。仔细看一看就会清楚：黄浦江就像一个大S贯穿在浦东浦西的中间，浦东和浦西就像一对阴阳鱼包着黄浦江，陆家嘴是浦东这条鱼的眼（太极心），浦西这条鱼的眼（太极心）是老城厢。两下合起来，一幅太极图跃然纸上。她又看这条黄浦江，从东南流来之"玄水"，折过陆家嘴成了"已字水"，向东流入太平洋，财源茂盛达三江，真是上上吉祥之地呀。心想，这幅清末租界简图就是《易经》上所说的"河出图、洛出书"；浦西已经发达了四百多年，时机到来浦东绝不会比浦西差。到那时，浦江两岸珠联璧合、交相辉映，才是中国的太平盛世呢。

当晚关絅之下班回来，姐姐把这一新发现讲给他听。他仔细端详了一会儿地图，很同意姐姐的看法。

沉默片刻，关静之对弟弟，又好像自言自语地说："修修好，千万要为中国子孙后代造点福，别让政府再把浦东这块风水宝地割让给洋人了。"

二、姨舅之爱

光阴似箭，不觉三年已过。1919年冬天，陈仲瑄再次赴沪看望关静之。关静之又一次提到赵朴初的事。她一再强调，赵朴初已经不小了，绝不能再在那深山沟待下去了，建议马上把他送到上海来读书。陈仲瑄尽管舍不得孩子离开自己，但"父母爱子女，则为之计深远"这个道理她是懂得的。于是，接受了关静之的建议，答应把赵朴初送到上海读书。

1920年，春节刚过，赵朴初就要由母亲送往上海了。离家的前几天赵炜如带着儿子对在私塾教过他的恩师——拜别。走的前一晚上，大姐鸣初，哑姐默初一边为他收拾行囊，一边默默地流泪，妹妹偱初和行初也不时用手帕擦眼睛，小弟跟在赵朴初身后跑进跑出，寸步不离，好像哥哥要丢掉或被别人抢走似的。母亲自然是千叮咛万嘱咐，唯恐有想不到的事、说不到的话。

清晨，春寒料峭，薄雾弥漫，赵朴初挥手向家人和前来送行的乡里告别。太阳升起，寺前河水波光粼粼，赵朴初由母亲护送沿着十年前从安庆来的路又走出这闭塞的山村，走向广阔的世界。

陈仲瑄把儿子送到上海，在关大姨、关表舅家住了几日就回太湖了。

赵朴初与关大姨、关表舅从未谋面，但经常听父母谈到他们，虽耳熟能详，可看上去和原来想象的差距不小。关大姨虽然才四十多岁，但头发花白，面色发黄，缺少血色，显露病态；关表舅中等身材，略微发胖，文雅中带几分威严。关絅之的儿子才三岁半，来了一个能哄自己玩的哥哥，特别高兴，跟着赵朴初跑进跑出。

从偏僻的山村来到十里洋场的大上海，对赵朴初来说，这里是一个全新的世界。高楼大厦，车水马龙，琳琅店铺，摩登男女，黄浦江可比寺前河宽多了。他一身布袍，满脸稚气，确实有点土，眼前的一切使他目不暇接。

关静之视赵朴初若己出，平日脸上总是洋溢着和蔼的笑容，但生活上、学习上对他要求非常严格。关静之认为，一个孩子良好习惯的养成必须从小开始。她要求赵朴初每天清晨按时起床，叠好被褥，被子要叠得有棱有角。衣服、鞋袜、文具、书籍要放在固定地方，做到井然有序。她教育赵朴初说："不要拒绝做小事，大事是由小事组成的，只有做好小事，才能做大事。"

赵朴初与关静之情同母子

私塾里并不开数学，更不开英语课。而赵朴初要想读中学，这是绕不过的一道坎，所以短时期内必须补上。

关表舅给他买来数学和英语课本，开始亲自教他。赵朴初给自己定的规矩是："疑难问题不过夜"，也就是凡关表舅讲过的知识他必须弄懂并且记住，否则就不去睡。除学好关表舅讲的功课外，每天他还坚持练字，临摹苏东坡、王羲之等人的字帖。有时也拿出从家带来的《杜工部集》摇着头，有滋有味地读上几首。

无论复习功课到多晚，赵朴初都按关大姨说的按时起床。而起床后的第一件事就是去给关大姨、关表舅请安。晚年的关静之长居上海，偶尔来京与赵朴初生活在一起时，只要赵朴初在家，他仍然坚持早晨去请安，直至大姨 1962 年去世。

赵朴初进步很快，关絅之也大喜过望，但他公务繁忙，要给赵朴初讲的知识又太多，实在力不从心。他同姐姐商量好把赵朴初送到好友陆北璋医生家住读，补习英语、算数和地理。

陆医生从没见过这样聪明而又用功的孩子。只要他讲过的英语单词或句子，第二天考查，听、说、读、写、译全会。数学除完成留的作业，有时自己还选几道课外题做，一起请老师批改。地理课更难不倒这个上过私塾的孩子，不足两个月，地理课本便被他背得滚瓜烂熟，教师的提问对答如流。

就这样，赵朴初用了不足两年时间补上了初中阶段的几乎全部课程。为中学插班就读打下了坚实的基础。

三、选择学校

赵朴初在上海补习了两年功课后，由关静之和关絅之商定并写信征得赵炜如、陈仲瑄夫妇同意后，选择了苏州的东吴大学作为他学习的下一站。

东吴大学初期名叫东吴大学堂，是一所教会学校，由美国基督教监理会在苏州创办的存养书院、博习书院和中西书院合并而成，1900 年挂牌成立，次年 3 月正式招生。这所学校的成立还有一个大的历史背景：1895 年中日甲午战争中国惨败，同日本签订了割地赔款、丧权辱国的《马关条约》。国内，北方的义和团运动风起云涌。国家的生死存亡问题摆在每个中国人面前。一大批中国人，特别是知识界求变之声鹊起，纷纷提出学习西方，走富国强兵之路。要学西方，除派遣留学人员外，国内也要设立传播现代知识的教育机构，于是像东吴大学之类的各级学校应运而生，其中包括大学、中学、小学。当时老百姓把这类学校称作"洋学堂"，把入读这类学校的学生称作"洋学生"。

原东吴大学（现苏州大学）老校门

　　东吴大学的校训是："养天地正气，法古今完人。"其英文原文为"Unto A Full-Grown Man。"办学宗旨是："注重学业，培养品格，树立优良学风，提倡服务精神。"从 1907 年开始，这所学校以招收富家子弟为主，其管理水平和教学水平在我国整个东南地区均属一流。所以关大姨和关表舅经过比较为赵朴初选定了这所学校。

　　东吴大学地处苏州市葑门内天赐庄，连附属建筑在内共占地一百三十余亩。其全名为"私立东吴大学及附属中学"，校门正上方有"东吴大学"四个正楷大字，还有"养天地正气，法古今完人"楹联。主体建筑有三栋：林堂、孙堂和葛堂。刚建校时师生不足百人。经二十多年发展，初中部、高中部、大学部总共在校生也就几百人。首任校长是美国基督教监理会来华传教士孙乐文。董事长是林乐知，他是生于美国的华人，回中国后曾考中清朝进士，但他的身份仍是基督教美国监理会传教士。这所大学完全延用西方的教育制度，采取学分制。社会学家、民族学家费孝通，诺贝尔奖得主李政道，翻译家、作家钱钟书的夫人杨绛等名人均曾在此就读。

　　1922 年秋，赵朴初插班考入东吴大学预备班（初中）学习，各门成绩均名列前茅，特别是语文和外语更加突出。1923 年秋考入东吴大学附中（高中）读书，1926 年秋赵朴初又以优异的成绩考入东吴大学本科，就读一年后辍学。在东吴大学前后生活学习共 5 年，但这短短的五年在他人生的历程中是一个重要阶段。

四、良师益友

在东吴大学求学期间有两位老师兼老乡让赵朴初获益颇深，终生难忘。那就是薛灌英和苏雪林。

薛灌英老师教语文课，兼赵朴初所在班的班主任，安徽天长人，前清贡生，1877年生，这一年46岁。建校初期他便来此教课，已经工作20多年了。

第二位便是苏雪林老师，安徽太平人，是学校仅有的几个女教师之一，因母亲得病从法国辍学回国，刚来校任教。

苏雪林高高的个儿，瓜子脸，穿一身合体的旗袍，文静中透着几分高雅。

苏老师每周给赵朴初他们班上6小时的诗词课。这门课本应由她的老师陈钟凡上，但他要回金陵女大，托请苏雪林代上。

苏雪林喜欢古典诗词。她边备课，边研究，写出的教案就是她的研究成果，讲课多有新意，很受学生欢迎。课后把教案稍加整理便成论文。半年课上下来，她寒假便整理成六七万字的两篇论文，发表在当时的一个刊物上，在学生中引起不小的轰动。而苏老师研究学问要不遗余力、独辟蹊径、不拾别人牙慧、不断创新的教导让赵朴初受益终生。他将其作为座右铭牢记在心，终生努力实践。

听了苏雪林老师半年课，赵朴初对诗词的兴趣更浓了，经常小试牛刀。在《江南好》这两阕词中着力描写了东吴大学的美景及对亲友的怀念：

江南好

江南好，流水绕人家。浅盏芬甘尝芡实，曲栏清艳倚莲花。往事记些些。

江南好，吹梦落花风。小阁诗来人去后，高楼箫起月明中。逸兴与谁同？

20世纪60年代，陈邦织的叔伯妹妹小薇请赵朴初书写扇面，他一字不错地把四十多年前填的这阕诗写了出来。

东吴大学时期的赵朴初，话语不多，学习努力，成绩突出，一直当班长，在同学中的威信比较高。他的业余爱好是听昆曲，每当假日或星期天他就去仙霓社看昆曲演出，许多折子戏，甚至整出大戏他都烂熟于心。这对他后来的词曲创作大有裨益。

关系密切的同学主要有三个：梅达君、孙起孟和张梦白。

梅达君，又名光庚，安徽宣城人，1908年生于官宦家庭，后来成为赵朴初的终生挚友。在上海和赵朴初一起搞难民工作，加入中国民主促进会，出席中国人民政治协商会议第一届全体会议。建国后，他历任上海市人民政府交际处处长、办公厅主任，上海市政协副秘书长，上海财经学院副院长，华东纺织工学院顾问，中国民主促进会第三届至第七届中央委员、中央参议委员会副主席。

孙起孟，又名其敏，安徽休宁人，1911年生。1930年东吴大学毕业后在不同地方从事教育工作。新中国成立后，任政务院副秘书长，兼人事局局长，后来担任中国民主建国会中央委员会副主席，全国人大常务委员会副委员长。

张梦白，1910年生，虽非安徽籍，但出生于安庆，毕业后留校，终生在东吴大学、苏州大学任教。

梅达君和孙起孟，当时思想比较进步，上学期间就同共产党有所接触，对党的宗旨、主张了解较深。他二人经常向赵朴初讲共产党的故事，还暗中拿陈独秀主编的《新青年》等进步刊物给赵朴初看，使他对共产党开始有所了解，对党救国救民的主张十分赞同。他从这里接触到马列主义学说，并产生了浓厚的兴趣，这就是他终生成为共产党亲密朋友的渊源。

五、建同乡会

东吴大学的学生来自全国各省，而各省的学生纷纷建立了包括本省籍学生和教师在内的同乡会。

皖籍同乡会几年前就建立过，但活动不多，不久因故销声匿迹了。因此，学生赵朴初、刘荔生、孙起孟、梅光裕及教师薛灌英和苏雪林重提建会。

一个冬天的晚上，共有二十余名师生在教室开会，选举刘荔生同学为同乡会会长，赵朴初为副会长，薛灌英、苏雪林两位老师为顾问。苏雪林还草拟了《安徽同乡会述略》。文中说："东吴大学里的同乡会比较多，而安徽同乡会的资格却比较老一点，已经有了同乡会的组织，会员约二十余人，团结的精神极好，会务也很发达，后因种种关系，会竟无形解散了，真是可惜的事，安徽的教育本来是不很发达的，近几年来，屈处武人势力之下，解散学校，屠杀学生，视为常事，教育之被摧残，可谓达于极点了！安徽大学虽然已在筹备，但在这风雨飘摇的局面里，成立不知何年，我们有志求高等知识的人不得不负笈邻省，这就是本校皖籍人尚多的缘故。因为这个缘故，想到本校同乡会的成立，虽然可喜，然而回顾本省教育的凋敝黑暗，又觉可悲。但是，扫除旧势力是我们青年的责任，将来成功与否，要看我们今日的工作如何。"从此文我们可以看出当时社会之黑暗及师生的愤懑之情，以及师生们表现出的扫除旧势力舍我其谁的气概。

赵朴初对同乡会的工作满怀热情：同学有事，跑前跑后，每月都组织活动，有时还开会讨论安徽省及全国发生的重大事件。在这样的会上赵朴初、梅君达、孙起孟等还经常把在进步报刊和书籍中学到的知识对同学讲，一时安徽同乡会成为全校比较激进的社团。

六、声援"五卅"

1925 年 5 月 30 日，上海工人、学生 2000 余人，分组在公共租界各条马路上散发传单，进行演讲，揭露帝国主义枪杀工人顾正红。租界当局大肆拘捕学生，当天下午仅南京路的老闸捕房就抓捕 100 余名。万余愤怒的群众聚集在老闸捕房门口，高呼"上海是中国人的上海！"、"打倒帝国主义！"、"收回外国租界！"等口号。英国捕头艾弗生竟调集通班巡捕，公然开枪。当场打死 13 人、重伤 10 人、捕 50 余人。其中学生死 4 人、伤 6 人、捕 40 人。制造了震惊中外的"五卅"惨案。

第二天下午，消息传到苏州。苏州学联在北局青年会召开紧急会议，听取上海学联代表报告"五卅"经过。赵朴初是东吴大学附中学生代表之一。会上一致决定苏州学界即日起总罢课，声援上海的斗争。

6 月 1 日，在中国共产党员瞿秋白、李立三、蔡和森、刘少奇等人的领导下，组织上海 20 万工人总同盟罢工，5 万学生罢课，甚至公共租界雇用的中国巡警也罢岗。

东吴大学附中全体师生召开特别会议，选出赵朴初等 10 人组成执委会，决定"所有援沪案一切事务，概由委员会全权处理"。在赵朴初等 10 名委员的领导下，附中学生组成 30 支演讲队，上街宣传、散发传单。

怎样支援上海工人呢？可不可捐些钱解决他们的燃眉之急？通过什么途径募捐更好呢？赵朴初突然想到这些问题。当时募捐支援上海工人运动在国内尚无人提起。于是一个大胆的设想从他脑中冒了出来。

6 月 3 日，在附中临时执行委员会会议上，赵朴初说："我提议大家以吃素代尝胆两周，倘若全体同学茹素两星期，即可募集一些伙食费救济工人，尽管杯水车薪，总计起来就是不少数目，或可在全国带动其他地方募捐。"执委一致赞同，共募捐一千多元，立即给上海总商会汇款三百元。这是该会从全国收到的第一笔捐款。

苏州学联在所属 26 所学校中推广赵朴初的办法，决定各校学生吃素一周，将节约款项全部送往上海。到 6 月 20 日止，苏州学联共收捐款 1.73 万元，悉数寄往上海。

由于罢工领导人的坚持，巡捕房不得不把被捕人员交租界法官审理。而主审人正是赵朴初的表舅关絅之。他以大无畏的精神顶住洋人的压力，当庭宣布：被告多数为学生，少数为过路行人，因日人枪杀工人顾正红，在租界内演讲、发传单表示抗议，而无暴动企图，一律自行具结开释，保洋发还。当时的上海"申报"刊载了审案经过，大大鼓舞了全国人民的爱国热情。

七、中途辍学

1926 年暑期，赵朴初从附中毕业，以优异成绩考入东吴大学本科部。屈指算来他离家已经 6 年了，故乡的一草一木无时不让他魂牵梦绕，亲人的音容笑貌一直萦回脑际。

也该回家看看了！他提醒自己。

赵朴初首先到上海看望了关大姨和关表舅，然后逆长江而上直达南京看望姐姐赵鸣初。

两年前，姐姐嫁给了湖北人周君简。周君简，字圣华，1905 年生，小姐姐一岁，大赵朴初两岁。此时周君简正在南京一政府部门任职，因南京棉鞋营"赵公馆"房多，故在此安家。

见到姐夫周君简后，两人谈话十分投机，大有相见恨晚之感，从此以兄弟相称。后来，周君简给赵朴初的信中曾夹带《浣溪沙》一首，充分表达了二人的深厚情谊："莫遣词华消壮志，轻将风味换儿时。孤怀除与一心知。"

离开南京，赵朴初又顺长江而下到达安庆。当时交通不便，他转乘车、船，夜宿晓行，经太湖县城，几日后方到寺前河镇。

通过书信往来，父母早知他学习成绩优异，如今见面看到 19 岁的儿子已长成真正地男子汉，又一表人才，心中自然是高兴无比。赵朴初在家住了几天，处处表现得很懂事，很孝顺，让父母享受到短暂的天伦之乐。每天母亲挑样儿做赵朴初小时爱吃的饭菜，她看到自己的儿子身体比较单薄，面部有些发黄，怕他有什么病，心里担忧，却又不能把他留在家里，一阵酸楚，不禁流下眼泪。

临行前，母亲给他赶织了一件新毛衣，默默地放在他的旅行袋里。可后来赵朴初笃信佛教，不穿动物毛织品，但把母亲给的这件衣服作为珍贵的纪念品永久保存。

1926 年秋季开学，赵朴初和好友梅达君、孙起孟、张梦白等人一起进入东吴大学本科就读。他继续当班长，副班长是蔡文达。全班 39 人，入学那天还照了一张集体照。此时，他食用荤腥之后身体总感不适，于是茹素断荤，以致终身素食长斋。

1924 年到 1927 年的国共合作，使中国革命得到全面而迅速地发展。然而，好景不长，大搞军事独裁的蒋介石于 1927 年 4 月 12 日在上海发动反革命政变（史称"四一二"政变），大肆逮捕和屠杀共产党员和革命群众。赵朴初忧国忧民，心中一片迷茫，不知中国未来将走向何方。更严重的是，蒋介石集团知道"五卅"运动是由共产党人领导的，于是把运动中的积极分子以及全国各地积极声援者均作共产党人看待，令当局严加追查。

在苏州学界声援"五卅"活动中，赵朴初是人所共知的领导者之一。在被通缉的师生名单中有赵朴初的名字。于是东吴大学再也放不下他那一张平静的书桌。为躲避追捕，他先藏身于好友梅达君家，数日后匆匆赶到湖北武汉舅父陈鹤孙家。途中患病咯血，在舅父家就医调养数月。从好友来信中得知风声已过，想返校读书，归途中病情转剧，只好径直前往上海关絅之家治病。经诊断，他得的病是肺结核，而且比较严重。当然，如果现代人得了此病，以现代医疗水平，并无任何可怕之处。可在当时，结核病属难以治愈的严重疾病。过去中医所说的阎王请人上路的三种病"干痨、气鼓、噎"，"干痨"就是肺结核。22 岁的赵朴初因患此病不得不结束了他的大学学业。

摆在赵朴初面前的有不少难题：如何战胜病魔？如何排解远离父母的孤独？怎样找到为社会服务的机会，从而获得经济收入以维持个人生活？这一切都得到了关大姨和关表舅的无私帮助。

第四章

觉园疗养　皈依佛门

一、参加护法

赵朴初病后，从武汉直接到上海投奔关大姨和关表舅，经名医确诊为肺结核。得了这种病的人当时只有吃中药，加强营养，适当锻炼，增强身体抵抗力，慢慢恢复。

可巧，著名的佛学家上海名医丁福保是关絅之的老友，他应邀特来关家为赵朴初把脉。加上关大姨饮食上的调理，几煎药吃过后，赵朴初的病情大有好转。

调养一段时间后，赵朴初便开始帮助在上海佛教净业社任社长的关表舅做些起草文件之类的工作。

由于姐姐关静之的影响，弟弟关絅之早在 1920 年便正式皈依三宝，自号"别樵居士"。其自述遗嘱中说："余自 42 岁皈依三宝，专修净土。20 年来，虽世事忙碌，功课未能如初学时之严密，而一句佛号，时时提起，往生之愿，甚为恳切。"

1919 年，他与上海名流、居士王与揖、沈辉等发起组织上海居士林。其《暂行规约》上说："集在家善信，熏习佛法，力行善举，弘扬佛教，自利利他为宗旨。"

上海佛教居士林是上海开埠以来，最早成立的佛教社团。1922 年，因形势需要，该居士林一分为二。关絅之、沈辉等在爱文义路原址成立上海佛教净业社，而王与揖等另行组成世界佛教居士林。

上海佛教净业社推举施省之任董事长，关絅之、黄涵之、姚慧正、李静、陈听涛、王完禅、简妙羲等七人为董事。因信众入社者越来越多，以致原地窄小不够用，迁往常德路的南园。

南园是创办南洋兄弟烟草公司的简照南、简玉阶兄弟的私家花园，面积很大，有水木清华之胜。它位于上海赫德路 53 号，即今上海幸德路 418 号。房舍除住宅外，

赵朴初当年在觉园住的小楼

因简氏兄弟笃信佛教，西南角原造一菩提精舍，他们把精舍让出作为净业社的办公地点。1923 年，简照南居士逝世，其弟简玉阶遵照他的遗嘱将南园全部捐出，根据佛经所言"毕离苦津，终登觉岸"之意，更名为觉园。使其成为全国有名的净土道场。

由于觉园的净业社进行改组，设董事 17 人。社章更改为选社长 1 人，副社长 2 人。此次改组，关絅之被推选为首任社长。

1927 年 1 月 1 日，租借的公审公廨由中国政府收回，关絅之身体欠佳，又有大量的佛教事务要做，辞职后把家搬到觉园，专心于佛事。

关絅之对文字以及佛教用语要求非常严格，开始时赵朴初起草好的文件，每次改动都很大。他给赵朴初布置作业，要求他按时读完指定的佛学书籍，要求他起草文件多用佛教语言，后来改动得越来越少，一段时间后，基本不再改动。时间长了，凡是赵朴初起草的文件他都不用过目，直接签字上传或下发，成了"免检产品"。

民国时期的著名军阀冯玉祥笃信基督教，军中设牧师，以基督教的精神治理军队，而对佛教却另眼相看。1927 年 6 月他主政河南，向开封大相国寺派捐，遭拒绝后，便没收寺庙财产、驱逐僧人、砸毁佛像，使这一千年道场毁于一旦。这时其他地方也刮起占庙产以兴学之风。这危及到佛教的生存。以施省之、黄涵之、关絅之和王一亭（三之一亭）为首，发起成立上海佛教维持会，联络全国各地佛教徒，一面要求政府出面干预，一面通电冯玉祥停止暴力。这些会议都在觉园举行，呈文、通电草稿均出自赵朴初之手。这是他第一次参加中国佛教大规模的护法活动。

1928年，江浙佛教联合会在上海成立，机构设在觉园净业社内。经关絅之介绍赵朴初进该会专司文牍。中国佛教会第一次全国代表大会在觉园召开，圆瑛大师当选会长，赵朴初任该会文书。至此，赵朴初在关絅之的引导下走上了佛教工作之路。

二、暂别觉园

1930年，关絅之被任命为江苏省烟酒印花税局局长。赵朴初随其赴宁，任该局科员，掌管出纳。次年秋天他同汪棣华结婚。汪棣华的父亲和关絅之为同科举人，两人是好友，故关絅之成了这对新人的红媒。

汪棣华在汪家该辈人大排行中为老二，家人称其为二小姐。长大后她聪敏过人、博闻强记、工诗词、善书法，但性格孤高自傲，往往与人落落寡合，表示自己与众不同。

第一次大革命后，安庆逐渐又恢复了往日的平静。世太史第离去避难的赵家人陆续返回。赵炜如同妻子陈仲瑄也带着孩子回到原来的住处。毕竟城里比乡下生活要方便得多。所以赵朴初和汪棣华的婚礼是在安庆大宅里举办的。父母、姐姐、弟弟、妹妹及众多本家亲眷参加了婚礼。新郎长袍马褂，新娘披红挂彩，场面热烈非凡。

世太史第内人多，很不安静，一对新人未度完蜜月，汪棣华便催促赵朴初赶紧一起离开。他们回到南京，住棉鞋营赵公馆。婚后一段时间，汪棣华很钦佩赵朴初的才学，二人经常诗词唱答，小两口日子过得其乐融融。

1932年，赵朴初和汪棣华的儿子在南京出生。按赵家族谱应为"锡"字辈。赵朴初为其起名赵锡鹏，为鹏程万里、大有作为之意。赵家长辈自然是欣喜万分，免不了热热闹闹地庆贺一番。

同年关絅之调任湖北烟酒印花税局局长，赵朴初随其至汉口赴任。两个月后关絅之被免职，二人一同回上海佛教会工作。

1931年，发生了震惊中外的"九·一八"事变。日本军队攻占北大营，次日占领整个沈阳。国民党政府采取不抵抗政策。此后4个月内，相当于日本本土3.5倍的辽宁、吉林、黑龙江三省全部落入日军之手，3000万东北父老兄弟沦为亡国奴。

面对民族危亡、国土沦丧、风雨如磐、世道如晦的现实，赵朴初心情压抑、百感交集，想自己空怀一腔热血，却不能报效祖国。坐在自宁返沪火车的三等车厢里，看两旁的树木、田野、村庄向后飞驰而去，听车厢内的人大谈生意经，他独自慢慢饮茶取暖，耳闻目睹，感慨良多，这时四句诗浮现在他的脑际。60 年后，他忆起此时、此景、此诗，一字不错地写下来赠友人惠存。

宁沪列车中作

冷意初凝借茗浇，重围袭耳语嘈嘈。

空山践约知何日，独向人群味寂寥。

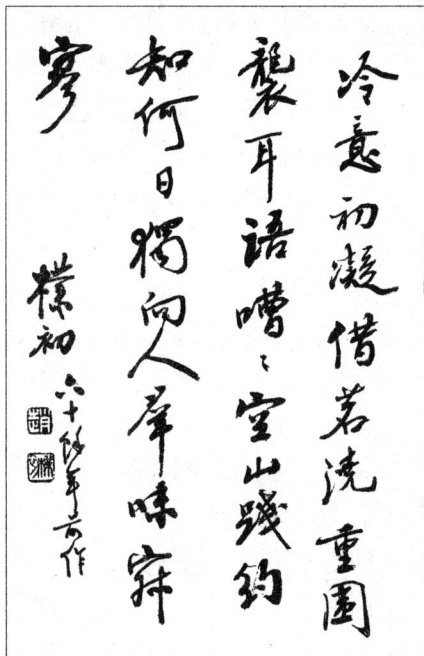

宁沪列车中作

回上海一年多后，赵朴初经历了人生中一次巨大打击。1934 年，他的爱子，3 岁多的赵锡鹏因患麻疹高烧不退不幸夭折。这对他来说，无异晴天霹雳，精神上受到极大创伤。他经常独自到郊外散步，以此排解愁闷的心情。

想起唐代著名诗人韦应物的《闻雁》一诗，步其韵吟出一首：

闻雁[1]

穷索成孤往，秋林一雁哀。

未应歌舞地，还恋望思台。

倾耳随风逝，危肠共叶催。

征途难得遇，知是为谁来？

字里行间我们不难体会到当时赵朴初的失子之痛。

三、皈依佛门

1989 年 1 月 7 日，伟大的爱国主义者，著名的国务活动家十世班禅大师圆寂。翌年赵朴初在《班禅大师圆寂周年法会上的讲话》中说："我本人和班禅大师有深厚的因缘。早在 30 年代，第九世班禅在上海兴修法会，我受过他的灌顶。"

---

[1] 为儿殇作。

关于传主受过藏传佛教密宗格鲁派活佛灌顶一事，过去近五十年未有任何传闻，报刊杂志也无任何记载，经本人透露，外界才得以知晓。

九世班禅是藏传佛教两大活佛之一，学识渊博、修持精深、道行高卓，深受四众信仰。他更是一位爱国宗教领袖。

其两次莅沪传法有准确记载。第一次是 1924 年在上海觉园功德堂。这是近代藏传佛教传入上海之始。第二次是 1934 年在南京就任国民政府委员后，赴杭州主持第七次时轮金刚法会，参加者 7 万余人。法会结束后，应上海各界之邀，前往上海觉园驻锡，发起组织菩提学会和成立蒙藏学院。同年 6 月 3 日，上海各界组织了 30 多万人参加的欢迎大会，班禅大师在会上发表了题为《蒙藏为中国重要国防》的爱国演说。传主接受灌顶即在这次，时间就是 6 月 3 日，地点在觉园。

佛教讲缘，缘就是时间、空间、条件、机遇等。赵朴初从童年开始到成年确实有佛缘。1935 年，圆瑛大师在上海办圆明讲堂，赵朴初和终生侍奉圆瑛左右的明旸法师一同由其点化，皈依佛门。不同的是，赵朴初成为居士，而明旸成为比丘。居士一词在中国古代一般指隐居不仕之人；佛教传入中国后，居士指居家修行人士和所有非出家的学佛人士。赵朴初属居家修行的人士，所以后人对他多称赵朴初居士。圆瑛法师为中国近代佛教领袖，早在 1929 年便同太虚法师发起成立中国佛教会，连续数届当选理事长。一生为团结全国佛教徒，促进和平作出重大贡献。新中国成立后，1953 年中国佛教协会成立，被选为第一任会长。

在圆明讲堂，赵朴初给圆瑛大师当秘书兼任中国佛教会秘书。业余时间，在这里他接触到浩如烟海的佛经。他另辟蹊径，刻苦研读，请教往来高僧，一头沉入佛教知识的海洋。特别是清定法师，后来对他的帮助很大，二人师徒相称，使他终生深怀感激之情。

后来赵朴初曾对人讲过当时的想法："那个时代，年轻的我确实想以'慈善为本，普度众生'。后来在探索中方知佛经卷帙浩繁，内容丰富，一部《大藏经》实际就是一部综合性的佛教丛书，这不能不说是中国文化的宝贵遗产。有些学者认为，佛学研究跟不上同样会影响到中国哲学史和中国思想史的研究。我想不无道理。我研究它，就是想为中国传统文化和宗教事业尽一点中国人的义务。"由于高僧大德的影响和帮助，加之自身的刻苦努力，赵朴初的悟性大开，学问长进，与此连带的诗词和书法水平亦有很大提高。

1935 年皈依后，赵朴初成了名副其实的佛教徒。不久锡兰（今斯里兰卡）南传佛教科伦坡金刚寺住持纳罗达来沪弘法，住上海佛教净业社，接待工作全部由赵朴初负责。从吃、住、行到活动安排，事无巨细，他都要亲自过问。此间他与纳罗达交往密切，对南传佛教有了较深入的了解。1957 年纳罗达再度来华，二人重叙前缘，并在赵朴初任副院长的中国佛学院发表热情洋溢的讲话，随后赴全国各处佛教圣地参观。回国前由赵朴初陪同受到周恩来总理的友好接见。

四、广结挚友

母亲陈仲瑄一直担心儿子的健康问题，1934 年她曾来上海看过赵朴初一次。一来吉人天相，二来菩萨保佑，赵朴初虽然工作繁忙，学习劳神，很少休息，但在当时所说的难以治愈的疾病——肺结核已经痊愈了。母亲自然非常高兴。

病愈后的赵朴初经常同陈家亲戚来往。他向著有《苍虬阁诗集》而驰名的陈曾寿请教诗词知识，并执弟子礼；向开设拳坛的陈曾则学习打太极拳。

同年，赵朴初因公去南京，正值姐姐鸣初 30 岁生日。姐夫周君简在饭店备酒席一桌请赵朴初等人。他为姐姐写贺联一副：

贺鸣初姊三十寿

种花栽柳，以时自寿。

登山观海，积健为雄。

湖北浠水陈氏家族的老四陈曾谷的女儿陈邦织，1918 年生于杭州，次年随父母迁入江苏宝应县，由外婆抚养大。父亲陈曾谷在上海私立光华大学教书，她小学毕业后也来到上海，先后就读于上海市私立晓明中学、私立光华附中，1941 年春，考入上海私立光华大学会计系就读。在学校，她阅读了许多进步书籍，对社会和革命的认识逐步深入。"八·一三"沪淞抗战后，她怀着强烈的爱国热情，积极参加抗日救亡运动。上海沦陷后，她又勇敢加入反对日本帝国主义侵略的行列，在赵朴初等爱国民主人士筹办的上海净业儿童教养院做了大量

赵朴初与母亲（前排右）、妹妹（后排右）合影

工作，为掩护地下党员和抗日人士发挥了积极作用。

因陈、赵、关三家亲亲相套，几代人走动频繁。所以她与赵朴初经常见面。两人思想相近、志趣相投。陈邦织有什么不懂的问题经常请教这位兄长，赵朴初也把她当做亲妹妹予以关照。赵朴初因故与汪棣华分手后，两人在共同的斗争中相知、相爱、结为终身伴侣。

堂弟赵荣声，燕京大学新闻系毕业，1925年在"一二·九"运动中加入共产党，与同学一起去过延安，受到毛主席和朱总司令的接见。他与赵朴初书信往来不断，介绍北京学生运动情况，介绍在红色延安的见闻，让赵朴初耳目一新。他还写文章寄给赵朴初，找比较熟悉的报刊发表。为此赵朴初曾多次面见邹韬奋，一来二往两人越来越熟，后来成为忘年交。

对马相伯、吴耀宗、沈钧儒、鲁迅等文化名人，赵朴初早就崇拜有加，经常读他们的文章，从中得到启迪。因工作，他还结识了郑振铎、沈雁冰、叶圣陶等人，耳濡目染，受益良多。

第五章

慈善济民 鞠躬尽瘁

一、抢救伤员

赵朴初身为虔诚的佛教徒，一贯奉行"诸恶莫作，众善奉行，慈悲为怀"的精神，以兴办慈善事业报国家恩、报众生恩、报三宝恩、报父母恩。在给友人的信中他曾写道："尝念佛教欲复兴于今日之世，当首先注重利生事业。唯能利生，始能深入社会，深入民心。"

早在1933年，也就是上海"一二·八"抗战的第二年，关絅之就"痛念近来世道荒乱，民不聊生，几多无父母的孤儿无衣无食，将成饿莩，纵不饿死，由于无教育必难成正器。"而创办上海佛教慈幼社。他自任社长，赵朴初任副社长，关静之也亲自担任义务教养员，收养了几十名孤儿。把养与教有机结合，成效显著，深得社会各界好评。

卢沟桥事变发生后，圆瑛大师在觉园召开中国佛教会监事紧急会议，号召全国僧众爱国护教，成立了"上海佛教界护国和平会"。太虚大师与章嘉呼图克图在重庆发表《通告全国佛教徒加强组织以抗倭书》，全国佛教四众群情激愤，共同拥护。至此，佛教内部在宗教改革问题上虽有分歧，但在关乎国家兴亡的抗击倭寇、护国护教的大是大非问题上又团结一致、同仇敌忾。上海形势趋紧，圆瑛大师亲自主持召开了中国佛教会常务理事紧急会议，决定成立以他亲任团长的"中国佛教会灾区救护团"并紧急通知京（指南京）沪地区寺庙各派200名年轻僧众往上海玉佛寺报到，组成"中国佛教会灾区救护团第一僧侣救护队"（后来南京、宁波、重庆等地亦成立同类组织）。而具体工作的实施，则由赵朴初负责。

在淞沪战场上僧侣救护队深入前线，冒着枪林弹雨，救死扶伤，护送难民。仅京沪第一队就"出入江湾、闸北、大场等阵地"，抢救伤员不下万人。"脱下袈裟换战袍，舍生忘死救同胞"的僧侣救护队成为"八·一三"战场上的一道特殊风景。全体救护队员，蒙佛加被，最后查点，受轻伤者虽然不少，但只有两人殒命。上海《申报》在表彰僧侣救护团的的文章中说："该队在工作时，虽迭遇险阻，而遭受重大牺牲，然仍勇往直前，百折不回。其勇敢服务之精神，殊堪钦佩。"中国佛教会还成立了僧侣掩埋队，负责掩埋战场尸体。圆瑛大师同弟子明旸法师一起两次去南洋筹募，取得巨大成功。

作为中国佛教会的主任秘书（相当于现在的秘书长），赵朴初时而出现在枪林弹雨的前方，时而出现在抢救伤员的医院。而僧侣救护队的食宿也全部要由他安排，救护用品也都要由他购置。他把危险和疲劳置之度外，夜以继日地工作。从上海市佛教协会档案库保存的杂志中我们可以看到赵朴初为"佛教和平护国会"所定徽章的照片，上面是一顶地藏菩萨的毗卢帽，表大愿之意，而当时的大愿就是护国与和平。

二、收容难民

日本兵在沦陷区坏事做尽，对僧侣照杀不误，对寺庙一样"三光"（杀光、烧光、抢光），对比丘尼一样奸淫，激起佛教界及全国人民的极大震怒和愤慨。

1939年春，时值抗日烽火燃遍祖国大地，南岳衡山由佛门弟子和道士组成"南岳佛道救难协会"。当时周恩来担任国民政府军事委员会政治部副部长，为这一组织亲笔写了"上马杀贼，下马学佛"的题词。

这一口号不胫而走，很快传遍大江南北。

五台山僧众成立了"僧人抗日自卫队"（又名和尚连）英勇杀贼；江苏宜兴龙池山横海和尚早年毕业于保定军校，日军打到宜兴，他组织僧众千余人，施以军训，被推举为司令，率部屡挫日军，后来不幸以身殉国；南岳以碧吾法师为首的游击队打出威风，名震三湘。

佛教这种非常时期的非常选择是为保障自身的生存权利，既符合中国佛教的基本精神，也符合国家利益和民族大义。赵朴初一贯倡导的人间佛教思想，与此是一脉相承的，只是时代特点不同、内容不同而已。

身为中国佛教会主任秘书的赵朴初，看到国家内忧外患，重重乱局，但对未来仍然抱有美好的憧憬。他坚定地认为，日本鬼子一定会被赶出去，正义一定战胜邪恶，中国一定会强大起来。而强大起来的中国，需要各方面的人才，其中包括佛教人才。所以为绍隆三宝、续佛慧命，当1935年纳罗达来上海觉园弘法时就同其商定派留学生去锡兰（今斯里兰卡）留学。1936年，赵朴初和当时中国佛教会有关领导人共同选定李荣熙等"五比丘"前往，师从著名佛教学者金刚智长老，学费由上海佛教界资助。他们离沪时赵朴初到码头送行，分手前五位青年僧人表示学成立刻回来，弘法利生，报四重恩，为国为教贡献力量。他们果然未负重望，个个学有所成，载誉而归。

1936年夏，赵朴初发起成立"中国佛教徒护国和平会"（"护国"与"和平"均为佛教用语，"护国"即"抗日"，"和平"即反对内战），任总干事。年末，由黄涵之首倡建立"上海慈善团体联合救灾会救济战区难民委员会"，简称"慈联会"，赵朴初任常委兼收容股主任，办公地点设在仁济堂。收容股主管各收容所的成立、迁并、人员任免、教育及行政工作，还兼管僧侣救护队的后勤保障。

当时上海市政府的社会局还派来几个干部，掌管"慈联会"的人、财、物。但那几个人把当时政府机关的普遍作风带了进来，"一杯茶水一支烟，一张报纸混半天"，遇事能推就推、能拖就拖，本来应该办而又很好办的事，如果当事人上上下下没有什么关系也得被敲一竹杠才能办成。所以事无巨细都得赵朴初去管，把他忙得一天手脚没时闲。

"八·一三"前，"慈联会"准备运送难民，租了几辆卡车应急。8月14日下午，从各地汇集到公共租界云南路的难民越来越多。一个外国记者写道："这些人冒着炎热蹲坐在黄浦江边，有的手里还牵着他们的牛羊。"日寇的飞机开始狂轰滥炸，已经停业而临时成为难民收容所的大世界被炸，当场死伤两千多人，不少人的胳膊、腿都炸飞了。难民中的妇女和儿童的哭嚎声使人听后撕心裂肺。社会局的派驻人员和卡车司机早已跑得无影无踪。就在赵朴初跑下楼梯去看伤员的时候，"慈联会"的办公室也被炸毁，办公室的水泥天花板掉了下来，正好砸在他的办公桌上。赵朴初未在屋内，才幸免一劫。这时，流弹在头顶上嗖嗖乱飞，恰巧，赵朴初的老朋友吴大琨来了。赵朴初拿起两面小红旗，一把递给吴大琨说："你来得正好，我们快快安置难民。"于是他两人各执一面小红旗跑到难民面前高喊："快跟我们来，找安全的地方去！"他们带着长长的难民队伍，一路打开宁波同乡会（今申花俱乐部）、金城大剧院（今黄浦剧场）、天蟾舞台（今逸夫舞台）的大门，找了十几处收容所，才把难民全部安顿下来，一看表，已经凌晨3点了。赵朴初身体虽感困倦不堪，但心情却轻松了许多。当天的晨报便登出消息："赵朴初菩萨再世，忠肝义胆救灾民。"

淞沪抗战失败，日军占领上海，租借沦为"孤岛"，难民不断涌入。光"慈联会"先后就设立收容所五十多个，接受难民近五十万。许多僧侣和信众参加了服务工作。

他们"昼则抚慰难胞，夜则运水煮浆，连续数日，极备辛劳"。

难民中的热血青年身受其害，又看到日军灭绝人性的残暴行为，恨不得马上拿起武器和他们拼个你死我活。正在"八·一三"淞沪抗战进行之际，宋希濂率领的国民党军队第三十六师伤亡惨重，赵朴初便把主动要求上前线杀敌的三百多热血青年送到急需兵员的三十六师。

三、送"垦荒"者

据上海《立报》所载，1937 年 10 月全上海的难民不下 130 万，进入公共租界的就有 70 万。光"慈联会"就收容了 50 万。这些难民如何安置，特别是青壮年人的出路是赵朴初昼夜思考的大问题。

此前，赵朴初从朋友和同学那里听到过不少关于共产党的事情，也读过不少进步报刊和书籍。而 1936 年 11 月 23 日发生的"七君子事件"，使他彻底认清了那个"宁赠友邦，不与家奴"的"领袖"的反动面目，而对共产党抗日救国的主张坚决拥护。赵朴初掌管难民收容所的人事权，借此他接纳了许多共产党员协助工作，成立了"难民工作党委"，每个收容所都建立了党组织。焦明（刘若平）、朱启銮、汤镛等是第一批来协助工作的共产党员。曹荻秋、刘述周、陈国栋、韩念龙等共产党员也曾在这里得到过赵朴初的掩护和救助。

不久，党组织又派周克、丁敏和赵朴初的老同学梅达君协助赵朴初工作。赵朴初都放心地把他们安排到重要岗位上。这些共产党员为国家、为民族不怕牺牲的大无畏精神和脚踏实地的工作态度让赵朴初敬佩不已。他们之间工作配合默契，成为肝胆相照的朋友。由他们提出建议，赵朴初做出决定，从各难民收容所遴选出一批 12 至 14 岁的优秀少年儿童成立了"工华难童收容所"，由共产党员丁瑜担任主任。丁瑜和难童们同吃、同住、同劳动，对难童进行政治思想教育、传授文化知识、培训生产技能。还成立了"工华难童自治会"，难童们自己主持会议、制定计划，组织校内外的抗日救亡活动，到各收容所和社会上巡回演出。每逢七月七日、八月十三日、九月十八日及元旦他们都自行搞义卖活动，所得款项用于支援新四军，还常常组织到校外劳动，所得收入用以改善生活。他们还定期组织读书、读报、演讲会、时事座谈会、歌咏比赛、演出戏剧等活动。后来这些孩子绝大多数成为党、政、军的高级干部。原上海市委副书记杨堤就是其中的一位。"工华难童收容所"历时 28 个月，收容难童近千人，分 7 批去了大江南北的游击队。难怪敌伪报纸惊呼："'工华'成了红小鬼的输出基地。"

1937 年 10 月 12 日，国民政府军事委员会宣布将湘、赣、闽、粤、浙、豫、皖等边界地区的中国工农红军游击队和红军第二十八军改编成国民革命军新编第四军，叶挺任军长，项英任政委兼副军长。这个消息一传开，赵朴初和他的朋友们个个欢欣鼓舞。

1938 年初，中共中央长江局书记周恩来找来上海地下党的负责人刘晓和沙文汉，要求上海从人力物力上支援新四军。同年 6 月，上海地下党派林枫到新四军军部协商，确定重点动员难民参加新四军。朱启銮和焦明找赵朴初商量，赵朴初欣然同意。但上海日伪特务、国民党特务无孔不入，形势十分复杂，这件事办起来风险很大。

赵朴初生前回忆起这件事曾对人说："那时，我知道屈映光（'慈联会'副主任）从上海租界，用英国船运货到温州做生意，有一位叫潘仁伟的佛教徒替他办理。当我听到新四军成立的消息后，心中不禁一动。船既可以来往运货，那当然可以用来运人了，是否可以通过这个途径把这批人运到新四军去？所以当焦明和朱启銮找我商量如何支援新四军时，我就提出把难民组织起来，经过温州送到新四军去这一想法。我问焦明可不可先到新四军军部谈一谈。焦明去后回来说，新四军非常欢迎上海难民去。于是我们就开始做准备。'文革'后我才知道，焦明到新四军部是余立金同志接待的。之后，新四军便派余立金到上海，在正大收容所当管理员……"

赵朴初首先在上层做工作。他摆出的理由是：难民中的青壮年不少，让他们离开租界等于帮助敌人，长期留在租界这个孤岛上经费难以为继。解决生产自救的最好途径是"移民垦荒"。他首先说服了"慈联会"会长黄涵之等人。租界当局听到难民要离开，当然求之不得。此时还得到国际红十字会的同情和支持。为争取合法，赵朴初还特别向已从上海撤往内地的国民党当局救济委员会负责人许世英打了报告，并得到批复。事情办得很顺利，此时难民参加新四军，就可以用合法的形式办理。租界各界人士还为"垦荒"的难胞筹集了物资和经费。

"慈联会"包租下英国太古公司的一艘轮船。1938 年 8 月 18 日，青壮年难民、少年难民中的优秀分子和收容所里的干部共 700 多人在法大马路（现金陵东路）的轮船码头集合。为避免日伪怀疑，掺杂了一些老人、妇女、孩子、乞丐和流浪汉作掩护。每人都发了难民证。"慈联会"还给每人发了一套衣服和少许零用钱。

轮船起锚了，渐行渐远，赵朴初站在欢送的人群中，看到这么多人参加新四军，他感到国家有望、前途光明，随即吟就送行诗一首：

黄浦江头送行

挥手汽笛鸣，极目楼船远。

谈笑忆群英，怡怡薪与胆。

雄风舞大旗，万流归浩汗。

同弯射日弓，待看乾坤转。

到温州后把作为掩护的老人、妇女、儿童、乞丐、流浪汉另行安排，参加新四军的七百多人暂时住在预先安排好的地方。第二天，新四军派人来接，步行近一个月到达皖南新四军军部。这批人的到来，使新四军增添了新鲜血液，部队的文化素质得到明显提高，后来他们中的不少人成为党、政、军各级领导干部。

1938 年与"慈联会"的平行机构"难民教育委员会"宣布成立。时任公共租界华人教育处处长的陈鹤琴任主任委员，赵朴初任副主任委员兼总干事，朱启銮、杨昌镛、周克、丁瑜任干事。此事，还得到时任沪江大学校长刘湛恩的大力支持。

陈鹤琴，1914 年 8 月清华大学毕业后赴美留学，与陶行知同行，回国后从事教育工作，为中国近现代著名教育家之一。在共产党统一战线的感召下投身于进步文化活动和抗日救亡洪流。在上海与赵朴初工作配合默契。

刘湛恩，湖北阳新人，1918 年赴美留学，取得哲学博士学位，1928 年初被聘为上海沪江大学校长。汪伪政权成立，拒绝当其教育部长，加之从事救亡运动，同年 4 月 7 日在公共汽车站等车的时候，遭日伪暴徒袭击，当场身亡。

关静之、关絅之姐弟不完全知道赵朴初所从事的工作，但也有个大概的了解。他们深明大义，知道赵朴初是在为国家、为民族、为劳苦大众，不顾个人安危干利乐众生的大事，因此只叮嘱他注意安全，而绝不去阻拦。特别是刘湛恩死后，他们日夜提心吊胆，担心赵朴初出事。

关絅之只好利用在上海比较广泛的人脉暗中对他加以保护，而关静之，除烧香念佛求菩萨保佑外，每天晚上都一直要等到赵朴初回来才能安睡。如果赵朴初忙，整夜未归，她就整夜合不上眼。如果哪天赵朴初没出去，她就做些他平日爱吃的饭菜给他补养。她怕义妹陈仲瑄担忧，也不敢在信中明说，只是偶尔透露一言半语。赵炜如和陈仲瑄夫妇很了解自己的儿子。他们也不便多问，但相信自己的儿子做事一定对得起国家、对得起祖宗。可怎样帮儿子一把呢？他们想来想去，想出每月省吃俭用把积攒下来的钱寄给儿子。他们想，儿子既然要办事，就一定需要钱。

从刘湛恩的被害，赵朴初也接受了教训，无论待在家还是外出更加小心谨慎。

新四军和各游击队当时特别缺乏通信人才，地下党员朱启銮和杨昌镛提议办无线电训练班，赵朴初很支持。他打着为难民谋出路的旗号取得有关方面的同意，把该班设在宁波路 540 号神州中学内。对外称作神州中学无线电班，由该校发结业证书。陈鹤琴和赵朴初亲自到教室视察，鼓励孩子们好好学习。前后结业两期计 50 人，38 名去了新四军，其他人去了江南抗日义勇军。

1938 年秋至 1939 年秋，赵朴初与陈鹤琴商量办一所难童职业中学，起名"慈联职业中学"，由朱启钤介绍经赵、陈同意聘请许德良任校长。先后入学者 200 多人。一年后，加入新四军和江南抗日义勇军者多达 112 人。

从 1938 起，赵朴初到底为新四军和共产党领导的游击队总共输送了多少各类人员，有的材料写 1500 人，有的材料写 1700 人，其说不一，莫衷一是。

四、救助河南

1938 年 6 月，净严法师主持河南佛教，任河南佛学社社长，开封铁塔寺方丈。日军攻占当时的河南省会开封，街上到处是离乡背井、流离失所的难民。面对国难当头、民不聊生的惨状，悲心持重的净严法师在白衣阁、铁塔寺、女众林、贤人巷等设立多处难民收容所，倾尽全力向难民提供食宿。随着周边地区难民的不断涌入，仅靠河南佛学社的微薄财力实在难以为继。他立即写信给上海的黄涵之、高鹤年等大德居士，向上海佛教界求助。正在上海佛教会工作的赵朴初马上复函净严法师，约其来沪共商筹款事宜。

净严法师（1891-1991），俗姓陈，名天尘，字通西，河南唐河县人，与赵朴初同为太虚大师门下学生，两人对太虚大师倡导的人间佛教思想十分崇尚，并终生努力实践。1925 年，净严法师从武昌佛学院研究部毕业后受太虚大师之托来到河南开封弘扬佛法，实践人间佛教的理论。他接到赵朴初邀其赴沪的信函立即赶到上海。赵朴初经多方努力，救灾款项迅即筹集到位，解了净严法师的燃眉之急，大量河南难民得到救助。

1942 年到 1943 年间，日寇侵华、连年兵祸，加上旱灾、蝗灾，使河南大部地区的庄稼颗粒未收，饥民成群、饿殍遍野。净严法师设立几处灾民收容所供给食宿，但仅能容纳两千多人。他再次向上海请求支援。赵朴初立即在上海发起赈灾募捐活动。净严法师精通中医，他研制出药食"补饥丸"救治灾民，效果显著，日食少许便可延续生命。赵朴初除向河南寄去大量善款，还在上海求购到制"补饥丸"的中药材数百斤一并寄去。办理完河南的赈灾事宜，已是 1943 年元旦，赵朴初如释重负，喜作七言迎新诗一首：

一九四三年元旦

松香扑鼻严霜后，梅讯开眉大雪先。

犹有童心消不尽，喜迎一九四三年。

通过这两次活动，净严法师和赵朴初都被对方的无量悲心所感动，从相识、相知而成为终生挚友。

1991 年，百岁的净严法师在河南大相国寺圆寂。赵朴初不顾年高体弱，亲自飞赴开封参加悼念这位河南省佛教协会第一任会长、河南佛学社创始人净严大法师的示寂回向法会。会后百感交集，一气呵成"河南杂咏"25 首。现录其一：

忆江南·开封

论世家，我亦汴梁人。

万国中天明月句，万言书上半山文，到此倍情深。

五、办教养院

1940 年初，全上海的难民工作基本结束。上海佛教净业社妇孺难民收容所尚余二十余名难童，5 月份上海国际救济会又转来无法遣散的难童八十余名。为了生计，这时赵朴初本来已去麦伦中学教书。然而，当关絅之请他回来主持成立上海佛教净业孤儿院时，他看到这些无处存身的孤苦儿童，便动了恻隐之心，毅然辞去教师之职，挑起这副重担。6 月份该机构正式成立，他把净业孤儿院改成专收流浪儿童的教养院，正式定名上海净业儿童教养院。院长先后由佛教居士关絅之及闻兰亭担任，赵朴初任副院长兼总干事，主持日常工作。院址设在赫德路（今常德路）418 号佛教净业社内。

净业教养院以教养孤儿、帮助孩子自立为宗旨，兼授文化知识和劳动技能，容纳孤儿一百人左右。多数孤儿是为生活所迫，有过偷盗等不良行为，从感化院、改良所等处释放的十二到十八岁的男性；少数由慈善机构或私人介绍而来的贫苦儿童；也有中共地下党员转移后把自己的孩子送过来的。

赵朴初是虔诚的佛教徒，他把"僧伽"的"六合"创造性地应用于对流浪儿的教育中。"六和"是：戒和、见和、利和、身和、口和、意和。简单解释就是：遵守共同的戒律，见解一致地共同学修，平等受用合法的财物，生活上互相照顾，言语上互相劝善止过，思想上彼此友爱敬重，从而达到全体成员的和谐一致。

院方要求儿童之间不打架，有礼貌，有困难时互相帮助；不骂人，不口角，态度和气，出言谦逊；心地和善、坦白、诚实，不互相欺骗；服从团体纪律；能明白因果，辨别是非；大家有福同享，有难同当。

在教育方法方面，教师或其他工作人员从不对孩子采取恐吓或责打的方式，而注重说服感化的方式，把做人的道理写在课本里、融化在日常生活中、表现在教师的以身作则和言谈话语中。

净业教养院读书和劳动并重。上午时间安排文化课。晨起后要升旗、做早操、唱院歌，进行爱国爱院教育。早饭后四节文化课，每节四十五分钟。下午四个半小时是学生的做工时间。根据孩子的年龄、能力、兴趣等分派到皮鞋、藤工、竹木工、成衣、西服、网袋、养兔等七个场地劳动。

教养院非常注意培养孩子们的集体主义精神和自我管理能力。全院学生选出总队长一人，下分成九个小队，每小队选举小队长两人，另有分菜的、洗衣的、纠察的各两人。生活上的一切，包括买菜、烧饭、洗衣以致进餐、睡眠、搞卫生都由他们自己来处理，教师处于指导地位。

院方对每个学生都负责到底。出教养院后，即便找到工作，也一直做跟踪调查。他们遇到什么生活问题、思想问题院方仍然负责解决。确实像赵朴初所说的："教养院是一座桥梁，把孩子们从黑暗的一头，带到光明的一头。"

学生中不少在院时就参加了地下工作。走出去后有的被输送到苏北、浙东参加新四军和四明山游击队，新中国成立后不少走上领导岗位，部队、工商、文化、教育，各行各业都有。

净业教养院，挂的是佛教的牌子，规模不大，学生百余人，教工不过十多名，敌伪和国民党特务都不大注意，所以有利在此开展革命工作。赵朴初把遇到风险的共产党员、革命同志，如段力佩、计淑人、刘若平、马崇儒、万流一、舒忻、乔娟、姚永祥等转到教养院来隐蔽，并让他们协助工作。根据地来沪干部有时也来院隐藏。

1946年秋，我华中野战军代表诸敏同志受命去蚌埠策反蒋军军长、城防司令孙良诚，临时情况有变，孙让他立即离开，可返回苏北的交通已断，党组织命他去上海接受地下党安排。因无正当职业掩护、又无住所，上海党组织很难为他安排适当而安全的工作。这时赵朴初正在创建少年村，听上海地下党领导人张执一讲到这件事，就毅然把他安置下来当教师，暂时隐蔽起来。1999年5月19日诸敏逝世，92岁的赵朴初从医院赶来参加追悼会。他拉住诸敏的儿子放声痛哭，可见二人在战斗岁月里建立起来的革命友谊之深。

上海工商界著名人士陈巳生的三儿子陈振海，参加地下党后，在乔石的直接领导下工作。1948年在大夏大学期间，他积极参加反蒋爱国学生运动。学生上街示威游行，他任纠察队大队长，被校方开除，处境十分危险，党组织就安排他到少年村当教师。他教授英语兼指导学生在小工厂生产酱油、肥皂，同时在外面继续从事革命斗争。直到上海解放，组织上调他去给徐汇区团委书记钱其琛当秘书，才离开少年村。

新中国成立前夕，上海许多地下党员面临着国民党反动派疯狂的追捕和屠杀。作为少年村办事处的觉园，成为他们一个安全的"避风港"。上海地下党的一个重要据点被敌人破坏后，赵朴初先后把单意基（新中国成立后任静安区委书记）等一批地下党员安置在觉园内国民党驻英大使施肇基委托教养院代为看管的公馆里隐蔽，以迎接上海解放。

赵朴初对在院工作的老师也照顾得无微不至。段力佩没有生活来源，他便让其全家搬到净业社内，供给食宿，当小孩有病需住医院时，他便解囊相助，后来还介绍他到麦伦中学教书，使他的生活不断得到改善。为了提高教师的知识水平，赵朴初送计淑人和程莲华两位到东吴大学社会系进修。他要求程莲华老师写文稿，写完后他逐字逐句地进行修改。

同赵朴初一起工作8年之久的程莲华老师（退休前为上海纺织工业局纪委常委）后来回忆说："朴老的工作千头万绪，经常工作到深夜，有时回来没饭吃，就吃学生剩下的锅巴泡开水，吃洗了又洗的阳春面（因面是猪油烧的，朴老吃素），朴老的西装革履也是从华亭路旧衣铺买来的。有一次他对我说：'你看我这么穷，可是经我手的钱财（社会慈善事业的捐款）真可作个大富翁呢……'，那时朴老住在教

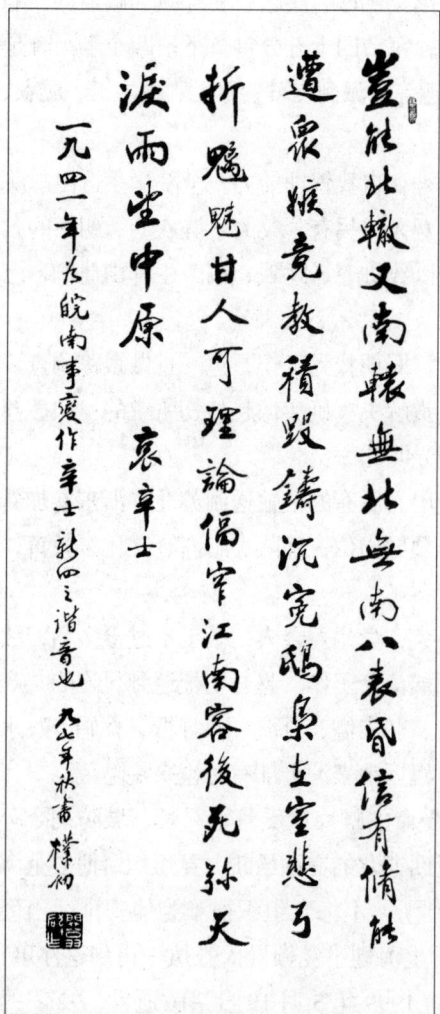

《哀辛士》手迹

养院隔壁关公馆（关絅之家）过街楼上的一个小亭子间里，一张小床，一张书桌，一只凳子，一个洗脸盆架，生活极其简朴。"王成根也曾回忆说："朴老住的那个亭子间实在太小，只好在教养院的办公室里接待许多当时上海的头面人物，如屈映光、闻兰亭、雷洁琼……他需要通过这些上层关系开展方方面面的工作。"

日军对解放区和根据地严加封锁，蒋介石不断搞摩擦，所以解放区和根据地物资十分匮乏，特别是军用物资。赵朴初通过中国福利会宋庆龄的关系，把大批医药和医疗用品，其中包括 X 光机转给新四军，也分批分期地送去不少罐头、牛奶等营养品和帐篷、毛毯等生活物资。

消极抗日、积极反共是蒋介石的一贯主张。1940 年 4 月 19 日，他授意何应钦、白崇禧以"国民政府军事委员会"的名义强令长江以南的新四军、八路军在一个月内全部撤到江北。中国共产党从维护抗战大局出发，答应将皖南的新四军调离。1941年 1 月 4 日，新四军军部及所属支队 9000 多人由云岭出发北移，走到皖南泾县时，遭到国民党军 8 万多人的伏击。新四军奋战七昼夜，弹尽粮绝，除 2000 多人突出重围外大部牺牲或被俘，其中有些就是赵朴初从难民营送出去参加新四军的。军长叶挺同国民党军谈判时被扣押，副军长兼政委项英阵亡。这就是震惊中外的皖南事变，是国民党制造的第二次反共高潮。皖南事变后的第二天，周恩来在《新华日报》上愤然写下"千古奇冤，江南一叶；同室操戈，相煎何急？！"的题词。通过这一事件赵朴初更加看清了蒋介石的反动嘴脸。为了悼念惨死的英灵，他写下《哀辛士》一诗（"辛士"谐音，即新四军战士）：

哀辛士

岂能北辙又南辕，无北无南八表昏。

信有修能遭众嫉，竟教积毁铸沉冤。

鸱枭在室悲弓折，魑魅甘人可理论。

逼窄江南容后死，弥天泪雨望中原。

同年，还写杂诗十首，揭露蒋介石积极反共、消极抗日的政策，痛斥四大家族发国难财、不顾下层人民（包括士兵）疾苦的行为。

皖南事变后，方南君等一百多名新四军小战士逃出来曾寄养于教养院。这些孩子不少是赵朴初过去向新四军输送的优秀少年儿童。赵朴初发给每人一身黑衣（因当时不能佩戴黑纱）表达对国民党倒行逆施的严重抗议和死难英灵的沉痛哀悼。在这段日子里赵朴初寝食不安，唯恐哪里出点差错，被日伪特务或国民党特务发现。他和教师们预先筹划了多套应对方案。果然，有一天日伪特务机关派来一个科员，假装"关心孤儿院",实际是前来监视,看有无可疑迹象。

对此赵朴初早有安排。特务来后,每天早晚两次教师带学生在大殿里排成一圈,双手合十,边走边念"南无阿弥陀佛"。除坐禅念佛外,学生就是读书、做工、吃饭、睡觉。外人根本看不出任何破绽。特务一无所获,无趣地溜走了。风声平静点后,他想办法把这批小战士转送到了陈毅领导的苏北抗日根据地,一颗提着的心才放了下来。

所以,把上海净业儿童教养院说成我党在上海的隐蔽革命据点和革命战士培养输出基地绝不为过。

1941 年春末夏初之间,中共地下党员姜椿芳在做京剧名演员周信芳的工作。赵朴初安排他们在觉园小客厅碰头。由赵朴初联系上海一批文化人编写历史剧本《史可法》和《文天祥》。不久以后,周信芳在上海公演《史可法》、《文天祥》,表现了中国人民惊天地、泣鬼神的浩然正气和抗击外辱的决心。

六、建少年村

1942 年 7 月 5 日,表舅关絅之居士因办慈善事业不遗余力、积劳成疾,最终医治无效逝世了,享年 63 岁。他在遗嘱中写道:"我如不讳,务望全家长幼,勉抑悲哀,并约请净业社、居士林道友来塌前念佛助道,眷属亦需参加念佛,同送往生,以结净缘。较之哀悼哭泣,徒乱人心,受惠多矣。"

根据关絅之的遗嘱,赵朴初、关静之及他的夫人和孩子参加了塌前念佛助道活动。第三天,赵朴初与上海各界数百人出席了关絅之的葬礼。10 月 18 日,上海各界 30 多个团体 600 多人在净业社举行了追悼大会。

1999 年,在关絅之诞辰 120 周年之际,上海有关部门准备举行纪念活动,并致函请赵朴初出席。他因事未能到场,但特撰一联寄去:

名将之后名儒之子威德永承君子泽;

佛法弘扬佛门弘启教诲不忘菩萨行。

从中可以看出赵朴初对这位把自己引入佛门,并对自己的工作曾给过无私帮助的前辈深深的感恩之情。

这一年,有一锡兰(今斯里兰卡)佛教居士克兰佩来访,要求赵朴初引见他拜望圆瑛大师。

克兰佩是一名商人,来华经商多年,笃信佛教,业余研究中国佛学。他感慨中国佛教不景气，为联合世界佛教徒，提倡中国僧尼教育，在上海成立中国佛教季刊社，想独资出版发行中英文合刊的《中国佛教季刊》。他想请圆瑛大师题写封面并题词，故而找到赵朴初。

几天后赵朴初带他到圆明讲堂，圆瑛接待了他，并答应了他的请求。圆瑛大师在题词中谈到办刊缘起时写道："圆瑛在去冬弘法归来，有锡兰佛教徒克兰佩居士由赵朴初居士之请，前来访问，叙谈此次发心创办《中国佛学季刊》索题封面并托题词。其刊发目的有三：一，联合世界佛教徒；二，提倡中国僧、尼教育；三，提倡对中国青年佛教教育。"

该刊出了三期，便因经费问题而停办。

太虚大师看过该刊的文章后说："其发刊宗旨之弘正，而内容所载亦能适符其所期，惜出刊第三期而止。"

这是近代外国佛教徒在中国办的唯一佛教刊物。

关静之看到赵朴初为了养活儿童教养院100多名儿童这个大家，四方奔走，到处化缘，忧虑他本来就不大好的身体吃不消，于是不顾自己年高体弱，主动要求在教养院管理后勤，还兼做教师工作。她怕孩子们营养不够，每天出去买大豆，还把鸡蛋壳收集起来磨成蛋壳粉，掺在豆浆里，保证孩子们长身体有足够的营养。

关絅之逝世后，关家人商定把觉园里及其他几处房产变卖掉。所得银两按股分配。关静之分得大洋3万元，全部交给赵朴初作为活动经费。

即使得到关大姨3万元大洋，维持教养院这么个大摊子赵朴初仍感财力不足，他委托郑颂英在宁波代其募捐。

不久郑颂英雪中送炭，托人转来代募的大洋5000元。赵朴初十分高兴，当即提笔复信并聘其为儿童教养院董事。

1945年，抗日战争进入最后阶段，蒋介石制造的国共摩擦事件越来越多。当时浦东有两支武装力量，一支是共产党领导的游击队"三五支队"，另一支是以张阿六为首的地方土匪武装，名义上隶属国民党。张阿六常常与"三五支队"搞摩擦。一天，赵朴初在东吴大学时的老同学梅达君来访。梅达君于1935年加入中国共产党，已从事地下工作多年。他开门见山就问赵朴初可不可找到熟人结识一下张阿六。赵朴初略作思考，就想到一位三年前因收其捐款而认识并经常来往的年轻朋友吴企尧。

赵朴初知道，吴企尧去年同人合伙在浦东张阿六势力范围内的高行镇建了一家"三明纺织厂"，逢年过节都要按时给张阿六送保护费。

赵朴初、梅达君两人一起到吴企尧家。吴企尧说，他们厂长与张阿六很熟。

赵朴初说："有一件事请你帮忙。你请厂长去见张阿六，就说省里的特派员要顺便来视察部队,让张阿六安排时间。"这个"特派员"不是别人,就是梅达君本人,他奉上级命令,深入虎穴,去做张阿六的工作。

三天后,赵朴初同梅达君一起来到三明纺织厂。张阿六派一个班的士兵将"特派员"接走。赵朴初一人返回上海。

在中国旧社会,绝大多数的土匪首领都是苦出身,因被逼无路而啸聚山林、独霸一方。他们中虽然有的身染多种恶习,但也不乏朴素的阶级感情。

梅达君在张阿六处住了三夜,从方方面面对他进行开导。张阿六认识到抗日战争的大好形势,从自身体验也认识到国民党的腐败、黑暗。此后,与中共游击队,密切合作,共同抗日,再没发生过摩擦。抗战胜利后,由于地下党多次派人做张阿六的工作,新中国成立前夕,这支队伍接受改编,并入"三五支队"。

净业教养院设在佛教净业社院中,而净业社经常做佛事,与教养院的上课、劳动互相影响;还有教养院要自力更生,净业社中没有这个条件。所以领导层早就有人主张搬到农村去,一来可与城市恶习隔绝,二来可垦荒种地,做到自给自足。但因各方面的条件所限,一直没能实现。

抗战胜利后,原为教养院教师的中共地下党员马崇儒调到宝山大场地区工作,赵朴初委托他寻找新址,他看中了"八·一三"事变后被日军彻底毁坏的宝华寺仅剩的几幢房屋和附近地面。而时任藻北小学校长,同为地下党员的李西平属马崇如领导,李西平的学生顾开运同当时宝华寺的负责人王英茹很熟。经顾开运介绍,马崇儒和李西平去造访王英茹,初步商定同意借给部分房屋。后来赵朴初、马崇儒、顾开运和李西平一起又去宝华寺找王英茹,最后敲定,借得上海惠生慈善社大场宝华寺地产近百亩、池塘十余亩及全部房屋并写了契约。

经过多方联络,并得到宋庆龄女士领导的福利基金会的大力支持,由当时大上海的头面人物、联合广告公司总经理陆梅僧筹资2000万元,赵朴初于1946年4月发起建设"少年村"。据说,这是仿效美国俄亥俄州克利夫兰城的"儿童城",纯以自制方式来训练小公民。此次筹建亦有美国慈善人士参加。4月16日在上海青年会召开上海少年村董事会议,宣布上海少年村成立,董和甫为董事长,王应游、毕范宇为副董事长,雷洁琼等5人为常务董事,赵朴初为村长,1948年改任常务理事,经陶行知介绍许啸天任村主任,后又由黄振英担任。

1946年4月14日的申报亦刊文报道此事:

(本报讯)近有陆梅僧等筹集经费2000万元,发起建设"少年村",收容流浪或犯罪之少年,由惠生慈善社拨借上海大场地产百余亩为村址。据悉:此与美国俄亥俄州克利夫兰城之"儿童城"相似,纯以自制方式,训练小公民应奉公守法之常识与规律。1937 年克里夫兰城发生儿童犯罪案件达 2101 起之多，自"儿童城"成立后，每年平均减少儿童犯罪案件 235 起。此次"少年村"之发起，闻亦有美国人士参加，其成效如何，当视此后进展程度而后云。

1946 年 7 月 15 日，原净业教养院全体师生高高兴兴迁入大场香花桥北的宝华寺，"上海少年村"宣告正式成立。

上海少年村地处旷野，条件很好，除修缮了所有房屋外，还建了农场、养鱼池、畜牧场以及供孩子们活动的体育场、球场。它各方面的条件确实是净业社院内无法比的。"上海少年村"成了流浪儿童可爱的家。宋庆龄曾亲自来上海少年村视察工作。

1948 年是"少年村"经费最困难的时期，赵朴初绞尽脑汁、多方化缘。由于宋庆龄女士的帮助，获得了"国际战灾儿童义养会"的捐助：由中产阶级以下的美国人在"少年村"领养了 50 个儿童。领养人不仅按时支付领养费（充实"少年村"的经费），还经常给义养儿童写信、寄照片、寄衣服、寄糖果，鼓励他们好好学习、快乐成长。普通美国人这种真诚的国际主义精神和对中国人民的友好感情，值得中国人民永远称颂和牢记。

少年村的教师多数是赵朴初介绍来的革命青年，不少人是地下党员。他们遵从赵朴初的建议，对学生以表扬为主，总是关怀备至，循循善诱，耐心教导，即使批评学生也要选择适当时机，和颜悦色地进行。因此学生都把老师当成自己的亲人。

少年村自 1946 年成立起，至 1954 年夏停办，前后八年共教养儿童三千二百余名。这些人分布在全国各地、各个不同的行业、其中王天文、孙根泉两同学牺牲在朝鲜战场。教养院和少年村的教师也分批走上新的革命工作岗位。第二任村长黄振英调国务院内务部、第三任村长周文耕调教育部、教导主任王淡人调中共苏州市党委、段力佩任上海市育才中学校长，后任上海市静安区副区长……师生们为中国革命和建设事业作出不可磨灭的贡献。

1973 年 5 月，原净业教养院教师成莲华约好当年的学生王成根夫妇和李志云夫妇一起看望老院长。赵朴初和夫人陈邦织热情接待了他们。大家畅谈离别后的个人经历感慨万千。赵朴初抚今追昔，挥毫填词一首：

如梦令

三十余年回首

雪地红旗飞吼

人世几沧桑

昔日少年今叟

携手携手
珍重平生战友

　　不少已离开"上海净业教养院"和"少年村"的学生，终生与老村长赵朴初保持着密切联系。原兰州军区空军飞行航校参谋长陆关寿就是其中之一。他12岁进"上海净业教养院"，第二天晚上赵朴初就和他谈话，鼓励他说："现在，净业社就是你的家，你要好好读书、做工，长大后做一个有出息的人。"还有一次，赵朴初和他单独谈话说："陆关寿，是'净业社'和'少年村'救了你，将来你也应该去做救别人的事啊！"

　　1949年，陆关寿参加了中国人民解放军后，与老村长经常书信往来。在一封信中赵朴初谆谆教导他："……如今你已是一名解放军战士了，你一定牢记自己也是个苦出身，要永远为广大劳苦群众谋利益。"

　　1982年，陆关寿在北京登门拜访赵朴初先生。先生语重心长地对他说："陆关寿，你在部队职务提升了，我很高兴，但你要记清楚，你从小到现在，一直是党培养的啊！你一定不能辜负党对你的期望，你要一生一世无私地为党的事业奋斗啊！"

　　离开"净业社教养院"和"少年村"的学生，所在地区和行业不同、职务有高有低，但他们终生铭记赵朴初先生的教诲，学习他的伟大人格，一直沿着他所指引的人生阳关大道走。

　　如今，在上海市这条"少年路"上，当年被日本飞机炸成一片瓦砾的宝华寺也得以重修。一所崭新、宏伟、庄严、肃穆的佛教丛林矗立在原址，礼佛信徒或三三两两，或成群结队络绎不绝。这象征着中华国运昌隆，佛教教运昌隆。

第六章

争取民主　反对独裁

一、拒绝合作

赵朴初除以弘法利生的慈善事业为平台，解救受苦受难的同胞，支援中国人民的解放事业外，还以虽九死其犹未悔的精神，从未停止过参加抗日救亡运动和社会各界争取民主、反对独裁的斗争，从而把慈善事业与救国救民和民族解放紧密而有机结合在一起。他拒绝了日伪、国民党政府的一次次拉拢诱惑，坚定不移地走自己选定的道路。

国民党政府千方百计笼络上海的上层人士，企图为己所用。上海沦陷后，重庆政府便让当时的有关政府机构拟定一个知名人士名单，按其社会影响力之大小，每月送上 200 到 400 元不等的大洋，以彰显政府之关心。赵朴初也被列入名单，每月收到以赈济委员会的名义寄来的 200 银元。然而，他对蒋介石"积极反共、消极抗日"，"宁赠友邦，不与家奴"的倒行逆施政策早就心怀不满。

一天，他接到姐夫周君简自重庆寄来的信，有感而发，得诗一首：

得圣华书却寄

风雪漫天天益迷，埋头缩手屋檐低。

已抛书本供薪爨，更去花根理菜畦。

肝胆可能求火鼠，羽毛犹自惜笼鸡。

远书未拆心先折，应有飞鸿载梦西。

字里行间透露出那时他真实的生活状况。想想看，"以书当柴、以菜根为食"，生活何等困难！确实，他工作繁忙，生活清苦，特别是未收到母亲所汇款项的时候，甚至有断炊之虞。但赵朴初想到小时父亲赵炜如讲过，春秋时期那个齐国人不吃黔敖施舍的嗟来之食，活活饿死的故事，坚定地认为：人生一世应该活得有尊严、有骨气，于是决定将所收银两全部移作抗日救亡活动之用，绝不塞入个人腰包，而且花掉的每一笔钱都留有发票。一次，他参加有国民党人在场的"宪政促进运动"当场说出此款的用途。蒋介石听到这一消息气急败坏，连骂："娘希匹，不识抬举！"不久就全部停止了这项款子的发放。

日伪对宗教界上层人士更是软硬兼施、逼其就范。他们曾延请多年从事抗日救亡工作的圆瑛大师出山去汪伪南京政府主持宗教工作，但遭严词拒绝。1939年秋，以危害"中日亲善"，破坏"大东亚共荣"的罪名，日本宪兵将他与明旸法师在圆明讲堂一起逮捕，虽遭残酷刑讯，始终坚贞不屈。全国舆论哗然，宗教界更是一片抗议之声。赵朴初等人心急如焚，通力营救，因为大家都知道，只要被抓进宪兵队，很少有活着出来的。时过不久，日伪也许是怕把事情闹得太大，也许是营救起了作用，圆瑛大师和明旸法师被宪兵队关押了一个月零三天竟被囫囵放了出来。

弘一大师（李叔同）被公认为律宗第十一代世祖，在全球佛教界享有崇高威望。太虚大师曾赠其僧偈："以教印心，以律严身，内外清净，菩提之音。"赵朴初对他的评价是："无尽奇珍供世眼，一轮圆月耀天心。"因有留学日本背景，日本方面称他为当代鉴真，并邀其访日。弘一大师义正词严地说："当年的海水是蓝的，现在被你们染红了。"断然拒绝了日方的邀请。大师们在日本侵略者面前的凛然正气成为佛教信众的光辉榜样。

日伪当局通过日本东本愿寺和尚找关絅之谈话，赵朴初陪同前往。日人请关絅之和蒋维乔出面发起中日佛教联合会，因二人年迈，具体工作得由赵朴初实施，并当场许以若干好处。但二人不为所动，关絅之推托说，身体有病，难以胜任。赵朴初推托说，工作繁忙，难脱其身。那些日本"和尚"也算客气，让再考虑考虑，就把他两人送了回来。赵朴初听到也找过蒋维乔，便连夜赶到蒋家，劝其应借故回避。蒋维乔接受这一建议，日方阴谋未能得逞。此后，日本人办过和尚训练班，搞过大规模国际法会，上海佛教界无一人参加。

原上海难民协会秘书长袁登履投靠日伪，当上上海市伪商会主任委员。他与关絅之、赵朴初很熟。一天他来当说客，遭关絅之严词拒绝，又找到赵朴初，也没得到一点好气。

1947年，中国佛教会在南京重新成立，赵朴初当选为理事。是时，内战乍起，国民党反动派企图一举消灭八路军和新四军。虽然他们号称有美国装备的八百万军队，可战端一开，处处捉襟见肘，因此疯狂地抓壮丁，弄得城乡鸡飞狗跳，老百姓人心惶惶。国民党政府挖空心思想办法，结果想出一个自以为是的高招——征僧兵。消息一发布，立刻引来佛教界的强烈反弹。赵朴初第一个站出来反对，他组织京（指南京）

沪地区多座寺庙的僧人游行示威，到刚刚搬回南京不久的政府门前请愿，而国民党的一些元老和大员有些是居士，他们从内部掣肘，事情越闹越大，国民党政府只好不了了之。

二、巧妙安排追悼会

有一件事充分表现了赵朴初的过人智慧与胆略。

1946 年 4 月 8 日，在山西省兴县黑茶山，一架美制 C-47 军用运输机失事。机上乘坐的叶挺、秦邦宪、王若飞、邓发等 17 人和 4 名美国机组人员全部遇难，史称黑茶山空难。廖承志和夫人本来计划也乘此飞机回延安，因有紧急任务，周恩来让其改道赴粤，才幸免遇难。

噩耗传出，震惊世界，中共中央成立了治丧委员会，在延安和各解放区分别隆重祭悼。4 月 19 日，朱德、刘少奇、林伯渠、贺龙等同延安各界 3 万余人在东关飞机场举行追悼大会，任弼时、董必武、彭德怀等 30 多位中共领导人都发表了悼念文章并亲笔题写挽联、挽词。毛泽东同志悼文的题目是"向'四·八'被难烈士致哀"，题词是"为人民而死，虽死犹荣"。

当时的国统区重庆、北平均举行了追悼会。社会各界人士孙科、于佑任、冯玉祥、张澜、邵力子、沈钧儒、郭沫若、马寅初、田汉、洪深、李公朴、郑君里等 100 多位著名人士及许多学生、工人、教师以个人或集体名义发布悼文和挽词，可谓全国上下一片哀痛。

唯独上海这一城市，在国民党当局和特务的严密控制之下，群众的悼念活动遇到重重阻力。上海地下党联合社会名流，由宋庆龄、黄炎培、柳亚子、马叙伦、陶行知、叶圣陶、郑振铎、赵超构、许广平、雷洁琼、赵丹、白杨等 81 人发起筹备召开上海各界追悼大会。这 81 人中民进成员占了 20 多位，民进是主要发起单位。

发起人经讨论决定借用中国科学社礼堂，于 4 月 30 日召开"四·八"罹难烈士追悼大会，并立即分别通知了上海不同的社会团体及各界人士。

但上海国民党当局和特务组织对科学社的领导人进行威胁、恫吓，就在追悼会召开的前两天，即 4 月 28 日，科学社的负责人经受不住巨大压力，以"不是学术性会议"为由拒绝出借礼堂。离会期只有两天两夜，另借会场难以办到，即便借到，当局和特务还会从中捣乱，不知还会遇到什么新问题。如果继续拖延，也有违当时的民情。怎么办？

赵朴初得知这一消息，从正在筹办"少年村"的现场匆匆赶了过来。他了解到详情后说："我建议追悼会以超度亡灵的形式在玉佛寺举行……"筹备组一致同意并委托赵朴初全权负责人员联系、会场布置、印刷材料等各项事宜。他精心策划，东奔西走两天两夜未合眼，各项准备工作届时全部就绪。在短短的时间内，赵朴初带人将会场布置得庄严肃穆、井井有条。

追悼会的灵堂设在玉佛寺内大雄宝殿的东厅，17 位遇难者的遗像摆在灵堂上，两侧高高悬挂着中共中央的挽联："天下正多难，赖斗争前线，坚持民主驱除反动，不屈不挠，警听凶音丧砥柱；党中留永痛，念人民事业，惟将悲苦化成力量，一心一德，誓争胜利慰英灵。"中间是柳亚子写的"精神不死"横幅。右边挂着宋庆龄题赠的挽联，左边挂着"中国人民救国会上海分会"题的挽联，还有中国国货公司、上海春雷剧艺社、上海野草出版社、木刻作家协会、时代日报等单位以及工人、学生、市民各方友好人士所送的挽联、花圈不计其数。赵朴初则以益友社的名义题联敬挽。参加布置会场的吴企尧居士在忙完事后也写了一副挽联并郑重地签上自己的名字递给赵朴初看。赵朴初改动了两个字后，让他重新写好，改用化名。

他还安排人印出一本小册子《飞延遇难诸先生事略》和一首歌曲《英雄们向暴风雨飞去》（郭沫若作词、夏白作曲）放在签到处，随同一朵小白花分发给参加追悼会的各位来宾。

4 月 30 日上午 9 点整，追悼大会准时开始。此时，苍天流泪，下起蒙蒙细雨，哀乐奏响，数不清的哀悼者一行行默默地俯首肃立雨中。还有一些人没能排进队伍，只好挤在寺院的走廊里。追悼会由马叙伦主祭，王绍鏊宣读祭文，黄炎培、陶行知等致悼词，潘梓年代表中共代表团致答词……11 点整，追悼会在震天动地的"要民主，不要独裁"的口号声中结束。

由于赵朴初足智多谋、不辞劳苦、精心筹划，巧妙安排，彻底粉碎了国民党反动当局阻挠召开追悼"四·八"罹难烈士大会的阴谋，大大鼓舞了为反对独裁、争取民主而进行斗争的上海人民。

三、为鲁迅送葬

1936 年 10 月 19 日 5 时 25 分，中国左翼文坛领袖鲁迅先生的心脏停止了跳动。

全国人民无不为之悲伤。宋庆龄和当时中共地下党的负责人潘汉年、冯雪峰等商量，通过鲁迅先生的葬礼，发动一次群众性的政治示威，把抗日救国运动推向新高潮。具体事宜由上海市各界救国联合会办理。

"中国佛教徒护国和平会"是"上海各界救国联合会"的成员单位，而作为总干事的赵朴初亦为"上海各界救国联合会"的理事。他积极参加了初步方案的制定和理事会议对方案的修改，并提出自己的意见。

经反复研究，形成了一个方案：

（一）组织民众为鲁迅送葬，在鲁迅的棺木上要覆盖旗帜，旗帜以白色缎布做底，上面用黑色丝绒做成"民族魂"三个大字；

（二）鲁迅棺木在万国殡仪馆安放三天，让各界民众瞻仰遗容；

（三）发动所属各界救国会送挽联，出殡时这些挽联作为仪仗；

（四）送葬时唱悼歌，悼歌以"打回老家去"的原曲，加上新词即可；

（五）起灵和下葬由各界知名人士，其中包括外国友人抬棺木，预先列出一个名单，其中有宋庆龄、沈钧儒、蔡元培、周建人、邹韬奋、章乃器、矛盾和外国友人史沫特莱、内山完造等；

（六）组织5000名以上各界群众参加葬礼，由各基层救国会自行组织发动。

20日至22日，连续三天，来万国殡仪馆吊唁的各界民众络绎不绝，总数逾万，团体156个。宋庆龄、蔡元培、沈钧儒、章乃器、矛盾、邹韬奋、郁达夫等名人第一天亦来吊唁。同时"救国时报"刊出中国共产党中央及中华苏维埃政府中央执行委员会，请上海文化界救国会转鲁迅亲属许广平的唁电。

1936年12月23日，葬礼准时举行，由各界知名人士抬棺起灵。整个队伍以"民族魂"大旗为先导，接着是各界民众所送挽联组成的仪仗大队，而挽联旗帜是上海竹木社救国会的杰作。乐队是由复旦大学创始人马相伯先生所办孤儿院的孤儿组成。整个队伍达六千余人。沿途高唱挽歌、高唱《义勇军进行曲》《打回老家去》，高喊"鲁迅先生精神不死"、"打倒日本帝国主义"、"中华民族解放万岁"等口号。形成了一次声势浩大的抗日游行。向消极抗日的国民党反动派和气焰嚣张的日本侵略者显示了中国人民团结一致抗日救亡的决心。

赵朴初胸前佩戴一朵小白花，走在游行队伍中，边喊口号，边把手中的传单抛向空中。他下定决心做一个像鲁迅那样爱憎分明、有骨气的中国人。

回到家中，他的心情久久不能平静，拿起笔在宣纸上写下"横眉冷对千夫指，俯首甘为孺子牛"十四个大字，贴在卧室的墙上，作为一生的座右铭。

四、参与创建"民进"

1939 年，赵朴初在上海"慈善联合会"工作时，与志趣相投的一些同事建立了一个抗日救亡组织"益友社"，他担任理事长。这一组织的成员经常聚集在一起以娱乐活动的形式唱《义勇军进行曲》《打回老家去》等救亡歌曲；朗诵该社成员自己写的有关抗日内容的诗歌，以此互相激励不忘国耻，还秘密传阅进步书刊，刻印散发传单。

为了掩护"益友社"的活动，赵朴初请了几位年事已高的社会贤达作名义理事，其中就有上海滩有名的佛教居士关絅之、闻兰亭等。赵朴初对他们非常尊重，开口闭口关絅老、闻兰老，于是"益友社"成员们给刚过 30 岁的他起了个外号，叫"赵朴老"。晚年的赵朴初德高望重，人们都称其为赵老、赵朴老或朴老，连周总理都开玩笑地喊他赵朴老。可哪知道他年轻时的外号就叫"赵朴老"呢？

1945 年 8 月 15 日，日本宣布投降；9 月 2 日，日本在投降书上签字。经过十四年浴血奋战，中国人民伟大的抗日民族解放战争胜利结束。全国人民沉浸在胜利的欢乐之中。

然而，蒋介石在美国的帮助下，并得到日军、伪军的密切配合从"峨眉山"上下来"抢摘桃子"了。他磨刀霍霍，准备发动大规模内战。

当时大家觉得应该成立一个组织，以组织的名义对外讲话会更有力量。于是，经充分协商决定成立一个以"发扬民主精神，推进中国民主政治之实践"为宗旨的政治组织，定名为中国民主促进会（简称民进），并于 1945 年 12 月 30 日在上海爱麦虞限路（今绍兴路）中国科学社内正式宣告成立。其创始人主要有马叙伦、王绍鏊、周建人、许广平、林汉达、徐伯新、赵朴初、雷洁琼、郑振铎、柯灵等。马叙伦被选为第一任主席。这些人大多是抗日战争时期居留在上海的文化、教育界的先进知识分子，还有一部分是王绍鏊所联系的上海工商界爱国民主人士。他们在敌伪统治下，同共产党人一起，坚持抗日救亡斗争；抗日战争胜利后，又积极投入反对内战、争取和平，反对独裁、争取民主的斗争，而民主促进会的成立是他们斗争任务转变的一个标志。

中国民主促进会成立后，赵朴初立即投入反内战、反独裁、反卖国的爱国民主运动中去。

1946 年 1 月 2 日，他参加了民进第二次会员代表大会，参与起草《中国民主促进会对于时局的宣言》。宣言中提出了著名的八点政治主张。1 月 13 日，民进牵头，组织一万多人，在玉佛寺公祭"一二·一"昆明惨案中遇难的于再烈士。赵朴初为此次公祭的筹备做了大量细致的筹备工作。2月3日，他出席民进第三次会员大会，被推举为理事会联络部联络员和经济委员会委员。为训练培养民主运动干部，由王绍鏊、林汉达等发起，大会一致决定开办人文科学补习学校，后来定名为民本中学。赵朴初是该校董事之一。他为筹办这所学校付出不少心血。民本中学实际上成为民进的会所，民进理事会经常在该校开会。3月17日，赵朴初参加民进第四次会员大会，决定参与发起成立上海市人民团体联合会，参加自由保障会。会后赵朴初仍在以梅达君为联络处长的联络处和以严景耀为主任的经济委员会任职。5月5日，在上海地下党的领导和帮助下，由民进牵头联合上海52个团体，在南京路劝工大楼礼堂隆重集会，上海人民团体联合会正式成立。它标志着上海人民爱国民主运动已经达到一个新阶段，对全国影响很大。此后，赵朴初参与策划了"六·二三"反内战大会并欢送人民代表赴南京请愿。在南京发生了震惊全国的"下关惨难"，暴露出国民党反动派的狰狞面目。1947年2月9日，赵朴初参加了民进第五次会员大会，会后形势更趋恶化，民进的舆论阵地《文汇》《新民》《联合》三家报馆被封。同年7月4日，国民党政府全然不顾人民愿望，悍然颁布《勘平共匪叛乱总动员令》，从上到下层层成立戡乱委员会。针对这种情况，中共中央早在5月5日就指示蒋管区的各级党组织"要保护我党及民主进步力量""一切要从长期存在打算，以推动群众运动，开展统一战线"。1947年底，民进主要领导人在中共地下党的帮助下秘密安全地转移到香港，而赵朴初却留了下来继续战斗。

1949年4月，民进决定筹建上海分会，谢仁冰、赵朴初负责具体事宜。6月19日，民进上海分会筹备会召开会员大会，宣告中国民主促进会上海市分会成立，谢仁冰当选为主任理事，赵朴初为副主任理事。

1950年11月，民进上海市分会成立"抗美援朝保家卫国工作委员会"，赵朴初任主任委员。他广泛发动会员写慰问信、募集慰问资金，支援抗美援朝。

1952年1月，民进上海市分会主任理事谢仁冰因病逝世，赵朴初代理主任理事，1953年4月被选为主任理事。作为民进上海市地方组织的领导人，他带领广大会员努力学习共同纲领，积极投身解放初的各项运动，为解放初上海的社会稳定、经济恢复和社会主义建设作出重要贡献。

五、编《大藏经》

赵朴初是一位虔诚的佛教居士，在忙于入世，报国救民的同时，不忘出世之初衷。既为佛子，应为佛事。20世纪初，日本佛教界编纂了两部不同版本的《大藏经》，这无疑是对中国佛教界的激励和挑战。佛教典籍是中国佛教文化的优秀遗产，中国佛教界自己有将其发扬光大的责任。于是，精修《大藏经》就成为中国僧俗学者及广大信众的强烈愿望。1941年，赵朴初通过李思浩、陶希泉的游说，促成清末官商盛宣怀的侄子盛幼盦居士出资50万成立《大藏经》刊行会，盛幼盦任会长。因盛幼盦法名普慧，所以成书后，命名《普慧大藏经》。正如赵朴初在《缘起》一文中所说："依据南传、北传国内各版《大藏经》和参考典籍，校正历代印本之漏误，核对译文之异同，编写校勘记，收集各藏遗逸及新发现善本入藏，翻译南传《大藏经》，边编边排，制成纸型，印出少量，分赠出资及编纂等人。"这段话基本概括了这一刊行会存在十年所做的工作。新中国成立后赵朴初将上海"大藏经刊行会"的全部家底搬到南京"金陵刻经处"，十年"文革"中，手稿丧失殆尽，只有纸型侥幸保存下来。1995到1997用时3年，由赵朴初亲自督促，在原纸型基础上整理重印，使《普慧大藏经》以全藏形式问世。可以说，这部《大藏经》从开始到彻底完成，倾注了赵朴初几十年的心血。

六、太虚大师圆寂

太虚大师（1889-1947），俗姓吕，名淦森。法名唯心，别号悲华，浙江崇德（今属桐乡）人。他是中国佛教改革运动中的一位理论家和实践家，把一生都献给了振兴佛教、建设新佛教文化的事业。赵朴初在其门下薰修多年，受其开示，获益良多。新中国成立后，赵朴初主持中国佛教协会工作多年，在许多举措中都可看到太虚大师的影响。

在整顿僧伽制度方面，太虚大师提出三大革命，即"教理革命""教制革命""教产革命"。"教理革命"是革除愚弄世人的鬼神迷信内容，积极倡导自利利他精神，从而改善国家和社会；"教制革命"是改革僧侣的生活、组织制度，建立起适应时代需要的住持僧团；"教产革命"是改变过去按法派继承寺庙遗产，使其为十方僧众公有制，并作为供养有德长老、培养青年僧伽、兴办佛教事业之用。

太虚大师还是第一位以大勇精进之心远赴欧美弘法的中国僧人，以佛法净化世界为宏愿，将中国佛教推向世界。经多年准备，于1928年8月从上海出发，9月，到达法国马赛，开始对法、英、比、德诸国进行访问，举办多场演讲，会晤各界名流，在巴黎创办"世界佛学苑"，在法、英、德、美等国设立通讯处，推进世界佛化运动。次年2月，他抵达美国，先后访问纽约、华盛顿、芝加哥、旧金山等地。举办多场佛事活动并应邀到哥伦比亚大学演讲。太虚欧美之行历时7个月，于1929年4月回国，大大促进了中国佛教在全世界的影响。

1947年3月7日，太虚大师让人打电话给赵朴初，请他到玉佛寺住所相见。赵朴初以为有急事，放下手头的工作，马上赶去。进屋后见大师坐在椅子上，体态如常，安然自若，一颗悬着的心才放了下来。拜见后，大师从桌子上拿起一本早已准备好的书送给他。赵朴初一看是师傅所著《人生佛教》。交谈中师傅殷殷勉励他日后当不负众望、努力护法、终生不渝。赵朴初频频点头称是，坐了一会儿，就回去忙自己的事情了。

10天后，即1947年3月17日，太虚大师圆寂于上海玉佛寺直指轩。赵朴初十分哀痛，10天前那次暂短谈话没料到竟是大师临终嘱托。他决心不负师望，弘法、护法，生命不止，奋斗不息，赋诗一首，以言其志：

太虚法师挽诗 ❶

旬前召我何为者，付我新编意倍酣。

遗嘱分明今始悟，先机隐约话头参。

神州风雨沉千劫，旷世光华掩一龛。

火宅群儿应不舍，再来伫见雨优昙。

太虚治丧期间，弟子们商定建色身舍利塔于浙江奉化雪窦寺，法身舍利由印顺编纂后印行流布。

50多年后，赵朴初因病住北京医院，茗山老法师前去看望，二人谈起当年之事。茗山说："那是太虚大师把弘扬人间佛教的事托付给你了。"后来他并作偈赞颂赵朴初："大愿大行，菩萨化身。喜结典范，音容犹在。福慧双全，人天共敬。"

---

❶师逝世前十日，以电话召余至玉佛寺相见，欣然若无事，以所著《人生佛教》一书见赠，勉余今后努力护法，不期遂成永别。闻人言：师数日前告人，将往无锡、常州。初未知其暗示无常也。

第七章

奋发工作　喜迎解放

一、一首催人奋进的短诗

十四年抗日战争以中国人民的胜利而结束。蒋介石逆历史潮流而动，发动了不得人心的内战。

1947年，解放战争开始不久，国民党军队气焰嚣张，一度占领革命圣地延安。上海更是一片白色恐怖。这时赵朴初坚定地认为，国民党反动派必败，人民必胜。为了鼓励少年村的师生努力工作和学习，也为了自勉，他写了一首充满激情的自由诗：

背着石头过山

是的，
我们是背着石头过山。
那只是，
为了要上山顶，
跨到那一边。
跨到那，美的、善的、幸福的一边，
建造我们自己的宫殿。

这首诗写成后，在师生集会上，由他自己朗诵过，但因为当时的形势，不便多做解释。不久就在师生中广泛流传，几乎人人能背诵。一位老师在课堂上给学生讲解说："赵先生写的这首诗，文字浅显，但含义深远。大家想一想，先辈们历尽千辛万苦，流血牺牲，就像背着沉重的石头过大山，他们到底是为了什么？还不是为了推翻旧社会、建立新社会，使广大人民群众都能过上幸福美满的生活！我们所说的山那边，就是我们不久就会看到的新社会。现在我们努力学习、努力工作，把自己培养成对国家、对人民有用的人才也是在背着石头过山。我们人人要做好准备，为革命作贡献，革命胜利后，为人民建造最壮丽、最宏伟的宫殿。我们都应该像赵先生经常要求的那样，做一个充满爱心的、正直的人，任何时候都不能光想到自己，总是要先想到别人。"

二、成立宣传队

在战场上，解放军节节胜利，然而，上海却是一片白色恐怖。1948 年初春的一个夜晚，少年村的两位老师突然被特务抓走。但师生们绝不会被反动派灭亡前的嚣张气焰所吓倒，而盼解放的愿望更强烈了，对国民党反动派的仇恨更深了。同学们以古喻今，传唱古时的一首民歌："老天爷，你年纪大，耳又聋来眼又花，你看不见那杀人放火的享尽了荣华，你看不见那念佛的受罪啊！你塌了吧！"有时学生大胆唱："我们的队伍来了，浩浩荡荡饮马长江……"

赵朴初要求教师们课堂上要巧妙地对学生进行形势教育。老师们经常根据学生们看到、听到和亲身体会到的事进行分析讲解。例如：国民党发行金圆券、银圆券，物价飞涨、民不聊生；一位老师还引用英文《米勒氏评论报》的文章《宋美龄华盛顿乞讨碰壁》。从而使孩子们知道，国民党的反动统治像兔子尾巴一样——长不了啦。

这时，学校还想办法买进了一批进步书籍，在学生中广泛传阅。像《铁流》《钢铁是怎样炼成的》《西行漫记》等。通过阅读，大大提高了学生的政治觉悟。

在赵朴初的倡导下，少年村成立了一支文艺宣传队。他还从附近的育才中学请来了一男一女两位老师，教队员们唱歌、跳舞、排练文艺节目。

在"反饥饿、反内战"运动中，宣传队到社会上多次演出。当时演的节目有：《朱大嫂送鸡蛋》《读书郎》《松花江上》《河边对唱》《茶馆小调》《兄妹开荒》等。

三、保护地下党干部

新中国成立前夕，国共两党在上海的斗争异常激烈，而少年村确是中国共产党在上海地下活动的一个据点，而且不止一条线来往活动。地下活动的原则不允许横向联系，即使相互略知底细也只能心照不宣。这样，一条线遭到破坏，其他线照常活动发展。

地下党员、进步人士、青年学生在少年村进进出出，临时落脚，引起国民党特务的怀疑。地下党员王淡人、程季鸣（程旭）先后被捕，大场警察局的人公开警告说程季鸣是赵朴初介绍来的。然而赵朴初全然不顾个人安危，对他所知道的共产党员加强了保护。

1948 年底，上海储能中学校长地下党员段力佩携家眷住进少年村，准备找机会去苏北，但因故未能成行。为保证段先生的安全，由赵朴初安排，经常变换段先生的住所，并由年龄较大的学生在路上护送。于是由曹春霖、沈宝麟、沈妙根三人组成一个自行车小组，让段先生坐在自行车的后架上，有时到市区常德路 418 号少年村办事处，有时到北京西路觉园，有时到新闸路。为防特务跟踪，以自行车做交通工具方便，行走路线每次变换，目标小，机动灵活。他们经常是从宝华寺出来经姜家桥，沿小路穿出，再上沪太路转一圈；有时从造币厂桥穿出；有时又走大统路把段先生安全送到预先计划好的目的地。他们往往从下午一点出发，掌灯时分才能到达，如果直走一个小时就足够了。赵朴初对中共地下党员的保护由此可见一斑。

1947 年末到 1948 年初，接受中共地下党员，时任中共上海中央局文化、工商统战委员会书记张执一的商请，赵朴初亲自在杭州凤林寺内组建凤林医院，解决暗中转来的游击队伤病员和困难群众的就医问题，并由其介绍地下党员，时任中共上海市委书记的刘长胜和时任中共中央上海局书记的刘晓等数人前往杭州净慈寺居住，在那里指挥新中国成立前上海的各项工作。此时的赵朴初因工作常常往来于杭州和上海之间，一日闲暇，步行到鸟窠禅师塔前，得诗一首：

> 杭州访鸟窠禅师塔，时方仲冬，塔旁桃花已开。
>
> 我来千载鸟窠空，消息人天若有通，
>
> 四面湖山风雪里，为谁错放一株红。

仲冬，农历十一月，花便开了。冬天过半，春天还会远吗？其隐喻不言自明。

四、组建学生纠察队

1949 年 4 月中旬，解放上海的战役即将打响，国民党军队在大场地区修筑工事，准备负隅顽抗。为保证学生的人身安全和物资不受损失，少年村按赵朴初制定的应变计划，决定临时搬回净业教养院原址。负责搬迁工作的周文耕和黄振英老师从华通汽车运输公司租来两辆卡车，还有一辆是黄振英通过同乡关系从当地国民党驻军那里借来的，一位姓戴的连长还派军车护送。整整花了三天时间，全村人员和物资安全运抵净业社。赵朴初亲自指挥，把人员和物资安排得井井有条。

搬回净业社不久，由年龄较大的同学秘密组建了一支纠察队，受静安区地下党领导，主要任务是收缴净业社院内所住国民党伤兵的武器弹药。张伟忠同学年龄最小，不易引起怀疑，纠察队就派他经常去和伤兵们一起玩，最终发现国民党兵把武器弹药都扔到放生池里。上海一解放，纠察队员们便领着解放军把这批武器弹药捞了上来。上海全市解放初，这支纠察队还参加了保卫大上海、巩固人民政权的活动。他们的任务是从大自鸣钟变压器所到净业社周围的保卫工作。孩子们戴着红袖标，个个精神振奋，配合解放军保卫人民生命财产，那高兴劲简直无法用语言形容。

上海刚解放的那几天，社会秩序混乱，不法之徒乘机进行猖狂活动，纠察队员们又接受了一项新任务：负责押运善后救济总署放在十六铺仓库的大米，将其放到陕西南路的中国福利会。队员们押着几辆大卡车从早到晚一连运了三天，才胜利完成任务，粉碎了奸商的不轨图谋。

五、欣见"胜利之师睡马路"

既为佛子，则为佛事，忙于国事，不忘佛事。赵朴初几乎策划并参与了新中国成立前夕上海举办的所有重大佛事活动。

1948 年 5 月 21 日，中国佛教会在上海玉佛寺召开第三次理事会议，庆祝中国佛教会成立。章嘉（雪嵩代）、巨赞、茗山、东初、赵朴初等二十余人出席。会议除主要讨论经费筹措问题外，还增补赵朴初为常务理事。会议决定成立蒙藏教育委员会，并一致通过《中国佛教会蒙藏教育委员会组织规则》。

当时的中国正值两种前途、两种命运的决战时刻。1948 年 9 月到 1949 年 1 月，中国人民解放军发起的辽沈、淮海、平津三大战役胜利结束，共歼敌 173 个师，154 万人。美国武装起来的国民党精锐部队被消灭殆尽，奠定了人民解放战争取得全国胜利的坚实基础，蒋家王朝覆灭命运已定。

1949 年 2 月 13 日，赵朴初等人发起并组织乙丑度亡利生息灾法会 49 天，超度为国牺牲的战士和被反动派杀害的干部和群众。法会设尊圣佛顶道场于法藏寺，由持松法师主修。设大威德金刚道场于佛教净业社班禅纪念堂内，由清定法师主修。设念佛道场于苏州灵岩山寺，由妙真法师主修。恭请圆瑛、兴慈、大悲三位法师讲经。三地参修者数千，满足了广大信众的需求。

4 月 21 日，解放军百万雄师突破国民党军队的长江防线，次日占领南京，而后挥师上海。这时蒋介石命令上海的特务和警察进行疯狂的破坏和屠杀，并四处造谣惑众，一时人心惶惶，佛教内部亦如此。针对这种情况，赵朴初不顾个人安危，首先到圆明讲堂，向圆瑛大师和明旸法师宣传介绍中国共产党的主张、人民政府的宗教政策，并传递党的领导人对二位的关怀；5 月 2 日又组织佛教徒在玉佛寺座谈，迎接上海解放。

蒋介石命令上海国民党守军司令汤恩伯坚持 6 个月，但战争从 5 月 12 日打响，到 5 月 27 日胜利结束，仅用半个月，大上海便回到人民的怀抱。

早在渡长江后，陈毅就找三野司令部城市政策组组长曹漫之，要他起草《入城公约》（《中国人民解放军入城三大公约、七项守则》等文件）并对他说："自古以来，军队进入城内，住进民房，干好事的不多。我们很快要进入南京、上海、杭州等大城市。那里老百姓受国民党反动宣传的影响，对我军很不了解。我们进城后，一定严守纪律，给他们一个好的'见面礼'。进城后，没找到营房前，一律睡马路。"

《入城公约》制定好后电告中央。毛主席在上面批了八个大字："很好，很好，很好，很好。"

为不惊扰市民，疲惫至极的解放军战士，在蒙蒙细雨中，和衣抱枪睡在马路边。一个小战士还乐观地说："乖乖，真是呱呱叫，平得很呀，就是凉一点！"他们谢绝一切慰劳物资，积极开展宣传工作，受到各界人民群众的热烈拥护和广泛赞扬。连一家西方报纸头版的大字标题都是《胜利之师睡马路》。

赵朴初欣见胜利之师睡马路，国民党的反动谣言不攻自破。几天前他对圆瑛大师和明旸法师讲的话和在玉佛寺佛教徒座谈会上的发言句句应验，大大提高了中国共产党在广大群众心中的地位，也提高了赵朴初在上海佛教四众弟子中的威信。

第八章

万象更新　勇挑重担

一、上海小聚

新中国成立前后，赵朴初的一些亲属先后来到上海，闲暇时大家小聚，享受亲情。

赵朴初的母亲陈仲瑄离世后，父亲赵炜如生活中缺少了主心骨，终日无着无落、惶恐不安。他在安庆世太史第住了一段时间，觉得还不够安全，于是携赵曙初一家和小女赵荣锦赶到南京棉鞋营赵公馆居住。

1948 年，经赵朴初介绍，弟弟赵曙初在上海找到工作，父亲赵炜如也带着赵朴初的同父异母妹妹八岁的赵荣锦随其到来，在虹口四川北路租房居住。赵炜如精神好些后，一如既往，看书、写字、吟诗、作画打发日子。每逢周末、假日他陪老父一起吃饭，尽人子之责。不久，姐姐赵鸣初带着小儿子周以丰也来到上海。她的大女儿不久前参加了中国人民解放军。姐弟相见，想起不幸的母亲和默初，抱头大哭一场。

1950 年春天，姐夫周君简也自重庆而来，赵朴初介绍他到民政部门工作。这时，周以芬已随中国人民志愿军入朝作战。她在战场上胆大心细、不怕牺牲，荣立三等功一次，不久被提为战地运输排排长。作为军属的赵鸣初也积极投入社区工作。她有文化、待人热情、责任心强、工作努力，被推选为烈军属大组长。不久，进了一家专门生产军用雨衣和军用胶鞋底的街道工厂，成为橡胶车间主任。她工作认真，成绩突出，经常得到领导的表扬。因正直、无私、公正并且爱憎分明，她被选为法庭进行民事和刑事审判的人民陪审员。

一天，赵朴初正在办公室批阅文件，传达室通知有人来访。他迎出门外，见一面目清癯的长髯老者，后面还带着几个人。仔细分辨才看出是自己的堂叔赵纶士。新中国成立前，赵纶士一直主持安庆六邑联中的工作，新中国成立后调任安庆师范学校校长。因安徽连续两年遭遇特大洪灾，死亡 4000 多人，赵纶士毅然辞职，奔赴灾区，以华东行署和华东救灾委员会委员身份组织受灾群众生产自救。这次他来上海是受家乡父老委托联系筹集善款和救灾物资的。他不虚此行，安徽救灾工作得到赵朴初的大力支持。

不料，堂叔赵纶士回去不久，因操劳过度，重病而逝，归葬太湖城东回龙寺。赵朴初题写了墓碑："六邑中学校长赵纶士之墓"。后来，应其子——堂弟赵洛的请求，为堂叔的遗墨写了跋文：

纶士大叔一生致力教育事业，平居罕嬉游，暇时恒以撰述或抄写诗文为乐。五十余年前曾路过上海，寓旅馆，余往谒，叔正伏案作书，余观之，乃杜甫《灯花何太喜》一诗也。解放初余方从事华东生产救灾工作，叔偕故乡父老以皖北水灾事赴沪相商，自后遂不相见。顷洛弟以叔所抄包世臣论书诗及孙过庭书谱一册见示，回忆前尘，不胜感慨，因记数语于卷尾。

陈邦织的大伯陈曾寿于 1949 年病故，但他的后辈多居上海。赵朴初在闲暇时间除照顾父亲和关大姨外，经常与姐姐一家及陈家亲戚走动。有时大家凑在一起，谈古论今、诗词唱和，为生活平添了不少乐趣。

二、北上参政议政

新中国成立后的上海百废待兴，第一任市长陈毅对赵朴初寄予厚望。一次，陈毅、邓小平和赵朴初谈社会救济方面的情况。邓小平问赵朴初上海共有多少游民。赵朴初说有 60 多万，其中包括乞丐、流浪汉和娼妓。邓小平开玩笑地说："陈市长，这可都是你的子民，不可亏待呀。"赵朴初被任命为华东军政委员会民政部副部长、人事部副部长和华东生产救灾委员会副主任，每一天都有干不完的工作。

1949 年秋天，赵朴初作为宗教界代表应邀赴京出席全国政协第一次全体会议，参与商讨建国大事，制定《共同纲领》。上海方面的政协代表于 9 月 6 日集体乘火车北上，因路况不好，走走停停，9 月 8 日才到北京。

赵朴初与王棣华因爱子过世，彼此精神上都遭受巨大打击，经数年分居后，抗日战争末期两人正式分手。一年后，他与陈邦织相爱结婚。

赵朴初离沪赴京前对陈邦织说："这次赴京开会，我只好又吃肉边菜了。""肉边菜"在《六祖坛经》上有解释，即肉和蔬菜混做时，其中的蔬菜，佛教徒在无条件吃素时，可以吃里面的蔬菜。

　　赵朴初到京后住北京饭店，在服务台签到时，已接近开晚饭的时间了。他在签到簿上写上名字。旁边的服务员高兴地说："您就是赵朴初！来，跟我走，周总理指示专为你们准备了素食。"赵朴初听后深受感动。他想，周总理日理万机，百忙之中把这样的小事都安排得如此细致，真是人民的好总理呀！在这样的领导指挥下干工作简直是前世造化。

　　9月30日，全国政协举行选举，他当选为全国政协委员。

　　10月1日，赵朴初在天安门城楼上参加了中华人民共和国成立庆典，看到五星红旗冉冉升起，看到参加检阅部队的整齐队列，看到各界群众的游行队伍，看到万众欢腾的场面。他想，自古仁人志士，志存天下兴亡，心系万家忧乐，为了这一天的到来，自己所受的那点累、吃的那点苦、甚至受的那点委屈，又算得了什么呢！

赵朴初（后排右二）与参加全国政协的宗教界代表合影

　　赵朴初从北京开会回来对亲友们谈到政协会议的经过和开国大典的盛况，大家十分高兴，对未来美好的生活充满希望。

三、新中国成立前后的"临救会"

　　"临救会"是上海临时联合救济委员会的简称。为迎接上海解放，中共中央上海局通过宋庆龄的中国福利会及其他福利团体共同发起而成立，它是一个由上海地下党领导的群众性公益团体。主任委员是曾任北洋政府总理的颜惠庆，副主任委员是曾任北洋政府财政总长的李思浩和上海商界代表黄延芳，赵朴初任总干事，主持日常工作。办公地址最初在云南中路35号仁济堂。后因工作范围扩大，购置复兴中路585号房子为新址。该房原为清末民初上海大商人朱葆三的长子朱子奎的私宅。

　　该机构新中国成立前的主要任务是迎接上海解放，动员社会力量进行战区善后救济工作，收容战区难民，维护地方治安，接受国民党扔下的伤兵及散兵游勇并给予看管和安置，防止他们扰乱社会治安。因赵朴初工作出色，宋庆龄曾用英文写信对他予以勉励。

地下党决定，由赵朴初出面同美方联系，将美国援华的全部物资接收过来，以补充临时联合救济委员会的物资不足。此前，赵朴初经常和上海美国经济合作总署的美国友人谭宁邦打交道，引进援助物资，把这些物资分为 A 类和 B 类，A 类送解放区，B 类留上海救济难民。赵朴初几次找到谭宁邦，谭很通情达理，但内部尚有一些拥蒋人士持异议。不久，持异议者看到蒋介石大势已去，便做顺水人情，同意将全部物资交给临救会。1950 年 10 月 1 日，正式办理交接手续。办完接交后，总署人员全部撤离。

接收到这批庞大的物资后，赵朴初首先想到：物资属于需要它的众生，一定要合理地分配到他们手中。他心中毫无贪念，坚信佛教的因果论，分配中未出任何差错。

有一次，他要到北京办事，可口袋里没钱，面对那么多公款他一分不动，而向朋友吴企尧借路费。吴企尧感到吃惊，赵朴初那么大的官，还管救灾，竟然向他借钱。

新中国成立后，临救会实际上成为承担部分政府职能的公务机构，又增加了大批工作人员，其中大多数骨干是南下干部和原来的地下党员，还有不少靠近党的青年，光东吴大学法学院就来了十几名学生。这时，上海市临时联合救济委员会、上海市疏散难民回乡生产救济委员会、上海市生产救灾委员会、中国人民救济总会上海市分会，四块招牌一套人马。

1949 年夏秋之交，苏北和皖北发大水，大批灾民涌入上海。在赵朴初的指挥下，临救会设立了灾民、难民、妇女、病民和残老五个收容所。灾民所收留由公安机关直接送来的各类游民，经审查了解分别安置：有还乡条件的送遣返站；娼妓送妇女所；病民送病民所，根据病情再送不同医疗单位。

冬天到了，赵朴初又指挥成立了冬令救济劝募机构，市民踊跃捐款捐物。在临救会大厅及走廊里，棉衣、棉被、各种内衣堆积如山，由临救会人员统一打包，水陆运往灾区。

到 1950 年 2 月底，援助苏、皖灾民过冬救济之后，便转入以工代赈，动员难民数千人从事疏浚上海市三条干河的水利工程。四月份，该组织发动机关团体开展一两米的捐款活动，还组织部分无家可归的难民到安徽农场生产自救，安排就地定居。

赵朴初广泛联系，组织了京剧名票义演。著名演员赵燕侠客串演出，各界支持，连演三周，场场爆满，所得收入全部汇往灾区。

1950 年 2 月 6 日，国民党飞机轰炸上海，市民伤亡惨重。临救会人员全体出动，对炸毁房屋的市民和死难家属及时救济。

在赵朴初的领导下临救会还做了大量社会福利工作。经调查了解，临救会对条件差的孤儿院、育婴堂、托儿所、福利院给予经济补助，甚至对患肺结核的大学生

都详细记录在案，定期发给补助金和
营养品，可见其工作之细密。

　　1951 年夏末秋初，时任华东水利
部副部长刘宠光和赵朴初一起，为兴
修水利和分配救灾物资到山东、安徽
等地进行调研。到达合肥，时任安徽
省委书记曾希圣和省长黄岩热情地接
待他们。曾希圣和黄岩请赵朴初和刘
宠光到一个小茶馆，喝的是黄山毛峰，
就一碟花生米。一边喝茶，一边聊工
作。调查一结束，二人匆匆赶回上海。
高级干部招待高级干部，一杯清茶，
一碟花生米，这才叫共产党人，这才
是共产党的光荣革命传统。

游大明湖次韵刘宠光部长

四、经历"三反"

　　1951 年底中央人民政府在国家工作人员中开展"反贪污、反浪费、反官僚主义"
的"三反"运动。尽管周恩来、陈毅都非常了解赵朴初的人品，但根据政策，他仍被
列为重点核查对象。经手如此巨额款项，这么多的救灾物资，谁敢担保不出问题呢！

　　赵朴初很理解这场运动的必要性。如果管不住自己的干部，任其贪污腐败，无数
革命先烈抛头颅洒热血换来的革命胜利成果将毁于一旦，就会像明末的李自成起义，
虽然打进北京，但最终功败垂成。这就是为什么中国共产党七届二中全会上，毛泽东
又提到了郭沫若的《甲申三百年祭》中李自成的教训。

　　因临救会是管钱管物的，而且数量巨大，所以是重点审查单位。中央、华东局和
上海市三方成立联合工作组，其成员有张执一等，进驻临救会。

　　几天后，临救会开了"宽严"大会，会上宣布将应中逸逮捕法办。空气顿时紧张
起来。

　　赵朴初一直以平常心对待，他对下属也是对自己严格地规定三条：一，不乱说自
己；二，不乱说别人；三，不自杀。

赵朴初夫妇与周克夫妇（左二、左一）摄于1953年"三反"运动之后

经过一个多月的大会动员、小会讨论、自我交代、互相揭发、内查外调，临救会全体工作人员在运动结束时无一贪污分子，每个受审查的人都做了结论，全部过关。

至于开始时遭污告而被逮捕法办的应中逸，最后审查结果是清白的。应中逸是个工艺美术师，诗、书、画样样皆能，后来在一个新工艺厂担任领导工作，60年代带领1200多名工人及其家属支援甘肃，在白银市建厂，后来此厂成为西北地区最大的针织厂。因工作成绩突出被选为甘肃省政协副主席，全国政协委员。1965年来京开会，送老领导洮砚一方，赵朴初写诗记之：

应中逸同志自甘肃来，以新製洮砚一方见赠

风漪分得洮州绿❶，坚似青铜润如玉。

故人万里意殷勤，胜我荒斋九年蓄。

西北东南闢砚田❷，精工方欲夺前贤。

看教墨海翻澜处，渍薄风雷震大千。

1992年，86岁的赵朴初携夫人陈邦织飞赴兰州，参加首届中国丝绸之路节，作敦煌巡礼之行。他未忘五十年前的老同事，9月20日，登门造访应中逸并赠诗为寿：

昔年患难证忠贞，犀烛千寻水益清。

壮岁支边多政绩，老来兴教乐辛勤。

逢时满我敦煌愿，作伴劳君戈壁行。

喜见康强方七十，梅花万点见天心。❸

"三反"运动中有一件事应该提及，就是一个青年工作人员在小组会上交代的问题：他从仓库里拿了一公斤药用可卡因。这件事使他昼夜神情恍惚，坐卧不宁，痛苦至极。因无处销赃，他就到一家私人药店去兜售。老板听说有一公斤可卡因，吓了一

---

❶ 山谷诗："洮州绿石含风漪。"

❷ 广东端砚近年亦恢复采制。

❸ 中逸喜画梅。朱熹诗："数点梅花天地心。"

大跳，知道来路不正后，把价钱压得很低。此人坚决不卖，可无处收藏，想扔到井里或垃圾箱里，可又怕毒死人，最后写了一封信连同赃物一起送到《解放日报》传达室，一溜了之。因此人主动交代，又没造成不良后果，被小会批判了几次，也过了关。这是临救会在"三反"运动中唯一有问题的人。

当工作组成员张执一向周总理汇报临救会的"三反"运动结果时，总理高兴地说："在旧社会从事救济工作的，如赵朴初一样一尘不染，真是难得，值得信任，可以重用。"

周总理还在另外的场合说过："这位我党多年的好朋友赵朴初居士，公私分明、一丝不苟，在新中国成立后的'三反'运动中，经过严密清查，赵一尘不染，真是国家的宝贝。"

"三反"运动，使赵朴初得到一段难得的宝贵休息时间，运动过后他又开始忙碌起来。

五、筹建民进南京分会

新中国成立前夕，民进主要领导人都从香港或上海赴京，协商筹备建国大业。1949 年 5 月 27 日，上海解放，赵朴初等留沪成员当天以民进名义发表《告全市人民书》庆祝上海解放。6 月 1 日，民进留沪会员在上海红棉酒家召开新中国成立后的第一次会员联欢大会，这时的民进总部已迁至北京。6 月 19 日，经总部批准民进上海分会正式成立。谢仁冰任主任理事，赵朴初任副主任理事。

新中国成立后，中国民主促进会成为新中国的参政议政党派之一。中央机关设在北京，民进总部的名字也改为民进中央。赵朴初的工作重点虽在宗教事务方面，但民进的重大活动及重要决策他一直参与其中。

1953 年初，民进中央决定委托中央理事会理事、上海分会副主任理事赵朴初帮助建立南京分会。他马上与南京市委统战部联系。经过几个月的研究协商，中共南京市委统战部致函赵朴初。信中说："前嘱协助中国民主促进会物色人选准备在南京筹建组织，已初步与胡颜立、司晓南、桂庆和、顾雍和、金光灿等商量同意，兹将他们所填入会申请共五份，送请审核。"8 月 18 日，赵朴初将五人申请呈报中央，总部于 9 月 5 日签发批文，批准他们入会。赵朴初于 9 月 24 日致函中共南京市委统战部，胡颜立等五人已成为南京市最早一批民进会员。10 月 26 日，赵朴初同民进上海分会组织处副处长陈邦炎到南京，召集胡颜立等五人在福昌饭店开会，宣布成立民进上海分会南京筹备小组，商定召集人为胡颜立。在赵朴初的指导下民进在南京先后又发展了雷震清等二十余人。特别是发展了金陵女子大学第一任华人校长、毕业于美国密执安大学的生物学博士、著名教育家吴怡芳女士，在南京市乃至整个江苏省影响都很大。1955 年 10 月，民进南京分会成立，吴怡芳为主任委员，胡颜立等三人为副主任委员。为南京和江苏省民进组织的建立，赵朴初倾注了不少心血。至今，南京民进组织的档案中，尚存有赵朴初手写函电 50 件，包括致南京市委统战部两件，致民进总部 24 件，致南京筹备组 24 件。

1994 年，赵朴初在《贺民主促进会南京委员会成立四十周年》中写道：

> 北辰星拱，钟山云作。
>
> 民主旗开，声教远播。
>
> 四十日强，四十不惑。

欣喜之情，溢于言表。

六、顾廷龙求援与陈市长索字

一天下午，赵朴初正在办公室赶写《全国佛教徒一致起来，为抗美援朝保家卫国而奋斗》这篇文章，突然顾廷龙来访。

顾廷龙（1904—1998），1931 年毕业于上海特志大学国文系，获文学学士学位。1932 年毕业于北京燕京大学研究院国文系，获文学硕士学位。就业于燕京大学图书馆，任采访部主任，酷爱祖国传统文化。

"七·七"事变后，他不忍江南文物遭日本侵略者肆意掠夺，毅然辞职回到上海，与文化名人清末翰林张元济、曾任大清银行监督（相当现在的行长）的叶景葵等创办上海私立合众图书馆，任总干事、董事，保存濒临灭绝的文献典籍。他还兼任暨南、光华大学教授，长期致力于古典文献学、版本学和目录学的研究，是一位有多方面成就和著作等身的学者。新中国成立后将合众图书馆收集的近三十万册古籍及近代中外珍贵文献悉数捐给国家，受到人民政府的表彰和奖励。

两人本来很熟，顾廷龙开门见山："朴初老弟，我有一件事求你帮忙。刚才我在造纸厂买了一批明、清、民国时期的宗谱、族谱，各类姓氏都有。这批资料可是国宝啊！"

"有多少？"赵朴初问。

"两万多册吧，还有一些绝版书，像陈望道译的《共产党宣言》第一版，都是宝贝呀，可没地方存啊，真急死人了。你能不能帮助找个地方存一下？哪怕暂时存一下也好。"顾廷龙焦急地说。

赵朴初满口答应。他让人帮顾廷龙把书运来，放入觉园法宝馆的空房里。

新中国成立后，顾廷龙所捐的图书、资料，成为上海图书馆的重要组成部分，而曾在觉园存放的那批被称"人类祖宗的户口"资料，成为上海博物馆的镇馆之宝。

可顾廷龙哪里知道，还有一批数量更大的珍本古籍由赵朴初巧妙安排放在珍宝馆的另一个大房间里。

1937 年后，上海和江南各省相继沦陷。这些地区的私人藏书家个人以及家人的性命都难保全，哪还顾得上家里的藏书，因此旧市场上到处可见古籍出售。当时日伪当局专设机构收买，所以不少珍贵典籍流往海外。

看到这种情况，郑振铎先生心急如焚，为拯救中华文化，他倾个人所有积蓄，甚至变卖家产购得不少国宝级典籍。

这些图书被放在租界的一所房子里，请人编制善本书目。1941 年 12 月 8 日，太平洋战争爆发，日军占领租借，原来藏书之地成了危险区，所有图书资料随时可能得而复失。郑振铎急得食无味、睡无眠，只好去找叶公超帮助想办法。

赵朴初自抗战开始所办的慈联会 、收容所、孤儿院在上海妇孺皆知。因忘我工作、赤胆忠心，他在社会上赢得了崇高威望。而在熟人圈子内大家都知道，他临危不惧、遇事不乱、足智多谋、果敢善断，大小事都愿找他商量。

叶公超带着郑振铎来找赵朴初。两人过去从未谋面，但志同而道合，一见如故。赵朴初尊敬地称郑振铎为西谛老师。

两人说明来意后，赵朴初略加思考便提出建议："我有个主意，日本人多数信仰佛教、尊重寺庙。没有发现可疑迹象，鬼子兵不敢轻易乱闯佛门圣地，是否可尽快把文献古籍转移到我们觉园佛教净业社的'法宝馆'来，'法宝馆'本来就是珍藏佛教经典的书库。"

郑振铎先生一听喜出望外，连说："好极了，好极了，真是菩萨保佑啊！"

赵朴初进一步叮嘱："所有到这里来的人一定要烧香拜佛，这样可避免被敌人怀疑；西谛老师与我在公共场合尽量少接触，有事先约好时间、地点再晤谈。"

这样，郑振铎很快把所购图书转移到觉园法宝馆，赵朴初特别安排原在净业社教养院长大的小青年李云章帮助做杂务。

赵朴初把铁门关上。郑振铎亲自上锁、贴封条，把钥匙交刚从暨南大学毕业的学生吴岩保管。

不久，郑振铎绕道香港北上，到解放区参加新政协会议。吴岩如同一名坚守岗位的士兵，每天到觉园，坐在湖心亭里，观察法宝馆的动静。期间，上海地下党派张文彩（即章汉夫）同志与吴岩交谈，他对吴岩说："人民是会感谢你们的。"

1949年12月12日，董必武副总理率中央接收工作团到达上海，这批珍贵典籍终于回到人民手中。

1951年春节，上海市政府召开各界人士座谈会，赵朴初应邀参加。陈毅市长的讲话，旁征博引、妙语连珠、趣味横生，充分展示了作为一个领导者的远见卓识和人格魅力。赵朴初立刻为之倾倒，并占偈一首：

仲弘（陈毅，字仲弘）将军于座谈会中引用唐人诗句，妙语缤纷，闻之倾倒，为占一偈：

将军妙喻绝人间，九派江流任往还。

今日猿声真个住，轻舟回首万重山。

陈毅常听人说，赵朴初诗书俱佳。一天他交给赵朴初的老同学，时任上海市交际处处长的梅达君一把白纸折扇，托其代求赵朴初，以围棋为内容，扇面题诗。赵朴初应命填词一阕：

清平乐

围棋，赠陈将军

纹枰坐对，谁究棋中味？胜固欣然输可喜，落子古松流水。　将军偶试豪情，当年百战风云。多少天人学业，从容席上谈兵。

此诗从内容到书法均为上品。陈毅一扇在手，如获至宝。

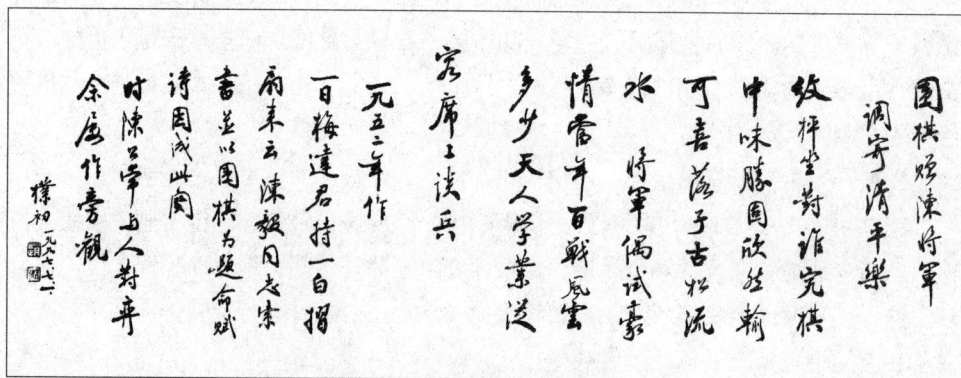

清平乐

第九章

工作需要　定居北京

一、和诗盛赞新中国

新中国成立后的几年是赵朴初最繁忙和最愉快的一段岁月，"三反"后证明自己两袖清风、一尘不染，得到国家领导人和群众的交口称赞。因工作，他四处奔波，而每到一地，每见一人，常有诗作，是诗歌的高产期。

1950年，全国人民热烈庆祝中华人民共和国成立一周年期间，首都北京举办盛大庆祝活动。10月3日，几个少数民族文工团在怀仁堂演出歌舞节目。毛泽东主席和柳亚子座位相近，他请柳亚子赋诗。柳即席填词一阕：

浣溪沙

十月三日之夕于怀仁堂观西南各民族文工团、新疆文工团、吉林省延边文工团、内蒙古文工团联合演出歌舞晚会，毛主席命填是阕，用记大团结之盛况云尔！

火树银花不夜天，兄弟姊妹舞蹁跹，歌声唱彻月儿圆。

不是一人能领导，那容百族共骈阗？良宵盛会喜空前！

毛泽东看完柳词当即步其韵填词一阕：

浣溪沙

和柳亚子先生

一九五零年国庆观剧，柳亚子先生即席赋浣溪沙，因步其韵奉和。

长夜难明赤县天，百年魔怪舞蹁跹，人民五亿不团圆。

一唱雄鸡天下白，万方乐奏有于阗，诗人兴会更无前。

当年12月，赵朴初看到柳词及毛主席的和词，回忆起当时情景，亦步其韵填词一阕：

浣溪沙

和毛主席民族歌舞晚会词

铜鼓芦笙响彻天，轻裾长袖舞蹁跹，歌声齐唱大团圆。

民风如今敦友爱，军威海外又喧阗，五星旗指万夫前。

三个人的词放在一起欣赏，不难发现：柳词轻盈、快捷、欢乐；毛主席的词厚重、深沉、激昂；而赵词吸收了前两词的思想艺术精华，集欢快、激昂于一体。

二、筹建"佛协"

新中国成立前，以圆瑛大师为代表的高僧大德，很重视佛教组织的建设，认为没有一个有力的佛教组织，佛教界的团结合作就是一句空话。由于他们的努力，1912年4月，在上海创立了中华佛教总会，圆瑛大师被选为参议长；1913年3月，在上海中华佛教总会改组，圆瑛大师被选为教务主任；1925年8月，圆瑛、太虚、梁启超等人又发起成立世界佛教联合会；1929年4月，江浙佛教联合会与中国佛学会在上海联合成立了中国佛教会，1948年宣告结束。

中国佛教会，赵朴初长期担任该会主任秘书。此组织存在时间较长、人数较多，在维护佛教信众的利益、举办各种慈善事业，以致抗击日寇，反对内战等方面都做了大量工作。但即使在它最发达的阶段，也未成为一个真正意义上成效显著、组织严密的全国性佛教组织。因此，在中国历史上还从来没有一个能把中国三大语系（藏语、汉语、巴利语）佛教组成一个相互支持、弘法利生、和合圆融的团体。

1950年6月，全国政协第一届二次会议期间，赵朴初主动约集佛教界代表和佛教学者一起多次商讨中国佛教的前途和如何做好佛教工作的问题。6月18日，"现代佛学社"成立，出版发行《现代佛学》月刊，为中国佛教协会的成立作了必要的思想和组织准备。

中共中央责成当时的统战部长李维汉具体负责佛教协会的创建工作。

1952年初，经毛主席亲自批示发表《中宣部、统战部关于成立佛教协会的指示》。

同年10月14日，李维汉召集李济深、虚云、圆瑛、赵朴初等人在北京广济寺开座谈会。会上李维汉进一步阐述了党的宗教政策，号召佛教徒要分清敌我，为保卫和平和协助政府贯彻好宗教信仰自由政策而努力。到会人员一致推定赵朴初、巨赞等六人组成联络小组，负责中国佛教协会成立的初步准备工作。会后，李维汉向周总理和毛主席作了汇报，得到了他们的批准和支持。

联络小组提出虚云、喜饶嘉措、赵朴初等二十人为成立中国佛教协会的发起人，并责成赵朴初主持起草《中国佛教协会发起书》和《中国佛教协会章程》。经李维汉、

习仲勋副总理和喜饶嘉措大师、赵朴初居士在一起

习仲勋、邓小平商定，于 1952 年 11 月 4 日、5 日两天召开发起人会议。会前还请中央人民政府副主席、全国政协副主席李济深莅临指导。发起人会议一致决定成立中国佛协筹备处，推定由赵朴初等八人组成，赵朴初任主任，具体筹划召开成立大会的工作。发起人会议包括各民族、各地区的佛教代表人物，会上通过了《发起书》。

《发起书》和发起新闻，经李维汉、习仲勋送邓小平审阅后交新华社发布。李维汉将《中国佛教协会章程》呈毛主席审阅，毛主席只在上面加了"发扬佛教优良传统"一句话。

由新中国首任宗教局长何成湘主持，赵朴初积极参与筹划的"汉民族地区佛教问题座谈会"的召开，是中国佛教协会成立前的一个重要环节。会上，就僧尼的生活、寺庙的产权、佛教文物的保管、僧尼的戒律清规等一系列重要问题取得了一致意见。

"中国佛教成立发起人会议"和"汉民族地区佛教问题座谈会"解决了当时困扰佛教界的重大问题。在这两个会议中，采取了协商、对话、交流的方式。这种方式为党和政府领导宗教工作找到了民主的做法。

中国佛教协会筹备处主任赵朴初居士报告中国佛教协会成立、发起经过及筹备工作

1953 年 5 月 30 日，中国佛教协会成立大会在北京广济寺隆

重开幕。各地区、各民族 121 位活佛、喇嘛、法师、居士欢聚一堂。筹备处主任赵朴初作了《关于中国佛教协会发起经过和筹备工作的报告》。

从此，中国三大语系佛教徒，在党和政府的领导下实现了多年的愿望，有了自己的组织。

当晚，回到住处，赵朴初抑制不住激动的心情，挥笔赋诗一首：

庆祝中国佛教协会成立

喜气满天下，人间正气依。群观大地动，始悟众生奇。

嘉会空千古，虚怀应万机。降魔成等觉，因果证同时。

从此赵朴初全部身心投入佛教工作。

三、"刻经处"与"三时学会"

1951 年和 1952 年期间，有两件事一直牵动着赵朴初的心。一是南京金陵刻经处由于多方面原因难以为继；二是北京的"三时学会"面临濒危。身为佛子，为使佛日增辉、法轮常转，这南北两处佛教传播中心必须使其生存下去并不断发展壮大起来。

金陵刻经处位于南京市中心淮海路，为杨仁山居士在同治五年（1866 年）所创办。它是集刻经、研究、讲学一体的佛教传播中心，为中国近代佛教的全面复兴作出了卓越贡献。近代史上赫赫有名的太虚大师、欧阳竟无居士以及谭嗣同、黄炎培等均与此有不解之缘。鲁迅先生为贺母亲寿辰亦曾在此刻《百喻经》。杨仁山居士因此被称为"中国近代佛学复兴奠基人""近代复兴佛学的一代宗师"。第七届中国佛教协会会长一诚法师更称其为"中国现代佛学复兴之父"。

金陵刻经处所出经书"选本精严、内容纯正、校勘严谨、版式疏朗、字大悦目、刻印考究、纸墨精良"。习惯上被人称作金陵本，信众获之若宝。

新中国成立前，社会动乱、战争频仍，致使刻经处停顿 20 多年。院内杂草丛生，房屋破烂不堪，一片濒危景象。

1951 年，杨仁山居士的后人杨立生、杨雨生、程净华等通过与赵朴初多年友好并相互支持的徐平轩居士向其反映情况。赵朴初立即派徐平轩前往南京做实地考察，同时召开有关人员会议，请杨雨生到场介绍情况。1952 年 6 月 7 日，赵朴初约请佛教界高僧大德讨论金陵刻经处的护持问题。大家一致推举圆瑛、赵朴初等二十三人组成护持委员会，并推选赵朴初为主任委员，亦幻、游有为为副主任委员，林子青为秘

赵朴初会长视察金陵刻经处,与金陵刻经处主任管恩锟亲切交谈

书,操持具体事务。

经研究确定徐平轩为金陵刻经处负责人(后改为主任),赵朴初从各方面做了大量协调工作。徐平轩到任后在护持委员会领导下,得到江苏省和南京市地方政府的大力支持,资金亦有了着落,工作逐渐步入正轨。历经近百年沧桑而濒危的金陵刻经处重新焕发了生机。

1954 年,南京市政府拨款重修深柳堂。重建后的深柳堂焕然一新。堂中高悬一块赵朴初居士写的"深柳堂"横匾。匾的左侧有他的题词:"堂前故有池,四周皆柳,仁山居士以此名其堂。今夏市府重修刻经处房舍,同仁复于旧池处补植柳焉,后之登此堂,见此树者,期有灵山未散之思焉!"

1956 年,金陵刻经处成为中国佛教协会所属的事业单位。

让赵朴初牵肠挂肚的另一件事是"三时学会"的恢复和发展。"三时学会"1927 年 9 月成立于北京,它是中国现代史上著名的佛教研究团体之一,其成员以居士为主,研究对象,则以唯识法相为主,与南京"支那内学院"齐名。其创始人韩德清(号清净居士)与"支那内学院"创始人欧阳竟无并称"南欧阳北清净"或"南欧北韩",是民国初年唯识学的两位泰斗。

新中国成立初,该学会已荒废多年,老一代居士大多已先后辞世,人才青黄不接,经费无有着落。赵朴初与教内人士共商,于 1952 年冬恢复"三时学会",被推举为董事长,组织了周叔迦、巨赞、高观如、林玄白、周绍良、石鸣珂等 30 多名会员。1954 年,赵朴初又邀著名佛教学者李荣熙加盟。"三时学会"恢复后,主要研究玄奘著译的书,并完成《大唐大慈恩寺三藏法师传》的英译,又于 1957 年出版《法显传》的英译。1959 年为纪念释尊入灭 2500 周年,出版了韩德清生前最后宏著《瑜伽师地论科句·披寻记汇编》。

赵朴初在英译《大唐大慈恩寺三藏法师传》序言中写道:"'三时学会'两年来着重进行对玄奘法师的译著和他的传记的研究。这样做,是受到'发扬佛教优良传统'的号召的鼓舞。为了便利于外国学者,这个佛学研究机构在中国佛教协会的领导和协助下，将玄奘法师传记《大唐大慈恩寺三藏法师传》译成英文。玄奘法师传的英译本以前有过，但删节很多，错误不少。这个译本则除一些不必要的宫廷酬应文字外，尽量译出全书，并附加了一些必要的注释和参考图表，以便研究。"并说："本书的译成，译者李荣熙先生的辛勤和高观如先生在考证上的帮助是应当在这里提及的。"

"因此，研究玄奘法师，不应该看作只是一件学术工作，而应该看作是'发扬佛教优良传统'的一部分工作。我们要求研究的主要目的是，通过对玄奘法师的研究，对中国佛教的优良传统求得切实的认识，而认真积极地发扬起来，以期有用于当世。"

在这里，赵朴初的人间佛教思想，以及"三时学会"进行的各项研究要有用于当世，即为现实服务的目的表述得非常清楚。

四、圆瑛大师示寂

圆瑛大师，福建古田人。俗姓吴，名亨春。生于1878年。幼读儒家书籍，常感人生如幻。19岁时在温州鼓山出家，以梅峰寺增西上人为师，法名宏悟，别号韬光。20岁在鼓山涌泉寺妙莲和尚座下受具足戒。继而往常州天宁寺，依野开禅师参究禅学，四载后，忽有所悟，作偈曰："狂心歇处幻身融，内外根尘色即空，洞彻灵明无挂碍，千差万别一时通。"其后，往宁波天童寺依寄禅和尚修习禅定，又从通智、谛贤、祖印、慧明、道阶诸法师修习教观，并精研《楞严经》。于是，学力大进，辩才无碍，开始致力弘法利生。

中国佛教协会
首任会长圆瑛法师

为讲经弘法，他走遍大江南北、长城内外，远至祖国宝岛台湾和南洋各国，是一位世界级的佛教领袖。

大师著作等身，传世者二十余种，而《大佛顶首楞严经讲义》更是倾五十年心血之力作。在自叙中大师写道："缘余年二十四，听讲斯经，愧学识之浅陋，感注疏之繁多，用功过度，致患血病，乃于佛前发愿，仰叩慈光冥护，顿令疾病速愈，更求得悟寂常心性，真实圆通，宏扬是经，著述讲义，用报佛恩，籍酬私愿。"

年轻法师的真实发心立刻有了感应，第二天便有一老者前来告知药方。依言连服三剂，血便止，于是信愿更加坚定。

大师 74 岁时，《大佛顶首楞严经讲义》才最后定稿，共 24 卷，装成 5 册。

赵朴初与大师的因缘可以说源远流长：早在 1928 年（22 岁），大师任中国佛教会理事长时，他便作大师的秘书，后当中国佛教会主任秘书。1935 年，由大师点化，正式皈依三宝，一直工作在其左右，得其熏陶感染，受益良多。

1953 年 9 月 21 日，中佛协接上海急电，告知圆瑛大师于 20 日子时在天童寺圆寂，世寿 76 岁，僧腊 58 夏，戒腊 57 夏。此前大师已写好遗书，嘱人示寂后发表。

中国佛协除致唁电外，并请赵朴初副会长主持法师的治丧事宜。

作为圆瑛大师四大高徒之一的赵朴初居士（其他三人为明旸、慈航和白圣），在师父圆寂之时，往事一幕幕浮现在他的脑际。

大师一贯倡导人间佛教（或曰人生佛教），曾对弟子们说："一般社会的人们，目佛教为消极、讥佛教为厌世，甚至认为佛教是阻碍社会进步的东西。这是佛教唯一致衰的原因。"

赵朴初发大心举起师父人间佛教的旗帜，庄严国土，利乐有情。他为师父写了如下挽联：

东土广敷讲席，南天屡设经筵，称性而谈，无尽音声雄一吼。

去年随喜人和，今年观成佛协，所作已办，双严福慧遂三求。

闻知大师圆寂，全国不少寺庙，自发组织回向法会。

9 月 26 日，赵朴初组织北京和上海两地同时举行圆瑛大师追悼大会。会上除介绍大师一生的丰功伟绩外，还宣读了大师的遗嘱：

（一）社会道德，普遍提高，时节因缘，不可思议。凡我佛子，宜各精进，力行十善，勤修六度，行菩萨道，报众生恩，各宗各派，同宣斯义：出家在家，各尽其分，互助无诤，团结第一。

（二）余以衰年，欣逢盛世，去岁进京，参加和会，得见开国之伟大气象，及各邦人士对我国之衷心爱敬，使余与祖国建设与保卫和平事业增加无限信心，深感毛主席领导英明，旷古未有。愿我全国佛教徒，同心同德，积极参加爱国运动，致

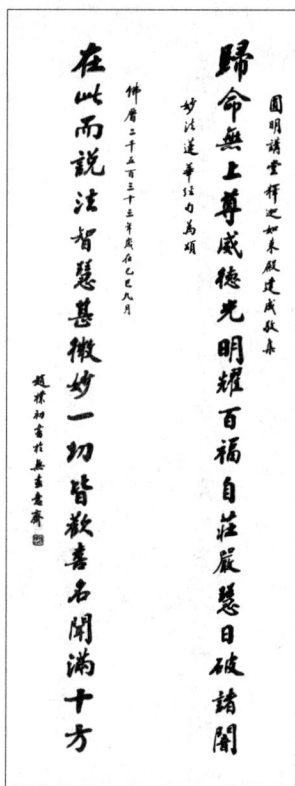
圆明讲堂释迦如来殿建成敬集《妙法莲华经》句为颂

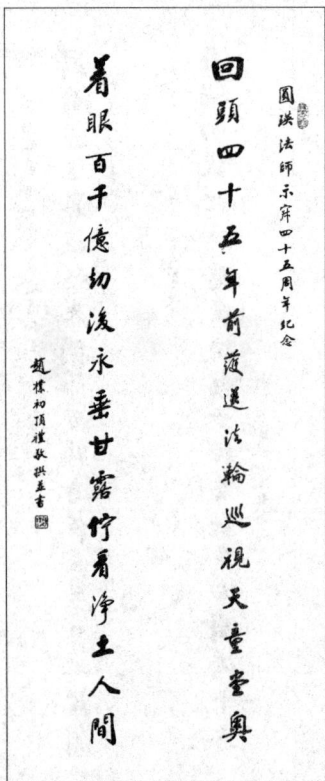

圆瑛法师示寂四十五周年纪念

力和平事业。应思利民护国，饶益有情，乃成佛之基，众善之首。

（三）四大幻住，迁化随缘，身后安排，宜从简约。发讣开吊，世俗所为，悉当免除，毋增罪咎。

圆瑛大师的肉身舍利入天童青冈顶墓塔，法身舍利由专人负责汇集出版。

1955年8月18日，正在日本访问的赵朴初参加了日本佛教界举办的中国佛教协会会长圆瑛法师示寂两周年回向法会，会后作诗二首：

一

普门一念同回向，礼赞香花忏悔辞。
识得和平为佛事，十方世界共扶持。

二

眼熟袈裟加汉服，耳倾歌呗转唐音。
从知一脉传承处，同是瞿昙坐下孙。

由此可见，圆瑛大师的国际影响和赵朴初对师父的怀念敬仰之情。

五、定居北京

新中国成立时，赵朴初已是赫赫有名的宗教界人士，长期从事慈善事业。为发挥专业才能，周总理亲自调他进京工作。周总理告诉赵朴初，有两个工作可供他选择：一是做救济工作；二是做佛教工作。赵朴初觉得自己对佛教熟悉，就选择了佛教工作。

1953年，中国佛教协会成立后，他被选为副会长兼秘书长，主持日常工作，除因公离京，一般都住会办公。

为安排师父圆瑛的治丧事宜，赵朴初于9月21日离开宁波天童寺，匆匆赶到北京，22日忙了一整天，晚上仍毫无睡意，看到圆月东升，方知中秋节到了。他敲开同在广济寺居住的巨赞法师的房门，高声说：

"巨赞法师，今天是中秋佳节，祝您节日快乐。"

"谢谢朴老。也祝您节日快乐。"巨赞答道。

"今天过节了，咱们放松放松，去北海划船好不好。"赵朴初问。

巨赞点头同意。

巨赞（1908—1984）俗姓潘，名楚相，字琴朴。江苏江阴市人。1931年，经太虚大师介绍，他在杭州灵隐寺出家，取名法戒，字定慧，后改名巨赞。1952年，法师参与筹建佛协，后一直担任佛协副会长兼佛学院副院长。他精通佛典，通晓英文、日文、俄文和梵文，晚年攻习法语，是中国现代佛学主要奠基人之一。赵朴初从青年时代便经常同其交往，切磋佛学，友谊深厚。

二人快步走进北海公园，租下一条小船，一个坐船头，一个坐船尾，荡起双桨，船飞快划过水面。清风、明月、波光粼粼，面对此情此景，两个壮年男子汉仿佛又回到在江南度过的童年时代。他们海阔天空、谈古论今，在有关未来佛教工作的许多方面达成共识。这时，赵朴初的头脑里一阕新词油然而生：

朝中措

北海夜泛，同巨赞上座

中秋时节不寻常，夜扣赞公房。

领取轻舟小桨，清风明月徜徉。

西湖仿佛，蒙蒙烟树，滟滟波光。

漫忆吴山越水，弥天一味清凉。

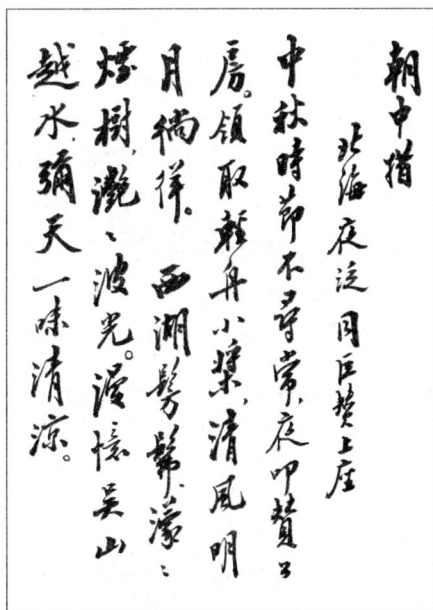

朝中措·北海夜泛

二人尽兴而归。

1954年11月，有关部门把北京西单大拐棒胡同7号，这所不大的三合院分给赵朴初居住。不久陈邦织带领保姆林阿姨及其女儿7岁的林华来到北京，一家人在新居团聚。

陈邦织的组织关系和工作关系也都调入北京。原来陈邦织在1945年便在上海加入中国共产党，1946年2月开始在上海地下党的内部经济机构工作。她不顾个人安危，完成大量组织上交给的任务，在人民解放事业中作出应有贡献。新中国成立后在上海市工商管理局任职，这次随赵朴初进京，调中央工商行政管理局工作。

从此赵朴初不必再住广济寺的单身宿舍，北京有了一个稳定的家。

第十章

铺和平路　架谊桥梁

一、送日药师佛

在血与火中诞生的新中国，面临着各方面的严峻考验。当时的世界分成以美国为首的帝国主义阵营和以苏联为首的社会主义阵营。帝国主义阵营对中华人民共和国实行政治孤立、经济封锁、军事威胁和外交上不予承认的政策，妄图把新生的共和国扼死在摇篮之中。美国对承认新中国开出的条件是冠冕堂皇的"履行国际义务"，把话说明白，就是要承认旧中国同列强签订的一切不平等条约。

此时，中共中央决定了在执行和平外交政策中的三大基本方针："另起炉灶""打扫干净屋子再请客""一边倒"。到1954年同我国建立外交关系的才有19个国家。但周总理说："各国人民要自由来往，友好接触的愿望，是没有任何力量所能阻挡得住的。"

在这一大背景下，由中央统一部署，赵朴初成为积极开展民间外交的杰出代表之一。他多次出国访问，经常接待外国友人，广交朋友，扩大中国在国际上的影响。

20世纪50年代，中国著名的和平人士宋庆龄、郭沫若等，根据世界和平理事会和国际和平保卫者的建议，于1952年3月联名约请亚太和平人士共同发起亚洲及太平洋区域和平会议。1952年10月2日至12日，会议在北京隆重召开。有多达38个国家的344位正式代表前来参加，其中有17个国家的佛教界代表。由于当时的日本政府拒发签证，日本佛教界代表未能如愿到会。大会通过了10个文件。赵朴初参加了这次会议及会前的各项准备工作，也参加了部分文件的起草工作。

这时抗日战争虽已过去，但在中国人民心灵深处所留下的创伤依然血色殷殷。

3500万人的生命、数不尽的财产损失对中华民族来说是一场多么深重的灾难啊！可赵朴初深知和平的重要性。他代表中国佛教界，向出席这次会议的代表赠送一尊象征和平的药师佛，请其转给日本佛教界。这表达了我国佛教徒期盼和平与友谊的良好愿望。

这尊佛像犹如友好使者，在日中佛教界，甚至整个日本社会都引起了强烈反响。和平、友好成为中日两国人民的共同心声。从此，打开了中日两国佛教界中断多年友好交往的大门。

赵朴初在佛协一次会议上提到赠药师佛一事说："有人问我，为什么要送药师佛像。我告诉他们，佛经上讲，药师佛是东方净琉璃世界的教主，是'大医王佛'，有着消灭灾难和拔除众生痛苦的大愿。而那时的中日两国人民都饱受战争痛苦，在水深火热之中，有许多心灵创伤需要治疗和拯救。在那极其艰难的岁月里，日本佛教界收到我送的这尊药师佛像后，以日本佛教界一批长老为首，专门成立了'中国佛教界寄送佛像奉迎会'，经认真准备，举行了盛大仪式迎请。实际上他们这是希望中日两国佛教界和两国人民实现友好，改变当时的对立状态。"

1953年，中国佛教协会收到日本佛教界许多德高望重的人联名写来的感谢信。这封信的译文曾在中国佛教协会会刊《现代佛学》（1981年1月30日改为《法音》）上刊登过。

日本佛教界及友好人士在东京举行法会，奉迎中国佛教界赠送的药师佛像

　　日本佛教界友好人士在大谷莹润长老、西川景文长老、菅原惠庆长老的领导下，克服千难万险，联合了东京华侨总会、日本佛教联合会、日中友好协会、日本和平联络委员会、日本工会总评议会等14个友好团体，于1953年2月17日成立了"中国在日本殉难烈士慰灵委员会。"他们把中国在日劳工殉难遗骨收集起来运往中国。

　　1953年7月10日，中国佛教协会喜饶嘉措会长和赵朴初副会长兼秘书长在北京广济寺接见以中山理为团长的"第一次护送中国在日殉难烈士遗骨代表团"，收到提供的4万名中国劳工及其中被虐待致死的7000名劳工的名簿。喜饶嘉措代表中国佛教协会用藏语致欢迎词。他说："各位的努力使中日两国人民之间结成了一条象征和平的'金锁链'，这'金锁链'牢固地把我们连接在一起，让我们进一步加强中日之间这一'金锁链'友好关系，为中日两国早日恢复邦交，为让和平之光照遍大地而奋斗不息。"赵朴初代表中国佛协向日本佛教界赠送了《宋藏》论释三十卷。

　　从1953年7月至1955年，日本友好人士先后九次将3000多具尸骨送到中国，使其魂归故里。每次，都受到周恩来总理的接见。

　　为加强中日友好，我国也提供各种方便，协助3万多名在华日侨返回日本。这些人回去后，不少尽毕生之力，从事日中友好工作。

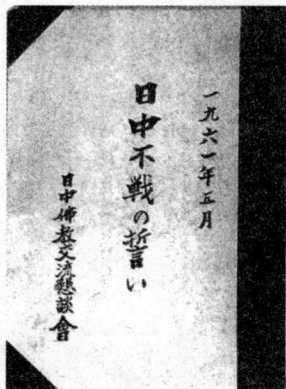

"日中不战之誓"签名册

　　不久，日本一批德高望重的长老发起声势浩大的"日中不战之誓"签名运动。这一运动把日本佛教界、文化界许多知名人士都团结到日中友好的旗帜下。尤其是大谷莹润长老，为日中友好事业，毅然退出自民党，宁可不当内阁大臣，毅然发起"日中不战之誓"的签名运动。

　　赵朴初为大谷莹润长老的行为所感动，写诗寄赠予他：

寄赠大谷莹润长老 ❶

虎狼之心不知止，伥鬼之行不知耻。

冲开瘴雾震雷音，竖起脊梁真佛子。

扶持正气健为雄，群力何难制毒龙？

莫道黑风吹浪险，已看朝旭照天红。

---

❶大谷长老领导日本佛教徒为促进中日友好，反对日本军国主义势力复活，进行正义斗争，复宣布退出执政党，义声所播，遐迩同钦，遥望扶桑，喜拈此偈。

　　时间过去 50 多年，日本的右翼分子并未因时间的推移而却步，反而变本加厉，大肆复活日本军国主义，妄图颠覆二战后的国际秩序。今日重温此诗，具有很强的现实意义。

　　这些友好人士来华访问时，将厚厚一本有 1500 多日本各界人士签名的名册送给中国佛教协会。赵朴初代表中国佛协收下这一珍贵礼物后站起来大声说："我们今天接受了日本佛教界朋友送的'日中不战之誓'的签名簿，这是一件非常贵重的礼物。这就是将日本和中国永远连在一起的'金锁链'，这是日本佛教徒对世界和平献上的一份厚礼。诸位才是真正的佛教徒。"

二、纪念鉴真

　　周总理曾对赵朴初说："中日两国的友好交流对亚洲和世界和平都有重要意义，应特别注意，我们佛教协会可以通过两国佛教界的交流，为增进两国民间的友谊、促进两国关系正常化多做工作。"负责具体工作的廖承志同志也多次和赵朴初谈中日民间交往问题。

　　在一次讨论民间外交的中央会议上，赵朴初提出："要做好文章，必须有好题目。鉴真和尚东渡，就是个很好的题目，它能唤起中日两国骨肉相连的情谊。"

　　1963 年是鉴真大师圆寂 1200 周年。日本政府将该年 5 月定为"鉴真月"并准备举行盛况空前的纪念活动。当时中日尚未建交，但民间来往非常活跃。身为中国佛协主要领导人的赵朴初向周总理建议说，鉴真大和尚可以担当民间大使，打开中日友好之门。周总理不久采纳了他的建议，中国决定与日本同时举行纪念鉴真圆寂 1200 周年活动，并成立以赵朴初为主任委员的"鉴真和尚逝世 1200 周年纪念筹备委员会"，日本佛教界也成立了以大谷莹润为首的相应组织。

　　此时，赵朴初在《现代佛学》1963 年第 3 期上发表《纪念鉴真大师，展望中日人民友谊的光明前途》一文。文中说："在我们两国文化血缘缔结史上，8 世纪的鉴真大师，

1963 年 5 月，中国佛教代表团访问奈良唐招提寺

以他的献身文化的宏愿与克服困难的精神，永远放射着耀眼的光芒。"、他"以无私的国际精神，献身文化传播事业，并以坚强的意志和高度的领导能力，百折不挠，东渡日本，辛勤工作，取得多方面的成就，开辟了两国亲密互助的大门。"、"我们坚信，只要我们两国人民发扬前人精神，坚决负起时代使命，亲密合作，不懈努力，我们就一定能向

1992年5月18日，赵朴初会长访问奈良唐招提寺，在鉴真和尚墓前拈香

前人一样突破一切险阻，实现我们共同的愿望与美好的未来。鉴真大师、荣睿大师的光辉事业将永远鼓舞我们前进。"

鉴真大师生于武则天垂拱四年（688年），圆寂于唐广德元年（763年），阳寿75岁。他俗姓淳于，扬州江阳人，14岁出家，游洛阳、长安等地，后来在扬州大明寺弘扬佛法。唐玄宗天宝元年应日本留学僧荣睿、普照等人之邀，东渡日本。前五次因台风、翻船、官兵追捕等天灾人祸半途而废。后虽双目失明，但东渡大愿未减。终于在天宝十二年（754年）东渡扶桑成功。他在奈良仿照扬州大明寺建造了唐招提寺，传播律宗，并把中国的建筑、雕塑、医学、医药、绘画、书法、文学、印刷等先进文化知识传到日本，大大促进了日本社会各方面的发展，为中日文化交流作出卓越贡献。大师虽在日本生活不过十年，但深受日本佛教界及社会各界人士所敬重，称其为"日本佛教与日本文化的大恩人"、"日本文化史上的伟人"、"日本文化的传播者和缔造者"。大师圆寂后，以其真身制作的坐像一直在大唐招提寺供奉，至今已有1250余年。

鉴真大师是中日友好的使者，是中日友好关系史上不朽的人物。他倾毕生之力倡导"见和同解、利和同均、口和无净、身和同住、戒和同修、意和同悦"。惠及当世，波披千载。

赵朴初提出，中日两国佛教界、文化界共同在鉴真故乡举行各种纪念活动。国务院决定在扬州大明寺建立鉴真纪念堂。该建筑由著名建筑学家梁思成参照日本奈良招提寺金堂设计，典雅古朴，保存了唐代的艺术风格。并建有碑亭和纪念碑，碑的正面是郭沫若先生写的"唐鉴真大和尚纪念碑"，背面是赵朴初居士写的纪念碑文。由赵朴初倡导，在广东肇庆还修建了伴随鉴真东渡、圆寂在途中的日本僧人荣睿纪念碑。

在日本国内，佛教界（日本佛教徒当时占人口的80%）、文化界及其他社会各界

都开展了丰富多彩的纪念活动。日本各大城市的主要建筑物上都悬挂大字标语，把鉴真称作日本文化的大恩人。日本国内的纪念活动还邀请中、韩等国家派团参加。

1963 年 5 月，赵朴初应邀率中国佛教代表团赴日，在纪念大会上作了以"弘扬鉴真精神，加强中日友好"为题的发言，受到与会者的高度评价。回国后，他以"中日人民友好的丰碑"为题发表文章。文中详尽叙述了日本友人对代表团的热情接待和对中国人民的友好感情。日本各界把 1963 年 5 月至 1964 年 5 月叫做"鉴真年间"，各种纪念活动整整持续了一年。

早年日本名作家井上靖将鉴真的真实事迹写成一本小说《天平之甍》。此时，由戏剧家将其改编成话剧，搬上舞台。在东京连演 40 场，场场爆满。

为什么小说和话剧都叫《天平之甍》呢？"天平"指日本奈良时代，相当于唐玄宗天宝年间。"甍"中文指皇帝、诸侯等大人物之死。日文却指屋顶之瓦的意思。当年鉴真东渡扶桑，在奈良修了日本律宗总院唐招提寺，寺中金堂屋脊上保留至今的鸱尾被称为"天平之甍"（奈良时代的瓦），相传是鉴真东渡时从唐朝带去的，是日本国宝级的文物。所以小说、戏剧均以此命名。此剧后来搬上银幕，两者都译成中文，20 世纪 80 年代在中国各地演出，加深了中日两国人民的相互了解。

赵朴初访日时，一天晚上曾在京都的一个剧场看了话剧《天平之甍》的演出。演出结束时，他走到后台，同饰鉴真的演员河源崎长十郎见面。两人一见如故，彼此紧紧握手、热烈拥抱。河源先生激动不已、热泪盈眶。十年后，两人再次相聚，赵朴初回忆起这段往事，赠诗给河源先生："忆君十年前，绝艺演盲圣。倾倒两邦人，至情与至性。访我于京都，倾谈泪横进。谊如连枝亲，义比同胞胜……"

由赵朴初发起，中日两国共同纪念鉴真大师的活动使中日两国文化交流的大门进一步敞开，使两国人民的相互了解进一步加深、共同渴望和平的心声取得共鸣、传统友谊进一步加强。

三、舍利赴缅巡展

南传佛教流行的国家和区域主要有斯里兰卡、缅甸、泰国、老挝、柬埔寨以及我国的云南省。它的发祥地印度因各种历史原因佛教反而式微。

南传佛教为上座部，其信众有崇拜佛舍利的传统。他们认为"见佛舍利如见佛"，如果能见到释迦牟尼佛的舍利，那将是一生最大的幸事。特别是缅甸，被人称作"佛

忆江南·访缅甸掸邦首府东枝

教之国"，上至王公贵族，下至平民百姓，绝大多数都信佛，男子成年前都要到寺院过一段僧伽生活。境内佛寺佛塔金碧辉煌、比比皆是。

1955年4月，赵朴初率中佛协代表团访问缅甸。时任缅甸总理的吴努先生在接见赵朴初和中国驻缅大使时说："希望迎请佛牙到缅甸作一个时期的巡行，供缅甸人民瞻拜……这是缅甸人民久远以来的愿望。"缅方的恳切虔诚之心感动了赵朴初，他当即答应了这一请求。周恩来总理得知此事立即批复同意并指示努力促成这一善举。

1955年9月20日，由缅甸佛教协会副主席、缅甸最高法院院长吴登貌为团长的迎请佛牙代表团抵京，赵朴初到机场迎接并设宴招待。10月3日，周恩来总理接见并盛宴招待缅甸佛教代表团。参加宴会的还有陈毅、乌兰夫、李济深、彭真、习仲勋等党和政府领导人近百位。周总理在讲话中说："中国政府和中国人民愿意帮助我们的缅甸朋友完成迎奉佛牙到缅甸去的使命。"

10月7日，中方佛牙护送团和缅方佛牙迎奉团共护佛牙乘火车离京。10月15日，佛牙舍利抵达缅甸仰光机场，缅甸联邦总统巴于和总理吴努亲往迎接并举行了盛大的佛牙舍利迎奉典礼。在佛牙舍利交接仪式上，他们用庄严的诵经声调说："感谢毛泽东主席、周恩来总理、中国政府和人民，由于他们的深厚友谊，缅甸人民历史的愿望得到了满足。"佛牙舍利在缅甸巡回供奉七个多月，朝拜者百余万人。

缅甸人民在顶礼膜拜佛牙舍利的同时，也为中缅两国人民的胞波情谊祝福。

1956年6月5日，缅甸佛教会在缅甸机场举行了隆重的佛牙舍利交还仪式，巴于总统怀着无限感激的心情亲自把佛牙舍利交到赵朴初手上，双方均发表了热情洋溢的讲话。

这一活动获得了极大的成功，加深了中缅两国人民的友好感情。缅甸人民把中国人民亲切地称作"胞波"和"瑞苗"。缅语的"胞"正好与汉语同音、同义，"波"是伙伴、同伴的意思。合在一起便是同胞。"瑞苗"在缅语中"瑞"是金子，"苗"是亲戚，合起来便是金子般的亲戚。

缅甸佛教徒夹道欢迎佛牙舍利

　　1956年6月8日，赵朴初一行从缅甸回到昆明，佛牙舍利在圆通寺内供奉到7月。他考虑到，云南是南传佛教徒在中国最集中的省份，为使各民族佛教徒有机会瞻仰佛牙舍利，特请当地佛教界组织了以大悲法师为首的佛牙护法团，护持佛牙到滇南边疆的德宏、耿马、西双版纳地区和滇西北的丽江地区巡礼供奉。汉、傣、崩龙、佧佤、布朗、景颇、纳西、藏等十多万各族信众瞻礼、朝拜了佛牙舍利，他们都认为这是终生难得的福报。这一举措促进了民族团结和边疆的社会稳定。1956年12月10日，佛牙舍利结束在云南的供奉回到北京。

　　缅甸早在1950年4月8日便同中国正式建立外交关系，1960年10月双方签订中缅边界条约。

　　1960年末，为庆祝中缅边境条约签订和次年1月4日缅甸独立日（即国庆节），缅甸政府邀请中国派遣各界人士组成的大型代表团访缅。中国组成以周恩来总理为团长、陈毅副总理兼外长为副团长，包括8个友好团体，共400多人参加的大型友好代表团前往。中国佛教代表团是八个代表团中的一个，团长是中国佛教协会会长喜饶嘉措，赵朴初为副团长兼秘书长。

　　回国后赵朴初写了《中缅友好关系的新高峰——中国佛教代表团访缅散记》一文，发表在《现代佛学》上，详细记录了在缅18天的所见、所闻、所感。

　　文中说："飞入缅甸国境后，俯视下边美丽的山川城郭，星罗棋布似的到处点缀着庄严的佛塔，好像一幅幅清新的图画在面前展开，引人入胜。这时，你会不由得欣然喊出'到亲戚家了！'特别是我们飞到仰光孟加拉洞机场上空，盘旋下降时，我望到那么多的旗帜和鲜花，那么多的黄衣（比丘）、荷衣（比丘尼）和白衣（男女信众）的人群。我当时欢喜激动的心情，确实难以形容。自1955年以来，中国佛教代表团访缅这已是第三次。至于我个人，除了路过不算，正式访缅已是第五次了。在这段时间内，我也荣幸地接待过缅甸佛教代表团，也有不少佛教界朋友作过我们尊贵的客人。"

中国佛教协会副会长赵朴初向缅甸总理吴努赠送礼品

　　五次访缅，多次接待缅甸佛教界客人。赵朴初为中缅友好事业付出过多少心血呀！

四、佛牙在锡兰

　　佛牙舍利除在缅甸供奉外，应锡兰方面的请求，1961年6月，喜饶嘉措大师和赵朴初居士在周恩来总理支持下，组成中国佛牙舍利护法团亲自护送佛牙舍利抵锡兰（今斯里兰卡）首都科伦坡。锡兰总督古涅狄来克先生和总理西丽玛沃·班达拉奈克夫人亲到机场迎接。有关的政府官员和广大人民群众，对中国佛牙舍利表示了热烈的欢迎和虔诚的礼敬。

　　佛牙在锡兰各地巡行时，每到一个城市，当地群众几乎倾城倾巷出来膜拜。到高尔市时，八名警察脱掉警察制服，穿着民族盛装，赤着足，从彩车上把装着佛牙的金塔抬到停放处。安巴拉市为迎奉中国佛牙，在三天之内赶修了一条马路，定名为"佛牙路"。佛牙从一个城市转到另一个城市时，沿途到处可以看到"欢迎来自中国的佛牙！"、"中锡友好万岁！"一类横挂在公路上空的大字标语。这不仅说明锡兰佛教徒对中国佛牙的虔诚，而且说明锡兰人民对中国人民的友好。

　　锡兰人民也了解到中国的宗教政策。他们对护送佛牙的赵朴初等人说："过去西方宣传说，新中国已经没有佛教了，因为共产党是不允许人们信仰宗教的。现在才知道这完全是谎话。新中国不仅有佛教，而且宗教信仰受到人民政府和共产党的保护。"事实胜于雄辩。任何谣言在事实面前都不攻自破。

喜饶嘉措大师和赵朴初居士率领的护法团随佛牙一起在锡兰访问了两个月，参观了各地的寺庙、学校、团体、茶场、橡胶场、博物馆及名胜古迹等共八十余处，出席大小招待会三十余次（多者几百人，少者十几人）出席千人以上的群众欢迎大会四次（少者一千四五百人，多者五六千人），同锡兰各界、各阶层的朋友进行了广泛的接触和交谈，增进了彼此的相互了解和友谊。

赵朴初带领护法团访问巴都拉地区的底亚塔拉瓦镇时，到处张灯结彩。在有四五千人参加的群众欢迎大会上，还特别演奏了中国国歌。当地驻军首长说，这是他的军乐队花了三天排练出来的。有一位寺庙长老，为欢迎护法团，在寺院外特地扎了一个彩牌楼，上面用中文写着"祝您健康"四个大字。

宝石城的钱达南达法师曾经访问过中国，受到过赵朴初的热情接待。护法团到达时在他的寺院里举行了五六千人参加的群众欢迎大会，会场上悬挂着由他自己亲手制作的中国国旗，还在距寺几里外的地方扎了彩牌楼，排列了仪仗队、舞蹈队夹道欢迎。他说："我在中国访问时，你们对我接待得太好了，现在我们的接待，不但为欢迎你们，也是对中国人民的感谢。"许多锡兰朋友都争着邀请护法团到自己家去做客，对中国人民的那种友好感情是发自内心的。

1961年6月10日佛牙舍利抵达锡兰首都科伦坡，总理西丽玛沃·班达拉奈克夫人与中国佛牙舍利护法团一行在欢迎仪式上合影

佛牙舍利在锡兰巡礼两个月，到过八个省份、九个城市、十五个行政区。受到三百多万锡兰人民的顶礼膜拜。大大加深了中锡两国人民的相互了解和传统友谊。

护法团离开锡兰时，锡兰总理西丽玛沃·班达拉奈克夫人到机场送行并发表热情洋溢的讲话。她说："把佛牙从中国送到锡兰来供奉，进一步加强了两国友谊，这将在两国历史上占有重要地位。"她再次对中国政府应她的请求，把佛牙送到锡兰供人民瞻拜表示感谢。

后来，刘少奇主席曾对锡兰新任驻华大使说："为了满足锡兰人民瞻礼佛牙舍利的愿望，中国佛牙护侍团把在我国的佛牙舍利送到锡兰供奉，受到锡兰政府和人民的隆重接待和热情欢迎。这生动地反映了两国人民之间的传统友谊。我深信，这种友谊今后必将获得更大的加强和发展。"

五、在印开盛会

1956 年 11 月 24 日，纪念佛陀涅槃 2500 周年盛大庆典在印度首都新德里举行。各国佛教界的领袖多数出席了这次大会。这在世界近代佛教史上是一次非常重要的会议，因议题多，筹备时间自然比较长。中国佛协作为佛教大国的组织，当然参加了这次会议的筹备工作。中国佛协副会长兼秘书长赵朴初主持中国佛协的日常工作，为筹备这次会议，多次奔走于东南亚各佛教国家之间，做了大量的联络协调工作。

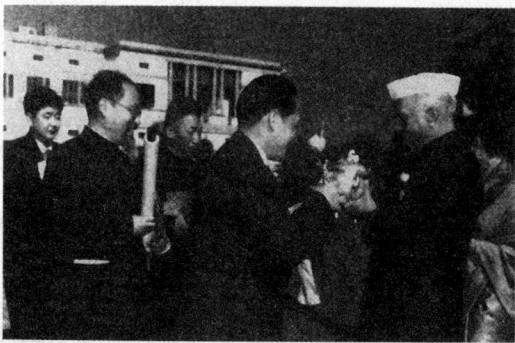

1956 年 11 月，中国佛教协会副会长赵朴初在印度拜会尼赫鲁总理。图为尼赫鲁总理向赵朴初居士赠送纪念品

为纪念佛陀涅槃 2500 周年，赵朴初于 4 月 10 日代表中国佛协向全国佛教徒发表了以《我们要不愧于先人，不愧于时代》为题的演说。

他说："中国佛教徒和亚洲各国的佛教徒都有悠久深厚的关系。我们中国佛教徒不会忘记玄奘的老师、伟大的印度佛学大师戒贤；我们不会忘记到中国来传比丘尼戒的以铁沙罗为首的 19 位锡兰比丘尼；我们不会忘记从柬埔寨和泰国来译经的僧伽跋陀罗和真谛；我们不会忘记从阿诸罗达王和江喜陀王以来的中缅两国佛教往来关系；我们也不会忘记以前数百年来我们和朝鲜、日本、越南、尼泊尔、老挝等国的佛教往来关系。我们记住这些友谊关系是有益处的，因为这可以促进我们各国佛教兄弟姊妹们更加和合地生活。根据佛《涅槃经》的遗教，佛教徒的和合是佛法永驻的一个因素。那么，让我们各国佛教徒在这一伟大节日的感召下，努力加强我们的联系，更加友爱的互助合作吧。"

当时世界分成两大阵营，战争的阴云笼罩全球。反对战争，维护世界和平，成为各国人民的共同呼声，而佛教徒对维护和平可以起到重要作用。所以赵朴初在讲话最后强调："为了人类，为了佛教。我们应该学习佛陀的伟大榜样，致力于消弭战争……中国佛教徒愿意在学修与弘扬经教的事业上，在促进人类友好和平的事业上和各国佛教兄弟姊妹们携起手来，共同努力。"

为出席菩提伽耶咨询委员会会议、为参加那烂陀大学新屋落成揭幕、为朝拜佛教圣地，赵朴初一行于 1956 年 3 月 13 日乘"空中霸王号"飞机由昆明直飞印度港口城市加尔各答，仅用 6 个小时便走完了唐代玄奘历时两年多，经千难万险才到达的"西天"。赵朴初感慨赋诗：

加尔各答（二首）

快偿天竺平生愿，半日风云御霸王。
积雪惊沙穷岁月，当年辛苦想玄奘。

若言时代言人力，我比奘师胜几多。
学业天人徒向往，少时年月愧蹉跎。

在那烂陀大学新屋落成典礼上，该校大学长迦槃比丘对赵朴初说，那烂陀大学将建立玄奘学院，研究中国佛学。

玄奘法师与那烂陀大学确有殊胜因缘。他是一位孤征十七载、独行两万里、足迹遍及西域、印度一百三十余个国家，并留下一本不朽之作《大唐西域记》的伟大旅行家。在那烂陀寺投师印度高僧戒贤门下，精进不懈，成为一位通达中印文字、洞晓三藏法理，由留学僧人一跃而为主持当时印度最高学府——那烂陀寺的讲席。实际上那时他已成为印度佛学首屈一指的集大成者。所以在戒日王为他举行的十八日无遮大会上，他高踞狮座、陈义立宗，无人敢出面与他争锋。他为祖国赢得了巨大的荣誉，为中印友好交往，为佛教传播作出无与伦比的

印度菩提伽耶大塔

贡献。赵朴初在 1956 年 3 月写的《纪念玄奘法师，学习玄奘法师》一文中说："玄奘法师离开我们已有 1300 年，但我们现在读诵他的传记，研学他的遗书，不仅他的'端严若神、美丽如画、音词清远、言谈雅亮'的音容，'松风水月，未足比其清华，仙露明珠，讵能方其朗润'的风骨，俨然如在，而他的'不朽之神功、栋梁之大业'、'以四生为己任'的悲怀，'建正法为身事'的宏愿，尤其令人生起无限景仰之心，奋然思有所树立。玄奘法师真不愧为中国佛教史上最伟大的模范人物。"因此，为研究中国佛学，印度拟建玄奘学院是情理中事。

为支持印度建立玄奘学院，研究中国佛学，赵朴初代表中国佛教协会宣布，把玄奘灵骨及玄奘所译佛经赠送给那烂陀大学。这一举措意义深刻。千余年前玄奘将经卷由梵译汉，使汉传佛教广泛流布于中国大地。后来印度佛教教灭经焚。赵朴初将汉文经卷送还复兴中的印度佛教，让其译成梵文，对中国佛教是反哺报恩的机会。

在那烂陀大学，印度佛教徒对赵朴初这位来自玄奘故乡的客人，给予最高的礼遇。登佛塔残基时都让他先行。其名为"履玄奘之遗迹，宜让玄奘之后人"。

赵朴初在印度向各界人士介绍中国佛教的历史与现状，并在不同的场合呼吁两国佛教界和人民在和平共处五项原则的基础上，发展友谊、维护和平。赵朴初的呼吁，得到印度领导人、佛教徒、各界人士的一致认可和赞同。

1956 年 5 月 9 日，印度派出了印中友好协会代表团来华访问，由赵朴初

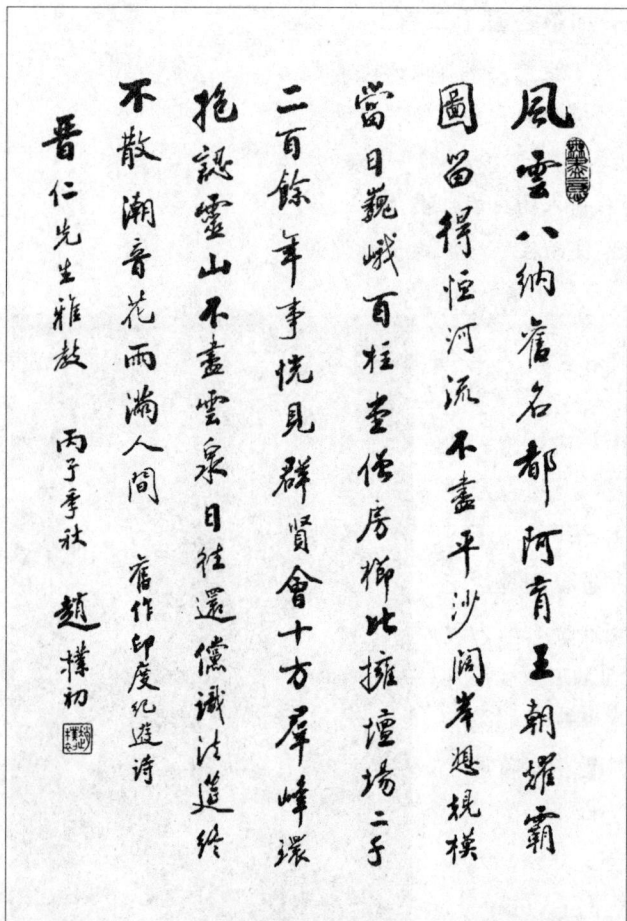

印度纪游

陪同，代表团团长巴波托博士一行参观了北京广济寺。巴波托团长发表讲话说："佛教中的五戒，梵文中叫做'槃恰西拉'。这个名词，自从贵我两国总理（周恩来总理和尼赫鲁总理）共同倡导和平共处五项原则以来，它不仅成为我们两国人民为和平而努力的方向，而且成为世界人民赞扬的和平共处的道路。我深望我们两国的佛教徒和人民发扬先辈的光荣传统，为弘扬佛法、交流文化和加强和平、友谊事业而努力。"

经认真准备，多方协调，纪念佛陀涅槃2500周年盛大庆典在印度首都新德里如期举行。中国佛教协会派出以喜饶嘉措为团长、赵朴初为副团长的中国佛教文化代表团。出发前周总理接见了代表团全体团员。在喜饶嘉措和赵朴初的领导下，负有重要使命的代表团圆满完成了任务。

参加完这一盛典之后，赵朴初一行还朝礼了菩提伽耶、王舍城、那烂陀寺

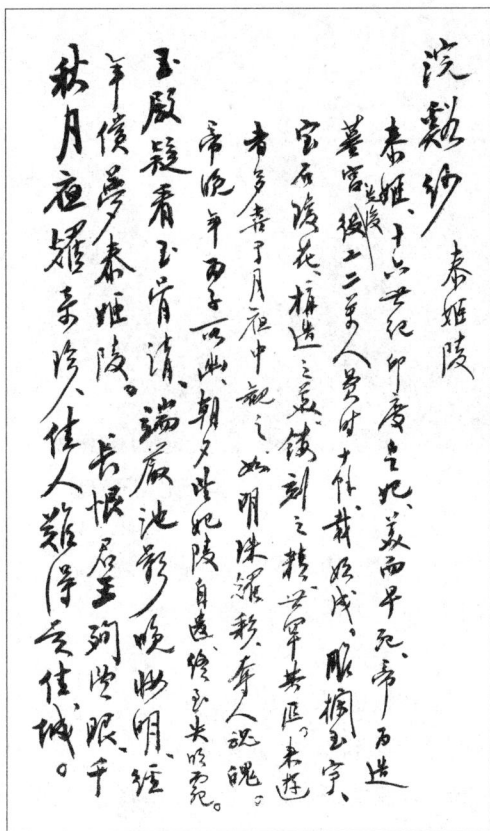

浣溪沙·泰姬陵

遗址、鹿野苑和拘尸那伽，顺访了我国在菩提伽耶建的喇嘛寺、汉僧寺及在鹿野苑建的中华寺。

1956年3月27日，赵朴初一行满载印度人民的友情自加尔各答飞返祖国昆明。

六、复兴佛诞地

赵朴初与佛陀故乡尼泊尔佛教界的友好交往开始于20世纪50年代。双方商讨的主要内容是援助尼泊尔复兴释迦牟尼诞生地蓝毗尼花园遗址。

佛陀怎么会降生在一个花园里呢？曾在尼泊尔蓝毗尼中华寺连任两届住持的释

尼泊尔蓝毗尼花园遗址

怀善法师在他的《佛陀故乡驻锡记》一书中，有下面一段精彩的描述："那是公元前612年，古印度迦毗罗卫国的净饭王突然晚年得子，这年净饭王已是45岁的人了，夫人摩耶身怀六甲。夫人的受孕还有一个奇怪现象：一天，夫人在睡梦中梦见，从天而降的一只六牙白象奔自己而来，而且从口中进入了体内，梦中的夫人吓了一跳，醒来后即感到身已有孕，她高兴地告诉了净饭王。大象在印度是吉祥之物，净饭王自然也是高兴，他们小心地照护着怀中的小生命。快到分娩了，按古印度的风俗，是要到娘家生产的。于是净饭王安排了一队护送人员，用打扮得花枝招展的象车拉着摩耶夫人，吹吹打打，热热闹闹地向善臂国进发。善臂国是现在的帕尔斯镇，距蓝毗尼约50公里，距迦毗罗卫约75公里。当队伍行到蓝毗尼花园时，摩耶夫人想休息一下。缘何要在这里休息？因为这蓝毗尼花园正是善臂国王的妹妹蓝毗尼的别墅花园，蓝毗尼实际上是善臂国王妹妹的名字。摩耶夫人休息了一会儿，立起身想用右手攀住一棵大青叶树垂下的树枝。就在这时，怀中的太子从右肋慢慢降生。当太子降生到地面，即作人立，并行走七步，脚下一步生出一朵莲花，一手指天，一手指地，作狮子吼：'我于天人之中，最尊最胜。'当太子说完话后，即如平常婴儿，不行走亦不言语了。此时，天空中飘荡着美妙的音乐，九条金色的龙驾着祥云吐出柔软的水为太子沐浴，地下涌出一冷一热两股清泉供摩耶夫人洗涤，盛开的百花吐着芬芳，百鸟唱出美妙动听的和声，百兽跳起欢快的舞蹈，百树舞动婀娜的身躯，人们欢喜雀跃奔走相告，一时蓝毗尼祥云缭绕，紫气氤氲。天上天下一起为人间降生伟大的佛陀而庆幸。"

这一有关佛陀降生的美妙传说确立了蓝毗尼花园在每一个虔诚的佛教徒心中的地位。

1956年11月9日，以喜饶嘉措大师为团长、赵朴初为副团长的中国佛教代表团一行15人乘飞机到尼泊尔首都加德满都参加第四届世界佛教大会。参会的有来自世界40个国家的400位代表和尼泊尔各界人士2.5万人。会议的主题仍是宣扬佛法，倡导和平，制止战争。但同时也商讨了释迦牟尼诞生地蓝毗尼遗址的复兴计划。

1956 年 11 月 20 日，喜饶嘉措大师和赵朴初代表中国佛教协会向尼泊尔捐助一万卢比作为蓝毗尼修复之用。1967 年尼泊尔国王马罕德拉接受联合国秘书长吴丹建议，决定复兴蓝毗尼花园这一历史文化遗迹。1970 年成立了蓝毗尼开发国际委员会。1984 年赵朴初率中国佛教代表团出席在斯里兰卡首都科伦坡举行的世界佛教联谊会。尼泊尔前国王秘书、尼泊尔佛教复兴会主要负责人鲁克达桑向赵朴初团长提出，希望中国佛教界能参与蓝毗尼遗址的复兴工作。赵朴初当即表示，蓝毗尼是佛祖释迦牟尼的诞生地，是全世界佛教徒向往的地方。中国高僧、法显、玄奘都到过蓝毗尼。协助尼泊尔搞好遗址复兴工作是中国佛教界义不容辞的责任。同年 12 月联合国开发署驻华代表专程访问中国佛教协会，请求中国参加"蓝开委"。1986 年，赵朴初与班禅大师一同出席在尼泊尔首都加德满都召开的世界佛教徒联谊会第十五届大会。班禅大师代表中国政府和中国佛教界宣布，为了支持尼泊尔蓝毗尼开发计划，中国将以援建的方式在蓝毗尼兴建一座佛教寺院。此后不久赵朴初便为这一筹建中的寺院起名为"中华寺"。

七、与国王的佛缘

1956 年 2 月至 9 月，西哈努克在担任柬埔寨首相兼外交大臣期间，还兼任柬埔寨王国驻联合国常任代表，对新中国外交给予了坚定支持，和毛泽东、周恩来关系密切，情谊深厚。西哈努克是一名虔诚的佛教徒，和赵朴初交往甚多，结下了深厚的佛缘。

1956 年 2 月 16 日，时任柬埔寨首相的西哈努克率领柬埔寨王国代表团访问中国。在赵朴初陪同下参拜了广济

1956 年 2 月 16 日，柬埔寨王国首相诺罗敦·西哈努克亲王参观北京广济寺，赵朴初代表中国佛教协会把 1400 年前来中国的柬埔寨高僧陀罗和僧伽婆罗译的九部佛经送给西哈努克首相

寺。广济寺各大殿钟鼓齐鸣，僧人列队迎接。西哈努克进入大雄宝殿，在佛像前诵经礼佛后，又到圆通殿瞻仰佛像，在舍利阁瞻仰佛舍利和玄奘灵骨，参观广济寺藏经。赵朴初代表中国佛教协会把 1400 多年前来中国的柬埔寨高僧曼陀罗和僧伽婆罗译的九部佛经赠送给西哈努克，并和他进行了亲切友好的交谈。这是两人第一次会面。

晚间，赵朴初代表中国佛教协会在广济寺素宴招待西哈努克一行，国务院总理周恩来、副总理陈毅、国务院秘书长习仲勋等有关领导出席。这次来访加深了中柬两国人民的相互了解，增强了两国人民和佛教间的友谊。

1957 年以持松法师为首的中国佛教代表团应柬埔寨方面邀请赴柬参加佛陀涅槃两千五百周年纪念活动。

1958 年 6 月 21 日，应中国佛教协会邀请，由柬埔寨西哈努克佛学院院长胡达法师率团回访。赵朴初等中佛协有关领导及信众数百人赴车站欢迎。中方为表示重视并传达最友好的信息，毛主席由赵朴初陪同亲自接见。

客人尚未到达，毛主席和赵朴初坐在客厅里。毛主席看着赵朴初慢慢问道："佛教有这么一个公式——赵朴初，即非赵朴初，是名赵朴初，有没有这个公式呀！"

赵朴初答道："有。"

毛主席又问："为什么先肯定，后否认？"

赵朴初思索了一下答道："不是先肯定，后否定，而是同时肯定，同时否定。"

谈到这里，胡达法师已经到来，两人赶忙起身到客厅门口迎接。

因时间关系两人未得深谈，但赵朴初给毛主席留下深刻印象。后来，他在对别人的谈话中提到赵朴初时说："这个和尚懂辩证法。"

在多年的交往中，赵朴初与柬埔寨西哈努克亲王建立了深厚的友谊。无论在他担任柬埔寨首相期间、在北京领导流亡政府期间，还是回国登上国王宝座后，他都不会忘记中国的这位佛教领袖从各方面给予他的无私帮助。

1961 年 11 月，第六届世界佛教徒会议在金边召开，由喜饶嘉措任团长、赵朴初任副团长的中国佛教代表团应邀出席。西哈努克对中国代表团给予了热情接待，并指示将中文作为会议使用的四种语言之一。大会闭幕后，西哈努克特邀请并亲自陪同喜饶嘉措和赵朴初，在湄公河畔的浮宫里观看龙舟赛。当华丽的游船开来后，西哈努克站起来请赵朴初用火把点燃船上的煤气管，发出耀眼的火光。这是该国一种高贵的祝福礼仪。赵朴初高兴地赋《天净沙》记此盛事：

天净沙

柬埔寨杂咏

五

寨旗鼓楫中流，湄公河上龙舟。

直到灯花开后。酬功介寿，一家好溯源头。

1970 年 3 月，柬埔寨首相兼国防大臣朗诺将军和副首相施里玛达殿下（西哈努克的表兄弟）趁西哈努克在外出访发动政变，西哈努克被迫流亡中国。

西哈努克在北京期间，每逢他的寿辰，党和国家领导人总会前来祝贺。寿诞之日，他也必请和尚诵经。1972 年西哈努克亲王 50 周岁生日，为办好他的寿辰，周总理亲自出面找宾努亲王讨教。宾努说，要在国内办，至少要找 50 位和尚诵经。可在"文革"浩劫中，全国寺院的僧人全被赶走了，哪里去找这么多和尚呢？在无奈之下，周总理提出由 5 位代表 50 位，具体由赵朴初安排。赵朴初费了九牛二虎之力，想尽各种办法，按总理指示圆满完成了这一任务。西哈努克十分高兴并对周总理和赵朴初极为感激。

最让西哈努克感动的还有一件事。在北京领导流亡政府期间，他的母亲在北京仙逝。鉴于当时柬埔寨的国内动乱局面，西哈努克国王无法把老太后送回祖国安葬。但柬埔寨流行南传佛教的葬法——堆放木柴，露天火葬。这一延续了两千多年的习俗是难以改变的。

怎么办？这对远在异国他乡的西哈努克亲王来说是个难以解决的问题。

赵朴初得知这一消息后，亲自安排，在北京灵光寺佛牙舍利塔前设了一个露天火葬台。在僧众响彻山谷的诵经声中，老太后的遗体在檀香木和百花丛中化作轻烟，随风而去。南传佛教的葬法在遥远的异国首都北京圆满完成。对西哈努克亲王来说，原来是无法想象的，他将永生铭记。

为表示对赵朴初和中国佛教界的感谢之情，西哈努克亲王将一尊由王后生前所用首饰熔化制成的纯金佛像和一副属于柬埔寨王室的祖传佛座赠给赵朴初。如今，这些礼品还供奉在佛牙舍利塔内。

1993 年 11 月，西哈努克在北京住院治疗。赵朴初获悉后，派人送去花篮，并向国王陛下致以良好的祝愿。西哈努克于 12 月 3 日致函赵朴初表示感谢。信中说："非常感谢会长阁下为首的中国佛教协会对我的良好祝愿，感谢会长阁下给我所送的非常精致的花篮。趁此机会，我也祝会长阁下身体健康、长寿，祝愿阁下在履行会长公务中不断地取得新的成就。"

2000 年 5 月 21 日赵朴初逝世，西哈努克在接受记者采访时说，我和赵朴初有深厚的佛缘，我永远不会忘记他对我的多方支持和帮助。

八、中泰两大盛事

泰国是个佛教国家，僧王具有极高的地位。他不仅是泰国佛教最高领袖，也是泰国人民的精神领袖。在泰国普通人心目中，他是国家灵魂的象征。国王、僧王、政府首脑成为泰国社会的三大支柱。僧王在国内的日常生活每天都通过电台、电视台、报纸向国内报道。在泰国，僧王由国王任命，但国王晋见僧王时需下跪，各级政府官员更无例外。

第19任僧王颂得帕那耶纳桑文是现任国王的老师，他是一位有多方面成就的学者和社会活动家，1993年6月来华访问。来访前，赵朴初在中国佛协接待准备会议上说："泰国老僧王对中国佛教界非常友好，1980年6月，我赴曼谷出席'世宗和'大会，受到老僧王的热情接见，我请其在方便的时候访问中国；1982年4月，正果法师率团参加庆祝曼谷王朝开国建都200周年庆典，老僧王亲切会见了正果法师一行，正果法师代我邀请老僧王在适当的时候访问中国；1986年5月，我率团参加国际佛教学术交流会议，时年90岁高龄的老僧王在百忙中会见了我们，我当面又邀请僧王访问中国。僧王说，中国是伟大而具有古老文化传统的国家，他自小就知道中国有宏伟的万里长城，一直想去中国看看，但因身体欠佳，未能成行……这位备受尊敬的老僧王后来圆寂了，但我曾两次受到僧王座下的接见，他赠予我们的藏经、佛像和其他

1993年，中国佛协会长赵朴初在北京广济寺迎接前来访问的泰国僧王颂得帕耶那桑文尊者

法物，一直表达着老僧王的遗爱和泰国政府的深情厚谊，这使我们永世不忘，感激不尽……泰国新僧王上任后，我们又以不同形式，请其在方便的时候访问中国。现在终于如愿以偿了。新僧王的来访，即圆了老僧王的访华遗愿，又圆了我们的多年期盼。对新僧王的来访，我们要认真研究，周密计划，尽全力做好各个环节的接待工作。"

我国对僧王给予了最高礼遇。一切均按国家元首级别对待。僧王座下的国宾车队一直开进钓鱼台的元首楼。

佛王访华，赵朴初全程陪同。中国佛协和首都佛教界举行了盛大的欢迎会。会上，赵朴初致辞说："座下的光临，是中泰两国佛教关系史上没有前例的盛事，它将为今后两国佛教友好交流事业增加极大的力量……我代表中国数以亿计的佛教徒，表示崇高的敬意和热烈的欢迎……座下光临我会，使我们能够面承慈悲教导，这是我们的极大荣幸！"

苏伊士运河

中佛协所在地广济寺为欢迎僧王举行了法会，中泰两国佛教徒齐声诵经，共祈世界和平、人民安乐。

颂得帕耶纳桑文僧王致答词说："从踏上你们国土至今，我一直感到非常高兴，感谢各位给予我的招待。我觉得中方的接待是发自内心的，我感到泰中两国会真正地友好下去……佛教是佛陀教导人们的言教，这也包括世上万物。教导他们都要善意相待，亲切相处，相互支持，不要相互侵犯，相互敌对。佛陀教导我们要以义相待，这才是友善之本。人们如何友好相待呢？佛陀讲了四条原则，也就是四个字：慈、悲、喜、舍。

慈：帮助别人获得快乐与幸福，以化解嗔恨，对人施予，慈祥、安定、友善，不占人家便宜；悲：富有同情心，以化解仇视敌对，慈悲为怀，帮助受苦受难的人，佛陀教导的悲心，是执掌政权者的美德之一，同时也是作为父母、家长、上司的美德；喜：为他人获得快乐而高兴，以克服嫉妒，建立彼此之间的快乐，是友爱进步的重要因素；舍：保持平和，不大喜、大悲，仇敌遭遇不幸，不落井下石，自己心爱的人遇

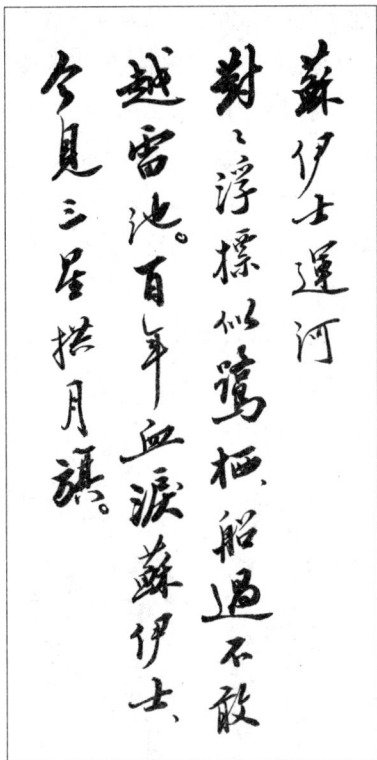

难，也不过度悲伤，要寻求解脱，节哀顺变；希望我们所有信仰佛教的人都能实践佛陀的教导……发扬佛教的光荣传统。"

僧王离开中国前，由赵朴初陪同，国家主席江泽民和他亲切会见。江泽民主席说："僧王座下是泰国佛教界的最高领袖和著名的佛学教育家，为泰国佛教的发展作出了重要贡献，深受泰国人民的尊敬。僧王这次对中国的访问是中泰两国佛教界的一大盛事，对促进两国佛教界的交流与合作，加深两国人民间的相互了解和友谊具有积极的意义。"

泰国是以佛教为国教的国家，佛教徒占国民的 99%。由泰国朝野一致请求，赵朴初会长的大力支持，中国法门寺佛指舍利从 1994 年 11 月 29 日至 1995 年 2 月 19 日赴泰国巡展，供泰国僧俗朝拜 85 天。这是我国佛指舍利首次走出国门，被赵朴初会

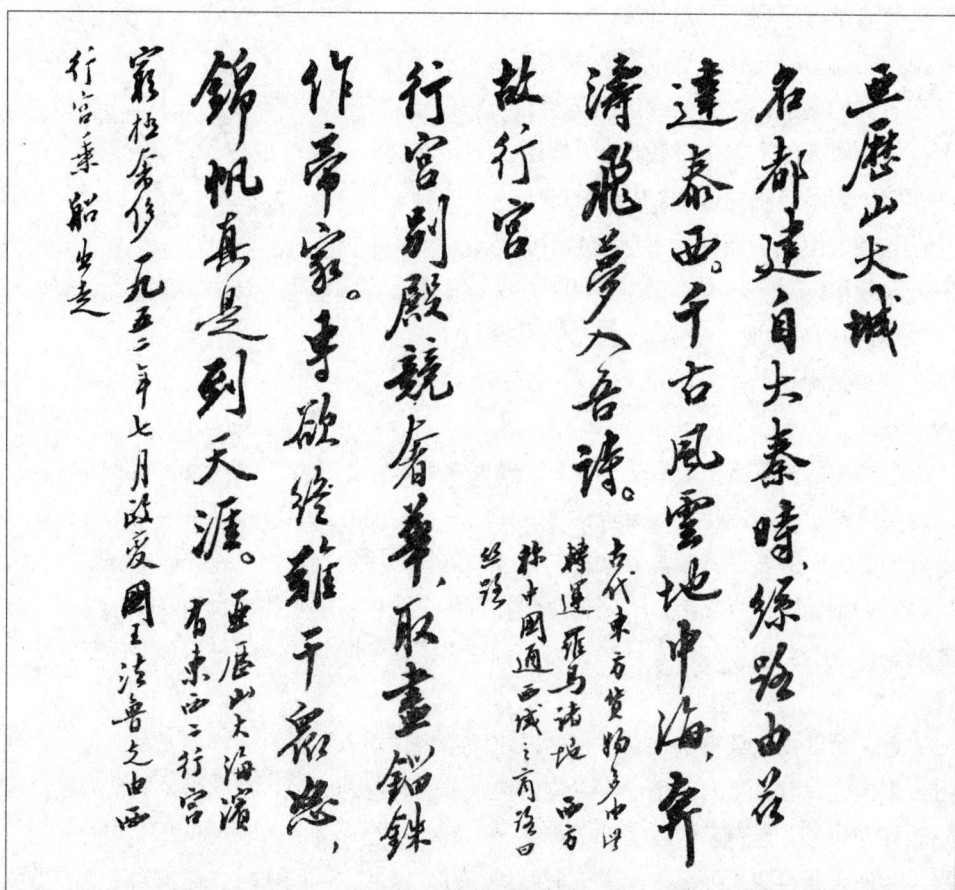

亚历山大城

长称为"中泰两国的旷古盛事"。

佛指舍利在泰巡展 85 天，功德圆满，顺利回到祖国。赵朴初会长在一次会议上总结说："1993 年 6 月，我们迎请泰国僧王来访；1994 年 11 月，我们又成功地组织佛指舍利赴泰巡礼。中泰两国佛教界这两大盛事影响很大，进一步增进了源远流长的中泰两国佛教界的法情道谊，把中泰两国人民之间的深厚友谊推向一个新阶段。"

九、参加开罗亚非团结大会

20 世纪 50 年代，亚、非两大洲共有人口 17 亿，占世界人口总数的近 70%，然而绝大多数处于贫穷落后状态。当时民族独立运动风起云涌，原殖民地人民斗争浪潮此起彼伏，到 50 年代中叶已有 30 多个国家先后宣布独立。

1955 年 4 月 18 日至 4 月 20 日，第三世界国家突破重重阻力在印度尼西亚万隆召开有 29 个亚非国家和地区的代表团参加的会议。会议本着求同存异、平等协商原则，讨论了与亚、非各国有关的重大问题。中、印、缅等国倡导的"和平共处五项原则"(互相尊重领土主权、互不侵犯、互不干涉内政、平等互利、和平共处) 得到与会各国一致认同，形成了亚非各国人民团结一致，反对帝国主义，争取维护民族独立，增强各国人民友谊的万隆精神。该次会议史称第一次亚非团结大会。

两年后，在埃及首都开罗召开主要以民间人士参加的第二次亚非团结会议 (因无政府官员参加，有人也称作第一次)。中国组成以郭沫若为团长、刘宁一为副团长，包括中国伊斯兰教协会主任包尔汉和中国佛教协会副会长兼秘书长赵朴初等人参加的代表团。

代表团赴埃及途径莫斯科，赵朴初拜谒了红场上的列宁墓，并以诗记之：

过莫斯科，谒列宁墓
是何意态凛如生，俯首倾心礼列宁。
日日来潮群接踵，从知功德感人深。

代表团乘飞机抵达尼罗河畔这一古老城市开罗。大街小巷以无数鲜花、旗帜和标语装扮一新，迎接这次具有历史意义的盛会。欢迎的人群高呼"欢迎和平战士！"、"亚非团结友好！"、"打倒帝国主义！"等口号。会议的开幕和闭幕式均在开罗大学大礼堂举行。

参会的有近 50 个不同制度的国家和地区。它是亚非历史上规模最大的一次民间性集会。从1957年12月26日到次年1月1日，经7天的协商讨论通过了告世界人民书、关于帝国主义、关于裁军和原子战争威胁、关于阿尔及利亚问题、关于种族歧视问题等13项决议和建议。

帝国主义问题委员会还一致强烈要求回复中华人民共和国在联合国的合法席位，并声明没有中华人民共和国的参加，任何重要国际问题都不能得到圆满解决。

会后，埃及方面组织代表去刚收复不久的苏伊士运河和塞得港。赵朴初在《出席亚非人民团结大会杂记》一文中有精彩的描述："我被邀请到塞得港去参观英、法联军撤退一周年的庆祝仪式，对我来说这是个难得的机会，大家怀着激动的心情从开罗乘车出发。到塞得港有200多公里路程，大部分沿苏伊士运河走，往日战云弥漫的这条运河此时明净得像玻璃一样。一路上没有运输船通过，快到目的地时看到几条船，大多是英国商船。我心里很痛快。想到蛮横的英国人终于有了不得不低头的一天，要想通过运河就不能不尊重埃及的主权，就不能不服从埃及的法令，就不能不按章缴费，听从埃及人员的指挥。"这段痛快淋漓的文字，表达了数亿刚从殖民主义奴役下解放出来的人民的共同心情。

1956年5月30日，埃及与新中国建交，是第一个承认中华人民共和国的非洲和阿拉伯国家。由于中国代表团的有效工作，大大加强了两国人民的相互了解和友好感情。埃及驻中国大使说："金字塔和万里长城的距离更近了。"

第十一章

抑恶扬善　爱憎分明

一、支持抗美援朝

新中国成立后，国内党风正、政风廉、民风纯，各行各业涌现出大批英雄模范人物。赵朴初用诗歌热情歌颂他们在保卫祖国、建设祖国的伟大事业中建立的丰功伟业。

但是，境内外的敌对势力一天也没停止反华活动。对于新生的中华人民共和国，他们必欲置之死地而后快。为捍卫祖国尊严，赵朴初对他们的反动言行及时予以迎头痛击。

1950年6月25日，朝鲜战争爆发。以美国为首的帝国主义国家采取武装干涉政策，6月27日，美国总统杜鲁门宣布出兵朝鲜，并命令美国第七舰队占领台湾海峡。同时，安理会通过决议，会员国要在军事上给韩国以"必要的援助"。

6月28日，毛泽东发表讲话，号召"全国和全世界人民团结起来，进行充分准备，打败美帝国主义的任何挑衅"。

9月15日，以美国为首的"联合国军"75000余人首先在仁川登陆。

从8月27日起，美国飞机多次侵入中国领空侦查、投弹、机枪扫射。

10月8日，朝鲜政府请求中国出兵援助。10月19日，中国人民志愿军雄赳赳、气昂昂、跨过鸭绿江，入朝作战。拉开了伟大的抗美援朝战争的序幕。

赵朴初在1950年第四期《现代佛学》上发表了《全国佛教徒一致行动起来，为抗美援朝保家卫国而奋斗》一文。

该文说："佛教基于法界观的护国思想，和今天与国际主义相结合的爱国主义，在理论上是惊奇地相像的。中国历史上曾有不少佛教徒表现了崇高的爱国精神与民族气节。百余年前，我国第一次抵抗帝国主义战争的领导者林则徐，就是其中之一。

我们尊崇我们的先烈，因为他们是真正佛教徒的模范 ……我们是热爱和平的，但今天的帝国主义者偏不要和平，不但不肯停止侵略，反而疯狂发动战争，破坏和平。事实教训我们，委曲求全只足矣助长侵略者的气焰，是得不到和平的。只有积极行动起来抵抗暴行制止侵略，以争取和平，才能得到和平。"

文章最后号召佛教徒提高警惕，防止敌人"假借佛教名义，利用落后群众进行匪特活动"。

全国各地佛教界立即掀起了支援抗美援朝的热潮。1951 年 2 月 2 日，"北京市佛教界抗美援朝委员会"宣告成立，召开了大会，沿街游行宣传群众，发出了向毛主席的致敬电。该组织号召佛教徒"不论出家在家、男女老少"都要"坚决保卫世界和平，反对美帝侵略。"一位法师说："我们佛教是讲慈悲的，消灭美帝这样的恶魔，使广大人民得到安乐，才是最大的慈悲。"全国佛界不少年轻法师参军参战，江苏常州的善春、南昌的永城、九华山的宏深、湖南的自智等都脱下袈裟换戎装，英勇入朝打豺狼。

1951 年 12 月 3 日，上海市抗美援朝分会佛教支会成立，赵朴初任主任委员，并在上海静安寺主持举办大型抗美援朝报告会，动员佛教徒行动起来，有钱出钱、有力出力，挫败美帝国主义发动的侵略战争。

次年 7 月，赵朴初著文号召佛教界捐献"中国佛教号"飞机，大力支援抗美援朝战争，全国佛教界热烈响应。7 月 12 日至 14 日，上海市抗美援朝分会佛教支会在赵朴初主持下召开第三次会议，会议决定负担购买"中国佛教号"飞机资金之半，即 7.5 亿元，6 个月内完成募集任务。其他地区佛教四众亦不甘落后，纷纷慷慨解囊，15 亿元募集任务按期完成。

抗美援朝战争延续了近三年时间，中、朝军队历经五次大的战役和无数次战斗，致韩军、联合国军伤亡 57 万以上，并战胜了美军违背国际公约，在朝鲜北部和中国境内进行的细菌战，迫使敌人不得不于 1953 年 7 月 27 日在停战协定上签字。

就在停战协定签字前的 6 月 14 日，赵朴初在 1953 年第七期《现代佛学》上发表《从朝鲜停战谈判，谈宗教徒当前的任务》一文。

文章明确指出："伟大的抗美援朝斗争，是具有世界意义的斗争，向世界揭穿了美帝国主义纸老虎的本质。中国人民志愿军和朝鲜人民军并肩作战，一开始就给予侵略者以迎头痛击，把美军及其仆从国家军队赶回到三八线以南，而把我们的阵地不可动摇地巩固在三八线上。朝鲜战争到现在打了三年，中间停战谈判也谈了两年，证明了我们不但有信心打，而且有耐心谈。在打与谈的时间内，我们是一天比一天强大起来。连美国反动报纸也不得不承认'在朝鲜战争中，人民中国政治上、军事上日益强大，事实上已成为一个强国。'我们的强大意味着世界和平更有保证。任何宗教都要求信徒们爱祖国、爱人民、反侵略、爱和平。佛教徒对祖国和人民有报恩的义务，'报国土恩，报众生恩'是我们每天都要忆念的经文，而'不惜身命，为令群生咸得安乐'则是佛教徒的誓愿。"

在战争与和平、侵略与反侵略的大是大非面前，赵朴初的鲜明立场跃然纸上。

二、拥护根本大法

宪法是一个国家的根本大法。1954 年 9 月 20 日，中华人民共和国第一届全国人民代表大会通过的宪法，是中国第一部社会主义宪法。它以新中国成立前颁布的《中国人民政治协商会议共同纲领》为基础，是共同纲领的继续和发展。

1952 年 12 月 24 日，全国政协常委会举行扩大会议，决定由全国政协向中央人民政府建议，根据中央人民政府组织法第一条第十款的规定，筹集召开全国人民代表大会和地方各级人民代表大会，制定宪法。

1953 年底，中央成立了以毛泽东为首，由 33 人参加的宪法草案起草小组，经四易其稿，3 月 15 日交政协讨论，赵朴初参加了从政协到全民对《宪草》的大讨论，从提议制定宪法，到草案成型，经上层讨论，中层讨论，全民大讨论，整个过程充分发扬民主，体现了人民当家作主的精神。赵朴初满怀激情地用诗歌表达出中国人民的心声：

我参加了宪草初稿的讨论

我参加了宪草初稿的讨论，
这一组都是宗教界的人，
有耶稣的信徒，有释迦的弟子，
各自怀抱着信仰的虔诚。

七十岁的老牧师悲欣交集，
平生看够了多少假把戏，
真正人民的宪法终于见到，
真是"朝闻道，夕死可矣"。

其次发言的是一位比丘，

从前是什么权利也轮不到头，

参加宪法讨论，如今出家人也能够，

这件事本身，就说明了信仰自由。

……

"宗教信仰自由"，

一句话就很够，

不能再加上什么，

多说了反会有遗漏。

愈是研究，愈是满足了我们的愿望，

这真是最善的最美的宪章，

值得宗教徒献出最大的虔诚，

它说出了我们最崇高的理想。

此诗，从一个宗教信徒的角度，说出自己参加《宪草》讨论时的激动心情和诸多感想，真实可信。

赵朴初和老同学孙起梦均以家乡安徽省选出的人大代表身份参加了中华人民共和国第一届全国人民代表大会。1954年9月15日下午15时，毛主席宣布大会开幕。刘少奇作了《中华人民共和国宪法草案》报告，指出它是人民"幸福生活的保障"，"每一条都代表着人民的利益"。

在怀仁堂，人大代表行使人民赋予的权利——对宪法投票表决。赵朴初怀着无比激动的心情投下自己庄严的一票。

1954年9月20日下午17时55分，当周恩来总理庄严宣布《中华人民共和国宪法》经1197名代表以无记名投票的方式全票通过时，赵朴初和所有在场代表全体起立，掌声和欢呼声在怀仁堂内经久不息。

三、怒斥达赖叛国集团

达赖统治西藏时期，西藏社会是比欧洲中世纪更黑暗、更残酷的封建农奴制度。旧西藏占人口百分之五的农奴主阶级不仅占有土地、草场、牲畜等全部生产资料，而且占有农奴人身，农奴成了"会说话的工具"，可以随便出售、转让、杀死。

当时，为维护奴隶主阶级的统治，其法典规定：人分三等九级，"下等人的命价仅为一根草绳"。农奴主用剜目、割鼻、断手、剁脚、剥皮、抽筋、投水等酷刑残害农奴，对人权的践踏为人类近代史所罕见。

藏传佛教历来强调"戒杀"，然而西藏的僧俗上层集团却同国外反华势力勾结，大量输入武器装备寺院、土司院落和藏军。全国解放时西藏人口仅 110 万，加上川、滇、甘、青四省藏族人口总计不过 200 万，然而拥有各种枪 10 万余支，20 万喇嘛中许多人都有枪，加上藏刀之类的冷兵器，西藏贵族可以说武装到了牙齿。

为保住他们自称"美妙的"封建农奴制，以达赖为首的武装叛乱分子打着"保卫宗教""保卫民族利益"的旗号，于 1959 年 3 月 10 日全面发动武装叛乱。他们分裂祖国、屠杀同胞、抢劫寺庙、亵渎宗教、奸淫妇女，无恶不作。人民解放军西藏军区部队奉命对叛乱武装进行反击。在西藏各阶层人民的积极协助下，经两天激烈战斗，拉萨市区的叛乱被平息，对其他地方的残余叛匪，则继续进行清剿。28 日，国务院发布命令，决定自即日起解散策动叛乱的西藏地方政府，由西藏自治区筹备委员会行使西藏地方政府职权。

消息传出，全国各地佛教徒一致声讨西藏叛国集团。3 月 30 日，政协全国委员会在京委员及首都少数民族和宗教界人士集会，严厉声讨西藏上层反动集团叛国的滔天罪行。他们表示坚决拥护国务院关于解散西藏地方政府的命令，要求彻底肃清西藏叛乱分子。

中国佛教协会副会长赵朴初严厉谴责了西藏反动集团的种种罪行。他说，西藏上层叛国分子长期以来对内残酷镇压西藏人民，对外勾结帝国主义，他们一直是民族的敌人。中央人民政府几年来在西藏做了那么多好事，耐心地等待他们，希望团结起来，而他们仍不幡然悔悟，终于自取灭亡。这是我们的仁至义尽，而叛国分子则是恶贯满盈……这件事情说明了我们民族政策的伟大胜利，说明了西藏历史正揭开新的一页，而对帝国主义和反动派则是一个沉重的打击。

就西藏问题，帝国主义和印度扩张主义分子不断造谣生事，在国际上掀起一股股反华恶浪，大肆污蔑中国的宗教政策。赵朴初为此发表谈话，以正视听。该谈话发表在 1959 年 5 月 6 日的《人民日报》上：

新华社五日讯：中国佛教协会副会长赵朴初居士，昨天向本报记者发表谈话说：印度某些政治家打着宗教幌子，来干涉我国内政，实在荒唐。他说，印度干涉者口口声声大谈什么"宗教感情"，他们却不是佛教徒，那些人对西藏人民的"宗教感情"，真不知从何而来？这种感情倒不如说是梦想继承英帝国主义过去在西藏种种特权的感情罢了。

赵朴初说："我国的佛教是从印度传来的。可是，早在七八百年前，佛教在印度就已衰退了。当时，许多寺院、经典被焚毁，僧侣遭杀戮，鹿野苑圣地曾经成了养猪的场所。1956年我们到印度去的时候，只能在圣地吊古抒发思情而已。"他说，"这些人自己国家的佛教衰退了好几百年，现在突然来关心西藏的佛教，岂不是怪事吗？"

接着，赵朴初指出："至于印度干涉者对我国宗教政策的污蔑，更不值得一驳。我们国家从中央到地方，认真贯彻执行了宗教信仰自由政策。中华人民共和国成立以后，破旧的寺庙先后经政府帮助修整，许多佛教文物，都得到了政府的保护，如山西的云冈，甘肃的敦煌等等……西藏的寺庙和全国各地一样得到保护。中央每年还给寺庙散放大量布施，人民解放军和进藏干部非常尊重西藏人民的宗教信仰和习惯。而帝国主义和印度干涉者所支持的西藏叛乱分子却在破坏宗教，他们把寺庙当做叛乱的基地，披着袈裟到处杀人放火。佛陀要弟子们'诸恶莫作'，而西藏的叛乱分子却是无恶不作。这种自称虔诚的佛教徒，事实上是一群凶恶的魔鬼。"

叛乱的骨干分子都是经美国中央情报局和英印当局训练的康巴叛匪和藏军，并利用美国空投的武器和西藏的特殊地形进行了长期的"游击战"。中国人民解放军在交通极不便利、人烟稀少的雪域高原通过五年的艰苦平叛，终于取得了彻底胜利。而叛乱的总头目达赖在印度成立了流亡政府，继续干着分裂祖国的罪恶勾当。

1998年9月15日《洛杉矶时报》披露：根据最新公布的美国情报机构文件，在20世纪60年代大部分时间里，中情局每年提供170万美元用于开展反对中国的活动，其中包括每年向达赖喇嘛提供18万美元的津贴。

1995年11月，达赖在印度北部的达拉萨兰会见了已退休的美国中央情报局官员，当年负责空投行动的约翰·肯尼斯·克瑠斯。回忆两人从前的合作往事，达赖悲哀地说："美国政府卷入西藏事务并不是为了帮助西藏，而仅仅是冷战时期对付中国的战术需要。"这个祖国的叛徒、民族的败类终于说了一句真话。

平息西藏叛乱，进行民主改革，百万农奴彻底翻身，僧众信仰自由受到保护。赵朴初用班禅大师在西藏自治区筹委会会议上讲话中以"让宪法进庙门"这句话为题，作长诗揭露农奴主的丑恶嘴脸，赞颂西藏人民能真正享受宗教信仰自由：

"让宪法进庙门！"

"让宪法进庙门！"

这是正直的声音，

这是慈悲的声音，

这是智慧的声音。

......

然而宪法却进不去庙门，

这岂不是一件怪事？

宪法保护着宗教信仰自由，

而宗教却拒绝宪法的行使。

向宪法关门的究竟是谁？

原来是一群名叫"农奴主"的魔鬼。

高居着佛堂，窃据着师位，

袈裟下暗藏着豺狼的脸嘴。

......

且看西藏"佛子"是怎样受罪，

子子孙孙注定地当牛作婢，

动不动，就皮鞭儿答背，

碰一碰，就挖眼睛砍腿。

......

从前魔王波旬曾向佛说过：

"我今天无奈你何，

将来看我的子孙，吃你的饭，

穿你的衣，将你的家业打破。"

他说的正是这一小撮人，

这一小撮叛乱喇嘛正是魔子魔孙。

若不是他们恶贯满盈，

若不是叛乱一举荡平，

佛教算是永劫沉沦

全国佛教徒一致欢呼，

欢呼西藏进行民主改革，

欢呼西藏同胞今后的幸福日月，

欢呼西藏佛教的垢耻从此洗雪。

> 让宪法进庙门，
>
> 也就是让佛教涤瑕荡垢，
>
> 重现光明，
>
> 也就是让佛教徒
>
> 真正享受宗教信仰自由，
>
> "诸恶莫作，众善奉行"。

四、狠批卡比尔

20 世纪 60 年代的赵朴初

1961 年 3 月，世界和平理事会在印度新德里召开。出席这次会议的有 60 多个国家的 200 多位代表。中国派出以廖承志为团长、刘宁一为副团长的代表团。团员有赵朴初、周培源、金钟华、区棠亮、马宾符、姚臻等人。

在世界和平理事会开幕前，印度举行了纪念泰戈尔百岁诞辰。泰戈尔是举世闻名的大诗人、大作家，艺术家、社会活动家。他是亚洲第一个获得诺贝尔文学奖的人，他的诗在印度享有史诗的地位。早在 20 世纪初，陈独秀、刘半农、黄玄等人便零散地译出他的诗发表于报刊。他的代表作《吉檀迦利》《飞鸟集》《园丁集》由郑振铎、谢冰心等陆续译成中文。他曾先后三次来中国访问，由中国著名现代诗人徐志摩陪同参观了不少地方，回国后写了许多文章，表达对中国人民的美好情谊。抗日战争时期他多次发表讲话，斥责日本军国主义，支持中国人民的抗日救国斗争。他是印度文化的杰出代表，中国人民的真诚朋友。逝世前，由他口述的最后一首诗的内容就是热爱中国、怀念中国的。

因为佛教发源于印度，赵朴初是佛教学者，泰戈尔是诗人，赵朴初也是诗人，领导研究由他代表中国代表团在会上发言。赵朴初写了一篇以颂扬中印友谊和文化交流为主旨的讲话稿，经廖承志、刘宁一审阅后定了下来。

纪念会在一个宁静的晚上举行，廖承志和刘宁一因忙于其他事情未能参加。纪念会上，某印度代表在发言中公然发难，对中国进行诽谤。

面对这一严重挑衅，赵朴初决定放弃原发言稿，即席予以批驳。

要知道，外事工作无小事。在国际会议上作为代表的发言是不能随便讲的，发言稿都要经领导仔细推敲认定。可在这突变的情况下，为捍卫国家尊严、为正视听，赵朴初决定走到前台当场驳斥这一反华言论。这时，在台下就座的中国代表团其他团员为抗议这一污蔑立即退席，只有赵朴初和周培源仍坐在台上。最先回到大使馆的人把刚才发生的情况对廖承志作了汇报。廖承志担心赵朴初这位学者、诗人缺乏应付这种突发事件的经验，决定派大使馆二秘快把赵朴初和周培源找回来。

当轮到中国代表发言时，赵朴初手拿预先准备好的发言稿，沉着地走到话筒前。全场鸦雀无声，各国代表都屏着呼吸等着中国代表的反应。

赵朴初把讲稿放在下边的衣兜里，眼睛巡视了一下大厅里的各国代表，开始脱稿演讲了。他仪表堂堂、态度从容、语气平和、不紧不慢；然而义正词严、句句掷地有声：

"……我感到震惊和遗憾。我们中国代表团是抱着友好情意来纪念泰戈尔的。下面我的发言可以证实这一点……如果泰戈尔还在，看到有人利用他的名字来攻击中国，损害中印友谊，他一定感到很难过，他一定认为对他是一个很大的耻辱……关于中印边界问题，中国人民一直希望能在和平共处五项原则的基础上用谈判的方式得到解决。泰戈尔如果还在，应当受批评的不是我们，而是那些想把问题拖上十年、二十年，企图继承英帝国主义不光彩遗产的人……"

赵朴初虽为即席讲话，但平日讲话或写文章训练有素、逻辑性强、遣词准确、富有诗意，一连用了九个"如果……不是……而是……"虚拟语气的排比句，以牙还牙、铿锵有力，似排排炮弹射向敌人。

廖承志派到会场叫赵朴初的人看他正在台上讲话，也就站在台下全神贯注而又津津有味地听了起来。

赵朴初停顿片刻又继续讲："中国人民一向珍重同印度人民的友谊，但友谊必须建立在正义的基础上，歪曲正义寻求友谊是寻求不到的。我相信，绝大多数印度人民对我们是友好的，是主持正义的。我们中印人民应当共同警惕，不要让我们的友谊被人为地阻止与破坏……我想，如果泰戈尔还在，他一定会为今天的事感到耻辱和愤怒。他绝对不允许有人利用他的名义，来破坏中印友谊……"

出席会议的多数是亚、非、拉代表，听到赵朴初对卡比尔的反驳，脸上露出欣慰的笑容，有的鼓掌、有的向赵朴初伸出大拇指、有的交头接耳议论……

为了节省时间，驳斥完该印度代表后，赵朴初让翻译把原来准备好的讲话稿全文念了一遍。他这样做是为让与会代表知道，中国代表团参加会议的初衷。是该印度代表首先发难，自己才做出反击的，挑拨事端的罪责全在对方身上。而且，这篇发言稿是由领导审定的，宣读它也体现了一个代表团成员的组织纪律性。听完赵朴初的反驳和翻译读的讲话稿，全场爆发出雷鸣般的掌声，鼓掌者也包括印度代表团的部分成员。

廖承志正在中国大使馆焦急地等待，他不知道会场里发生了什么事。一见赵朴初回来，立刻迎上前去问道："怎么样？"

这时刘宁一也从外面走了进来。赵朴初向两位团长简单地汇报了事情的经过和即席发言的内容。廖承志听后高兴地拍着赵朴初的肩膀说："好啊！讲得有理、有节、有力。"赵朴初会心地笑了。第二天晚上，他见到赵朴初又说："菩萨，你的发言反映很好啊。"消息传到北京，第二天的《人民日报》摘刊了赵朴初的发言。周总理和陈毅副总理知情后也给予"菩萨"很高评价。

晚年，赵朴初对身边的工作人员谈到这件事时，谦虚地说："这不是我了不起，是由多种因缘造成的：那天如果我没有发言任务，我不坐在大会主席台上，而坐在下面，也会和大家一样退出会场；如果不是会场上不允许台下的人通知坐在台上的我和周培源先生的话，我们得到通知肯定也会退出会场；如果不是周培源先生耳朵背，凭他的英语水平，听到反华言论，必会采取应急措施；如果我的英语听力很好，我也会主动和下面代表团领导联系采取措施。当时我必须全神贯注地听才能听懂，因而无暇他顾。听完恶毒攻击，我来不及请示领导，只有责无旁贷、义无反顾地走到台前作即席反驳发言。"

20年后的1981年5月，恰值泰戈尔诞辰120周年，赵朴初回忆起当年那一幕，事情仿佛就发生在昨天，感情尚不能平静。他用自由体写了一首纪念泰戈尔的诗：

"没有什么了，只是我的心"
为泰戈尔诞辰一百二十周年作

五十年前的一夕，
泰戈尔正离开北京。
许多人向他合掌，和他拥抱，
满天风雨和着泪儿倾。
"您有什么落下了没有？"
忽然有人问一声。
泰戈尔回答说：
"没有什么了，只是我的心。"

二十年前的今夕，

我曾在新德里为您朗读过祭文。

虽比不上您的美妙言词，

但努力表达了兄弟的心情。

无奈当时

满天风雨和着泪儿倾。

今夕啊，

我禁不住还想问，

"您有什么落下来没有？"

我记起了您的回答：

"没有什么了，只是我的心。"

五、弘扬佛教正信

　　佛教是 2500 多年前古印度作为占统治地位的婆罗门教的异端和对立面而诞生的，佛教提出的众生平等明显具有反对婆罗门教种姓制度的性质。佛教四法印中的第二项"诸法无我"便确定了佛教为无神论，即世界上没有造物主，万物本身也没有灵魂。太虚大师佛教改革内容的第一条就是剔除佛教中愚弄百姓的迷信色彩，使佛教成为"人间佛教"或曰"人生佛教"。赵朴初于 20 世纪 80 年代初更进一步强调"佛教是文化"的命题。

　　为证明佛教是文化，赵朴初在不同场合多次举出另外三个人对佛教的认识：

赵朴初题字

　　（一）延安时期，李银桥跟毛泽东外出散步，见山上有座庙。毛泽东问："想不想去看庙？"李银桥回答说："都是一些迷信……"毛泽东更正道："片面，片面！那是文化。懂吗？"还说："这些东西，都是历史文化遗产，是我们这个民族的宝贵财富。一定要好好保护，不要把它毁坏了。"

　　（二）范文澜曾对周建人说："我正在补课，读佛书。不懂佛教，就搞不清中国文化史，就写不出中国思想史。"

　　（三）大科学家钱学森在回答一位佛教学者的信中说："我想根本问题在于我国

社会主义初级阶段中，如何正确认识宗教。记得我过去讲过，宗教是文化。"

　　一个革命家、一个历史学家、一个科学家，不约而同地得出"佛教是文化"的结论，可见此言不谬。

　　何谓"迷信"？一般是指缺乏理性的盲目信仰和崇拜。这一词汇本身就来源于佛教。

　　佛教是无神的，不是迷信，而是正信。佛教里一些带有迷信色彩的故事，并不是佛教原有的，而是后人加进去的，应当加以抵制和清理，还佛教的真实面目。赵朴初曾在中国佛协会长会议上郑重地提醒大家："……我们的寺庙里烧纸人纸马，甚至烧纸收音机、电视机之类的东西，这些外面封建的民间习俗玷污了我们的佛教……我们要人家不扣帽子，首先自己要破除迷信，不要迁就那些本来不是佛教的东西……佛教有八个正确的道，叫'八正道'，其中有'正命'两个字，就是正当的生活。'正命'的反面是'邪命'，就是不正当的生活。所以不正当的事不能做，包括卜卦等活动……"

　　赵朴初曾对上海玉佛寺的真禅法师说："佛事可以少做，香烛可以少烧，烟熏会污染空气，损坏佛的金身。"他甚至认为，寺庙可以与务工、务农结合起来，走"禅工""禅农"之路，自修佛像金身，少向国家要钱。

　　佛教是以人为重、以人为本，是人本宗教；而不是以神为重、以神为本的神本宗教。

　　有人以为，只有远离尘世喧嚣，超然物外，不食人间烟火，方为真正的佛教徒。那是极其错误的。事实上，佛教主张世间法与出世间法的相融不二，相依不异。六祖慧能所一再倡导的："佛法在世间，不离世间觉。若离世间觉，犹如求兔角"，即为此意。

　　赵朴初曾对友人详谈过他对佛教信仰的理解："信，先是对佛的信赖，然后是对佛的理解，再将这种理解付诸行动，最后得到证悟。这样一个信、解、行、证的过程，循环往复，不断达到更高的境界。"赵朴初认为，信仰佛教，应该抓住佛教的精髓，那就是："缘起性空，如实观照的知行观；诸行无常，时空无尽的宇宙观；无我利他，度生无尽的人生观；诸恶莫作，众善奉行的伦理观。"据此，他不失时宜地提出"庄严国土，利乐有情"的人间佛教理论，成为中国佛教界一切法务活动及开展各项事业的指针。

　　所以，轻率地将虔诚的佛家弟子积极入世污蔑为"政治和尚"、"经济和尚"、"军事和尚"……更是大错而特错。这种思想和行为就是圆瑛大师所说的"佛教唯一致衰的原因"。

　　赵朴初身为虔诚的佛教徒，为使法轮常转、佛日生辉，个人终生食素，日诵《心经》，前者是他物质（色法）修养的基础，后者是他精神（心法）修养的基础，日常生活极其简朴。但他就像明代东林党领袖顾宪诚的一副对联所说的："风声雨声读书声声声入耳；家事国事天下事事事关心。"以自己的一言一行实践并发展了人间佛教的理论。

中国佛教协会章程规定：要引导佛教徒"支持、参与社会公益事业，造福社会，利益人群"。赵朴初身体力行。新中国成立前，他做了大量社会救济工作。新中国成立后，他担任中国红十字会总会副会长、中国残疾人福利基金会名誉理事长。无论国内还是国外发生了重大灾害，他总是心系受灾人民，力所能及地伸出援助之手。个人生活，他艰苦朴素；救灾捐款，他自掏腰包，不惜千金；国事、佛事他不遗余力，并谨遵佛陀慈、悲、舍、喜的教导，在操劳国事、佛事之余，以一双菩萨的慧眼，仔细观察身边的每一个普通劳动者，在他们身上发现真、善、美，并以自己擅长的诗、词、曲形式给予热情赞颂。祖国社会主义建设的每项成就都使他满心欢喜、引吭高歌。这本身就是报众生恩，就是佛教人本思想的体现。

六、《京都宣言》伸张正义

1961 年 7 月 25 日至 28 日，首届世界宗教者和平会议在日本京都召开，赵朴初率领中国宗教代表团出席。

这一会议是由日本宗教界发起的。出席会议的共有 18 个国家，包括 8 个宗教的代表。会议就"全面裁军、禁止原子弹氢弹、非核武装"三个问题进行了充分的讨论。

大会在起草重要文件《京都宣言》时，以美国代表为首的极少数西方教徒发言反对提出并批评《日美安保条约》、反对提出并批评美国大建海外军事基地、甚至反对使用帝国主义这一字眼。遭多数代表驳斥后，他们以退出起草委员会相要挟。

赵朴初走上讲台，引用佛经上的故事，有理有据地对西方少数代表予以反驳："……和平势力对待战争势力，应该像佛陀对待魔一样。当魔王派遣众多凶神恶煞的魔军向佛进攻的时候，佛陀伸开五指，放出五只凶猛无敌的狮子，魔军立即溃退下去。请大家设想一下，当时佛陀如果放出的不是五只狮子，而是五只绵羊，可怜的绵羊一定会被魔王吃掉，魔军势必越来越猖狂，哪里还谈得上被降服呢？……"听完赵朴初的讲话，与会代表受到极大鼓舞，由于第三世界国家代表的一致支持，大会顺利通过了《京都宣言》。

该宣言的重要内容之一是强烈要求恢复中华人民共和国在联合国的合法权利。宣言中还写道："我们对过去几年来禁止原子弹氢弹世界大会给予高度评价。我们预祝不久将在东京举行的第七届禁止原子弹氢弹大会获得成功。"

禁止原子弹氢弹大会是由日本反对核武器的和平组织"禁止原子弹氢弹协议会"所主办的以消除核武器为宗旨的世界性会议,自 1955 年起,于每年 8 月举行一次。中国派出以周培源为团长、赵朴初为副团长的代表团参加。

8 月 14 日,赵朴初同中国代表团成员参加了日本人民在东京举行的和平大游行。当中国代表团走进游行队伍时,从游行队伍里和沿街的观众中传来热烈的掌声和欢呼声。

代表团回国后,9 月 2 日在首都北京集会,庆祝第七届禁止原子弹氢弹和全面核裁军世界大会的胜利闭幕以及世界宗教徒和平会议所取得的的成就。出席会议的除中国两个代表团成员外,还有出席两个会议后来华的古巴、苏丹、新西兰、澳大利亚,以及亚、非、拉其他国家的朋友。

七、声援越南南方佛教徒的斗争

地处东南半岛与中国为邻的越南,远在 1883 年便沦为法国殖民地。第二次世界大战中越南被日军占领。而 1945 年日本投降后,法国军队在英国庇护下乘英国军舰返回。胡志明领导的民族独立运动得到世界人民的广泛支持,战争打了十年,1954 年,日内瓦协议签署后,法军灰溜溜地从这个国家撤走,而美国急忙赶来填补空虚。

在越南人信仰结构中,佛教徒占总人口的 70% 以上。当时的独裁总统吴庭艳是一名天主教徒,其政策从各方面歧视占人口多数的佛教徒。他公然宣称:"把国家献给圣母玛利亚。"吴氏家族权倾朝野。他们从各方面偏袒天主教徒,甚至毁坏佛教寺庙、宝塔,强迫佛教徒改信天主教。尤其让佛教徒不能容忍的是,在越南所有公共场合都必须挂梵蒂冈国旗,而佛教旗帜被禁止悬挂。1963 年 5 月佛诞日,一些佛教徒(包括儿童)因抗议禁止悬挂佛教旗帜被吴庭艳集团派军队镇压。

5 月 22 日,柬埔寨国王西哈努克发表谈话,公开指责吴庭艳迫害越南佛教徒。

6 月 11 日,高僧释广德在西贡大街上自焚。他自焚前留下的遗言是:"在我闭上双眼去见佛祖之前,我恳求总统先生能以一颗同情心去对待人民,并履行许下的宗教平等诺言……我已呼吁各宗教人士及广大佛教徒,在必要时,为保卫佛教而牺牲。"他圆寂后据说心脏仍保持原型,只是火化后体积缩小了些。越南人广泛流传佛祖对他很同情,佛祖视他为菩萨,他的心舍利被教徒们称为"圣心"。他在烈火中的面容被越南人称为"烈火中的微笑"。

南越特种部队在全境查抄了不少寺院，抢走了"圣心"，造成寺庙的严重损坏与僧人大量伤亡。

这时吴庭艳的弟媳龙夫人，也是其政府发言人，当着众多记者的面声称："每当这些'所谓的圣人'进行'烧烤表演'时，我都要为之鼓掌。"、"如果还有哪位和尚想仿效释广德，我免费供应汽油。"

消息传出，全球舆论为之哗然。许多主持正义的国家、组织、人士纷纷指责美、吴集团的倒行逆施。中国佛教协会立即致电越南佛教会"对死难的越南南方佛教兄弟寄以深切的痛悼"。中国佛教徒为越南南方殉难的僧人举行追悼法会。中国佛教协会副会长巨赞法师专门发表广播讲话，怒斥美、吴集团迫害佛教徒的罪行。

10 月 17 日，由赵朴初主持在北京法源寺召开了有中国、柬埔寨、印度尼西亚、日本、朝鲜、老挝、巴基斯坦、尼泊尔、泰国、越南北方和南方的佛教徒参加的亚洲 11 个国家和地区佛教徒会议。

赵朴初在《现代佛学》1963 年第 6 期发表的文章《关于亚洲十一个国家和地区佛教徒会议缘起的报告》一文中说："8 月间，越南南方民族解放阵线代表团在阮氏萍女士的率领下到达北京，和我们进行了广泛的接触。他们突破了种种困难，带来了关于这次暴行的现场图片。通过这些珍贵的实物证件，我们看到了这次暴行的野蛮残酷，也弄明白了事件产生的前因后果。代表团向我们转达了越南南方佛教徒对我们的

1963 年 9 月 1 日，首都佛教徒在广济寺举行盛大法会，祈祷越南南方佛教徒和人民反对美吴集团的爱国正义斗争早日获得胜利

迫切期愿，要求我们为他们召集一个有各国佛教代表参加的会议，来帮助他们解脱苦难。我们觉得，从佛教'报恩度苦'的根本信念来说，这是我们义不容辞的责任。因此我们向各国佛教界提出在北京举行会议的建议。我们的建议很荣幸地得到了各国佛教兄弟的共鸣。在不长的时间中先后有 11 个国家和地区的长老大德和居士领袖们赶到了北京。这是三宝功德的加被，中国佛教徒十分欢喜赞叹。"

会议之前，赵朴初忙于迎接、招待等礼节性的事务，有关部门为会议起草了文件送周总理审阅。周总理看后说："这是我们的干部写的吧。还是请赵朴老来重搞吧。"（自从周总理知道比自己年龄小九岁的赵朴初"赵朴老"这一称呼的来历后一直称其为"赵朴老"）

会议开得很成功，一致通过《告世界佛教徒书》。由周总理指定赵朴初起草的这一文件强调："吴庭艳政权的这种暴行，是违反佛陀教旨的，是对宗教信仰自由的公然剥夺，是对基本人权的野蛮蹂躏。"

会后，周恩来总理接见了各国与会代表，同他们广泛地交换了意见。彼此交谈了一些其他问题后，周总理说："吴庭艳集团的残暴统治一定要失败，只是迟早问题……另外，我们还看到，就是外国的代理人和他们的主子矛盾重重，是不会合作到底的。听主子的话就用他，稍不听话就不要他。"

事实完全证明了周总理的英明论断：吴庭艳集团在世人面前已身败名裂，美国主子亦颜面扫地，走狗走得不好再换一只。开始中央情报局想用暗杀手段，后来权衡利弊，还是利用内讧来除掉他。于是，由美国驻越南大使泰勒亲自策划，支持反对派军官杨文明等人发动政变，推翻了吴庭艳政权。吴庭艳、吴庭琛、吴庭瑾兄弟三人均被抓获后处以极刑，成为被美国主子抛弃的又一批走狗。

后来的形势发展亦如周总理所料。美国在越南发动了大规模的侵略战争。美国使用了除原子弹外的，包括化学武器在内的各种现代化战争工具。但越南人民在中国人民和世界爱好和平人民的大力支持下彻底打败了美帝，国家实现了统一。

八、《某公三哭》振民心

20 世纪 60 年代初，国际反动势力掀起一股股反华恶浪，其中最卖力者莫过于美国总统约翰·肯尼迪、印度总理尼赫鲁和苏共中央第一书记兼部长会议主席尼基塔·谢尔盖耶维奇·赫鲁晓夫，加在一起是"三尼"。

1963 年 11 月 22 日美国第 35 届总统约翰·肯尼迪在得克萨斯州达拉斯市因选举内讧遇刺身亡。全球反华大合唱的总指挥命丧黄泉，对讨好美帝、联合反华的赫鲁晓夫来说是兔死狐悲、如丧考妣。赵朴初仔细构思用散曲来讽刺赫鲁晓夫，但又不想直接点名，就用两个人的名字中都有一个"尼"字的特点，用"尼哭尼"为题写出一首散曲：

我为你勤傍妆台，浓施粉黛，讨你笑颜开。我为你赔折家财，抛离骨肉，卖掉祖宗牌。可怜我衣裳颠倒把相思害，才盼得一些影儿来，又谁知命蹇事多乖。真奇怪，明智人，马能赛，狗能赛，为啥总统不能来个和平赛？你的灾压根儿是我的灾。上帝啊！教我三魂七魄飞天外。真个是如丧考妣，昏迷苦块，我带头为你默哀，我下令向你膜拜。血泪儿染不红你的坟台，黄金儿还不尽我的相思债。我这一片痴情啊，且付与你的后来人，我这里打叠精神，再把风流卖。

这首曲写好放在书房的办公桌上，正好时任中共中央宣传部副部长的姚臻同志来访，读完后连称写得好。

新中国成立初期，姚臻曾在上海任市委宣传部长、对外友协上海分会负责人，和赵朴初是故交，常有来往。赵朴初就把刚写好的这首曲送给了他。

姚臻当时正参加康生负责的中苏论战写作组工作，从赵家出来直接去了办公处。康生看到这首词与批判赫鲁晓夫有关，就拿去给毛泽东主席看。毛泽东主席是诗词大家，见到赵朴初写的这首曲不禁拍手叫好。

"这首曲子归我了。"毛主席高兴地说。这样此曲就留在毛主席那里了。

自从 1947 年印度独立后，一直担任总理的尼赫鲁 1954 年曾同周恩来总理共同倡导和平共处五项原则，但他长期执行扩张主义政策，在中印边界不停挑起事端。有美国、苏联在背后撑腰，尼赫鲁充当反华急先锋，肆无忌惮地在中印边境发动了大规模的军事侵略，战争打了 32 天，结果一败涂地、颜面丢尽、懊丧不已、噩梦不断、急火归心，于 1964 年 5 月一命呜呼。

赵朴初很快又写出一曲"尼又哭尼"：

掐指儿日子才过半年几，谁料到西尼哭罢哭东尼？上帝啊！你不知俺攀亲花力气，交友不便宜，狠心肠一双拖去阴沟里。下本钱万万千，没捞到丝毫利。实指望有一天，有一天你争口气。谁知道你呀你，灰溜溜跟着那个尼去矣。教我暗地心惊，想到了自己。"人生有情泪沾臆"。难怪我狐悲兔死，痛彻心脾。从今而后真无计！收拾我的米格飞机，排练你的喇嘛猴戏，还可以合伙儿做一笔投机生意。你留下的破皮球，我将狠命地打气。伟大的，真挚的朋友啊！你且安眠地下，看我鞠躬尽瘁，死而后已。呜呼噫嘻！

这首曲又通过相同路径传到毛主席那里，毛主席又大加赞赏。

1964年，中苏矛盾白热化，中共连发《九评》，赫鲁晓夫名声扫地。中国原子弹爆炸成功，苏共上层争吵激烈。10月14日，勃列日涅夫一伙发动宫廷政变，把赫鲁晓夫赶下了台。但这只是同伙内斗而已，赫鲁晓夫原来执行的反华政策并未改变。11月21日，《红旗》杂志发表社论，指出勃列日涅夫一伙人仍在执行没有赫鲁晓夫的赫鲁晓夫主义。

赵朴初看了《红旗》社论，接着前两"哭"写了"尼自哭"一曲：

孤好比白帝城里的刘先帝，哭老二，哭老三，如今轮到哭自己。上帝啊，俺费了多少心机，才爬上这把交椅，忽叫我一筋斗翻进阴沟里。哎哟啊唉！辜负了成百吨黄金，一锦囊妙计。许多事儿还没来得及：西柏林的交易，十二月的会议，太太的妇联主席，姑爷的农业书记。实指望，卖一批，捞一批，算盘儿错不了千分一。哪料到，光头儿顶不住羊毫笔，土豆儿垫不满砂锅底，伙伴儿演出了逼宫戏。这真是从哪儿啊说起，从哪儿啊说起！说起也希奇，接二连三出问题。回顾知心余几个？谁知命有三尼？一声霹雳惊天地，蘑菇云升起红戈壁。俺算是休矣啊休矣！泪眼儿望着取下像的宫墙，嘶声儿喊着新当家的老弟，咱们本是同根，何苦相煎太急？分明是招牌换记，硬说我寡人有疾。货色儿卖的还不是旧东西？俺这里尚存一息，心有灵犀。同志们呵！还望努力加餐，加餐努力。指挥棒儿全靠你、你、你，耍到底，没有我的我的主义。

这支曲子传到毛主席手上，正值苏联部长会议主席柯西金即将来华访问。毛主席说："柯西金来了，把这组散曲公开发表，作为给他的见面礼。"毛泽东把这三支曲的标题分别改为《哭西尼》《哭东尼》《哭自己》，还加了一个总标题《某公三哭》，让人民日报发表。2月1日，《人民日报》、《北京日报》及全国各大报纸均登载了《某公三哭》，其他大小报纸第二天也予以转载；中央人民广播电台在早晚新闻和首都报纸摘要节目中一连几天播放这组散曲。此曲一时轰动文坛，风靡全国，其曲其人妇孺皆知。

赵朴初晚年经常用"曲"的形式写作。在《片石集》序言中他写道："为了反对侵略古巴、越南等地的帝国主义，为了反对向我国武装挑衅的外国反动派，为了反对现代修正主义和霸权主义，我曾多次试用'曲'作为愤怒声讨的工具。"

九、长诗盛赞红旗渠

20世纪60年代末，一次赵朴初在人民大会堂听周总理作报告。总理说："我国人民创造了两大奇迹：一是南京长江大桥；二是河南林县红旗渠。红旗渠是一条'人工天河'，是林县人民发扬自力更生、艰苦奋斗精神创造的伟大奇迹，是中国农民的骄傲！希望大家去看看，也希望第三世界国家领导人来访时去看看，看看林县人民是如何发扬自力更生、艰苦奋斗精神修建红旗渠的。"

赵朴初听后一直想去林县看看，但因故一直拖到1977年才得以成行。这时他已70高龄，经历了十年浩劫，身体虚弱了许多，精力也大不如前。

红旗渠位于河南省西北部林县（现为林州市）境内，在晋、冀、豫三省交界处。这是一个山穷、水穷、地穷、人穷的贫瘠山区。因非常缺水，当地人往往翻山越岭到往返几公里甚至十几公里以外的地方去取。一遇干旱，农民们不仅逃粮荒，还要逃水荒。"林县每遇干旱，河干井涸，地裂禾焦，颗粒不收，饿殍遍野，惨不忍睹。"

以杨贵同志为首的县委一班人对这种情况看在眼里、急在心上。他们带领全县人民，要"重新安排林县河山"。从1960年，林县人民开始干祖辈人连想都不敢想的事——在太行山的悬崖绝壁上劈山修渠，要把浊漳河水引来灌溉干涸的土地。在极其艰难的施工条件下，林县人民靠自力更生、艰苦创业的精神，克服种种困难，奋战在太行山的悬崖绝壁之上、险滩峡谷之中。他们逢山凿洞、遇沟架桥，顶酷暑、战严寒，硬是用自己的双手一锤锤、一钎钎，苦干了10年，开凿了干、支、斗渠总长1500公里长的"人工天河"——红旗渠。该水利工程把山西平顺县的浊漳河水引入林县，有效灌溉面积54万亩，是能引、能蓄、能灌、能排的综合利用水利网，成为全国大型灌渠之一，结束了林县水贵如油的历史，为振兴山区经济带来了希望。

红旗渠引来不少国际友人前来参观，在国际上引起巨大的轰动效应。

4月28日清晨，赵朴初一行抵达林县参观。老人家的夙愿实现了，自然十分高兴。据县里的接待人员后来回忆："朴老对当地群众很热情，一见面就主动上前说话、嘘寒问暖，没有一点架子。"当地群众赞扬说："赵朴老长得慈眉善目，说话和和气气，一看就像位多年修炼的大菩萨。"

赵朴初时时处处严格要求自己。他怕耽误当地陪同人员太多时间，坐了一整夜火车，本来很疲惫了，但吃完早点，马上要求去参观。陪同人员考虑到他上岁数了，外面风大，就提议把参观时间推迟到下午或第二天上午。可赵朴初说："刮风怕什么，你们斗酷暑、战严寒，克服那么大困难修成了红旗渠，我们也要学习你们林县人那种不怕困难的精神，刮点风怕什么，对我们也是锻炼嘛！"一席话说得大家笑起来。陪同人员只好主随客便，带领赵朴初一行冒风出发了。

他们参观的是第一干渠。当他看到红旗渠蜿蜒逶迤、宏伟壮观，两边山上梯田葱郁、树木森森，真是发自内心地高兴，连连夸赞说："真了不起，真了不起，这是多么浩大的工程啊！这真是人工天河啊！林县人民战天斗地的伟大精神实在感人。"参观完第一干渠已经走了几公里的路，陪同人员怕老人家太累，就建议休息一下、喝点水。他笑着说："不累，不累，接着参观吧！看到这么巨大的工程，既感动又高兴，也就不觉得累了。"

接着参观第二干渠。路过张家井、河顺、横水三个自然村时，赵朴初沉思片刻问道："你们这儿的村名不少都与水有联系，是不是说明群众的盼水之情啊？"陪同人员笑着说："您说得太对了。饱受缺水之苦的林县人民视水如命，因盼水想水心切，不少村名都与水有关，像张家井、李家池、洪河、柳泉、曹旺水、龙送水、砚花水……连给孩子起名也带上水字，男孩子叫水旺、水生、兴水、来水……女孩子起名叫水英、水莲、水娥、水妹……"赵朴初听后点点头说："水是人们生活必不可少的条件，林县县委领导群众修建红旗渠是想群众之所想、急群众之所急，为全县人民做了一件功德无量的好事啊。"

走到龙王庙村，赵朴初突然向陪同人员问："你们这里有佛教寺院吗？"陪同人员回答说："过去有，现在没有了。"赵朴初听后默默地点了一下头。

参观结束了。县领导都知道赵朴初是著名书法家、诗词作家，恳切而委婉地请求他为红旗渠作诗、题词说："您今天累了，以后什么时候写都可以。"

赵朴初沉思片刻抬起头高兴地说："把纸、笔拿来，我写几句。"

他挥动如椽大笔，一气呵成，写下这首赞颂红旗渠的长诗：

久闻红旗渠，今朝喜得见。

劈开太行山，引漳入林县。

漳河如野牛，怒不受羁绊。

哮吼恣奔突，千载为祸患。

铁壁截其流，强迫使就范。

静随渠道行，蜿蜒绕芳甸。

支干如网布，伸展通八面。

水库蓄其余，如瓜系藤蔓。

电站藉其力，能源供不断。

高山树木茂，梯田遍葱茜。

工矿牧副渔，群星光灿灿。

林县旧穷乡，四境皆荒山。

掘井不得泉，世世多苦旱。

饥甚人相食，渴甚民流散。

今昔隔天渊，人间奇迹现。

奇迹启深思，谁使沧桑变？

马列之理论，导师之路线。

党委之领导，群众之心愿。

航行既有方，威力自无限。

当道立坚岩，决心排万难。

乾转与坤旋，何事不可办。

我来倍感奋，顿觉腰脚健。

红英汇流处，登高俯银汉。

举手礼英雄，纵目红旗遍。

事业新又新，满天霞彩焕。

　　在场的人看到老人当场写出的这首诗从内容到遣词、造句、书法皆为上上品，无不击掌称赞。1996 年，红旗渠被国家教委、文化部、民政部、共青团中央等单位联合命名为百所"全国中小学爱国主义教育基地"之一。赵朴初为"红旗渠纪念馆"题写了匾额。

赵朴初为河南林县"红旗渠纪念馆"题写的馆名

第十二章

亲朋挚友　情意无尽

一、父亲离世

　　母亲死后，赵朴初总有"子欲养而亲不待"的遗憾。此时，二姐默初离世后，大姐鸣初在重庆（后来到上海），两个妹妹嫁到湖北，父亲赵炜如先后住在安庆和南京。老人年事已高，又体弱多病，长时间好像变成另外一个人：平常喜欢读的书不读了；时常写字用的毛笔也扔了；经常在一起谈天说地的老友来访也闭门谢客了；整天整天一个人坐在屋里发呆。

　　妹妹给赵朴初的信中说："父亲由于长期一个人郁闷、孤独、吃不好饭、睡不好觉，身体更加瘦弱了。"

　　为尽人子之道、照顾父亲，赵朴初1948年初毅然接父亲来上海居住。此后的三年内，赵朴初在虹口四川北路租了一处住房。小弟赵旭初一家六口、同父异母小妹赵荣锦、父亲一家共八口住在一起。赵朴初帮小弟赵旭初在上海南翔中学找到教语文的工作。尽管生活拮据，赵朴初还是坚持把小妹赵荣锦送进学校读书。

　　赵朴初工作繁忙，但他一有闲暇就把心思扑在父亲身上。父亲由于长期一个人孤独的生活，有病得不到照料，性格变得暴躁，别人很怵和他交谈，可赵朴初总是不急不躁、和声细语地与父亲说话，久而久之，两人往往聊得很开心。一天晚上，父亲突然晕倒，找不到车去医院，赵朴初就和弟弟赵旭初两人轮流背父亲到医院就诊。由于赵朴初的细心照料，父亲的身体和精神得到恢复，全家人聚在一起，其乐融融。

　　1951年，负责疏散上海外来人口的赵朴初，按照当时政策首先带头动员父亲和弟弟一家回到安庆，租下麒麟街8号的房子居住。从供给制转为工资制后，赵朴初的夫人陈邦织曾对人说："实行工资制之后，朴老和我的工资都不高，生活不富裕。朴老生活很简朴，一年四季很少买件衣服，就是买也是到旧货市场买七八成新的旧衣服。朴老自己节省，可对父亲和弟弟却很大方，每月除给他们寄70元生活费外，还不时给他们买衣物和吃的东西，每月也花不少钱。此外，他还经常给我父亲寄钱或买东西。可他自己每月生活费只留5元钱。"

父亲后来被选为安庆市政协委员，每月有40元钱的生活费。弟弟赵旭初在安庆二中教务处找到了工作，虽然挣钱不多，但同父亲一起生活，日子还过得去。

1958年9月，赵朴初出差安徽，特地去安庆看望父亲。屈指算来父子离别已七年，赵朴初发现父亲又老了许多。他详细询问了老人家的身体状况和生活情况。赵炜如希望儿子多为国家出力，告诉他小妹赵荣锦在安庆卫校学习，去年已经结婚，妹夫黄南山是个大学生，在本地一所中学教数学。赵朴初听了很高兴。

1960年是三年饥荒最严重的一年。赵朴初怕父亲受饥饿，把自己特供的那少许砂糖、罐头都寄回家，对父亲十分关照。赵炜如因年老体弱得病，于春末夏初之际离开了人世，享年76岁。

一封告知父亲离去的电报打到中国佛协，办公室的同志用电话告诉了在外地出差的赵朴初。因远在千里之外，公事又不能脱身，赵朴初用电报告诉弟弟赵旭初："我暂时回不去，不要等我，天气火热，你们先办丧事。父亲的遗体最好火化。"

赵朴初出差回到北京，匆匆赶回安庆。第二天同赵旭初夫妇及侄女太平买了些水果、点心之类一起来到公共墓地祭奠父亲。

二、同道郑颂英

郑颂英（1916—2000）祖居宁波镇海，出身于佛化家庭，15岁闻佛法，并皈依佛门。他生前曾任上海居士林林长，亲近过不少近代高僧大德，或以信件方式向他们请教。他几十年如一日，无论顺境、逆境，护持正法，终生未辍。其人品德高尚，精研佛法，深受海内外信众的尊敬和爱戴，著作有《妙音集》《课余随笔》等。

青年时代，他与赵朴初便在佛教界有广泛合作。1942年4月，他举行佛化素席婚礼，节省大洋千元赈济战乱中离乡背井的难民，并代募大洋5000元支援由关絅之创办、赵朴初主持的净业孤儿教养院。赵朴初正因办院资金捉襟见肘、穷于应付之时，得到此笔款项，喜出望外，立即给他写了一封热情洋溢的感谢信，并将其聘为该院董事的聘书一起寄出。全信如下：

颂英居士有道：

日前奉到圆净居士转下代募捐款五千元，嗣又奉手示，备承关注。殷殷之意，不胜感佩。习字薄等已由新闻报馆照发，尚乞转致谢忱。为祷。

尝念佛教欲复兴于今日之世，当首先注重利生事业。唯能利生，始能深入社会，深入民心。每与圆公道及居士正知正见而多应世之才，宜为利生事业最好倡导者。此后还希不吝赐教，以匡不逮。幸甚！幸甚！

附上本院聘函一件，并恳俯允接受。

专此敬颂

福德无量

弟赵朴初和南

此信未署日期，仅在信笺的左上角空白处有用圆珠笔写的"44年左右"五个小字，估计为郑颂英居士所记。信纸是"净业孤儿教养院用笺"。笺纸两边还印有小字："董事长兼院长闻兰亭，副董事长李规庸，副院长赵朴初。"院址：上海赫德路418号，佛教净业社内。这是有据可查的赵朴初给郑颂英130多封信函中的第一封。

这是赵朴初和郑颂英在佛教界合作的开始。

1946年，上海市成立了一个由青年居士组成的佛教社团。这一组织根据青年人学佛的特点，开展弘法活动，此后十来年间，活跃在上海佛教界。这就是上海佛教青年会，简称"佛青会"。

那是1946年春天，方子藩等几位居士，均为40岁以下的年轻人，成立了"佛青会"筹备委员会。筹委会主任委员方子藩，副主任委员郑颂英、张孝行，委员罗永正、陈海量、赵朴初、王兆基、蔡惠明、吴保源、史美、传贤灼等。办公地点暂设上海林森中路的"觉园"内。

经过一番积极筹备，8月25日，"佛青会"召开成立大会。许多在上海的高僧大德在太虚大师的带领下莅临指导。

郑颂英当时30多岁，在上海经营纸业，生意繁忙，但业余凡有绍隆三宝、利乐有情之事无不全力为之。佛青会正式成立后，郑颂英居士任副理事长，兼弘法部主任，发行《觉讯月刊》，并经常在当时国内最有名、影响最大的佛学刊物《觉有情》《弘化月刊》上发表文章。

1948年，赵朴初迎请清定法师抵沪，在觉园建金刚道场。郑颂英、方子藩等"佛青会"会员都参加了金刚道场护法会，后来在密宗耆宿清定法师座下郑颂英等人受了瑜伽菩萨戒。自此以后郑颂英一直追随清定法师，直到1999年清定示寂，为清定法师弘法做了许多有益工作。

"佛青会"当时聚集了一大批法门龙象，如精于科学的尤志表居士、罗永正居士，还有弘一大师的皈依弟子陈海量。该组织根据青年人的特点开展康乐、旅游、参观、募捐、施舍、义诊……工作搞得有声有色，会员最多时达 3000 人左右。

1979 年，"文革"结束不久，"文革"中及新中国成立后各次运动中的冤假错案根据事实求是的精神予以平反，当事人恢复名誉。郑颂英写信给赵朴初，要求在落实政策上予以帮助。赵朴初 2 月 1 日的复信如下：

颂英居士：

大函奉悉。关于落实政策问题，已函上海有关部门，得复当以奉告。匆复，即颂

吉祥

赵朴初

1979 年 2 月 1 日

郑颂英 1981 年 5 月获得彻底平反。

郑颂英居士"文革"中仍坚持佛学修持，拨乱反正，他积极向自己的老朋友赵朴初建言献策，为佛日生辉竭尽心力。1979 年赵朴初看到他在信中所提建议回信如下：

颂英居士：

来信奉悉。所提建议中，如金陵刻经处问题，已经解决，正在积极恢复工作，其他自当今后工作中适当考虑。

此复 顺致敬礼

赵朴初（印）

1979 年 2 月 1 日

落实政策后的郑颂英 80 年代后被选为中国佛教协会理事，上海佛教协会出版流通组组长。他大力提倡印行大乘经典，弘扬正法，并为各地伽蓝复兴、引导信众爱国爱教、破除迷信等方面做了大量工作。

赵朴初与郑颂英在通信中经常讨论佛教问题。例如，针对社会上对僧人的称呼"上师""大师"随意乱叫，他便写信给郑颂英予以商榷。该信如下：

郑颂英居士并转维泉居士：

能海法师这一称号，丝毫没有贬低这位圣僧的地位，为什么一定要改为"上师"？"上师"之称昔未见，至藏传佛教流行，乃渐传开。GURV 似像佛弟子对依止师的尊称，而对一般信众不要求同样称呼。玄奘法师显密皆通，传授密法恐亦非少数，即如《般若路心经》是密法一部经典，然而无人称呼玄奘为上师者。"上师"之名称似系元代以后始有人用之。窃以为不宜过于执着也。

《菩提道次第科路》已收到，谢谢。

朴初

1999 年 1 月 14 日

现在有人不满足"法师"之称号而要求改成"大师"者，似乎"大师"高于"法师"，甚至以"三藏法师"改成"三藏大师"，甚可笑也。又及。

郑老居士在昌隆佛教事业上经常提出建议与赵朴初商量。1993 年 6 月，他就恢复上海金刚道场致函赵朴初。6 月 30 日，赵朴初回函如下：

颂英居士：

大函收悉。金刚道场的恢复，仍有障碍。今后如能恢复，以韬光养晦为宜，以免遭忌。《千字文》中所谓"罔谈彼短，靡恃己长"，是可尊奉之佳言也。弟前日写了一信给何局长，看反应如何。

弟今日上午飞昆明，约四五天后回京。临行从草数行。

敬颂道安

朴初

1993 年 6 月 30 日

2000 年 5 月 21 日，赵朴初逝世于北京医院，8 月 26 日，郑颂英往生于上海市长征医院。

上海东方网 2001 年 5 月 20 日发表一条消息：在赵朴初居士逝世一周年前夕，上海市档案馆征集到一批赵朴初先生的生前资料。这包括信函 135 件，理论文章，讲话及报告材料 3 件，照片 12 张，是由上海佛教协会郑颂英居士夫妇及佛教界著名人士关炯之后人向市档案馆捐赠的，捐赠仪式在市档案馆举行。

据悉，该档案馆获赠的这批资料对研究上海佛教、中国佛教史以及佛教界名人的思想和经历具有重要的参考价值。

2001 年第三期《档案与史学》杂志对此事亦有相关报道。

三、教友丁光训

众所周知，赵朴初是中国佛教领袖，而丁光训是中国基督教领袖，两人虽信仰不同，但始终如一的爱国、爱教、爱民的思想是共同的。在 20 世纪八九十年代，两人亲密合作，为中国宗教事业的恢复和发展作出不可磨灭的贡献，并结下深厚的友谊。他们是爱国爱教的楷模，团结合作的模范。在中国宗教界人称"南丁北赵"。他们密切合作、无私奉献的精神令人敬仰、怀念和学习。

丁光训 1915 年 9 月 20 日生于上海一个基督徒知识分子家庭，祖居浙江舟山册子岛桃夭门村，比赵朴初小 8 岁。他于上海圣约翰大学、美国哥伦比亚大学师范学院、纽约协和神学院毕业，获文学硕士、神学博士学位。

得知新中国成立，1951 年底丁光训毅然放弃了国外优越的生活条件回到刚刚解放的祖国。1952 年，华东 12 所神学院合并为金陵协和神学院，董事会一致决定任命他为院长，一干就是 50 多年，后又任南京大学副校长兼神学研究所所长。1955 年他被祝圣为主教。

新中国成立初期，周总理到华东就请赵朴初、丁光训、罗竹风诸先生一起，对新中国宗教的理论和实践问题做过许多分析和研究。无疑，他们后来提出的建言对新中国宗教政策的制定和如何解决宗教本身发生的具体问题都有深远的影响。

赵朴初和丁光训就在此时相识、逐渐达到相知而成为至交的。

1954 年赵朴初因工作需要迁居北京，丁光训仍常住南京。两人虽相隔千里，但电话交流、书信来往不断，当然面谈的机会也很多。每当丁光训来京开会或办理其他事，一有闲空，赵朴初家是必去之处，两人对坐品茗，往往一谈几个小时；赵朴初每次去江苏也总要去丁光训家登门造访。1997 年 91 岁的赵朴初从医院请假去无锡参加灵山大佛开光活动，还抽空到南京看望了丁光训。爱国爱教和护国利民的共同思想将两人紧紧地连在一起，双双成为中国共产党的挚友、诤友。

1978 年，宗教信仰自由政策得到恢复。赵朴初随缘而行、抓住机遇、推动佛教在中国的复兴。自 1980 年起，赵朴初将"宗教"与"社会"、"出世"与"入世"、"爱国"与"爱教"、"人间净土"与"和谐社会"有机地结合在一起，在中国逐步地摸索出佛教如何更好地与社会主义社会相适应。

丁光训在"文革"后相当长的一段时间内花大力气帮助政府落实宗教政策，收回教会房产，回复教堂，满足信众正常宗教生活的需要。同时注重神职人员素质，提高讲道水平。多年来他一直孜孜不倦地努力探索基督教与社会主义社会相适应的问题。

1981 年，赵朴初与丁光训等人反复讲述宗教的五性理论（群众性、民族性、国际性、复杂性、长期性），阐述了宗教存在的必要性和重要性，说明了宗教是维护社会稳定、促进社会和谐的重要力量。

在平时或人大、政协两会上，只要有机会与政府对话，赵朴初和丁光训总是步调一致、异口同声，维护公民信仰自由的权利。

1982 年宪法制定过程中，赵朴初、丁光训为首的十几位宗教界人士联名提案，要求恢复1954年宪法中有关宗教信仰自由的规定。在各方面的努力下，1982年12月4日通过的新宪法中，第三十六条关于宗教信仰的部分做了很大的修改，受到宗教界的欢迎。

1991年1月30日，中共中央总书记江泽民与宗教团体领导人坦诚谈心，赵朴初与丁光训出席，谈话气氛十分融洽，大家纷纷为贯彻公民宗教信仰自由政策的稳定性和连续性建言献策。不久，中共中央六号文件中提出"要加快宗教立法工作"。2004年，国务院颁布我国第一部关于宗教事务的综合性行政法规《宗教事务条例》。

20世纪90年代，"世界宗教和平会议"在美国普林斯顿大学举行会议。赵朴初带团参加，丁光训为团员，主办者专门举办了欢迎中国代表团的仪式，并说："有了中国代表参加，我们的大会才成了真正的'世宗和'，否则只能算一个国际会议。"

回国不久，1994年7月2日，赵朴初与丁光训共同发起成立了"中国宗教和平委员会"（简称"中宗和"）。"中宗和"是由中国各全国性宗教团体及其代表人士组成的社团组织。此后数年间"中宗和"作为中国宗教界统一的和平组织，以"友好、和平、合作、发展"为宗旨，做了大量工作，在宗教领域确实起到了"让中国走向世界，让世界了解中国"的作用，向世界展示了我国各大宗教平等、和谐与团结合作的良好形象。

1998年11月25日，《丁光训文集》出版座谈会在全国政协礼堂举行。赵朴初从医院请假到会并讲了话："'思虑通审，志气和平。不激不厉，而风规自远。'这是唐代人对王羲之的评价。我把这四句话送给丁主教（丁光训）。……虽然我与丁主教是属于两个不同的宗教，但我们俩关系一直很好。丁主教的这几篇文章提出了一个'爱'字。基督教讲爱，佛教讲慈悲。慈与悲是两个意思，慈是给予人民大众以利益和快乐，悲是同情人的痛苦，所以要救苦救难。实际上慈悲也就是爱，与基督教的爱一样，在这一点上我们是共同的，即我们信仰不同的宗教，但是在'爱'上确是共同的。……我对丁主教非常敬佩。丁主教的这本书我过去有了一本，后来又讨了两本，今天会上又发给我一本，我一共有了四本。我想不管信仰何种宗教的信徒，都应该读读这本书。所以我手中的四本书，我要把它派上用场，让年轻的佛教徒都来读读，定会有好处的……"

有一次，丁光训第二天要从北京出国访问，头天晚上有点时间就径直去北京医院看望赵朴初，因事先没和医院联系，费了好多口舌，保安才允许他进去。赵朴初故去后，丁光训只要来北京就一定抽空去看望赵朴初夫人陈邦织，并进行长谈。可见他们之间的情谊之深。

在丁光训宽敞客厅中最醒目的地方挂着赵朴初1973年12月26日填的一阕词：

咏梅

对飘风骤雪乱群山，仰首看梅花。叹凌空铁骨，荡胸灵气，眩目明霞。任汝冰悬百丈，一笑暖千家。不尽春消息，传向天涯。　且试登高临远，望丛林烈焰，大漠惊沙。指冬云破处，残霸狂纷拿。喜弥天红旗一色，听四方八面起欢哗。愿长共，乔松劲健，新竹清嘉。

在丁光训的卧室里只挂着赵朴初 1997 年送的一副墨宝：

思虑通审，志气和平，不激不厉，而风规自远。

赵朴初逝世一周年之际，丁光训在《赵朴初居士纪念册》发表"互相尊重的朋友"一文，深表哀悼。

2003 年，适值中国佛教协会成立 50 周年和赵朴初逝世 3 周年。丁光训先生披露了赵朴初的一个遗愿。他说朴老对他明言过："如同中国基督教需要适应新时代的思想建设一样，我希望佛教也有一个思想建设，我非常同意佛教中'人间佛教'的思想，但我不希望这些思想只停留在口头上。"

2004 年 10 月 4 日至 5 日，赵朴初先生遗骨还乡树葬暨纪念赵朴老系列活动在太湖县隆重举行。89 岁的丁光训不顾年高体弱，专程前往太湖县，恭送赵朴初遗骨归葬故里。十月五日，他出席树葬仪式并讲话。他说："朴老是我国著名的社会活动家、杰出的爱国宗教领袖和中国共产党的亲密朋友。朴老一生探索真理、追求进步，在佛学、外交、书法、文学、慈善等诸多领域作出不可磨灭的贡献。朴老今日乘愿归来，归葬故里，与家乡山水长相伴，与家乡人民长相守，实为得其所虑，得其所在……多年来朴老积极参政议政、建言献策，为使党和政府的宗教信仰自由政策得到全面落实，为促进宗教与社会主义社会相适应做了大量工作。朴老虽然离开我们，但朴老的精神将永远光照世界。"

10 月 4 日下午，丁光训还参加了"安徽省赵朴初研究会"成立大会。他认为，开展赵朴初研究，是一项意义重大的工作，对丰富新时期的宗教理论、带动各宗教的更新、促进中国各大教派的和谐发展有着深远的意义……他高兴地接受聘请，担任安徽省赵朴初研究会的名誉会长。

四、文友谢冰心

冰心（1900—1999）比赵朴初大 7 岁，原名谢婉莹，笔名冰心，取"一片冰心在玉壶"之意，原籍福建福州长乐横岭村。她是著名诗人、作家、翻译家，以儿童文学成就最高。《寄小读者》《繁星》等书在中国家喻户晓。她曾任中国民主促进会名誉主席，中国作家协会名誉主席、顾问，中国翻译家协会名誉理事等职务。

1926年，冰心从美国留学回来任教于清华大学，抗战期间辗转至昆明，抗战胜利后，赴日本讲学。中华人民共和国成立后，她突破重重阻力，毅然回到祖国，定居北京。

1956年，她在雷洁琼盛邀下加入民进，并当选为中央委员。此后，赵朴初与冰心成为民进会员，又同为领导人，两人为民进的事一起操心、共同奋斗。

1955年，赵朴初与冰心第一次见面，是在访日的旅途上。那次访日，赵朴初一路不停作诗，并问冰心大姐为何不也作诗。冰心不假思索地说"避君才笔"。

关于第一次见面以及对赵朴初了解的加深，冰心曾这样说："我和朴初同志是在1955年1月参加以刘宁一为团长的'禁止原子弹氢弹大会'到日本的飞机上认识的。当时我看团员名单上有个赵朴初居士，心想：对于这个超然物外的居士，我们俗人应该敬而远之。想不到见面交谈后，他竟然是一位不但可敬，而且可亲的朋友！他洒脱温蔼，不但深通佛学，而且精书法，善诗词。在这方面我无法做到，而赵朴初却擅长于此。我们又都是民主促进会的会员，彼此熟悉后他每写出一首诗或词，必正笔赠我。他的一首《金缕曲》是悼念周恩来总理的，每次披读，总使我落泪。这位居士不能超然物外，他是个大忙人，要参加海内外种种宗教活动，仆仆于海内外寺院庵堂之间，求书索字的人又踏破了门槛。他常对我抱怨找不到一个接班人。我放眸海内，也寻觅不到能像他于万一的人，至少是现在。"

20世纪80年代，在巴金、矛盾、叶圣陶等老作家的倡议下，我国建立了现代文学馆，用以保存和收藏"五四"以来的中国现代文学的珍贵遗产和文献资料。巴金亲自挂帅任馆长，老舍之子舒乙任副馆长，实际上主持日常事务。冰心把自己多年珍藏的一大批手稿和书信捐给了文学馆。1986年，她又把长期收集的六十多幅字画捐出，在这六十多幅字画中就有赵朴初的七幅，其中有诗词，也有对联。

赵朴初和冰心交往渐多是从1961年底共同参加中国作协组织的赴广东参观开始的。看完湛江农垦后，大家在海边小憩，冰心打了个盹，梦见一群蝴蝶上下翻飞。她把梦境告诉了赵朴初，赵朴初便填了一阕《蝶恋花》。词曰：

南国风光忘岁暮，怒绿欢红，赶上和春住。梦起庄周犹栩栩，满园蝴蝶为君舞。

底事斑斓浑似虎？应是英雄，魂魄化虫羽。百战精忠光旧土，飞飞故绕相思树。

此后，参观团游览了广州流花湖，赵朴初即兴填词《踏莎行》一阕，抒发当时的兴奋心情，冰心非常喜欢，后来他便把这首词用毛笔写给冰心，留作纪念。词中写道：

乍别霜寒，喜亲日暖，此身真似南飞雁。相逢处处爱深红，东风浩荡春无限。

昔日泥塘，今朝亭馆，眼明树影波光乱。不妨四季任流花，花流直到长安远。

冰心非常欣赏赵朴初的诗词、书法中的厚重而又不拘于古人的文化底蕴。后来赵朴初还为冰心写了一副对联"夕阳无限好，高处不胜寒"。这副集古人句的对联深切地道出了作为名作家的冰心难以言喻的内心感受。

1966 年三·八国际劳动妇女节，赵朴初应冰心之求，手书毛主席词《沁园春·长沙》。毛主席的词气势恢宏，赵朴初书达其意，字写得酣畅、豪放。他比冰心年龄小，落款自然是送给大姊。1976 年 10 月以后，赵朴初分别将他写的《朱委员长挽诗》、《总理逝世周年感赋》等用毛笔写于宣纸上寄给冰心。如今，这些字幅都保存在中国现代文学馆中。

赵朴初与冰心交往越多，关系越好。冰心让她自己的孩子叫赵朴初舅舅，受到冰心如此待遇的在中国只有两位，另一位是巴金。赵朴初动情地说："冰心大姐让她的孩子称我舅舅，不称伯伯，他是把我当成自己的弟弟了，当成自家人了。我们是文坛知己。"

1972 年 3 月，冰心写信告诉赵朴初，她喜添一外孙，而孩子的父亲已调我国驻冰岛使馆工作，故起名曰李冰。赵朴初同喜，戏作小令一首为贺：

李冰曲

二千年后重来，前生事业都江堰❶。

更喜泰斗文名，分得外婆一半❷。

准像他的爸爸，北极观鱼❸看鹏程计里千而万。

在赵朴初 85 岁生日时，92 岁的冰心送他一方端砚、一锭贡墨，表示祝贺。赵朴初怀着感激的心情写诗一首致谢：

七年长我宜兄事，温温照人如冬日。

贱辰远遣孙儿来，诲我不倦意恳至。

雄心踏天割紫云，摩顶放踵师墨子。

诗中"雄心踏天割紫云"引用李贺诗"踏天磨刀割紫云"之典。李贺原意是对端州石工采石辛苦和所制石砚精妙绝伦的赞美；赵朴初的诗，一来对冰心赠砚表示感谢，二来决心写出更加优秀的书法作品。"摩顶放踵师墨子"引自《墨子·尽心上》中"墨

---

❶ 都江堰，在岷江上游灌县城西，为战国末年秦蜀郡守李冰父子所建。

❷ "分得外婆一半"，指冰心的"冰"字。

❸ 冰岛在芬兰北极。

子兼爱，摩顶放踵，利天下为之。"这里墨子，首先对应冰心所送之墨，并进一步引申为对艺术和佛理的追求将不遗余力。

1989年，台湾的星云大师要来大陆访问，指名要参观现代文学馆并捐给该馆一笔款。冰心以个人名义给星云大师写信表示欢迎。因赵朴初居士和星云大师均为佛门同道，馆方想请赵朴初写幅字作为答礼，但苦于没有门径。时任副馆长的舒乙找上门请冰心帮忙，坐等她给赵朴初写信求墨宝，冰心慨然应允。她提笔写道：

朴初老弟、邦织妹妹联鉴：

我曾给邦织打过电话，为的是星云大师来访的事。据舒乙（老舍先生的儿子，和我家非常之熟。他又是巴金的"中国现代文学馆"的副馆长）讲，星云大师来访将由中国佛教协会接待，朴初一定会和他见面的。听说星云大师3月31日要参观"中国现代文学馆"，还会有些捐助，这对经济拮据的文学馆是大有帮助的。舒乙想请朴初写四个字，算是文学馆送他的。只四个字，想朴初不会惜墨如金吧，一笑。

我还好，只是回不完的文债和信，我母亲常说："事情和生命是一样长的！"我相信你们也会体会到这一点。舒乙在一旁等着，别的不说了。望你们保重。

冰心
1989年3月7日

赵朴初接到冰心大姐的信自然应命而书，使舒乙满意而归。

1988年，《赵朴初诗词》再版，冰心为之作序，并说："朴初要重新发表他的诗词集，要我作序，我感到意外的荣幸！"

1992年，全国性的社会学术团体冰心研究会在北京成立。赵朴初题写"冰心研究会"会名。

之后，由冰心研究会提议，在福建省文联直接领导下，在冰心的故乡建了冰心文学馆。赵朴初为其题写馆名，他题写的"冰心生平与创作展览"的牌匾永远挂在冰心文学馆的大门前。他并用李白《宣州谢脁别校书云》中的诗句"中间小谢又清发"为冰心馆题了词。

2008年，位于冰心幼年经常玩耍的地方，山东省烟台市原烟台东海关税务司官邸改建而成冰心纪念馆。馆名是由赵朴初先生15年前所题写。《冰心全集》的封面亦由赵朴初所写。所以赵朴初与冰心称作"文坛知己，情同姐弟"绝不为过。

赵朴初曾在冰心因病住院时，破例为她与吴文藻书写"吴文藻、冰心之墓"。事情是这样的：1996年8月21日，冰心住北京医院304病房，向前来探望她的外孙陈刚和身旁的记者讲身后事。他说："我百年之后，要与文藻合葬一处。墓碑上要刻'吴文藻、谢冰心之墓'。我仔细考虑过了，墓碑上的字还是请赵朴初写最合适。"

赵朴初知道这件事情后说："从感情上讲，大姐在世，我真不忍心写这碑文。但是大姐既然托付，我又不得不办。为活人写碑文，平生我这还是头一次。"

1999 年 2 月 28 日晚，冰心在北京医院逝世，享年 99 岁。

3 月 2 日，阴云满天，下着小雨，92 岁的赵朴初从北京医院的病榻上慢慢起身，在桌子旁边站稳，泪流满面，情凝笔端，写下一副挽联：冰心大姐千古；万口诵嘉言爱就是一切，四方传妙笔文可耀千秋。赵朴初敬挽。

赵朴初对冰心在世时最疼爱的外孙陈刚说："陈刚，你要记住，你的姥姥爱儿童、爱大自然、爱大海、爱人间美好的一切。她的一生都在奉献爱心，最讲爱，是写爱最多的人。"

当陈刚手捧挽联就要离开赵朴初的病房时，赵朴初再次把他搂到怀中十分动情地说："你的姥姥是文坛祖母，是一位了不起的伟大女性。她已经成了一位永远存在的人了。"

1978 年 2 月 25 日，赵朴初在全国政协第五届一次会议期间与谢冰心、雷洁琼在一起

五、学者梁漱溟

为驳斥某些人"对佛教的非议",1916年潜心学佛的23岁青年梁漱溟写了一木书,叫《究元决疑论》,深得当时佛学泰斗太虚大师的赏识。而比梁漱溟小14岁的赵朴初后来追随太虚、圆瑛等工作、学佛,阅读过梁漱溟那本书,对梁漱溟本人虽未谋面,却产生了良好的印象。

因有深厚的佛学造诣,当时的北京大学校长蔡元培不拘一格招揽人才,就把只有高中文凭,年方24岁的梁漱溟请到北大作讲师,主讲印度哲学。后来他成为著名思想家、哲学家、教育家、社会活动家、爱国民主人士、著名学者、一代国学大师。

1950年,全国政协第一届二次会议期间,赵朴初多次约集宗教界人士和佛教学者商讨中国佛教的前途和如何做好佛教工作问题。每次都有梁漱溟参加。而他也毫无保留地讲出许多真知灼见。

1972年底,"批林批孔"中,在别人的激励下梁漱溟发言时,曾引用毛主席一段话时,只说,我记得毛主席讲过,查了一次毛选没有查到。

次日,大家刚走进会场,赵朴初就把政协学习委员会秘书汪东林招呼到跟前对他说:"你把这张纸条交给梁老。昨天回家我查了毛选。梁先生昨天讲的没有找到出处的毛主席语录,我给他找到了。"

从1963年起,梁漱溟先生坚持出席政协直属学习组的每周两三次学习。在该组20多个成员中真正称得上和他有来往的只有两人:一个是于树德。他是和梁漱溟交往半个世纪的朋友,从年轻时便相识相知,又是同庚,是该组最年长者,也是大家公认的谦谦长者。他"大事不糊涂",对当时那套"左"的东西是奉命维持。梁和于彼此心知肚明,自然说话、交往多些。另一个就是赵朴初。他与梁的交往则主要在佛教文化方面。梁漱溟经常向赵朴初借阅佛经,而读完见不到赵时便让汪东林代还。

1985年,汪东林写的《梁漱溟问答录》开始在《人物》杂志连载。第一章刊出,梁漱溟就嘱咐他送一本给赵朴初。

1986年,全书15万字集结准备出版。作者希望赵朴初题写书名,就写了一封信,附信寄去一本刚出版的《宋希濂今昔录》,请他审阅。次年1月5日赵朴初给他复信说:"大著《宋希濂今昔录》已读一遍,首先向你祝贺,写得十分生动而又令人感到真实,确是一部成功之作。过去在会上听到他说话,觉得豪爽,不过是泛泛的印象,读了该书后，对宋希濂其人加深了认识……你托我书写《梁漱溟问答录》书签之事，我立即照办了，早已寄去，不知收到没有，如没收到，我还可以重写。"

《梁漱溟问答录》因故拖到 1988 年才得以出版。其时梁漱溟已因重病住进协和医院。汪东林手捧新书去拜见赵朴初，赵朴初欣然与之长谈。他边翻新书边说："你又做了一件好事。梁漱溟先生的一生，不简单啊！你的书特别留下了他在新中国成立后四十年中许多珍贵的资料，有意义啊。你是有心之人，能随时注意积累资料，值得我学习。我做了什么事，做过去就放在一边，时间一久就忘了。梁老和我是一代人，与你之间的交往，可称忘年之交了。此话自古有之，可见交朋友是不分年龄的。"

此时，汪东林写的《梁漱溟与毛泽东》一书已经完稿，他请赵朴初再题写一书名。赵朴初当场击掌说："好，好，我马上就写。"他立即铺纸伏案，挥笔写下"梁漱溟与毛泽东"七个字，一连写了两张，让王东林挑选，然后说："好啊，又是一件好事。"

这天赵朴初很高兴。写完书名，他举着毛笔对汪东林说："你过来，我写几个字，再给你解释。"只见他在纸上写了"望之俨然，即之也温"八个字。他解释说："梁老这个人，从表面上看，总是很严肃，少见有笑容，但你一同他接触，就会感到他的心是温暖的，有一团火。梁老的人格力量，除了中国的儒家传统，还有佛家的影响，这一点你有没有想到过？"

汪东林连连点头称是，并说："梁老茹素七十年，青年时曾潜心佛学，几度欲出家未成。"

赵朴初接着说："你说的是他的早年，那么晚年呢？你问过他老人家吗？我再给你讲一段梁先生几年前的事。80 年代中期，中国佛教协会准备成立佛教文化研究所，在广济寺素宴若干位佛学专家，由我出面。与会者梁老年龄最高，治佛学历史最长，大家都恳请他指点。他一开头就说：'许多人知道我治儒学，曾为儒学的复兴鼓与呼，但他们不知道，我本身自度，我实际上是一名虔诚的佛教徒。我研读佛学远在研读儒学之前，并从青年时代就是一名佛教徒，直到年过九旬的今天。因此，对于研究佛教文化，成立佛教文化研究所，我是举双手赞成。'他的发言得到与会者的热烈欢迎。"

1989 年，《梁漱溟与毛泽东》一书出版，梁先生已过世一年。汪东林带着新书拜望赵朴初。他抚摸着新书很动情地说："梁老没看到这本书，遗憾，可惜了。梁漱溟与毛泽东之间，虽有争执，但他们是相知、相识的朋友，这已载入历史，你的书圆满地完成了这一任务。"

他话音刚落，汪东林又有一事征求意见："梁老 1988 年病逝前对他的后世没有任何遗言。山东省邹平县是梁先生 30 年代搞乡村建设的实验县，前后十年之久，在梁先生一生中是件大事。现在，邹平县政协提出，要在当地的名胜黄山上找块地作墓

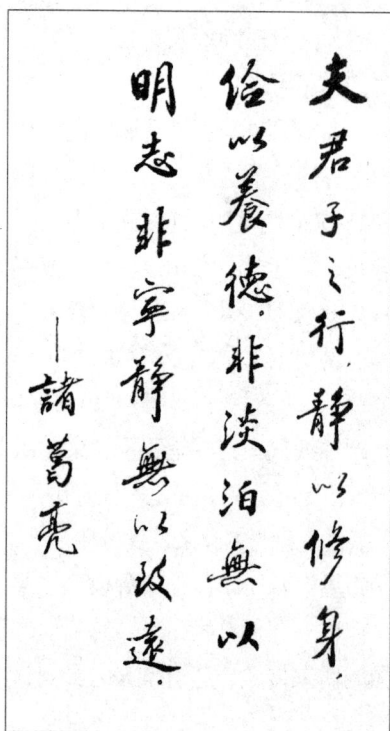

夫君子之行，静以修身，

俭以养德，非淡泊无以

明志，非宁静无以致

远。

——诸葛亮

书诸葛亮语

地，埋葬梁老骨灰，立一个碑，逐步建成一个墓地碑林。此事已得到梁先生家属的同意，都认为这是对梁先生的一种纪念方式，给后人留一点思念。我受邹平县政协和梁先生家属的委托，请您开个头为梁老题写墓碑。先立了墓碑，有了墓地，再陆续向梁老的亲朋好友、学生、敬慕者征字，逐步建碑林。不知朴老认为妥当否？"

赵朴初稍加思索便欣然同意说："好事，又是一件好事。梁先生是中国文化名人，新华社发的悼词这样称呼，他当之无愧。梁先生的学问和人品有许多地方受当代人敬仰，也值得后人学习。我现在就写。"很快，赵朴初就写好"梁漱溟先生之墓"七个大字。

不久，赵朴初收到经人转送来的邹平县政协立碑后专门拍下的照片。

1988 年，梁漱溟因肾衰住院。他认为佛家对生命的态度是"不求生、不求死、顺其自然。"他临终的最后一句话是："我累了，我要休息了。"

梁漱溟先生逝世后，1988 年 7 月 8 日，刊在《人民日报》上生平的题目是《三军可以夺帅，匹夫不可夺志，梁漱溟先生百年人生旅程》。1992 年，86 岁的赵朴初回忆起已经逝世四年的梁漱溟先生仍感慨良多，写诗记之。

记梁漱溟先生

梁翁有以异于人，

望之俨然即之温。

向不妄言但率真，

是非功过公诸人。

昔年佛会邀众宾，

翁先到席发高论：

平生一事未告人，

我乃瞿昙弟子、达摩裔孙。

前身是一禅宗僧，

三生信有去来今。

语罢出示一卷文，

言简意赅大小乘。

读者莫不叹其条达而思深，

出自九十四岁老人之至诚。

藏身人海最后露一鳞。

未及期年翁遂行。

世人于翁多述评，

独此一事知者无多人。

吾今记之告后昆。

六、战友雷洁琼

2000 年 5 月 21 日，赵朴初逝世。噩耗传来，刚出医院回家休养的雷洁琼悲痛不已。她着一身黑色礼服，一个人坐在沙发上，面对茶几上摆放的一幅照片，两眼含泪，默默无语。

这张照片是一年半前的 1998 年 11 月 5 日，她前往北京医院赵朴初的病房为其祝寿时，两位老人在花篮边的合影。

4 天后，5 月 25 日，雷洁琼写成《朴初，我的挚友》悼念文章。

文中以见证人的身份说："朴初一生追求进步、探索真理，始终与时俱进、尽瘁国事。早在大革命时期，他就立下救国救民的远大抱负。日本帝国主义入侵中国，战火蔓延到黄浦江畔，他毅然举起红十字的旗帜，为救济难民的事业谱写了可歌可泣的壮歌。朴初主持上海净业孤儿教养院工作，常常邀请从事少年罪犯研究的严景耀到孤儿院，两人一起想方设法，尽全力帮助那些因战乱而流浪街头以致犯罪的少年儿童。我和严景耀就此和赵朴初相识相知。以后他成为我们夫妇终生不渝的挚友……"

文中称赵朴初为"爱国的楷模"、"民族的骄傲"。

雷洁琼，著名的社会学家、法学家、教育家，杰出的社会活动家，中国民主促进会的创始人之一和卓越领导人，中国共产党的亲密朋友，中国人民政治协商会议第四届全国委员会副主席，第七届、第八届全国人民代表大会常务委员会副委员长，中国民主促进会第七届、八届、九届中央委员会主席和第十届、十一届名誉主席。

1905 年 9 月,她出生于广州,比赵朴初大两岁。父亲雷子昌是清末举人,和当时维新改良主义者来往很多,是个思想颇为开明的知识分子,对女儿的影响很大。

1919 年,"五四"运动爆发,全国学界纷纷响应。一个 14 岁的女学生在广州街头发表演说、振臂高呼、痛斥帝国主义的强盗行径和北洋政府的卖国罪行。这个女孩就是雷洁琼。

1924 年,19 岁的雷洁琼怀着"科学救国"的梦想,远涉重洋到美国求学。开始在加州大学选学化工,继而到斯坦福大学选学远东问题研究,后来到南加大攻读社会学,1931 年获社会学硕士学位。回国后受聘于国内多所著名高校。

1940 年,国难当头,成群的孤儿流浪街头。当时的赵朴初负责办佛教净业社儿童教养院。他经常邀请对少年犯罪有深入研究的严景耀来院商讨流浪儿童的教育问题。雷洁琼时任东吴大学教授,作为社会学家对孤儿教养亦十分关心,对办好教养院多有建言。这是赵朴初同二人友谊的缘起。几十年后的他回忆起来仍念念不忘二位的帮助,写诗称赞曰:"教养赖群功,两贤与有力。"

为抗日救国,上海一批进步人士成立"星二聚餐会"。赵朴初、雷洁琼、严景耀、许广平是该组织的核心人物。他们经常聚会,纵论国事,为抗日救亡奔走呼号。一次聚会后,雷洁琼、严景耀当众宣布两人将于 7 月 5 日结婚。婚礼如期举行,赵朴初、许广平、吴耀宗、郑振铎等应邀出席。婚礼上,赵朴初当场赋诗祝贺。诗曰:

参差两两好安排,嘉礼从今美例开。

越粤人才夸璧合,前称周许后严雷。

因周树人(鲁迅)、严景耀是浙江人,许广平、雷洁琼是广东人,故有诗的后两句。

抗战胜利后,1945 年 12 月 30 日,赵朴初和雷洁琼追随马叙伦先生和其他进步知识分子联合发起成立中国民主促进会,在充满白色恐怖的上海投身于争取民主、反对内战、解放民众的爱国民主运动。

次年 6 月 23 日,由民进发起,上海各界 47 个人民团体参加的上海人民团体联合会组织赴京(南京)和平请愿团,9 名正式成员中 41 岁的雷洁琼是唯一的女性,也是最年轻的一位。当天上午,上海各界 5 万多人到车站送行。车开动了,雷洁琼从车窗里向站台上送行的赵朴初挥手告别。晚 7 点,请愿团成员抵达南京下关车站时,遭国民党特务围攻、殴打,发生了震惊中外的"下关惨案"。雷洁琼当场受重伤,血染衣衫。

"下关惨案"彻底暴露了国民党反动派的丑恶嘴脸,唤醒了全国广大人民群众。

解放战争胜利在即,雷洁琼等民进人士绕道香港前往北京共商建国大计,赵朴初则留在上海继续战斗。

北京和平解放，雷洁琼被邀请站在城墙上观看解放军入城仪式。

1949 年，赵朴初、雷洁琼同时参加了中国人民政治协商会议各筹备组的工作，出席了第一届全国政协全体会议，出席了开国大典，见证了中华人民共和国的成立。

新中国成立前两人均为在向往光明和追求进步的探索中，选择了与中国共产党风雨同舟、荣辱与共的正确道路。新中国成立后两人共同致力于国家民族的发展与进步，致力于中国特色社会主义建设事业，为实现中华民族的伟大复兴殚精竭虑，不懈奋斗。共同的理想使两人建立起真挚的友谊。

新中国成立后，两人各居要职，国事繁忙，多年来，平日难得一聚，但彼此时常挂念。在参加一些重大国务活动见面时，总要互致问候。一起离京赴外地考察或出国访问，二人总像亲姐弟一样坐在一起谈国事、拉家常，彼此尊重、相互信任、亲密无间。

两人共同经历了十一届三中全会以来改革开放的大好局面，为祖国发展日新月异而欢欣鼓舞。

每日剪报是雷洁琼多年的习惯。报纸杂志上凡有关赵朴初参加社会活动的消息或发表的文章她总要剪下来作为资料保存。

两位仁者俱为高寿，每当对方寿诞，总要当面祝贺。一篮鲜花、几句祝福，暖意融融。

1995 年，雷洁琼九十大寿，赵朴初提笔作诗：

> 美君九十不言老，耳目聪明意兴高。
>
> 议政竭诚言侃侃，诲人不倦论滔滔。
>
> 下关昔日当强御，高会今朝领俊豪。
>
> 九万里风鹏正举，愿君长健共凌霄。

这首诗是他们 60 年战友情谊的真实写照。

最后两年，赵朴初长住北京医院，她的文友冰心也住在这里。雷洁琼每次来看望他们总是先到冰心的病房，而后就说："去看看赵朴初。"赵朴初见到她后也总是说："大姐，你又来看我了。"

1999 年，雷洁琼意外骨折也住进了北京医院，而赵朴初已病重难起，只好由夫人陈邦织送去花篮表示慰问，祝大姐早日康复。两位难以见面的病中挚友仍然传递着彼此的真诚与挂牵。

不久雷洁琼康复出院。几个月后赵朴初逝世，雷洁琼再也听不到他喊自己大姐的声音了。

2011 年 1 月 9 日 17 时 38 分，雷洁琼逝世，享年 106 岁。

赵朴初和雷洁琼一样，两人膝下均无儿无女。他们把一生的大爱都毫无保留地献给了祖国和人民。

七、楷模周总理

赵朴初和新中国几代领导人都有着良好的个人关系，但无疑，周总理是和他交往最多、友情最深的一位。

周恩来对赵朴初在上海为人民、为新四军、为中共地下党所做的工作早有耳闻。抗战胜利后，他作为和国民党谈判的首席代表，1946 年 7 月从南京来到上海，下榻马思南路的周公馆。周公馆是他开展革命工作公开的合法舞台，也是联系和鼓舞进步人士的秘密场所。这时，赵朴初作为进步人士，见到他十分仰慕的周恩来，对其言谈举止、远见卓识产生了由衷的敬佩。同样，周恩来也认为赵朴初是新中国的建设事业不可多得的青年才俊。

新中国成立后，作为共和国的当家人，周恩来指挥着赵朴初等一批高僧大德共同努力，开创了中国佛教的崭新局面。他们二人的友好交往及对中国佛教以及其他诸方面建立的丰功伟绩将彪炳史册。

新中国成立前夕，周恩来嘱咐上海"临救会"总干事赵朴初以佛教界身份接管上海经济合作总署，赵朴初圆满地完成了任务。他在保护上海经济重库、救济难民等方面作出无可替代的贡献。

1948 年 9 月，周恩来拟定了邀请到解放区召开新政协会议的 77 位民主人士名单，赵朴初的名字赫然在上。

接到邀请书，赵朴初欣然北上，参加了第一届全国政协会议，经历了毛主席宣布中华人民共和国成立的那一庄严时刻。后来又被选为全国人民代表大会代表，参加了"宪草"的大讨论，表决宪法时投下自己庄严的一票。

新中国一诞生，周恩来便在全国统一战线工作会议上强调："新中国成立了，中国的宗教就应由中国人自己来办。"

1950 年 5 月 5 日，政协全国委员会宗教事务组召开第二次座谈会，赵朴初到会。组长陈其瑗传达周总理指示："我们的政策，是保护宗教信仰自由"，"政府与宗教的合作，在于政治上的一致，而不求思想上的一致，各宗教应在教言教。"

在周总理的支持下，赵朴初担任了中国佛教协会筹备委员会主任委员。因赵朴初精深的佛学造诣、极佳的文学素养，在国内外的影响与日俱增，周恩来以致毛泽东在会见来访的外国佛教界人士以及信奉佛教的外国领导人时，都请赵朴初陪同。

1952 年 9 月 30 日的国庆招待会上，周恩来亲自向圆瑛大师和赵朴初居士敬酒。受到周恩来的鼓励，圆瑛大师向毛主席敬酒，引发满堂热烈鼓掌。

从 1949 年到"文革"前，由于周总理高度重视，赵朴初亲自筹划、执行，中国佛教自身建设得到加强，佛教徒充分享受着信仰自由。佛教国际交往频繁，理论研究深入开展，逐步与社会主义社会相适应，成为佛教史上的兴盛时期之一。

周总理钟爱海棠花，西花厅的院子里栽种的品种不少。每年春天，当海棠花开的时候，他往往剪下几支含苞欲放的大骨朵，让秘书给赵朴初送去。赵朴初就把一个花瓶灌下水，花枝插到里面，能开上十多天。

两千年来，佛教已成为中华文化不可或缺的组成部分。周总理一直重视佛教文化的建设、佛教经典的传承、佛教建筑的保护。《赵城金藏》移交北京图书馆，杭州灵隐寺、北京雍和宫、山西玄中寺、陕西兴教寺、十三层佛牙塔的建设、维修、重建，敦煌石窟的加固，北京房山石经的发掘、整理，都是周总理亲自批示，从建国初并不富裕的国库拨款，由赵朴初亲自经手操办的。

1956 年春天，周总理在中南海紫光阁接见浙江省昆剧团时说："剧团要向各方面请教……有几位昆曲爱好者不能忘记，一位是王昆仑，一位是赵朴初。他们对昆曲是很有研究的。"

此后几天，周总理陪同印度总理尼赫鲁参观房山石经，赵朴初也在场。尼赫鲁愿以等重量的黄金换两块石经回去供奉。周总理微笑着说："这些石经是中国人民一千多年来创造的奇迹，号称国宝。黄金有价，国宝无价呀！我们怎能用无价的国宝去换您有价的黄金呢？我不能答应您，请阁下谅解。"经赵朴初周密策划、精心指挥发掘、整理、保护，使这一中华稀世文化瑰宝重新大放异彩。

不久，周总理应锡兰总理班达拉奈克夫人的请求，指示中国佛协着手英文版《佛教百科全书》中国条目的编纂工作。赵朴初接到任务，立即延请国内著名佛教学者分别撰述、编辑和英译工作。

1963 年，赵朴初去南京办事，顺便参访了梅园新村后，作诗一首，表达了对总理的无限敬仰之情：

访梅园新村

晨征肃肃访梅园，犹有梅花着意妍。

共道人间春色满，岂忘雪里寸心丹。

当年虎穴摧凶焰，今日神州奋健翰。

几案摩挲思战斗，由来大业出艰难。

1967年，"文革"已开始两年多。这段时间赵朴初没见过总理，但他知道总理忍辱负重还日理万机，只有以诗表达思念之情。

感遇

忍辱负重，艰难劳止。

回首邱山❶，折齿孺子❷。

食草一抔，乳如江流。

鞠躬尽瘁，无怨无尤。

猗欤至哉，人民之牛。

不久，他又填词：

河满子

东山

悄悄非关多病，三年不见东山。

花事绸缪风又雨，更兼蜂妒莺馋。

终信晓珠天上❸，照他红艳千般。

1974年9月30日，赵朴初应邀参加国庆招待会。当来宾坐好后，久病的周总理面目清癯，缓步走了进来。这时，人们边鼓掌边踮起脚尖想尽量多看总理一眼。几句简短而洪亮的致辞后，周总理走到大家面前同老友新朋一一握手。当走到赵朴初面前时，总理深情地叫了一声"赵朴老"。谁知，这竟成了总理最后一次对他的呼叫，竟成了总理在世，他见到的最后一面。

1976年1月，周总理逝世，赵朴初悲痛欲绝、泣不成声。写了不少诗词悼念这位"即为兄长、又是师长"的好总理。

赵朴初对亲友说："周总理值得怀念的事太多了，父母之丧三年，而留在人们心中对周总理的怀念是终生的。"

周总理逝世时，"四人帮"仍很猖獗。中国这艘巨大的航船没有了周总理会怎样

❶ 杜甫诗："万牛回首邱山重。"

❷ 齐景公为孺子牛而折其齿，见《左传》。鲁迅诗"俯首甘为孺子牛"，本此。

❸ 晓珠，即太阳。见李商隐诗。

向前行驶？什么样的命运会降临到中国人民头上？这一系列的问题大大加强了中国广大知识分子头脑中的忧患意识。赵朴初对人回忆说："周总理追悼会是在人民大会堂举行的，邓小平致悼词。当小平同志念到'人民的好总理'时，站在我前面的一个同志，一头倒了下去，悲痛得晕在地上。大家感到天要塌下来一样。而这句话原悼词上没有，是邓小平同志临时加上去的。加上的这句话不仅最适合周总理，而且从小平口中说出，又尤其感人。"说到这，赵朴初已热泪盈眶了。

对邓颖超的友情同样很深，称邓颖超为大姊。每年春天西花厅的海棠花开时，大姊都要像总理在世时一样送几支给赵朴初，共同缅怀总理。而赵朴初夫妇闲暇时间亦常去西花厅看望大姊。

1979年4月，邓颖超副委员长率团访日。此前，日本的有识之士和部分日中友好团体发出筹建周恩来诗碑的倡议，以纪念他为中日友好事业呕心沥血所建立的丰功伟绩。诗碑建在半山腰，由基座和本体两部分组成。基座由数块未经打磨的大石头垒成，石头之间似乎也未用黏合材料。诗碑本体也是一大块未经打磨的赭色石头，正面刻着周总理1919年留学日本游岚山时写下的《雨中岚山》诗，背面是发起人名单。整个石碑朴实无华，就像该诗作者，虽平易近人却让亿万人无限敬仰。邓颖超副委员长访问期间由赵朴初陪同到日本京都岚山为周总理诗碑揭幕。赵朴初有诗记之：

京都岚山周总理诗碑揭幕

苍松夹岸几株樱，绕石流泉澈底清。

景物未随人世改，诗心长共海潮生。

濛濛时雨三生石，霭霭停云万古情。

从此岚山留胜迹，弟兄相见更相亲。

1989年春天，赵朴初同往年一样收到邓颖超让秘书送来的海棠花。赵朴初睹花思人，自然想起与周总理和邓颖超之间的不少往事，思潮起伏，不能自禁，提笔写诗：

颖超大姊赠花赋谢

碧天炯炯老人星，端拱无言万国明。

不待春花今拜赐，寸心冬夏仰西厅。

并让来人给邓颖超带去附信一封：

敬爱的颖超大姊：

多时未见，时常和家人谈及，总想去探望您老人家，但因循至今，徒增敬念。今天奉惠赐名花。每逢春天到来，您总是想到我们，让我们分享西花厅的风光，高情厚谊，令我们不胜感激。仅赋诗一首秕表谢意，附请教正。日本点心两盒，乞请笑纳。

　专此敬祝

　起居安康

赵朴初

1989 年 3 月 13 日

1992年邓颖超因病住北京医院，赵朴初前去看望。大姊嘱咐他："一定要保重身体，劳逸结合，以逸为主。"

7月11日，邓颖超逝世。赵朴初含泪书写挽诗：

邓颖超大姊挽诗

早抱移山志，智勇战险阻。

长征越雪岷，雄辩挫狼虎。

……

西厅太平花，年年蒙赐与。

勉我志毋忘，力击和平鼓。

……

往事堪回思，点滴增酸楚。

非为一人哀，天下失慈母。

邓颖超逝世后，根据她生前的遗嘱，人们用1976年装周总理骨灰的同一个骨灰盒装上她的骨灰，运到海河口，撒在16年前抛撒总理骨灰的同一个地方。

也许是巧合吧！邓颖超生前的最后一张照片是同赵朴初、陈邦织的合影，而逝世后的第一张照片是赵朴初在大姊遗体前静静地默哀。从此亦可看出两家人的深厚情谊。

第十三章

十年浩劫 雪压青松

一、特殊年代的"快乐学院"

赵朴初和陈邦织没有孩子，可他们又非常喜欢孩子。"文革"前两位老人外地亲朋好友的孩子来北京上学或工作，每逢周末、节假日他们便成为南小栓一号这所小院里的常客。陈邦织总是拿出家里最好的吃食招待他们，赵朴初则喜欢和他们在院子里的枣树下或书房里围坐一起天南海北、古今中外地闲聊。他高兴地说："我们家真是'出入有青年，往来无白丁'啊。"

这些孩子的父母都是不同地区、不同部门的领导干部，"文革"开始后他们被打成"走资派"、"叛徒"、"特务"。两位老人总在话语上给孩子们以安慰，生活上给以无微不至的关怀。这些孩子在这个家里渴了就喝、饿了就吃、困了就睡，心里的话可以无保留地对两位老人倾诉。

那时，经常在赵伯伯家的小青年主要有方熊、方虹兄妹、陈淮淮、张国平、王秀祥、冯骏。有时他们还带着自己的恋人或好朋友一起来，人最多时可达十几个。赵朴初总是乐呵呵地招待他们，听他们讲述自己学校或工作单位发生的事及马路新闻，从中也了解一些外界的情况。

这些小青年在南小栓一号另一项主要生活内容就是读书。赵朴初的藏书丰富，而且门类齐全，除佛教经典外，政治、经济、军事、历史、哲学、文学……古今中外涵盖范围很广。读书时遇到不懂的问题，他们相互讨论，实在搞不清的就去问赵伯伯，准能得到满意的回答。

有的小青年一本书读到一半，或想先占下几本好书，就放在书包里随便拿走了。陈邦织和林阿姨怕书丢了，很不满意。赵朴初听说后笑着说："书嘛，就是让人读的，有人读总比放在那里能发挥更大作用。这些青年人读点书总比到社会上去乱闯、乱闹好多了，今后不要限制他们。"

在这里，青年人最喜欢的还有一件事，就是听赵朴初给他们朗诵和讲解自己针砭时弊的新诗作。

1968年，王力、关锋、戚本禹被"四人帮"从"中央文革"踢了出来，成了阶下囚。赵朴初写诗曰："龙鱼鼠虎费疑猜，幻戏纷陈幕半开。忽见飞琼回舞袖，庄容端出守宫来。"

第一句讲"四人帮"一伙各自心怀鬼胎、窝里斗都能看懂。接下来赵朴初点睛式地说，"飞琼"指那位旗手，"守宫"即壁虎，小爬虫也。

经赵伯伯一讲，大家茅塞顿开，都拿出自己的小本子抄下来留作纪念。

1971年3月，陈伯达垮台，赵朴初写出了《反听曲》：

听话听反话，不会当傻瓜。可爱唤做"可憎"，亲人唤做"冤家"。夜里演戏叫做"旦"，叫做"净"的恰是满脸大黑花。高贵的王侯偏偏要称"孤"道"寡"，你说他还是谦虚还是自夸？君不见"小小小小的老百姓"，却是大大大大的野心家，哈哈。

此曲，文字浅显易懂，把一个满嘴假话的政治小丑完全暴露在光天化日之下。

陈伯达的罪行材料发下，赵朴初阅后写有一诗：

变色龙
陈伯达罪行材料阅后口占

当年捉到小爬虫，慷慨激昂振臂起。高呼还有变色龙，说要追根追到底。三年露出龙尾巴，原来就是你自己。

小青年们读后，无不击掌叫绝。

1974年，"四人帮"大搞"批林、批孔、批周公"，实际是拉帮结派，矛头指向周总理和其他老干部。他们东拉西扯，根本不着边际。赵朴初写了《鲁迅翁诗云"〈西游〉演了是〈封神〉"，善哉，善哉。谨拈一偈》：

> 如来佛胡授记，姜太公乱封神。
>
> 吃一顿涮羊肉，便硬派做回民。

短短四句话，24个字，就把"四人帮"无中生有、罗织罪名、残害忠良的卑鄙伎俩揭露无遗。

赵朴初每日一诗代替写日记。1972年4月3日，是小青年方熊30岁生日，他也写诗祝贺：

而立引

贺方熊三十生日

"三十而立"，恭喜恭喜。二十九年伏地，今日刚刚站起。岂只站起而已，待看雄飞万里。应接中收敛些锋芒，科学中钻研些道理。正好是春分前夕，须信得浩荡东风，万紫千红中有你。

该诗诙谐幽默中有教导、有鼓励、有期望，充满对青年人的大爱。

赵朴初伟大的人格是这群年轻人的光辉榜样；他渊博的知识是他们取之不尽的营养源泉。莫怪他们把这个小四合院称作"我们的快乐学院"。他们当面叫赵朴初赵伯伯，背后都叫他赵菩萨。

大科学家爱因斯坦青年时代在伯尔尼市与朋友经常聚会的"奥林匹亚"咖啡馆，被他们爱称为"快乐学院"。在那里大家无拘无束、畅所欲言，充分发挥人际交往的共生效应，使每个人都从中受益，有所进步。说"文革"中的南小栓一号是一群青年人的"快乐学院"绝不为过。

变色龙

20世纪90年代初，当年的小青年都近"知天命"之年了，白发悄悄地爬上他们的双鬓，有的还当了领导干部。一个周末他们相约来到赵伯伯家聚会。不巧赵伯伯正因病住院。他们看到赵伯伯书桌上写好的12个字："进不求名，退不避罪，唯民是保。"他们到医院去看望伯伯并请他解释这12个字的含义。赵朴初说："这话出自《孙子兵法》，说的是战争中进攻不是为了个人的功名，退却也不逃脱罪责，一切都应以人民的利益为重。古人尚有这样的胸怀。你们看现在，有些人当了官，进则求名，退则避罪，唯官是保。这样下去，国家怎么得了啊！"

赵朴初对孩子们的帮助和爱护，对国家前途、人民疾苦的关心是终生的、无尽意的。

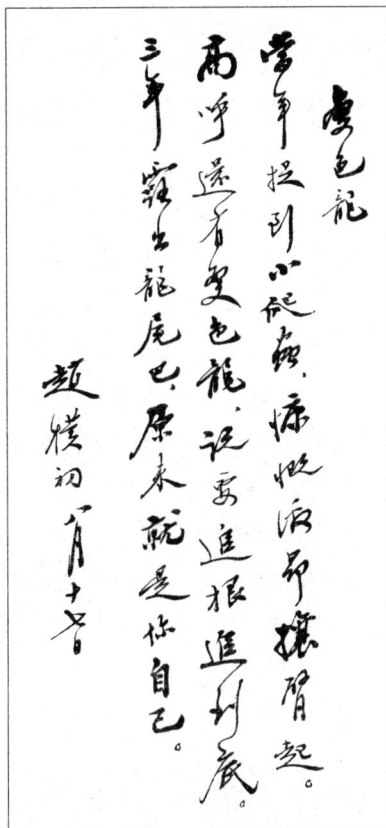

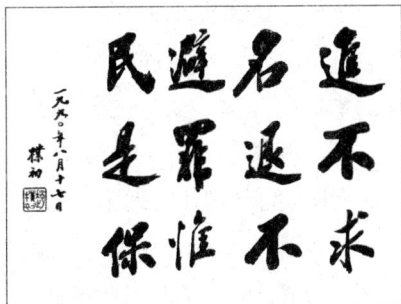

进不求名，退不避罪，惟民是保

二、对陈老总尽一份责任

"文革"中陈毅元帅仗义执言，和林彪、"四人帮"进行了针锋相对的斗争，当面揭露他们倒行逆施、乱党乱国的罪行。

所以，林彪、"四人帮"对他恨之入骨，必欲置之死地而后快。但碍于毛主席讲过："陈老总，我保你。"才没受到像刘少奇、彭德怀、贺龙……那样残酷的迫害。

一段时间，他被弄到石家庄，身心备受折磨，直到身患癌症才回京治疗。

1972年1月6日，赵朴初乘公共汽车到医院看望这位老领导。陈毅夫人张茜忍着极度的悲哀对他说："不用看了，已经不行了。大家许多时间都没见面了，谁知道，见面却是这样的场合啊！"

过了两天，张茜打电话给赵朴初，告诉他向陈毅遗体告别的时间，并说由中央军委派车接送。1月8日赵朴初含泪写出：

陈毅同志挽诗

> 殊勋炳世间，直声满天下。
>
> 刚肠忌鬼蜮，迅雷发叱咤。
>
> 赖有尧日护，差免罹斧伐。
>
> 众望方喁喁，何期大树拔？
>
> 岂徒知己感，百年一席话。
>
> 恸哭非为私，风雨黯华夏。

1月10日，追悼会在八宝山举行，开始前，赵朴初将诗递到张茜手里。见到"风雨黯华夏"一句，张茜领会了赵朴初的意思，等儿女传看完，她轻轻地将诗笺放在陈毅遗体的上衣袋里，随之火化，以祭忠魂。

过了一会儿，周总理匆匆走了进来。他说"张茜同志，毛泽东同志马上就要到了。他决定参加陈毅的追悼会。宋庆龄同志也来。"说完，他又出去检查追悼会的准备工作。

低沉肃穆的哀乐回响在大厅里。周总理几经哽咽，擦掉眼泪才念完悼词。毛主席率领大家向陈毅遗体三鞠躬。

陈毅逝世后，张茜极度虚弱，而且常常咯血。她把陈毅的遗像挂在卧室里，两边是自己的题词："千万战友仰遗容，敬爱领袖戴黑纱。"

叶剑英元帅亲自安排她住进301医院检查。几天过后，叶剑英把她的儿女们叫到医院的一个办公室里，手里拿着一叠检查报告单，心痛地对他们说："你们的母亲得的病是肺癌。"说完，他就去病房看望张茜。

张茜知道自己身患绝症，不但没消沉，反而更激发了她的战斗意志。她下决心在有生之年为丈夫、为自己、也为全家人编成一本诗集。用陈毅写的诗歌告诉后世，陈毅到底是怎样一个人。

生性倔犟的张茜决定立即开始整理陈毅诗稿，而且要公开做。2 月初他给毛主席写信，报告编辑陈毅诗稿的计划。那时"四人帮"仍一手遮天，张茜的信自然如石沉大海。但她仍支撑起虚弱的身体开始工作。这时，她很想得到专家的帮助，忽然想到赵朴初，想到他为陈毅写的那首渴望正义、声讨邪恶的悼诗，诗中也充满对陈毅的敬仰钦佩之情。他是全国有名的诗人，在上海时又是陈毅的战友。于是，张茜郑重地向赵朴初提出请求，希望他在整理陈毅诗集方面给予帮助。

赵朴初当时身体不好，政治压力也很大，但他不顾一切，慨然应允。

张茜在手术恢复后，便开始拼命工作，每天吃完饭后就伏在桌子上看文稿，一坐就是几个小时。

一次，赵朴初在和她讨论一首诗时，看到她身躯瘦弱、疲惫不堪，就关切地问："你现在感觉怎么样？是不是太累了？要多注意身体呀！"

张茜叹了口气说："目前感觉还好，我会注意的，但必须努力工作。得了这种病，随时会有不测，我是在和病魔抢时间啊。我一定要完成自己的心愿。"

赵朴初再也说不出任何安慰的话，鼻子一酸，勉强控制着泪水没留下来，赶紧把话题转到对诗词的讨论。

重病中的张茜用了不到一年的时间，在赵朴初的帮助下，精选了陈毅的一百首诗，从红军时期井冈山斗争依时间顺序到"文革"初期即景言志。张茜亲自写了序言并把集子寄给了毛泽东和周恩来，要求公开出版，但一直没有得到回音。张茜写了一首诗，真实地反映了她当时的心情：

> 同病堪悲惟自勉，理君遗作见生平。
> 持枪跃马经殊死，秉笔勤书记战程。
> 波样流溪多日影，风回碛石复潮声。
> 残躯何幸逾寒暑，一卷编成慰我情。

病中的张茜知道赵朴初身体也不好，常常让孩子们登门看望或趁他们出门的机会捎一些稀罕东西送去。一日陈昊苏自广州托友人空航之便，买了两束含笑花，一束寄给了赵朴初。收到后他写了两首小诗表达春之即来、病情缓解、拄杖庭院散步的兴奋

之情:

一

久病翻多病间欢,小庭扶杖意悠然。

偏饶万水千山趣,一片飞云仰首看。

二

时空非一亦非差,知也无涯却有涯。

昨日初消檐上雪,今日喜看岭南花。

诗词编选好后,既然不能出版,张茜便让长子陈昊苏手抄后装订成册,流布出去。1974年1月《陈毅诗词选集》的油印本问世,两个月后张茜逝世。她没看到诗集的正式出版。一时,陈毅的《梅岭三章》、《题西山红叶》等诗传遍北京、传遍大江南北、传遍长城内外。

一天,赵朴初和诗人袁鹰、林林聚谈陈毅诗集和文集的事,大家的一致意见是尽量搜集完全,不必顾及当时的出版条件。事实明摆着,在"四人帮"一伙的控制下,陈老总的诗和文章绝不可能出版。现在先编好,将来有一天出版就省事了。赵朴初沉重地说:"编好了,对陈老总是尽了一份责任,对张茜夫人也算有个圆满的交代。"他叹了一口气又接着说:"不知道何年何月才能出版呢!"

1974年3月,陈昊苏、陈丹淮兄弟遵母遗命将父亲生前所用,刻有砚铭的石砚送赵朴初留作纪念。看到砚台上"满招损,谦受益,莫伸手,终日乾乾,自强不息。"这几句话,想到以此铭诸肺腑、躬身力行、终生不渝的老领导,赵朴初热泪纵横,挥笔写下:

仲弘同志遗砚铭

守其贞心,发其至性。

此石堪师,传世无尽。

陈毅元帅生前经常说的一句话是:"善有善报,恶有恶报。不是不报,时候不到。时候一到,一切都报。""四人帮"恶贯满盈,一举被抓获,被扔进历史的垃圾堆,全国人民为之欢欣鼓舞。陈毅诗词得以出版,赵朴初写长诗记之:

《陈毅诗词选集》出版 志感

陈公集一出,坊间顿时空。朋友争见问,觅购将何从?于此可以见,天下心所钟。其言与其行,千古怀高风。回忆五载前。丧葬事粗终。夫人垂泪告,遗稿纷麻丛。

整理是其责，不敢卸病躯。孰知两月后，医告肺癌凶。割治之前夕，手札付凡庸。
拳拳相嘱托，恳恳感余衷。勇决获余生，从事如从戎。直与分阴竞，夺取兼程功。
此编告成时，悲欣萃其容。实期早刊行，以达众喁喁。大奸恣嫉妒，作梗复为壅。
恃其窃来柄，一异逼群同。赍志以云殁，知者咸椎胸。赖有诸老成，打印助其工，
虽嗟一篑亏，已见九仞崇。况多有心人，搜集遍西东。誊写与篆刻，版本非一宗。
精装见志意，览之激五中。生前所及见，足慰寸心忠。平素有坚信，传世必无穷。
证之眼前事，昭若天上虹。一言念逝翁，在耳犹洪钟。善恶终有报，谚语非愚蒙。
四凶终殄灭，百花欣向荣。百花新向荣，"欢呼彻底红"。低回集中句，高洁见青松。

坐落在四川省乐至县薛包镇（现改名为劳动镇）的陈毅故居，1980 年经县政府
修葺一新对外开放，至今成为全国一百个红色旅游经典景区之一，2006 年被国务院
列为全国第六批重点文物保护单位。旧居大门的两侧是赵朴初撰写的楹联"殊勋秉世
间，直声满天下"。

赵朴初逝世后，陈毅的长子陈昊苏在纪念文章中说："我写诗是受父母影响，赵
朴老则是我的引路人。'文革'后我开始发表诗作，赵朴老给了我很多鼓励。有的诗
是他为我修改过的，但他更多的是鼓励我树立信心……"

赵朴初百年诞辰，陈昊苏写诗纪念这位父母的挚友和自己的忘年交：

> 大师伟业，造福人间。
>
> 人心不老，气度庄严。
>
> 感天圣教，惠地诗篇。
>
> 清风千古，朗月万年。

三、"文革"中的外事工作

"文革"中，身染重病仍坚持工作的周恩来总理从国家、人民、宗教的根本利益
出发，冲破"四人帮"的重重阻挠，直接指挥赵朴初做了一些必不可少的外事工作。

1972 年，正值"文革"中"天下大乱"之时，斯里兰卡佛教代表团要求来华访问，
周恩来总理毅然应允，并指示赵朴初做好接待前的一切准备工作。

接到周总理的指示，赵朴初迅速拟定出一份工作计划。周总理很快批复并拨款人
民币伍佰万元。赵朴初由有关部门配合，工作夜以继日，短期内便使广济寺基本恢复
原貌，圆满完成接待任务，得到周总理的好评。

天台宗是汉传佛教重要宗派之一，发祥地为浙江省台州市天台县国清寺。因其创始人智颢常驻天台山弘法，故称天台宗。天台山国清寺是该宗祖庭。该宗后来传入韩国、日本，在那里有大批信众。

1972年，田中角荣访华时，向周总理提出要到天台宗的祖庭——天台山国清寺朝拜。原来田中角荣和他的母亲都是佛教天台宗的虔诚信徒。来访前母亲对田中角荣千叮咛万嘱咐，一定要儿子代她到天台山国清寺朝拜。

当时，周总理对"文革"中国清寺的具体情况也不了解，但他机智地和田中角荣说："现在正修缮，修缮好后首先请您去朝拜。"田中角荣听后虽觉遗憾，但很高兴。

周总理让赵朴初了解关于国清寺的情况。9月12日，赵朴初致函周总理说："浙江天台山国清寺，不仅是日本天台宗的祖庭，而且是日本佛教所有宗派的祖庭。组织公明党的创价学会也以中国天台山为祖庭，十年前它的负责人曾向我表示希望朝拜天台山。最近听到一个在天台山插队的知识青年说，该寺在'文化大革命'初期，保存完整，到了1968年下半年工宣队进入后，佛像被毁，佛教文物受到相当损失，僧、尼大多被遣散。预料中、日关系正常化后，日本佛教徒定会纷纷要求去朝拜……我认为这个地方是对日本佛教徒和人民进行友好工作的一个重要阵地。如果上述情况属实，似应迅速恢复原貌（房屋可能不需修缮，但佛像及宗教陈设则需恢复），是否可请浙江省委责成有关部门查明办理。该省如果还有留存的、合适的旧佛像，似可利用，不必重行塑造，以节省物力和时间。"信中并建议，所有对外开放的寺院均应有适量的僧人，僧人均应着僧服，如有缺乏僧服者，希望能予解决。

实际上国清寺所遭破坏远比这位知青告知赵朴初的更加严重。1973年正值"文革"岁月，周总理顶住"极左"之风，亲自过问，由国务院发文、拨款重修，赵朴初则负责具体工作。到1975年基本竣工。因新修好的寺庙内空空如也。赵朴初向周总理汇报后，总理指示他立即从故宫等地调拨一批适用于国清寺的历代佛像、法器，并指定专人专列护送，放置在国清寺的各大殿堂之内。一切安置好后由赵朴初亲自接待了第一批日本客人。

1975年8月，赵朴初亲笔写信给日本比叡山延历寺第253代座主山田惠谛，邀请日本天台宗访华。

10月14日，他亲赴机场迎接山田惠谛为团长的天台宗日中友好访华团。次日，在广济寺他亲切会见该访华团，并举行盛大的祈愿中日友好法会。

10月25日，该团一行13人，由赵朴初陪同从北京出发前往朝拜天台宗祖庭。次日，他陪同来访者巡礼国清寺诸殿堂、参加在国清寺举行的中日联合法会。之后，该访华团请求在国清寺大雄宝殿后东侧兴建一祖师碑亭，以追忆天台宗祖师的功绩。

10月30日下午，赵朴初在上海虹桥机场为代表团送行。使他们乘兴而来，满意而归。

国清寺中，由周总理批准调拨的大雄宝殿内的释迦牟尼坐像（该像是明代铜铸之物，连座高6.8米，重13吨，神像雕工细腻，神态自若）、殿内两侧的十八罗汉坐像（高两米，外贴真金，通体金光闪闪，全部为元代遗物，用楠木雕刻而成）和法器至今仍在，成为这座千年古刹的镇寺之宝。

1973年，被称为"中国语言学之父"和"中国的舒伯特"的美籍华人赵元任和金陵刻经处创始人杨仁山的孙女杨步伟夫妇同他们的家人回国探亲。5月13日晚，周总理在人民大会堂亲切接见了他们。当晚在座的有中科院院长郭沫若、教育部长刘西尧、宗教局长肖贤法和赵元任的老同学、老朋友吴有训夫妇、竺可桢夫妇、邹秉文一家、周培源夫妇及黎锦熙、丁西林、赵朴初等文化名人。

这次会见时间很长，大约进行了三个小时。总理还请大家吃了一顿别具一格的夜宵：粽子、春卷、小烧饼、绿豆糕和馄饨。

同赵元任夫妇谈话，金陵刻经处是个不可能绕过的问题。然而，金陵刻经处当时是个什么情况呢？

赵朴初在给总理汇报国清寺的同一封信中写道："南京的金陵刻经处是中外著名的佛教文物单位，藏有经板14万多块，内有鲁迅捐款刻的《百喻经》经板。过去一直接待外宾，效果还好。该处在'文化大革命'初期受到了损失。除经板已放置木架尚待整理外，所有陈列的文物（内有宋版元刊经籍）均已荡然无存，希望南京有关单位将该处重新布置陈设（似可请主管文物部门协助）以备对外宾开放。"

赵朴初给周总理信中提到的14万多块经板，当时只剩12.5万块了，而块块都是精选安徽特产的上等木料，刻经前放在药水里煮一定时间，目的是煮出糖分，防止将来被虫蛀坏，以延长经板保存时间。剩下最早的经板只有乾隆年间刻的了，距今已有300多年，其余大多是晚清的。

后来他们对经板登记造册后，准备象征性地保留几块，其余一律烧毁。

当时金陵刻经处是中国佛教协会下属的事业单位。南京方面佛教界的朋友把这一情况告诉了赵朴初。赵朴初深感问题的严重性，如果这些经板被毁，中华民族将永远失去这批文化瑰宝。所以他直接写信向周恩来总理作了汇报。周总理立即给南京方面打电话，指示对经板严加保护，让赵朴初亲往南京督办并了解情况。这才使刻经处的12.5万块经板和18块佛像板（现为国家一级文物）得到比较妥善的保护。

谈话间，杨步伟女士提出恢复金陵刻经处的请求。周总理当即下达了"保护、恢复金陵刻经处"的指示，并由新华社发出专题报道。具体工作任务无疑落在赵朴初的肩上。

赵元任惊叹周总理的办事效率之高，后来在回忆文章中说："这样一个晚上的谈话，等于两个晚上，要办的事当场定了下来。"

此后金陵刻经处的保护、恢复工作由赵朴初具体负责逐步开展起来。12.5 万块经板的保护排序就耗去整整六年时间。

1980 年，经板排序工作基本完成，第一批经书即将印出，赵朴初深沉地说："恢复刻经处是总理生前下达的指示，我只是个执行者。刻经处开始恢复的时间，不是从刻经处职工下放回来开始，而是从 1973 年 5 月，周总理接见赵元任夫妇就开始了，时间已过七年了，进展太慢了。"

赵朴初为恢复后的金陵刻经处首批印的《百喻经》《净土四经》和《杨仁山居士遗著》等书亲自重提书名签条，并撰写《金陵刻经处重印经书因缘略记》。

四、横眉冷对"四人帮"

1976 年 1 月 8 日，中共中央副主席、国务院总理、政协全国委员会主席周恩来同志逝世。1 月 15 日追悼会在人民大会堂举行，邓小平同志致悼词。当总理遗体被送往八宝山火化时，上百万人民群众肃立在寒风凛冽的十里长街上默哀送行。

就在总理逝世的第二天，即 1 月 9 日，赵朴初怀着极度悲痛的心情写成一首悼念总理的诗。

周总理挽诗

大星落中天，四海波涌洞。

终断一线望，永成千载痛。

艰难尽瘁身，忧勤损龄梦。

相业史谁传，丹心日许共。

无私功自高，不矜威益重。

云鹏自风抟，蓬雀徒目送。

我惭驽骀姿，期效铅刀用。

长思教诲恩，恒居惟自讼。

非敢哭其私，实为天下恸。

这首诗传播之快、影响之广，远非作者预先所料。这时，人民再也不沉默了，他们纷纷拿起手中的笔写诗、填词纪念周总理，声讨四人帮。诗词在中国历史上第一次成为人民大众手中的武器。

首先是南京的学生和工人揭露和声讨《文汇报》3 月 5 日和 25 日两次删掉周恩来总理的题词并刊登影射攻击周总理的文章。他们贴出《打倒张春桥》的大标语，并到梅园新村和雨花台悼念周总理和革命烈士。他们的正义行动遭到无理压制。

接着，北京市上百万人民群众，接连几天聚集在天安门广场，用花圈、小白花、诗、词、曲悼念周总理、声讨"四人帮"。这些诗、词、曲不少是模仿赵朴初的风格写成的，有的干脆署名赵朴初。4 月 4 日晚开始清理花圈、小白花、诗词、标语和抓反革命。第二天正是丙辰清明，广场上的群众高呼"还我花圈、还我战友"的口号，在广场上举行了抗议活动，被错误地宣布为"反革命事件"，遭到残酷的镇压。这更激发了群众对"四人帮"的仇恨。

当天晚上，赵朴初满怀悲愤填了一阕新词：

木兰花令

芳心

春寒料峭欺灯暗，
听雨听风过夜半。
门前锦瑟起清商，
陡的丝繁兼絮乱。

人间自古多恩怨，
休遣芳心轻易换。
等闲漫道送春归，
流水落花红不断。

这以后的几个星期里，在全国范围内开始追查"四·五"事件的参与者。北京人或凡是到过北京的人都得交代清明节前后他们都和哪些人接触过、做了什么事和到过什么地方。而且，每个人都得说明去没去过天安门广场、是否写过诗、是否抄过诗、是否把诗传给了朋友。整个夏天，这种追查措施没有间断。后来又发展到追查散布所谓"有关江青同志谣言"的人。

在"四·五"事件被抓捕的人中，就有"文革"时经常进出南小栓一号的小青年方熊。"四人帮"的目的无非是想通过审讯，让他交代赵朴初是诗词运动的始作俑者，进而追查总后台。

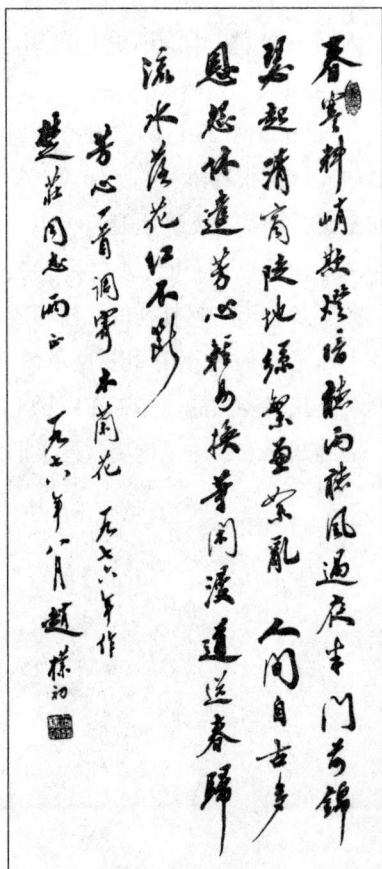

木兰花·芳心

然而，他们想错了。"文革"开始后赵朴初深居简出，很少与外界来往，因而查不出任何蛛丝马迹。只是他的诗词写出了人民的心声，影响力很大而已。但追查"天安门事件"和"政治谣言"的风越刮越紧，矛头直接指向赵朴初。有关部门甚至找他个别谈话，大有黑云压城城欲摧之势。

1976年6月，在全国政协召开的一次学习会上，这位慈眉善目、一身和气的菩萨终于被逼得变成一个怒目金刚。他义正词严地说："我可以坦率地说，在总理逝世后，我不仅自己撰写悼念总理的诗词，这些诗词都被朋友随手拿走了；而且还改过不少别人悼念总理的诗词，具体哪些人，现在也记不起了。那是因为人同此心，心同此理，大家都热爱总理，心心相通之故，并没有什么深不可测的背景，也没有什么可调查的，更没有可责难之处。"、"我自己写的诗词，我看过和修改过别人的诗词，我可以负责任的答复，内容肯定都是一片赤心缅怀周总理的，没有任何政治问题。我的这些话在这里公开发表，也是对直接受派来调查者的回答。我的态度是认真的，郑重其事的。"

赵朴初的话掷地有声，而且明显包含"舍得我一个，保护周围人"，天大罪名由我一人承担的浩然正气。鉴于他在国内外的崇高威望，加之抓不到什么具体把柄，"四人帮"未敢轻举妄动。

1976年10月，"四人帮"垮台了，有心人把广场上的诗歌搜集整理准备出版，并且想请名人题写书名。无论书的出版还是题写书名，在当时都要承担很大政治风险。但赵朴初慨然应允，挥笔写下《天安门革命诗抄》书签。

在周总理逝世两周年之际，《天安门革命诗抄》正式出版发行。

第十四章

剪除四凶　拨乱反正

一、难忘一九七六

1976 年，对每个中国人来说都是不平静的一年。那时"文革"接近尾声，但"四人帮"更加猖狂，人民群众与他们的斗争也就越加激烈。

1 月 8 日 9 时 57 分，周总理在经历长期病痛折磨后，阒然长逝，享年 78 岁。邓小平在人民大会堂为周总理作悼词之后长时间没有露面。

早在一年前，邓小平复出后，"四人帮"便觉大事不妙，而王洪文之流更感到末日来临，意志消沉、花天酒地。他们认为邓小平是他们篡党夺权的主要障碍，因而对其造谣污蔑、阴谋陷害，必欲置之死地而后快。

在一部描写百色起义的电影中有这样一个情节，邓小平在起义准备会上说："我邓小平个子小，腰杆硬，天大责任我来担。" 1973 年，周总理病重。邓小平从江西回到北京，代替周总理主持中央和国务院的日常工作。1975 年开始，他着手进行全面整顿。他自己曾说："这些整顿实际上是同'文化大革命'唱反调。"

就这样一个敢作敢为，铁打的铮铮硬汉，在当时无论压力有多大，都不肯说"文革"半句好话。4 月 7 日，他被指控为"天安门广场反革命事件"的总指挥、总后台，被撤销了党内外一切职务。

周总理逝世后，悲伤长时间袭击赵朴初的心。光《赵朴初韵文集》就选入这一时期写的二十余首悼念周总理的诗、词、曲，伤痛至深，苍天可鉴。

赵朴初和邓小平早在新中国成立前的上海就有交往。20 世纪 50 年代初，中国佛教协会成立时，赵朴初是筹备处主任，许多事情都向小平同志直接汇报，通过邓小平同中央其他领导同志商量后定下来的。他对邓小平的人品、能力、胆识和政治远见深深折服。

鉴于 1976 年的政治形势，赵朴初对邓小平淡出后的安危深感忧虑。

7 月 6 日 15 时 01 分，德高望重，年已九旬的朱德委员长逝世，享年 90 岁。这在中国人民伤痛的心上又撒了一把盐。

赵朴初第一次见到朱德是在 1949 年第一届政协会议上，第二次是在 1957 年中国佛协第二次代表大会上。朱德同志莅临指导，赵朴初向他汇报工作，从此有了更多的接触和交往。

朱委员长逝世的第二天，赵朴初怀着沉痛的心情写出一首悼诗：

朱委员长挽诗

春初读公诗，意深而味永。
笃信导师言，丹心见耿耿。
电视近传真，雍容气深稳。
谓当享期颐，孰知变俄顷。
中宵噩耗传，万眼终夜醒。
回思创业艰，老辈存已仅。
堪伤一载余，叠见众星殒。
峨峨井冈山，巍巍杨家岭。
长庚傍日明，大旗凌霄炳。
史垂不朽功，人勉征程迥。
绕床想英烈，无语泪如绠。

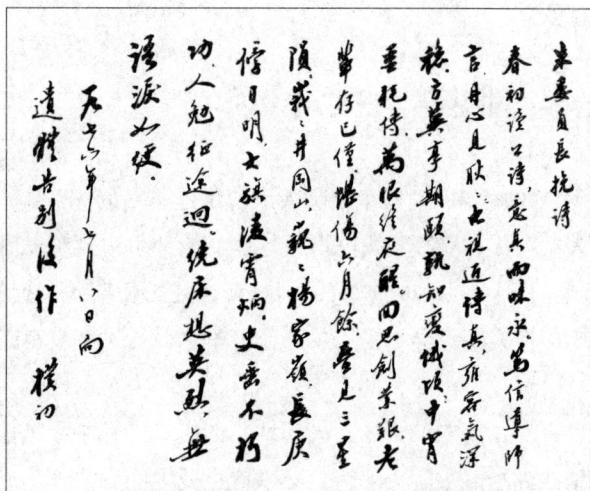

朱委员长挽诗

1975 年为纪念长征 40 周年，89 岁的朱总司令写了"万水千山"字幅。朱德逝世百日后赵朴初从老总的亲属处得到这幅字，装裱好后挂在书房里。朱德逝世周年赵朴初写出下面一首五言诗：

朱委员长书"万水千山"字幅题词

公作此书时，年已八十九。
笔力犹浑健，点画不稍苟。
恍见泰岳姿，凝想军旗手。
万水坳堂过，千山泥丸走。
长征创大业，旷古所未有。
艰辛四十年，偷窃肆鼠狗。

……

始知随意书，实非轻然否。

惜公未得睹，祭告傥见受。

俯仰念元勋，对此低回久。

在"万水千山"字幅的右下侧还有一段赵朴初写的文字，说明此字幅的缘起：

朱委员长逝世后百日，其孙婿李瑛以公去岁所书万水千山数纸携视，盖有纪念长征四十周年之意。余乞得其一，敬付装池，永为无尽意斋之宝意。

1976 年 12 月 26 日 适值农历初六日公之诞辰
朴初识

朱老总在枪林弹雨、戎马一生中，曾八次遇险。其中一次，由四川省昭觉寺了尘法师相救才得免于难。1987 年，在昭觉寺建成三间，约一百平米的思德堂。朱委员长的字幅及赵朴初的题词均印于一块巨大的木匾上，供人观赏、品味，思念前人之德。

两个月后的 7 月 28 日凌晨，河北唐山、丰南一带突发里氏 7.8 级强烈地震。百万人口的工业城市唐山霎时被夷为废墟。死亡 24.2 万人，重伤 16.4 万，轻伤不计其数。

唐山地震发生时，北京震感强烈。赵朴初有诗记之：

地震，次友人韵

大波掀涌风雷激，齐向华胥破梦来。

地发杀机恣吼爆❶，物为刍狗任拉摧❷

余生幸未循墙走❸，众力知能泯劫灾。

多难兴邦吾益信，窥垣熊虎漫轻猜。

9 月 9 日 0 时 10 分，毛泽东主席逝世，这一噩耗对人们心灵深处的震撼绝不亚于唐山大地震。在消息公布后的 15 分钟内，世界主要媒体，包括路透社、美联社、法新社等都报道了毛主席逝世的新闻。此后 10 天之内，有 123 个国家的元首或政府首脑向中国政府发来唁电，105 个国家的领导人或代表到中国使馆吊唁，53 个国家降半旗致哀。当时的联合国秘书长库尔特·瓦尔德海姆称赞毛泽东是"伟大的政治思想家、哲学家和诗人""我们时代最英雄的人物""他改变了世界历史的进程"。

9 月 18 日下午 15 时，追悼大会在天安门广场举行，首都各界数十万人参加。全

---

❶《阴符经》："地发杀机，龙蛇起陆。"释典所云地六种震动，为动、湧、震、击、吼、爆。吼盖为地声，爆则发地光也，今皆遇之。
❷《老子》："天地不仁，以万物为刍狗。"
❸寓卢墙塌二处。

国各地机关、厂矿、农村、学校都搭建了灵堂，设分会场。8亿人民在哀乐声中，垂泪悼念这位中国共产党、中国人民解放军、中华人民共和国的主要缔造者。

毛主席的逝世给赵朴初带来巨大的伤痛。他想到毛主席的丰功伟绩、想到当面聆听教导，想到老人家与自己的诗词因缘，当日写出悼诗两首：

毛主席挽诗二首

一

忽播哀音震八方，人间方望晚晴长。悲逾失父嗟无怙，杞不忧天赖有纲。

永耀寰瀛垂训诲，群遵正道是沧桑。乱云挥手从容渡，万古昆仑耸郁苍。

二

当年立志拔三山，终见神州奋翻翰。更遣风雷驱鬼蜮，普教天地为回旋。

人心早有丰碑在，真理争从宝藏探。满月中天瞻圣处，遗言永忆勖登攀❶。

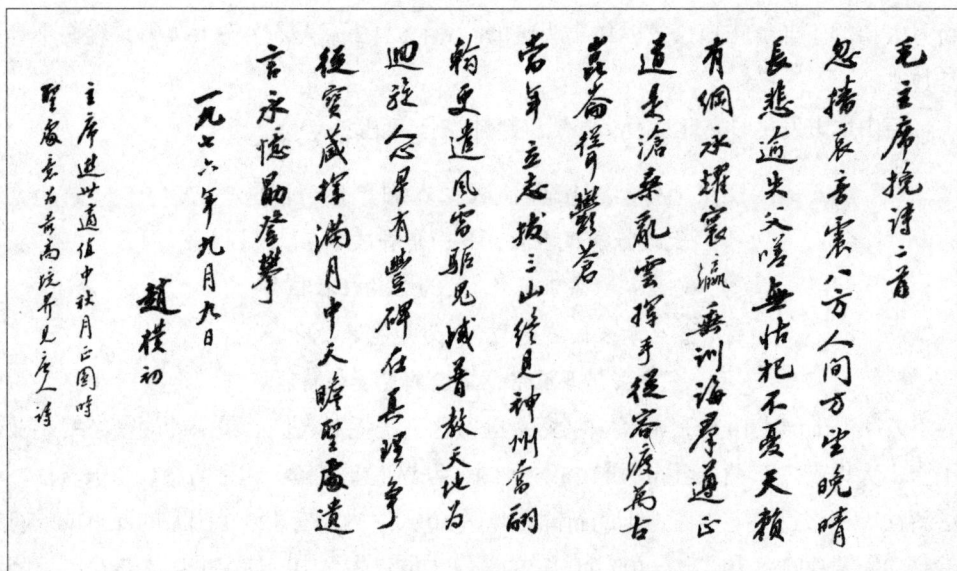

毛主席挽诗二首

就在主席逝世的前一天，即9月8日的晚上，画家黄胄依维吾尔族老贫农库尔班·吐鲁木的故事，画出《日夜想念毛主席》图。11日，即毛主席逝世的第三天，让人拿来请赵朴初作题。他含泪写出：

---

❶毛主席逝世适值中秋月圆时。圣处，意为最高境界，见唐人诗。

题《日夜想念毛主席》图

日夜想念毛主席，主席恩情比天地。冬不拉，弹不尽苦难的回忆；热情诗，唱不完贫农的心意。边疆各族兄和弟，日夜想念毛主席。黄胄作此图，朴初为题记。谁知得意作图时，正是导师弥留际。展图谛视泪沾臆，把笔几度不成字。库尔班·吐鲁木啊！咱们的心在一起，日夜想念毛主席。

毛主席尸骨未寒，"四人帮"加快了篡党夺权的步伐。由张春桥和姚文元控制的"上海写作组"和"梁效"两个写作班子连篇累牍地炮制反动文章，为"四人帮"篡党夺权制造舆论。江青曾踌躇满志地说："林彪有小舰队，我们有炮队，就是'上海写作组'和'梁效'。"张春桥也曾野心勃勃地说："'文化大革命'就是要改朝换代。"

然而，他们的好梦不长。当时以华国锋为首的党中央顺民心、合民意，于10月6日一举抓获王、张、江、姚为首的反党集团，驱散了笼罩在中国上空的乌云，使中国人民重见天日，在中国历史上开创了一个新纪元。而十年浩劫就此结束。

1977年2月，赵朴初这位迭遭"四人帮"之害，深受"文革"之苦的老人，在观看"故宫博物院慈禧罪行展览"后，从慈禧联想到恶贯满盈的江青，便以套曲形式把江青的丑恶嘴脸描摹得惟妙惟肖：

套曲　字字双

故宫惊梦——江青取经

宫门骑马带伙计，四四。红旗车队后跟随，神气。向来佩服武阿姨，皇帝。无奈乾陵还封在山沟里，可惜。且图就近访慈禧，有理。早安排包管称心的见面礼，表意。送您一副假牙好啃童子鸡，补气。送您一副假发好和姑娘比，美丽。送您一套特制布拉吉，换季。送您一架莱卡照相机，拍戏。有人劝我把文艺大旗也送您，放屁。老娘少了它怎能混下去，哎咦。这分明是反革命的坏主意，可气。赶快给我拉出去，枪毙。

【不是路】拜访慈禧，不比寻常拜老师。真着急，一心一意想登基……请教你，怎能抓到黄金玺？有何秘密？有何秘密？

【前腔】心有灵犀，老谱新翻一局棋。排异己，人头好作上天梯……需牢记，是非黑白管他妈的屁。全凭诡计，全凭诡计。

【前腔】莫露天机，结个死死帮儿事可为。需准备，教师爷还要有军师。……抓权势，弟兄们长享富和贵。安排交椅，安排交椅。

【前腔】无尽珍奇，珠宝装成圣母仪。很便宜，一餐代价万人饥。……哎哟哟，可真福气，可真福气。

【朝天子】慈禧，慈禧，你实际是女皇帝。莫怪咱们一见便投机，是惺惺惯把惺惺惜。……管他娘，笑兮，骂兮，咱们俩，反正万古千秋矣。

【刮地风】忽然刮地风儿起，刮到宫闱。文书宝器一齐飞，堆上丹墀。殃民利己，骄横无忌，卖国投降，罪如山积。桩桩皆铁证，各个尽情批，好个"老佛爷"，算是揭了底。

【尾声】方才一枕空欢喜，梦魂儿被风吹得无踪迹。待上朝，来不及着朝衣。一唱雄鸡红日起，光明直向身儿逼。没奈何，且让我披上几张画皮，却又被一阵狂飙撕去矣。

《故宫惊梦》可说是《某公三哭》的姊妹篇，在人们的思想上引起强烈共鸣和巨大反响，只是讽刺、鞭笞的对象不同而已。

二、离京调研

"文革"十年，在红卫兵"造反有理"、"打倒一切"、"彻底砸烂旧世界"的叫喊声中，中国佛教遭到了最沉重的打击。"文革"后，赵朴初作为中国佛教的主要领导人，仍然为中国佛教未来的发展充满信心。但根据广大信众的需求和国际交往的需要，应分轻重缓急，逐步恢复一批寺庙。这就要求决策者充分了解下情，把有限的资金用到最需要的地方。赵朴初为此多处调研，以掌握第一手材料。

1977年4月中旬，赵朴初率领有关人员赴白马寺考察，短短一天，就跑遍全寺，了解得相当仔细。

考察后，赵朴初提出白马寺应作为宗教活动场所，占用的单位和个人应尽快搬出，交还和尚管理，合理供奉佛像，准备对外开放。他并要求在寺院内和周围空地上广植树木和竹林，美化环境。

同年8月初，赵朴初陪友人赴山西参访并顺便考查五台山、云冈石窟、华严寺……回到北京后，他听说邓小平回到北京，非常高兴。一天在阮波家看到赖少奇先生画的《万松图》，是特意拿来请他题诗的。他拿起笔，一首《题万松图》顷刻间跃然纸上：

着意画万松，天矫如群龙。千山动鳞甲，万壑酣笙钟❶。中有一松世莫比，似柳

---
❶ "千山"一联，借用东坡诗句。

三眠复三起❶。眠压冬云八表昏，起舞春风亿民喜。喧天爆竹是心声，共助松涛争一鸣。枝扫氛霾光焰焰，骨凌霜雪铁铮铮。为梁为栋才难得，老不图安身许国。日月光华华岳高，愿松长保参天色。

在粉碎"四人帮"后，国家百废待兴之时，赵朴初以"三眠复三起"的诗句呼唤"人才难得"的邓小平同志早日出山。这首堪称史诗般的文献不胫而走，在北京人中广为传颂。后来，他又把此诗写成字幅送给朋友王尧。王尧喜不自胜，便约好友胡德平（胡耀邦之子）共赏。胡德平也十分高兴，就把此诗拿给胡耀邦看。耀邦看后连说："好！好！快送给邓伯伯看看吧！"于是，此条幅转到小平同志手里。邓小平同志看后喜爱有加，特意一直将其压在自己办公桌的大玻璃板下。因此诗代表了全国广大人民群众的心声，邓小平把它看作全国人民对自己的信任、期望、勉励与鞭策。

诚以待人花明日朗
敏以处事雷厉风行

经过一番调查研究，赵朴初对当时中国佛教的状况掌握到第一手材料。为了帮助党和政府进一步贯彻宗教信仰自由政策，他分轻重缓急在筹划佛教设施的恢复重建工作。

1977年11月，他给当时任中共中央统战部长的乌兰夫等领导同志写信，陈述佛教情况，提出在佛教国际交往方面急需恢复的佛教设施，为中央建言、献策。

信中列举急需修整、布置、准备对外开放的佛教圣地有：五台山部分地方，苏州灵岩山寺和南京金陵刻经处，浙江宁波天童寺、阿育王寺，杭州净慈寺和如净坟塔。

信的最后对佛教人才的使用和培养也提出切实可行的建议，并表示："我虽年已70，斗志未减，对党赋予我的工作，总想尽心竭力地搞好……"

此信可以看出，赵朴初"老牛自知天色晚，不待扬鞭自奋蹄"，为使党的宗教政策得到贯彻、落实，生命不息奋斗不止的精神。他坚信，中国佛教建国后走过的道路虽"山重水复"，但即将迎来"柳暗花明"的机遇期。

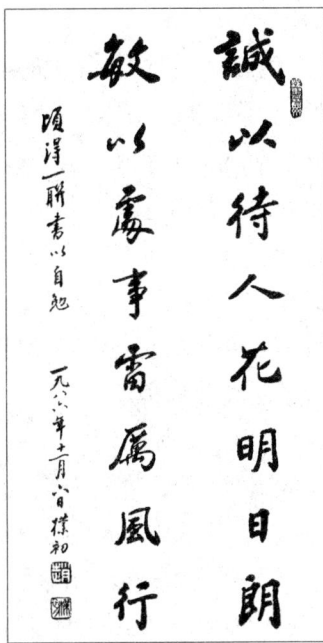

---

❶ 传说：汉苑有柳，状如人，三眠三起。

三、访日十八天

中日实现邦交正常化的第四年，"文革"结束。在新形势下，赵朴初领导的佛教协会积极开展与日本的佛教文化交流，进一步增进两国人民之间的了解和友谊。

1978年4月10日至28日，应日本国"日中友好宗教者恳话会"和"日中友好佛教协会"的邀请，以赵朴初为团长的中国佛教协会友好访问团一行13人，对日本进行了18天的访问。这是"文革"后，中国佛教协会首次组团访日，日本佛教界对此作了充分的准备，专门成立了以菅原惠庆为委员长的关东地区欢迎委员会和以道端良秀为委员长的关西地区欢迎委员会。日本佛教各大本山、各宗派的大德、长老都加入了这次欢迎活动。

中国代表团除团长赵朴初和副团长正果法师、李荣熙居士外，其他也都是劫后余生的高僧大德，包括轩智、唯觉、能勤、长明、真禅五位法师及几名工作人员。这些法师都是不同寺庙的住持，而且多数为当地省、市、区的政协委员。所以在佛教界，这个代表团的规格是很高的。

代表团10日上午抵达东京羽田机场，日中友好宗教者恳话会会长菅原惠庆、日中友好佛教协会会长道端良秀、中国驻日大使符浩到机场迎接。4月11日晚，代表团参加在新谷大饭店举行的欢迎宴会。日方"宗恳会"长菅原惠庆长老代表关东欢迎委员会致辞。长老的讲话诚挚恳切，使中国来宾深受感动。

他说："我们盼望已久的中国佛教访日代表团终于来到我们面前。这是中日两国佛教界的一件大喜事。中国和日本有2000多年的交往史，两国佛教界也有1500多年的交往。我们两国之间的关系不同于其他国家，有着牢不可破的传统友谊。但是在漫长的历史长河中，我国对中国犯下的众多罪过和增添的麻烦使我们深感惭愧和歉意。以'日宗恳'为中心的在日殉难中国人慰灵委员会，为了补偿侵略罪行做了一点点工作。这不足以补偿侵华罪恶的万分之一。"

接着，菅原惠庆长老回忆了过去在国内从事中日友好事业，受到的白眼和冷遇及中方给予的大力帮助。他着重讲述了1957年9月至10月第一次访问中华人民共和国，登上天安门，见到毛主席的情景。对安排这一活动的赵朴初先生表示衷心感谢。

4月18日下午3点，当赵朴初一行三人，乘新干线到达京都时，以102岁的老人大西良庆为首的诸宗各派管长、宗务总长等40多人到车站热烈欢迎。大西良庆长老以"中日友好是佛教徒的使命"为座右铭，为中日友好作出诸多贡献。此次大西良庆和赵朴初见面是继"鉴真和尚圆寂一千二百周年纪念法会"以来，15年后的再次相逢。在新干线贵宾室，两人双手紧握，无语相视良久，大西良庆长老才开口说："这些年来，我一直期待着与你重聚。"赵朴初团长为大西长老的亲自出迎深受感动，分手时将其亲自扶上轮椅，充分表现了中日佛教界两位老人的深情厚谊。

4月22日下午2点，在东本愿寺北侧的大谷妇女会馆举行了"中国劳工殉难者追悼法会"。法会由日中友好佛教会会长冢本善隆主法，佛教大学混声合唱团举行了音乐法事和献灯、献花等法事，以示纪念。冢本善隆诵读了三皈一文，并宣读了追悼6380名中国殉难劳工的悼文。

关西地区欢迎中国佛教代表团委员会委员长道端良秀在追悼法会后召开的欢迎会上致辞说："我们刚才举办了追悼法会，我们只有忏悔忏悔再忏悔，今后决不让这类事情再次发生。我们要以此为逆缘，誓为中日两国人民建立起钢铁般的团结关系而努力奋斗。"

4月26日，代表团一行参拜唐招提寺和鉴真墓。

整个早晨一直下雨，代表团9时许进入南大门时，雨突然而止。森本孝顺长老双手合十迎接，随后带领来宾参拜了金堂、讲堂，然后向位于该寺东北角的鉴真墓走去。中国僧侣在鉴真墓前顶礼跪拜。周围日本僧人亦低头行参拜礼。上香后，一行又到供奉大师像的"御影堂"，献上五种鲜花。

参拜活动后，森本长老请客人到客厅吃茶座谈。双方互赠礼品后，赵朴初深有感触地对森本长老说："现在来奈良比16年前方便多了，比鉴真大师东渡时就更方便了。只要我们遵循佛祖的教诲，团结一心，就能战胜一切困难。让我们两国佛教界携起手来吧！"

座谈中森本长老提出让鉴真大师坐像回乡省亲的建议。赵朴初团长欣然同意，并希望早日实现。

28日晚，中国大使馆为中国佛教协会友好访问团访日成功举行答谢宴会，日本佛教界各宗派负责人及日方欢迎委员会委员等应邀出席。赵朴初团长致谢词说：
尊敬的管原惠庆先生、尊敬的道端良秀先生、尊敬的朋友们：

中国佛协友好访日代表团在近三周的时间内，在各位的热情关怀和周密的安排下，成功地访问了日本各地，圆满地完成了任务，即将回国。从我们一踏上日本的国土，就沉浸在"友谊的海洋"之中。访问期间，我们拜见了想要见到的各位长老、老前辈及各位朋友。通过会谈令我们加深了了解，并深得教益。这是最大的收获。因此我们可以说，我们是满载兄弟的友好情谊而归的。

访问途中，所到之处，我们都受到了热烈的欢迎……

在日本三周内，我们足迹遍及东京、金泽、福冈、京都、奈良、和歌山、大阪等地。参拜了净土宗、真宗、曹洞宗、临济宗、天台宗、真言宗、日莲宗、法相宗等各宗各派的大本山及名山大寺的道场。此外，在京都的东寺发起成立了"日中友好真言宗协会"，这是继净土宗之后又一个日中佛教友好团体。这一切都令我感动。我目睹今天中日佛教的友好现状不禁心潮澎湃。

访日期间，我们还受到佛教界以外各界友好人士的鼓励和接待……福田首相还专门为我们今天的宴会发来了热情洋溢的贺电。请各位向有关人士转达我们衷心的感谢。

……

各位大德、各位朋友、兄弟姐妹们，现在到了要说再见的时候了。弘法大师从中国返回日本的时候说："一处一别再见难。"确实，在当时的情况下，再见是非常困难的。但是今天的交通条件大不相同了。每次相见都使我们双方收获颇丰并有所进步，我决心为了今后更有新意的再见和不断发展的交流而努力。

祝各位健康长寿，善愿大成！

日本媒体对这次赵朴初率佛教友好代表团访日做了充分报道。

一家报纸的评论说："这是近代以来中日佛教史上一件大事而永载史册，将把长期中断的中日佛教友好关系重新展开，并再现昔日辉煌。"

另一家报纸说："赵朴初先生继承鉴真遗志，为中日佛教交流的献身精神，激励着日本七千多万佛教徒（那时的数字）为开拓出一条和平大道而努力"

还有一家报纸说："8亿中国人民和1.1亿日本人民携手共进，就一定能创造出一个不需要军备的真正和平世界。"

当年金秋时节，邓小平夫妇应日本政府之邀访问日本。这是中华人民共和国成立以来中国领导人首次访问日本。

邓小平访日获得了圆满成功。日本媒体评论说："邓小平的访问使中日友好深入到每一个家庭，迎来日中新时代的黎明。"说邓小平在日本掀起了"邓旋风""邓热潮"。

在世界上有着广泛影响的《时代》周刊将邓小平评为1978年年度人物，照片登在1979年第一期封面上。撰稿人写道："一个崭新中国的梦想者——邓小平向世界打开了'中央之国'的大门。这是人类历史上气势恢宏，绝无仅有的一个壮举。"

邓小平在参观唐招提寺时，森本长老提及鉴真和尚坐像回国探亲的事。邓小平当即说，这是好事，将努力促成。

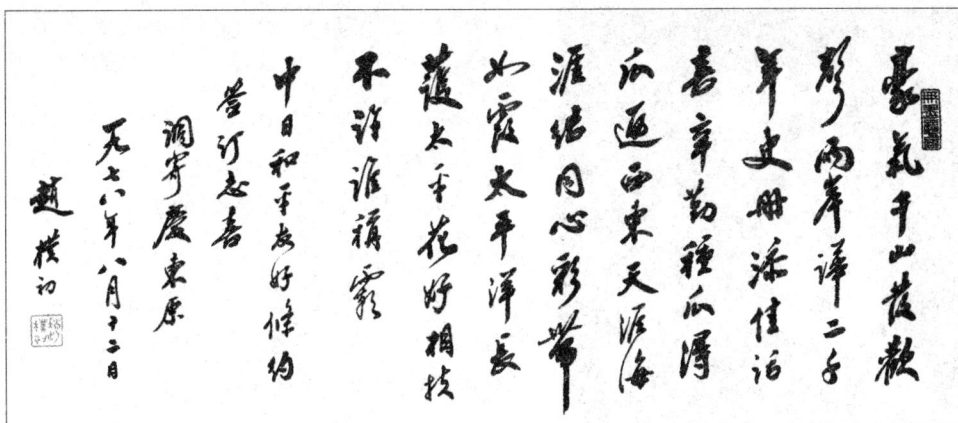

相见欢

1979 年 4 月 8 日至 19 日，人大副委员长邓颖超率团访日，由赵朴初陪同，在奈良参观唐招提寺时森本长老第三次提议让鉴真和尚坐像早日实现回国探亲之事。邓颖超当即对赵朴初说，此事应积极准备，争取让鉴真大师早日成行。

日中友好的潮流势不可挡，同年 12 月 5 日至 9 日，日本首相大平正芳应邀访问中国。当中日友协副会长赵朴初见到首相时，把自己亲手所书，为中方给日本选送大熊猫"欢欢""飞飞"所做的诗《相见欢》送给首相和夫人。首相当即打开立轴兴致勃勃地欣赏诗词和书法，给予很高的评价。

四、鉴真首次回国省亲

由于中日两国佛教界提议和高层领导的关注，鉴真大师坐像得以还乡。1980 年 4 月 13 日，由日本唐招提寺住持森本孝顺长老等护送乘专机抵上海机场，赵朴初等上海佛教界及其他各界代表数百人前往迎接，并和森本孝顺长老共同护持鉴真大师坐像次日抵达扬州。19 日上午，赵朴初、日本驻华大使吉田健三和中外三百多

邓小平接见日本森本长老一行

由日本奈良唐招提寺珍藏了 1300 多年的鉴真大师像

名法师和记者出席了在扬州大明寺鉴真纪念堂举行的鉴真和尚坐像回归故里巡展开幕式。

这天，邓小平同志在《人民日报》上发表了《一件具有深远意义的盛事》一文。

《人民日报》也发表题为《千载一时的盛举——庆祝鉴真大师像回国巡展》的社论。

5 月 4 日，邓颖超副委员长出席了鉴真大师像在北京展览开幕式，主持剪彩。参加开幕式的有日本护送团全体团员和我国文化、学术、教育、宗教、新闻等部门的领导与群众数百人。大师像相继在北京博物馆、法源寺供人瞻仰，5 月 24 日圆满结束。大师像在华期间瞻仰人数超过 50 万。

5 月 28 日，赵朴初一行为鉴真大师像和森本长老等日本朋友送行，他当场赋诗赠森本长老：

送鉴真大师像返奈良并呈森本长老

一

看尽杜鹃花，不因隔海怨天涯，东西都是家。

二

去住夏云闲，招提灯共大明龛，双照泪痕干。

三

万绿正参天，好凭风月结来缘，像教住人间。

为了纪念这一千载盛事，我国邮电部在鉴真像踏上祖国的首日发行了"鉴真大师像回国巡展"纪念邮票一套三枚，分别展示了位于扬州大明寺内的鉴真纪念堂、回国巡展的鉴真大师像和鉴真东渡时乘的鉴真东渡船。

为弘扬鉴真精神，由中国著名作家齐致翔编剧的《鉴真东渡》话剧在全国各地公演，获得成功，获 1980 年文化部调演优秀剧目奖。赵朴初特为北京参加编剧与演出的文艺团体题词："发扬鉴真精神，为中日文化交流事业而辛勤努力，祝贺《鉴真东渡》剧本的写成，预祝《鉴真东渡》演出的成功。"

鉴真坐像被小平同志赞为"有非常高的艺术性"，其制作方法用的是扬州漆器工艺。这一古老工艺是鉴真东渡时带往日本的。据介绍，鉴真东渡时，随船带有漆盒子盘 30 个，螺钿经函 50 个，金漆泥像一具。

鉴真大师圆寂后，为悼念恩师，随行弟子中有一善漆艺者，为其师制作了一尊漆艺夹纻塑像。像高 84 厘米。坐像胎厚的地方糊布五六层，薄的地方仅糊三四层，彩漆装饰。坐像身披袈裟，衣褶柔和，双目微闭，脸上带着微笑，双手叠放膝上，充分表现出道深高僧的慈祥神态。

扬州的漆艺家们在获得日方同意后，满怀虔诚之心，采用同样工艺，按原样复制一尊鉴真塑像。因为白天塑像要供人瞻仰，只有晚上才能进行测量、分析。时间紧迫，该厂派上全部技术骨干，分工协作，昼夜不停，终于在塑像离扬州赴北京前赶制好模型。塑像做好后，被供奉在扬州大明寺鉴真纪念堂内。

1981 年，为了表彰赵朴初推进中日友好、弘扬佛教所作出的贡献，日本佛教传道协会授予他"传道功劳奖"，日本佛教大学同时授予他名誉博士称号。日本有送贺礼的习俗，尽管赵朴初有言在先，免去送红包致贺，但日本朋友还是送了一些红包。奖金连同贺礼共有 208 万日元。1985 年，他又获得"庭野和平奖"，奖金 2000 万日元。当年非洲大陆发生严重旱灾，赵朴初从中取出 2 万元（人民币）赈济灾民。此外，这笔钱他分文未动，全部交到中国佛教协会会计室，用于救济灾民和发展国内外佛教文化。

1980 年，日本佛教界建造了两个石灯笼，一个放在日本唐招提寺，一个放在鉴真和尚的老家中国扬州大明寺。两个石灯笼象征两个寺庙是兄弟。两个寺庙的灯笼同时点燃，灯火长传，法炬不灭，也象征着中日两国人民的友谊万古长青。

在唐招提寺离石灯笼六七米远的地方刻着赵朴初先生写的一首《金缕曲》：

日本人民为鉴真大师像送行

金缕曲

鉴真像回国巡展，欢迎礼赞

像在如人在。喜豪情，归来万里，浮天过海。千载一时之盛举，更是一时千载。

添不足，思情代代。还复大明明事旧，共招提两地腾光彩。兄与弟，倍相爱。

这里"兄"指扬州大明寺，而"弟"指奈良唐招提寺。

日本佛教界感恩赵朴初居士为中日佛教文化交流所作出的贡献，在距鉴真和尚墓只有十多米的地方立起一块碑——赵朴初居士碑。日本有许多政界、商界要人都想把自己的墓建在鉴真和尚墓旁，但从来未被允许过。赵朴初居士碑是唯一被批准建在鉴真和尚墓旁的碑。碑底下埋着赵朴初先生的一副眼镜和一副手套，实现了赵朴初居士的心愿：永远陪伴在鉴真大师身边。

五、共筹佛教复兴

赵朴初与茗山法师在"文革"前，乃至新中国成立前就是志同道合的教友，为法轮常转、佛日生辉而共同奋斗、终其一生、不遗余力。

茗山法师俗姓钱，名延龄，字茗山，江苏盐城人。他自幼随父读书，开始是儒家启蒙读物，而后是儒家经典，并颂诗词、习书法，在传统文化方面打下了坚实的基础。他19岁出家，21岁受具足戒，先后就读于焦山佛学院和武昌世界佛学院高级研究班，学习和研究佛学，并在当时最具权威的佛学刊物《海潮音》上发表多篇具有独到见解且有广泛影响的文章，受到佛学泰斗太虚大师的青睐。

1947年，中国佛教会在南京毗卢寺召开全国佛教代表大会，赵朴初居士和茗山法师均作为代表参加此次盛会，并同时被选为中国佛教会理事。在这次会上两人第一次见面，因他们心仪已久，所以彼此留下了深刻的印象。

1951年，茗山法师出任焦山定慧寺方丈直到圆寂，长达半个世纪，这在我国众多寺庙史上是极为少有的。

此后两人在佛学研究、培育佛教人才、开展佛教国际交往诸多方面密切合作，成为同道挚友。

在"文革"那人妖颠倒的日子里，赵朴初虽然得到一定的保护，但很多活动受到限制，而茗山法师被赶出寺庙，居住街道，二人无法来往，但彼此心存挂念。

"文革"结束不久的1978年11月19日，赵朴初携夫人陈邦织到焦山定慧寺

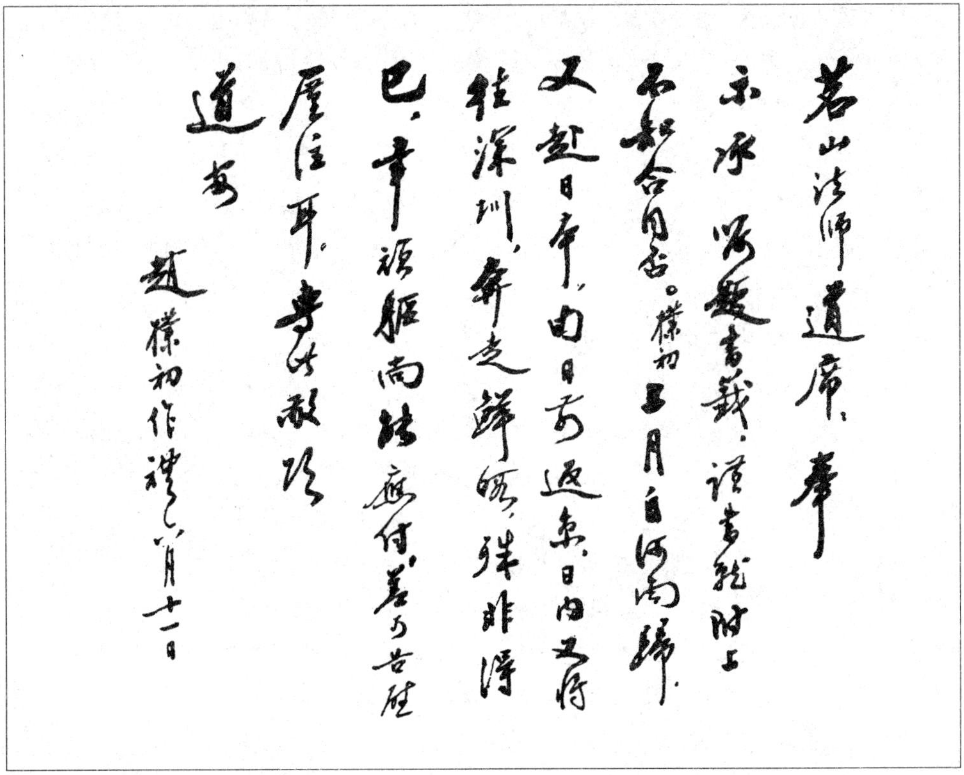

与茗山法师书

看望茗山。茗山法师陪同他们参观天王殿、大雄宝殿、方丈室、观澜阁、花圃，然后在华严阁上坐下谈镇江市山川地理、论众丛林历史变迁。

两位同道老人劫后重逢、古刹相聚自然分外高兴。茗山法师请赵朴初居士在定慧寺华严阁菜馆内品尝特色佛家素食。赵朴初应茗山法师要求在华严阁即兴书写了"华严月色"和"无尽藏"七个大字。

饭后，茗山法师陪赵朴初在寺内漫步。赵朴初见华严阁旁有一棵枝繁叶茂，遮天蔽日的朴树，上下观看，赞不绝口。茗山法师似有神会，第二天便以此为题赠诗一首给赵朴初：

焦山观朴树有感

朴老无心逢朴树，茗山会友到名山。

因缘时节天然巧，正法重兴住世间。

　　诗中嵌入两位友人的名字，贴切而自然。其中朴逢朴、山遇山、朴与山（人）、山生朴（树），都是时节因缘，使人读后隽永无穷。赵朴初看后非常高兴。

　　赵朴初、陈邦织夫妇由茗山法师陪同游览时提到焦山吸江亭和金山吞海亭。赵朴初稍作思索说："吞海是无根据的，吸江有根据。有人问一祖师，如何是西来意。祖师答曰：一口吸尽西江水。再说，此山吸江亭，既有典，也因地处江中。"茗山法师插言："古来禅宗机锋话，大都借物喻法。"赵朴初又接着说："佛教认为世间一切事物的存在都是相对的，也是绝对的。比如，有长才有短，有大才有小，有高才有低；无短即无长，无大即无小，无低也不显高。"

　　赵朴初和茗山一行人登上最高峰，站在吸江亭远望扬州，隐约可见平山堂和观音庵，下山时经壮观亭。此亭名源自李白"登高壮观天地间，大江茫茫去不还。"诗句。壮观亭翼临长江之上，气势非同凡响，赵朴初观此江山美景，诗情涌动，随口吟出七律一首：

> 生子当如孙仲谋，不缘少年万兜鍪。
>
> 关心岂限眼前事，启后宜先天下忧。
>
> 浮玉中流迎北固，真堂隔岸望扬州。
>
> 壮观二字应无负，第一江山第一楼。

　　赵朴初当下对茗山解释说：第一句"生子当如孙仲谋"是曹操赞美孙权的。我们今天提起孙仲谋，不是羡慕他少年当将军，而是说我们佛教后继无人。我们这批人都老了，将来有谁来接班，国际上的教徒来往，还有谁接待和出访呢？所以接下来的句子是"关心岂限眼前事，启后宜先天下忧。"浮玉指焦山，面对北固；真堂语义双关，一指佛像之殿堂，一为鉴真纪念堂。最后希望诸位同道一齐努力，将京口三山名胜一一修复，使其更胜于前，不负壮观二字。

　　茗山法师听后，感慨良多，步原韵唱和道：

> 华严阁上共筹谋，盛宴从来出釜鍪。
>
> 空殿新修宜塑像，慧灯待续实堪忧。
>
> 只朝胜迹藏浮玉，千古江山数润州。
>
> 指日重修仗鼎力，再来更上一层楼。

　　可以看出，茗山法师受了赵朴初诗中"老骥伏枥，志在千里。"情绪的感染，决心乘此殊胜因缘而加倍努力，为佛教复兴贡献一切。

　　20日上午，茗山法师陪赵朴初夫妇游览昭明读书台、招隐寺和虎跑泉。用完午餐，稍事休息，两人继续交谈。赵朴初说："我们应引导信众分清什么是正信，什么是迷信。无我无常是正信，有我有常是迷信；念佛号、读佛经是正信，烧纸、烧锡箔是迷信。今后烧香献花是可以的，花香灯果都是供奉嘛；但香不能烧得过多，一来污染环境，二来容易引发火灾。"

21 日上午，赵朴初夫妇离开镇江，回到北京。

1979 年 3 月初，赵朴初盛邀茗山法师进京，共商佛教当时急需办理的大事。3 月 3 日，二人闭门长谈，就下列九件事达成共识，由二人分头去办。

1. 向中央统战部反映，请国家拨出专款修建名胜古迹，恢复宗教活动，保护历史文物，发展旅游事业；

2. 积极为迎接鉴真和尚像回国探亲做准备；

3. 在镇江市先恢复焦山定慧寺，再恢复金山江天禅寺，在寺庙内先塑佛像；

4. 僧人平时着短衣，接待外宾时着大袍，宗教气氛要浓，佛教法务要抓紧恢复；

5. 中国佛教协会即将开会，省市也要恢复佛教协会，并开展活动。法源寺将设佛学研究所，轮训佛学人才；

6. 金陵刻经处将恢复，将办不定期通讯杂志；

7. 设四众丛林；

8. 准备供具、法器；

9. 金山、焦山的经书，由博物馆退还。

由赵朴初亲自过问，4 月 5 日，茗山法师带着两辆大卡车离京返回镇江。车上装满了来自故宫、五台山等处的佛像、法器。后来供奉于金山寺和定慧寺内。其中有从五台山调拨来的 36 尊佛像，还有故宫博物院副院长彭炎代表故宫博物院赠送的小铜佛像 200 尊。

由赵朴初亲自安排，1979 年 7 月 6 日，茗山法师正式返回焦山定慧寺，成为该寺第 98 任方丈。老法师根据赵朴初的意见，修寺院、塑佛像、购法器、写匾额、漆殿堂，还编写了"焦山十六景"资料，写出《关于瘗鹤铭考证》等文章。

1979 年 10 月 1 日，正当建国三十周年大庆，焦山定慧寺正式对外开放。僧人穿上僧装，重现往日威仪。

11 月 13 日，赵朴初应茗山法师邀请来焦山视察。时光只过一年，定慧寺已焕然一新。原来空空的殿堂，已在适当的位置摆上佛菩萨像，劫后余生的僧人多数已返回寺院，钟鼓阵阵，木鱼声声，唱念诵经不断，寺庙中漾起祥和的宗教气氛。

赵朴初看后十分高兴。焦山定慧寺成为"文革"结束，四方丛林恢复后的示范和样板。

六、率团访美

1979 年 8 月，以赵朴初为团长的中国宗教代表团一行 10 人到美国新泽西州普林斯顿参加世界宗教者和平会议第三届大会。这是"文革"后，中国宗教界在世界人民面前首次集体亮相。

世界宗教者和平会议（简称"世宗和"）是 1968 年在新德里召开的"国际宗教者和平讨论会"提议创建，而后由美国、日本两个国家的宗教界人士召开了几次筹备会议，于 1970 年 10 月在日本东京召开第一次"世界宗教和平会议"第一次大会，该组织正式成立。

这个组织的领导人认识到，像作为联合国常任理事国的中国这样一个多宗教、信众广泛的国家，如果没有参加，"世宗和"就无法体现其世界性。1972 年，中日建交。1973 年，日本佛教新宗派立正佼成会会长、"世宗和"名誉主席庭野日敬便通过日本外务省邀请中国派团参加 1974 年在比利时鲁汶举行的第二次会议。当时正值"文革"期间，不便组团参加，但为示好，中国佛教协会和对外友好协会于 1974 年 1 月邀请庭野日敬访华。在华期间庭野日敬先生结识了赵朴初并对他说："宗教家应放眼世界。为了和平，宗教界人士有必要坐在一起进行对话与合作。"、"世界宗教和平会议不能没有中国宗教代表团参加。"并表示"把实现这一目标作为自己责无旁贷的分内之事。"通过赵朴初，庭野日敬会见了中国其他几大宗教的负责人，向他们表达了派团参加"世宗和"的恳切愿望。1978 年，赵朴初率佛教代表团访日，加强了两国佛教界的联系。1979 年，赵朴初陪同邓颖超副委员长访日，日本友人再次表达邀请中国派团参加"世宗和"大会的强烈愿望。

此时，中国国内，党的十一届三中全会制定了正确的路线、方针和政策，纠正了对内、对外工作中存在的极"左"倾向，高举维护世界和平大旗；另一方面，党的宗教信仰自由政策逐步得到落实，我国宗教界与国际宗教界的联系逐步加强，于是出席"世界宗教者和平会议"就是顺理成章的事了。

经中央有关部门批准，我国各宗教组织决定联合组团参加"世宗和"第三次代表大会。1979 年 7 月庭野日敬专程来华，向中国宗教界正式发出参加"世宗和"第三次代表大会的邀请，并交给中方一批有关材料。此后不久，大会秘书处寄来了十张赴美往返机票。

当时，我国五大宗教刚刚着手恢复，道教和天主教尚未就绪。由国家宗教局协助组团。代表团成员有中国佛教协会代会长赵朴初、理事李荣熙、上海玉佛寺主持明旸法师、中国基督教三自爱国运动委员会主席丁光训、中国基督教青年会副主席李寿葆、江苏省基督教三自爱国运动委员会副主席韩文藻、中国伊斯兰教研究员马贤、北京东四清真寺阿訇杨品三、英语翻译陈泽民和日语翻译徐洪道。赵朴初为团长、丁光训为副团长、李寿葆任秘书长。

8 月 25 日，代表团从北京国际机场起航，在日本成田机场转机，27 日飞抵美国纽约机场。

28 日上午 10 时，代表团在驻地举行记者招待会，赵朴初团长发表了热情洋溢的讲话。

招待会后，《华侨日报》全文刊登了赵朴初的讲话。世界各大媒体，特别是美国和日本的媒体对此作了广泛报道。中国代表团受到与会各国代表的重视、欢迎和关注。

出席这次大会的代表来自 48 个国家的 10 个宗教（基督教、天主教、伊斯兰教、佛教、东正教、印度教、薔那教、神道教、孔教、印第安人的原始宗教）的代表 350 人。中国代表团的参会目的正如赵朴初所讲："维护世界和平，谋求人类共同幸福，是各种宗教的共同理想，尽管它是一个长远的目标，但宗教者应负起这个责任。我们将本着这种精神，同世界宗教者共同努力，把这届大会开好，并为维护世界和平、谋求人类幸福，作出我们应有的贡献。"

会议期间，9 月 6 日上午 7 时代表们乘车去华盛顿参观，下午 3 点半抵达白宫。卡特总统夫妇接见了全体代表。"世宗和"秘书长荷姆·杰克先生向总统介绍了赵朴初团长，两人握手寒暄。卡特发表了简短的欢迎词后，匆匆退席，让夫人罗莎琳陪同大家参观白宫。事后荷姆·杰克先生对赵朴初说："卡特总统最后决定接见全体与会者，主要原因是你们中国代表团参加了这次会议。"

这次会议是在美苏争霸世界、大搞军备竞赛和疯狂发展核武器、世界人民担心爆发第三次世界大战的大背景下召开的。这次会议的主题是维护世界和平、反对军备竞赛、反对暴力行动。在反对核军备竞赛、要求销毁核武器方面主要针对美、苏两霸。但中国也有核武器，因而西方国家的代表也指责中国发展核武器。

中国宗教代表团在详细阐明中国政府在核武器方面的立场后，赵朴初提议："世界宗教和平会议"应向各国领导人建议，所有有核国家应作出不首先使用核武器、不向无核国家使用核武器的承诺，以此作为彻底销毁核武器的第一步。

赵朴初团长将此建议告知庭野日敬，得到他的首肯，并作为中、日两国的共同提案交由大会讨论通过，写进了这次大会通过的《普林斯顿宣言》。

赵朴初会长与南非图图大主教在"世宗和"国际理事会议上

这次大会上赵朴初被选为十位主席之一（不设副主席），李荣熙、韩文藻、马贤当选为理事。从此，中国各大宗教同"世宗和"这一国际宗教组织开始进行正常往来。

会议期间，赵朴初受到在纽约的美东佛教会及旅美侨领应行久居士和金玉堂居士夫妇的热情欢迎和招待。金玉堂居士信仰虔诚、乐善好施。她发大心修复"文革"期间中国遭到破坏的四大名山，慨然捐出六万美元，让赵朴初转交有关机构。赵朴初告诉她，中国政府认真落实宗教政策，在拨乱反正之后已先后拨款修复了四大名山。他建议将此款移作修建苏州名刹、净土宗道场灵岩山寺之用，得到赞同。回国后明旸法师接受这一任务，安排修建工作及筹划创办中国佛学院灵岩山分院。后来，赵朴初亲笔题词，立碑刻石，记此殊胜因缘。

会议结束后，赵朴初和李荣熙取道加州回国，9月13日到旧金山拜访了赵元任、杨步伟夫妇二人。他们和赵朴初第一次会面是16年前在人民大会堂。赵元任夫妇对客人来访十分高兴，为尽地主之谊，坚持让客人在自己家客房过夜，出门时让女儿开车接送。赵元任夫妇和赵朴初从纽约时间12点谈到凌晨3点，谈的主要是关于修复金陵刻经处，也涉及到中国的教育等多方面的问题。

杨步伟对赵朴初和中国佛教协会对金陵刻经处的关注十分感谢，当场拿出2000美元，请赵朴初先生转交金陵刻经处。那年，正值她90大寿，她对亲友说，谁要送寿礼给她，她就捐给金陵刻经处。赵朴初感谢杨女士对金陵刻经处和中国佛教事业的关心，次日临行，赋诗一首，贺杨步伟九十诞辰。

在美期间赵朴初还拜会了著名华人企业家，退休后在美大力推动佛教事业发展的沈家桢居士。两人除谈佛教方面的事情外，还谈到中国的教育现状。沈家桢告诉赵朴初：中国派往美国的留学生有一个共同的特点，就是主动性不够，只听教授的话。

回国后，1979年10月6日，赵朴初代表出席第三届世界宗教和平会议的中国宗教代表团，在全国政协五届八次会议上作报告。他说："中国代表团参加这次大会是成功的，取得相当大的成绩。概括地说，宣传了政策，广交了朋友，扩大了影响，开展了国际宗教界反霸统一战线。"

　　沈家祯的话引起赵朴初的深思。同一报告中，他重点讲了这个问题："为什么我们在外国的中国人在科学方面取得了卓越的成就，而我们培养的学生出去缺乏主动性呢？恐怕是'紧箍咒'念得太多了，孙猴子再有本领也上不了天。这个问题不仅影响到当前实现'四个现代化'，而且影响到后代。脑子不用，机器不灵。"

　　在这里，赵朴初从中华民族的未来着想，给各级教育机关、广大教育工作者提出了一个必须解答的问题。

　　1982年，根据《普林斯顿宣言》，"世宗和"和平使者团由庭野日敬率领来华访问，受到中国政府、宗教界和中国佛教协会会长赵朴初的热情接待。获得了中国领导人不首先使用核武器、不对无核国家使用核武器的庄严承诺。访问达到了预期目的，获得圆满成功。

　　此后，中国宗教界为了形成一个整体与"世宗和"打交道，由赵朴初提议组建"中国宗教界和平委员会"简称"中宗和"。

　　"中宗和"于1992年7月2日在北京成立。"中宗和"于成立同年加入"世宗和"，1996年加入"亚宗和"。"中宗和"与上述两个国际宗教和平组织签署了友好协议，解决了一些敏感棘手的问题，并与外国宗教和平组织建立了双边交流机制，工作开展得有声有色。

七、荣膺中佛协会长

　　20世纪70年代末和80年代初是赵朴初一生中最忙碌的时期之一：马不停蹄地出国访问、频繁地接见外宾、参加各种大小会议、家中接待远远近近的访客、精心筹划佛教未来发展的蓝图、为别人出版的新书作序、要回复各地教友的来信（他往往是每信必复）、求诗求字者更是络绎不绝……但也是他心情最愉快的时期之一，从一首诗中可窥一斑：

八十年代献词

放眼风云观世界，洪波涌起新年代。

不辞险阻与艰难，长征万里雄心在。

学业天人日日新，无穷智力勇兼仁。

良朋四海看携手，共为人间保太平。

一九八零年一月一日

百年大计，树人为本。面对"文革"后佛教人才青黄不接的局面，赵朴初有深重的危机感，1980年首先恢复了中国佛学院。

江南三月，草长莺飞。在中国，无论自然界，还是政界都充满了春天的气息。这时，他来到苏州，邀旧友——著名国画艺术家、书法家谢孝思，并召集明旸法师、明学法师、净持法师等人一起游灵岩山，留下一首表明当时心迹的诗：

游灵岩山，呈谢孝思画师暨诸同志

心随谢公屐，重上吴王台。

湖山观意态，林木感兴衰。

梵呗断还续，慈乌散复来。

柳条见春色，画境逐云开。

他同明旸、明学、净持等法师仔细商讨筹建中国佛学院苏州灵岩山分院之事。商定后，由他亲自报请有关部门批准，该院于当年12月10日正式开学，学制两年，首届招生43名，虽然灵岩山寺已得到美国金玉堂居士的一笔善款，但开始办学，条件很差，后来逐渐得到改善。明旸法师任该院院长，而主持日常工作的实际上是灵岩寺方丈明学法师。在分院开办时，明学大和尚便提出并经赵朴初及明旸同意，确定"立足本国，面向世界。"、"教遵天台，行归净土。"的教学方针。后八个字原来是印光大师及前代诸上人为此校前身灵岩山佛学院共立的规约，被完整地保存在后来的教学体制之中。功课方面：佛学课占百分之七十，文化课占百分之三十，努力做到三学并重、五明兼攻。数年中该院培养了一大批法门龙象，在国内、外弘扬佛法。

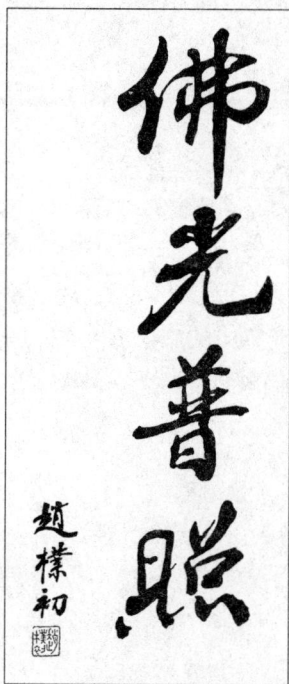

佛光普照

7月，骄阳似火。班禅大师、赵朴初、萨空了、魏传统等政协同仁结伴来到离京仅有二百公里的避暑胜地承德。

十世班禅额尔德尼·确吉坚赞，在藏传佛教格鲁派中是与达赖喇嘛并称的最高领袖。班禅是梵文"班智达"（意为博学）和藏文"禅波"（意为大）的简称。西藏人一般相信班禅是"月巴墨佛"即阿弥陀佛的化身。1713年清康熙皇帝封五世班禅为"额尔德尼"，是满语"珍宝"之意，并以此加封各世班禅、赐金册金印。

班禅、赵朴初一行抵达承德的当天上午便到避暑山庄博物馆参观，班禅大师详细询问了六世班禅给清帝乾隆祝寿所献的铃杵等器物以及须弥福寿之庙的历史和现状。第二天早晨他们便驱车前往六世班禅行宫，即须弥福寿之庙朝拜。

清代的承德，寺庙遍布山城。朝廷建的有32座，地方政府和民间建造的91座。而其中八座地位最高，直接归内务部藩理院管辖。这8座寺庙呈众星捧月之势，依次排列于避暑山庄之东、之北。这8座寺庙，其中就有须弥福寿之庙。

乾隆四十五年（1780年），乾隆皇帝70岁寿辰，当时的西藏政教领袖六世班禅额尔德尼·巴丹益喜不远万里，长途跋涉，亲自来承德给乾隆皇帝祝寿。为此，乾隆皇帝下令仿照班禅驻跸之地后藏日喀则的扎什伦布寺在承德修建班禅行宫。扎什伦布意为"福寿吉祥"，须弥意为"山"，故得名"须弥福寿之庙"。

十世班禅和赵朴初驱车来到庙门，喇嘛高云山等人早已在门前迎候。他们步行走过五孔石桥，进入

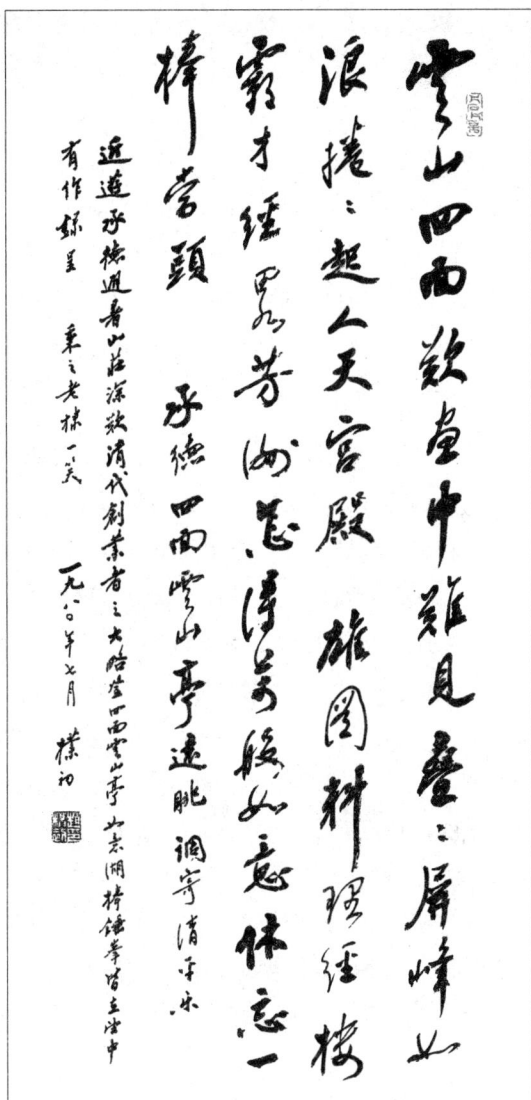

承德四面云山亭远眺

山门，一座巨大的碑亭矗立在眼前。碑文是用满、藏两种文字刻上的，详细记录了此庙的修建缘起及经过。穿过琉璃牌坊，攀上大红台，三座大殿（前殿、妙高庄严殿、后殿及周围的三层配殿）赫然依次排列，殿内塑像依规摆放。十世班禅和赵朴初于各殿分别拈香跪拜。整座庙中妙高庄严殿（俗称铜瓦殿）最大，殿顶用鎏金铜瓦铺盖，四脊上有8条金龙。这是六世班禅讲经之所。三大殿之北是六世班禅的弟子和随员的

住所：金贺堂和万法宗源殿。最北面是颜色黄绿相间的万寿琉璃塔，周围镶嵌五十六尊无量寿佛。佛塔巍居山巅，如佛居须弥，微风吹来，铃声远播，仿佛诵经之声不绝于耳。

当年，六世班禅来承德，一路历时 13 个月，于 7 月份到达，时年 42 岁。而建须弥福寿之庙仅用时一年，赶在他到达前竣工。六世班禅在承德就住在这座寺庙里。200 年后，第十世班禅来须弥福寿之庙，也是 42 岁。这历史因缘的巧合使十世班禅更加喜出望外。他仔细观看殿堂、佛像、宝塔、牌楼。这里的一草一木对他都有似曾相识之感。在承德短短几日，他又第二次、第三次来此朝拜，用流连忘返形容绝不为过。

赵朴初在这里为班禅大师填了一阕著名的词：

临江仙

承德须弥福寿之庙，一七八零年清乾隆帝为六世班禅所建。一九八零年七月，全国政协同仁来游，作此赠十世班禅额尔德尼政协副主席。

阁楼庄严弹指现，当年帝力雄心。堪思百族远来情。北招沙漠月，西接妙高云。二百年间无限事，重来已隔三生。漫嗟虚殿冷龙鳞。众生齐大觉，日照万山明。

在避暑山庄内，十世班禅、赵朴初等政协同仁和文化部副部长周而复、文坛领袖杨翰生率领的四十多名书画界、戏剧界、文学界、表演艺术界、影视界著名人士不期而遇。当时，正值承德市书法篆刻研究会和承德书社成立。由新成立的这两个单位出面组织，在避暑山庄如意洲北部青莲岛上的烟雨楼举行联谊笔会，邀请来承德的这些文化名人参加。

烟雨楼之夜，灯火辉煌、湖水宁谧、明星荟萃、翰墨飘香。历经"文革"劫难的艺术家们高兴地吟诗、填词、写字、作画、引吭高歌……

应主办单位的要求，赵朴初题写了"承德书法篆刻研究会"，萨空了题写了"山庄书社"。

承德火车站重建后原来上边没有题写任何字。有关单位知道大书法家赵朴初在承德，就找上门要求题写站名。赵朴初欣然应允，挥笔写下"承德站"三个大字。

1980 年 12 月 16 日，中国佛教协会第四届全国代表大会在北京召开。在会上赵朴初作第三届理事会工作报告。他说："……十八年来，佛教这一叶扁舟，在大风大浪中行进，经历了不少急流险滩，终于迎来了扬风帆于顺水的美好时刻……在这拨乱反正、涤瑕荡垢、重见光明的今天，我们深深感到作为新时代的佛教徒所负的使命重大，责任艰巨……让我们在党的宗教政策光辉照耀下，遵循佛陀教导，继承历代大德的宏愿，发扬我国佛教的优良传统，'报国土恩、报众生恩'，建立'人间净土'，

'令诸众生长得安乐'"。

在这次佛教代表大会上，赵朴初当选为中国佛教协会会长。

八、举办展览，为教正名

面对"文革"后佛教千疮百孔的局面，急需落实党的宗教政策，但在不少干部头脑中"左"的东西还占主导地位。1981年9月，赵朴初写信给陈云同志，反映情况，提出解决办法。

信中说："当前佛教面临着一个严重问题，就是园林、文物等部门大量侵占寺庙。愈是观瞻所系，有中外影响的重要宗教场所，愈被这些部门占据。他们不懂宗教政策，更不懂佛教，不考虑国内国际宗教方面统战工作的需要，一般把寺庙搞得不伦不类，庙不像庙，僧不像僧，甚至欺压僧众，禁止宗教活动，破坏宗教设施，拆毁寺庙建筑……另一个严重问题就是僧人数量极大减少，可用的人才更少，远远不能适应国内国际佛教工作的起码需要，甚至无法维持、照看仅存的寺庙。"

在提出解决问题的建议后，赵朴初指出："落实宗教信仰自由政策的主要障碍仍是党内'左'的思想，应结合学习与贯彻《决议》（关于建国以来党的若干历史问题的决议）精神继续清理、克服。"

有了好的题目，才能做好的文章，是赵朴初历来一贯的主张。为了提高佛教在人们心中的威望，他早在思考着佛教协会本身应做些什么。最后决定纪念弘一大师诞辰百年，举办"弘一大师书法金石音乐展"。

弘一大师，俗名李叔同(1880—1942)，不仅是中国佛教界备受尊敬的大师，也是国际佛教界著名的高僧。在学术界他被公认为奇才和通才，作为中国新文化运动的先驱，他的成就是多方面的：他最早把西方的油画、钢琴、话剧引入中国，并且以擅书法、工诗词、通丹青、达音律、精金石、善演艺而驰名中华。后皈依佛门，剃度出家，法名演音，号弘一。他的一生充满传奇色彩，是一位典型的从绚丽耀眼至极而归于普通平淡的人物。

赵朴初让人广泛搜集各级文物部门和私人藏品，得五百余件。1980年12月7日，为纪念大师诞辰一百周年，中国佛教协会所属图书文物馆主办的《弘一大师（李叔同）书画金石音乐展》在北京法源寺正式展出，展期一个月。

这一展览轰动了京城。经历了"文革"年代长期文化饥渴的人们，见到了真正的

为弘一大师书画金石音乐展题

艺术作品，同时扭转着受"四人帮"影响形成的对佛教的某些偏见。

开展当天，外交部副部长韩念龙、日本驻华大使吉田健三和夫人、首都佛教界、文化界知名人士到场参观。赵朴初、叶圣陶、吴作人、朱光潜、俞平伯、萨空了相约到来。他们分别在纪念册上题词。赵朴初的题字是：深悲早现茶花女，胜愿终成苦行僧。无尽奇珍供世眼，一轮圆月耀天心。

展览结束后，发行了《弘一大师诞生一百周年》小册子。赵朴初为其写了牟言（即前言）。

牟言中说："去岁大师诞辰一百周年，为纪念大师生平德业，中国佛教协会特就法源寺举办《弘一大师书画金石音乐展》，集大师精品于一堂，琳琅满目，观者惊叹。"在介绍了大师生平以及对文化的贡献和佛教的追求后，牟言最后说："大师以书画名家而为出世高僧，复以翰墨因缘为弘法接引资粮，成熟友情，严净佛土，功钜利薄，泽润无疆，岂仅艺事绝超，笔精墨妙而已哉！"文中对大师对中华文化及佛学的贡献做了高度的评价，在"文革"后，强烈呼吁为佛教正名之情溢于言表。

此展览，大力宣传了为法炬不灭、佛日生辉作出重要贡献的弘一大师，无疑，在广大群众中起到了为佛教正名的作用。

第十五章

续佛慧命　重振宗风

一、　佛教的春天

"文革"十年，百业凋零，拨乱反正的任务艰苦而繁重。中国佛教更是奄奄一息，赵朴初一心要使其重新获得生机，他曾在给中央某负责人的信中表示："我虽年已七十，斗志未衰，对党赋予我的工作，总想尽心竭力地搞好……"

严冬已过，乍暖还寒，自然界远未达到"花枝春满"。宗教政策的落实也绝不会一帆风顺。当时主要存在七大问题：一、有些佛教徒聚集较多的地方，寺院得不到恢复，信众宗教生活得不到解决；二、对一些历史文物价值很高的寺院，不予恢复；三、一些地方侵犯僧人人身和寺院的合法权益；四、一些佛教名山大寺的领导体制没有理顺；五、对一些寺院的房产以及土地、山林等，政策不落实，佛教的自养没有保障，僧、尼生活很困难；六、一些地方的有关部门与寺院争权，侵犯佛教界的合法权益；七、个别地方利用登广告、搞宣传，贬低或污蔑佛教，伤害了信众的感情。

针对上述情况，赵朴初经常给中央统战部、国家宗教局，甚至中央主管宗教工作的政治局常委写信，把自己调查了解到的第一手资料，反映上去，以此做到下情上达；也有时把自己在落实政策中遇到的老大难问题反映上去，争取他们的支持。此外，他在自己所参加的各种会议上大讲落实宗教政策的必要性、紧迫性和所遇到的各种难题，以期引起各级领导的重视。1984年5月26日，在全国政协六届二次会议上，赵朴初作了《落实宗教政策还需花大力气》为题的发言。

1984年11月6日，在"国家文物工作会议"上他作了长篇发言。针对不少重点佛教寺庙均在文物部门手中拒不归还，他列举种种所谓理由，逐一作了驳斥：

一是说"文物保护单位就应该由文物部门管理"。赵朴初说："这种说法是站不住脚的。中央 19 号文件明确指出，在佛教名山胜地的重要寺院和在国内外有重要影响的著名寺院及有重大历史文物价值的寺院，应逐步恢复，并在政府宗教部门的行政领导下，由僧人管理使用，使文物得到很好保护。"

二是说"僧人管庙易出事故"。赵朴初说："这也是站不住脚的。近年全国发生过多起寺庙殿堂毁于火灾的事，但这些寺庙并不是僧人管理的，这种责任恐不能推给佛教徒吧……我认为僧人管理佛教文物的好处很多，僧人除了同一般人一样认识文物本身的价值以外，更重要的是把佛教文物同自己的信仰联系在一起，从而产生一种强烈的神圣不可冒犯的宗教感情。让有这样感情的人保护这方面的文物，有什么不好呢？胡耀邦同志曾说，'寺庙要找那些诚心实意出家的人负责管理，他们以庙为家，会把寺庙管得很好'、而且僧人管理寺庙和寺庙文物，一不要国家编制，不要铺摊子，不存在安插子女问题；二不要修建办公楼；三不要书记、所长；四不要盖职工家属宿舍。这是一举数得的事，我们何必要分官把守那些由或本应由僧人管理的佛教寺庙呢？很显然，说僧人管寺庙易出事故是没有根据的。"

三是说"宗教信仰是落后的思想反映，是个人的私事，有个场所就行了，何必要占用重点文物保护单位呢"？赵朴初说："怎样评价宗教信仰问题，人们可以有各自的看法，但是，合情合理地安排宗教活动场所，则是个政策问题，国内外政治影响问题，牵涉的面很广。如果五台山、峨眉山、普陀山、九华山等佛教四大名山不是僧人管理，看不到宗教活动，能体现党的宗教信仰自由政策吗？同样像河南的白马寺、少林寺等佛教各宗派的发源地，如果不是作宗教活动场所对外开放，没有僧人对外弘法，能体现党的宗教信仰自由政策吗？如果西藏拉萨的三大寺和日喀则的扎什伦布寺都充作文物单位，喇嘛们都住在一般小庙，能体现党的宗教信仰自由政策和民族政策吗？"、"如果这些寺院，都不作宗教活动场所，没有僧人主持管理，由此产生的消极影响，恐怕就不止对某一个方面的工作不利。因此，那种认为宗教活动场所随便有个地方就行了的看法是值得商榷的。"会上，赵朴初还以中央 19 号文件精神，对其他一些不予归还寺庙的说法，再次讲了自己的看法，对与会者的启发和帮助很大，推动了宗教政策的落实。

由于赵朴初的积极争取、中央领导同志的大力支持和广大教内群众的努力，到1983 年 4 月经国务院批准有 142 座汉族地区佛教重点寺院正式对外开放。

为掌握第一手材料，抓不同典型，赵朴初不顾年高体弱，亲自带队到江苏、上海、安徽、广东、浙江、福建、陕西、四川、河南、河北、山西、湖北、云南等地调查研究，几乎跑遍了祖国的名山大刹、重要佛教活动场所，及时向中央领导部门和地方党政部门反映情况、交换意见、协调关系，解决了诸如普陀山、峨眉山、九华山、五台山、广州光孝寺、四川大足圣寿寺、厦门南普陀寺、河南白马寺、少林寺、相国寺、深圳弘法寺等一大批老大难问题。他九赴南京，克服各种困难，使金陵刻经处——这一具有 200 多年历史的佛门重地重新焕发异彩。

　　中国佛教协会和该会负责佛教教务工作的教务部，经常收到各地反映宗教政策未落实的信件。对这些信件，赵朴初十分重视。1992 年 4 月他对工作人员说："下边给中佛协和教务部的来信件件都要认真研究办理，涉及落实政策的信件，需要以中佛协教务部的名义回信的，一定要认真回信。信中要把政策讲清楚，这是我们帮助地方上落实宗教政策的一个重要途径。一定要认真做好。"据粗略统计，在落实政策方面，教务部每年以中佛协名义给地方行文近百件，以教务部名义复信近两百封，解决了不少问题。

　　在党的宗教政策指引下，赵朴初率佛家四众，戮力同心，不长时间内便恢复了一批又一批佛教寺院，

发菩提心

并捋顺了寺庙由僧人管理的体制，基本上满足了信众宗教生活和国际交往的需要。不少寺庙有了幽静的环境、宏伟的殿堂、庄严的佛像和按佛家仪轨管理佛寺的僧人，成了僧众学修的庄严道场。

　　百年大计，树人为本。佛教的未来也寄托在年轻佛子的身上。赵朴初自始至终非常注重佛教人才的培养。他主持佛教协会先后于 1986 年 8 月和 1992 年 1 月两次召开全国汉语系佛教教育工作座谈会。会上总结办学经验、找出存在问题、研究解决办法、落实具体措施。在这两次会议的推动下，全国佛教三大语系恢复和创办了 40 所佛教院校，培养了大批管理人才、研究人才、教学人才和海外交往人才，从而使续佛慧命，后继有人。

　　赵朴初一贯重视进行佛学研究、创办佛教刊物、弘扬佛教文化、开展对外交流。他提议成立了《法音》编辑部，《法音》杂志于 1981 年 1 月创刊，他又亲自为这本杂志写了《发刊词》。

　　1989 年 10 月，还是由赵朴初倡议在北京召开了《佛教书刊出版发行工作会议》，创办了《佛教文化》刊物，开办了《会务通讯》《研究动态》。南京金陵刻经处创办了《思闻》，中国佛学院创办了院刊《法源》。全国各地受此影响，佛教刊物如雨后春笋：北京佛协创办《北京佛教》，江西佛协创办《丛林》，湖南佛协创办《正法眼》，河

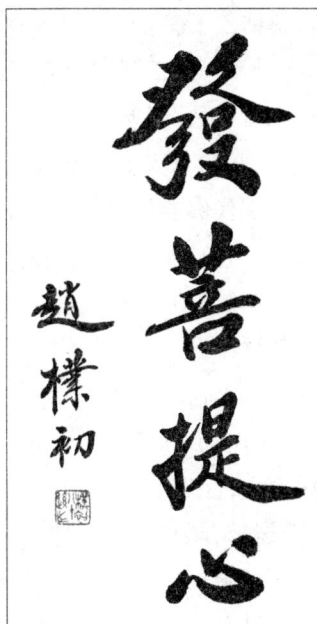

北佛协创《禅》……计六十余种，大大促进了佛学的研究和交流。

特别要提出的是赵朴初在佛学研究上起了表率和示范作用。他经过认真修改，在《法音》杂志1981年第三期至1983年第三期上连载了自己的佛学力作《佛教常识答问》。这本书是赵朴初撰写的佛教知识读本。从20世纪50年代开始编写，部分连载于《现代佛学》1959年第3、5、7、8、12期；此后陆续修订补充，《法音》杂志连载后，1983年由中国佛教协会集结成单行本，作为《法音文库》之一种，在教内流通。此书深入浅出地把佛陀其人、佛教的创立、佛教的基本教理、佛教的组织形式以及三大教派在不同地区的传播、发展、兴衰和演变讲解得一清二楚，成了普及佛教知识的权威读本。此后1998年由江苏古籍出版社出版、1999年由上海辞书出版社出版插图本、2001年由外语教学与研究出版社出版英汉对照本，并被译成日文、韩文、英文等多国语文，在国内外佛教界、文化界产生了巨大影响。

春天来了，春天是美好的，但春天是播种的季节，春天是辛劳的季节，春天是对秋实充满希望的季节，而赵朴初就是佛教春天的播种人，而到秋天——收获的季节，一定是奇珍满眼、硕果累累。

二、放歌五台

五台山是文殊普萨的道场。就历史之悠久、佛教设施规模之大、海内外影响之广及在佛教徒心中的分量而论，它排在首位并在前加一"金"字当之无愧。那里仅大大小小、年代不一的寺院原来就有360座（现存124座），自古至今香火鼎盛、绵延千年。

在中国，五台山之所以家喻户晓还因为它和不少历史事件、历史人物、甚至文学名著中的典型人物紧紧联系在一起：

宋代金刀老令公杨业的第五个儿子杨延德（即杨五郎）沙场兵败、英雄末路，目睹父兄惨死，万念俱灰，上五台落发为僧、遁入空门；满人入关后，第一位皇帝清世祖顺治（爱新觉罗·福临）贵为大清天子，却不爱江山爱美人，因红颜知己董小宛早逝，抛下这个痴情汉而难逃情劫，跑到五台山剃度，从此常伴木鱼、黄卷、青灯、古佛；《水浒传》中那位自称洒家的鲁智深杀人后为躲避官兵追捕不得不在五台山皈依佛门，师傅怕他再惹是非，让他去开封大相国寺暂避，才引出那段倒拔垂杨柳、吓倒众泼皮的故事……

早在1959年8月赵朴初便同喜饶嘉措大师第一次来到五台山，住在五台山民族宗教办事处招待所。他们首先拜会了五台山佛教协会会长、中国佛教协会副会长能海法师。三人促膝谈心，共同谴责了达赖喇嘛的叛国、叛教行径，对中央人民政府平息西藏叛乱表示坚决拥护。

后来应五台山佛教协会会长、碧山寺主持能海法师请求，赵朴初亲笔写下"游五台山杂咏十三阕"奉碧山寺补壁。他的书法端庄秀丽、潇洒飘逸、绝无流滑、韵味浓厚。这些书法作品经过精心装裱，至今悬挂于碧山寺，成为至极珍贵的墨宝。

1976年10月，四凶剪除，拨乱反正，人民心平气顺，全国上下一派欣欣向荣的景象。赵朴初出于对五台山的热爱、并圆18年前"盛会约他年"之梦，1977年8月重上五台调研。

18年，在漫长的人类历史上只是暂短的一刹那，然而沧海桑田，形势已发生很大变化，中华民族振兴有望、中国佛教振兴有望。赵朴初满怀激情高歌：

五台杂咏

一

偿宿愿，重上五台山。十八年间喧寂异，无穷刹那海田迁。到此证真诠。

这次上五台，赵朴初首先朝拜了佛光寺和南禅寺。

佛光寺位于五台县的佛光新村，距县城30公里，创建于唐朝大中十一年（公元857年）。该寺历史悠久，所保存的佛教文物十分珍贵，素有"亚洲佛光"的称号。其中唐代建筑、唐代雕塑、唐代壁画、唐代题记有很高的历史价值和艺术价值，被人称为"四绝"。

南禅寺位于五台县西南的阳白乡李家庄附近的杨白沟小银河北岸，距东台镇35公里。该寺创建至今已1200多年，大佛殿为中国现存最早的木结构建筑。因两座古寺均建于唐代，赵朴初称其为二唐寺。其词为：

五台杂咏

二

二唐寺，瑰宝世间无。千劫何缘存象法？明时自不失玄珠。沉晦庆昭苏。

赵朴初选择的第二站是松岩口。松岩口位于清水河上游的耿镇，在五台山脚下，北距五台山45公里，是白求恩纪念馆所在地。这是一处专门拜谒国际主义战士白求恩同志的场所。纪念馆前的古松有枝连理。赵朴初填词记之：

五台杂咏

三

　　松岩口，纪念白求恩。众艺兼精心力瘁，虬枝连理有情深。万古共山灵。

　　赵朴初一行下一站来到18年前来过的塔院寺。该寺与革命领袖们结下不解之缘。寺内方丈院中，至今设有毛泽东路居陈列馆。室内按原样陈设：炕上铺一床军被，地上摆一张木桌，桌前一把木椅，木桌和炕沿之间放一火盆，上架一个大铜壶。后院东跨三间，左、右两间分别是周恩来、任弼时当年的路居住室。

　　此次五台行，赵朴初最后选择去东台顶观日出。

　　东台顶亦称望海峰，海拔2796米。《清凉山志》中有对它的描述："蒸气寝壑、爽气澄秋、东望明霞、若波若镜，即大海也。亦见沧瀛诸州，因以为名。"这就是东台望海峰的由来。东台顶有望海寺，隋代创建，明又重修。

　　这次来五台，赵朴初不顾年事已高，执意要登东台顶看日出。身着羊皮袄，登上望海峰，他凝神屏息，面对祖国壮丽山河，迎接喷薄欲出的红日。

　　下五台、回北京，他给中央写信建议：建议五台山几座寺庙经适当安排布置，做某些修整，即可对外开放。

　　同年11月，赵朴初致函乌兰夫等中央统战部领导同志，对未来佛教的工作提出切实可行的建议。赵朴初正在把他的想法付诸实践。

　　此后，赵朴初对五台山的佛教活动大力支持。

　　五台山普寿寺原为十三世达赖喇嘛土登嘉措1908年朝拜五台的驻锡之地。"文革"中殿宇佛像毁坏殆尽。当代高僧通愿法师生前多次申请重建普寿寺，并兴办五台山僧尼佛学院，培养僧尼，光大佛法。通愿法师圆寂后，弟子如瑞承师志，多次赴京面见佛学院领导及赵朴初，得到中国佛协和赵朴初的大力支持。她通过募化筹集资金，在原寺庙废墟上新建了天王殿、大雄宝殿、观音殿、文殊殿、云水堂等殿宇及厢房二百余间。所创建五台山僧尼佛学院于1992年招生。赵朴初得知后，挥毫为普寿寺题写了大字匾额及楹联一副。上联是"恒顺众生究竟清净普贤道"；下联是"勤修梵行愿生安养寿僧抵"。

　　1995年，时任五台山佛教协会会长的禧钜法师来京向中国佛教协会汇报拟建五顶菩萨之事。赵朴初听后非常高兴，完全支持这一善举。并指示说，菩萨像邀请名家塑造，像要做得庄严，工艺要精湛，要充分表现出文殊菩萨的聪明和智慧。1998年春，造像圆满完工，9月25日即将举行开光法会，禧钜法师来京汇报，盛请赵朴初参加。但他因有外事活动不能脱身，但派人送去由他本人题写、南京金陵刻经处用金丝线绣

五台山普寿寺僧人学习威仪

的大"佛"字，并请中国佛教文化研究所所长吴立民先生到会宣读他的贺词。

中国佛协原副会长、五台山原佛教协会会长能海法师与赵朴初在佛教工作中一贯互相支持，过从甚密。"文革"中，能海法师被迫害致死。1979 年，平反冤假错案，由五台山佛协主持为能海法师召开追悼会，赵朴初会长特派代表前去吊唁。1981 年，能海法师舍利塔在黛螺顶建成，赵朴初亲自为其撰写塔铭：

能海法师塔铭

承文殊教，振锡清凉。显密双弘，遥遵法王。

律履冰洁，智忍金刚。作和平使，为释增光。

五顶巍巍，三峨苍苍。法塔崇岳，德音无疆。

此外，五台山多处留下赵朴初题写的佛寺名、碑名以及书刊、画册、杂志名。

三、殷殷劝公

在赵朴初的相册里有一幅照片，照片下方有他亲笔题写的"殷殷劝公起"五个正楷字。照片中的妙湛法师身穿俗衣，双手合十站在一张桌旁；满面慈祥、笑容可掬的赵朴初站在一把椅子前，手仍然扶着椅子，看得出是在妙湛法师进门后站起来迎接的。这是"文革"后，20 世纪 80 年代初，赵朴初去厦门视察时，俩人见面留下的一张小照。

作为中国佛教的掌门人，接过被"文革"搞得千疮百孔的烂摊子，要落实党的宗教政策，要拨乱反正，工作千头万绪，但赵朴初想，关键中的关键是"招贤纳士"，整理好佛教内部队伍，把仅存有用之才，放在重要的岗位上，充分发挥他们的聪明、才智，独当一面。只有这才是当务之急。基于上述考虑，赵朴初不顾年高体弱飞赴厦门，敦请妙湛法师出山。

妙湛法师俗姓褚，名永康，法名续林，号妙湛，辽宁东港市（原东沟县）人，生于1910年12月13日（农历11月12日）。1933年，24岁时，他毕业于辽宁省安

赵朴初和妙湛法师亲切交谈

东市（现丹东市）师范学校，当过小学教师、校长，业余研究佛学，而产生皈依之念。1939年，因缘所致，他入辽宁省凤城县通远堡双泉寺剃度出家，当年转北京拈花寺受具足戒，时年30岁。不久，他南下青岛，入湛山寺佛学院，师从倓虚老和尚，研究天台教义。三年后毕业，到扬州高旻寺挂单，依来果禅师入禅堂坐禅。后转上海普济寺、镇江金山寺，1958年

到厦门南普陀寺任监院，"文革"中受到冲击。但他留在寺庙、保护文物。那时，他黎明即起、洒扫庭院、外着俗装、内持梵行，信仰之笃，难能可贵。他办事认真，担任普陀山小卖部主任时，还被评为劳动模范。

赵朴初慧眼识珠，认为妙湛法师是佛法弘扬、佛教昌隆不可多得的僧才。两人见面未做寒暄，赵朴初便开门见山地说："您就是妙湛法师吧？久闻大名。您还是换上僧装，出来主持南普陀的工作吧。"妙湛犹豫地说："朴老，你还是选个比我工作能力强，年轻一点的吧，我甘愿做一个得力助手。"

赵朴初看出他思想上还有顾虑，便开导说："党的宗教政策，正在一步步落在实处，过去那些'左'的东西再也行不通了。我们佛门弟子应该为佛教的复兴挑重担。今后，只要做得对的，我会大力支持，做得不对的马上改就是了。有事，我们多商量。我希望您还是担起这副担子吧。"其殷殷之情溢于言表。

"朴老啊，不是我不愿为教出力，实在是婆婆太多不好干。让我出来主持这所寺院可以，但得听我的，别的部门不能乱插手。在您和地方政府宗教部门领导下，我有愿力，也有决心把寺院建设好、管理好。"

赵朴初听后高兴地说："好吧，我答应你。寺院由僧人管理这是政策定了的，遇到什么困难我们携手共同克服。"午饭后妙湛法师拿来纸、笔，赵朴初兴致所至，当场作诗一首：

南普陀寺

那烂陀与南普陀，法门龙象昔年多。

待开草莱观来复，五老峰头发浩歌。

妙湛法师接手的南普陀历经十年浩劫，昔日辉煌不见踪影。他一面召回愿重着僧装的同道，一面着手重建南普陀寺。他不辞辛劳、多方奔走、请政府拨款、向各方募化，因德高望重，获海内外广泛支持，陆续恢复了南普陀寺的殿堂、壁画，还兴建了闽南佛学院教学大楼、太虚图书馆、方丈楼、普照楼、海会楼、学僧和法师的寮房、全国第一的禅堂、全国第一座慈善大楼，山门前还开辟了荷花池，重修了带闽南特色的万寿阁，还修整了祖师塔林立的后山。数年之内，南普陀寺发生了翻天覆地的变化，成为海内外驰名的佛教庄严道场。赵朴初特为南普陀寺题写了"鹭岛名山"四个大字的门匾。

除南普陀寺外，妙湛法师在地方政府宗教部门的支持下还花大力气修复了厦门的普光寺、万石莲寺、虎溪禅寺、紫竹林寺，受到四方信众和地方政府的一致赞扬。

为培育僧才，1985 年初，妙湛法师提出恢复闽南佛学院，赵朴初大力支持，并亲笔题写了院名。

1989 年 10 月，南普陀举行妙湛法师荣膺住持升座典礼，赵朴初以手书贺联相赠。贺联是：

升狮子座，宣畅宗风，天雨宝花妙香洁；

住紫竹林，广开慈筏，心同水月湛清华。

1990 年 10 月，由新加坡高僧宏船法师筹资建设的泉州承天寺举行落成典礼，赵朴初出席剪彩仪式。随后，他又陪同法师到厦门南普陀寺观光，并和厦门市的党政有关领导座谈进一步搞好南普陀寺落实政策问题。赵朴初讲得理由充分、言语恳切，使多年久拖不决的老大难问题很快得到解决。宏船法师对赵朴初为法忘躯的精神深深感动，他在给厦门市四众弟子开示时敬佩地说："一佛出世，千佛扶持，赵朴老就是我们这个时代的出世'佛'，我们都要扶持他、拥护他。没有他，中国佛教不会有今天。没有他，南普陀寺就不会有今日的昌盛。"听者报以热烈掌声。妙湛法师深有同感，他下决心追随赵会长，为庄严国土、利乐有情、昌隆佛教，鞠躬尽瘁、死而后已。

1994 年，妙湛法师决定在南普陀寺创建慈善事业基金会，因往赵朴初家里打电话商量此事未通，电话打到中国佛教协会。当时，赵朴初正因病住院，他得知这一消息后，欣喜万分，当下让工作人员通知妙湛法师，同意担任基金会名誉会长。不久，病情缓解，他应妙湛法师请求写了"厦门南普陀寺慈善事业基金会"会牌，让人用特快专递寄了过去，还写了一封贺信：

妙湛法师座下：

欣悉宝刹成立慈善事业基金会，利乐有情，无任欢喜赞叹，仅此致贺。

专此，敬颂

一切吉祥

1987年，当病中的妙湛法师听说中国佛学院办学经费出现困难时，立即伸出援手，决定每年资助中国佛学院人民币贰拾万元。赵朴初专门为此写信给他。信中说："惠施中国佛学院人民币二十万之具见，关怀培植法门龙象之意，不胜欢喜……为法珍摄，以期早日康复……"寥寥数语，深情可鉴。

妙湛法师的病确诊为肝癌，赵朴初专门派人前去看望，还经常打电话询问治疗情况。因多方医治，不见好转，赵朴初决定劝其转北京中日友好医院检查诊治。

1995年初，妙湛法师住进该医院后，赵朴初不顾医生劝阻，毅然前往探视。两人紧紧握手，妙湛法师高兴得泪流满面、吃力地说："谢谢朴老对我的关怀，您自己可要多多保重啊！"赵朴初两眼湿润、饱含深情地嘱咐："好好静养，配合治疗，一定会好起来的。"在离开医院时，他对身边的工作人员说："对妙老的病我们要千方百计地想办法治好，要不惜一切代价，中佛协要全力做好这一工作。"

妙湛法师的肝癌已至晚期，腹水严重，他本着和尚生在丛林、死归塔的不成文规定，担心圆寂在医院。经他本人再三请求，赵朴初才同意他回到厦门南普陀寺。弥留之际，他想的仍是南普陀寺以后的建设、闽南佛学院的发展、办好慈善事业基金会，手颤抖着写下"勿忘世上苦人多"这句感人肺腑的遗训。

1995年12月19日，得知妙湛法师圆寂，赵朴初立即从医院赶回中佛协召开秘书长办公会议。会上，他十分沉痛地讲道："妙老的圆寂是佛教界的一大损失，对此我十分悲痛。他比我小几岁，学问、修持、能力、都很好，但没想到他走在我前边了……妙老的精神太感人了，他临终想的是'勿忘世上苦人多'。这是多么崇高的精神境界呀！对他的后事一定要按照佛教仪规办好。"

为表达对妙湛法师圆寂的无限哀思，赵朴初在医院的病房里敬撰了《妙湛法师行愿颂》：

十年浩劫后，我初至厦门。

公犹衣俗服，端容坐空庭。

　　殷殷劝公起，续燃焰灭灯。

　　答云有宿愿，重荷亦堪任。

　　惟求不干扰，许公扬臂行。

　　自兹南普陀，光复法王城。

　　绍隆昔贤志，学院亦重兴。

　　兼展利生事，慈济设基金。

　　福慧二资粮，善备无边垠。

　　前冬遣使来，施资助学僧。

　　乃知公有疾，迎驾来京城。

　　病榻叮咛再，南天双塔尊。

　　一寺一学院，继任须得人。

　　感公行愿深，坚我护持心。

　　所愿横沙劫，相随觉道行。

四、护持普陀

　　普陀山位于浙江省舟山群岛东南角，面积 11.8 平方公里，是舟山群岛 1390 个大小岛屿中的一个。这里冬暖夏凉、森林茂密、碧海蓝天、空气洁净，加之山岩奇险、寺庙庄严、香烟缭绕、钟磬悠扬，来此礼佛或旅游不禁使人生出超凡脱俗、飘然世外之感。所以，这里自古就有"海天佛国""海上仙山"之美誉。

　　普陀山是大悲菩萨观世音的道场，列为中国佛教四大名山。最昌盛时期，普陀山有普济、法雨、惠济三大寺院、88 座庵堂、128 座茅棚，常驻僧人 3000 人，名闻遐迩，被称"震旦第一佛国"。佛教经典《华严经》中有"海上有山多圣贤，众宝所成极清净。勇猛丈夫观自在，为度众生住此山。"

　　十年浩劫后，普陀山全然失去佛教名山的风采。

　　1979 年，落实宗教政策，赵朴初大力推荐妙善法师回普陀山主持这一千年道场的重建工作。在农场劳动 20 年的妙善法师带领愿重着僧装的弟子担起这一重任。

　　妙善法师，俗姓吴，名敬亭，出家后法名心慈，字妙善，江苏如皋人。家中兄弟 4 个他最年幼，3 岁丧父，母亲含辛茹苦、日夜操劳，抚养 4 个儿子成人。他幼读私塾，聪明过人，16 岁时，因家贫辍学，到一商家学徒，因志趣迥异，万分苦恼。成年后，常感世事无常、人生多苦、怀出家之念。1932年在丹阳出家，同年到扬州天宁寺受具足戒，时年24岁。

圆戒后，他到扬州高旻寺依来果法师参学。因他戒行精严、参学精进，深受师父青睐。数年后，来果禅师为妙善传法授记，他成为临济正宗第四十七世传人。

妙善回到普陀山首先让弟子寻找流失的佛像、经书和文物，长时间一无所获，最后在龙湾村发现了一尊佛像头，为整块樟木雕成，高一米，直径一米。关于这尊佛头附近有一民间传说：当时附近的一个渔民看中了雕佛头的这块樟木料，以一分钱一斤的价格从造反派手里买下，运回家用锯子怎么也锯不开，用刀劈时竟从刀砍处流出血来，吓得那个渔民再也不敢乱动，视其为神，供奉起来，直到山上有人来寻，就无偿献出。后来，人们念其为劫后仅存之物，具有纪念意义，就在慧济寺藏经阁西面，建起了观音殿，将其专门供奉。如今，这尊佛头部、躯干、四肢比例适当，看不出丝毫拼凑的痕迹，也很难再让人回忆起它经历的那场磨难。

随着宗教政策的落实，由于中佛协、赵朴初会长的支持和地方政府宗教部门的重视，普陀山的重建工作在妙善法师的领导下进展很快。

1987年10月，81岁的全国政协副主席、中佛协会长赵朴初莅临视察。白天他手拄拐杖走路爬山、查看寺庙；晚上开座谈会，听取妙善法师及有关人员的汇报。当妙善法师汇报为加强寺院管理，按佛教仪轨，制定了《普陀山寺院规章制度》时，赵朴初高兴地说："这很好，来普陀山朝拜的信众很多，对海内外影响很大，随着宗教政策的落实，寺院恢复的越来越多，常住僧人也会增加，应该逐步完善各项规章制度。这项工作你们抓得很好。"当妙善法师汇报到创办"颐年堂"，妥善解决年老僧、尼养老问题时，赵朴初赞扬说："这些老僧、尼为佛教作出过贡献，而且大都一生坎坷、体弱多病，他们晚年的生活应该安排好，使他们老有所养、老有所安、老有所修、老有所乐。普陀山为僧、尼养老带了个好头，树立了榜样，要总结经验，向全国推广。"赵朴初看到短短几年普陀山的变化心里高兴，诗情伴之而来，两阕忆江南油然而生：

谒金门

不肯去，甘禁万劫风雨。此土缘深非妄许，悲心周广宇。　　从此名山钟毓，无数妙华慧炬。宝筏不辞千手与，度人间儿女。

普陀赞礼

不肯去，此土宿缘深。照世悲心来万国，观澜皱面证三生。无尽海潮音。

赵朴初的词，用简单明了的诗言佛语说出了普陀山作为观音道场的来历：唐懿宗咸通四年（863年），日本僧人慧锷远涉重洋来中国，从五台山请走一尊观音菩萨圣像乘船回东瀛，经普陀山莲花洋面时，狂风大作、海浪滔天，海面上突然出现了层层铁莲花，海船数次起航，终不能行。慧锷大惊失色，随即对天祷告：假如观世音菩萨不肯东去日本，可指明愿去的地方，弟子当就地建寺供奉。顿时风平浪静，船在观音洞附近一张氏宅前停了下来。从此，普陀山建成第一座供奉观音的寺庙——不肯去观音院。

1989年10月16日，普陀山佛教协会隆重举行七大寺院佛像开光、普陀山寺庙修复开放十周年、妙善法师荣任普陀山全山总方丈升座庆祝典礼。83岁的赵朴初百忙中来此参加盛典，发表了讲话，充分肯定普陀山僧众在妙善法师领带下精进不懈，十年中取得的巨大成绩。

宗教政策的落实绝不是一帆风顺的，对佛教圣地的建设各地领导部门出现意见分歧不可避免。1991年12月30日，妙善法师给赵朴初会长写信，对继续恢复、建设普陀山其他寺庙遇到阻力，请求援助。信中说：“……现在普陀山建高楼大厦及变更寺庙原貌的设施日有扩张，有席卷全山，成为海岛城市之势……被一些单位、居民占用的四十四处古庵得不到及时重修……对普陀山建设的指导思想不应强调‘海岛风光’，而应强调并定位‘海天佛国’。”信中最后说：“这些重大问题，关系到普陀山今后的发展和走向，关系到把普陀山建成什么山的重大问题，善日夜忧虑，敬请朴老大力关照并指示。”

1989年10月16日至18日，浙江普陀山举行全山佛像开光、妙善法师升座法会，赵朴初会长亲临剪彩并讲话

赵朴初同妙善法师在一起

接到妙善法师的信，赵朴初立即召开中佛协有关领导参加的会议。他在会上说："当前各地正在落实宗教政策，恢复、修建寺院，如何按照佛教寺院的传统建筑艺术和风格，搞得如法如律是十分重要的。妙善法师反映的问题带有普遍性，我们要很好地研究、解决……普陀山是佛教四大名山之一，对外影响大，一定要按照观音道场的要求，建设好，管理好，要像妙老说的建成'海天佛国'，不能为了搞旅游，无视宗教特点。不能和其他岛一样，注重海岛风光、高楼林立、车水马龙，失去佛教道场的庄严与宁静……听说，在普陀山普济寺附近，有不少饭馆，天天宰杀生灵，信众反映强烈。这不符合宗教政策，有损佛教道场的形象，转告有关部门，尽快解决。"

会后，中佛协很快向中央领导部门反映情况，并和省市有关领导沟通，不久问题便得到妥善解决。

20多年中，在妙善法师带领下，僧众戮力同心，普陀山发生了翻天覆地的变化。这里首先建立了全山"三统一""三不"的管理模式："三统一"是，人事上统一调动、经济上统一支配、寺院修建统一规划。"三不"是：不借资、不集资、不合资。这种管理模式得到赵朴初的充分肯定和大力推广。普陀山先后修复了三大寺、二十余座庵院、茅棚，创办了普陀山佛教颐养堂、普陀山佛学院、普陀山佛教研究所，创办了《普陀山宗教》杂志、《正法研究》学术年刊，接办了普陀山文物馆，倡修了《普陀洛迦山志》，建成南海观音铜像、普济医院、洛迦山妙湛塔、法雨寺九龙壁等一大批弘法利生机构和人文景观。

妙善法师还出资重修了杭州天目山普照寺和如皋观音净院，发起建设普陀山宝陀讲寺、普门万佛宝塔两大工程，描绘出"南国净土"的壮丽蓝图，开创了僧才济济、寺刹辉煌的大好局面，为佛教事业倾注了全部精力和心血。

妙善法师一生布衣素食，他把在国内外弘法所得的一切供养全部用于建寺育人、赈灾济困、造福地方。年近九旬的他仍殚精竭虑为佛教事业奔波劳碌，积劳成疾而无暇自顾。住进医院后，病情日重，医治无效，弥留之际还吃力的嘱咐身边的戒忍、惟航等人："我们是中国和尚，要做中国和尚的事，不要被人家讲闲话；要我们转世间，不要被世间所转；要团结，不要分裂；要坚持'三统一''三不'不变……"2000

年 2 月 26 日这位身孚众望的高僧圆寂，世寿 92 岁，戒腊 68 夏。

在妙善法师住院期间，同样因病住北京医院的赵朴初会长多次打电话询问病情，指示工作人员要想尽办法、不惜代价争取治好法师的病。法师圆寂后，他亲自担任治丧委员会主任，嘱咐工作人员一定按照佛教仪轨办好后事。

五、关爱中华首刹

河南洛阳白马寺是佛教传入中国后由官方营造的第一座寺院，有中国佛教的"祖庭"和"释源"之称。

它的营造与我国佛教史上著名的"永平求法"紧密相连。据传汉明帝刘庄夜寝南宫，梦金人头放白光，飞饶殿庭，次日得知金人为佛，于是遣使臣蔡愔、秦景等人前往西域拜求佛法。蔡愔等人在月氏（今阿富汗一带）遇到在此弘法的天竺（古印度）高僧迦什摩腾和竺法兰，遂邀请两位高僧到中国宣讲佛法，并用白马驮来佛经、佛像，一路跋山涉水，于永平十年（67 年）到达当时的都城洛阳。汉明帝敕令仿天竺式样修建寺院。为铭记白马驮经之功，该寺取名"白马寺"。自白马寺始，我国僧院才统称为寺。因而，该寺被称为我国佛教的发祥地。历代高僧甚至外国名僧纷纷来此览经求法，所以，它在汉传佛教史上占有极其重要的地位。

此寺还有十个第一之说：白马寺是中华第一古刹；齐云塔为中国第一古塔；永平求法为中国人第一次去西天取经；迦什摩腾、竺法兰是第一批来华传教的高僧；贝叶经是第一批传入中国的梵文佛经；清凉台为中国第一译经之所；《佛说四十二章经》是中国第一部汉文佛经；《僧祇戒心》是中国第一部汉文佛教律法；白马寺为中国第一个传戒道场；朱士行是中国第一位汉人出家和尚。这十个第一决定了该寺在中国，乃至日本、韩国、越南等佛教流传国家的重要影响。

"文革"中，此寺损毁严重。"文革"后期，因国际交往的需要，赵朴初便向周恩来总理提议将此寺恢复起来。1972 年，西哈努克亲王要求去白马寺朝拜，可当时寺内空空如也，赵朴初向周总理建议将故宫博物院珍藏的一批佛像、法器调拨到白马寺，很快得到周总理的批准。佛像、法器运来，但寺庙破烂不堪。因而，河南省委提出，经周总理批准，对白马寺进行了一般性的修整。修整后的白马寺，如何使用，归哪部门管理，久拖未决。

"文革"结束后，不少外国佛教界朋友特别关心白马寺的状况，提出到白马寺朝

洛阳白马雄千古天下伽蓝祖云驰风卷义沧

桑终不改朝宗震 今日神州鹏举更庄严

佛土伫看万国集良朋遍世界飞花雨

白马寺充实建设益庄严此近建寺一千九百二十五年之庆敬赋

调一章为贺，调寄《洛阳春》

赵朴初

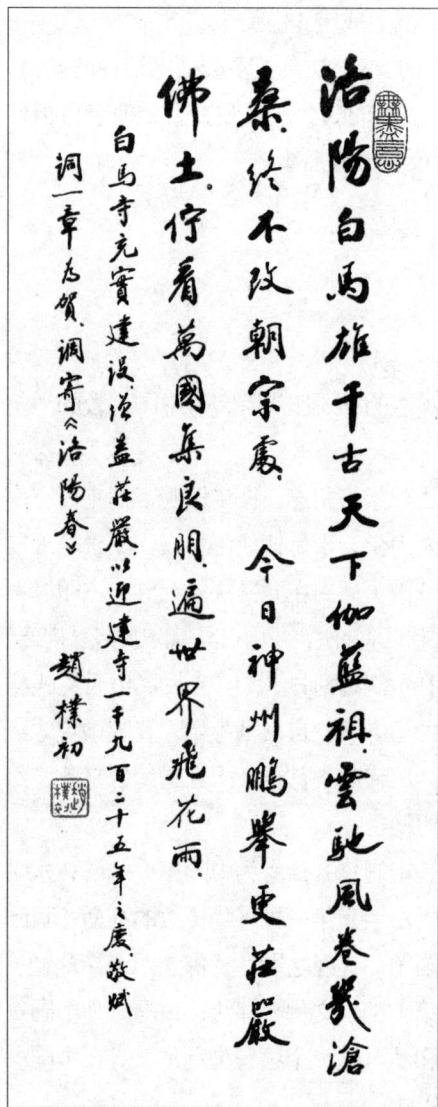

白马寺建寺一千九百二十五年之庆

拜的请求。洛阳市外办和文化局联合邀请中国佛协领导视察、听取改进意见。赵朴初于 1977 年 4 月中旬赴白马寺考察，短短一天，就跑遍全寺，看得相当仔细。

他就存在的主要问题提出改进意见：首先提出三大殿的佛像问题。原来大雄宝殿供奉的三尊元代彩塑佛像全部被毁坏，各大殿摆放的佛像都是后来修补过或重塑的。塑像艺人水平很低，佛像各部位比例失当，有的臂、腿上下一般粗，面部凹凸不平，不论从艺术角度还是从宗教角度，都不适宜在大殿供奉，也不适宜与游客见面。此外，各殿堂所供佛像不合理，天王殿和大雄宝殿供奉的都是从北京故宫博物院调来的，那些佛龛、佛像，尤其是大雄宝殿里那一整套佛、菩萨、罗汉，雕得很精美，但哪个殿供什么像是有规定的，不能随便摆放。在中轴线上连为一体的天王殿、大佛殿、大雄宝殿、接引殿、毗卢阁这五所大殿随意摆放神像，非常不妥。在佛龛、供案外围起一道栏杆，罗汉像上还安上玻璃罩，意愿是好的，但既不严肃、不美观，也破坏了宗教气氛。还有寺内环境嘈杂，山门内设接待室、小卖部、垒了东西花墙，尤其把原来迦什摩腾、竺法兰两祖师坟挪到花墙角落里，很不应该。两位高僧之墓，是白马寺独具佛教色彩的重要圣迹，在海内外名气大、影响大。这两位高僧受汉使之邀，"不惮劳苦，冒涉流沙"，开创了我国汉译佛经的先河，为弘法布教作出巨大贡献。他们圆寂后特于白马寺内修建二坟。这一挪动有损于有关古代中印文化交流的胜迹观瞻，也有损于中国第一古刹的整体布局和形象。

讲完存在的问题后，赵朴初当场提出四点意见：白马寺应作为宗教活动场所对外

开放；合理摆放和利用现有佛像；在山门内多
种树木、竹子，把不合理的建筑移走或拆除，
使两座古坟显露出来；从少林寺调几个僧人过
来，加强寺庙管理。这些意见引起有关部门的
高度重视，对白马寺、河南全省乃至全国的寺
庙的落实政策起了极大的推动作用。

　　1986 年，赵朴初在百忙中为白马寺题写
了匾额。1992 年 4 月，为解决开封相国寺问
题他专程赴河南，时间安排很紧，但还是抽时
间去了一趟洛阳白马寺，还说："要看看海法
法师，'文革'中为保护白马寺他吃了不少苦。"

　　4 月 13 日下午，赵朴初来到白马寺，受
到海法法师及四众弟子的热烈欢迎。他首先在
大殿礼佛诵经，然后逐个参观修缮后的殿堂，
对白马寺几年来的变化他感到由衷的高兴，最

1992 年 4 月赵朴初在视察白马寺时，同
海法法师、昌明法师在齐云塔前合影

后到客厅边休息边听法海法师的汇报，并指出存在的问题和改进意见。

　　谈话结束后，海法请赵朴初题字，他沉思片刻，挥毫写出五言诗三首：

一

携将一片心，来参第一寺。

为乞二千年，出现无上士。

二

四海重一马，千秋护两坟。

若教祷杌在，应记楚桑门。

三

净扫舍利塔，顶礼比丘尼。

护持千万劫，心与白云齐。

　　休息时间，赵朴初同一位年轻僧人印中法师交谈。他拉住印中的手，让他坐在身
边，亲切地问："你是什么地方人？多大了？"

　　"贵州人，24 岁。"印中答道。

　　赵朴初高兴地对他说："哦，24 岁，真年轻，可畏之年。你能从贵州那么远的
地方来白马寺，希望你能为佛教做出一番事业来！"印中点头称是。

　　对出家的目的，年已 86 岁的老会长对小法师说："佛教在中国最兴盛的时期是

唐代，当时的皇帝李世民问玄奘法师：'你们僧伽到底是什么情况呢？'玄奘法师只说了八个字：'鱼龙混杂，凡圣交参。'要知道，人间就是这样，纯而又纯是不可能的，在哪里也找不到。不要看到不满的东西就轻易逃避。要这样想：正因为世界上还有许多不合理的事，所以我们要普度众生，要在这个世界上庄严国土、利乐有情。"

小法师听后频频点头，表示一定牢记朴老教诲、不负朴老厚望。

1994年7月，国家文物局有人通知中国佛教协会，说白马寺的佛像，是从故宫博物院借陈的，故宫博物院应该收回。赵朴初听说后，立即书面告知工作人员："'文革'后，我向周总理提出，要首先恢复和开放白马寺，因白马寺是中国第一佛教寺庙。周总理正式批示，经当时国家文物局局长同意，将故宫大佛堂全套佛像、法器调拨过去的，包括十八罗汉像，绝不是现在文物局所说的'借陈'原意，他们违背了周总理当年的批示、违背了王冶秋局长的原意。请前去郑重交涉。"

经工作人员向文物局领导仔细说明原委，国家文物局撤销了前面的通知，使故宫博物院这批佛像继续供奉在中华第一古刹里。

六、光孝重光

光孝寺全称报恩光孝禅寺，位于广州越秀区光孝路，是广州市四大丛林（光孝、六榕、华林、海幢）之一。当年，禅宗初祖菩提达摩从印度乘海船来中国，在广州登陆后，曾驻锡于此。唐高宗仪凤元年（676年），禅宗六祖惠能在该寺削发受戒，他创立的禅宗南派成为汉传佛教影响最大的派别。

该寺院在清代便被移作他用，民国年间，先后被几所不同名称的小学、美术专科学校占据，新中国成立后至1986年这里一直为华南歌舞团所属舞蹈学校占用。

多年来，许多海内外高僧、大德及广大信众，以不同形式，向有关部门要求将这一寺院归还佛教界。

1986年2月，赵朴初为落实宗教政策专程来广东视察。他仔细察看了光孝寺、六榕寺、庆云寺、开元寺、灵山寺、云门寺和丹霞山寺并同一些高僧大德、不少信众沟通，听取他们的意见。在充分掌握第一手材料的基础上他找当地政府宗教部门和党、政有关领导座谈。座谈中赵朴初说，光孝寺地位重要、影响很大，它是中印佛教交流的重要遗迹。佛教从印度传入我国，有两条路线：一条是陆路，即由阿富汗经我国新疆、甘肃到中原地区；另一条是水陆，即从印度航海到广州登陆。从水路来的人大都先到光孝寺。众所周知的禅宗初祖菩提达摩，从印度乘海船到广州后即驻锡光孝寺，至今寺内还留有达摩的洗钵泉；六祖惠能在光孝寺剃度受戒，这里不仅建有六祖殿还有六祖塔，塔高 7.8 米，八角 7 层，在佛教界影响很大；光孝寺自东晋建成后，唐、元、明各代都很重视，只是从清朝开始衰微。所以，该寺无论从在佛教界的影响和地位、还是从它的文物价值看都是十分重要的，应按国家的宗教政策，尽快作为宗教活动场所予以恢复。

为了引起重视，座谈会后，赵朴初还接受了记者的采访，一些报纸对赵朴初的谈话做了广泛报道，大大推动了光孝寺问题的解决。

考察历经 38 天，回北京后正值全国政协六届四次会议召开，赵朴初做了《在落实宗教政策中，有关部门要摆正关系，协调一致》为主要内容的发言。他说："我临行前（离开广州）获悉，在广东省领导同志的坚持努力下和中央领导同志的重视关怀下，光孝寺已得到领导上的批准归还佛教界。这件事，不仅是我国大陆佛教界同仁们的喜讯，而且在港、澳、台和国际上都将会有良好的影响，将更好地体现我国宗教政策，适应了祖国南大门广州市广大佛教徒的宗教生活的要求和这方面工作的需要。"

要想管理好这座佛教古刹，必须遴选一位德高望重的法师担任方丈。赵朴初经过充分考虑推荐年已 80 岁的本焕法师。

本焕，俗家姓张，名志山，法名本焕，1907 年生于湖北新州县。其父务农，母亲彭氏。7 岁开始读 6 年私塾，13 岁时，父亡，到一家杂货店学徒。母亲虔诚信仰佛教，终日吃斋念佛。法师受其影响，发愿出家。22 岁剃度，27 岁在武昌宝通寺受戒，后在扬州依来果法师修行 7 年，30 岁时北上五台，从保定起，三步一叩，五步一拜到五台山，住碧云寺，在此苦修 10 年间，用指血抄写各类佛经 19 卷，计 20 余万字。法师虽为出家人，但仍是一个大孝子。四海漂泊，他有一首诗充分表达了对年迈母亲的牵挂：

> 死别诚难忍，生离实亦伤。 子出山关外，母忆在他乡。
> 日夜心相随，流泪数千行。 如猿泣爱子，寸寸断肝肠。

一天，法师接到兄长来信说，老母病重，速归一见，以慰慈心。法师立即赶回老家，暂住报恩寺，每日清晨三点开始坐禅，早饭后步行 15 华里回家照料母亲，晚上返回寺内，攻读三藏经典。他煎药喂食、端茶送水、侍候老母、细致入微，如此过了5 个多月。老母临终前一夜，他在自己两个肩窝里灌上菜油，用灯草点燃，跪在床前，行孝送终，直至母亲心脏停止跳动。他又在灵堂守孝 49 天，反复向母亲发愿："作为佛子，一定尊佛教诲，上报四恩，下报三途，修好八正道，永弘佛法。"

1948 年，本焕法师 41 岁时，接法于虚云老和尚，被立为临济宗第四十四代传人，次年元月始，任广东南华寺方丈。1958 年他在反右运动中蒙冤，下放到坪石农场劳动，

1980 年广东省人民政府宣布予以改正。

由赵朴初亲自推荐，1986 年 12 月接受中国佛教协会和广东省宗教局的礼请，本焕法师成为光孝寺——这座自清朝立国以来一直荒废数百年而被移作他用的佛教道场，恢复后的首任方丈。

在本焕法师的领导下，光孝寺日新月异，赵朴初会长高兴地写来一副楹联："万劫动风幡，喜今朝古刹重光，佛日常临功德海；十方参发塔，愿来者宝坛听偈，慧灯永续祖师禅。"

为彰显中国佛教之兴盛，扩大光孝寺在国内外的影响，满足广大信众的要求，本焕法师计划于 1988 年 7 月 9 日至 15 日在光孝寺举行为期 7 天的祈祷世界和平、超度亡灵水陆大法会。为此本焕法师专程到北京向赵朴初会长请示。赵朴初欣喜地说："法师举办水陆法会是适应信众要求的明智之举，我举双手支持。希望认真准备、切实做

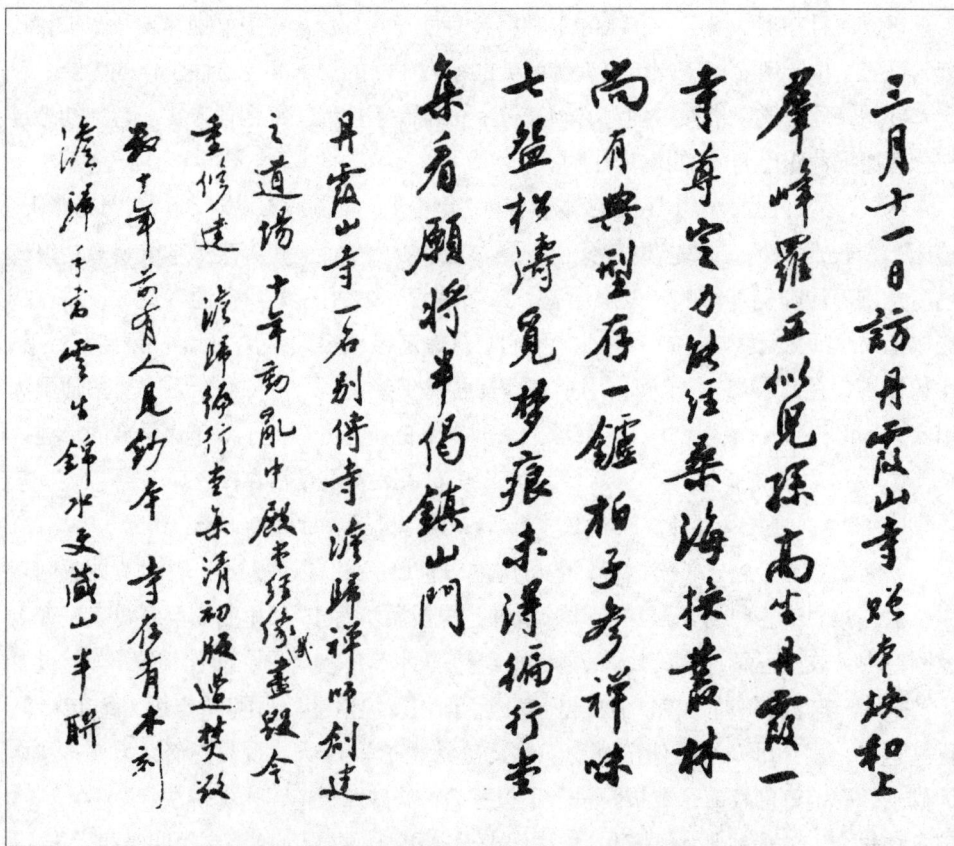

赵朴初在 1986 年视察光孝寺和丹霞山寺后赠本焕法师的诗

好、总结经验，以便在佛教界推广。"

法会如期举行，如法如律、隆重庄严、信众如云、盛况空前。这在新中国成立后的佛教史上尚属首次。

本焕法师领导得力，赵朴初会长全力支持，光孝寺对摇摇欲坠的钟鼓二楼、千菩萨殿、长廊、头山门等进行重建，于 1989 年 12 月举行奠基典礼，赵朴初发来贺电并打电话，预祝重建工作圆满成功。几年内，上述工程顺利竣工。接着，耗资千余万，新修了大雄宝殿、天王殿、地藏殿、观音殿、千佛殿、佛堂……十年后的光孝寺面目焕然一新，各项活动都走上正轨。

这时，本焕法师年已 90，而且兼任其他两个寺院的方丈，年高、体弱、负担沉重。地方宗教部门和赵朴初会长商议后决定批准本焕法师的退居请求。

1996 年农历九月十九（10 月 30 日），正值观音菩萨圣诞，光孝寺举行了隆重的新成法师升座典礼。省、市宗教部门有关领导和广大信众前来参加，赵朴初发来贺电并派专人前往祝贺。

我国友好邻邦，佛陀的降生地，尼泊尔王国的比丘尼传承中断已久，该国佛教复兴会 1992 年就同中国佛教协会联系，要求选派五位沙弥尼来我国受戒。本来尼泊尔已有比丘尼在台湾受戒，但尼泊尔的佛教组织不承认，说台湾的戒法源于中国大陆，大陆佛教才是正宗，所以一定要来大陆受戒。

1997 年初，尼方沙弥尼来我国受戒的因缘成熟。赵朴初指示工作人员："尼泊尔派人求戒，我方应立即准备，要与隆莲法师取得联系并派既懂佛教又懂英文的人协助。"

1997 年 11 月 6 日，尼泊尔五位沙弥尼在"世佛联"副主席、尼泊尔佛教复兴会副会长鲁克·达衫先生率领下抵达广州，受到广东省佛协和广大信众的热烈欢迎。五位比丘尼在广州参观游览两天后，即到无着庵，严格按照佛教律制，进行传授二部僧戒的学习和受戒活动。

从 1997 年 11 月 21 日至 12 月 18 日，在光孝寺、无着庵圆满举行了传授三坛大戒、为尼泊尔比丘尼传授二部僧戒的活动。此次受戒者除尼泊尔五位沙弥尼外，还有来自缅甸、越南、马来西亚、韩国、英国、美国和香港地区的戒子，规模大，影响深，大大提升了中国佛教在世界宗教界的地位。

12 月 22 日，五位受戒比丘尼由广东省佛协秘书长明生法师陪同专程到北京医院看望赵朴初会长。老人语重心长地对她们说："你们现在已经正式成为比丘尼了，这是一件了不起的事情。东南亚一些国家已无比丘尼传承了，这是中、尼佛教界友好人士共同促成的一大因缘。中尼两国佛教界的交往历史悠久，相传尼泊尔首都加德满都两千多年前还是一片湖泊，是文殊师利菩萨带领弟子从五台山来，将水排尽，才建起来的。所以中尼两国是邻居加亲戚的关系。50 年代我同尼泊尔佛教复兴会主席甘露喜法师有过交往。五年前尼泊尔佛教复兴会就向我提出派沙弥尼来中国受比丘尼戒的要求，由于种种原因，时至今日才得以实现，值得庆贺！"

赵朴初和本焕法师、佛源法师、明生法师等人在一起

历史证明，国家强盛则佛教昌隆。沉寂数百年的光孝重光更加证明这一规律的正确性。重光后的光孝寺也必将对国家稳定、社会和谐、人民康宁、祖国统一、世界和平作出应有贡献。

七、新建弘法寺

深圳弘法寺位于深圳特区仙湖植物园内，始建于 1985 年，地处深圳市东郊、有深圳"绿色之肺"称呼的梧桐山麓，后靠陡峭叠翠的山崖，前临涟漪万顷的仙湖。该寺坐东南、朝西北，依山拾级而建，是 1949 年以来在深圳新建的第一座寺庙。如今，该寺已成为深圳市香火最盛、影响最大的佛教丛林。

弘法寺的修建，得利于改革开放的大好时代。

1980 年 8 月 26 日，全国人大常委会批准在深圳设立经济特区。此后，中国改革开放的总设计师邓小平两次南巡视察深圳，并发表重要讲话。深圳经济迅猛发展，被誉为"深圳速度"。二三十年在人类历史上也许是一刹那，而深圳却从南海之滨荒凉的小渔村发展成世界级的现代化城市。

我国南方是佛教禅宗流布很广的区域。为满足广大信众宗教生活的需求，1985年 7 月 1 日，弘法寺破土动工，有关部门还礼请著名高僧本焕大和尚亲率众弟子为奠基仪式洒净，大雄宝殿、藏经楼、天王殿等尚未完工，因有人反对而停止建设。深圳广大佛教信众给赵朴初和中国佛教协会写信强烈要求在深圳建一座像样的寺庙。为此，1987年，赵朴初来深圳视察。当他得知在仙湖植物园内过去一座小庙的基础上，当地计划建一座寺院，但第一期工程未完就停工了，便亲自看了现场，查阅了有关资料，认为此地在梧桐山中，与香港水天相连，建一座寺院是难得的因缘。他对身边人说："'凤有高梧鹤有松'，这座寺院在这里建起来，应该成为人间住凤凰的地方……"

深圳毗邻香港，香港没有大的寺院，如果佛教徒拜佛，要过海到大屿山，路远且不方便，如建成弘法寺，则路近而来往便利，所以香港和深圳的佛教信众关心弘法寺的人越来越多。针对这一情况，赵朴初多次给深圳市、广东省、甚至中央领导写信，表达群众的要求和自己的愿望。他提出，弘法寺由佛教协会接收过来，作为佛教活动场所对外开放，在一定期限内逐步向地方还清原来的建设费用。赵朴初的意见得到采纳。1990年，弘法寺正式举行了交由中国佛教协会管理的签字仪式。接受弘法寺后，如何规划、如何续建、如何筹集资金、如何偿还欠款，这一系列问题摆在中国佛协和赵朴初面前。赵朴初认为：关键是要立即选一德高望重的法师负责这一工作。经反复考虑他决定让时任光孝寺方丈的本焕法师兼任该寺工作。本焕法师上任后马上选调僧人、组织班子、续建前期准备工作顺利展开。正在这时，少数说话有分量的人提出，中国佛教协会离深圳很远，为什么要接收弘法寺。如果这一问题不能澄清就会影响该寺以后的续建。赵朴初指示工作人员做好解释工作。他说："提出这一问题的人不了解在中国修建寺院的政策。按规定，只有佛教组织和僧人，为解决宗教活动场所，提出申请，报地方政府宗教部门批准，才可修建，其他部门和个人均不得修建寺院。中国佛教协会这样做是为落实宗教政策，是为深圳广大信众解决宗教活动场所。一句话，我们是想为佛教界做一件好事，办一件实事。过去之所以停建是因为不符合宗教政策、没按规定办事。"经过一番澄清与解释，此种说法销声匿迹，各项工作才得以继续。

为搞好弘法寺的续建，1991年3月28日，赵朴初再次南下深圳。他查看规划方案、审阅建设图纸、提出修改意见，最后确定了续建方案。

万缘俱备，只看该寺僧团的苦干实干了。赵朴初在全寺僧人集会上对大家说："在深圳特区建弘法寺是一难得因缘。'弘法'就是弘扬佛法，我们弘法寺的僧人要担当起弘扬佛法的责任。既然要弘法，我们自己首先就要懂法，如果自己都不懂，怎么去弘扬呢？在这里，我们要有'学'有'修'。'学'是学习佛教知识，学习文化，持之以恒；'修'也就是修和行，要修正自己的错误，坚持做好事。'往昔所造诸恶业，皆由无始贪嗔痴，从身语意之所生，一切我生皆忏悔。'这是《普贤行愿品》中的四句话。忏悔很重要，忏悔犹如洗澡，时时'自净其意'、'诸恶莫作'；'行'就是'众善奉行'。请你们同发大心、勇挑重担，帮本老建好、管理好弘法寺，使其成为一个模范道场。"

此后，弘法寺续建过程中不同环节上还发生过不少问题，赵朴初或打电话、或派人去现场使其得以迅速解决。短短两年，在本焕法师带领下就自筹资金三千多万元，

1992年6月18日，本焕老和尚邀请赵朴初来弘法寺参加佛像开光、方丈升座典礼

几座主要佛殿竣工，具备了佛像开光、方丈升座的条件。经认真考虑，赵朴初认为，方丈一职仍由本焕长老担任最合适，并决定1992年6月18日隆重举行弘法寺佛像开光、方丈升座庆典。赵朴初高兴地亲自来深圳参加这一盛事。他特为本焕老和尚写了一副贺联："广弘大乘天龙八部皆欢喜；于法自在昼夜六时恒吉祥。"

庆典后，赵朴初会长还为弘法寺题写了"弘法利生、利乐有情、勇猛精进、报国土恩"16个字，指明弘法寺僧团的努力方向。

弘法寺是北京以外唯一直属中国佛教协会的寺庙，赵朴初一直牵挂在心，经常在大会小会上谈到。1994年3月，他说："修复弘法寺，从中央到广东省、深圳市各级领导都特别关心，海内外信众寄予厚望，我们搞不好无法向他们交代。"

弘法寺方丈本焕老法师没有辜负中国佛教协会和赵朴初会长的厚望。在他的领导下，励精图治、努力践行"以道风建设为中心，慈善事业为两翼，打造人文佛教平台"的宗旨。以现代化理念管理寺院，旨在培育僧才，树立形象；以文化弘法利生，旨在正信正教，净化人心；用慈善福利社会，意在慰藉心灵，回馈众生；用科学人文打造道场，意在和和为尚，爱国爱教。

本焕法师处处以身垂范，每日学修、精进不懈、戒行精严、修正功深。生活方面他十分节俭：洗脸水只要能湿透毛巾就可以了；吃饭时，掉在面前的米粒一定捡起放在嘴里吃掉；菜也很简单，为避免浪费，他总把素菜放在一个小碟里，吃得干干净净；连小小的纸巾都撕成两份，分两次使用。但他对慈善事业却毫不吝啬，每当八方有难，必先伸出援手。他常说："我一个百岁老人，住只要一间房，睡只需一张床，吃一日三餐，穿几件袈裟就可以了，十方供养的还是要回报给十方。"

唐太宗李世民曾对魏征说："用一君子，则君子皆至；用一小人，则小人竟进。"此为千古不变的至理名言。

赵朴初为新建的弘法寺选定本焕法师这样一位方丈，是其慧眼识才的英明之举。一个单位有了这样好的领头人，大批的好人便会聚集在其左右，共同干成一番事业，即便有些毛病的人都会被改造过来；反之，则后果迥异。

如今的弘法寺，建筑面积达 13 万平方米，殿堂、寮房、楼、阁四十余处，规模宏伟、佛像庄严。殿堂斗拱飞檐、层叠错落有致，蓝天、白云、芳草、绿树、与黄色琉璃瓦交相辉映。寺内晨钟暮鼓、梵音缭绕、泉水叮咚、鸟语花香，一片佛家的和谐气氛。真是，晨风里，鸟鸣花放梵音起；夕阳下，青山无语向禅家。

已经逝世的赵朴初会长和已经圆寂的本焕法师在娑婆世界的辛勤操劳已经果枝秋满。

八、东林中兴

江西庐山兼具峰奇、景美和历史悠久，而且有名闻遐迩的东林寺。该寺北距九江 16 公里、东距庐山牯岭街 50 公里，因地处西林寺之东，而建寺年代稍晚于西林寺，故得其名。

东林寺建于东晋大元九年（384 年）是佛教净土宗（又称莲宗）的发祥地。建寺者为名僧慧远（334—416），其俗姓贾，山西雁门楼烦（今山西武宁附近）人。他先在西林寺以东结"龙泉精舍"，后得江州刺史桓尹之助，筹建东林寺。寺建成后，这位精通儒佛、擅长诗文、宏词博论、辩才无碍的慧远大师在此主持 30 余年，聚集沙门上千。67 岁时他罗致中外佛学造诣深厚的僧人 123 位，结白莲社，译佛经、著教义，同修净土之业，成为佛门净土宗的始祖，而庐山东林寺成为净土宗的祖庭。这座清净庄严的古刹，在我国佛教史上，有着重要的地位。世界闻名的扬州高僧鉴真大师曾来此讲经弘法，后东渡扶桑，把净土宗传往日本。当今的日本佛教净土宗即以东林寺为祖庭、以慧远大师为始祖，曾数次前来朝拜。可见其在世界范围内的影响。

东林寺创建以来，至清朝末年，已有 1500 余载，历尽沧桑，几经兴废，不幸到民国时期，因住持不得其人，而破败不堪，甚至完全湮灭。新中国成立后，1959 年周恩来总理南下视察，由江西省省长邵氏萍和庐山管理处人员陪同，来到东林寺。周总理当场指示："东林寺是全国宗教圣地之一，在历史上有极大影响，应列为重点文物予以保护。"

1958 年 8 月，时任中国佛教协会副会长兼秘书长的赵朴初就曾来东林寺视察。

帆强同志:

东林寺是净土宗第一道场,住即法师任住持,我会店有轻郑重的表示一因此派哪一位法师去道贺?请见示。是不是请明旸法师?

刚任处有续的大佛字中重似于远,边上题款。再加上我的对联。

就传印法师任东林寺住持与倪强同志书

在那"政治挂帅、大炼钢铁、大砍林木"的特殊年代,他担心东林寺的文物保护工作疏失,特对当时的住持说:"希望你们把东林寺照看好。东林寺是我国净土宗祖庭,将来是很有希望的。"

"文革"中,东林寺又遭厄运。果一和其他常驻僧人全部被赶出寺院。果一法师回到庐山马尾水九峰的茅庐中,认真修行,自耕自食,待机再回东林。

光阴荏苒,十年弹指而过。1978年,由赵朴初提议,经地方宗教部门礼请,果一法师又回到东林寺。他发下宏愿:"果一毕生为期,光复东林大观,以效远祖,报佛深恩。"于是他带领僧众,又从头开始,对寺庙和其他建筑一一逐个进行修整。1980年,中央"十一届三中全会"后,落实宗教政策,寺院交给出家人管理,果一法师正式成为东林寺方丈,开始了他一生中艰难而最为辉煌的时期。他对全寺僧人说:"诸上座,今社会稳定、国策开明。我等佛子,遇此殊胜因缘,应当殚思竭虑、中兴祖庭、报佛恩国恩。"应果一法师恳求,赵朴初为东林寺殿堂题写了匾额。1987年2月,果一法师就来参加中佛协第五届代表大会之机,向赵朴初汇报东林寺的情况。赵朴初语重心长地对他说:"东林寺是净土宗开山鼻祖慧远大师的道场,影响很大,被称为净土宗祖庭。慧远大师建起东林寺,在此讲经说法,首倡弥陀净土思想,唱念阿弥陀佛佛号,求生西方极乐世界,开启中国佛教一代宗风。"

在赵朴初会长的大力支持下,果一法师恢复四方丛林旧制,开单接众,进而更积极

地进行寺院建设。他想尽一切办法
向政府请求补助、向四方善信募
化，先后修建了慧远祖师塔、佛陀
跋陀罗和尚塔、斋堂、莲社、三笑
堂、藏经楼等建筑，还新建了山门、
五百罗汉堂，重新开凿了莲池，栽
种莲藕。到1989年多数工程竣工。
重建后的东林寺，总建筑面积达
一万余平方米。而寺产——包括自
行开垦和出资购置的达两百余亩，
其中有可耕田，生产以自养；有山
林可广植松、柏、杉、竹。经二次
重修，一座气势宏伟的清净梵宇重
现于庐山脚下，东林寺得以盛世中兴。

传印法师（右一）在佛协原副秘书长倪强（左一）陪同下，向赵朴初（中）汇报工作

东林中兴，渗透了果一法师的全部心血。他积劳成疾，于1994年3月6日14时10分圆寂。

时年88岁的赵朴初会长为失去这一同道高僧万分悲痛，也为东林寺的未来牵挂于心。就继任方丈一事他多次同中佛协有关人员、一诚法师（时任中国佛教协会副会长、江西省佛协会长）及地方宗教部门商谈。各方取得一致意见，认为传印法师（时任中国佛教协会常务理事、中国佛学院副院长，正在浙江省天台山下方广寺闭关）为最佳人选。一来，他与果一法师同出虚云师门，在江西潜修多年，学问、修持均好，对东林寺情况熟悉，感情深厚；二来，他对净土宗教义的研究深入、对念佛法门的修持精深，是东林寺僧人的众望所归。

传印法师是当代禅宗、净土宗高僧，出版《俱舍论》、《大乘义章》、《天台四教颂略释》等多部专著，是一位著作等身的佛教学者，又是一位经验丰富的佛教教育专家。他信仰虔诚、解行并重。

传印当时正在闭关，而且本来是想闭死关的（一直闭关到圆寂）。接到中国佛教协会和赵朴初会长亲自礼请其赴东林寺任方丈，本想婉拒，但又一想，88岁的赵朴初会长，年迈体衰，仍无日无夜地为佛教事业操劳，自己才67岁，与其相比可谓年富力强，岂能辜负老人家的期望？

1994年9月11日，庐山东林寺内佛家五色彩旗随风飘扬，大雄宝殿内钟鼓齐鸣、梵音嘹亮，隆重举行了传印法师方丈升座典礼。

传印法师主持东林寺后，工作夜以继日，寺庙的一切按佛教仪轨进行整顿，寺庙建设和道风建设均有新举措、新成绩。

如今的东林寺规模宏伟、殿宇辉煌、佛号声声、钟磬悠扬，一派佛家盛世景象。由果一法师发愿，传印法师、道安法师先后继任方丈的努力，一尊 48 米高的世界第一阿弥陀佛铜像矗立在东林寺的后山上，使庐山又增一佛家胜景。

东林寺的中兴是"文革"后，在党的领导下，赵朴初会长努力下，中国佛教中兴的一个缩影。

九、天坛大佛向北京

天坛大佛坐落在香港大屿山 482 米高的木鱼峰顶。像身高 23 米，连莲花座及基座总高 34 米，重 250 吨，由 202 块青铜焊接而成。重达 5 吨的佛面，在浇筑时加入两公斤黄金，更加光彩夺目。大佛造型集云冈、龙门佛像及唐代雕塑技术之精华，极其庄重慈祥，坐南朝北，面向北京，意为"面向祖国、面向母亲。"其左手齐胸屈举，五根手指平伸，示"施无畏印"代表拔除痛苦；右手下垂，反掌向外，指端微微向下，呈"施与愿印"寓意施予快乐，表现了大雄大力与大慈大悲。大佛及其附属设施共占地 6567 平方米，因基座仿北京天坛设计，故称天坛大佛。

建造天坛大佛的倡议是 20 世纪 70 年代由香港宝莲禅寺圣一法师、智慧法师等发起的，缘起是"为了香港的繁荣稳定，为了国泰民安，为了佛日生辉、法轮常转、世界和平。"

宝莲寺诸法师的倡议得到香港佛教四众、官方政要、商界领袖及大陆佛教界的支持。于是，1982 年 12 月 29 日，香港宝莲禅寺举行了天坛大佛动土典礼仪式。

大佛基座建好后，工程因资金不足而搁置。一个日本人扬言，他们可以无偿铸造大佛，但大佛的方向要改一改，不是坐南朝北，而是向东北，要面向他们的首都东京，大佛开光以后三年的门票费（一说是十年门票费）由他们收取。香港宝莲禅寺将召开董事会，打算拍板交给日本人造。

当时，赵朴初正因病住北京医院，来看望他的原北大校长陆平把这件事告诉了他。他马上让人打电话给香港宝莲禅寺，转告"不要打经济算盘，钱的事好商量。"但电话没打通。第二天上午，他亲自打电话。宝莲寺的和尚听了赵朴初的电话，第二天就婉辞了那位日本人的"好意"，并派代表来北京商量。

赵朴初问明香港方面已筹措多少资金，还有多少缺口后，他坚定地说："我们自己来造，资金我们自己筹措。"

中国佛教协会立即成立了"天坛大佛随喜功德委员会"，赵朴初任主任，全国各名山大寺的长老及其他佛教界著名人士任委员，全国佛教四众热烈支持这一盛举。赵朴初会长率先捐款一万元。江苏省佛教界立即响应，第二天便在苏州举行省佛协正副会长、秘书长会议，大家一致认为"香港是我国领土的一部分，香港的事就是我们自己的事。"茗山法师带头个人捐资5000元，苏州的西园戒幢律寺、寒山寺、灵岩山寺本身正在维修用钱，也各自拿出5万元。一周内全省募集资金30万，全国达130万元。

天坛大佛铸造工程曾有英、日、意、中等国承包商竞标，最后我国航天部中标。

赵朴初开玩笑说："因为航天部能够上天，就让他们在天坛上造一尊大佛。"他还积极向中央政府申请工程补贴，不久得到落实。到此建造天坛大佛的资金齐备。

香港宝莲禅寺的法师们听到这一消息无不欢欣跳跃，他们说："中国的土地中国的山，中国的和尚中国的庙，中国人民有志气，释祖铜像自己造。"

当时航天部正在合并、换届，干部忙于交接，许多事情顾不上管。赵朴初因施工单位定不下来很着急，亲自给航天部长林宗棠写信。信中说："事关国家声誉，民族尊严，希望您百忙中无论如何把这个事抓一抓。"于是航天部指定了一位副部长担任大佛工程总指挥。

1986年9月4日，修造天坛大佛合同签署仪式在香港海港酒店隆重举行。中国佛教协会会长赵朴初应邀担任筹建委员会名誉主席。他和航天工业部副部长程连昌等人专门飞赴香港参加这一盛会。

航天部把铸造天坛大佛的任务交给了所属南京晨光机械厂。该厂原是清末洋务派官员李鸿章创建的生产枪炮等武器的工厂，现在由其承担铸造青铜大佛的任务也可算是化干戈为玉帛了。

天坛大佛是那时世界上最高大的露天青铜佛像。铸造、焊接工程量及具体施工难度之大，科技含量之高，都是美国纽约市哈德逊河口附近的自由女神像不可企及的。赵朴初把当年周恩来总理对制造卫星的员工们所作的十六字指示"严肃认真，周到细致，稳妥可靠，万无一失"转给了他们。该厂科技人员和工人大胆创新、精心设计、周密计算、认真施工，按质、按量、按期完成任务，获得航天部科技进步一等奖。

1988年10月8日，南京秋高气爽，碧空万里。从香港专程来宁的香港佛教联合会会长觉光法师、香港宝莲寺方丈圣一法师等二十余人到达南京晨光机械厂，举行"天坛大佛"佛首浇筑洒净仪式，并向熔融的铜液中投放黄金。赵朴初会长、茗山法师、中国佛学院栖霞山分院师生及南京佛教界人士百余人参加了这一法务活动。当晚赵朴初填词一阕以示纪念：

卜算子

百二十年来，几见蓬莱浅，奋翼冲天破九霄，阊阖开宫殿。　　威德保和平，工巧观神变，兵气销为日月光，妙相庄严现。

1989年11月1日，赵朴初在中国佛协各部门负责人碰头会上的讲话，对词中所描述的几次祥瑞不可思议的事作了注释："在香港工程进行中，出现了几次祥瑞，不可思议的事，流传很广。我们这个佛像有几个大部件，佛的三重髻，又大又重，佛的面部42平方米，怎么送上去呢？开始想用英国的直升机，但英国的直升机只能载重6吨，而我们这个超过6吨，不行，万一出事不得了。美国直升机大，索费44万美元，太贵了。只好用土办法，用卡车慢慢运上山。路实在不好走，有不少地方是180度急转弯，走了三天，时刻提心吊胆，万一有一个掉下来，就前功尽弃。这个时候宝莲寺的和尚们在殿上虔诚诵经。头一天运输很顺利，第二天不诵经，路上发生困难。第三天再诵经，最后安全运上了山，佛教群众认为有佛力加被。在香港进行焊接工程，正是盛夏台风季节，有一次强烈台风直冲大屿山而来。这次台风，港人叫'戈登'号台风，据说是毁灭性台风。我们的员工都很紧张，宝莲寺僧人又虔诚念经。忽然，庙里67朵昙花同时开放，这是个稀有事情，被认为是预兆平安。台风走到山前，徘徊了一个多小时，突然转了方向，往东跑了。佛面送上去安装也是比较担风险的一件工程。宝莲寺的师傅们又都在念经，寺里四棵丹桂本应当9月开花的，却提前一个多月在7月下旬就都开了花，也被认为是一个祥瑞。还有一次人们看到彩云在工地上空出现。有一张报纸，叫《天天日报》，报道说举行仪式时正下着小雨，当圆顶的钢板用起重机吊上，刚刚安放到佛顶上的一刹那，忽然云间出现金色的阳光，约有

筹建十二年之久，受到大陆佛教界鼎力支持的香港天坛大佛

两秒钟。《天天日报》用的标题是：'是巧合呢，还是异术。'"

　　天坛大佛从筹划到建成前后历时 12 年之久，香港宝莲禅寺选择 1993 年农历十一月十七（12 月 29 日）阿弥陀佛诞生日，举行庄严隆重的开光仪式。中国佛教协会应宝莲禅寺众法师之邀组成以赵朴初为团长，由国内汉语、藏语、巴利语三大语系佛教领导人、高僧、大德 68 人组成的佛教代表团，并组成由明旸、真禅法师率领的 60 人法务代表团同机赴港。

　　是日上午，阳光普照，天清气朗，场地上坐满四众弟子两三万人。

　　在主席台就座的有赵朴初、周南、觉光、明旸等。

　　中国佛教协会会长赵朴初、新华社香港分社社长周南和香港大佛筹建委员会主席胡仙为天坛大佛开光剪彩。赵朴初发表了饱含激情的讲话。他说："天坛大佛的建造是佛教史上一件大事，之所以是一件大事，第一是发心伟大。宝莲禅寺的大德们造像因缘，是为了香港的安定繁荣，为了国泰民安，为了佛日生辉、法轮常转、世界和平。他们的发心是广大宏伟的。第二是艺术伟大。这尊大佛相好庄严，表现了大雄大力，也表现了大慈大悲。艺术的成就，可与云岗龙门造像媲美。第三是技术伟大。屹立在木鱼峰头的天坛大佛是当今世界上最大的露天青铜大佛。造像工程的某些技术环节，世界铸造史上还未曾有过，可以说是超群迈伦，照古腾今的。"

　　最后他大声说："愿我佛如来无上吉祥之光照遍香港、照遍神州、照遍世界。"会

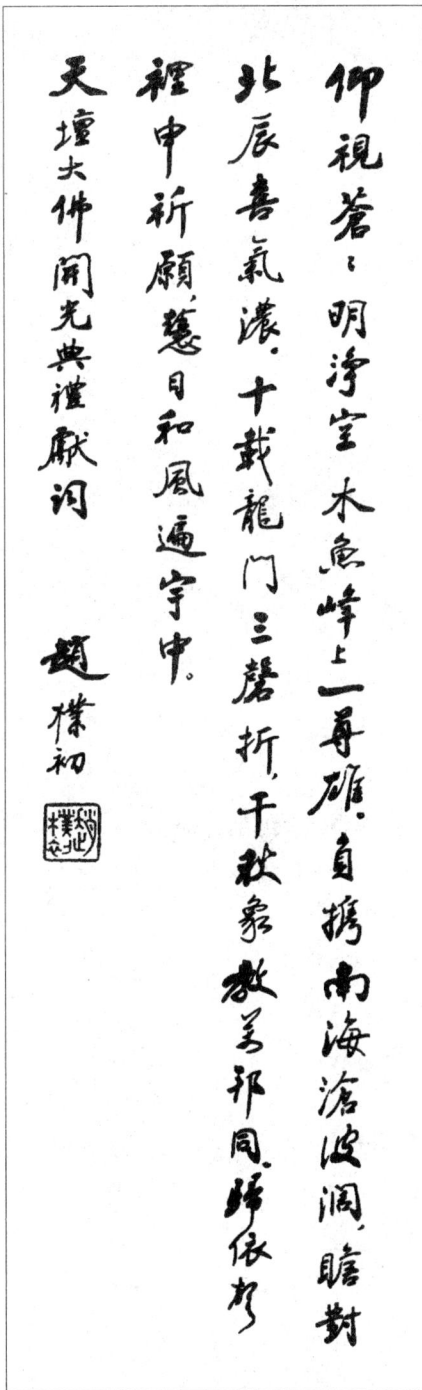

仰视著，明净空，木鱼峰上一尊雄，自携南海沧波润，瞻对
北辰喜气溢，十载龙门三磬折，千秋象教万邦同归依
礼中祈愿，慈目和风遍宇中。
天坛大佛开光典礼献词
题　朴初

天坛大佛开光典礼献词

场上响起雷鸣般的掌声。

剪彩后，来自中国大陆、中国香港、中国台湾及斯里兰卡、马来西亚、新加坡、韩国、日本、美国等国的法务团数百位僧人共同举办水陆大法会。首先净坛，而后各位长老分别说开光法语、唱诵如法、梵音嘹亮、群山和悦，两三万四众弟子如置身佛国、烦恼尽除、万念归一。这是世界上最伟大的盛典，就像佛陀重现灵山胜境。

赵朴初心潮澎湃，提笔作诗一首：

> 稽首天外天，毫光遍大千。
>
> 八风吹不动，端坐紫金莲。

十、灵山大佛耀神州

祥符寺原址位于常州府武进县迎春乡寨前湾（今江苏省无锡市马山区）。创建年代不详，原始寺名无考。相传，秦始皇统一六国后，东游会稽，路过此山，故谓秦履。山石上留有秦王坐骑蹄痕，遂曰马迹山。亦传唐代玄奘法师自天竺归、历游东南，右将军杭恽陪同他至马迹山，所见恍若西天灵山（灵鹫山）胜境，赞叹此地堪称东土小灵山。由此，寺随山名，称小灵山寺。本地并流传有玄奘的大徒弟释窥基尊玄奘之托在小灵山弘法的故事。相关记载有据可查：当年小灵山寺"居重湖叠嶂间，最为幽绝"。寺临太湖"波光云影，照耀晃漾"。寺后"三峰环列，龙、虎拱峙"。殿前"塔影崔嵬落半天"。"水之流，有桥白双瑞；山之中，有弯月望湖。龙井则在厨之东，莲池则在殿之北。"

可以想见，当年的小灵山寺，宝殿玉宇掩映于青松翠竹中，钟鼓、梵呗回荡于云林烟水间，真是梵天佛地、灵山胜境。僧人在此静坐参修、观风听雨、运水担柴、植树栽竹，多么和谐的一派禅家景象啊！

然而，诸法无常，此寺历代几经兴废，至宋朝大中祥符年间，更名为祥符禅院，到1949年中华人民共和国成立，寺内只剩一个名叫圣友的残疾僧人（外号僧癫子）看守寺庙。1950年，土地改革时，寺田分给农民，山林由武进县第二农场接管。原守寺僧人圣友被安置于庙下村当农民。这座历史名刹从此钟鼓绝响、香火断灭。

十一届三中全会后，政通人和、国泰民安、经济迅猛发展、百业欣欣向荣。为落实宗教政策、弘扬佛教文化，满足广大佛教徒宗教生活的需要，无锡市政府应佛教界要求，决定在其旧址重修祥符寺并建造世界最大的释迦牟尼佛铜像。他们多次派人到中国佛教协会汇报并希望得到支持。1993 年底吴国平居士等人来北京向中佛协详细讲解他们的建设规划。赵朴初会长闻之，非常高兴地说："这不仅是无锡的大事，也是江苏省乃至全国佛教界的一件大事。大陆佛教界从未建造过这么大的佛像，我会应尽力帮助，促成佛门这一盛举，但请他们逐级申报批准，对现场还要认真勘察，不可轻易动工。"

无锡市佛教界和有关部门，得到赵朴初的大力支持，高效完成了前期各项申报审批工作，于 1994 年 1 月来京直接向赵朴初汇报并邀请他亲自赴无锡视察。

为尽快选定建造大佛地点，1994 年 4 月 9 日，赵朴初带有关人员赶赴无锡，次日上午便到现场勘查。他仔细查看祥符寺遗址、遗物和建造大佛的选址，听取建设规划汇报。老人家高兴地说："此处三面环山，面对太湖，地灵形胜，环境很好……玄奘法师曾来过此地，为保存古迹，弘扬佛教文化，在此恢复祥符寺，建造大佛是大功德……我们不建则已，既建，就一定建好。88 米大佛，这可是世界之最呀！"

勘查途中，赵朴初一行人，到月湾抱碧轩饮茶休息，老人家兴致勃勃填词一阕：

忆江南

龙头渚，景色胜天堂。

七十二峰争供奉，小灵山里建禅场。大佛法中王。

当时，对灵山佛像如何造，造什么佛像，各方意见纷纷。赵朴初在诗中提出"大佛法中王"，法中王当然指释迦牟尼。这样，把各方意见统一起来：建一尊释迦牟尼大佛像。1994 年 7 月 30 日，无锡市佛协人员和政府部门有关领导一起来京请赵朴初会长审定建造大佛的小样，并请他担任无锡大佛筹建委员会名誉主任。他一遍遍地审阅修复祥符寺的图纸、仔细端详大佛小样，愉快地接受了担任名誉主任的邀请。联想到重建祥符寺、建造 88 米大佛的殊胜因缘，赵朴初诗情涌动，挥笔写诗一首：

太湖三万六千顷，八功德水绕灵山；

如来百福庄严像，无量光明照世间。

诗中第二句，赵朴初借用了一个有趣的典故：梁天监 17 年，西域一胡僧在中山紫霞洞修行，此处缺水，胡僧靠接天雨止渴。一日，洞里来了一长发老叟，向胡僧讨水喝。胡僧与之。其水为春天所接，胡僧准备靠它度过炎夏。老叟一口气喝干，问胡僧心痛否？胡僧说："接水有缘，喝水有缘，今日有缘，得遇山仙。"老叟惊问："何以知我山仙？"胡僧说："紫霞洞口有恶虎一只，毒蛇一条，凡人岂能进来？"老叟笑道："既然被你识破，我当赔水予你。"说着，对洞壁用手指猛力一戳，戳出一个小窟窿。刹时流出一股清冽的水。胡僧问老者："这水有何好处？"老叟答曰："我这水有八功德：一清、二冷、三香、四柔、五甘、六净、七不变质、八去病。"说罢，老叟化作一道青烟而去。附近的灵谷寺僧人听说后，便劈开南竹，铺出竹筒水道，引水入寺，解决了缺水问题。

赵朴初在这里用诗的语言对大佛的选址、造型、景区意境进一步作了整体规划。

1994年10月20日，无锡灵山大佛奠基法会隆重举行。中国佛教协会副会长明旸法师、茗山法师、来自海内外的高僧大德、政府有关部门领导和信众三万余人参加。明旸法师在会上宣读了赵朴初的贺电。

1994年12月24日，无锡灵山大佛建造工程在北京钓鱼台国宾馆隆重举行签约仪式。与会者有原中央顾问委员会常委李德生、中共中央统战部副部长万绍芬以及国务院宗教事务局、航天工业总公司、江苏省政府等有关部门人员。全国政协副主席、中国佛教协会会长赵朴初在会上作了重要讲话。他说："今天的签约仪式是一件大喜事。造像艺术是中国几千年传统文化的反映、是世界文化宝库中极为宝贵的一部分。灵山大佛的建造不仅是中国佛教界的一件大事，而且是世界文化发展中的一件大事。我国北方现有山西云冈大佛，中原有河南洛阳龙门大佛，西部有四川乐山大佛，南边有香港天坛大佛，无锡的灵山大佛正好在东方。这样，东、西、南、北、中五方就有了五尊大佛像……大佛建成后将高达88米。这很了不起。希望无锡市政府和晨光厂的同志共同努力把佛像造好，功德圆满。"

赵朴初会长关于五方佛的谈论博得热烈掌声。

此前，香港方面对在无锡建一座远远高大于香港的大佛提出许多不同意见。赵朴初五方五佛的说法合情合理，香港方面持异议者自然心服口服，灵山大佛工程得以继续。

大佛建造工程进展顺利、按期竣工。1997年11月15日举行灵山大佛落成开光典礼。赵朴初应邀提前抵达。开光的前一天他对新建成的释迦牟尼大佛像及周边附属设施一一进行查看。大佛坐落于玄奘法师所题"小灵山"南麓，耸立在盛开的莲花上，若从天上降临人间。大佛采用青铜材料铸成，净高88米，加基座总高104米，成为全球之最。大佛的建成形成了中华大地五方五佛的佛教文化格局，体现了信仰、文化、科技永恒的完美结合。大佛形体宏伟庄严、仪态安详、慈眉慧眼、广视众生、口欲开又止，宛若开示妙法。其右手"施无畏印"，表示除却痛苦，施予众生安乐无畏；左手"施予愿印"表示圆满众生爱乐愿望，给予快乐；胸前"卍"形，标志"万德庄严"、"吉祥如意"。这一切都表现了佛陀的慈悲精神。

灵山大佛佛体（不含莲花瓣）由1560块6到8毫米厚的铜壁板构成，焊缝长达三十余公里，用铸铜约700吨。铜板面积9000多平方米，约有一个半足球场那么大。由于采用了高科技，灵山大佛能抵御14级台风和10级地震侵袭。

　　视察后，赵朴初和有关部门领导一致认为：大佛建造工艺精湛、佛像庄严精美，反映了当代工艺的最高水准，符合设计要求，可以按时开光。兴奋不已的赵朴初不仅同大家一起在大佛前合影，还单独拍照，留下永恒的纪念。

1997 年 11 月 14 日，赵朴初与茗山长老、无相大和尚在无锡灵山大佛前留影

　　1997 年 11 月 15 日，灵山上下彩旗飞舞、喜气洋洋；祥符禅寺钟鼓齐鸣、灯烛交辉。社会各界人士、佛家四众欢聚一堂，隆重举行法会。诸山长老茗山、明旸、本焕、隆根、仁德、净良、慈舟、松纯联袂主法，为灵山大佛开光。应邀参加法会的斯里兰卡维普沙拉长老、尼泊尔佛教界客人到场随喜。整个上午，雾蒙蒙、雨潇潇，中午时分突然天遂人愿，云开日现。此时，法器交响、梵音嘹亮、念经声、佛号声传向四方。灵山大佛开光了！只见大佛慧目垂青众生，光明普照人间。下面人头攒动、摩肩接踵，纷纷走向大佛，同瞻慈容、共沾法喜，观礼者不下十万，真乃盛世盛事盛况空前。

　　回顾中国历史和中国佛教史，在每一个繁荣昌盛的时期，都会出现高度文明的艺术结晶，千秋万代，历久不衰。而灵山大佛就是中华民族实现伟大复兴的年代出现的高度文明的艺术结晶之一。

　　在大佛开光典礼的致辞中，赵朴初说古论今，进一步阐发了五方五佛，具足和谐的主张。他说："无锡小灵山祥符寺是一座古老的寺院，在历史上规模宏大，高僧辈出，法务昌隆，香火鼎盛。因此，江苏省佛教界选择无锡小灵山建造一尊全世界迄今为止最高大的露天青铜佛像，可以说是最理想的选择。……目前神州大地堪称佛像之最的在五个方位上也形成了五方佛的格局。依建造年代的顺序，北方有云冈大佛，中原有龙门大佛，西方有乐山大佛，南方有香港天坛大佛，东方有现在建成的灵山大佛。从理论上说已是五智具足，从自然法则上说已是五大协和；从修因证果的关系上说，在因行上四大名山四大菩萨的信仰，在果德上有五方五佛的崇尚。我认为，我们佛教界在佛像供奉方面要注意把示像设施上的差别性和理论体系上的完整性结合贯通起来，要注意保持像四大名山四大菩萨、五方五佛这种信仰的体系，让这种信仰体系在广大信徒的心目中形成一种稳定的依托，有助于信仰情感的落实，有助于整个教团在信仰上形成一种凝聚力。有鉴于此，我建议我们的佛教界要注意从信仰体系的高度深入理解五方五佛和四大名山四大菩萨信仰的深刻意义，要保持这种信仰体系的格局，今后不要再建露天大佛了。"至此，应不应该建灵山大佛、中国应该建多少尊大佛、大佛建在哪里，在佛教界达到思想的统一。

参加无锡灵山大佛开光法会前后短短几天，赵朴初会长心情格外好，有《无锡纪游杂咏十八首》问世，对小灵山、祥符寺和灵山大佛均有题咏。

大佛建成，心愿已偿，在无锡逗留短短十日，就要返回北京，赵朴初依依不舍，写诗留别送行诸位友人，抒发报效佛门的豪情壮志。

十月二十五日，将离锡反京，留别诸友

不负名城十日留，太湖人作太湖游。

可能实践年年约？报答灵山未肯休。

十一、"相国"回归

河南开封大相国寺，开创于北齐天宝六年（555年），位于历史文化名城、七朝故都的开封市中心。它历史悠久，在中国佛教史上地位重要、影响广泛。该寺北宋时期达到鼎盛，所辖有64禅、律院，占地540亩，僧人近千。各寺院住持的任命和辞归必须由皇帝允准。每逢住持就职，皇帝都遣钦差降香，称为"为国开堂"，是我国历史上第一座"为国开堂"的"皇家寺院"。历史上相国寺高僧辈出、名士荟萃、建筑宏伟、寺藏丰富。被称为"画圣"的吴道子，著名文学家、思想家、政治家黄庭坚、苏轼、王安石、范仲淹等人均在此留有足迹。中国古代四大名著《水浒传》里描写鲁智深去大相国寺菜园供职，将垂杨柳连根拔起，使众泼皮信服得五体投地的故事更是家喻户晓、妇孺皆知。

唐、宋朝代鼎盛时期的大相国寺吸引世界各国使者、信众和僧人来此朝拜、切磋佛法。印度、日本、韩国数批僧人来此参学。特别是日本真言宗开山鼻祖空海和尚于唐德宗贞元二十年（804年）来华，住大相国寺内。他精通中文、学识渊博，参照中国草书偏旁，创立了日文字母"平假名"并写作"伊吕波歌"传于后世，对中日文化交流作出不朽贡献。现在相国寺内有"空海大师堂"。1992年由日本爱媛县集资铸造空海像一尊，安放于堂内。600多年前，日本佛教界出于对开封大相国寺的仰慕，按原样在京都也建了一座相国寺，并承中国佛教之风，把禅寺中高等级者列为"五山十刹"。

宋代以后，大相国寺几毁兵燹，又几经重修。1949年，解放时已破败不堪，此

后一直被文物部门所占用。

早在 1953 年中国佛教协会成立时，著名高僧净严法师便向赵朴初提议收回大相国寺归僧人管理，还约集同道写成提案提交大会，但因缘未到，一直未果。

净严法师，即 1938 年向中国佛教会主任秘书赵朴初求援，在河南办难民收容所和 1942 年河南蝗灾时，用赵朴初寄来的中草药做"补饥丸"的那位活菩萨。

改革开放后，时任河南省佛

1987 年 2 月 26 日，赵朴初会长与河南净严老法师亲切会面

教协会会长，近百岁高龄的净严法师与广大僧众一起奔走呼号要求收回大相国寺，但由于存在诸多历史和现实障碍，广大佛教徒这种正当、合理的要求一直未得到满足。

1989 年 4 月，开封部分僧人进驻相国寺，和寺内文物部门职工发生冲突，引起教内外广泛关注。83 岁的赵朴初会长焦急万分。

经开会研究，赵朴初首先派人赴河南了解实际情况并向广大佛教信众做说服解释工作，以维护改革开放后来之不易的安定团结的大好局面，同时大量查阅历史资料，有理有据地亲自写信给江泽民、李鹏等同志，向党中央、国务院，反映情况，提出建议。并不顾年迈体弱，于 1992 年 4 月 6 日至 18 日，在郑州、开封、登封、洛阳等地考察十二天。期间，他工作夜以继日，找有关领导谈心、召开各种座谈会，解决了方方面面的问题，还参访了相国寺、少林寺、白马寺等重要丛林。

1991 年，是净严法师百岁之期，初春赵朴初送他一幅亲笔寿联：

弘法利人天喜百龄矍铄精神更祁多寿同龙树；

降魔光佛土愿三世如来加护为舒五指见狮王。

上款是："净严法师百岁初度大庆"；下款是："赵朴初作礼撰贺"。

时隔不久，法师安详往生，世寿百岁，僧腊 63 夏。

在豫视察期间赵朴初参加了在大相国寺举行的净严法师示寂回向法会，还参加了开封铁塔公园举行的净严法师灵塔奠基仪式，审阅了灵塔图纸。

在 4 月 8 日举行的净严法师示寂回向法会上，赵朴初高度赞扬了净严法师的一生。

4 月 14 日，赵朴初会长在洛阳出席了"河南省宗教干部座谈会"并应邀在会上讲话。在简单介绍了宗教的定义、宗教的五性等问题后，他着重谈了对待宗教应持的正确态度。他说："邓小平同志最近讲：'现在有右的东西影响我们，也有'左'的东西影响我们，但根深蒂固的还是'左'的东西。有些理论家、政治家，拿大帽子吓唬人的，不是右，而是'左'。'左'带有革命的色彩，好像越'左'越革命。'左'的东西在我们党的历史上可怕呀！一个好好的东西，一下子被他搞掉了。右可以葬送社会主义，'左'也可以葬送社会主义。中国要警惕右，但主要是防'左'。中共中央政治局会议要求各级干部要警惕右，主要是要防止'左'。这个要求是否也适用于宗教工作？我看，是完全适用的……宗教工作当然要警惕右……但主要是防止'左'。宗教工作最容易'左'。建国以来，宗教工作出现的几次大反复都是'左'，危害最大的是'左'。主要是防止'左'这一指示非常正确，非常重要。"

4月17日，赵朴初同河南省委、省政府领导同志广泛地交换了意见。他说："河南五教俱全，宗教工作很重要。可以说是宗教工作大省……河南佛教有光辉的历史，在中国佛教史上占有重要地位。中国佛教第一座寺院——洛阳白马寺在河南，成为佛教在中国流传的发祥地；中国佛教的译经事业开始于河南；在中国创戒坛传戒始于河南洛阳；第一个受戒，第一个西行求法的僧人（朱士行）在河南；被列为世界文化名人、伟大的旅行家、伟大的思想家、伟大的翻译家、西行求法、载誉而归、鲁迅称之为民族脊梁的玄奘法师的故里在河南；在国内外具有广泛深远影响的禅宗发祥地、禅宗初祖——少林寺在河南；世界闻名的艺术宝库——龙门石窟在河南。可见，佛教是河南宝贵的文化财富……可以设想，只要党政主管部门和佛教界同心协力，在河南将形成白马寺、少林寺、相国寺、风穴寺为主体的中州佛教文化圈格局和态势，这对全省佛教事业的建设，对社会主义稳定与繁荣，对改革开放和文化旅游事业的开展都将产生积极的影响……"

在河南短短十天，赵朴初同教内外群众广泛接触，向他们宣传党的宗教政策；和宗教干部、省委、省政府干部座谈交换意见，商量解决老、大、难问题，为大相国寺回归僧人管理铺平了道路，并成竹在胸，为其未来的发展分轻重缓急制定了基本步骤，规划出美好蓝图。

为搞好回归后的相国寺，赵朴初亲自物色好方丈人选，那就是中国佛教协会副会长、上海市佛教协会会长、上海佛学院院长、上海玉佛寺和静安寺住持真禅法师。但又考虑到真禅法师年高体弱、兼职很多，将来还要常驻上海，必须再选一年富力强、德才兼备的僧人在相国寺任监院，实际上代理真禅法师主持寺务。经与有关人员商议，认为苏州西园寺监院弘法法师最合适。

1992年7月17日，赵朴初亲自给西园寺方丈明开法师和苏州佛协副会长兼秘书长安上法师写信：

明开法师、安上法师道席：溽热，敬维四大轻安，为颂！开封相国寺，多年交涉，屡经周折，终于作为佛教活动场所归还开放，实为海内外瞩目、意义深远之大事。管理好这座著名古刹，需要各方大力支持。在人事方面，已商请真禅法师兼任该寺住持，并拟调贵寺弘法法师前往该寺协助真禅大和尚管理寺务。现派中国佛教协会教务部主任倪强同志前来面商，务希鼎力相助、玉成其事，不胜企盼之至！顺颂道安。

明开、安上两位法师看完信表示："朴老为相国寺回归多年来费尽心血，我们深受感动，现在终于回来了。看到朴老为佛教事业呕心沥血，我们听他老人家的，服从大局，同意弘法法师去。"

弘法法师本人说："从我个人思想上说不愿去，但赵朴老和中国佛教协会安排我去，这是对我的信任，我听从领导的决定。"

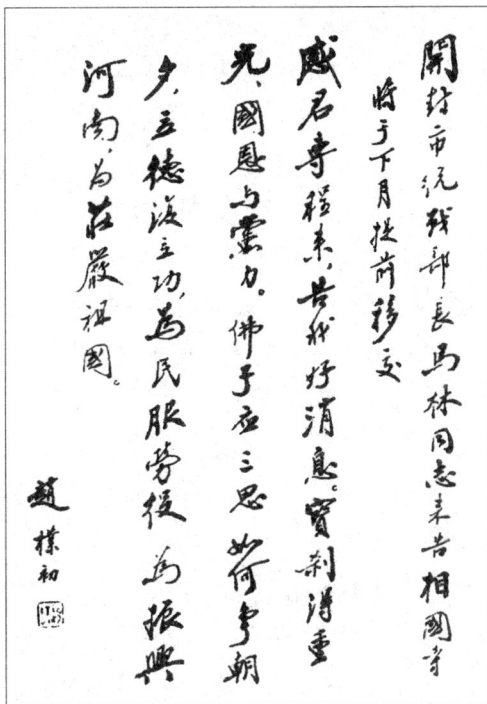

1992 年赵朴初在河南视察时，得知相国寺将提前归还佛教界，欣喜万分，即赋此诗

经真禅法师、弘法法师和河南省、开封市有关领导商量并征得赵朴初会长同意，决定 1992 年 11 月 6 日在开封相国寺举行佛像开光、迎奉藏经、方丈升座、中日两座相国寺缔结友好寺院签字仪式典礼法会。

是日，这座千年古刹旗幡招展、鲜花满院，数千名海内外佛家四众及各界人士汇聚一堂，举行回归后第一次隆重法会。86 岁高龄的赵朴初会长专程来此祝贺，并在会上发表讲话。

在中日两国相国寺缔结友好寺院签字仪式上，真禅方丈和日本大本山相国寺负责人尾谷宗忍长老分别代表两寺在协约上签字。依据协约，两寺将加强联系，永结友好，在佛学研究方面进行合作交流。

在签约仪式上，86 岁的赵朴初会长作了即席发言。对各位来宾表示热烈欢迎、深情地回顾了大相国寺的历史沿革后，他语重心长地说："……我们十分珍惜这一殊胜因缘时节，一定要逐步恢复相国寺昔日宗风鼎盛时的景象，把相国寺办成体现佛教精神、弘扬佛教文化、净化社会人心、促进海内外佛教交流的庄严道场。"接着，他对日本京都大相国寺建寺 600 多年中在弘扬佛法、中日佛教交流等方面所作贡献给予高度评价，并相信："中日两相国寺结为友好寺院，必将成为推动中日佛教友好交流的新生力量。在今后的交往中，彼此携手并肩，同心协力，为弘扬佛法，广度众生，为中日两国人民的世代友谊，为亚洲及世界和平作出新的贡献。"

法会从上午 8 点开始，直到下午 2 点才结束。一个 86 岁的老人，身体还有多种疾病，坚持参加一项项活动、发表一次次讲话，使随身保健大夫魏教授和护士小董非常担心，几次小声劝他休息，但他一直坚持到活动结束。晚饭后他还加班加点为寺庙题写匾额，为有求于他相识或不相识的朋友写字。

为相国回归，赵朴初会长竭尽心力、功德圆满。

十二、少林重振

少林寺位于河南省登封市嵩山五乳峰下。由于坐落在少室山茂密的丛林中，所以取名"少林寺"。该寺创建于北魏太和十九年（495 年），是北魏孝文帝为安顿印度高僧跋陀敕建。北魏孝昌三年(527 年)，南天竺(印度南部)高僧菩提达摩从海路来华，寓止少林寺，面壁九年，首传禅宗，被尊为中国禅宗初祖，少林寺则被尊为禅宗祖庭。

该寺自唐初至开元年间（618 年—714 年），由于诸代帝王的护持，进行了大规模扩建，楼台殿宇凡五千余间，僧众两千余人，一时高僧云集、帝王游幸，成为唐朝皇家煌煌大寺，"天下第一名刹"。但到清朝末年、民国时期，国势衰微、战乱频仍，特别是经军阀石友三的破坏，此寺到解放时已是残垣断壁、破烂不堪。

我国实行改革开放政策以后，作为禅宗祖庭、全国重点寺院的少林寺，党的宗教政策久久不能落实，海内外信众意见很大。作为中国佛教协会会长的赵朴初在 1985 年 4 月召开的全国政协六届三次会议上，大声呼吁落实宗教政策，理顺少林寺管理体制，解决现存的诸多问题。

赵朴初会长的讲话起到很大作用，河南省对损坏少林寺文物的责任人进行了批评、教育和处理。此后，损毁佛教文物的事件大大减少。

1992 年 4 月 11 日晚，赵朴初与同行的佛协人员住在郑州中州宾馆，第二天他要去少林寺视察，河南省和登封市宗教局的领导同志前来汇报工作。赵会长对他们讲："1978 年我去过少林寺，那时的少林寺屡遭劫难，特别是'文革'中破'四旧'，

1992 年 4 月，赵朴初考察河南佛教工作

把少林寺搞得破败不堪。少林寺自古被誉为'天下第一名刹'，千百年来这里作为禅宗祖庭，对海内外佛教界有着巨大影响。"

谈话中赵朴初发现，对方对佛教知识和少林寺的历史了解很少，就和他们说起了禅宗初祖和二祖的故事、介绍了少林僧人习武的原因。

他说："菩提达摩是中国佛教禅宗的初祖，他是南天竺（印度南部）人，是佛教创始人释迦牟尼的第二十八代佛徒。公元 5 世纪初，达摩出生在南天竺的一海滨小国——香至国，是国王的三太子。他自幼喜读经书、淡泊名利。正当其父决定把王位传给他的时候，他毅然放弃，出家学佛。在南北朝时，他漂洋过海，历经三个寒暑从天竺来华，途径南海至金陵后，'一苇渡江'北上，辗转进入河南嵩洛地区，来到嵩山五乳峰下少林寺附近。他在阴暗潮湿的岩洞中面壁十年，修炼佛法，开创禅宗，被尊为禅宗初祖。后来将衣钵传于弟子慧可，即禅宗二祖。"

老人稍息片刻，喝了口水继续说："二祖慧可，生于北魏太和 11 年，初名神光，洛阳武牢（今河南荥阳）人。自幼胸怀大志，博览群书，尤通玄理。出家后他得知天竺高僧寓止少林寺，即前往拜师。此时天降大雪，达摩正在坐禅。慧可恭立门外，直到雪没双膝，仍双手合十，肃立雪中不动，虔诚至极。达摩问：'汝久立雪中，当求何事？'慧可答曰：'惟愿和尚慈悲，开甘露门，广度群品。'达摩说：'除非天降红雪。'慧可领悟其意，遂取出自带戒刀断其左臂，鲜血飞溅，染红衣襟和周围的雪地，惊动了佛祖如来。如来随手脱下袈裟，抛向东土。霎时，少林上空一片红光照彻寰宇，空中的鹅毛雪片被映得通红。达摩见慧可求师真诚、悟性极高，便传其衣钵、法器，为其起名慧可，收其为徒。慧可取得了法嗣地位，即为禅宗二祖。现在少林寺有一'立雪亭'，亭内供有二祖慧可像及乾隆御书《雪印心珠》横匾一块，相传这是二祖慧可立雪断臂之地。少林寺南有'二祖庵'，相传是二祖断臂后养伤的地方，庵旁有一泉，传说达摩前来探望慧可时，见此处无水，即掷锡杖于地，遂现一泓清泉，后人称'卓锡泉'。"

赵朴初讲得有声有色，在座人听得出神入化。他问了大家一个问题："知道少林僧人为什么习武吗？"众人回答不知。他又接着讲："少林以'禅、武、医'文化传世，其禅宗、武术并称。少林和尚为什么练武呢？禅宗修行的方法称为'壁观'，就是面对墙壁打坐。长时间盘膝打坐易疲劳，僧人就习武锻炼，以解除身体困乏。少林寺以卓绝的少林功夫而著称，多数僧人习武强身。寺内保存盛唐以来的碑碣石刻三百多块，其中有一块'太宗文皇帝御书碑'记载了少林十三棍僧勇救唐王李世民的事迹，为唐太宗亲笔所书。少林僧人习拳练武的情景在寺内白衣殿壁画中有生动描绘。看来，练武是为修禅服务的。"

在座者无不为一个 86 岁老人惊人的记忆力和对少林寺的历史如此熟悉而赞叹。

次日上午，赵朴初在夫人陈邦织与省、市有关领导的陪同下，视察了少林寺。他仔细审视了各殿佛像的摆放、一字字阅读了李世民御书碑的碑文、高兴地欣赏了壁画——罗汉演武图，对陪同的永信法师说："这次来少林寺，和上次来看大不一样了。我是 1978 年来的，十四年了，这次看了，感到很兴奋。少林寺的许多建筑经过修建，寺修得很好。我坐在车上，远远就看见了。在少林寺，'武'字看得多，佛教呢，当然有武，少林拳嘛！但少林还有文。"

赵朴初来到立雪亭前，胸中诗情涌动，随口吟诗一首：

<blockquote>大勇立雪人，断臂得心安。
天下称第一，是禅不是拳。</blockquote>

稍停片刻，赵朴初又对身边的少林寺僧人说："现在少林拳比少林禅有名。日本有个宗道臣，我刚才看了他的碑，他学少林拳法，他的那个组织有一百多万人，现在他的后世据说每年还要来这里……但这里主要还是禅，惊天动地的应是少林的禅，不是少林的拳。我希望这里的师父们还是要多研习经教，虽然禅宗不立文字，六祖不识

字，但还是讲《金刚经》。初祖教人学《楞伽经》。可见经教是重要的。拳当然可以练，经也要好好学。练拳也好、习经也好，都是为了报恩。佛教徒要时时刻刻抱着报恩的思想，我们说要报四重恩：父母恩、众生恩、国土恩、三宝恩……"

　　谈完少林寺之所以被称为"天下第一山"、"天下第一名刹"，靠的是禅而不是拳后，赵朴初会长又谈到植树造林问题。他说："少林当然不是少林。我们佛教徒有个优良传统，就是造林、护林，希望这里的师父们多造林，好好护林。树有树木、松柏的林，还有人的林。学者如林，儒教叫儒林，我们是禅林，既要造树木的林，也要演习禅法，造禅林。少林这个地方不是少林，而应该是多林。我希望十年以后再来，那时我就九十多岁了，看到这里满山、万山都是青！"

　　此后，赵朴初无时无刻不在关心着少林寺各方面的建设，解决了少林寺重建中遇到的各种困难。

　　1994年1月中旬，河南某食品厂推出"少林火腿肠"，严重侵犯了少林寺的名誉，玷污了祖庭圣地，在教内、外造成了极坏的影响。永信法师及时向赵朴初作了汇报。由于赵朴初的干预，问题很快得到解决。

　　1995年9月，少林寺隆重庆祝建寺1500周年，赵会长委托净慧法师代表中佛协前往祝贺并赠送礼品。

　　1999年3月，赵朴初在医院接见永信法师，对他领导下的少林寺工作充分肯定。同年8月19日，永信法师荣膺少林寺方丈，赵会长派专人前去祝贺，并送上由他自己题写、用金丝线绣的大"禅"字为贺礼。

　　少林寺僧人，在永信法师带领下，不负国恩、不忘祖德，更没有辜负赵朴初会长的殷切希望，很快重建了法堂、钟楼、鼓楼……扩大了寺院，满山植树造林、保护环境；同时加强了道风建设，挖掘、整理少林文化遗产，深化禅学研究，创办了《禅露》杂志，出版了《禅露集》、《禅林意趣诗》、《国际禅文化研讨会论文集》、《少林寺》画册等。

　　少林寺充分发挥了禅宗祖庭和武术圣地两大优势，扩大了在全球范围的影响。2006年，俄罗斯总统普京专程到少林寺访问、世界杯足球赛闭幕式特约少林寺方丈永信法师出席。重振后的少林寺为复兴祖庭、弘扬禅风与武术文化，为国际交往、构建和谐世界作出了无可替代的贡献，为祖国赢得了荣誉。

十三、峨眉更秀

四川省峨眉山是中国四大佛教名山之一,为举世闻名的大行菩萨普贤的应化道场。自东晋年间这里建起第一座寺庙普贤寺(今万年寺)以来,峨眉山一直是中国佛教圣地。这里有数座山相对,如峨眉,包括大峨眉、二峨眉、三峨眉、四峨眉,故得其名。

新中国成立后,实行宗教信仰自由政策。为保护佛教文物,人民政府对新中国成立前遗留下来的 30 多所几近荒废的寺院进行了修葺。为了解这些寺院的管理、佛事活动的开展、僧人生活诸方面的情况,1960 年 11 月,时任中国佛教协会副会长兼秘书长的赵朴初和当时中共中央统战部副部长张执一同志一起赴四川调研。

当时陪同赵朴初视察的明宽法师回忆说:"朴老一行从视察报国寺开始,沿山路直奔万年寺,由该寺返回到清音阁,抵接御亭,上红椿坪。朴老视察每座寺院,都殷殷勉励僧、尼认真贯彻'以山养山、靠山养庙'的方针,和僧、尼促膝谈心、聚会讲话,鼓励他们努力工作,作爱国爱教的佛子。朴老还多次强调:'峨眉山是佛教圣地,又是蜚声中外的风景名胜区,在全世界,特别是对东南亚各国影响很大,每年前来朝山进香、游览参拜的人很多,一定要保护好、管理好。'"

赵朴初被峨眉的雄、秀、奇、险深深感染,一路填词四阕:

忆江南五首

峨眉山纪游

一

危蹬上,步步入云峰。山色千重眉鬓绿,鸟声一路管弦同。真到画图中。

二

来寻处,不见抱琴僧。且任客心洗流水,不劳挥手听清音。拄杖仰停云。

三

红崖去,犹有树留坪。雨过千枝争滴翠,云飞群岭为摇青。仙境自多情。

四

疑无路,飞栈绝岩悬。上有青冥窥一线,下临白浪吼千川。屏息对奇观。

赵朴初此次视察到红椿坪而止,常言道"蜀道难,难于上青天",对此他已充分领略。这里离金顶还有一半路程,可称青天上了一半就回来了。所以他又填了第五阕词:

五

天下秀,低首让峨眉。极处赵州登不到,我今亦复半山回。此意普贤知。

"文革"中,峨眉山佛教设施遭到空前洗劫。"四人帮"被粉碎,

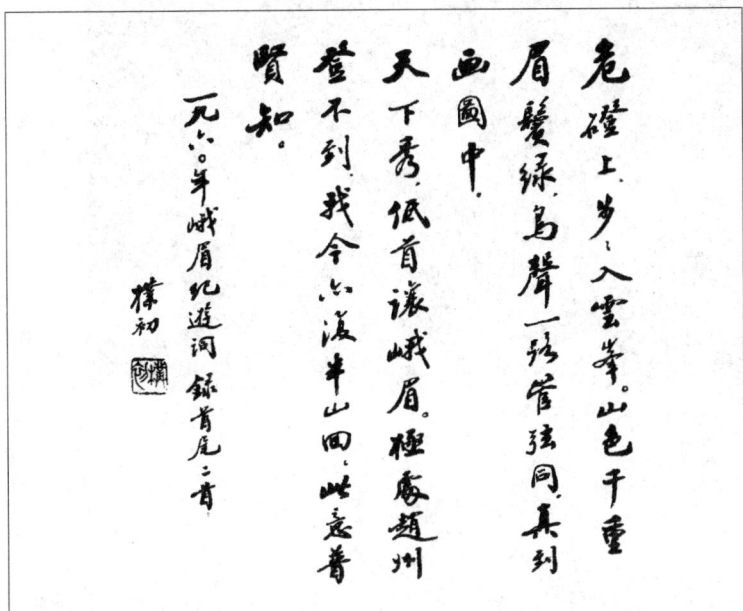

忆江南

特别是 1978 年十一届三中全会后,国家拨乱反正,党和国家的宗教信仰自由政策重新得到认真贯彻落实。1980 年 8 月,赵朴初会长和夫人陈邦织借陪同日中佛教友好协会理事长道端良秀长老赴峨眉山朝拜之机顺便视察各个寺院。这次视察的主要目的是与当地政府和地方佛教协会协商,如何把寺院恢复起来,把被赶走的僧、尼请回来,并重建殿堂、雕塑佛像、置办法器,把信众烧香、拜佛、听法、诵经活动开展起来。

视察中,赵朴初就保护佛教名刹和佛教文化、突出佛教名山特色、突出佛教道场的宗教气氛提出许多具体意见,并同地方政府有关部门负责人、地方佛教协会领导进行了座谈,还为峨眉山题写了"佛教圣地"四个大字。

78 岁的道端良秀和 73 岁的赵朴初由峨眉山佛教协会会长圣湘法师、副会长普超法师陪同参访了报国寺、万年寺、清音阁等处。在清音阁,赵朴初向日本老友详细讲解了清末"戊戌六君子"之一刘光第写的诗和他的道德才华。道端良秀在刘光第碑前凝视良久,不肯离去。为满足老友的要求,赵朴初让人拿来纸笔亲自抄录全诗。

赵朴初为纪念与日本友人同登峨眉,在返京途径葛洲坝的船上口占一七绝:

1986年6月，赵朴初会长视察四川峨眉山，在报国寺与遍能法师、宽明法师等合影

　　升降洪波臂屈伸，葛洲坝启万钧门。

　　长江不尽东流水，风雨同舟记此生。

　　党和国家的宗教信仰自由政策恢复后，正在认真贯彻和落实，但峨眉山一些寺院的园林、财务、碑塔、墓地、文物、字画的移交管理方面还存在一些久拖未决的老大难问题：有的久拖不交，仍占寺庙；有的喧宾夺主，取代佛教；有的借佛敛财，无视国家政策；有的与寺争权，与庙争利……面对上述情况，1984年7月，赵朴初以政协副主席的身份率领全国政协宗教组赴峨眉山视察，这是他三上峨眉。宗教组到达峨眉山，听取了各方面的汇报，召开了调查会，广泛听取了法师、居士、干部、群众的意见，查实了存在的具体问题，接着召开了峨眉山地区宗教、文物、园林、民政等有关部门负责人会议。会上，赵朴初宣讲中央的宗教政策、峨眉山佛教在中国乃至世界的重要影响和现有文物的历史价值和文化价值，对存在的突出问题不点名的进行了批评，引起很大震动。会后，四川省政府主要领导人赶赴峨眉山召集有关部门负责人一起实地考察、现场办公、就地磋商、当场拍板，使诸多久拖不决的老大难问题迎刃而解。四川省还决定，由省政府拨款重建金顶华藏寺，寺内的铜像、铜鼎、匾额、碑刻的制作费用由峨眉山佛教协会负责筹集，并限定1990年竣工后交峨眉山佛协管理。之后，陆续修复了25座寺院，这些寺院好似峨眉山这颗名贵钻戒上的颗颗宝石熠熠生辉。

　　1988年6月，赵朴初在四川大足指导落实宗教政策后，又来峨眉山看金顶华藏寺重建工程。这是他四上峨眉。他从报国寺上车，沿盘山公路蜿蜒而行，两个小时后到接引殿。该殿海拔 2500 多米。从接引殿乘缆车只花 5 分钟就到达海拔 3000 多米的金顶。赵朴初本次非为看佛光而来，但他佛缘殊胜，刚到金顶佛光即现，而且特别清晰。

赵朴初兴味盎然地看完佛光，又察看了华藏寺工程，填词两阕：

江南好二首

登峨眉山金顶

金绳道，上界俯层云。四上峨眉初到顶，群峦围绕一峰尊。待放大光明。

华藏寺，金顶喜重兴。安得普贤行愿力，咸与平等大悲心。世界永和平。

在华藏寺工地赵朴初为普贤殿（金殿）题写了"行愿无尽"的匾额。写完，他进一步解释说："峨眉山是普贤菩萨的道场，普贤菩萨崇尚行德，以行为主。这是大乘佛教教徒在实践菩萨道时的行为典范。峨眉山的僧、尼发愿行菩萨道，省吃俭用，修建寺院，十分感人。这正是'行愿无尽'的表现。"

"行愿无尽"既是对峨眉山僧、尼的勉励，也流露出这位 82 岁的老居士自己为报四重恩"鞠躬尽瘁、死而后已"的大愿。

十四、柏林重兴

柏林禅寺位于河北省赵县（古称赵州）城东南，与附近的天下第一桥——赵州桥、华夏第一塔——陀罗尼经幢、赵州小石桥（赵县永通桥）都是国家级重点文物保护单位。寺内的柏林禅寺舍利塔也是国家级重点文物保护单位。

该寺最早建于汉献帝年间（196 年—220 年），古称观音院、永安院，金代起更名柏林禅院，亦称柏林禅寺，是中国著名的禅宗古刹。

在漫长的历史长河中，古刹数度兴衰，然而香火绵延不断，高僧大德辈出。据《僧传》记载，著名的玄奘大师在西行印度取经之前，曾来此寺从道深法师研习《成实论》。晚唐时，禅宗巨匠从谂禅师在此驻锡四十年，大行法化，形成影响深远的"赵州门风"，至今中国、日本、韩国的禅宗寺院仍遵行不渝。因此，柏林禅寺成为中国禅宗史上一座重要祖庭。

近百年来，柏林禅寺屡遭劫难，到 1988 年重新进驻僧人时，殿堂、经、像早已荡然无存，到处呈现出荒草漫径、瓦砾成堆的颓败景象，只有虽千疮百孔却仍孤高傲立的禅师舍利塔和二十几株挺拔的唐朝古柏似乎在提醒人们,这里曾是一座殿宇辉煌、香火鼎盛的佛家道场。

赵朴初深知柏林禅寺在中国佛教史上的重要地位,也深知该寺在中、外佛教徒心中的分量,希望古刹早日得以重建。1986年5月,他和夫人陈邦织一起陪同日中友好临潢协会访华团名誉团长松山万密长老来到赵县朝拜残存的祖师塔,同夫人在塔前合影留念。这位年逾八旬的老人作诗一首。诗中丝毫未发思古之幽情,而饱含了对该塔重建的美好憧憬。

1986年5月19日,赵朴初及夫人陈邦织女士参礼柏林寺遗址并在赵州塔前留影

赵州塔

寂寂赵州塔,空空绝依傍。

不见卧如来,只见三瑞像。

平身一拂子,何殊临济棒。

会看重竖起,人天作榜样。

当日,他还在宣纸上亲自手书墨宝一副:

赵州禅师赞

平生不用语,拂子时时竖。

万语与千言,不外吃茶去。

由于赵朴初的积极呼吁、地方政府宗教部门和广大信众的支持,1988年5月,河北省佛教协会成立暨柏林寺重建典礼隆重举行,赵朴初因事未能参加,但他派遣中佛协副会长周绍良代表中佛协和他本人前往祝贺,并率先捐助人民币伍万元修复祖师塔。为使典礼更加隆重热烈,赵朴初指示中国佛学院派部分学生参加。

在河北省佛协第一届佛代会上,中国佛教协会常务理事净慧法师当选为会长兼秘书长。

根据赵朴初的指示,净慧法师从此主持柏林寺的修复工作。他不怕辛劳、奔走呼号、夙兴夜寐。很快让昔日"破砖烂瓦毛毛草"的荒凉景象逐渐改观,殿宇、佛像一一再现。短短几年内,先后重修了柏林寺的山门、钟鼓二楼、观音殿、藏经楼、怀云楼、会贤楼、指月楼等。

1992年8月28日,普光明殿落成开光典礼举行,美国、日本、中国台湾、香港的贵宾及国内诸山长老、佛教信众三千多人前来参加。赵朴初会长委托中国佛教文化研究所所长吴立民先生持他的亲笔信到场祝贺，并为重修后的古刹题写了"柏林禅寺"的匾额，还为新落成的观音殿、普光明殿各写对联一副。

观音殿的对联是：

　　大悲水饶益众生，信有胜因成就菩提果；

　　海潮音返闻自性，当知是处不以赵州禅。

普光明殿的对联是：

　　本分事接人，洗钵吃茶，指看庭前柏树子；

　　平常心是道，搬砖盖瓦，瞻依殿里法王尊。

柏林寺的重建、赵州祖师塔维修竣工意味着千年古刹重光、赵州门风重振。正如赵朴初在他的亲笔信中所说："宗风重振，会看龙象腾骧；拂子高擎，永作人天榜样。"

根据赵朴初会长的建议，柏林寺在殿宇修复的同时，加强了僧伽组织的建设，寺院的管理制度日臻完善，学修并重的道风逐步形成。

这里的全体僧众坚持每天早晚课诵、过堂、坐禅，每半月颂戒布萨、有全体僧俗住众参加的生活会议并宣读《共住规约》。

为了更好地进行禅学研究、更好地开展弘法利生活动，在赵朴初的亲自关怀下，从1992年开始，净慧法师就提出"生活禅"作为柏林寺修行弘法的理念。生活禅的意趣是"将信仰落实于生活，将修行落实于当下，将佛法融化于世间，将个人融化于大众"；生活禅的宗旨是"觉悟人生、奉献人生"；而开展各项活动的指导准则是"大众认同、大众参与、大众成就、大众分享"。

为实践生活禅的理念，将佛法融化于社会，自1993年起，柏林寺每年坚持面向社会举办"生活禅夏令营"。参加夏令营的都是18—30岁的学佛青年，每届250人左右。在七天的寺院生活中，他们参加上殿课诵、坐禅、聆听佛学讲座、吃茶谈心、云水行脚等活动。营员们在一种全新的环境中认识佛法的博大与精深，寻求心中尘封已久的真、善、美，体味佛法的超越与安详。

夏令营从举办以来得到各级政府的大力支持，获得教内外各阶层人士的赞许与好评，更受到赵朴初的关怀和重视。

1993年7月20日，在柏林寺举行"首届生活禅夏令营暨河北禅学研究所成立典礼"，赵朴初高兴地担任了"生活禅夏令营"总导师并出资2000元为全体营员供斋，让中佛协捐款2万元支持河北省禅学研究会成立，还为夏令营题写了"生活禅夏令营"

茶禅一味

六个大字。

赵朴初因事未能参加这一典礼，特派中国佛教文化研究所吴立民所长出席并宣读他的亲笔贺信。信中说："禅是一面镜，它可照明人的心境；禅是一盏灯，它可指引人的心路。禅不完全是生活，但禅里有生活，生活中有禅。古德说：'运水搬柴，无非是道'、'行住坐卧，无不是禅'。'吃茶去'就是赵州禅有名的典型公案。赵州从谂祖师讲'平常心是道'、'做好本分事'，就是教导人们学佛首先要讲究做人，参禅必须学会生活。一个没有觉悟的人，他的生活心境常常是烦恼的，生活的心路往往是困惑的。尤其是现代的人，在享受现代文明之余，这种情况更为突出。借助禅这面镜子，照亮自己的心境；借助禅这盏灯，清净自己的心路；这对消除烦恼、减少困惑是会得益、会有受用的。中青年人，对培养自己成为一个'有理想、有道德、有文化、有纪律'的四有人才是很有助益的。在赵州祖师的道场柏林寺办这种生活禅夏令营，领略一下'庭前柏树子'的风光，体会一下'吃茶去'的禅味，参一参'狗子有无佛性'问题，是非常有意义的。我们希望它办得圆满成功，禅悦人心，法喜充满。"

生活禅夏令营，遵循赵朴初亲笔信的建议，依照太虚大师倡导的"人间佛教"的思想，以佛教原典为理论依据，强调禅最精要的内容：在生活中实现禅悦，在禅悦中落实生活。经过短短七天生活禅夏令营的营员们得到佛法甘露的滋润，发生了很大的变化：有的树立了正信，成为虔诚的三宝弟子；有的从迷惘中解脱出来，找到了生活的意义，工作、生活有了奔头；有的从前吃饭挑三拣四、挥霍浪费，现在深感粮食来之不易，开始注意节约；有的过去认为帮别人是吃亏，从不去做，现在认为帮助人是快乐、是幸福，经常主动去做；还有的过去妄念纷飞、烦恼重重、心不在焉、整天失魂落魄，现在却心态大变，由昏沉而明朗、由散乱而专一、由外驰而内照、由烦恼而清净……他们处处感到生活是真实的、是光明的、是清净的、是有意义的。其中的关键是自己要有一颗无我的平常心、慈悲心，去发现、去认同、去领受、去创造。

1998年9月30日，为庆祝柏林寺中兴十周年、赵州塔修复竣工、佛像开光、净慧法师荣膺方丈升座，举办水陆大法会。是日，修葺一新的柏林寺芳草吐翠、古柏飘香，庭院内外张灯结彩、佛旗飞扬。来自全国各地的诸山长老、大德居士、社会贤达以及新加坡、日本、法国、匈牙利的数千嘉宾云集于此，纪念活动热烈而隆重。它标志着柏林古刹重兴、宗风再振。赵朴初为这一千载盛会的题词是：

> 竖起拂子，化度无尽；
>
> 道通长安，不劳一问。

柏林寺终年佛事不断，其例行法会有：上元节吉祥法会、四月初八传授在家居士菩萨戒、七月十五中元节报恩法会及三次观音法会和冬天三周的禅七。每次法会，海众云集，柏林寺成了四众弟子温暖的家。他们在这里，结夏安居、冬参夏讲、举办各种弘法活动。多年来，柏林寺一直支持省佛协组织举办的各种社会慈善事业，充分体现了佛教慈悲济世的精神。

十五、九华新貌

九华山位于安徽省池州市东南，与山西五台、浙江普陀、四川峨嵋并称中国佛教四大名山。该山原名九子山，据文献记载：此山奇秀，高出云表，峰峦异状，其数有九，故得其名。唐代天宝年间，诗人李白三次来此游历，见群峰罗列、千姿百态、宛若莲花，遂写诗赞曰："昔在九江（长江）上，遥望九华峰；无河挂绿水，绣出九芙蓉。"此后更名九华山。此山，不仅以雄奇名闻遐迩，更重要的，它是提出"地狱未空，誓不成佛；众生度尽，方证菩提"这一大愿的地藏菩萨的道场。

早在 1300 年前，新罗国王子金乔觉，在唐代渡海来华，幽居九华，孤住陋室，购地建庙，以白土和小米为食，刻苦学修。因他笃信地藏菩萨，99 岁圆寂后，僧徒们便认为他是地藏菩萨化身，修塔纪念，九华山即成地藏菩萨道场。此后，佛教日益昌隆，九华山历经宋、元、明、清而不衰。鼎盛时期曾有"九华一千寺，洒在云雾中"的描述。素称"仙山佛国"。

近代，佛教圣地多受兵燹之害，但九华山远离喧嚣的大城市，损坏并不严重。

"文革"中，九华山亦逐渐式微。

中国共产党十一届三中全会后，各项事业拨乱反正，佛教事业的发展迎来美好的春天。赵朴初在百忙中时刻关心着九华山的重建工作。中国佛教协会及会长赵朴初委托仁德法师领导实施九华山各寺庙的修复和重建。

仁德法师（1927—2001）俗名李清海，江苏泰州人，1933 年在江苏泰县泰蔚寺出家，1904 年起先后在江苏省泰县重昌庵、泰州复兴庵、青龙庵等处参学。1948 年在南京武台山、江苏居云山等地，1957 年后，住九华山九子岩，1962 年起先后任九华山佛协秘书长、副会长、会长，安徽省佛教协会会长，1986 年荣任祇园寺方丈。仁德法师曾任全国政协委员、中佛协常务理事，2001 年 8 月 23 日圆寂于九华山，被人称为"地藏真子"。

赵朴初与仁德法师上下联手解决各种困难问题，使九华山重建工作进展顺利。到 1990 年，多数寺庙已竣工并对外开放。应仁德法师之邀，赵朴初推掉去四川的安排，

调寄临江仙·九华山

同夫人一起专程到九华山参加十天王殿落成典礼及第8届九华山庙会。

9月17日，赵朴初一行从合肥乘汽车上九华。一路山明水秀、莺啼花开，他心情格外好，一阕词自胸中出：

调寄临江仙·九华山

影静心苏山色里，

是何意态雍容。

朝霞暮霭映群峰，

神光离合处，

秀出九芙蓉。

安立道场端正好，

清泉清磬清风。

众生无尽愿无穷，

可能空地狱，

三界佛香中。

9月18日（农历七月三十日）是地藏王的"成道日"，也是九华山庙会的高潮，赵朴初参加了当天举行的十天王殿落成典礼和地藏王铜像揭幕仪式。他在讲话中深情地说："安徽是我的老家，九华山是我深深向往的佛教圣地，地藏菩萨是我深深敬仰、时时效法的崇高典范。我虽离开家乡数十年，一直在外地工作，但我时时都在怀念生我养我的故乡山水，时时都在思念家乡的父老兄弟。星霜数十载，直到耄耋之年才能返回乡梓，朝拜九华山佛教圣地，看望家乡的父老兄弟，酬偿多年的夙愿。尽管迟了一点，毕竟回来了。此刻的我，面对这名山盛会的壮观场面，真是心潮起伏，万念萦怀，即使通身是口，也无法倾诉我此时的心声。"

在阐述了中国佛教近2000年中，虽遭多次摧毁和危难，但依然生存至今的原因后，赵朴初对此后九华山建设提出希望。最后他高声说："让我们共同发愿：'众生度尽，方证菩提；地狱未空，誓不成佛。'将此深心奉尘刹，是则名为报佛恩。"

典礼结束后，赵朴初指定要朝拜百岁宫，瞻礼无瑕禅师肉身舍利，了却多年夙愿。

陪同法师向赵朴初汇报了百岁宫的建筑风格，百岁宫1982年重修，是典型的皖南民居式寺庙。它五层高楼融山门、大殿、肉身殿、库院、斋堂、僧舍、客房为一体，没有单体建筑的配置，远观就如一座通天拔地的古代城堡。赵朴初听后不住地说："好，好！"

当赵朴初从侧门进入肉身殿后，他一眼就看到无暇禅师贴金肉身像。其头部与常人相似，身躯干缩如童孩，头戴莲花宝冠，身披朱红袈裟，端坐于莲台之上。

赵朴初来到像前，首先肃立、诵经，然后叩首三拜。随行的法师、信众也一起诵经、叩首。

此时，香烟缭绕、磬声悠扬，整个大殿显得庄严肃穆而无比神圣。

朝拜毕，赵朴初来到客厅休息。九华山管理处的工作人员向他汇报说，无暇禅师肉身经300多年而不腐。"文革"中一些肉身像被损坏，无暇禅师金身当时由僧众藏于山洞才得以保存下来。赵朴初说："应感谢这些法师们，他们的功德无量。"仁德法师陪同赵朴初边喝茶边欣赏了江西能仁寺僧乐队演奏的佛乐。20多位僧人、居士用笙箫、管笛、琵琶、扬琴、二胡演奏乐曲。赵朴初对每首乐曲都仔细品味，还不断用手指敲击着节拍，仿佛进入无垠的佛国仙境。演奏完他高兴地说："演奏得很好，音乐是表达人们思想感情的有声艺术，有陶冶心灵、教化民众的作用。佛乐伴随着佛教传入我国，不断地和我国原有音乐相互吸收、融合，而后创新形成具有中国特色的佛教音乐。北京智化寺的佛乐，有严格的师徒相传方式，演奏的乐曲既有悲怆的宗教色彩、典雅的宫廷情调，也有浓郁的民乐韵味。今后要认真挖掘祖国文化遗产、使佛教音乐变得更加完美。"

9月19日，赵朴初一行乘车来到甘露寺，参加首届九华山佛学院开学典礼。他在典礼上作了精彩演说"……人杰才能地灵，九华山要有人，全国佛教也要有人。学院的宗旨就是培养佛教接班人，全体学员要学习地藏菩萨精神，不但学佛，还要学习汉语言，学习英语、日语、医药学、逻辑学。要遵守纪律、严守戒律……佛教名山庙宇修得再好，菩萨金像装得再好，没有德才兼备的僧人不行。对九华山来说，第一是人才，第二是人才，第三还是人才。对全国佛教来说也是这样……"

赵朴初这位当代活菩萨、这位佛学泰斗对于大量培养佛教德才兼备接班人的紧迫心情溢于言表。

十六、建玄奘三藏院

世界文化名人玄奘法师(602—664)姓陈,名袆,洛阳缑式(今河南偃师缑氏镇)人。他于 629 年从长安出发西行取经,在印度各地从事佛教研究 17 年,645 年回到长安。他是我国历史上一位伟大的旅行家、翻译家、佛教学者,在我国文化史、宗教史和中外交流史上留下不可磨灭的印记。

1956 年 1 月,赵朴初在为锡兰《僧伽罗贾蒂耶报》(佛灭 2500 年纪念特刊)所写的《佛教在中国》一文中写道:"这一位孤证十七载,身行五万里,足迹遍西域、印度,而且留下一部不朽游记的伟大旅行家,这一位通达中、印文字,洞晓三藏教理,由留学僧而最后主持当时印度最高学府那烂陀寺的讲席,受到了各国国王和僧俗人民欢迎敬重的伟大佛教学者;这一位致力于中印文化交流事业,译出经论 1335 卷……他的成就和贡献,不仅在佛教方面,而且在学术文化方面,都是非常重大的。"

玄奘法师回国后,曾在陕西西安大慈恩寺驻锡译经 11 年。

大慈恩寺距西安市四公里,是唐太宗太子李治为报早逝生母文德皇后大恩,于贞观二十二年(648)修建的。该寺规模宏大,云阁禅院、重楼复殿计 1897 间,皆雕梁画栋,华丽盖世,成为盛唐时期王孙、贵族游乐圣地。玄奘法师驻锡该寺后,为了保存、翻译从印度等国带回的 600 多部佛经,经他提议由高宗资助,于唐永徽三年(652)在西院彷印度佛塔兴建了慈恩寺塔,也就是现在的大雁塔。

1992 年 12 月 2 日,当时西安大慈恩寺住持宽宗法师一行专程来京向赵朴初会长及中佛协领导汇报拟在大慈恩寺内建玄奘院一事。宽宗法师把设计方案呈上来,并诚恳礼请赵会长担任玄奘院筹建总顾问。

赵朴初听完汇报说:"听了你们的汇报很高兴,大慈恩寺是很重要的寺院,影响很大,应该很好的整修一下。我看了你们的上报材料,又听了你们的汇报,认为很好。在大慈恩寺建玄奘院很有必要,也有条件,我们支持,但要搞得朴素、大方、庄严。在建筑风格上,还是仿唐好,越'唐'越好……这个院不要叫玄奘院,也不要叫讲经

2000 年 11 月 21 日,西安大慈恩寺隆重举行玄奘三藏院落成暨玄奘法师顶骨舍利安奉典礼

院，叫什么名字再仔细考虑考虑。”

1993 年 9 月 2 日，根据赵朴初的建议，由中佛协副会长周绍良主持，佛教界的专家学者在广济寺大客厅专门开会研究此事。会上，发扬民主，各抒己见，提出不少合理建议。会后，赵朴初听取了汇报。老人很高兴，当下让工作人员通知西安佛协来人，听取讨论意见，以便开展工作。”

宽宗法师一行来京后，老会长亲自会见了他们。他说："修建玄奘院是佛教界重大善举，一定要搞好。为做好这一工作，我们召集佛教界有关专家、学者和法师，专门进行了研究，大家提出不少宝贵意见，并对几个重要问题达成共识。叫什么名字呢？就叫'玄奘三藏院'。两个分院，一个叫'般若堂'，一个叫'光明堂'。玄奘法师的像要放在室内，不要在露天。像要坐像，不要立像。像要做好，要庄严。玄奘法师的像制作出来，看上去要端庄如神，美丽如画，要本着这八个字去努力。一定要做出高标准、高水平、高质量的塑像来。不但像要做得好，是高水平的，整个玄奘三藏院的各个部分建设都应该是高水平的。要让海内外信众和游客看后欢喜赞叹、肃然起敬，唤起他们的敬仰心。这样才能更好地弘扬玄奘法师精神和佛教文化，激励后人。至于让我担任总顾问一事，我可以担任。对这件事我是尽力支持的，尽力去做的。请大家放心。"

接见后，赵朴初没立刻离开。他边休息边对工作人员说："将来'玄奘三藏院''光明堂''般若堂'修好后，每个地方如何装饰、展示什么东西也要好好研究。要更好地表现玄奘法师的思想、精神和业绩，更好地弘扬民族文化。玄奘法师是世界文化名人，怎么宣传都不过分。展示的东西档次要高。南京灵谷寺有玄奘法师的顶骨，也可以同南京方面联系请一部分供奉。我会可帮助做沟通协调工作。要让大家明白，搞好'玄奘三藏院'的修建和展示，不仅是西安市佛协、陕西省佛协的事情，也是我们中国佛教协会、全国佛教界的事情。要群策群力，把事情办好。"

不久，他还应宽宗法师的请求为"玄奘三藏院"、"光明堂"、"般若堂"题写了三幅匾额。

有了来自各方面的大力支持，西安市佛家四众经数年努力，玄奘三藏院于 2000 年下半年胜利竣工，举行了隆重的落成典礼法会。2000 年第 12 期《法音》杂志做了相关报道。

《三秦都市报》2000 年 11 月 23 日，以《耗资 4100 万的世界最大玄奘三藏院落成开馆》为题报道了这件事。

慈恩寺以玄奘法师而著名。为了体现大慈恩寺佛教文化内涵，弘扬玄奘精神，亦使大师创立的法相宗祖庭更加庄严宏伟，慈恩寺僧侣们于 1993 年起筹建纪念玄奘的大型建筑——玄奘三藏院。为了使这一工程塑造得恢宏大气，成为具有如大雁塔一样千古驻留的文化和建筑标志，他们特别邀请建筑大师张锦秋规划设计、中国佛教协会会长赵朴初审查并题写院名。经过五年的精心施工，这一占地 11320 平方米，建筑面积 5000 平方米的三门三院、回廊串连的仿唐建筑群终于在这个特别的日子——玄奘诞辰 1400 周年之际正式竣工开放。

玄奘院由东院、西院、中院三个院落组成。中院主殿大遍觉堂里供奉着法师铜像及精心迎回的两块顶骨舍利；东院陈列法师译经、弘法、育人，直至圆寂的经历；西院则展示法师出生、求学、取经的事迹。各院还分别以图片、雕塑、绘画、文献等形式再现了大师一生的功绩。

十七、佛指再现

法门寺位于陕西省扶风县北 10 公里处的崇正镇（今法门镇），东距西安 120 公里，西至宝鸡 96 公里。

在这座千年古刹院中，原有一座十三层砖砌八角宝塔。1981 年 8 月，该塔因年久失修又遇连绵阴雨而倒塌。在准备重建，工人们清理塔基时，发现了地宫。1987年 4 月，法门寺地宫被发掘，出土了佛指舍利四枚及一大批唐朝稀世珍宝。这批文物种类之繁、数量之多、质量之优、制作之精、等级之高、保存之完好，在国内实属罕见。这一考古发现立刻在国内外引起轰动。专家指出："法门寺佛指舍利和文物出土是陕西继秦兵马俑之后又一重大发现。"

有文献和碑文记载，释迦牟尼真身舍利是当今佛教界最高圣物。

佛门传说，释迦牟尼涅槃时，身生三昧真火，烧此无量功德聚集之身，七日始尽，留下八斛四斗光泽晶莹、坚固不坏的舍利，让众生供养，种下得道因缘。

200 年后，称霸印度河流域的孔雀王朝的阿育王为弘扬佛法，把舍利分装84000 个宝函，由僧众分送世界各地。

据《法苑珠林》一书记载，在中国

在澄观法师、静一法师等陪同下，赵朴老视察法门寺

的舍利塔多达 19 座，但随着几次大规模的灭佛运动，这些分布中华大地的舍利塔被破坏殆尽。安放佛指舍利的在唐代有四大名塔，其中有代州五台山塔、钟南山的五台寺塔皆毁于会昌法难，普光寺塔则在清康熙年间陷入洪泽湖，佛指舍利深埋湖底。只有陕西法门寺佛指舍利盛世再现。这怎不震动中外佛教界！

是年 5 月初，赵朴初出访泰国，回国后得知法门寺塔下发现佛指舍利及大批法物，兴奋不已。5 月 21 日，他携同中国佛教协会副会长周绍良居士、在北京的佛教专家、学者赶赴西安。他们首先观看了发掘录像和舍利法物幻灯片，然后由陕西省副省长孙达人陪同前往法门寺看地宫及出土实物。

大家把出土文物与地宫出土的碑文及唐代有关文献相对照，确认地宫中发现的四枚佛指舍利就是唐代皇帝多次盛典奉迎的佛骨舍利。同时确认，特级三号为灵骨；特级一号、二号、四号均为影骨（复制的指骨）。所有三枚影骨都是寺僧为保护灵骨而复制的，即所谓"碎殄影骨，以塞君命"，是"佛劫"来时，信众用来搪塞暴君的杰作。

实地考察地宫、观看出土文物后，赵朴初心潮澎湃、浮想联翩、挥笔写出长诗一首，以作纪念：

扶风法门寺佛指舍利出土赞歌

我昔两次送佛牙，巡游缅甸与楞伽。
举国上下争迎拜，倾城遍野持香华。
今年浴佛迎舍利，雷音普震人间世。
不期佳讯联翩来，宝藏初开法门寺。
我于是夕南天行，七日周游曼谷城。
瞻礼梵宫参白足，佛国王民仁且亲。
福德因缘恒自幸，归家又得扶风信。
从地涌出多宝龛，照古腾今无与并。
席不暇暖来西安，庆功劳苦宾主欢。
示我录像幻灯片，恍如置我唐贤间。
飙轮往返四百里，塔空亦可生欢喜。
不有坏空安有成，他年待看凌云起。
降大隧兮入地宫，深深宫室闭三重。
岂知漆黑沉沉里，八部天龙拥大雄。
玉棺启见佛指骨，曾使唐皇泪盈目。
想见当年丈六身，一弹三界魔军伏。

陕西省扶风县法门寺出土的佛指舍利及保存舍利的宝函

凝视莹莹润有光，不同凡质千年藏。

影骨非一亦非异，了如一月映三江。

金银琉璃众宝器，精微工巧辉煌极。

金缕袈裟待展开，天衣遍覆无边际。

勤劳智慧叹先民，妙手所到如有神。

密藏加护赖佛力，多劫能留稀世珍。

千载胜缘逢盛世，好将佛事助文治。

天人学究集群贤，财法兼施劝多士。

重现庄严争寸阴，护持法物重微尘。

心光常注近及远，事业毋忘后视今。

经陕西省政府、省佛协和赵朴初共同商量决定，5 月 29 日在西安市止园饭店举行新闻发布会，向全世界公布法门寺地宫出土佛指舍利和其他文物的重要新闻。

新闻发布会在国内外、教内外引起巨大轰动，不少人提出要求，在首都北京展出法门寺出土文物。

1988 年 3 月 18 日，陕西省人民政府在中国历史博物馆为全国人大、全国政协两会代表及首都人民群众举行法门寺地宫出土珍宝汇报展。那天，赵朴初穿戴整洁、神采奕奕来到现场，同十世班禅大师、全国人大常委会副委员长习仲勋、全国政协副主席马文瑞一起为开幕式剪彩。展览轰动了整个京城，参观者络绎不绝。

11 月 9 日，为庆祝法门寺真身宝塔重建竣工、法门寺博物馆建成，在该寺举行了瞻仰佛指舍利大法会。赵朴初院长亲率中国佛学院四十多名师生参加。

赵朴初带领贵宾依次瞻仰佛指舍利。在诵经声、鼓乐声中，佛子们瞻拜佛陀真身舍利，如见佛陀本人。他们如醉如痴、泪水涌流，心中有说不出的幸福、喜悦和快慰。参加法会的有来自国内外的佛教徒六万余人。

来自新加坡的广洽法师高兴地说："我有法缘在法门寺朝拜佛骨，犹如见到佛陀一样，无比欣喜。"

来自新加坡的另一位宏船法师也激动地说："我们看到法门寺佛真身舍利和唐王朝供奉器物，堪称世界第一，何方僧人不想前来朝觐！"

一位来自台湾的法师也说："我在台湾就听说陕西法门寺出土了举世罕见的佛指舍利和唐代皇帝供养的珍贵器物，今天能亲眼目睹、朝觐参拜，法缘非浅。希望台湾僧人都能来法门寺朝拜佛陀真身舍利。"

赵朴初对记者发表了如下谈话："佛指舍利和供养器物自唐代置于地宫，经历1100 年重现于世，真乃千载一时之盛事，体现了佛陀慈悲之光和中华民族的智慧之光。

这次瞻仰法会高僧云集、四众聚会、规模空前。全世界的佛家弟子不分宗派，均应以来法门寺朝拜为光荣；旅游者不分地域，均将以来法门寺观光为骄傲。"

十八、石经冠世

北京市房山区云居寺，位于北京西南郊 75 公里处的白带山麓，亦称西域寺，始建于唐初，寺门东向，规模宏伟，中路为六进殿宇，其台梯体式建筑逐级升高，五层正院之旁又有配殿，南北侧路为僧房和历代帝王行宫。寺之南北有双塔对峙，远眺十分壮观，是我国北方佛教重地。20 世纪 40 年代，该寺遭日寇炮火，彻底毁坏。

云居寺以石经著称于世。这些石经全称"房山云居寺石刻佛教大藏经"，简称"房山石经"。

史载：北魏太武帝、北周武帝年间先后两次灭佛，摧毁佛寺、诛除僧徒、焚灭经卷。这是两场对佛教的空前浩劫，佛教徒称之为"法难"。劫难之余，北齐南岳天台宗高僧慧思深感佛法危机，于是想出把佛经刻于石上，以便历法难而不毁。这是刻经于石的缘起。

但慧思没能将他的想法付诸实践。他的遗愿被门徒——幽州智泉寺静琬法师秉承下来。在 1300 多年前的隋朝大业年间僧人静琬来到范阳县（今涿州市，当年房山区部分归范阳县管辖）的白带山下。他看中了这块风水宝地，开始在这里磨石刻经，从此开启了绵延千载的房山石经的刊刻工作。对此，唐高宗永徽年间（650—655）礼部尚书唐临在他所著《冥报记》中有确切记载："幽州沙门释智苑（即静琬）精练有学识。隋大业中，发心造石经藏之，以备法灭。既而于幽州北山，凿石为室，即磨四壁而以写经；又取方石别更磨写，藏储室内。每满一室，即以石塞门，用铁锢之……

1985 年 4 月 1 日，北京市政府成立"云居寺修复委员会"，聘请中国佛教协会会长赵朴初为名誉主任，北京市副市长陈昊苏为主任

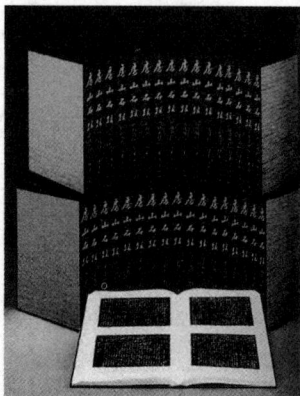

《房山石经》刊印出版

苑所造石经已满七室,於贞观十三年卒,弟子犹继其功。"

静琬并没有完成刻经工作,他一代代的弟子秉承师志,如同愚公移山,不断镌刻,历经隋、唐、辽、金、元、明六个朝代,除因战乱有过暂短的停顿外,刻经事业一直延续上千年,到明末才完成。共刻石 14278 块,佛经 1122 部、3572 卷。

像这样大规模的刊刻,历时如此之长,确实是世界文化史上之壮举。堪与闻名环宇的万里长城、京杭大运河相媲美。它是世上稀有而珍贵的文化遗产,被誉为"北京的敦煌""世界之最"。它是一部自隋唐以来绵延千年刻成的石质佛教经典,不仅在研究佛教,研究政治、历史、社会经济、文化艺术等方面提供了极其丰富的资料,而且在书法艺术上亦有重要的文化价值和艺术价值。它是中国优秀传统文化流传的重要载体之一。

挖掘、拓印房山石经此事由赵朴初具体负责实施,历时三年才完成发掘和拓印工作,随后组织力量整理研究、陆续出版。但"文革"之风袭来,工作只好停顿。

十一届三中全会后,党的宗教信仰自由政策得到落实,赵朴初认为,这是修复云居寺、恢复石经出版工作的绝佳时机。由于他的积极倡导,1985 年 4 月初,原北京市主要领导一起赴云居寺考察、植树造林。赵朴初向他们详细介绍了云居寺的历史及其重要性。有关领导立即召开办公会议,当场做出修复云居寺的决定。会上还一致通过成立"云居寺修复委员会",聘请赵朴初为名誉主任,原北京市副市长陈昊苏任主任、单昭祥任副主任。

同年 6 月 20 日,云居寺修复委员会召开第一次会议。会上,赵朴初提出很好地建议:"云居寺两侧配房修复后,一边可作房山石经展示,另一边可展出智化寺的龙藏经板,这样一来,两相对应,效果更好……修复云居寺应把修复石经山纳入计划,云居寺之所以成为佛教圣地,是由于有了石经山所藏的一万五千多块经板。所以,云居寺修复后,石经山亦应修复……云居寺应实行在市宗教部门领导下由僧人管理的体制。"

同年 11 月 4 日,该委员会召开第二次会议。赵朴初在听取汇报中插话强调说:"房山云居寺石经是'国之重宝',是北京市的敦煌,具有极高的历史文物价值。修复云居寺是一件功德无量的事,我们一定要把工作做好。"

修复云居寺的资金主要靠佛教界、社会各界、海外信众的捐助解决。赵朴初一面自己率先捐赠人民币十万元,一方面写信给海内外善男信女募化。接到信后,美籍华人应行久、金玉堂夫妇寄来四万美元，新加坡何蕙忠居士惠赠100万港币，还有韩国、日本信众和港、澳、台同胞都慷慨解囊。这些捐助对修复云居寺起了重要作用，赵朴初对捐助者一一回信表示感谢。

天王殿和毗卢殿同日举行上梁剪彩仪式，赵朴初赶来参加，他讲话勉励大家说："云居寺这一驰名中外的古刹，抗战中毁于日本帝国主义的炮火，在我国改革开放的今天，又重新修复起来。这不仅是北京佛教界的一大喜事，也是全国佛教界的一大喜事。希望有关方面团结一致、认真负责、严格

赵朴初为房山石经题词

施工、保证质量，把座座大殿及附属设施都建成优质工程，让慷慨捐助的施主放心、高兴。"剪彩仪式后，他为天王殿、毗卢殿题写了匾额并满怀激情作颂一首：

修复云居寺颂

锲而不舍历千年，石经宝藏冠人间。

云居昔日何巍然，护持文物集群贤。

一朝颓坏哀烽烟，空留碑碣对尘寰。

今逢盛事希有缘，愿观众力复庄严。

为宣传云居寺，北京市有关部门打算拍摄一部纪录片，赵朴初就拍摄该片的主导思想、应拍摄的主要内容及片名均提出宝贵意见。脚本写成后他亲自审阅。影片拍完他又同北京市领导共同审查并题写了《国之重宝》片名。

在关注云居寺重建工作的同时，赵朴初亲自组织领导了房山石经的出版工作，恢复了原房山石经编辑刊印小组，对出版石经作了统一规划，重新装帧配套，自1980年起相继发行，到1999年10月出齐《房山石经》影印本三十巨册。一桩世界文化史上的浩大工程告一段落。

房山石经由于当年雕刻时所选材质不同，加上近年大气污染严重，部分石经板出现严重风化，有的字面脱落、有的表面呈粉面状。如不采取果断措施予以保护，几年后，经板将遭严重损毁。赵朴初心中焦急，为此，倡议成立了以他为顾问的"北京市云居寺回藏活动组织委员会"。经赵朴初提议，北京市政府两次召开有关专家会议，提出珍藏石经切实可行的方案。此后不久，在藏经原址上建成一座现代化的

地宫，面积400平方米。地宫的底板、侧墙和顶板均采取了防潮设施，室内空气置换为纯度达99%的惰性气体。宫内温度恒定在25摄氏度。1999年9月9日9时9分，举行了一场盛大的佛教仪式——房山石经回藏典礼。之后，云居寺石经重新回藏地下。但回藏并不意味着与世隔绝，人们依然可以通过外面的大玻璃瞻仰地宫里的石经。

听到石经回藏的消息，正在北京医院住院的赵朴初非常高兴并欣然赋诗：

> 辽金宝藏，应机出现。
>
> 拓印流通，光腾赤县。
>
> 宏愿深心，永怀烈祖。
>
> 功德今圆，还归故土。

在回藏仪式上，他发表书面讲话说："我们有责任、有义务，保护好、利用好祖先留给我们的宝贵历史文化遗产，并把它世世代代相传下去。"

十九、"刻经"回生

由"中国近代佛教复兴之父"（汉学家维慈语）杨仁山居士在清同治五年（1866）创办的金陵刻经处曾经有过辉煌的过去。但它历遭兵燹，至新中国成立初已处濒危。赵朴初向当时以圆瑛大师为首的高僧大德作了通报。1952年上海佛教会成立包括圆瑛大师在内的"金陵刻经处护持委员会"，赵朴初任主任委员，解决了经费等诸多方面问题，使其生存下来。刻经处这期间最大的成绩便是补刻并印刷发行了《玄奘法师译撰全集》共76种，1347卷。

"文革"中，金陵刻经处几遭灭顶之灾。1973年周恩来总理亲自下达保护恢复金陵刻经处的指示。为贯彻执行总理指示，赵朴初不顾个人安危、顶着"左"的压力、克服重重困难、六赴南京，使面临废弃的刻经处得以挽救，但至"文革"结束，恢复工作进展缓慢。直到十一届三中全会后，金陵刻经处，才度过漫长的冬眠岁月，迎来欣欣向荣的春天。

赵朴初视察金陵刻经处，与时任刻经处主任的管恩琨同志亲切交谈

由于赵朴初的大力支持并协调各方关系，刻经处新任主任管恩琨带领干部和职工发扬佛教"难行能行"的精神，先后迁走了院内的居民，收回了"深柳堂""影堂""经坊"，并按历史原貌翻新，还新建了一座两层楼房作经版库房。凌乱不堪的经版也被整理得井然有序。1981 年，刻经处流通业务重新正式对外开放。

对刻经处，赵朴初无时无刻不牵挂于心。1985 年，他借赴江苏考察之机，七赴南京。看到刻经处发生的巨大变化，他高兴地在留言簿上写道："1985 年 11 月 3 日，重来刻经处，见印刷事业有长足长进，气象一新，不胜欢喜赞叹，学术研究正待展开，前途无量。"

1987 年 5 月 5 日，金陵刻经处成立 120 周年，赵朴初发来祝辞，高度评价刻经处"树一代之学风，开百年之法运"，极其欣慰地描绘重生后的刻经处"藏经重阁，再现法宝之庄严，祇园精舍，复瞻瑞柳之秋翠。"及信众欢喜赞叹之情状"嘉宾莅止，善信游参，合掌开颜，庆法运之重兴，颂四化之再造，盛世德泽，愿垂不朽。"祝辞以诗作结：

> 会昌法难，经卷尘埃；沉郁千祀，光掩蒿莱。
> 石埭挺生，誓愿宏深；义学重兴，咸颂徽音！
> 教宗贤首，行在净土；法相传灯，元绍竺祖。
> 历经劫难，盛世欣逢；巍然重光，与国永隆。

1987 年 11 月 19 日，赵朴初第 8 次专程赴宁检查刻经处工作，见各方面都有起色，又高兴地在留言簿上写道："此番来金陵，喜见刻经处事业又有进步，感谢李（安）、田（光烈）二老，管恩琨主任暨诸同仁竭智心力，使此一历时 120 年之佛教文化中心，几经沧桑而慧灯不熄，仍愿继承发扬佛教优良传统，为庄严国土、利乐有情，为祖国精神文明建设贡献心力，不负仁山先生及其弟子与历来护持者创业守成之艰难，犹毋负周恩来总理在动乱期间谆谆嘱咐恢复刻经处之至意。祝讲学、刻经事业日进日新。"

1993 年 2 月 12 日，赵朴初第九次赴金陵刻经处视察，发现在北面、西面都盖起了高楼，听说西面也要盖。他觉得不符合文物保护政策，便立即给南京市顾浩书记、王荣炳市长写信。两位市领导同志很重视，当日便作出批示。赵荣炳市长的批示是："请规划局认真了解，刻经处是一重要文物保护点，望慎处为盼。"顾浩书记的批示是："请规划局、文管会按照朴老指示精神办。"赵朴初的信使这一文物单位得到应有的保护。

1997 年是金陵刻经处创建 130 周年。筹备举办纪念活动的工作人员就此事请示赵朴初。他语重心长地说："应该搞好纪念活动。刻经处自创办以来，以佛学研究为基础,以讲经、印经为事业,在长达一个多世纪的时间内,几度兴衰而慧灯不灭。它不仅促进了中国近代佛学的复兴,而且对中华传统文化的保存和延续以及中外学术文化的交流都起了重要作用,作出了很大贡献。"

后来他又叮嘱具体操办纪念活动的人说:"纪念活动不一定规模很大、花钱很多,但要有内容,可以搞小型的研讨会。通过纪念活动,深入研究金陵刻经处在近代佛教史上的重大作用。要缅怀历史、立足当代、展望未来,继承和发扬杨仁山居士爱国爱教、关心国家的高尚情操,学习和发扬前辈们艰苦奋斗、发展佛教事业的精神,把刻经处真正建成一个佛学研究、讲学、印经的中心,成为名副其实的佛教文化机构。"

根据赵朴初的指示,1997 年 5 月 14 日,在江苏宾馆举行了金陵刻经处创建 130 周年纪念大会。佛教界的高僧大德、专家学者百余人参加。赵朴初因身体欠佳未能莅会,但他发来热情洋溢的贺词。

近年来,金陵刻经处不仅完整地保留了我国古老的雕版印刷木刻水印、线装函套

赵朴初会长为金陵刻经处题词

等传统工艺，还增置了先进的现代化印刷设备，印刷水平有了显著提高。现在，金陵刻经处承接大量海内外业务订单，每年有几十万册经典流通于国内外各大寺院及世界许多国家和地区。使"佛陀法藏永传不绝、法灯永明不灭"继续发挥着越来越大的作用。

二十、三湘树新风

1993 年初，为筹备下半年召开中佛协六届代表大会，赵朴初在秘书长办公会议上说："当今我国佛教事业外缘殊胜、机遇大好。改革开放，经济繁荣，生活改善，国力增强，为佛教事业的建设与发展提供了一个良好的社会环境。现今党和政府对宗教的方针政策、法律法规就建国以来各个时期来说是相当好的，为我国佛教事业的建设与发展提供了一个比较宽松的政策环境。但是，从社会环境来说，也存在一些令人担忧的问题。急功近利、唯利是图、权钱交易等等沉渣的泛起，使佛教的权益受到侵犯，形象受到损害……宗教政策法规在贯彻执行中存在一些认识问题和实际问题。其中有理论政策思想问题，有体制、关系不顺的问题，也有实际操作问题。"分析完佛教发展的外部环境，他话锋一转，又谈到佛教内部的情况："近几年来，我国佛教的各项事业逐步振兴，在政策落实、教制建设、人才培养、学术研究、社会救济、海外联谊、国际交往等方面都有了很大开展，为庄严国土、利乐有情作出了贡献。但是，佛教内部还存在着隐患，总的来讲是人才缺乏、素质不高，商业化、庸俗化的现象滋长，突出的表现为信仰淡薄、道风不正、戒律松弛、学修不讲、追名逐利，这些问题应该加以高度警惕和严肃对待。"

赵会长的话是言之有物、言有所指的。他具体所指的就是即将得到解决的以湖南佛教为代表所存在的问题。

"三湘"大地自古为佛脉相沿之地。古代出自湖南的高僧智顗、怀让、希迁、怀素等人彪炳中国佛教史；近、现代的虚云、敬安、巨赞、明真等人更是众星灿烂、光烛四表。在抗日战争、解放战争中，以及新中国成立后的社会主义建设中湖南佛教界都作出重大贡献，尤其是明真法师。

明真法师 1902 年出生于湖北荆门，20 岁出家，22 岁到南岳。此后 30 年他一直在南岳从事僧伽教育。抗日战争期间明真法师同其他僧侣共同发起成立"南岳佛教救难协会"而名噪一时。新中国成立后明真法师驻开福寺，1953 年赴京在中国佛教协会工作。"文革"中他以佛家忍辱、无诤的精神，对逆境泰然处之。烦恼面前，他当是修道的助缘。1980 年，拨乱反正，在中国佛协代表大会上被选为副会长。1985 年，他以 84 岁高龄回湖南筹备召开省佛协、长沙市佛协代表大会，因德高望重，被选为两级佛协的会长。1989 年春季，明真老法师健康状况恶化，他对侍者说："我今年已 88 岁了，也该死了，不死的多余时间，得多念念佛。希望大家不要让我吃这样的药，吃那样的药。阿弥陀佛四字便是我吃的药。"4 月间，老法师病情转危，住广安门医院，5 月 17 日，在周围众人的念佛声中安详而逝，世寿 88 岁，僧腊 66 夏，戒腊 65 夏。

20 世纪 80 年代后期和 90 年代，该省佛协由会长明真法师领导，在弘法利生方面虽成绩显著，但种种原因导致出现的问题长期得不到解决。

主要问题是一些寺院僧众信仰淡化、道风不正。广大僧众对这些违反宗教政策、破坏佛教声誉的事进行了抵制，并给中佛协和赵会长本人写信，有的还找明真法师口头反映。

1987 年，明真法师由于糖尿病和高血压引起脑栓塞。他行动不便、语言受阻，

书蕅益大师《四无量心颂》

但头脑清楚、思路明晰。1988年春，赵朴初去看望他，明真法师对他艰难地说："我现在行动不便，湖南佛协的工作不能管了……"赵朴初听后，心情沉重，但他斩钉截铁地说："明老，你好好养病。这些问题我也了解一些，我们一定抓紧解决，不会让其长此发展下去。"

1989年5月，明真法师圆寂。湖南省佛协群龙无首。

1993年3月的一天下午，中国佛协几位领导人在赵会长家商讨第六届佛代会的筹备工作，赵朴初说："我们要借召开六届佛代会之机，把湖南问题解决了。解决该省问题要同省宗教局商量，取得他们的支持。主要问题出在个别领导人身上，绝大多数法师、居士是好的，要注意争取和团结大多数。要先通过学习、提高认识，再调整省佛协领导班子。"

果然，在推举六届佛代会代表、理事、常务理事候选人方面湖南省又出现了问题。其他省、市、自治区都按所分名额很快将名单报了上来，而湖南省僧众对有的被推荐者极力反对，还给中佛协来信、来电反映他们的严重问题，闹得不可开交，最后中佛协只好作出决定：中佛协第六届理事会理事名额中湖南省应为五人，暂定三人，以后待补二人，常务理事应为一人，未能选出，以后待补一人。这是中佛协代表大会前所未有之事。

赵朴初会长高瞻远瞩、审时度势及时提出六届佛代会要解决的中心问题是提高四众素质、加强自身建设的方针。他在工作报告中说："……根据当前的形势和我国佛教的实际情况，各级佛教协会和全国佛教界都必须把注意力和工作重点转移到加强佛教自身建设、提高四众素质上来。加强自身建设，就是加强信仰建设、道风建设、教制建设、人才建设、组织建设……"

不久，在一次佛学研讨会上，赵朴初为整个佛教界敲响警钟："我常说，佛教存有内忧外患，外患好办，内忧确实令人担心，德之不修，学之不讲，是佛教之忧也，这是佛教兴衰存亡的关键。"

会后，赵朴初立即召集中佛协有关领导开会。会上他说："湖南佛教界的问题不能再拖了，到必须解决的时候了。我们要通过学习和贯彻六届佛代会精神，加强自身建设，彻底解决该省的问题，否则，我们不好向佛教界交代。通过学习，要组织好省佛协换届，调整领导班子，把学修好、有威望、有能力的法师选进领导班子，同时也把应补选的中佛协理事和常任理事人选尽快补上，以便开展工作。"

于是，组成中佛协教务工作组赶赴湖南。

教务工作组得到各方面的有力配合，尽管遇到不少阻力，但工作进展顺利，纠正了有损佛教形象的混乱局面，正常地开展了宗教活动；还于1994年8月召开了省佛协换届会议及麓山寺方丈升座典礼。

圣辉法师当选为会长兼麓山寺方丈，明禅、惟正、宝昙等当选为副会长。此后，湖南省佛协在抓思想教育、道风建设、组织建设、寺院管理、僧才培养等方面都有重大举措：1994 年，成立了省佛协弘法利生委员会，出版了《初级佛学丛书》《正信的佛教》等佛学书籍；1995 年，成立了"湖南省佛协居士学修委员会"，制定了《湖南佛教徒守则》；1999 年开办了湖南省佛学院、创办了湖南省佛教协会会刊《正法眼》，建立了"三湘佛教网站"……真是三湘禅风又起、四水梵呗重鸣，四众弟子欢喜赞叹。至此，由赵朴初指挥的中佛协教务工作组胜利完成任务，为各地省佛协抓好自身建设开了个好头，积累了经验。

二十一、尼泊尔建中华寺

为振兴佛诞地献力是多年前中佛协，全国人大副委员长、中佛协名誉会长班禅大师和赵朴初会长作出的承诺，而建中华寺就是这一承诺的兑现。

尼泊尔蓝毗尼中华寺是应联合国开发署、联合国教科文组织、尼泊尔王国政府的请求，中国佛教协会有史以来在国外正式兴建的第一座，也是唯一一座寺院。

众所周知，尼泊尔蓝毗尼花园是释迦牟尼佛的诞生地，也是人类文明的一大发祥地。佛诞后，由迦毗罗卫城的曙光、出家雪山苦行、尼连河畔菩提树下证悟、恒河流域弘法利生到拘尸那迦婆罗双树下涅槃，80 年应迹，49 年说法，留下 12 部法宝传世，无数众生得解脱，无数弟子得成就，许多文化以此为源头。

在 20 世纪 20~30 年代，经多国考古学家的发掘、论证，并同玄奘法师所撰《大唐西域记》的记载相比对，才确定蓝毗尼的准确位置。

1956 年，尼泊尔国王马亨德拉提出开发蓝毗尼的倡议，并把已经倒地的阿育王石柱竖了起来。

赵朴初和中国佛教协会的同仁一致认为：中国是佛教大国，尼泊尔是中国的友好邻邦，为报佛恩、弘佛法，振兴佛教圣地，中国义不容辞、责无旁贷。

在尼泊尔所建中华寺，将不仅是展示当代中国佛教精神风貌、介绍中国佛教文化的一个窗口，也是我们弘扬佛陀慈悲、智慧、平等、圆融精神的重要道场。赵朴初对此十分重视，多次主持会议研究，由他亲自提名并报请国家宗教局批准，决定请学修兼备并擅长佛寺设计与建筑的怀善法师担此重任。

怀善法师俗姓唐，广西泉州人，
20世纪60年代毕业于广西工学院水利
工程专业，70年代为我国改革开放后
第一批工程师。1985年5月，因缘聚
会，他在湖南南岳上封寺礼宝昙法师
披剃出家，同年受具足戒，后又跟随
本焕大和尚、一诚长老、佛源长老参修。
他深研经藏、解行并重，个人修为深厚。

怀善法师看到过许多古老的佛家
道场荒凉破败，希望有一天把它们重

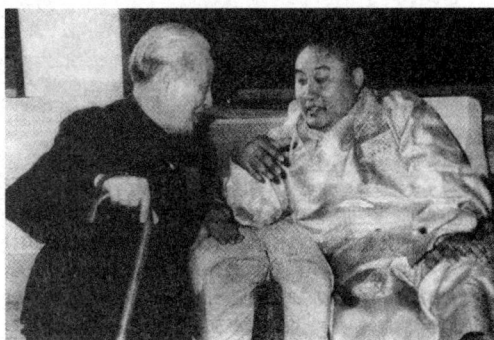

赵朴初与十世班禅大师共同关心中华寺建设

修起来，再现往日辉煌。他也很推崇福登、倓虚、虚云等历史上著名的建筑僧，于是
以他们为榜样，在刻苦钻研佛教经典的同时，把其余的精力全部放在建筑知识的学习
上，不久成为新中国佛教界第一个建筑设计师。

1990年，尚在南岳修行的怀善，受江西省萍乡市邀请，出任萍乡市佛教协会会长，
兼宝积寺住持。

宝积寺已有上千年历史，是十方僧人挂锡之地，然而那时已面目全非。该寺自解
放初便无僧人居住，只剩下几栋夏不避雨、冬不御寒的濒危殿堂和寮舍。原来的佛像、
法器更是荡然无存。由于当地政府有关部门大力支持，怀善法师亲自设计、亲自监督
施工，不久重修了大雄宝殿、天王殿、伽蓝殿、玉佛殿、接引殿、客堂、东西寮房，
使千年古刹重放光明。

怀善法师在寺院设计、建筑管理方面的造诣引起中国佛教协会会长赵朴初的注
意。为搞好全国佛教寺院的设计和维修，1995年，由赵朴初亲自致函江西省佛协点
名将其调往中国佛教协会，对佛牙塔地宫及塔院做改造设计，任务完成后，第二年被
派往尼泊尔，主持中华寺的设计、筹建工作。

由于赵朴初的精心筹划，又有各方面的大力支持，尼泊尔中华寺兴建筹备工作已
经就绪。赵朴初接受尼泊尔友好人士的热心建议，择定1996年12月1日举行奠基典
礼。是日为世界佛教的大喜之日，在一百年前的这一天（1896年12月1日），尼泊
尔西部城镇的官员克哈德卡和德国著名考古学家，在蓝毗尼发现了阿育王石柱，导致
以后蓝毗尼具体位置的确认。此日，联合国蓝开委将邀请世界各佛教国家来尼泊尔参
加隆重庆祝阿育王石柱发现100周年纪念大会。

吉日良辰既已选定，赵朴初提议要组建一支规格高、影响大、人数多、代表面广
的大型佛教代表团赴尼参加奠基典礼。赵朴初的提议很快得到国务院宗教事务局及其

他有关部门的同意和批准，决定由国务院宗教事务局局长叶小文同志为团长率中国政府代表团和中国佛教代表团前往。一座寺庙的奠基仪式，由国务院宗教事务局局长亲率两个大型代表团参加，在中国佛教史上是空前的。

赴尼佛教代表团启程前专门召开会议，赵朴初出席并作讲话。他说：“中华寺奠基之后，各项建设工作即将全面展开。为做好工作，我们经反复研究并报国务院宗教事务局批准，决定请怀善法师任中华寺首任方丈，全面负责中华寺的兴建工作。1995 年 5 月，怀善法师即已调中佛协工作，他现任江西省佛教协会副会长、萍乡市宝积寺方丈。他年富力强、工作认真负责、修持好，不但有管理寺庙的经验，还有兴建寺院的经验，他更是我国佛教界不可多得的建筑设计师。希望大家今后要多多支持怀善法师的工作。我们要上下一心，共同努力，不但把中华寺建好，还要把中华寺管理好，使其发挥应有作用，不辜负我国政府和佛教界的厚望。”

奠基典礼后，赵朴初经常过问工程进度及质量，随时掌握施工中遇到的各种问题，尽全力帮助解决。

怀善法师自 1996 年 9 月 19 日第一次踏上蓝毗尼圣地，不怕困难、百折不挠、兢兢业业、勤勤恳恳，为该寺的选址、规划、设计、建设殚精竭虑，默默奉献。2000 年，占地面积 19200 平方米，建筑面积 2988 平方米的寺院一期工程竣工。其中包括山门殿、大雄宝殿、东配殿、西配殿、禅堂、斋堂和僧房等 12 个单体建筑。全寺分礼佛区、静修区、生活区三部分。中华寺是采用清朝宫廷式风格，用多种现代和传统的材料建成的仿真古典建筑。各殿堂均采用斗拱飞檐式，施以五彩遍装彩绘。殿堂之间有回廊连接。整个寺院显得既虚实相济、错落有致，又和谐统一、实用美观。大雄宝殿高 21 米，重檐歇山顶陡下缓，出檐深广，曲线流畅优美，屋脊饰以龙纹、走兽，充分体现了中国古典建筑的造型特点。殿内正中须弥座上，供奉铜质释迦牟尼像一尊，殿前放置一个铸造精美、古朴典雅的宝鼎。院内所有建筑都融园林构思于一体：礼佛区栽姿态挺拔、叶茂阴浓树种，烘托佛寺静穆神圣气氛；静修区（禅院）和生活区内种植各种花卉和观赏性树种，洋溢着“禅房花木深”的幽静气氛和宜人情趣。

1999 年 6 月下旬，寺院设施基本完备后，为加强寺院管理和开展佛事活动，遵照赵朴初的指示，从中国佛学院选派了八位品学兼优的学僧赴尼泊尔工作。

2000 年 5 月 27 日，举行了中华寺落成暨怀善法师荣膺首任方丈升座典礼。国务委员司马义·艾买提、国家宗教事务局局长叶小文和以一诚法师为团长的中国佛教代表团出席了盛典。司马义·艾买提在典礼讲话中说：“中华寺是中尼佛教界友好的结晶，是继 13 世纪尼泊尔阿尼哥在北京建造白塔寺之后，记载中尼友好的又一座历史丰碑。”

尼泊尔王国首相柯依拉腊在典礼上也作了热情洋溢的讲话。他说：“出席中华寺落成及佛陀圣像开光和大师升座典礼，我感到非常荣幸。中华人民共和国政府在蓝毗尼寺庙圣地社区建造中华寺和佛陀圣像，表达了中国人民对尼泊尔人民的诚挚友谊。"

日本、韩国、泰国、缅甸、尼泊尔等十多个国家的法师及许多尼泊尔信众参加了庆典法会。与会者无不对中华寺的建筑艺术赞不绝口。

中华寺所在地自然环境恶劣，当时生活条件艰苦（吃菜、饮水困难）、气候炎热（夏天有时气温高达摄氏 57 度）、通讯条件差（有时一连几个月不通电话），但法师们在怀善方丈带领下，以玄奘大师为榜样、以鉴真大师为楷模，以"文化僧、和合僧、苦行僧"为标准，发大心、吃大苦，以修行者的风范和无私奉献精神战胜重重困难，认真坚持僧装素食、早晚功课和丛林仪轨，坚持农禅并重。他们还力所能及地在当地做弘法利生工作。为了给尼泊尔当地一所学校购置桌椅，通睿法师一次便捐款 1000 美元。

怀善法师不负赵会长重托，从 1996 年 9 月 9 日踏上西竺佛陀故乡这片神圣的土地，一心扑在中华寺上。从规划设计、领导施工到竣工后连任两届方丈，在尼工作长达 16 年。法师把自己在尼泊尔度过的这段时光称为自己"人生乐章的一段美妙的主旋律"。他以超人的毅力写成数十万字的《佛陀故乡驻锡记》，详细记述了中华寺建设前前后后及首任方丈任期内自己的所见所闻、亲身经历。中佛协刀述仁副会长在该书序言中写道："大道之行，常以孤者力行为最，而去国怀乡，矢志不移近可歌可泣者，舍怀善法师其谁？怀善法师是为建设和主持中华寺从 1995 年进入蓝毗尼的，坚毅精进至今已然度过了整整 16 年。初到蓝毗尼环境之艰苦，气候之炎热，交通之不畅，补给之困难是常人难以想象的，法师后又身染疾患，但他仍然坚持带领僧众，制定规约，诵经过堂，农禅并重，使中华寺梵呗和谐悠扬，院内瓜果飘香，赢得周围各国寺院僧人、当地民众和参拜者的尊重和称颂。这种坚持精神与力行实践，充分体现的是他对佛教事业的执著奉献，更使得中华寺作为中国佛教面向世界这一重要窗口愈发光明。"

这是对怀善法师奉献精神的准确评价。

"一佛出世，万佛扶持。"正因为有了赵朴初这位活菩萨出世，又有怀善法师等众佛扶持，新时期中国佛教才有了今天繁荣昌盛的局面。

二十二、藏传佛教得春雨

佛教起源于印度，在发展和弘传中逐渐形成南传和北传两大系，南传一系即巴利语系，北传一系又形成汉语系和藏语系。

就地域讲，我国藏传佛教主要弘传在西藏、甘肃、四川、云南、新疆、青海、内蒙古等省、自治区。就信仰藏传佛教的民族讲，有藏、蒙、土、羌、裕固等，汉族也有信奉者。

1990 年 10 月，赵朴初对中佛协主管国内佛教日常事务的干部讲："在三大语系佛教中，藏传佛教历史悠久，在我国佛教乃至世界佛教中都占有重要地位。藏传佛教和汉传佛教不仅语系不同，过去所处的社会情况也不同。旧西藏政、教合一，一些享有特权的高级僧侣实行专制统治，是封建农奴制社会。约占人口 95% 的农奴没有土地，没有自由；而占 5% 的农奴主，不仅占有西藏的全部土地，而且对农奴有处置权。广大农奴的生活十分悲惨。1949 年西藏进行了民主改革，推翻了黑暗的农奴制度，翻身农奴成了新西藏的主人。由于藏传佛教大多数信徒过去所处的历史环境不同，文化水平、生活习惯、经济情况也不同，加之语言沟通上有困难，我们应主动和他们联系、沟通，尽量帮他们解决一些实际问题，这是我们的责任。"

赵朴初还经常对下面的工作人员说："藏传佛教寺院经济比较困难，它们不能和汉传佛教较富裕的寺院比，我们要提倡和鼓励条件比较好的汉传佛教寺院支持帮助藏传佛教经济困难的寺院。会里虽不宽裕，但对藏传佛教也要尽力帮助，他们的困难比我们要大得多。"

正因为赵会长有言在先，藏传佛教的活佛参加全国性的佛教活动，差旅费全由会里报销。

1993 年 4 月 22 日，青海省佛协来信说："青海省藏语系佛学院房屋年久失修，危及全校教职员工及学生的生命安全。"赵朴初批准资助 5 万元。

1994 年 4 月 27 日，四川甘孜大金寺住持甲登活佛来信说："大金寺是康巴地区最大的黄教寺院之一。寺内佛像待塑、神龛待做、壁画待画、栋梁待刻，盼请中佛协予以支持。"赵朴初批示："会里资助 5 万元，同时报请国务院宗教事务局予以支持。"

1996 年 3 月，青海杂多等地发生大雪灾，积雪深达两米，道路被阻，不少牲畜冻饿而死。众多藏族群众和僧侣等待救援。因病住院的赵朴初得知这一消息，立即指派一位法师携人民币十五万元会同青海省佛协赶赴灾区。收到中国佛协的捐款后，灾区群众极为欣喜。他们来信说："你们这种扶困赈灾、弘法利生、广结善缘的义举，使我们十分感动，使我们感到祖国大家庭的无比温暖。"

1996 年 11 月，甘肃夏河县拉卜楞寺医药学院来信讲："我院是甘肃省安多地区培养医药僧侣的专门机构，为甘肃培养藏医药人才、解决藏区僧侣和群众看病难起了很大作用。由于医院房屋紧张，门诊只有一间小屋，严重影响了医疗工作的开展。恳请中佛协给予适当资助。"当时正值年末，会里经费紧张。赵会长斩钉截铁地说："会里再困难也要想办法予以资助。"后经研究，寄去补助费人民币 4 万元。

1997 年 1 月 20 日，内蒙古自治区佛协来信说："我会办公条件差，冬天无法取暖，学校房屋也急需维修。盼请中佛协支持部分经费。"赵会长批准拨付 5 万元。

1997 年 3 月 4 日，新疆维吾尔自治区佛协来信："我区目前藏传佛教后继无人状况令人担忧。为有计划培训藏传佛教人才，请求贵会资助部分培训经费。"赵会长批示拨付 5 万元。据不完全统计，从 1988 年至 1997 年，中佛协经赵朴初会长批准先后捐助藏传佛教地区各种费用共 18 笔，计 62 万元。

1990 年 3 月 30 日至 31 日，中国佛教协会在北京召开藏传佛教座谈会。这是中国佛教协会第一次专门就藏传佛教工作问题召开会议

在赵朴初的倡导下，1997年，中华大藏经的中文部分，由任继愈先生主持，100多位专家学者加盟，历经十年完成校勘、编辑工作，得以出版。这极大地推动了藏文部分的校勘和编辑。

藏文大藏经分《甘珠尔》、《丹珠尔》和《松绷》三部分。《甘珠尔》又称正藏，收入律、经和秘咒三部分；《丹珠尔》也称续藏，收入赞颂、经释和咒释三部分；《松绷》即杂藏，收入藏、蒙佛教徒的有关著述。两者共232卷。如果经校勘、编辑后藏文部分出齐，与汉文部分珠联璧合，则堪称世界文化史上一大盛事。

赵朴初会长为使这一盛事早日成为现实，率先捐助人民币10万元。在中国藏语系高级佛学院一次开学典礼上，他是这样称颂藏传佛教和藏文大藏经的："就藏语系佛教来说，它以经典的译文精确，教法的传承完备，修正的大德众多而著称于世。尤其是甘珠尔和丹珠尔大藏经译存了印度几乎完全失传，而汉文藏经又未曾译传的大量怛特罗经论，以及声明、因明、医方明和天文、历法、工艺等宝贵典籍，西藏各派历代大德又对这些人间绝学进行了详细的研究与发展，写出浩如烟海精湛的论著。这是我们伟大祖国足以自豪的民族文化遗产，为全世界文明国家所瞩目。"

2008年10月25日，《中华大藏经》藏文版全套232部历经20载校勘、整理、编辑完成，全套面世。可以说，这部藏文《中华大藏经》是举全国上下之力才得以问世的。又是赵会长欢喜赞叹的一桩"盛时盛世盛大之事"。

根据赵朴初的提议，1990年3月30日，中国佛协召开了"藏传佛教工作座谈会"。出席座谈会的有来自西藏、内蒙古、青海、甘肃、四川等省、自治区和在京的藏传佛教界人士以及中央统战部、国务院宗教事务局有关负责同志共二十余人。这是中国佛协第一次专门就藏传佛教问题召开会议。3月30日和31日，赵朴初两次作重要讲话。在前一天的讲话中他指出："藏传佛教历史悠久，博大精深，在中国佛教乃至世界佛教中占有重要地位，在学术文化方面享有很高的国际声誉。办好藏传佛教事业，做好藏传佛教工作，对处理好群众关系、民族关系、国际关系至关重要；对国家和社会的稳定、祖国统一、治理整顿、改革开放和两个文明建设影响巨大。"他要求大家就以下五个方面进行座谈：

（一）关于落实宗教政策问题；

（二）关于活佛转世问题；

（三）关于加强民族团结、反对分裂、维护祖国统一问题；

（四）关于加强藏传佛教自身建设问题；

（五）对本会的意见、要求和建议。

在谈到活佛转世时他指出，藏传佛教最重要的一个名词"活佛"，在汉语中翻译得不够准确，但这个称谓已沿袭了几百年，约定俗成了。将其译为转世尊者为佳。

在谈到藏传佛教的修习次第和僧伽教育时，他指出，藏传佛教自宗喀巴大师创立格鲁派以来制定和形成的先显后密的修习次第制度应该肯定，汉传佛教应借鉴学习藏传佛教寺院中的修习次第，而藏传佛教也应学习汉传佛教中农禅并重的修习方式，应互相交流。藏区的僧伽教育在近千年的演变发展过程中，已形成自己的特点，但它也继承了古印度寺院学经的传统方式；在显教方面，西藏格鲁派各大寺都推行以因明、俱舍、戒律、中观、瑜伽五部为中心的教学制度，从玄奘、义净的记载来看，可以说藏传佛教的僧伽教育继承了当初那烂陀寺遗留的学风和规范。

在后一天的谈话中，他首先对与会者的发言作了综合表述，而后着重指出："班禅大师的灵童转世关系重大，一定要向藏传佛教界的大德们征求意见，把这件大事积极稳妥地办好。"

为发挥藏传佛教高僧大德的作用，由赵朴初倡导，1993年10月召开的第六届佛代会决定，成立"藏传佛教工作委员会"，甘肃省佛教协会副会长、中国佛教协会副会长、德高望重的嘉木样活佛当选为主任，贡唐仓、布米、乌兰、香根、策墨林等为副主任。从此，凡有关藏传佛教的工作首先要与他们商量才能最后做出决定。

十世班禅大师圆寂后，国务院在1989年1月30日，曾就班禅治丧和转世问题做出三项决定。其中第三项是："由扎什伦布寺民主管理委员会负责，并视必要请中国佛教协会、佛协西藏分会协助，办理第十世班禅额尔德尼·确吉坚赞转世灵童的寻访、认定等事宜，报国务院批准。"

1987年9月1日，中国藏语系高级佛学院成立大会在北京西黄寺举行

为按藏传佛教仪轨做好转世灵童的寻访，赵朴初担任了灵童寻访工作小组总顾问。寻访工作中，他坚持了"必须尊重宗教仪轨和历史定制、必须坚持爱国主义、必须接受中央政府领导"的原则。

1995年11月8日，赵朴初在灵童寻访小组第三次会议上说："藏传佛教活佛转世制度是在藏传佛教发展历史过程中形成的，有它的特定条件和殊胜因缘。藏传佛教之所以'金瓶掣签'来断定'转世灵通'，就是在十方三世诸佛，在本师释迦牟尼佛的佛力加持下，来判断转世灵童是否不违诸佛菩萨的平等大誓乘愿再来的。不违本愿，就能与佛力加持的金签相应，就能即事而真，否则就不相应。"

转世灵童的寻访工作正在有序进行，叛逃到国外的达赖集团跳出来干扰。他们擅自宣布一个西藏小男孩是十世班禅大师的转世灵童。1995 年 5 月 18 日，赵朴初对新华社记者发表谈话，对达赖喇嘛不顾历史定制、破坏宗教仪轨、打乱寻访进程，特别是违反藏传密教三昧耶戒教义、违背宗喀巴大师遗训的行为进行了严厉的批判，指出其本质是妄图分裂佛教、分裂祖国，是不折不扣的叛教、叛国行为。

1995 年 11 月 29 日，十世班禅大师的转世灵童认定后，赵朴初十分欣喜，当天发出贺电。

1996 年 11 月 22 日，赵朴初在北京广济寺会见了十一世班禅额尔德尼·确吉杰布，并合影留念。他对十一世班禅说："我同班禅大师很有缘，见过九世班禅，十世班禅生前与我关系很密切……十世班禅的志愿是维护祖国统一，振兴中华，爱国爱教。我相信，十一世班禅一定能弘扬十世班禅的遗愿，把他的事业发扬光大。"他还代表中国佛教协会和全国佛教界祝愿十一世班禅佛教学问和世间学问日益精进，为民族团结、国家繁荣、人民安乐作出应有贡献。

为续佛慧命、弘扬正法，赵朴初特别关心藏传佛教的僧才培养。

早在 1981 年 5 月 28 日，他便致信中央统战部有关领导，提出"关于筹办甘肃、青海、西藏佛学院的建议"，认为这件事"肯定很得人心，不仅有利于宗教政策的落实，而且有利于民族工作的开展。"

在十世班禅大师和赵朴初会长共同倡导下，1987 年在北京创办了"中国藏语系高级佛学院"，十世班禅大师任院长，赵朴初任高级顾问。该院创办以来，培养了大批爱国爱教的藏传佛教高级僧才，在弘法利生、抵制国外分裂主义的渗透和破坏、维护藏传佛教的正常发展诸方面都起了重要作用。

1997 年秋天，该院成立十周年，赵朴初写诗祝贺：

贺中国藏语系高级佛学院成立十周年

十年教训，万事胜因。不违本愿，同发大心。

俱成龙象，常转法轮。庄严国土，利乐有情。

该院每年开学典礼或学生毕业典礼赵朴初一定参加并发表讲话。1998 年秋，该院开学时，他感冒发烧，医务人员劝他休息，但他仍坚持出席并对身边工作人员说："藏院很重要，它是培养藏传佛教人才的高等学府，对继承和弘扬藏传佛教文化，加强边疆少数民族地区的团结和稳定有重要意义。对藏院邀请我们参加的会议，要尽量参加，对他们要求我们帮助做的事，要全力做好。这是我们的责任和义务。"

多年来，赵朴初为藏传佛教的恢复、发展与建立正常秩序，为反对境外势力利用藏传佛教进行分裂祖国活动的种种图谋殚精竭虑，受到藏族僧俗的无比敬仰。一位在中国佛教协会工作的活佛看到赵会长为藏传佛教做了那么多的好事，感动地说"赵朴老不愧是我们的宗教领袖，他站得高、看得远，正因为有了他老人家这样的重视和关怀，我们藏传佛教才能有今天的昌隆和发展。"

二十三、南传佛教展新容

佛教起源于印度，由印度向南传播到斯里兰卡、缅甸等地的一个派别世称南传佛教，也称上座部佛教或巴利语系佛教。

当今南传佛教主要弘传于缅甸、泰国、斯里兰卡、柬埔寨、老挝、越南南部和中国西南边境地区。在云南西双版纳、德宏、思茅、临沧等地，傣族、布朗族、德昂族几乎全民信仰南传佛教。

在我国，南传佛教与汉传、藏传佛教比，信众人数虽然少，但宗教"五性"表现突出，所以赵朴初对其特别重视。

云南地处我国西南边陲，是一个多民族多宗教的省份。省内52个兄弟民族都保留着各自不同的宗教信仰。全国五大宗教，在云南均有信众，其中信仰佛教人数最多，而巴利语系佛教信众又占绝大多数。云南也是我国唯一弘传巴利语系佛教的省份。

赵朴初多次赴滇考察、了解云南佛教情况、帮助解决问题。

早在1956年3月9日，他利用去印度出访路过昆明之机对昆明诸寺进行考察，留下三首脍炙人口的诗：

赴印度过昆明游西山三首

一

南飞此日息天池，万顷诗怀漾碧漪。

不尽百城烟水意，振衣千刃揽灵奇。

二

应是分茅自众香，千红万紫绕禅房。

我来不见维摩老，炫目天花雨道场。

三

犹留故事在天涯，始识梵宫胜帝家。

别有千秋传盛业，万人云拥看茶花。

1990 年 12 月，赵朴初会长在云南参加上座部佛教座谈会期间，与五并亚·温撒长老等亲切交谈

　　1975 年 5 月，赵朴初和全国政协代表团赴云南考察宗教事务，顺便到滇池、石林等地游览。南疆那浓郁的佛教文化气息、令人赏心悦目的奇花异草，使赵朴初诗情涌动，短短几天就有 20 多首诗问世。

　　刚到云南境内他就写道：

　　　　　　停车两日小盘桓，照眼红花着意看。

　　　　　　仍是盘盘流水过，深红浓绿入云南。

　　到金沙江他写道：

　　　　　　争望金沙回折处，红军此地渡江来。

　　　　　　凝思四十年前事，无尽宏图自此开。

　　到石林他写道：

　　　　　　高山为谷谷为陵，三亿年前海底行。

　　　　　　可怪前人文罕记，石林异境晚知名。

　　观云南博物馆藏担当（一诗僧名）书画后他写道：

　　　　　　担当书画皆清绝，着手难寻笔墨痕。

　　　　　　开卷千峰寒色满，了知禅意是诗心。

　　到望海楼他写道：

　　　　　　廿年面皱看花地，一角心怜望海楼。

　　　　　　可得借居三万日，安排诗卷写春秋。

　　在视察中，赵朴初了解到云南宗教，特别是云南佛教的现状，该省和其他省、市、自治区在宗教方面不同的特点。但了解归了解，在那一片极"左"阴云笼罩下的中国，他又能做些什么呢？

　　十一届三中全会的召开，给中华大地带来春天，同样中国佛教的发展也迎来一个大好的机遇期。

　　1990 年 12 月下旬，中佛协在云南召开了具有深远历史意义的上座部佛教工作会议和上座部佛教人士座谈会。赵朴初认为，在云南，宗教问题往往影响到政治稳定、经济稳定、社会稳定、边防稳定，影响到云南各民族宗教徒建设社会主义的积极性，于是，不顾 83 岁高龄，毅然决定赴滇亲自主持会议。

　　为了充分掌握云南佛教的具体情况，以便使会议密切联系实际，有的放矢，赵朴初提前几天到达，住在安宁温泉。

　　1990 年 12 月 22 日至 24 日，云南上座部佛教工作会议和上座部佛教界人士座谈会在西双版纳自治州首府景洪召开。24 日，赵朴初在会上作了重要讲话。通过实际案例他进一步强调了云南宗教的"五性"，即群众性、民族性、国际性、复杂性、长期性。由五性而引申出：宗教问题在云南具有特殊的重要性。

　　他在讲话中指出，上座部佛教在历史和当今世界上都具有重要影响和地位，我国的南传上座部佛教与东南亚上座部佛教既一脉相承，又有着自己的悠久历史和独特文

1990 年 12 月 22 日至 24 日，中国佛教协会和云南省委统战部、云南省宗教事务局在西双版纳州首府允景洪召开上座部佛教座谈会。这是中国佛教协会成立以来首次举行的上座部佛教工作会议

化。它作为我国各民族三大语系佛教联合组织——中国佛教协会的重要组成部分和滇南众多少数民族共同信仰的宗教，应该得到更多的关怀和支持。

讲话在充分肯定云南上座部佛教近年取得很大成绩的同时，对其提出五点希望和建议：

（一）在上座部佛教集中地区，建立健全州、县两级佛教协会；

（二）提高僧人素质，培养中青年僧才；

（三）建立上座部佛教教务管理体制；

（四）制定上座部佛教寺院管理办法和有关的规章制度，提高寺院管理水平；

（五）加强对上座部佛教学术文化的研究工作。

虔诚礼佛的傣族少女

会后，赵朴初对身边工作人员说，以前我们对云南上座部佛教了解和关心都不够，今后一定要多关心他们的发展，帮助他们解决一些实际问题。后来滇南发生大地震，他马上让中国佛教协会拨出救灾款项，汇到西双版纳，并以中国佛教协会的名义通知各省、市、自治区佛教协会对云南地震灾区进行救助。中国佛教协会还收到日本立佼成会所捐伍佰万日元救灾款，及时转给云南省佛教协会，部分解决了震后佛教寺庙的重建问题。

西双版纳佛教信众听说赵朴初会长来了，怀着兴奋的心情，以各种方式表示欢迎。赵朴初一行所到之处，人们自动聚集起来、敲响铓锣、打起象脚鼓，青年男女身穿节日盛装，跳起具有浓郁民族风情的舞蹈。日落西山、华灯初上之时，五彩烟花照彻景洪夜空。面对此情此景，赵朴初赋诗一首：

> 地邻四国皆崇佛，
>
> 三系并行汉藏南。
>
> 难得因缘好时节，
>
> 如来家业要人担。

诗中，赵朴初以一个宗教领袖的远见卓识向四众弟子提出，要趁千年一遇、国运强盛的因缘好时节，共担如来家业，为佛教的昌隆发大心、出大力。

12月25日，赵朴初一行参观云南葫芦岛西双版纳热带植物园，应主人之请，在园中亲手栽下一株象征佛教智慧的菩提树，并赋诗一首：

植物研究所

岂惟鸟兽多珍异，

草木尤须当宝看。

会见良方与灵药，

重编本草续滇南。

赵朴初在会上提出的五点建议很快得到落实，云南上座部佛教各项工作逐步走入正轨。此后不久，由他倡议在中佛协建立了"上座部佛教工作委员会"，及时了解上座部佛教发生的新情况，解决发现的新问题，使云南上座部佛教的工作走上一个又一个新台阶。

二十四、不拘一格育僧才

十年浩劫，百业凋零，人才断档。

佛教界面临的局面更加严峻。拨乱反正，政策落实，全国各地名山大寺陆续恢复，需要有能力的僧人去管理；佛教界的国际交往日益频繁，此项工作需要有相应能力的僧才承担；佛教文化的研究和佛教文化遗产的整理也提上日程，需要专门人才来从事；各级佛学院相继开学，也需要有一定佛学水平的法师任教。方方面面需要人才与佛教人才奇缺的尖锐矛盾摆在中国佛协和会长赵朴初面前。

1984 年 10 月，在中国佛学院的一次会议上，赵朴初院长说："当前的情况，一方面是佛教工作百废待举，急需人才；另一方面却是佛教人才凋零殆尽，佛教事业后继乏人。这两方面情况，向我们提出一个十分尖锐的问题，不下大力气培养佛教接班人，佛教工作就无法很好开展，就无法解决佛教工作中的承前启后、继往开来的问题。"

1992 年 1 月，在上海召开的汉语系佛教教育工作座谈会上，赵朴初大声呼吁："当前和今后相当长的时期内 佛教工作最重要、最紧迫的事情第一是培养人才，第二是培养人才，第三还是培养人才！"、"培养的人才合不合格，将决定将来中国佛教的兴衰存亡，决定中国佛教事业的走向、命运、前途。要把培养人才看成今后的战略任务，这是一个战略性抉择。"

根据中央有关文件，由赵朴初亲自规划在佛教僧才培养方面采取了如下措施：

建立初、中、高三级互相衔接，又各有侧重的佛教教育体系。

这里所说的"初",即初级佛教教育。主要指办僧伽培训班、学习班。其规模可大可小,学习时间可长可短,学习内容可多可少、并有不同侧重点。这样的班,中佛协可办,各省、市佛协可办,有条件的寺院也可办,其机构为常设、可为临时,形式多种多样。

为提高全国重点寺院执事的文化素质、工作能力和管理水平,中佛协于1991年9月、1992年8月、1995年10月分别在安徽九华山、广东云门寺办了三期执事进修班。每期50天左右。学习内容包括宗教政策、法律知识、佛教仪轨、佛学知识、外事接待、寺院财会、文物保护等。事后证明效果显著。赵朴初高兴地说:"这三届执事进修班办得很有成效。为了加速培养僧才,提高寺院执事的素质和水平,今后执事进修班应坚持办下去。"据不完全统计,广东、江苏等十多个省、市、自治区佛协也举办过类似的培训班。

"中"即中级佛教教育。所指为中国佛学院南京栖霞山分院、江苏省苏州灵岩山分院以及各省、市、自治区佛协办的佛学院,如福建佛学院、厦门闽南佛学院、四川尼众佛学院、浙江普陀山佛学院、广东岭南佛学院、上海佛学院、江西省佛学院、湖南省佛学院、河北省佛学院、甘肃省佛学院、云南佛学院等近四十余所。中级佛学院招收经过初级佛教教育或具有初中文化水平、品德优良的青年僧人入学,学制二年。毕业学员应具备高中文科毕业生水平,古汉语和外语也有相应的要求。其办学目的主要是为寺庙培养中级管理人才并为高级佛学院提供生源。

"高"系指中国佛学院和中国藏语系高级佛学院。此外,中佛协还根据赵朴初"要派部分优秀学僧出国留学"的指示,自20世纪80年代起,先后向斯里兰卡、泰国、缅甸、日本、韩国、英国、美国、新加坡、香港等九个国家和地区派出留学僧百人以上。这也应包括在他所讲的"高"中。

中国藏语系高级佛学院是十世班禅大师和中国佛教协会会长赵朴初共同倡议并经党中央、国务院批准于1987年创建的。它是中国藏传佛教最高学府。这里聚集了藏传佛教各派高僧大德任教,十世班禅大师为首任院长,赵朴初为高级顾问。

该院是以佛教专业为主体,以藏传佛教为特色,教学和研究相结合,高规格、多层次的藏传佛教综合院校,是中国藏传佛教的教学中心和研究中心。学院以维护祖国统一、加强民族团结、弘扬藏传佛教为宗旨,培养藏传佛教的教学研究、国际交流和寺庙管理的骨干人才,为建设有中国特色的社会主义、为促进祖国统一大业、为世界和平作贡献。

学院坐落在北京西黄寺大街西黄寺内。

课程主要是佛教经典和藏传佛教各派理论。其中包括《入菩萨行论著疏》、《现

1986 年 7 月，中国佛学院院长赵朴初居士、副院长正果法师等与中国佛学院 86 届本科毕业生合影留念，这是改革开放后中国佛学院培养的首届本科毕业生

观庄严论疏》、《喻法论·聚宝》、《蓝色手册》、《蒙藏佛教史》等。

学院一改过去传统的经院式教学和管理模式，是藏传佛教教学方式上的一大创举。学制根据所学专业和学员基础水平定为二至三年。学员主要是来自西藏、青海、四川、甘肃、云南藏族地区和内蒙古、辽宁、新疆等蒙古族地区的藏传佛教转世活佛（也有少数学僧）。

1987 年 9 月 1 日，第一届学员入学，作为高级顾问的赵朴初，在开学典礼上作了重要讲话。他说："……尊敬的班禅大师高瞻远瞩，面向未来，为法乳流传，慧灯永照，发心兴办藏语系高级佛学院，以辅导全国各地藏语系佛教的青年大德学习。这是负荷如来家业的一件大事，继承、发扬藏语系佛教的一个根本措施。藏语系高级佛学院在京兴办是党的宗教政策、民族政策又一生动体现。我相信，今后藏语系高级佛学院在班禅大师的亲自主持下，在党政领导的亲切关怀下，在中国佛教协会的支持下，通过全体工作人员的积极工作和教学双方的勤奋努力，一定能开出繁盛的花朵和结出丰硕的果实，使古老的藏传佛教发出耀眼的光辉，使伟大的祖国传统文化呈现夺目的异彩。"

在此后学院举行的开学典礼和学员毕业典礼，赵朴初每次必到。

1997 年 8 月 31 日，中国藏语系高级佛学院建院十周年庆祝大会在北京举行。来

中国藏语系高级佛学院掠影

自西藏、青海、四川、甘肃、河北等省区的佛教协会、全国各宗教团体、部分著名藏传宗教寺院及首都有关单位的代表二百余人参加大会。赵朴初到会并发表讲话。他对中国藏语系高级佛学院建院十年中在培养爱国爱教的佛教高级人才、抵制国外分裂主义势力渗透破坏活动、维持藏传佛教的正常秩序等方面取得的成绩给予了高度评价。

事实证明，由班禅大师和赵朴初共同倡导的这所高级佛学院的建立已经成为汉、藏两大佛教教派和两族人民在祖国大家庭中和睦相处、携手并进的珍贵缩影和殊胜标志。

中国另一所佛教高等院校是中国佛学院。它1956年创办于北京，院址设在法源寺，1966年停办，1980年恢复。

该院办学总方针是：努力培养和造就一支热爱祖国、接受党和政府领导、坚持走社会主义道路、维护祖国统一和民族团结、有相当佛学知识、立志从事佛教事业并能联系四众弟子的佛教教职人员队伍。

这所学校的办学方式为：坚持以戒为师，从严治校，以"学修一体化、学生生活丛林化"为准则实行学校与丛林相结合的办学方式，将传统丛林生活制度与现代教育体制融合，为培养合格的佛教人才营造完备的修持体制、严肃活泼的生活环境。

学校设专科部、本科部、研究生部。学僧是从中级佛学院毕业生或具有高中文化水平、出家两年以上、品德优良的青年僧人中考选。

中国佛学院首任院长为喜饶嘉措大师，第二任院长为法尊法师，赵朴初均为副院长。自1980年12月，赵朴初成为第三任院长。

赵朴初在此任职40多年，为办好这所学校倾注了大量心血。除抓好办学方针、宗旨大事之外，对教职工、学僧的生活关怀备至。

他经常对工作人员讲："这些青年法师为了佛教事业，舍弃父母和个人的一切，出家为僧是很不容易的。他们以佛教和寺院为家，我们必须格外关心他们，为他们解决实际困难。"这点，在留学僧人身上体现得更加突出。1986年派往斯里兰卡的五比丘、1996年派往缅甸的八比丘、派往泰国的十比丘，都是中国佛协资助，或由赵朴初慕

化而来的钱供其完成学业的。为让这些留
学僧补养身体，赵会长慷慨解囊，每月供
养每人 10 美元。几年下来，总共花去 4600
美元。原教务部的延惟法师赴斯里兰卡留
学，赵会长一次就供养 1000 美元。

为解决中国佛学院教职员工住房困难，
20 世纪 80 年代，他给中央领导写信，批给
了一笔款，在海淀区塔院小区购置了住房，
使不少教师和干部喜迁新居。

1985 年 9 月，赵朴初院长、正果法师、观空
法师等参加中国佛学院庆祝教师节活动

90 年代初，由他倡导，中国佛教协会
建立了"中国佛教协会文化教育基金会"，筹款 1000 余万元，解决了中国佛学院、
中国佛教文化研究所及其他佛教文化单位部分资金困难问题（只动息不动本）。

90 年代末，为解决中国佛学院用房紧张问题，他通过香港杨钊居士、宏勋法师
及上海、广东、浙江、江苏、福建、湖南、河南、安徽等地佛协和寺院向海内外四众
弟子募捐，共筹资金近 2000 万元，于 1998 年 7 月建成中国佛学院教学大楼，为师生
创造了宽敞舒适的工作环境和学习环境。

1985 年 9 月 10 日，全国人民特别是教育界人士满怀喜悦心情迎来中国历史上第
一个教师节。作为中国佛学院院长的赵朴初对教师节格外重视。

9 月 7 日下午，为第一个教师节的到来，中国佛学院举行了隆重而热烈的庆祝会。
会场布置得庄严而和谐：主席台正中供奉着佛祖释迦牟尼佛像，旁边悬挂着赵朴初所
书写的"金缕曲"。主席台前面和两侧摆放着数十盆鲜花。佛祖像前点燃了檀香。缕
缕檀香和淡淡花香在会场里弥漫，人们仿佛超脱了世俗的烦嚣，置身佛国乐园中。会
场外，几十面鲜艳的五色佛旗在微风中轻轻摆动，也似乎在对辛勤的园丁们致以节日
的祝贺。

当赵朴初院长、正果副会长、明真副院长陪同中央统战部、国家宗教事务局的领
导以及观空法师、黄念祖老师、郭元兴老师、传印法师、明哲法师、白光法师等来到
会场时，全体学僧起立长时间热烈鼓掌，对教师们的辛勤劳动表示谢意。

庆祝会从唱《国歌》和《三宝歌》开始。接着，由赵朴初院长讲话。他说："再
过两天教师节就到了，首先向各位老师表示热烈祝贺！各位老师为了培养佛教人才，
不怕苦不怕累，多年来一直辛勤耕耘，做了大量工作，取得了丰硕成果。在教师节到
来之际，我向各位老师表示衷心感谢！我不是老师，但我是老师们的服务者。……为
了表示对所有教师的敬意，我把六年前填写的一阕《金缕曲》重新写出来作为礼物献

给教师们。其中包括已经离开我们的法尊法师、周叔迦居士等过去的法师、老师们和未来要做法师、老师的同学们。"说完，他把悬挂着的字幅摘下高高举起，全场爆发出雷鸣般的掌声。赵朴初高声朗诵了这首曲。

朗诵完这首曲后，赵院长就词中一些句子作了简单明了的解释。接着，他对在座同学讲："要努力学习、认真修持、尊敬师长、严格要求，使自己成为新中国有理想、有文化、有道德、有纪律、讲文明的僧人，为四化建设作出贡献。"

新中国成立后，由赵朴初开创并一直领导的佛教教育事业不断发展壮大，已经结出丰硕成果。至今传印等百余名法师已走上中国佛协及各省、市、区佛协的主要领导岗位，全国名山大寺的方丈也绝大多数毕业于各类佛教院校，其他毕业生在各自的岗位上都默默地做着奉献。他们没有辜负老院长的期望，已经成为中国佛教的中流砥柱，成为在中国使慧灯不灭、法炬长传，承担如来家业的中坚力量。

二十五、倡导"人间佛教"

全世界，完整意义上的佛教在中国。它三大语系俱全，信众超过一亿。

赵朴初纵观古今佛教昌隆与衰败正反两方面的经验与教训，提出和完善了"人间佛教"的思想。

赵朴初的"人间佛教"思想是有其历史渊源的。

19世纪下半叶到20世纪初，当时的旧中国国势衰微、社会黑暗、政治腐败、民不聊生、帝国主义列强加紧侵略，中华民族处在生死存亡的紧要关头。在社会的急剧变革和动荡中，佛教本身流弊突出、日益衰落，很多人认为佛教是封建迷信、愚昧落后、消极厌世的代名词。若因循守旧、不求变革，佛教的未来令人担忧。佛教内部的一批高僧大德纷纷提出救教的主张。太虚大师是这些高僧大德的代表人物之一。他广参博究、深入禅定，慨国族之积弱、悲佛教之不振，历览佛教两千年的发展和多次大的演变史，依据佛陀的思想精髓，适应时代发展，以佛菩萨的大无畏精神提出了响亮的"人生佛教"口号，旨在提醒广大佛教徒更多重视现实、着眼于人格的提升和完善，重视佛教的现实目的和效果。他认识到，佛教脱离社会，脱离现实是其致衰的根本原因，于是著书立说，八方呼号，力图推进以"人生佛教"为主导思想的佛教改革。但在积贫积弱、乱象横生、四分五裂的旧中国这样一个大背景下，只能是应者寥寥。即便在当时的佛教内部也因其改革造成分裂。他临终前几年不得不宣布自己的改革已经

失败。但他认为改革之所以失败是外缘所致，而不是
改革本身有什么错。他仍然把自己没完成的改革任务
寄托在后来的法门龙象身上。这就是在其圆寂前将赵
朴初召到玉佛寺，赠"人生佛教"一书，并勉励他努
力护法的初衷。

太虚大师一直的提法是"人生佛教"，而赵朴初
在其后的讲话、文章中多数提"人间佛教"，二者虽
一字之差，无本质区别，但后者似乎包括的范围更广，
对需要表达的内容概括得也更准确。因为佛陀出生在
人间，证悟在人间，说法度生在人间，佛法是源出于
人间而反过来还要利益于人间的。正如《六祖坛经》
所讲："佛法在世间，不离世间觉，离世觅菩提，恰
如求兔角。"

何谓"人间佛教"？赵朴初在他1983年成书的《佛
教常识答问》中有《发扬人间佛教优越性》一节专门
讲述这一问题。他说："人乘、天乘、声闻乘、缘觉乘、
菩萨乘这叫五乘。其中后三种叫出世间法，教理深奥，

佛法在世间

比较难学；前二者，人、天乘教是世间法。世间法是世人易学而能够做到的也是应该
做到的，前人名之为人间佛教。人间佛教主要内容就是：五戒、十善。五戒是不杀生、
不偷盗、不淫邪、不妄语、不饮酒。佛教认为，这类不道德的行为应该严格禁止，所
以叫五戒。十善是在五戒的基础上建立的，约身、口、意三业，分为十种。身业有三
种：不杀、不盗、不淫邪。口业有四种：不妄语欺骗，不是非两舌，不恶口伤人，不
说无益绮语。意业有三种：不贪、不嗔、不愚痴。这就叫十善，反之叫十恶……假如
人人依照五戒十善的准则行事，那么，人民就会和平安康，社会就会安定团结，国家
就会繁荣昌盛，这样就会出现一种和平安乐的世界，一种具有高度精神文明的世界。
这就是人间佛教所要达到的目的。"

对人间佛教，赵朴初与时俱进，在不同的时期增加不同的具体内容，以适应时代
发展的需要。

1953年5月，在中国佛教协会成立的会议上，赵朴初提出佛教徒的首要任务是"参
加爱护祖国和保卫世界和平的运动"。他要求佛教徒参加各项爱国运动，在各自的岗
位上积极参加国家经济建设、民主建设和文化建设；积极参加保卫世界和平的斗争，
反对侵略，争取全世界全人类的和平。

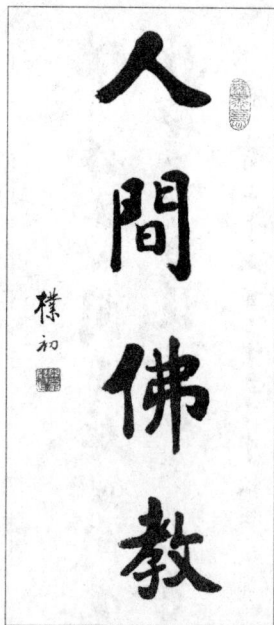

人间佛教

人间佛教

一系列政治运动之后，迎来祖国社会主义建设高潮。1957 年 3 月，赵朴初在中国佛教协会第二届全国佛教代表会议上所作的《中国佛教协会第一届理事会工作报告》中提出：一要加强指导各地佛教徒的学习，推动他们积极参加祖国建设和保卫和平事业；二要加强佛教教育、学术文化研究，发扬佛教优良传统，应当在可能的条件下推动和帮助全国各地区、各民族、各宗派佛教学者们有计划地进行这方面的工作；三要密切联系佛教群众，积极帮助政府贯彻宗教信仰自由政策。

三年自然灾害后，国家进行调整、巩固、充实、提高。佛教的发展出现新的转机。赵朴初在《中国佛教协会第二届理事会的工作报告》中提出六个"继续加强"：一，继续加强佛教徒的学习；二，继续加强团结全国佛教徒积极为社会主义服务；三，继续加强联系群众，协助政府贯彻宗教信仰自由政策；四，继续开展佛教徒教育事业；五，继续加强和开展佛教学术文化事业；六、继续加强和各国佛教徒及其他宗教徒的联系，为增进友好，交流文化和保卫世界和平而努力。

十年浩劫之后，国家拨乱反正，佛教事业的发展迎来难得的春天。赵朴初在1980 年 12 月召开的第四次全国佛代会上所做的工作报告中要求全国佛教徒"在党的宗教政策光辉照耀下，遵循佛陀教导，继承历代大德的宏愿，发扬我国佛教的光荣传统，'报国土恩、报众生恩'建立'人间净土'，'令诸众生常得安乐'。"此后的一次佛协会议上，他提出佛教协会的任务是："团结全国各族佛教徒，发扬佛教优良传统，为开创佛教徒为四化建设、祖国统一和维护世界和平事业服务的新局面而勇猛精进。"

1983 年 12 月 5 日，中国佛教协会召开第四届理事会第二次会议，赵朴初在以《中国佛教协会三十年》为题的报告中申明了中国佛教徒此后的任务："我以为在我们信仰的佛教教义中应提倡人间佛教思想。它的基本内容包括五戒、十善、四摄、六度等自利利他的广大行愿。《增一阿含经》说；'诸佛世尊，皆出人间。'阐明了佛法与世间的关系。佛陀出生在人间，说法度生在人间，佛法是源出人间并要利益人间的。我们提倡人间佛教的思想，就要奉行五戒、十善以净化自己，广修四摄、六度以利益人群，就要自觉地以实现人间净土为己任，为社会主义现代化建设这一庄严国土、利乐有情的崇高事业贡献自己的光和热。"

党的政策全面落实，改革开放不断深入，政通人和，经济繁荣，中国佛教出现了近、现代史上从未有过的昌隆局面。赵朴初在1987年2月召开的第五届佛代会的报告中高兴地说："我们终于实现了新中国佛教史上的一次历史性转折从而使中国佛教开始走上与具有中国特色的社会主义相协调的道路。我们要再接再厉，和合一致，做好教务，发扬佛教优良传统，要庄严国土、利乐有情，为祖国统一、振兴中华、世界和平精进不息，作出新的贡献。"报告中对全国佛教徒和各级佛协组织提出抓好自身建设的要求，即：要加强爱国主义和社会主义的自我教育，提高思想政治素质，重视世间法的学习；加强和改善寺庙管理；高度重视培养佛教人才；加强各级佛协，尤其是省级佛协的组织建设。通过这次会议将"提倡人间佛教积极进取的思想，发扬佛教优良传统"载入《中国佛教协会章程》。此后，这一理论对中国大陆佛教的发展起到积极引导和巨大的推动作用。

1993年10月，欣逢中国佛教协会成立40周年，在第六届佛代会上赵朴初作了以《中国佛教四十年》为题的报告。他非常高兴地说："当前中国佛教适逢大好机遇。国家和社会的安定，改革开放的深入，经济建设的发展，社会主义市场经济体制的建立，宗教信仰自由政策的贯彻落实，为我国佛教事业的建设和发展，为我们佛教徒实践佛陀的教义，造福社会，饶益众生，提供了良好的环境。把握当前的大好机遇，因势利导，精进不懈，继往开来，开拓我国佛教事业的新局面，是当今佛教界肩负的历史使命……根据当前的形势和我国佛教的实际情况，着眼佛教事业建设与发展的未来，各级佛教协会和全国佛教界都必须把注意力和工作重点转移到加强佛教自身建设、提高四众素质上来。加强佛教自身的建设，就是加强信仰建设、道风建设、教制建设、人才建设、组织建设。"并一针见血地指出："佛教自身建设的好坏是决定中国佛教兴衰存亡的根本内因。"

赵朴初与时俱进、审时度势，在不同历史时期，根据"人间佛教"的精神，不失时机地为佛教协会组织和佛教徒提出努力方向和具体任务。因此，中国佛教不仅能够而且已经做到与社会主义社会相适应。

在1994年3月全国政协八届二次会议上，赵朴初说："事实证明，宗教不仅能够与社会主义社会相适应，而且从整体上看，从主要方面来说，已经做到与社会主义相适应。当然，还存在某些不适应的方面和因素，有一个进一步相适应的问题。"

就在逝世的前一年，即1999年3月28日的全国政协九届二次会议民族宗教联组会上，赵朴初总结历史正反两方面的教训说："所谓社会主义与宗教的对立不是马克思主义宗教观，是前苏联在国际共产主义运动中的重大失误。他们利用行政力量去消灭宗教，并波及到东欧各国。结果激化了社会矛盾和民族矛盾，当这些国家遇到经济暂时困难时，各种社会矛盾和民族矛盾爆发，断送了社会主义事业……在我国，只要我们坚持宗教信仰自由政策的稳定性和连续性，不发生大的政策失误，宗教同社会主义社会相适应始终是我国宗教的主流。"

赵朴初病重住院期间，他的老友中国佛教协会副会长茗山法师前去看望。两人谈论的仍是"人间佛教"问题。从病房出来，老法师对人说："朴老苦啊，他认为人间佛教的有些事还没解决。"

赵会长逝世后，茗山法师悲痛地说："朴老'人间佛教'思想一直是我们中国佛协的努力方向。当然，在我们佛教里面还有许多不尽如人意的地方，在建设人间佛教方面还有很多障碍，所以我感到很担忧。我们如何推进'人间佛教的建设，才能不辜负朴老的希望，继续沿着朴老开拓的道路前进呢？"

为使赵会长含笑永寂光中，佛家四众必须给出满意的回答。

二十六、提出"佛教是文化"

遍寻《赵朴初文集》所有文章，"佛教是文化"这一命题的提出，第一次是在20世纪80年代初成书的《佛教常识答问》的结尾处发表对佛教前途看法时讲的："我

1987年4月23日，中国佛教文化研究所成立，赵朴初与参加成立大会的全体人员在北京广济寺大雄宝殿前合影

深信，作为灿烂的民族古老文化的绚丽花朵，作为悠久的东方文明的巍峨丰碑，中国佛教必将随祖国建设事业的发展而发展，并在这一伟大事业中，为庄严国土，为利乐有情，为世界人类的和平、进步和幸福作出应有贡献。"在这里，赵朴初把佛教命名为"灿烂的民族古老文化的绚丽花朵"。

此后，赵朴初1984年赴斯里兰卡科伦坡参加世界佛教徒第十四届联谊会，向该会提交的论文题目就是《佛教与中国文化》。

1985年8月27日，赵朴初专门就"佛教与文化发展的关系"问题，给上海市委宣传部思想研究室的人员作报告，从不同角度阐释佛教的文化属性。他说："佛教对中国文化发生过很大的影响和作用，在中国历史上留下了灿烂辉煌的佛教文化遗产。例如，我国古代建筑保存最多的是佛教佛塔。现存的河南嵩山嵩岳寺砖塔，山西五台山南禅寺、佛光寺的唐代木结构建筑，应县大木塔，福建泉州开元寺的石造东西塔等，都是研究我国古代建筑史的宝贵实物。……佛经中的动人故事常常成为艺术家们绘画的题材，曹不兴、顾恺之、展子虚、阎立本、吴道子等历代名画家皆以擅长佛画而传世。由此可见佛教对绘画艺术所起的作用。……至于音乐方面，公元2世纪中国已有梵呗的流行。唐代音乐又吸收了天竺乐、龟兹乐、安国乐等来自佛教国家的音乐。唐代音乐至今还有少部分保存在佛教寺庙中。""伴随佛教俱来的还有天文、医药等科学技术的传习，唐代高僧一行创《大衍历》和测定子午线，对天文学作出卓越的贡献。隋唐史书上记载由印度翻译过来的医书和药方有十余种，藏语系佛教中有医方明之学。佛教的刻经促进了我国印刷术的发展，至今保存下来的世上最古的版刻印本几乎都是佛教文物。""佛教哲学蕴藏着极深的智慧，对宇宙人生的洞察，对人类理性的反省，对概念的分析，有着深刻的独到见解。恩格斯在《自然辩证法》中称誉佛教处在人类辩证思维的较高发展阶段上。在世界观上，佛教否认有至高无上的'神'，认为事物是处在无始无终、无边无际的因果网络之中。在人生观上，佛教强调主体的自觉，并把一己的解脱与拯救人类联系起来。……现在许多人虽然否定佛教是中国文化的一部分，可他一张嘴说话其实就包含佛教成分。语言是一种最普遍、最直接的文化吧！我们日常流行的许多用语，如世界、如实、实际、平等、现行、刹那、清规戒律、相对、绝对等等都来自佛教语汇。如果真要摒弃佛教文化的话，恐怕他们连话都说不周全了。"

当谈到佛教在发展社会主义民族文化的作用时，赵朴初说："人类文化发展是一个不间断的过程，传统文化和现代文化不可能完全割断。我们要汲取传统文化中一切有价值的精华来充实发展社会主义的民族新文化。中国传统文化也包括佛教文化在内。"

接下来，赵朴初又发表了《关于佛教与社会主义精神文明建设的关系》、《要研究佛教对中国文化的影响》、《佛教与中国文化的关系》等文章，大力推广"佛教是文化"的理念。1987年4月30日，中国佛教文化研究所在北京广济寺成立，赵朴初任名誉所长，周绍良任所长。该所创办伊始，便出版了以专家学者为读者对象的《法音·学术版》年刊，从1989年起改为《佛教文化年刊》。该所的建立和刊物的发行可视为赵朴初"佛教是文化"这一理论的正式成型。

此前，赵朴初对宗教有过一个比较完整的定义："宗教是一种特定形式的思想信仰，宗教包含着丰富的文化内涵，宗教是同一思想信仰的人们结成的客观存在的社会实体，它涉及群众关系、民族关系、国际关系，对社会的政治、经济、文化有重要影响，是世界各民族历史上都曾经发生过、并将长期存在的社会现象。"

那么，赵朴初为什么在20个世纪80年代初有意地强调佛教的文化内涵，提出"佛教是文化"这一旷古命题呢？这还得从当时的历史环境去寻找原因。

不容讳言，新中国成立以后由于工作中"左"的干扰，党的宗教信仰自由政策始终未得到很好落实。十年浩劫，佛教损失更是首当其冲。"文革"结束，拨乱反正，在佛教问题上，党政干部中不少人的政策水平还等同于延安时期毛主席的警卫员李银桥。有的更"左"，竟然提出通过揭批林彪、"四人帮"，批判"宗教神学"，大力宣传无神论，并布置在信教群众中开展批判宗教神学的活动，还强调批判宗教神学是实现四个现代化的前提。

面对如此严峻的形势，为让社会上更多的人了解佛教，为了扭转那批"左"的干部对佛教固有的偏见和误解，为佛教在新时期的发展争取更大的生存空间，赵朴初发表了一系列文章，除进一步宣传佛教的五性（即群众性、民族性、国际性、复杂性、长期性）外，又明确提出"佛教是文化"的命题，这一命题也是针对否定佛教的"封建迷信"论、"精神污染"论、"精神鸦片"论、"消极厌世"论、"人生避难所"论的再否定，从另一方面批驳了"佛教是自杀的代名词"这一错误论断。这实在是为佛教正名之举，也就是他在实践太虚大师"努力护法"的遗嘱，是大护法的护法行动。

赵朴初在不同的文章中多次提到、在不同的场合也多次谈到前面已经写过的毛泽东、范文澜、钱学森三个人。这三个人分别代表政治、文化（历史）、科学三界，而三个人都提倡"佛教是文化"。这无疑为"佛教是文化"提供了最好的支持。赵朴初还提到一个人，就是赫赫有名的胡适。他曾对佛教极力贬斥，写过一篇文章——《佛教是封建文化的垃圾桶》，然而在他写《中国思想史》时，因不懂佛学不得不半途而废。

赵朴初断定："在未来的时代中，佛教必能一如既往，进一步与全人类的先进文化相结合，开出更炫丽的花朵。"意为，佛教亦能为社会主义精神文明作贡献。这是他提出"佛教是文化"的第二个，也是终极目的。

赵朴初对"佛教是文化"的倡导和宣传引起了从上到下的广泛关注。

1993年11月7日，中共中央总书记江泽民在与全国统战工作会议代表座谈时提出："要利用宗教的教义、教规和宗教道德中某些积极因素为社会主义建设服务。"

1998年1月12日，中共中央常委、全国政协主席李瑞环参加宗教领导人迎春座谈会时说："我们各大宗教教义中的许多内容，比如在伦理道德方面的一些要求，与现实社会的发展趋势，与我们所提倡的精神文明是一致的。宗教界对这一有益社会、有益人群的内容，要加以挖掘、加以整理、加以强调。"对佛教他更明确地说："在漫长的历史发展中，佛教文化对中国伦理道德等产生了很大影响，它成为中国传统文化的一部分。佛教许多主张和我们现在提倡的精神文明的思想是一致的"。

还有一位负责公安工作的同志说："佛教徒最好管，他们都非常和睦团结，不会做违法乱纪的事情。这非常好。假如家家户户都成为佛化家庭，那时我们的世间就是一个人间净土。"

事实证明，赵朴初强调佛教的文化属性，提出"佛教是文化"的命题是正确的、及时的。它提醒社会各界正确认识佛教，拓展了佛教在新时期的生存空间和社会基础。它引起佛教内部对佛教文化宝藏的重视，以便更好地继承和弘扬。它指出佛教作为中国传统文化的组成部分可以为社会主义精神文明建设服务，开拓出一条佛教适应社会主义的有效途径。事实上，"佛教是文化"的内涵就已经成为"人间佛教"的重要内容之一。

二十七、坚持佛教"三圆融"

赵朴初以渊博的知识、极深的佛学造诣、过人的智慧、出色的领导才能，在近70年的探索中，"把佛教的教义圆融于中国共产党领导的建设有中国特色社会主义伟大事业之中；圆融于维护民族和国家的尊严，捍卫国家领土和主权的完整，促进祖国和平统一的伟大事业之中；圆融于促进中国佛教界与世界各国佛教界友好交往的伟大事业之中。"他深入论述宗教与社会主义社会相协调问题，积极引导宗教与社会主义社会相适应，坚持佛教"三圆融"。这是中央在《赵朴初同志生平》中对他一生做佛教工作的最高评价，也是对他工作的高度肯定。

中央对赵朴初的这一评价，得到家人和佛教界的一致赞同。赵朴初夫人陈邦织女士满意地说："中央关于《赵朴初同志生平》中写的佛教三圆融很好，符合朴老的工作实际，也非常精辟、扼要。"一位高僧深有感触地说："中央对赵朴老的评价太好了，我举双手赞成！赵朴老的佛教'三圆融'，是他对佛教的巨大贡献，是来自于他一生对国对教的无限热爱，我们要学习和弘扬他这种精神。"

赵朴初在长期的佛教领导工作中，科学地创造性地坚持佛教"三圆融"，主要原因有三：

一是来自于他对国家的热爱。赵朴初在幼年和青年时期，饱尝了沦为半封建半殖民地的旧中国政治腐败、社会黑暗、民不聊生之苦，从小就萌发了爱国、救国的进步思想。总结赵朴初的一生，他从新中国成立前、新中国成立后和十一届三中全会以来，在这些不同的历史时期、重大的历史阶段，始终在中国共产党的领导下，为新中国的建立、发展和繁荣富强，呕心沥血地工作，夜以继日地奋斗，作出了不可磨灭的贡献。赵朴初的一生就是永远怀着这种强烈的爱国之心、报恩之情，为国家作奉献的！这是他做到佛教"三圆融"的前提。对国家有了这种至深的爱，才能时刻想到国家的利益，把佛教事业和所做的每项工作，自觉地紧紧地和国家的利益联系起来，做到"三圆融"。

二是对佛教的热爱。赵朴老作为一位佛教徒，对自己所信奉的佛教无比热爱。他常说，作为一个佛教徒就要热爱自己信奉的佛教，不爱佛教，那说明你不信仰它，就不成其为一个佛教徒。要爱自己信奉的佛教，对有损佛教的问题，不符合佛教要求的问题就应该指出来，不能怕这怕那。为保护佛教的权益应有不怕牺牲一切的精神。他是这么说的，也是这么做的。"文革"后，为拨乱反正，落实宗教政策，赵朴初根据中央 19 号文件以及其他文件精神积极努力和争取，结果 1983 年 4 月国务院下发了六十号文件，批准恢复 142 座汉传佛教重点寺院。为协助政府落实这批寺院的政策，把这些寺院从文物、文化、园林、旅游等部门收回、作为宗教活动场所对外开放，他不顾年高体弱，到全国各地调查研究，了解情况，协助并催办这些寺院的政策落实。对迟迟不落实政策的，赵朴初即给中央或国务院领导写信；给中央统战部、国家宗教事务局或各省、市、自治区领导写信；有些还以中国佛教协会名义同有关部门联系，以加速问题的解决。他还在全国政协、中央统战部、国家宗教事务局、中国佛协召开的全国性会议上，数次谈及落实宗教政策问题。1984 年 5 月 26 日，他在全国政协六届二次会议上作了《落实宗教政策还需花大力气》的发言；1990 年 3 月 27 日，在全国政协七届三次会议上作了《进一步落实宗教政策》的发言；1984 年 11 月 6 日，在"国家文物工作会议上"他作了长篇发言。正因赵朴初对佛教这种至深的爱，把佛教工作看成是国家工作的一部分，搞不好不利于国家的安定团结和对外形象，所以在工作中才这样自觉地做到"三圆融"。

三是认为爱国和爱教是统一的。1995 年 11 月 15 日，赵朴初在十世班禅转世灵童寻访领导小组第三次会议上讲话说："爱国爱教的关系问题"，"就佛法来说，这是世法与出世法圆融问题。爱国爱教，是中国佛教的一个优良传统，中国历代高僧大德，没有一个不是爱教的，也没有一个不是爱国的。玄奘西去求法，鉴真东渡传戒，都是范例。不爱国爱教，玄奘就可长住印度，享受供养，不回长安；不爱国爱教，鉴真也可安养中国，不必在双目失明的情况下六次东渡日本。他们都是把世法上的爱国与出世法上的爱教统一起来，也就是把世法的爱国与出世法的爱教圆融起来而当机弘法利生的。如同世法有国才有家一样，佛教也是有国才有教。佛法住世间，不离世间觉，虽然佛教信仰是超越国界的，但信仰的教徒却是有国籍的，是受国家的管理和保护的。在中国历史上，佛教的兴衰和国家的存亡总是密切联系在一起的，佛教总是依靠国家政权的保护和支持，才能弘扬和发展。所以佛教徒常说，要报'四恩'，其中就有'国家恩'和'三宝恩'，报国恩就要爱国，报三宝恩就要爱教。佛教中转轮圣王的故事，说的就是仁王要护法治国，法王要弘法护国。拿现在来说，也就是政治上团结合作，信仰上互相尊重的原则。" 佛教徒"要爱国爱教，国家要尊重人民信仰，正确执行宗教政策。这里双方关系是辩证的，主导方面是国家，国家是第一位的。真正爱国也就必须真正爱教，真正爱教也就必须真正爱国。不爱祖国，忘记根本，何以报恩？何以为教？"

赵朴初的这些讲话，把爱国爱教的重要性及二者的辩证关系，讲得十分深刻。这是他多年做佛教领导工作的深刻体会和经验总结，也是他对佛教工作的重大贡献。对佛教工作，只有这样的认识、立场和观点，有这样的指导思想，才能自觉地坚持佛教"三圆融"，认真做好"三圆融"。

佛教"三圆融"，就当今来讲，就是佛教要圆融于我国社会主义社会，要和社会主义社会相适应，就是要充分发挥佛教在促进经济、文化发展中的积极作用，为我国的物质文明和精神文明建设，为实现中华民族的伟大复兴的中国梦作贡献。这种圆融既是国家经济、文化发展的需要，社会和谐稳定的需要，也是佛教兴旺发展的需要。历史和现实的许多事实证明，佛教只有融入我国社会、充分发挥自身的优势，才能不断焕发勃勃生机，实现佛教的发展与复兴。

第十六章

悲心深愿　慈济群生

一、义卖赈灾

1998年入夏，四川、湖北、湖南、江西、江苏等省连降暴雨、山洪暴发、江河决口，一场数年不遇的水灾严重威胁着人民群众的生命财产安全。同时，东北的嫩江、松花江流域也发生了特大洪涝灾害。

时年92岁的赵朴初因病一直住北京医院。不久前，他的左眼刚做完白内障手术，看书、写字都很困难，可他天天听广播，随时了解各省的灾情，始终心系灾区，想灾区人民之所想，急灾区人民之所急，为灾区人民所遭受的困苦寝食不安。他写便条给中佛协领导干部说："此次洪水肆威、灾区之广，灾情之重，历史罕见……我会本部应迅速发起捐款救灾，并函电各省、市、自治区佛教协会，敦劝佛教四众弟子共同效力，积极抗洪救灾。""我会虽然经济困难，也要克服困难，带头设法救灾，请大家迅速提出赈灾措施和捐款数额。"

在中国佛教协会本部发动轰轰烈烈的个人捐款的同时，为筹集更多善款，赵朴初决定发起为期一周的佛教界书画义卖赈灾活动。他不顾病魔缠身、眼部手术后尚未康复，写字困难，率先书写了六幅作品参加义卖。

老人的奉献精神立即感染了会内外广大信众和书画界知名人士，大家纷纷踊跃献出自己的书、画参加义卖。著名书法家沈鹏、启功、刘炳森、李铎等都拿出了自己高水平的书法作品；著名画家高冠华、史国良、王玉良、马海方、李燕、牛志晔、石愚、刘春华、叶毓中、赵景岩等献上了他们的得意画作；中佛协内的演觉法师、妙华法师、清远法师、法闻法师及宗家顺、王丽心等先生亦拿出自己的书、画参加义卖；一脸稚气的重庆小画家曦曦，由妈妈陪同，当场挥毫作画，和诸多老前辈一起参加义卖。

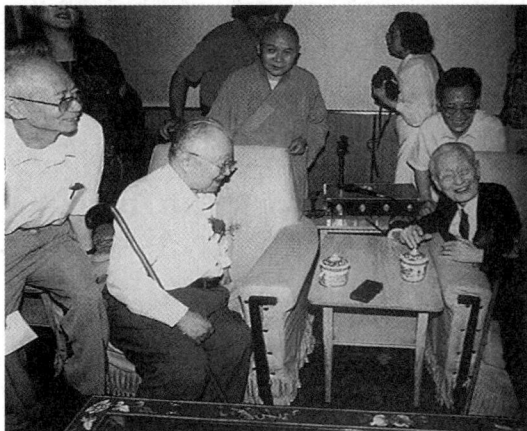

赵朴初会长与启功先生、沈鹏先生在书画赈灾义卖会上亲切交谈

1998年8月8日上午9时，中佛协赈灾书画义卖周开幕式于其所在地广济寺举行，赵朴初不顾医生、护士的劝阻从北京医院赶来。这天，广济寺内树影婆娑、微风习习，前来参加开幕式的有国家宗教事务局局长叶小文先生、中华慈善总会代会长阎明复先生及书画界知名人士和广大佛教四众。

开幕式由全国政协委员、中国佛教协会副会长净慧法师主持。赵朴初在讲话中深情地说："……去年中国援助泰国十亿美元和朝鲜几十万吨粮食，帮助他们战胜困难渡过难关，这是件大好事，救灾恤邻是中国的文化传统。现在南方发生水灾，两亿多人受难，我们更应该在党和政府的领导下，发扬佛教慈悲济世的精神，号召教内外人士多作贡献。古人说，多难兴邦，因为多难能够振奋民族精神！"

对义卖活动的开幕式，中央电视台、北京电视台当天作了报道，《人民日报》《人民政协报》《北京晚报》《北京晨报》等北京多家媒体也及时进行了宣传，使京内外的不少人闻讯而来。有的捐出作品，有的认购书、画，有的直接捐款。这一慈善活动，先后收到150余件书画作品。书画义卖所得款项计人民币60余万元，期间收到直接捐款近30万元。

此次义卖，赵朴初除捐出六幅作品，还从个人积蓄中拿出10万元捐献。连同义卖及群众捐款所得共100万元，在中央电视台和中华慈善总会联合举办的赈灾义演大会上捐给了灾区人民，由此揭开了全国佛教界规模空前的赈灾活动的序幕。据不完全统计，当年全国佛教界共向灾区捐款达4000多万元，捐赠救灾物资不计其数。危难之际见真情，赵朴初亲自发动和领导的佛教界空前广泛的赈灾活动在各级政府和各地民众中产生了良好的影响。

在中佛协所筹集的100万元善款捐出之后，赵朴初不断提醒工作人员："我们未闹水灾的地区，一方面要加倍搞好工作，另一方面要努力搞好赈灾，这是我们义不容辞的责任。抗洪救灾虽取得了决定性胜利，但水退后还有重建家园的问题，要求全国人民同心协力，切实做好。我会还要继续做这一工作，不能止步，要鼓励佛教信众精进不懈，为善后工作继续努力。""要劝请全国佛教四众同发大心，为灾区同胞度尽苦厄，继续伸出救援之手。"

就在此时，赵朴初得知安徽省一寺院要举行五百罗汉开光法会，他当即批示："我不赞成花很多钱，造罗汉群像。有富余钱还是救灾为好。"为此事，他给会里干部写的一张便条上说："有不少善信发愿造菩萨像，希望他们拿造像的钱救灾。……法师们及地方佛协领导同志最好劝他们改作救灾之用。佛经上说：'若以众生尊重承事，则为尊重承事如来。若令众生欢喜者，则令一切如来欢喜。'救灾功德，胜过造像。请诸位考虑用佛协名义写信或写文章，倡导此事。"

为勉励佛教四众和全国人民在抗洪救灾中的振奋精神，1998 年 8 月，赵朴初填词一阕：

西江月

洪水肆为南北，难摧血肉长城。

与天奋斗建殊勋，八表风雷响应。

水患转成大力，掀腾急难亲情。

救灾防汛并肩行，万众一心决胜。

赵朴初惓惓悲心是一贯的。不管是水灾、旱灾，不管是地震、火灾，也不管灾害发生在国内、国外，他都慷慨解囊、无私援助。他一生到底捐了多少钱，自己记不清，

首都佛教徒踊跃为灾区人民捐款，献上佛弟子的一片爱心

别人更无法统计。新中国成立前连母亲每月接济他的钱都拿来周济难民、灾民，办教养院、建少年村。这不正是"不为个人求安乐，但愿众生得离苦"的菩萨精神吗？

二、播撒爱心

1957 年 3 月 10 日，赵朴初在全国政协第二届委员会第三次全体会议上以"止恶行善，离苦得乐"为题所做的发言中讲到："佛教的教义，主要是要令所有众生止恶行善，离苦得乐。为达到这个目的，佛陀教他的信徒们应当'难行能行，难舍能舍'。"

作为一个虔诚的佛教徒，赵朴初终生谨遵佛陀教导，无论在灾难深重的旧中国，还是在人民当家做主的新中国，总是以无私奉献精神"难行能行，难舍能舍"为慈善事业作出了巨大贡献。

为解决我国残疾人的困难，1983 年 4 月，赵朴初和李维汉、胡子昂、季方、华罗庚、黄鼎臣、张邦英、吴作人等给国家民政部写信，发起创办中国残疾人福利基金会和中国康复研究中心。信中说："我国肢体伤残者，约有 350 万人左右，其中不少是截瘫患者。在现代化建设中，不可避免地会出现工伤、交通等事故，再加上地震等自然灾害，此类病人还会增多。如能设立机构，使这些患者在党与社会的关怀下，得到系统的治疗及功能训练，从而达到生活自理，部分参加工作，就可以使他们由社会负担变成社会建设者。因此，建立康复中心刻不容缓。"

在同年召开的六届全国政协一次会议上，赵朴初再次与二十几位各界委员提出增进残疾人福利的提案，呼吁成立中国残疾人福利基金会，为残疾人事业筹集资金。

对由赵朴初倡导，八位领导人参加写给民政部的信和二十几位政协委员的联合提案，党中央和国务院非常重视，于当年 11 月份批准成立了中国残疾人福利基金会和中国康复研究中心。赵朴初担任该会理事，并为该会题写了会名。

为动员全国佛教界关心残疾人并积极投身这一工作，赵朴初指示《法音》杂志编辑部写出《积极参加关心帮助残疾人的善举》一文，经他审阅后作为本刊评论员文章发表。

为做好残疾人工作，我国创办了《中国残疾人》杂志。赵朴初热烈支持这一善举，给杂志社寄去一封热情洋溢的贺信。信中写道："我们怀着欢欣鼓舞的心情迎接《中国残疾人》杂志的诞生。她将是残疾人的真正朋友、她代表着全社会的良心，号召着我们每一个人都关心残疾人事业。祝《中国残疾人》杂志为祖国精神文明建设不断放出越来越灿烂的光辉。"

为进一步做好我国的扶贫助残工作，民政部决定成立"中华慈善总会"，赵朴初大力支持。1993年12月10日，他写信给游骧等三位中佛协领导干部。信中说："阎明复同志最近有信给我说，全国有两亿多孤老残疾民政帮扶对象，由于物价上涨，国家每年投助的经费远远跟不上，他们的生活面临着很大困难，他们打算成立一个社会慈善总会要我支持……我认为，这是义不容辞的事……明复同志提出的这个慈善总会，条件赶不上残疾组织（指中国残疾人福利基金会），我们更应当在宣传、劝助以及物资支援方面出一点力。"

1994年2月17日，赵朴初又给这三位同志写信说："今天上午，民政部崔乃夫部长、阎明复副部长来我家，说全国孤寡残疾人数量甚多，需要救济的至少几千万人，政府力量不够博施济众，拟发起组织中华慈善总会。这是义不容辞的事……这一救济工作是长期而规模最大的工作，我考虑中国佛教协会带头捐款20万元。"

根据赵朴初会长的指示，刀述仁副会长立即召集秘书长办公会议，决定从多方面对中华慈善总会的成立给予支持并指定一位同志为联系人。

1994年2月28日，中国佛教协会正式复函民政部。复函中说："近日，崔乃夫部长和阎明复副部长在看望赵朴初会长时，谈到我国孤寡残疾人很多，需要救济的有数千万人，为解决其救济问题，拟发起组织'中华慈善总会'。赵会长非常赞同和支持成立这一社会慈善机构，并欣然应允担任该会名誉会长。我会义不容辞地将积极参与这一社会慈善事业，愿意作为发起单位参加，并尽我们的绵薄之力，捐款资助。特此函告。"

中华慈善总会成立后，各省、市、自治区也相继成立相应机构。对这些机构的成立及他们开展的活动，赵朴初均大力支持。

1994年11月19日上午，"北京市社会福利慈善协会"派副秘书长等三人来中国佛协汇报筹备书画义卖活动，提出请赵朴初担任这一活动的名誉主任。来人还带来了原北京市副市长、北京市社会福利慈善协会主任何鲁丽同志写给赵朴初会长的亲笔信。

赵朴初看完何副市长的信说："为改善北京远郊区县残疾儿童过冬条件，首都书画界为残疾儿童搞次书画义卖活动是十分必要的，对这一善举我们佛教协会应大力支持。我同意担任这次活动的名誉主任。"他拿起笔立刻在信的空白处写上"同意担任"四个字。这次活动搞得非常成功。事后，北京市专门给赵朴初发来谢函。

1995年，全国部分省市先后发生了旱灾、水灾和震灾。赵朴初不但动员中国佛教协会内部捐款捐物，还指示向全国各地佛协广泛开展赈灾活动通知。为及时掌握各地情况，10 月 16 日，他在给会领导的便条上写道："顷得红十字总会报告：今年一月以来，全国 20 多个省、市、区陆续遭受雪灾、火灾、水灾、地震、旱灾等，人民生命财产遭到极大损失……我会曾号召各地佛协及信徒救灾，将各地捐款捐物数字告知我会，不知有无反应。请查告……我会已捐助十万元，我个人也曾捐五万元直接送

赵朴初给佛协干部的一封信

至皖省。会中如有余款，可否继续捐献一些？请商议。同时向未来信报告救灾情况的地方佛协，再去信催询。"

耄耋之年的赵朴初把很大一部分精力投入慈善事业。1997年3月，91岁的他躺在北京医院的病榻上，还为残疾人事业写下感人至深的题词："愿我们经常提醒自己，勉励自己：关心年老的残疾人如同自己的父母，关心年相若的残疾人如同自己的兄弟，关心年少的残疾人如同自己的子女。"1997年4月25日的《人民日报》刊载了这一题词。在为此发的短评中号召全社会都像赵朴老所说的那样，尊重、关心和帮助残疾人。

赵朴初会长经常教育佛教四众：大家都应有"无缘大悲，同体大悲"的精神，力求为国家为社会为众生多做善事。诸如救灾济贫、义诊施药、扶困助学、养老敬老、挖井开泉、造桥修路、兴修水利、植树造林、保护环境、戒杀放生等等。而在扶危济困中，尤以养老敬老为先。

他为上海宝山净寺的题词是："老有所终，大同思想；报众生恩，扶老为上；如敬父母，如奉师长；美哉梵宫，不殊安养。"在题词思想的影响下，很多地方佛协组织和寺院在做好其他慈善工作的同时，还建立了"养老院"、"颐年堂"、"安养院"，从而为国家分忧、为社会解难，使需要帮助的老年人老有所养、老有所安、老有所乐。

一位细心人对赵朴初从1991年至2000年个人捐款的被捐助对象做过记录，其中有国内的，也有国外的；有单位，也有个人。名单如下：世宗和大会、孟加拉国灾区、非洲灾区难民、香港天坛大佛、香港志莲图书馆、香港志莲安老院、"中宗和"开办费、中华护理学会、麻风病医院、肝病防治基金会、上海爱心基金会、中华慈善总会、安徽奖学金扶贫款、安徽水灾、安庆市政府、安徽潜山县救灾、安徽太湖县、吉林省水灾、中国佛教协会佛教文化基金会、江苏省宗教局、中国佛教协会成立四十年庆祝费、上海市佛协、上海市居士林、四川尼众佛学院、南京金陵刻经处、中国佛教文化研究所、中国佛教协会《法音》杂志社、禅茶学会、西泠印社、浙江京昆剧院、江苏昆剧院、中国红十字会救灾、湖北浠水县灾区、野生动物保护基金会、五台山佛乐培训班、中国佛学院教学大楼、佛教协会劳绩奖、广济寺、法源寺、龙华寺、玉佛寺、相国寺、光孝寺、昭觉寺、迎江寺、弥勒寺等单位，清定法师、隆莲法师、郑颂英居士、斯里兰卡维普拉萨拉长老等数十位。上述捐款总额达人民币246.53万元。这仅为九年时间，而且还不包括期间资助中国佛学院赴斯里兰卡、缅甸、日本、韩国等数十名留学人员的费用。

作为虔诚的佛教徒，赵朴初的一笔笔捐款，把佛陀的大爱洒向人间的每个角落，温暖着众生的心。他为四众弟子和中华民族的每个成员树立了光辉典范。

三、兴教助学

"百年大计，教育为本。"基于上述认识，赵朴初对祖国的教育事业十分重视。1979年，为赞颂教师的奉献精神，他填写了著名的《金缕曲》；1985年，亲自审阅北京景山学校编选的《初中诗词读本》，提出修改意见；1988年9月，应宏船法师之邀在新加坡访问六天，抽出时间参观考察了各类学校，回国后给时任南京大学校长的匡亚明，把中、新两国教育对比，一针见血地指出我国教育必须克服"左"的一套，增加传统文化教育内容；1988年11月，为大连青少年宫题词；1991年9月，北京东小栓小学开学，赵朴初书写了校名，并写了爱因斯坦"每天的提醒"赠送；江苏太湖中学建校90周年，他写条幅祝贺；《中国青年》杂志创刊70周年，他写了热情洋溢的献词……而最使人难忘的是他对"希望工程"的大力支持。

1993年初，我国有关部门启动了"希望工程"，赵朴初非常重视，在同年3月全国两会期间他对参会的佛教界代表说，百年大计，教育为本。我们佛家四众应发慈悲心，积极参加扶贫助学，捐助希望工程，为庄严国土、利乐有情作出贡献。对我们这样一个农村人口众多的国家来说，农村教育上不去，人的素质提不高，要改变贫穷落后的面貌，走致富之路是困难的。要给贫困农民子女受教育的机会，让他们掌握文化知识。希望工程就是要解决这一问题，所以我们佛教界协助政府做好这一工作义不容辞。

赵朴初讲话之后，全国佛教界掀起捐助希望工程的热潮。厦门南普陀寺妙湛法师、上海龙华寺明旸法师、玉佛寺真禅法师、重庆慈云寺惟贤法师等高僧大德积极响应、行动迅速。在捐资助学方面受到赵会长表扬最多的当属惟贤法师。

惟贤法师时任中国佛教协会常务理事、重庆市佛教协会会长、重庆慈云寺方丈。他学识渊博、道行高尚、解行并重、生活简朴、严于律己、宽于待人，虽蒙受冤屈，铁窗生涯长达26年，但思想豁达、无怨无悔；花甲之年，欣逢盛世，他重登佛坛、穷究佛理、修建寺院、培育僧才，千方百计弥补失去的时间。他积极实践赵朴初会长"人间佛教"的主张，引导佛教与社会主义社会相适应。他坚定地认为佛教的命运始终和国家的命运紧紧地连接在一起，国家强盛，佛教才能发展；社会稳定，佛法方可广布。惟贤法师组织重庆的佛教四众认真学习赵朴初会长的讲话，以个人名义给重庆佛教界写了下面这封感人至深的公开信。

诸位善良的人们：

大家知道，一般人在五六岁时，适合开始学习语文、算数。适龄上学，事半功倍。过了年龄，再要上学，就像秋天插秧一样，很难有好的收成。您可知道，在一些贫困山区的农村，有的家庭穷得买不起火柴，买不起一双袜子，甚至有人终生没尝过糖果的味道。因为穷，有些六七岁，七八岁，乃至十一二岁的儿童，因交不起学费不得不辍学。在乡下上学，每学期学费满打满算：小学 60 元，初中 81 元。只要凑足这个数字，他们就可以多读一个学期，多学些文化知识，就像你和我做娃娃时那样……

善良的人们：这些孩子都是我们兄弟民族的后代，也是我们的后代！他们聪明，他们可爱，快快救助这些可怜的孩子吧！这是最好的机会。如果您拿不出 60 元、80 元，您拿 30 元，10 元，5 元也好，您可以和您一样善良的人共同救助一个娃娃。一瓢水可以救活一株苗，您几十元钱就可以让一个娃娃继续读书，就能让其学到知识，就给了他希望之光！您拿出的不是钱，而是一颗炽热的心，是一颗慈悲善良的心……

施者比受者更有福。利益他人就是利益自己。助人为乐才是快乐的源头。为穷娃娃交一次学费，就是为自家种一块福田。善良的人们，快快伸出您的手，掏出您的善心，救救这些可爱的娃娃！

赵朴初会长看完惟贤法师这封信说："信写得很好，很感人。可以看出，惟贤法师对孩子们充满深深的爱。请转告他，多向地方政府汇报，以便在政府有关部门的支持下把工作做得更好。"

按照老会长的建议，惟贤法师向重庆市统战部和宗教局作了汇报。在地方政府有关部门的领导下，由四众弟子组成失学儿童调查队。调查队员不讲条件、不怕困难、跋山涉水、冒酷暑、战严寒、亲临偏远山区，逐村逐户登记失学儿童。他们工作执著、态度认真、奉献精神强，受到地方干部和广大群众的一致好评。

1993 年 9 月初，重庆佛教界负责主抓希望工程工作的汪洋副主任来北京向中国佛协教务部汇报时说："重庆市从 1993 年 6 月开始的第一期希望工程有 9539 人捐款，筹资 7.707 万元，1442 名农村失学儿童返回学校，

1993 年 10 月，第六届佛代会期间，惟贤法师向赵朴老汇报重庆市佛协支持开展希望工程的情况

圆了读书梦；第二期希望工程有 1.6157 万人捐款，筹资 1.35184 万元，救济了 2152 名农村失学儿童；此后又搞了第三期、第四期……共帮助了大、中、小学生 1.9226 万名，建希望小学 12 所。"

赵朴初会长了解到上述情况非常高兴。1993 年 10 月，中国佛教协会第六届代表大会在北京召开，他特意安排惟贤法师大会发言，介绍重庆市佛协搞好希望工程工作的经验，受到与会代表的一致好评，此经验在全国范围内得到推广，极大地促进了佛教界捐资助教的活动。

后来，在惟贤法师倡导下重庆佛教界成立了慈善功德会。1998 年，该会开展了救助贫困母亲和她辍学的孩子以及特困人群的活动。据统计，前后共资助 2.4 万多名中小学生和 3404 名贫困母亲，修建了 21 所希望小学，建立了 30 多所希望书屋。

赵朴初在同港、澳、台佛教界及海外佛教界的友好交往中，也向他们介绍中国内地的"希望工程"，于是就有了全国人大代表香港宝莲禅寺智慧法师等高僧大德捐资助学、香港佛教界为每省捐建一所希望小学、台湾佛光山星云法师捐资建 100 所希望小学……

在一次总结希望工程工作时，赵朴初说："这项工作，其意义远远不止救助一些穷困孩子，更重要的是通过助学兴教的希望工程这一善举播撒爱心，从而大大提倡全社会助人为乐、助人为福、教育群众、净化人心，提高人民的思想道德水平，为构建我国社会主义精神文明作贡献。"

四、胜似家人

林阿姨名叫林阿调，浙江绍兴人，是个矮胖、圆脸、热情、开朗而又淳朴的乡下妇女。1951 年她带着四岁的女儿林华来上海投奔丈夫。谁知丈夫已另有新欢，租了一间房把母女俩暂时安顿下来，连房费都没交，就再也没有露面。两人的生活就靠林阿姨在这条街上为人打零工挣点钱维持。把女儿锁在房里，她出去为人浆浆洗洗打短工，当搬运工人，娘俩相依为命，艰苦度日，着实令人可怜。

赵朴初的老朋友张元济家就住在这条街上。张元济的夫人是一个虔诚的佛教徒，心地善良，很同情她们母女，看着太困难时就给点米、给点钱，接济接济。

一天吃晚饭时，夫人又向张元济唉声叹气地说这件事。张元济说："赵朴初说过，想雇一个保姆，等见面我问问他。不过孩子不好安排，哪有带着孩子去当保姆的？我说一下试试吧。"

就这样经张元济介绍林阿调带着孩子来到赵家做保姆。过了一段时间，林阿调逢人便说："没见过这么好的东家，老两口待我就像自己的女儿，对小华就像自己的亲孙女儿。"

1954年，赵朴初和陈邦织来北京工作也就把林阿调母女带到了北京。当时，林阿调34岁，林华7岁。

南方生活习惯了的小孩子，刚到北京水土不服，林华经常闹些小毛病，不过对症吃些药就好了。一个深冬的夜里，她高烧40度不退，第二天赵朴初雇了辆车，三个人陪着拉到医院，经检查确诊为大叶性肺炎，需住院治疗。妈妈陪两天，陈邦织奶奶陪一天，两人轮换，赵朴初爷爷下班后还常买些孩子爱吃的东西拿去。两周后林华出院了，大家才放下心。

林阿调无法表达感激之情，她提出从本月开始，按月从工资里扣除林华的医疗费，世界上哪有为保姆家属的医疗费全报销的雇主呢！

当林阿姨晚饭时说出自己的想法时，赵朴初笑着说："一家人同甘共苦吧。"此

赵朴初在写作

后每月仍然按时发给她满额工资。

1961年末，林阿姨感到胃部不适，吃了一些治消化不良的药也没见什么效。经医院化验才知道自己得了乙肝。这种病人怕累，还传染别人。她可发了大愁，孩子正在上学，不工作今后怎么办呢？老两口对自己那样好，今后传染给他们多对不住人呀。

赵朴初知道这一情况后，笑着安慰她："别着急，办法总会有的。累活今后我俩尽量多帮助干一些，为避免传染，大家都单用碗筷，吃饭时用一双公筷，把菜拨到自己碗里吃。"

吃了一阵医院里开的药，效果不大。赵朴初认识雍和宫里一个僧人藏医，据说治好了不少乙肝病人。他带林阿姨去把脉开药。回来吃了几付感觉见轻，有时林阿姨累了，陈邦织晚上便在炉火上帮她熬药。这样过了四个月，林阿姨感到身上有劲了，吃饭也香了。到医院一查，使她喜出望外，转氨酶正常了，DNA化验也从阳性转为阴性。

林阿姨的乙肝病好了。她对女儿林华说："赵爷爷、陈奶奶的恩情我们一辈子也报不完。"

对全家人来说另一件喜事是：1962年，从大拐棒胡同七号这所三合院搬到东拴马桩一号（"文革"中改为南小栓一号）的一所四合院。

这所房子原是起义将领、民革中央常委贺耀祖住的。贺耀祖去世后，房子腾了出来。全国政协考虑到赵朴初住房窄小，在家接待国际、国内的佛教界朋友需要有个像样的佛堂，就把房子分给了他。

陈邦织晚年对来访者说："这所房子原是清朝宫廷里喂马人住的。但比原来的房子宽绰多了。院子里还有两棵大枣树，孩子们常常爬上去摘枣子吃。枣子熟了，能收一百多斤，街坊邻居都送一些，让大家共同分享。"

赵朴初乔迁后，在这所安静、祥和的小院里一住就是40多年。这所小院也成了赵朴初后半生为国、为教，殚精竭虑、东奔西走，杰出贡献的见证者。

20世纪80年代中期，已经60多岁的林阿调体力渐感不支，谢绝了赵朴初和陈邦织的一次次挽留，坚持同已工作的女儿林华一起居住。1989年春节，赵朴初听说她有病住院，曾去医院看望。4月14日，林阿调病故，老两口彻夜无眠，赵朴初只有写诗排遣心中的哀伤和郁闷。

林阿调挽诗

艰苦的前半生，
勤劳的后半生。
默默地走了，

　　　　　　　　　留下了坚实的脚印。

　　　　　　　　　虽然识字不多，
　　　　　　　　　胜过了多少读书人。
　　　　　　　　　默默地走了，
　　　　　　　　　留下了黄金般的心。

　　　　　　　　　善良的心灯，
　　　　　　　　　将永远照耀
　　　　　　　　　她的远亲近邻。

　　　　　　　　　坚韧的老树，
　　　　　　　　　将永远庇荫
　　　　　　　　　她的后世子孙。

　　赵朴初、陈邦织这两位慈祥、善良的老人与相处三十余年保姆的深情厚谊可见一斑。

第十七章

同道情深　高山仰止

一、与十世班禅大师

　　班禅是梵文"班智达"（意为博学）和藏文"钦波"（意为大）的简称。藏传佛教徒一般认为班禅是"月巴墨佛"即阿弥陀佛的化身。历代班禅转世的认定在藏传佛教中有一套严格的程序，并必须报中央政府批准。

　　1938年，十世班禅出生于青海省循化县温都乡一个藏族农家，远祖出于西藏萨迦昆氏家族，父贡布才理，母尧西索朗卓玛，他的俗名为贡布慈丹。

　　1937年12月1日，九世班禅额尔德尼·曲吉尼玛圆寂。1941年，通过占卜、辨认前世班禅用物等宗教手续，班禅堪布会议厅指认贡布慈丹可能是转世灵童。1944年，在拉卜楞寺，由活佛、著名佛教学者计美赤来嘉措主持，在宗喀巴大师诞生处举行仪式，从十名可能为转世灵童者中确认他为唯一者，授法名确吉坚赞，迎请到塔尔寺供养，同时接受严格的经学教育。1949年6月3日，当时的国民政府批准其继任为十世班禅。1949年8月10日，在塔尔寺举行盛大的坐床典礼，他正式成为藏传佛教两大领袖之一。中央政府颁发了汉文、藏文合璧的西藏班禅行宫堪布会议厅印玺，并赠送390两重的黄金一块表示祝贺。

　　十世班禅从3岁起，按照经师口授，便复述背诵一些佛言祖语。成年后，他博览佛经、潜心钻研佛教教义，对佛法真谛的领悟和阐释都有独到之处，对佛教哲学更是融会于心、运用自如。他是地位很高的活佛，更是佛学造诣很深的学者，平生著有《菩提道次第广论简释》、《喜舍刚生圆次第》、《三律议决定论》等显密经学著作，1956年被印度波罗奈斯大学授予荣誉佛学博士学位，1958年在扎什伦布寺辩经大会上，考取了最高"噶钦"（善知识）学位。

被邓小平同志称为"最好的爱国者"的十世班禅大师一生中在历史的紧要关头总是站在祖国的立场、人民的立场上发出正义的声音。他是中国共产党的忠实朋友,一贯与党肝胆相照、荣辱与共。

十世班禅大师圆寂不久,习仲勋同志在一篇纪念他的文章中写道:"班禅大师作为藏传佛教的杰出领袖,他热爱自己的信仰;作为藏族的优秀代表,他热爱自己的民族;作为党的忠实朋友,他热爱中国共产党。把爱教、爱民族和爱国、爱党完美地统一起来,正是班禅大师一生的写照。"这是对大师一生恰如其分的评价。

赵朴初和十世班禅大师都是虔诚的佛教徒,都有一颗热爱佛教、热爱祖国、热爱中国共产党的心。共同的信仰和志趣使两人成为挚友。

1951年4月,十世班禅一行45人应中央政府之邀进京,当晚周恩来总理设宴为其接风洗尘。5月23日,举行了《关于和平解放西藏办法的协议》签字仪式。次日下午,毛主席接见西藏和谈代表和班禅一行,十世班禅向毛主席敬献了哈达、锦旗、藏香及其他珍贵礼品。当晚,毛主席举行盛大酒会招待他们。这些活动赵朴初全部参加了。

1952年,十世班禅到上海参访,赵朴初负责接待,举行了盛大集会,让佛家四众与大师见面,一瞻大师风采。当时年仅十四岁的十世班禅给赵朴初留下的印象是长相英俊、天资聪颖、令人喜欢。

1952年末,赵朴初、圆瑛等发起成立中国佛教协会。经半年筹备,1953年5月30日,中国佛教协会在北京广济寺举行成立大会,班禅大师当选为名誉会长、圆瑛法师当选为会长、赵朴初当选为副会长兼秘书长,在中国历史上第一次实现了我国三大语系佛教的大团结、大统一。

1954年、1959年十世班禅两次来京参加全国人民代表大会,都是赵朴初陪同周恩来总理到车站迎接。喜饶嘉错和赵朴初每次都到寓所拜谒、敬献哈达。

1959年5月,十世班禅到北京广济寺,赵朴初带领在京的高僧大德热烈欢迎,并设素宴招待。宴会后两人共同接见记者,发表谈话,谴责西藏叛乱、谴责印度某些人打着宗教幌子干涉中国内政。

20世纪50年代后期,由于"左"倾思想作祟,甘、青、川、藏等省、区的藏区工作出现了偏差,十世班禅大师出于维护党的民族政策、维护党和政府的威信、维护藏族人民的利益向中央递交了《通过敬爱的周总理向中央汇报关于西藏和其他藏族地区群众的疾苦和对今后工作的建议》,因有七万多字,被通称为"七万言书",其内容不外在肯定成绩的同时,指出不足,并提出改进意见。林彪、"四人帮"一伙认为班禅是在向党进攻,他的"七万言书"和彭德怀的"万言书"性质一样。于是,在此后的岁月里对他的迫害愈演愈烈,用他自己的话说:"没有周总理的保护,也许自己的生命早就完结了。"

赵朴初"文革"中同样受到冲击。

只有到中国共产党十一届三中全会以后，赵朴初和十世班禅大师才开始在为振兴中国佛教的共同事业中并肩战斗。

1979 年 7 月，在全国政协五次会议上十世班禅被增选为副主席，接着又在全国人大五届三次会议上被增选为副委员长，从此重新走上国家领导人的岗位。

1980 年 12 月，中国佛教协会第四次代表大会在北京召开。会议礼请十世班禅大师为名誉会长，选举赵朴初居士为会长

同年，在国务院举行的一次宗教工作会议上，劫波渡尽的赵朴初和十世班禅久别重逢，使赵朴初非常感动的是班禅大师虽然遭受十几年不公正待遇，然而丝毫没有丧失对国家、对佛教的赤胆忠心。此时，百业待兴，百废待举，国家、民族最需要的就是这种精神。

1980 年 2 月 13 日，两人一起出席宗教界春节茶话会。两人发言的共同内容是：80 年代形势逼人、任务繁重，宗教界人士和信教群众，一定要在党和政府的领导下，充分发挥积极性，与全国人民一起，为祖国四化建设、为台湾早日回归祖国、完成祖国统一大业、加强反对霸权主义贡献自己的力量。

1980 年 12 月中佛协第四届代表大会召开。十世班禅大师当选为名誉会长，赵朴初当选为会长。班禅大师虽为名誉会长，但他大力支持赵朴初的工作，需他出面办理的事情，他从不推诿。他虽因仗义执言而遭迫害，但

1983 年 12 月 6 日，十世班禅大师和赵朴初会长在中国佛教协会成立三十周年纪念大会上接受诸山长老的贺礼

重新工作后，仍然敢说、敢做，不怕得罪人，只要工作需要他，他会尽力协助。至于藏传佛教，由于他的威望服众，有事时总是出头亲自办理。二人经常一起离京调研、出席会议、参加法会、接见外宾，就中国佛教的发展、民族工作向各级政府建言献策。

为藏传佛教培养后继人才，两人谈话中，班禅大师提出建一所藏语系佛学院的想法，这正与赵朴初不谋而合。两人一起向中央打报告并很快得到批准。1987年9月1日，中国藏语系高级佛学院在北京西黄寺成立并举行开学典礼，国家领导人邓颖超、习仲勋、胡启立、田纪云、郝建秀、陈丕显、彭冲、杨静仁、汪峰、王汉斌、严明复等到场祝贺。莅临领导、十世班禅、赵朴初等人发表了重要讲话，会后媒体做了广泛报道。

经中央有关部门批准班禅大师为院长，赵朴初被聘为高级顾问。

1988年，班禅大师与赵朴初商量，打算在中国佛教协会内建立藏传佛教工作委员会。赵朴初很尊重大师的意见，当即表示同意。

赵朴初倡导"人间佛教"，十世班禅十分赞赏，并在不同场合都讲："我们要有未来的极乐世界，更要建设一个现实的极乐世界。"两人的心一直是相通的。

1989年1月9日是班禅大师一生中最后一次入藏，他要去日喀则扎什伦布寺主持第五世至第九世班禅大师遗体合葬灵塔和祀殿"班禅东陵扎什南捷"落成开光典礼。临行前他特别把请帖送到赵朴初身边说："我知道您年事已高，我们不能一起进藏主持庆典，但我还是把请帖当面送给您，就像您亲身光临一样。"

第十世班禅大师在扎什伦布寺的最后留影

开光典礼结束后,班禅大师还参加了多项佛事活动。因劳累过度,当晚引发心脏病。

中央政府获悉后, 立即派中共中央书记处候补书记温家宝和中央统战部副部长武连元带领专家医疗组飞赴拉萨,从那里转乘军用直升机飞日喀则,协助随身医生诊治。尽管专家组采取了各种措施,但医治无效,大师于1989年1月28日20点16分在日喀则他的新宫德庆格桑颇章宫"夏珠培杰林"净室内圆寂。

大师圆寂前4天,即1月24日,在主持灵塔开光典礼后的西藏、青海、甘肃、四川、云南五省区部分宗教界人士座谈会上,谈到活佛转世时说:"应找出三个候选灵童,然后逐一进行调查"、"应在释迦牟尼佛像前,通过'金瓶掣签'的办法来确定。"这些话竟成了大师临终前的遗愿。

82岁高龄的赵朴初, 当时出访澳洲回国途经香港,香港佛教界请其视察天坛大佛,在港停留。班禅大师圆寂的消息传来,他正在吃饭,一下惊呆了,竟把筷子掉在地上。他万分悲痛、热泪纵横,稍稍镇定下来立即致电中国佛教协会并转全国人民代表大会常务委员会,对班禅大师逝世表示沉痛哀悼。唁电全文如下:

中国佛教协会转全国人大常委会:

项自澳洲回国过香港视察天坛大佛工程, 始悉班禅大师示寂。大师为国为教,尽瘁一生, 日坠中天, 曷胜震悼。请代向经师遗属致唁。

赵朴初于香港

一九八九年 一月三十一日

在发出唁电的同时, 赵朴初即电告在京的中佛协其他领导说:"大师的逝世是我国佛教事业无法弥补的重大损失,为表达全国佛教徒对大师圆寂无比沉痛的心情,缅怀大师生前为国为教献身的功德,我会和北京佛教界及各地佛协要举行班禅大师示寂回向法会。"

根据赵朴初会长的指示, 中国佛教协会向各省、市、自治区佛教协会及全国各大寺院发出通知,要求各地佛协和各名山大寺举行班禅大师示寂回向法会,缅怀大师为国为教作出的重大贡献。

2月1日至3日, 北京佛教界在广济寺举行大师示寂回向法会。为参加法会,赵朴初2月2日下午提前离港返京,2月3日赶到法会现场,以《日坠中天》为题致辞。

致辞后, 十分疲倦的老人又坚持和四众弟子一起在大雄宝殿诵经。此情此景令人难以忘怀。

此后, 每年赵朴初都提前指示工作人员认真准备1月28日班禅大师回向法会,而且,每年这一天,不管天气冷热、身体好不好,他都要坚持参加。

1990年2月3日, 赵朴初在《人民日报》发表《我国佛教徒学习的光辉典范》一文,

1989 年 2 月 3 日中国佛教协会在广济寺举行十世班禅大师示寂回向法会，赵朴初在会上讲话

纪念班禅大师圆寂一周年。

1994 年 1 月 8 日，朔风凛冽、天寒地冻，北京四众弟子在广济寺举行十世班禅大师圆寂五周年回向法会。87 岁的赵朴初正因病住院。他不顾医生、护士、秘书的劝阻，毅然前往参加。走进会场大雄宝殿时，怕踩脏了红地毯，他和大家一样不怕寒冷脱掉棉鞋，只穿一双薄袜。

1999 年 1 月 28 日，中央统战部、全国人大民委、国家民委、国家宗教事务局在人民大会堂西藏厅举行第十世班禅额尔多尼·确吉坚赞逝世十周年座谈会。九十二岁的赵朴初带病参加。他在讲话中说："今天我们在这里举行十世班禅圆寂十周年纪念座谈会，我不禁回想到许多往事，深深感到像十世班禅这样有才有德、爱国爱教的大师实在难能可贵。"此时，遵照佛教仪轨、国家惯例，十世班禅转世灵童（即十一世班禅）已经确认，所以赵朴初讲："我庆幸十一世班禅乘愿而来，德行学问，日新又新，一定能够绍隆佛种，护国利民，前途无量。"

十世班禅圆寂后，中国藏语系高级佛学院每当开学典礼或毕业典礼，就像十世班禅在世时一样，赵朴初一定参加。他对教师和活佛学员们语重心长地说："现在十世班禅不在了，你们有什么要我帮助的事，尽管找我讲，我一定尽力帮助解决。这既是我的责任，也是我对大师的誓愿。"

2002 年 3 月 4 日晚，已逝中国佛教协会会长赵朴初的夫人陈邦织女士正在南小栓一号静静地等待一位尊贵客人的到来。19 时 15 分，十世班禅大师的母亲、全国政协委员、西藏自治区政协副主席、86 岁的尧西索朗卓玛乘车来到。85 岁的陈邦织迎上前去。二人互相问候，班禅母亲向陈老夫人敬献哈达，陈老夫人也向班禅母亲回赠哈达并祝她吉祥如意。两位老人互相搀扶着走进赵朴初的灵堂，班禅母亲向赵会长的遗像敬献了哈达。在客厅落座后，大师母亲信手拿起茶几上放着的大型电视专题片《赵朴初》宣传册，慢慢打开看。赵朴初与毛泽东、周恩来、邓小平、江泽民、十世班禅……的一张张合影引起她对赵朴初一生光辉业绩无限的景仰。两位老人有说不完的话、道不完的情。临行前，两位老人又相互搀扶着走进灵堂，班禅母亲再次向赵朴初的遗像敬献哈达。19 时 50 分，大师母亲恋恋不舍地告别陈老夫人，夜幕下的轿车缓缓驶出南小栓胡同。

赵朴初与十世班禅的高谊云情将两家人的心紧紧连接在一起。

二、与一诚法师

随着宗教政策的逐渐落实，很多佛教寺院的恢复和开放，僧尼数量不断增加，佛教内部出现了寺院管理混乱、僧尼素质低、滥收徒、滥挂单等问题。为加强佛教自身建设、提高四众素质、及时解决上述问题，赵朴初亲自主持制定了《汉传佛教寺庙管理试行办法》《汉传佛教寺庙共住规约通则》，并于 1989 年 12 月 30 日发布实施。后来，他又亲自主持制定了《全国汉传佛教寺院传戒实施暂行办法》《关于在全国汉传佛教寺院实行僧尼度牒僧籍制度的办法》《关于全国汉传佛教寺院住持任职、退职的若干规定》，并于 1996 年 5 月 14 日公布实施。以一诚法师为代表的一些高僧大德不但积极参加了上述五个文件的研究和制定，还一以贯之的严持戒律、刻苦学修，为佛教四众作出了表率，受到赵朴初的肯定和赞扬。

《华严经》云："戒为无上菩提本，应当一心持净戒。"戒律是僧尼修行的根本，是僧尼修行的老师。佛在世时，以佛为师，佛灭度后，以戒为师。严持戒律是广大僧、尼学修的根本和基石。

一诚法师在讨论前述文件的发言中强调了《华严经》的这一内容，并说："寺庙恢复，僧尼增加，但僧尼素质有的很低，需花费大力气狠抓教育，要让其了解戒律，严守戒律。"

赵朴初赞同一诚法师的意见，他接着再三强调要"加强信仰建设、道风建设、教制建设，首先要求寺院僧尼具足正信，勤修三学，遵守戒规，严肃道风。"他把"遵守戒律、严肃道风"放在首位，可见其对佛教自身发展的重要性。

六届佛代会后，一诚法师按赵朴初的部署，在他所任住持的江西省真如寺狠抓道风建设，措施得力，成效显著，受到中佛协及赵朴初的表扬，赵朴初并指示把一诚法师的真如寺作为贯彻六届佛代会精神和传戒的试点。

收徒传戒是确保僧尼素质、培养佛教人才的重要环节。一诚法师的真如寺这次传戒作为规范传戒的试点，是由赵朴初提议、经中佛协讨论通过的。其指导思想是：提高僧尼素质，培养佛教后备人才。传戒后要总结经验并加以推广。

这次传戒和以往不同：要以中国佛教协会通过的《全国汉传佛教寺院传戒实施暂行办法》严格把关；按中佛协规定传戒人数不得超过 300 人（过去有时多达四五百乃至上千人），戒期不少于 30 天，戒子文化程度较高；借鉴古规，三人一坛，九人一班，进堂接受大戒戒律；请时任中国佛教协会副会长、真如寺方丈一诚法师为得戒和尚，授戒三师均有 40 年左右的戒腊；中佛协派员亲临指导，颁发的度牒加盖中国佛教协会专章。

一诚法师回到真如寺后，多次召开有关人员会议，研究如何圆满完成赵朴初会长交给的任务。

他按中佛协要求，对这次传戒活动精心筹划、仔细安排，做得既符合中佛协文件规定又如法如律，功德圆满，受到赵朴初的充分肯定。

为了推动佛教自身建设的开展，推广真如寺传戒经验，由赵朴初提议，1996 年 5 月召开了中佛协教制工作委员会扩大会议。根据赵朴初的建议，一诚法师作了题为"抓好传戒，续佛慧命"的发言。他说："佛陀一再教诲：'毗尼藏者，佛法寿命；毗尼若住，佛法亦住。'戒、定、慧三学为修学一切佛法之总纲；因戒生定，因定方能发慧，利己利人；因此，抓好传戒是续佛慧命的关键所在。""中国佛教协会制定的《全国汉传佛教寺院传戒实施暂行办法》是真正符合佛陀教义和人间佛教思想的，是提高僧尼素质，培养佛教后备人才，绍隆佛种，续佛慧命的指导性文件，是针对目前传戒法事中所存弊端和如何抓好传戒的重要文件。"

在大会上，一诚法师还详细介绍了传戒活动应学习的经典、教规；传戒的时间和要求；三师七证的条件和应做的工作等。一诚法师的发言，受到赵朴初和与会者的一致好评。真如寺传戒经验，对深入贯彻六届佛代会精神，坚持以戒为师，搞好传戒，杜绝滥传戒、滥收徒，提高四众素质，加强佛教自身建设，起了推动作用。

一诚法师是中国佛教界德高望重的高僧，俗姓周，名云生，1926 年 3 月 9 日生于湖南省宁乡县一个农民家庭，自幼厌荤茹素。因家贫，周云生不足十岁便随父亲学习石工与建筑。十五六岁时，他常随亲友去附近乌山寺上香礼佛。一天，在乌山寺大殿拜佛时，他看到殿内佛像庄严无比，像前蜡烛通明，烛泪滴滴流下，顿然似有所悟，随口诵出："今来无三字，归依故佛前……乌山寺烟渺，灯光用大千。"在场者无不认为他善根具足。1949 年 6 月 8 日，周云生辞别双亲，投奔长沙县黄金乡洗心寺，礼明心为师，剃度出家，承临济宗派，法号一诚，字悟圆。

1956 年，由虚云亲任得戒和尚，一诚在南华寺受具足戒。此后，返回云居山，自觉坚持刻苦学修。次年，法缘具备，虚云亲自主持仪式，安排其法子性福为师授予一诚法师正法眼藏，赐法号衍心，列为沩仰宗第十代传人。同年，虚云又亲自执坛，代自己的法嗣香港宽本法师为一诚法师传授临济法券，取法名常妙。

1956 年至 1959 年，一诚法师在由虚云主办、海灯法师执教的佛学研究院学习，其道业日隆。"文革"中他被逐出庙门，入云居山垦殖场作农工，但仍不改初衷、恪守僧戒、暗自坚持茹素诵经。1978 年底，一诚法师率先回到云居山只树堂禅寺旧址，回复僧人生活。次年春，他归驻真如禅寺，不久，任该寺知客。1985 年，法师荣膺真如寺方丈。

真如寺在一诚法师的领导下认真贯彻中佛协和赵朴初提出的各项方针，特别农禅并重方面在全国佛教界起了表率作用。他在性福大和尚前写有赞诗一首："领众熏修，重振宗风；为人为法，亦禅亦农。爱国爱教，愈老愈红；瞻之仰之，赞莫能穷。"这首诗也是在策励自己学习师父的榜样。

中国佛教历代高僧大德都一贯坚持农禅并重，中国佛协和赵朴初也一贯弘扬、大力倡导这种思想。1983 年 12 月 5 日，赵朴初会长在中国佛协第四届理事会第二次会议上以《中国佛教协会三十年》为题，所做的报告中谈到应当发扬中国佛教的三大优良传统时说："第一是农禅并重的传统……这里的'农'系指有益于社会的生产和服务性的劳动，'禅'系指宗教学修。正是在这一优良传统的影响下，我国古代许多僧徒们艰苦创业，辛勤劳作，精心管理，开创了田连阡陌、树木参天、环境幽静、风景优美的一座座名刹大寺，装点了我国锦绣河山……中国佛教协会成立三十年来，一直大力弘扬这一优良传统，号召全国佛教徒以'一日不作，一日不食'的精神，积极参加生产劳动和其他为社会主义建设事业服务的实践，在开创社会主义现代化建设新局面的今天，我们佛教徒更要大力发扬中国佛教的这一优良传统。"

1989 年 5 月初，在中国佛学院一次教务会议上，赵朴初说："佛学院的学生要注意发扬农禅并重的传统，加强这方面的教育，树立劳动观点，搞好环境卫生和室内卫生，春天还可组织他们植树造林及参加其他方面劳动……在坚持农禅并重、坚持生产劳动方面，江西真如寺的一诚法师搞得很好，在《法音》上有专文介绍，大家可看看。"

赵朴初所提到的文章名为《云居山真如寺的农禅家风》，刊载于1989年《法音》第二期，作者融觉。

多年来，真如寺在一诚大和尚的领导下，始终坚持"一日不作，一日不食"的精神，精勤不息，使虚云大师生前所坚持的农禅并重的良好传统不断发扬光大，多次受到赵朴初的赞扬。

1989年，在上海召开的居士座谈会上，赵朴初讲话时谈到福建莆田广化寺、四川成都昭觉寺和江西真如寺时说："（三寺都是）道风好的道场，可以树为样板。"

为佛教界的干部和法师加强修养，处理好方方面面的关系，以便做好工作，赵朴初在中佛协或佛学院的一些会议上，经常讲到"难忍能忍"的问题。他还常以题字形式，题写"忍"或"慈忍"赠予他人，以教育干部和法师戒躁能忍。一次他为中佛协的一个年轻干部写了一个很大的"忍"字，并在此字的下方写了"众生忍，于一切众生不嗔不恼。"还有一次，他为一位老法师写了"慈忍"并在此二字下写了"世出世事莫不成于慈忍，败于忿躁，故君子以慈育德，以忍养情。"两幅题字后均写上"蕅益大师语"（蕅益大师为明代高僧，中国净土宗第九代祖师）。凡是得到甚至看到老人家这些墨宝的人无不终生铭记他的教育和帮助。

赵朴初有时还结合工作中遇到的问题讲解"难忍能忍"的道理。他常对身边工作人员讲，佛教讲难忍能忍嘛！这种忍有利于做好工作，对个人和他人都有利。

在这方面，赵朴初又赞扬一诚法师说："一诚法师做得很好。他也经受了不少磨难，吃过不少苦头。但不管在任何情况下，也不管遇到什么问题，他都能忍耐，不急不躁，从容应对。这很不容易呀！它所在的真如寺僧众多、劳动紧张、要求严格，一年四季要坚持繁重的劳动、坚持学修，生活又那么清苦，连电视、电话都没有（后来有了，但使用控制很严）。一诚法师面对这一切，平时遇到的困难是很多的，据说有人当面和他大吵大闹，指责、谩骂、威吓什么都有，但他从不生气，总是和颜悦色地讲道理、做说服工作。他的宽容、忍耐精神令人钦佩，很值得我们大家学习。"

1992年2月下旬，一诚法师来北京开会，住前门饭店。晚上闲暇时，他语重心长地对一位年轻法师讲出自《妙法莲华经常不轻菩萨品》的常不轻菩萨的故事。他说："我们出家人要加强修养，好好学习常不轻菩萨的精神，这对我们搞好工作、学修和处理好人际关系都是必不可少的。常不轻菩萨不管对待出家人还是在家人，甚至嗔恨他、恶口谩骂他、动手打他的人都依然待之以礼，从不轻慢别人，所以后人称他为'常不轻菩萨'……我们经常说，一切众生皆有佛性，都能成佛。这就是说，一切众生都是平等的，无差别的，但真正这么看待又这样实行的人却太少太少了，而常不轻菩萨却实实在在地做到了。我们要学习常不轻菩萨无有疲倦、乐说无碍的精神，学习他对人无嗔无恼、宽宏大度的忍辱精神，学习他的忍辱法门、行菩萨道的精神。"小法师听后深受教育，连连点头称是。

一诚法师这样讲，也是这样做的，他就是在世的常不轻菩萨，加上他一直恪守祖训、严格学修、以戒为师、坚持不懈、弘法坚毅、守成创业，得到赵朴初和佛教界的广泛认同和支持。1993年10月，在中国佛教协会第六届代表大会上他当选为副会长。2002年9月，在中国佛教协会第七届代表大会上，他被选为会长，成为赵朴初会长的接班人。

2002年9月20日下午，中佛协第七届全国代表大会举行闭幕会，新任会长一诚法师作了题为《继承赵朴初会长遗愿，同心协力，开创中国佛教事业新局面》的报告。报告中他号召大家，要把对赵朴初会长崇高思想和美德的学习，运用到开创中国佛教事业新局面中去，使之成为我们不断开拓前进的强大精神动力，提高四众素质的最好榜样。

2010年9月，由倪强同志主编的《赵朴初墨宝精选》出版，一诚法师在序言中写道："赵朴老爱国爱教矢志不移的精神；开拓进取、勇于创新的思想；讲团结、顾全大局的博大胸怀；鞠躬尽瘁、众生为法的高尚品德；艰苦朴素、无私奉献的高风亮节，是我们最宝贵的精神财富。他是终生实践佛陀'不为个人求安乐，但愿众生得离苦'的典范，是我们佛教界的一面旗帜。他的崇高精神和高尚品格，不仅激励着当代人，也

2002年9月20日，中国佛教协会第七次全国代表会议圆满完成各项议程，胜利闭幕。一诚法师当选为中国佛教协会第四任会长

将激励着世代后人"、"本人在赵朴老的领导下,为佛教事业工作数十年,对他的崇高精神和高尚品德无比钦佩,他对我的热情关怀和多方帮助记忆犹新、永生难忘。"

这些话语充分表现了一诚法师对老会长的无限敬仰和深切怀念之情。

赵朴初会长一定为他所开创的新中国佛教事业后继有人而含笑常寂光中。

三、与传印法师

2010年2月3日,为期三天的中国佛教协会第八届代表大会在北京闭幕。传印法师当选为会长。

2月5日上午11时许,新当选的中国佛教协会会长传印法师和秘书长王健先生专程前往南小栓胡同1号——已故会长赵朴初居士故居,在赵朴初居士灵堂前致礼并看望赵朴初夫人陈邦织女士,送去花篮和东北人参,表示新年问候。

2011年4月7日下午16时,陈邦织女士在北京逝世。12日下午,中国佛教协会会长、中国佛学院院长传印法师专程前往南小栓胡同设在家中的灵堂吊唁。他代表中国佛教协会、中国佛学院敬献了花篮,对陈邦织女士的逝世表示深切哀悼和无尽追思。

2011年7月19日,"中国佛教协会首届书画慈善义展"在京开幕。传印法师撰写的序言中说:"……1998年,长江、嫩江、松花江流域遭受百年不遇特大水灾,在时任全国政协副主席、中国佛教协会会长赵朴初居士的倡议下,中国佛教协会在北京举行了赈灾书画义卖活动,并将活动筹集来的100万元善款送交中华慈善总会,支援灾区人民抗洪救灾、重建家

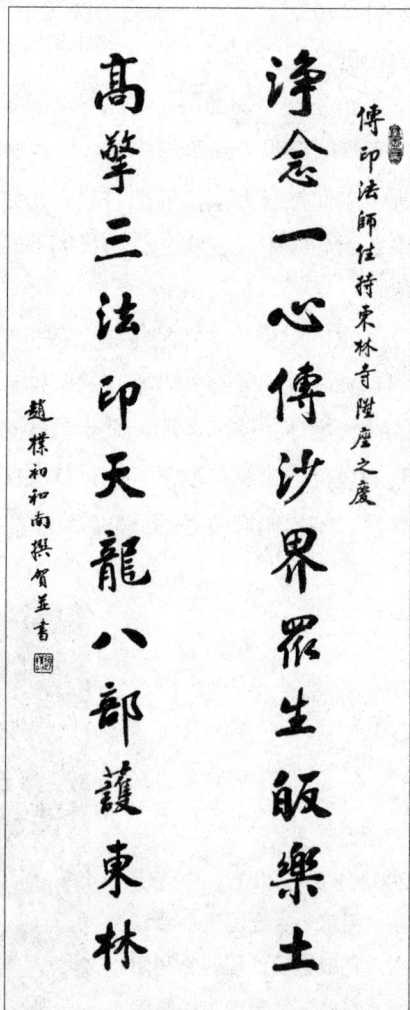

净念一心传沙界众生极乐土

高擎三法印天龙八部护东林

传印法师住持东林寺陞座之庆

赵朴初和南拱贺盥书

贺传印法师住持东林寺升座之庆联

园。"

当选中国佛教协会会长后，传印长老曾接受《中国宗教》杂志记者专访。

谈到中国佛教未来发展的设想时，他说："……中国佛协第八届理事会要承前启后，继往开来，在政府主管部门领导下，带领全国僧俗佛教信徒，继续高举爱国爱教旗帜，继续贯彻前会长赵朴初居士提倡的加强佛教自身建设的宗旨和精神……中国佛教要更好地适应日益进步的新时代，为社会和谐、为中华文化复兴、为国家富强发挥更大的积极作用。"

谈到佛教教育时，他深情地说："自 20 世纪 80 年代国家改革开放以来，赵朴老便致力于恢复因'文革'中断 14 年的中国佛学院，并提出当代佛教要务是培育僧才。为此，以中国佛学院名义于 1981 年春派遣我赴日本佛教大学学习、考察佛教教育情况，1983 年 12 月回国。我在 1984 年开始从事佛学院教务工作。中国佛学院于 1956 年建立，迄今已 54 年，取得了可观的成绩。这是党和国家扶助和支持的结果，而前院长赵朴初居士的功勋也不可磨灭。"

专访近结束时，记者请他为该刊及读者说几句话。他略加思索说："今年是《中国宗教》杂志创刊 15 周年。我看到 15 年前赵朴老为该杂志创刊的题词：'宣传政策、弘扬文化、促进团结、发展友谊。'深有感触。朴老站得高，看得远，对你们的期许非常全面，虽然几十年过去了，但这 16 个字并没有过时，仍然是你们要继续深入做好的大文章。"

传印法师的所说、所做处处闪现着老会长赵朴初的身影，流露出对老会长的一往情深。他正是改革开放后在党的宗教政策阳光照耀下、在赵朴初会长的亲自呵护、关怀、培养下成长起来的中国佛教界新一代精英群体的杰出代表，而当今就是这一群体在支撑着中国佛教这座大厦。

传印法师，俗姓吕，名毓岱，字月川，1927 年 1 月 30 日生于辽宁庄河一个佛化家庭。他在母亲和姐姐（后来都成为出家人）的念经声和佛号声中长大，并于 1947 年 20 岁时，在庄河县青堆子镇普化寺崇仁法师门下剃度出家。

1955 年依虚云老和尚受具足戒。1956 年，中国佛学院成立，虚云老和尚的侍者被推荐到北京学习，传印法师接替他成为虚云的侍者。1959 年入秋，云居山祖庭农禅并重，真如寺的恢复已基本完成，可 120 岁的虚云老和尚自言"世缘已尽"，遂于茅棚圆寂。自 1956 年至 1959 年阴历九月二十三日虚云往生，传印法师从没离开过虚云所住的茅棚，期间每日笔录虚云开示。

1960 年秋后，他被各方推荐前往北京法源寺中国佛学院学习，1965 年 7 月本科毕业，带着一颗继续报答祖庭的心回到江西永修。但那时"文革"乍起，云居山的庙

与传印法师书

已经成为垦殖场总场下属的一个僧伽生产队。传印法师就在这个生产队当出纳，一干就是8个年头。

1973年初，传印法师谢绝了场方的一再挽留，毅然来到永修县梅棠公社旸岭山崇圣寺遗址与道开法师搭茅棚同修。

几年后，他的命运再次发生转机。20世纪70年代末，中国佛教由于赵朴初的努力推动日益回暖，日本佛教友人在游访中国名山、参拜祖庭之后向赵朴初诚邀中国佛教界选派留学人员赴日，老会长赵朴初为中国佛教的复兴做战略性思考也早有此意。于是中国佛教协会就积极物色人选。

原国家宗教事务局干部、在中国佛学院任教的赵匡为，对学生传印印象颇佳。他积极向老会长赵朴初推荐，说他学习成绩优秀又懂日语，是留日人员的最佳人选。

传印法师就读中国佛学院时的同学任友群在中佛协工作。他向赵朴初介绍了传印法师在云居山的情况。赵朴初说："把他请来，我们见个面。"见面交谈后，赵朴初十分满意地说："这个人很好，是个修行人，坐着时眼观鼻、鼻观心，不东张西望，像个和尚样儿，把他调过来。"

1979年的一天，国家宗教局的人来到传印法师原来所属的生产队，说奉上级指示，要调传印法师进京，并且把户口和粮、油关系一起带走，在当地引起不大不小的轰动。

1981 年春，传印法师以中国佛学院讲师的身份赴日本京都净持佛教大学学习，和后来担任中国佛教文化研究所副所长、中国佛学院副院长的姚长寿博士同行。临行前，赵朴初接见了他，并嘱咐："一定要好好考察日本的佛教教育，因为我们也在办佛教教育。"

留日两年，传印法师同日本佛教学者一起研习佛法，造诣益深，发表多篇论文，并且一直坚持僧装、素食、独身。赵朴初高兴地说："传印法师在日期间，始终恪守戒规，不仅受到日本佛教界的好评，也受到我国佛教界的一致称赞。"

1983 年 12 月，传印法师学成回国，赵朴初会长又亲切接见了他，并征求他对以后工作的想法。经传印法师本人同意，他被安排在中国佛学院任教务长，开始了佛学教育生涯。

传印法师是当代禅宗、净土宗高僧。出版著作有《俱舍论》《大乘义章》《天台四教颂略释》等。他是一位著作等身的佛教学者，又是一位经验丰富的佛教教育专家。他信仰虔诚、解行并重。1991 年 8 月，他前往天台山下方广寺闭关，

1983 年 12 月，赵朴初会长与中国佛教协会首批派往日本佛教大学进修的中国佛学院教师传印法师、中国佛教图书文物馆馆员姚长寿居士亲切交谈

专修念佛，历经三年。在三年闭关中，他除用很少时间辅导该寺僧人学习佛经外，其他时间全部闭关学修。每天他要念两万多遍阿弥陀佛，还要念经回向赵朴老健康长寿、回向中国佛教协会法务昌隆，以此报答赵朴初会长和中佛协对他的培养、关怀和爱护。

闭关期间，法师生活十分清苦。赵朴初会长几次指示中佛协派专人前去看望，并送去生活费。而这些钱，他除留少数给所住寺院作自己的生活费外，其余大部寄给中国佛学院购买图书。

传印法师本来是想闭死关的（一直闭关到圆寂）。但 1994 年 3 月 6 日，江西庐山东林寺住持果一法师圆寂。赵朴初会长为东林寺新任主持人选操心，经与中佛协其他领导商议，并征求江西省佛教协会会长一诚法师意见。大家一致认为传印法师为最佳人选。一来，他同果一法师同出虚云师门，在江西潜修多年，学问、修持均好，对东林寺情况熟悉，感情深厚；二来，他对净土宗教义的研究深入，对念佛法门的修持精深，是东林寺僧人的众望所归。

闭关中的传印法师接到中佛协和赵朴初会长亲自礼请其任东林寺住持的消息，本想婉拒，但又一想，老会长年迈体衰，还在无日无夜地为中国佛教事业操劳，自己才67岁，与其相比，可谓年富力强，岂能辜负老人家的期望。他在回复赵朴初会长的一封信中说："传印自三年前来天台山闭关念佛之日，曾自设想终生居于学地……故将红祖衣、黄海青皆送予他僧结缘了……传印惶恐之余，切念业缘之实难思议，时至今日，已不得不硬却头皮，不惜一束骨，去勉为其力了。"

传印法师升座典礼即将举行，经赵朴初会长批准，中佛协欲送赵朴初亲自写的中堂一幅、对联一副，玛瑙串珠一串，木雕如意一把、说法拂尘一只、绣花祖衣一件、黄绉海青一件作为贺礼。后来，赵朴初会长又亲自指示，把南京金陵刻经处现有的苏绣大佛字作为中堂赠送、礼请南普陀方丈妙湛法师送座。他又亲自写了要送的对联："净念一心传沙界众生归乐土；高擎三法印天龙八部护东林。"

1994年9月8日，庐山东林寺内挂满佛家五色彩旗，大雄宝殿内钟鼓齐鸣、梵音嘹亮。这里在进行集四庆为一的隆重典礼（传印法师升座、果一法师灵塔圆光、江西佛学院第二届开学典礼、慧远大师诞辰1660周年）。来自全国各省市佛协的领导人、各大寺院长老、佛学院师生和来自港、澳、台及日本的贵宾及信众2000多人参加。气氛之热烈、宾客之众多，极一时之盛。

赵朴初听到东林寺盛典情况非常高兴，进一步指示工作人员："传印法师住持东林寺消息要在《法音》杂志报道。因东林寺是佛教净土宗第一祖庭，此事应予重视，最好附有图片。"

传印法师主持东林寺后，工作夜以继日，寺庙内一切按佛教仪轨进行整顿，寺庙建设、道风建设均有新举措、新成绩。他终因劳累过度染疾。

1996年冬天传印法师来京住院治疗。身在北京医院住院的赵朴初关怀备至。他嘱咐佛协工作人员："传印法师积劳成疾，对他要加意照护，请医生仔细检查治疗。可请他的亲人来北京看望，不要让法师劳累。我个人供养1000元，给他的亲人做来京旅费，请不要告诉传印法师，免得他推辞……要让传印法师住单间，免得受干扰……"

赵朴初会长的亲切关怀使传印法师深受感动。他说："朴老自己有病住院，工作很忙，还这样惦记我，想得又这样周到，使我感到很温暖。中国佛协就是我的家，朴老就是我的亲人。"

出院后，传印法师立即赶回东林寺，有序地开展各项工作，获僧俗一致称赞。他经常写信向赵朴初会长汇报寺中各项工作进展、商谈下一步工作安排。对东林寺的每一进步，赵朴初都感到由衷的高兴。一次，接到传印法师的信，他立即复信说："传印法师座下：奉读束书，得悉东林寺得公住持，气象光昌，人天欢喜。东林为净土宗第一道场，我国寺院无论禅（禅宗）、台（天台宗），几乎无不念佛。日本净土宗与净土宗信众几逾彼邦佛教徒之半数。是以东林寺祖庭之兴隆，实与东北亚大乘佛教有极大关系。祝愿高擎法印，放大光明，并祈起居安乐，久住度生，至所祈祷。专此敬颂，一切吉祥。"复信谈到自己时说："朴初自今年四月即病住医院，到今已逾半载，医生尚未许出院。"

2000 年赵朴初逝世，传印法师发大愿继续完成老会长的未竟事业，为复兴中国佛教贡献一切。2010 年他当选为中国佛教协会会长，带领中国佛教这艘大船继续扬帆远航。

2010 年 5 月 14 日，中国佛教协会在北京龙泉寺召开纪念赵朴初居士逝世十周年座谈会，传印法师以《如来使者、救世菩萨——纪念赵朴初居士逝世十周年》为题发表演讲。他首先赞扬赵朴初居士为中国佛教所作的贡献说："每当我看到全国各地佛教一派欣欣向荣的复兴景象时，我的内心深处就会对他老人家油然升起一种无限怀念的感恩之情。中国大陆佛教的发展格局是他老人家帮助奠定的。没有他老人家的护持和领导，很难想象中国大陆佛教现在会是个什么样子。所以，我今天很高兴能有这样一个座谈的机会，追思他老人家的光辉业绩和深重恩德。中国古人有句话，叫做'念先祖聿修阙德，启后人长发其祥'。这也是我们举办这次座谈会的初衷。"谈到自己和老会长的因缘时，传印会长深情地说："我与朴老的因缘可以追溯到 50 年前。1960 年至 1965 年，我就学于中国佛学院。每次于广济寺举行法务活动后，朴老必定站在天王殿东侧门出口处，一一向我们学僧亲切点头、含笑致意、送我们上车返院。朴老亲切慈祥的形象深刻地印在我的心中。"最后就应该怎样纪念朴老时他说："我们纪念朴老，就要继承他基于大菩提心的遗愿，发扬人间佛教思想，在做好教务工作，维护祖国统一，开展好海外联谊和国际佛教友好交流之外，更要大力做好佛教教育工作，提高佛教徒特别是青年僧伽素质，更好地与社会主义社会相适应，与时俱进，在促进经济社会发展中发挥积极作用。让我们坚定不移地在党和政府的领导下，以朴老为光辉榜样，努力进取，将中国佛教事业推向新的阶段。"

老会长回眸应笑慰，擎法印已有后来人。

四、与学诚法师

学诚法师，1966 年生于福建仙游一个佛教氛围很浓厚的家庭。在祖母和母亲的熏陶下，从10岁起自发地茹素，12岁开始读诵佛经，很喜欢佛教典籍，特别是唐朝玄奘大师求法弘法的经历与其"远绍如来，近光遗法"的宏愿，对学诚法师日后出家有着很大影响。1982年2月，他决意出家，在莆田广化寺定海长老（现任印度尼西亚大乘僧伽会会长）座下剃度，并依止圆拙老法师（曾任中国佛教协会第五次、第六次副会长，1997年圆寂）修学。圆老亲近过弘一法师和印光大师，持戒念佛，弘毅谦谨。他严格教导法师要习劳、勤学、持戒、中道。1984年，由圆老指点法师入中国佛学院就读。1988年，他在四川成都文殊院宽霖大和尚座下受三坛大戒。学诚法师在佛学院期间，受到中国佛教协会会长兼中国佛学院院长赵朴初居士的关爱和赞赏。1988年7月，他在中国佛学院本科毕业后，因其学修优秀，院方和本人都愿继续深造、留校读研。时任莆田广化寺方丈毅然法师和两序大众都一致举荐年仅22岁的学诚法师为广化寺方丈。

学诚法师面对两难境地，他既不想放弃工作又不想失去学习机会。经再三考虑，他想出一个两全办法：向学校提出边工作、边学习的请求。保证按时参加考试、按时提交毕业论文，如考试和论文答辩合格，由学校发给研究生毕业证书，实际上就是在职攻读学位。

中国佛教协会和佛学院有些人认为：不在佛学院学习，就不能按研究生对待，否则影响不好。

笔者将此事汇报给赵院长，赵朴老问："你有什么看法？"笔者说："从培养佛教人才考虑，可同意学诚法师意见。"后赵朴老斩钉截铁地说："同意学诚法师一面学习、一面工作，只要考试和论文答辩合格，一样发给毕业证书。佛学院应不拘一格培育僧才。"于是学诚法师在广化寺边工作边读书。

1989年元旦刚过，广化寺拟举行学诚法师荣膺该寺方丈升座典礼。这时中佛协内部又出现了不同声音。他们说：广化寺是全国重点寺院，寺大僧多，学诚法师才20岁刚出头儿，太年轻，升座后恐怕难以服众。

赵会长知道这事后，对笔者说："我们对青年法师，既要大胆培养，又要放手使用，让他们挑重担，在工作中经受锻炼，在实践中增长才干。"支持广化寺广大僧众的意见。

同年二月初八，广化寺为年仅23岁的学诚法师荣膺该寺方丈隆重举行升座典礼。赵会长派笔者持贺电代表中国佛教协会和中国佛学院表示祝贺，看出赵朴初会长对青年僧才培养的良苦用心。

学诚法师边学习边工作，不但学习好考试成绩优秀，并于1991年论文答辩合格，顺利毕业。

他所负责的广化寺搞得也很好：从寺院建设到组织规划、从人事安排到管理制度、从寺院教育到丛林生活、从自身修养的提高到整体素质的加强，学诚法师样样操劳，尽职尽责，在他的领导下，僧众由原来的百人左右增至 260 多人。多年来，该寺始终坚持"不卖门票，不设商业网点，不打经忏"的"三不"原则，把寺院的职能真正落实到教化众生、和谐社会上去。僧众单资在全国同类丛林中是比较少的，生活条件较差。但在这样的环境下，寺院却培养出一批批道心坚固、信仰纯正、德行高洁、安贫乐道的法门龙象，并在佛教界以坚守佛教传统戒律和重视佛教文化教育事业两方面的成绩而成为榜样，被赵朴初会长誉为全国三大模范丛林之一。

1990 年 11 月，赵朴初会长在视察寺院时说："学诚法师住持的广化寺，重在道行，根据佛教原则办事，决不迁就人情。这一点，坚持得好。我在广化寺供了斋，也随众过了堂，看到他们如法如律的宗教生活，我深受感动。他们办的壁报，一方面宣讲佛法，一方面宣传在社会上做人的道德，不但让寺庙里的人了解社会，也让社会上的人了解僧人，效果很好。"并题诗赞扬，诗曰：

　　　　一入山门长道心，南山风范见传承。

　　　　威仪秩序斋堂里，粒米当思大众恩。

赵朴老还题诗赞扬学诚法师。诗曰：

　　　　律己其志刚，接物其气柔。

　　　　学修不出门，声教及遐陬。

　　　　如何办道场，傥于此间求。

根据赵朴初会长指示，为改变当时佛教界滥传戒、滥收徒、滥赶经忏、滥挂单的现象，必须重视戒律，学习戒律，弘扬戒律。经其批准于 1996 年 10 月至 1977 年 1 月，中国佛教协会与莆田广化寺联合举办了 108 天的规范传戒。这是建国以来，首次举办的规范传戒，在教内外产生了很好影响。赵朴初会长对此赞扬说："这几年我们做了一些工作，如在学诚法师所住持的莆田广化寺搞的规范传戒，舆论反映很好。"

为了锻炼培养年轻人，赵朴初主张中国佛教协会应该让更多年轻法师走上领导岗位。在 1993 年 9 月召开的第六次中国佛教代表大会上，赵朴老把年仅 27 岁的学诚法师提为中国佛教协会副秘书长。使其成为中国佛教协会最年轻的领导班子成员。

由此可见，学诚法师作为年轻的佛子，在其成长的道路上，每前进一步都得到了赵朴初会长的关怀和帮助，他工作中取得的点滴成绩都会得到老会长的欢喜赞叹。看出赵朴老在培养佛教人才方面花费了多少心血呀！

2000 年 5 月 21 日，赵朴老示寂，法师十分悲痛，含泪书写挽联：

　　　感慈爱逾常、栽培有加，

愧未报答涓埃，每念音容犹涕泪；

怅南北修阻、近侍无多，

忽得传来噩耗，那堪异地最凄凉！

2002 年 9 月 16 日至 21 日，中国佛教协会召开第七次代表大会，学诚法师被选为副会长兼秘书长；2010 年 2 月 1 日至 2 月 3 日，中国佛教协会召开第八次代表大会，法师被选为副会长（协助会长工作）；2015 年 4 月 19 日至 20 日，中国佛教协会召开第九次代表大会，法师被选为会长，从而成为中国佛教协会的"新掌门"，是中国佛教协会有史以来最年轻的会长。

法师弘法利生不遗余力，身兼数职。现任全国政协常委、全国青联副主席、中央国家机关青联副主席、中国宗教界和平委员会秘书长、中国佛学院院长、藏传佛教学衔工作指导委员会副主任、福建省佛教协会会长、福建佛学院院长、福建莆田广化寺方丈、陕西扶风法门寺方丈、北京龙泉寺方丈、中佛协《法音》主编、《福建佛教》主编等职务。

法师在日理万机之余，仍关心世界大事、人类命运，仍坚持佛法探幽，近十余年写出《宗教关注全球化问题》、《对新世纪中国宗教的一些思考》、《福建佛教的过去与未来》、《漫谈佛教人才建设》、《略论中国佛教的文化建设》、《现代丛林生活的趋势》、《佛教世俗化倾向的思考》、《佛教的和平观》、《人类道德危机与宗教伦理关怀》、《应当充分发挥宗教在构建和谐社会中的作用》、《让世界因多元宗教的存在而更加和谐更加美丽》等近百篇上百万字的文章，发表在《中国宗教》、《人民政协报》、《佛教文化》、《法音》、《福建宗教》、《亚洲论坛》等海内外佛教刊物与互联网上，引起国内外、教内外各界人士的广泛关注，2007 年被泰国朱拉隆功佛教大学授予教育学荣誉博士学位，2010 年获孟加拉国阿底峡大师和平金奖。

为弘法利生、昌隆佛教，学诚法师肩上的担子越来越重，但他从未忘记老会长赵朴初昔日的关怀、帮助以及知遇之恩。

2008 年 1 月 29 日（农历腊月 21 日）下午，中国佛教协会副会长兼秘书长学诚法师携副秘书长蘧俊忠、陈文尧看望赵朴初夫人陈邦织女士，并致以新春问候。他心怀感激之情，在老会长灵堂内双手合十长久低头默哀，追思老会长的音容笑貌，追思老会长在世时为教、为国、为和平，生命不息奋斗不止的精神及其建立的丰功伟业。他同陈老夫人拉家常，问陈老生活上有什么困难，把对朴老的爱戴感激之情全部倾注到既是前辈又似慈母的陈老身上。

2010 年 5 月 14 日，龙泉寺举办纪念赵朴初居士逝世十周年座谈会。时值《赵朴初文集》出版，学诚法师以《新的体会、新的感动、新的收获》为题发表长篇讲话。

首先他满怀深情地说："赵朴老圆寂已经十年了。十年前的 2000 年 5 月 21 日，当朴老圆寂的消息传来时，一种'峨峨若千丈松崩'的感觉顿时弥漫心头，久久无法消退……十年来，朴老生前慈祥的笑容、亲切的关怀，始终鞭策和激励

学诚法师在赵朴初会长故居灵堂向其遗像朝拜默哀

着我在爱国爱教、弘法利生的道路上，一路前进。赵朴老一生倡道垂教于华夏，如鼓雷霆而揭日月，可谓大善知识标准斯世，没而不朽！"

学诚法师接着说："赵朴老的一生就是一部书，他用生命书写出一个真正佛子无缘大慈、同体大悲的宗教情怀；他用生命书写出一个真正佛子为世界和平、人类幸福，为国家繁荣、祖国统一，为圣教远播近扬、众生离苦得乐而无私奉献、任道而居的壮丽人生篇章；他用生命书写出一个真正佛子为新中国佛教革故鼎新、继往开来的不朽历史勋绩。"

谈到《赵朴初文集》，他说"今天，当面对赵朴老留下的上百万字的《赵朴初文集》（华文出版社，2007 年 10 月出版）时，已经无法把赵朴老的生命、事业文章截然分开，我们感受到的正是一幅生命、事业与学问浑然一体、波澜壮阔的人生长卷。"

还说："斯人已逝，法音长存，我们由衷地为《赵朴初文集》的出版、发行感到无比欣慰和喜悦……《赵朴初文集》是一个可以从中源源不断地汲取智慧和力量的佛教文化宝库；是一个真正佛子为法忘躯、为国分忧、为众生离苦得乐而鞠躬尽瘁的人生丰碑；是一条充分吸纳两千多年中国佛教丰厚文化积蕴，高度融汇新时代社会责任、爱国情操、宗教实践的不息长河。它必将'长流法海洗幽冥而不竭，永注禅河洗樊笼而无尽'。从学生时代，我便有幸亲近赵朴老，亲聆朴老教诲、亲受朴老关怀，然而时至今日，每次拜读朴老的文章都会有新的体会、新的感动、新的收获，进而产生出新的力量，促使我勇猛精进、不忘前贤……"

讲话最后法师又以诗歌一般的语言总结了朴老光辉壮丽的一生："赵朴老一生兴仆起废、革故鼎新，刚果强毅，公勤廉明，四众钦依，国人景仰，实无法尽表于笔端。赵朴老以利生为己任的博大胸襟，建正法为身事的伟大抱负，热爱祖国、热爱人民、热爱中国共产党的高尚情操，将永远激励后辈佛子为庄严国土、利乐有情，为实现

学诚法师和中佛协副秘书长蘧俊忠、陈文尧看望朴老夫人陈邦织女士并热情交谈

中华民族的伟大复兴而贡献智慧和力量。"

多年来，学诚法师在赵朴老的教导和激励下，一直为庄严国土、利乐有情这一宏愿奋斗着。他在中国佛教协会第九次全国代表大会开幕式上所作的题为《爱国爱教，正信正行，推动佛教事业健康全面发展，为实现中华民族伟大复兴的中国梦贡献力量》的报告，和在闭幕式上所作的题为《新时期新使命新担当》的报告，从头至尾充分地体现了这一精神。报告充满了睿智，高屋建瓴，把实现中华民族伟大复兴的中国梦和党中央提出的"四个全面"的新形势与"一带一路"建设的国家战略，及佛教界高举"人间佛教"旗帜、弘扬中华优秀传统文化的要求相结合，很接地气，既有重要的现实意义，又有深远的指导意义。

法师在报告中最后号召：现在"中华民族正面临着前所未有的发展机遇，在这个千载难逢的历史时期，中国佛教应顺应时代的发展，响应国家的号召，回应社会的需求、努力加强自身建设，继承发扬爱国爱教传统，增强文化自觉自信，担当起历史所赋予的重要使命，圆满完成大会所制订的各项任务，开启中国佛教的新征程，为开创中国佛教的新局面、取得更大的成绩而努力奋斗！"

赵朴老在九泉之下，得知其得意门生——学诚法师，已担起他多年曾担负的会长重任，并以不忘初心、勇于担当的精神，率领佛教界为完成其未竟事业在奋力拼搏，他老人家该是多么高兴呀……

五、与清定法师

对清定法师的传奇经历和佛学素养赵朴初早有风闻，但真正相识、相知是从新中国成立前夕开始的。清定法师1946年尊师父能海法师之命从四川到东南弘法，在南京讲经数日后来到上海，应赵朴初、倪正和等居士之请，驻锡觉园，主持班禅纪念堂。

1949 年春，在觉园成立金刚道场，能海法师自川抵沪，亲临主持。同年 9 月在觉园金刚道场，能海法师亲书法卷、授予清定，传他为接法和尚阿阇黎。按照藏传佛教格鲁派宗谱，清定法师为格鲁巴大月如来康萨派第 30 代传人。

金刚道场成立后，清定法师任住持。这里一切安排悉尊能海法师近慈寺家风，注重持戒、学修并进。

这一时期，清定法师在金刚道场讲《阿毗达摩法蕴足论》，前后三个月，随发科颂，听众二百余人，自始至终法喜充满。

赵朴初一有闲暇便去听清定法师讲经，获益匪浅。他对法师的佛学造诣深深折服，对法师的戒行高洁十分钦佩，两人交往愈多，感情愈深。而清定法师视赵朴初为青年才俊，对他的聪明才智和办事能力多次当人称赞。

1950 年 9 月，清定法师毫无保留地写出一份自己的详细历史材料，交赵朴初转给政府有关部门，此后四年一直平安无事。

新中国成立后，日理万机的周恩来总理对虚云、圆瑛、清定等老一辈高僧大德极其敬重，从生活上予以多方面关照。

1955 年 9 月，肃反运动在全国展开，一些对清定法师身怀嫉妒的人"揭发"他有重大历史问题。于是，这位 52 岁的高僧立即遭到逮捕，关进上海提篮桥监狱。

临行前，清定法师平静地向弟子们说："我将去闭关，尔等当自重。"弟子闻听此话，失声痛哭。法师又说："事变愿不变，当以佛子之心对待一切险恶和不测。"

1957 年，上海市中级人民法院判处法师无期徒刑。

他确实有些与众不同的经历：

清定法师，俗名郑全山，1903 年 12 月 16 日，出生于浙江省高枧乡一个世代信仰佛教的名门望族家庭。

1922 年，19 岁的郑全山中学毕业，考入广东大学哲学系；1926 年，考入孙中山创办的陆军军官学校（即黄埔军校）第五期步兵科；1933 年至 1938 年，先后任南京军委会军事交通研究所训练处处长、中华复兴社总社处长、上海市警察局秘书长兼中华复兴社上海分社书记、第四战区党政军训练团训练处长。1939 年，三十六岁的郑全山奉调重庆为国民党中央高级党、政、军训练团政训处主任，少将军衔。

在重庆期间，他深感蒋家王朝败象已露，思想陷入迷茫之中，闲暇时，郑全山常去长江南岸的慈云寺听澄一法师讲经说法。澄一法师为前清秀才，博通经史、精研佛学，郑全山在其影响下逐渐觉悟。

1941 年 5 月 3 日，澄一法师对郑全山说："郑将军，世事茫茫，苦海无边，我看你被诸烦恼业障纠缠已久，难以自拔，不如就此脱下军服，穿上僧装，随我出家吧。"

时值其父病逝，郑全山以回家奔丧之名离开训练团，瞒着娇妻、爱子毅然走入佛门，开始了弘法济世生涯。

将军之妻闻听此事如炸雷轰顶、五内俱焚。她给慈云寺寄来一封又一封充满凄情哀怨的信，企图规劝丈夫回心转意，回到自己身边。这些信件像一支支无形的利箭射在郑全山尚未泯灭的尘心上。这一切，澄一法师都看在眼里。他对清定说："清定，你尘缘未了，六根未净，还是赶快离开慈云寺，到成都昭觉寺修行去吧。"

原来按佛门规定，师徒不能同住一座十方丛林。于是，清定遵师命赶赴成都昭觉寺并于同年冬在昭觉寺受具足戒，从而完成了从国民党将军到佛教法师的彻底转变。

受戒后的清定依戒修行、精研佛法、显密圆通、辩才无碍，继而常年讲经、全日修持、声名鹊起，才有受师父派遣，东南弘法，在上海设金刚道场这些后事。

在狱中，清定法师除一有空闲便坐定参禅外，还以自己的针灸推拿绝技为人治病，被人称为"劳改医生"、"狱中华佗"。

1975年3月，坐了22年大牢的清定在狱中表现良好，加上周恩来总理的关心和赵朴初居士的帮助得以提前释放，回到故乡浙江省高枧乡，在卫生院行医为业，短短一年医好患者两万余人，在三门一带颇负盛名，被人称为"圣手华佗"。

1979年，由于得到十世班禅大师和赵朴初的帮助，经邓小平同志亲自过问，上海市中级人民法院决定为清定彻底平反、恢复名誉、撤销1957年原判。

一向关心清定法师命运的中国佛教协会会长赵朴初听到这一消息不久，就对浙江天台山国清寺方丈惟觉法师说："清定法师是中国不可多得的高僧，你们应该把他请回寺院。"于是，惟觉法师向已脱下僧装二十四个春秋的清定法师发出邀请函。1980年初，清定法师应邀来到天台山国清寺，重披袈裟，讲经说法。

赵朴初认为：清定法师当年虽是国民党军队的一名将军，但他是出于对国民党政治腐败的不满，看破红尘，而舍弃高官厚禄、荣华富贵，发大心，投入佛门弘扬佛法的。这是大丈夫敢于担当的英雄行为，是常人难以做到的。新中国成立后，由于政策执行中的"极左"倾向使法师蒙冤20多年，对他本人和佛教界都是无可挽回的损失。新时期，一定要圆老法师"庄严国土、利乐有情，报四恩于万一"的弘法利生之梦。

重披袈裟的清定法师新时期所做的第一件事就是重修衣钵祖庭——四川成都昭觉寺。

成都昭觉寺建于唐朝贞观年间，初名"建元寺"，唐玄宗赐名"昭觉"，明末毁于战乱，清代高僧破山和尚发起重建，开荒种地，植树造林，使其发展为川西第一丛林。

成都昭觉寺在佛教文化对外交流史上同样占有重要地位。至今，日本及东南亚一些国家许多寺庙都把其视为祖庭。

晚清以后这一远近闻名的十方丛林逐渐衰败，十年浩劫，使其变成一片废墟。

十一届三中全会后，原昭觉寺僧众拥戴佛智法师代表他们投书当地党政部门要求退还地产，重建昭觉寺。他们还派代表赴京向中央陈情，受到中佛协会长赵朴初、十世班禅副委员长、中顾委主任邓小平同志的接见。邓小平亲自过问此事，委托赵朴初两

作者陪赵朴老到广济寺看望清定法师，图为二老在一起交谈

赴四川督促检查。于是，成都市政府答应暂归还 117 亩地产、归还园悟国师塔地，开始重建昭觉禅林。

1984 年春，佛智法师自行隐退，率昭觉寺僧众欢迎比自己更加德高望重的清定法师回来主持重建工作。

清定法师回川前，赵朴初在上海对他说："法师，成都昭觉寺是你的衣钵堂，也是川西第一禅林，可惜在'文革'中变成废墟，请您去重新修好吧。"

法师满怀信心地笑一笑说："好的，我一定把它重新修好。"

"法师，你靠什么办法把它修好呢？"赵朴初温和地问。

"我靠的是佛力加被和四众努力；我靠的是共产党和人民政府的支持，一定能建好昭觉寺。"法师坚定地回答。

赵朴初开怀大笑道："好！祖庭重辉，功德无量，请您去修吧！"

于是，清定法师回到阔别多年的西蜀大地，依照赵朴初的安排回到昭觉寺。他以"振兴道风、培植僧才、重兴祖庭"为己任，克服重重困难，率领全寺僧众，自筹资金、重燃法炬，十年艰辛，成绩斐然。重建了宏伟壮观的大雄宝殿、圆通宝殿、钟楼、鼓楼、说法堂、山门殿、地藏殿、藏经楼、弥勒殿、观音院、先觉堂、五观堂、大师殿（御书楼）等近二十座宏伟建筑。

因朱总司令 1919 年曾在此寺避过难，所以开工前赵朴初便请清定法师在寺内划出一幢房屋，命名"思德堂"。他把朱德元帅所书、自己珍藏多年的"万水千山"条幅和自己写的思德堂牌匾一同送给该寺展出。

在大雄宝殿和圆通宝殿竣工后都举行了盛大的开光典礼，赵朴初都写来贺信，恭祝佛门喜事，盛赞清定法师功德无量。

经重新修建的昭觉寺又恢复了往日风貌：红墙碧瓦、绿树掩映、重檐飞翘、斗拱交错、寺院清静、殿宇辉煌、幢幡迎风、香烟缭绕，僧人、善男信女来往如织、摩肩接踵，堪称川西第一禅林。

1987年2月，中国佛教协会第五届代表大会在北京召开，清定法师被选为常务理事。同年4月法师在昭觉寺升座，出任第17任方丈。6月，四川省佛教协会在成都文殊院举行代表大会，法师被选为常务理事。1988年，法师接任成都市佛教协会会长。

1989年8月下旬，由赵朴初会长提名，清定法师参加了由明旸法师任团长的赴美弘法团。该团应美国北加州曼第仙诺县万佛城法界佛教会主席宣化法师邀请参加了在万佛城如来寺举行的三坛大戒传授仪式，担任羯摩阿黎，并登堂说法。传戒仪式结束后，法师到旧金山、洛杉矶等地十四座寺庙参观，谢绝了美国佛教界人士一次次恳切挽留，毅然于9月4日回到祖国。

清定法师在佛教教理方面造诣很高，国内外影响很大，是我国宗教界杰出代表之一。他爱国爱教、戒行高洁、襟怀坦白、办事公正，受到四众弟子的普遍敬仰。正像赵朴初所评价的"功德无量"。

1994年4月19日开始，清定法师任四川省重建彭州市舍利塔委员会主任，主持奠基仪式，个人捐款人民币100万元。赵朴初会长闻讯，捐款人民币5万元并附信说："重建龙兴塔是一善举，捐款五万元表示支持。"

赵朴初年高事繁，对自己的疾病往往置之度外，但对清定法师却关怀备至。他常常写信对法师嘘寒问暖，祈愿法师身体康泰。1992年12月，他给法师一信：

清定法师座下：

时值寒冬，敬维起居安乐，少病少恼。顷悉昭觉寺务纷繁，远近弟子咸以座下高龄，宜避烦嚣，祈愿法驾到上海修养些时。群嘱朴初代为劝请。上海医护条件较他处为优。众弟子当能悉心侍奉，伏希俯随众愿，为法自珍，至所祈祷。

赵朴初作礼

1992年12月22日

该信发出不久，赵朴初便因病住院，一位居士去医院看望，告诉他，清定法师身体欠佳，而且得不到良好的治疗，甚至还传说"受人挟持"、"行动不自由"等。赵朴初听后，十分焦急，立刻让身边工作人员与四川方面取得联系，以弄清真相，并请清定法师来京检查诊治。

后来了解到，那位居士所说的纯属误传，病中的赵朴初才稍稍安下心来。

清定法师得知赵朴初对他如此关心深为感动，怕因病住院的赵朴初再为他着急，立即写了一封回信，并附近照数张一并寄来。其信全文如下：

朴老慈鉴：

久未来京，不胜驰念，常祝朴老法体安康，法务顺利。清定现身体很好，在成都龙泉驿静修，条件很好，不需要到别处疗养。在此地时常回昭觉寺接待僧众，皆大欢喜，亦很方便。昭觉寺现在很好，很安定，对我很关心，僧众亦依戒依法修行，请朴老释念。

专此敬颂

朴老法安

昭觉寺清定亲书

1997 年 4 月 23 日

赵朴初看完清定法师的亲笔信和随信寄来的照片格外高兴。他对身边人说："这几天，我一直在为清定法师的身体担心，生怕发生什么意外，这回放心了。"

1997 年 8 月底，又有居士写信给赵朴初，反映清定法师有病未得到应有医治，信众意见很大。赵朴初读后焦急地对中佛协副秘书长倪强说："清定法师是当今声望甚高的大德，我想只好请你去成都劝请法师来京就医了。"但他又担心法师不来，于是，9 月 1 日，给清定法师写了一封信，让前去接他的倪强同志随身带上。全文如下：

清定法师座下：

闻悉法躬违和，至深驰念。特请本会倪强副秘书长趋前问讯，并请命驾来京就良医诊治，即由倪强同志陪同北上，务希之如所请，以满诸信众之祈望，实所企祷。

专此敬颂

起居安乐

赵朴初和南

1997 年 9 月 1 日

倪强赴川前又收到赵会长派人送来的便条。上面写着：

倪强同志：

此次您去成都，请代我向隆莲法师问讯，并代我劝请清定法师来京治病，即陪同清老北上，清老可能需要一、二侍者同来，望准备旅行费用，启程前来电告本会办公室，以便迎接，为荷。

赵朴初

1979 年 9 月 1 日

清定法师看完赵朴初会长的亲笔信感动得热泪盈眶，连着说："朴老那么忙，身体又不好，还这样挂牵我，太感谢了。"

当赵朴初会长得知清定法师来京的时间和车次，非常高兴，并给中佛协办公室写了一张便条："清定法师到京后，可住广济寺明旸法师方丈室，此事我已与明老商得同意，请会办公室安排好住宿，并到车站迎接。"不久，又给会办公室写来一张便条："清定法师来后，我们要找一位医师（或到医院去）检查身体，听说他有病，我们要了解一下病情，商酌住不住院。"

9月9日下午，清定法师一行在中佛协人员陪同下顺利抵京，赵朴初会长得知非常高兴。他不顾医生、护士的劝阻，坚持亲自去广济寺看望法师。

赵朴初刚走进广济寺的门，只见清定法师迎上前来，两人双手合十，互相问好。赵朴初要行跪拜礼，被清定法师拦住。清定法师激动地说："年龄大了，大礼就免了。承蒙您的关照，亲自派人接我来京，感谢您老对我的关心。我本打算明天到医院去看您，可您却先来看我，真不敢当。"赵朴初说："我近来精神还好。您远道而来，我来看您，理所应当。有朋自远方来，不亦乐乎啊！"这时陈邦织在一旁插话说："他们告诉朴老，说您下午到，朴老高兴得午觉都没睡，一直惦着来看望您。"离开时，赵朴初又嘱咐工作人员说："要照顾好清老，饭菜做得可口些，陪同清老到好的医院看看病，清老几年没来北京了，陪清老看看北京市容。"

据说，赵朴初只见到两位高僧行跪拜礼，一位是清定，另一位是圆瑛。

按照赵会长的指示，清定法师在阜外医院做了系统身体检查，心脏虽有些毛病，但无大碍。只是年岁大了，各方面功能有些衰弱。医生嘱咐要注意饮食、起居，定时吃药，注意休息。

清定法师决定9月13日下午返蓉，并已购好机票。他多次对中佛协陪同人员说："朴老对我热情关怀，使我非常感动，返川前我一定到医院看望，并当面致谢。"

当赵朴初得知清定法师9月13日下午离京，便于12日上午给中国佛协办公室打电话说："清老明日下午走，今天晚上告诉食堂多做几个好菜，由会领导出面陪清定法师一行在广济寺吃顿素斋，为他饯行。清定法师走前，我决定到会里再看看他，表示欢送。"当听说清定法师要到医院来看望他，赵朴初连忙说："不能让法师来，他年岁大了，身体不好，下午还得回四川，这样他身体受不了。我打算提前去看他。"

9月13日上午，天下着毛毛细雨，清定法师正准备去医院向赵朴初辞行，只见赵朴初夫妇来给他送行了。他既高兴又感动地说："朴老啊，我正要到医院看您，向您辞行呢，您老又来看我，真不好意思。"两位老人的手紧紧握在一起，互致问候、祝福。赵朴初关心地问法师到医院检查的情况，问在北京的生活是否适应，问饭菜是否可口。清定法师表示对各项安排都十分满意，并一再向赵朴初表示感谢。

这时，随清定法师来京的演法法师看了看表，小声地提醒清定法师说："我们该出发了，否则就晚了。"

　　清定法师恋恋不舍地说："朴老啊，我们该走了，请您与夫人一定保重。"赵朴初紧紧握着清定法师的手，深情地说："清老的健康是四众弟子的共同心愿，请多保重，祝一路平安。"

　　两位老人依依惜别的神情使在场者无不为之动容。

六、与明旸法师

　　近来，有学者的文章称：近、现代中国汉传佛教的发展有五大高僧作出了重大贡献。它们是虚云、圆瑛、太虚、印光和弘一。特别是圆瑛大师，对旧中国如一盘散沙的佛教进行了有益的整合，成立了虽然只涉及几个省，然而名为中国佛教会的组织。新中国成立前夕，在赵朴初的影响下，圆瑛大师拒绝国民党要其赴台的要求，毅然留了下来。新中国成立后，当选为中国佛教协会的第一任会长。而当代的中国佛教的发展，圆瑛大师的四大高足起了无可替代的作用。他们是赵朴初居士、明旸法师、慈航法师、白圣长老。并说："如果缺少了五大高僧及圆瑛大师的四大高徒现在汉传佛教在世界上不会有如此大的影响力。"

　　从中可看到中国大陆佛教之所以有今天繁荣昌盛的景象除各种因缘聚会外，赵朴初居士和明旸法师共同努力所建树的丰功伟绩有目共睹。

　　明旸法师，俗姓陈，名心涛，号俊豪，1916年生于福建省福州市，比赵朴初小9岁。其父陈南金50多岁过早离开了人世。其母蒋树英，福州女子刺绣学校校长兼刺绣厂厂长，后依圆瑛大师出家，法名明旭。心涛4岁时即接受母亲的启蒙教育、5岁入私塾、6岁入两峰小学。他幼具善根，1925年，10岁时随母亲在福州白塔寺听圆瑛大师讲《仁王护国般若经》，小小年纪便有所悟，马上提出随大师出家，因年纪太小被大师和母亲劝阻。1927年，他在大雪峰崇圣寺依圆瑛大师落发出家，法名日新，号明旸。

　　赵朴初和明旸出自圆瑛大师同一师门，青年时期因热爱祖国、热爱佛教而志同道合，两人成为终生互相帮助、配合默契的同道挚友。一次在讨论由明旸法师率团出国访问的中佛协领导会议上，赵朴初介绍明旸法师年轻时是个爱国热血青年。他说："1937年卢沟桥事变后，圆瑛大师、明旸法师当时正在庐山讲经说法，在这种形势下，作为僧人完全可以选择僻静的寺院修行念佛，但他们想，作为一名僧侣，也是中国公民呀，国家兴亡匹夫有责，不应该、也不能置身事外。他们怀着报国之情，毅然回到战火纷飞的上海。圆瑛大师以中国佛教会会长的名义，立即召开会议，号召佛家四众进行抗日，并通电全国。八·一三淞沪战役爆发，圆瑛大师组织了以他自己为团长、明旸法师为秘书兼总联络的抗日僧侣救护队。这个僧侣救护队很快发展到二三百人。当时年轻伶俐的明旸法师，办事敏捷、英勇果敢，危险时刻总是冲在前面，在救护队员中威信很高。他经常对救护队员说：'一个佛教徒同日本侵略者斗争，抢救伤员，是在弘扬佛法、伸张正义、普度众生、解除大众苦难。在血染国门、民众惨遭杀戮的紧急关头，我们按照佛陀大慈大悲、救苦救难的教导，抢救伤员，就是牺牲自己的生命也无所畏惧。'在明旸法师的影响下，僧侣救护队队员在战场上抢救伤员人人忘我，个个争先，不长时间内便抢救伤员一万多人，被誉为'英雄僧侣'。"

"八·一三淞沪战役后，日军占领上海，"赵朴初会长继续说，"明旸同圆瑛大师一起先后两次到新加坡、马来西亚、印尼、菲律宾等南洋各国讲经弘法、宣传抗日救国，提出'一元钱救国难'的口号，号召广大侨胞有钱出钱，有力出力，为抗日救国献力量。他们有时声泪俱下地对佛教徒们说：'我们虽然是手无寸铁、身无分文的僧人，但大敌当前，我们不能眼看我们的骨肉同胞惨遭杀戮。我们一定要按佛陀的教导，舍己抗敌、救苦救难。普度众生。'听者无不热血沸腾、解囊相助。当场不少人捐出款项，有的甚至把随身带的金表、金项链、金戒指都捐了出来。他们把募集到的巨额款子寄回国内支援抗战。……二人回国后，因在南洋为抗日筹款，被日本宪兵逮捕。日本宪兵对他们毒打、恫吓、威逼、利诱，但他们大义凛然、毫不动摇、坚持斗争到底。当时国内外声援两位高僧的呼声很高。日本人屈于巨大压力，不得不把他们放了出来。"

赵朴初会长说起明旸法师的事迹如数家珍，原来这些事他都是亲身参与者。作为中国佛教会的主任秘书，在僧侣救护队中，他是后勤保障工作的总负责人，队员的食宿、救护设备的采购全部由他操持，而且哪里最危急，他总是出现在那里。上海大世界落下日本飞机扔下的炸弹，炸得难民血肉横飞，赵朴初冒着枪林弹雨，手拿红旗，整夜安置难民的故事登在报纸头版头条，在上海家喻户晓。

明旸和圆瑛大师从东南亚筹募的抗日捐款也是经赵朴初的手分发到国内各地的。

明旸和师父被日本宪兵带走后，还是赵朴初通过各种途径、组织各种力量进行营救，迫使敌人不得不把师徒二人放了出来。

赵朴初居士和明旸法师在抗日战争血与火的战斗中结下了生死情谊。

1953年，圆瑛大师出任中国佛教协会第一任会长，赵朴初被选为副会长兼秘书长，而明旸法师帮助师父处理来往信件。工作之余，两人经常一起探讨佛学、研习诗词、书法。

1957 年至 1976 年，明旸法师受到不公正待遇；"文革"中，赵朴初居士也受到很大冲击。但二人始终保持对中国共产党、对人民政府的坚定信念，认为乌云不久即将消散。

1979 年，党和政府拨乱反正、落实宗教政策，法师回到上海，重修并扩建圆明讲堂，主编《圆瑛法汇》《圆瑛大师年谱》，精心写作《佛法概要》《明旸诗集》，不久后诸书出版流通。

赵朴初与明旸法师亲切交谈

由赵朴初推荐，明旸法师兼任多所寺院住持。每遇明旸法师升座，赵朴初总是写贺联相送。

1981 年 12 月 13 日，明旸大和尚在北京广济寺方丈升座，赵朴初写的贺联是：

> 广施法雨济明时，功超百劫；
>
> 喜观佛日出旸谷，光耀三轮。

1988 年明旸法师住持天童寺，赵朴初为其写的贺联是：

> 忆同游卅五年前，胜愿嗣圆公，喜师今受天童供；
>
> 愿遍照万千里外，慧灯传净祖，放光遥接伞松云 ❶。

1989 年 11 月，明旸和尚在西禅寺方丈升座，老会长的贺联是：

> 尽吸西江，共仰座中拈拂子；
>
> 示知禅意，指向庭前看荔枝。

1991 年 9 月，明旸法师在福建莆田梅峰光孝寺方丈升座，赵朴初写的贺联是：

> 慈光照三界；大孝报四恩。

改革开放后，各地丛林不断恢复，但缺乏符合中国特色的现代化管理模式，赵朴初会长要求时任上海龙华寺方丈的明旸法师搞出点经验来。在很短时间内，明旸法师精心筹划，龙华寺便建立了比较完善的寺院管理机构和制度。为培养接班人，提高僧人素质，1985 年在明旸法师领导下，龙华寺举办僧人培训班，学制两年，培养爱国爱教的寺庙管理人才。

龙华寺僧人发扬汉传佛教"农禅并重"的优良传统，办起了素斋部、法务流通处和招待所。既服务社会，也为寺庙自养筹措了资金。龙华寺僧人还适应中国改革开放的形势认真做好对外友好交往活动。仅 1984 年至 1986 年便接待海内外信徒 400 余万人次，其中包括 60 多个国家的外宾、华侨、港澳台同胞计 32000 多人。

---

❶三十五年前，余与明师陪圆瑛老法师至天童。圆公乘竹舆遍巡诸殿堂，明师步步随行，亲承遗教，今者人天拥出。回首前尘，信有因缘，不可思议。日本曹洞宗大本山永平寺在伞松。始祖道元禅师得法于天童如净禅师，归建永平寺于福井县之伞松山。

明旸法师未负赵朴初会长的嘱托，使龙华寺成为改革开放后实行现代化组织管理的模范丛林，为各地寺庙作出榜样。

赵朴初会长特别重视同各国佛教界的友好交流、开展民间外交，做好海外联谊工作。明旸法师一直积极支持赵会长的工作，在这方面起到别人不可替代的作用。他先后八次出访美国、七次东渡扶桑。除美国、日本外他还出访过韩国、菲律宾、缅甸、新加坡、马来西亚、泰国、加拿大、墨西哥、印度尼西亚、澳大利亚、德国以及中国香港、澳门、台湾等四十多个国家和地区，对增进大陆同这些国家和地区佛教界的相互了解、加强友好，作出很大贡献。

1987 年 7 月，受赵朴初会长委托，明旸法师率七十余人的中国僧伽法务代表团赴美国旧金山万佛城举行水陆空大法会。他根据赵朴初"庄严、规范"的要求，带去法物、经书百余种，达两吨半重。法会规模宏大、庄严规范、内容丰富、场面壮观，引起很大轰动，成为佛法西行百年历史上前所未有的一次盛会，显示出中国佛教法事的庄严和功力。赵朴初在中佛协一次会议上高兴地说："明旸法师所率赴美法务团增进了两国佛教徒的友好，弘扬了佛法，广结了善缘。这是新中国成立以来第一次，也是我国佛教文化对外交流和联谊活动规模最大的一次，取得了圆满成功，达到了预期目的。"

1988 年 11 月 22 日，赵朴初会长委托明旸法师代他率中国佛教代表团赴美国洛杉矶，参加在西来寺举行的世界佛教联谊会第十六届大会。会上，明旸法师提议增选中国佛教协会会长赵朴初居士为"世佛联"副会长，获得大会一致通过。明旸法师这次出席世佛联大会所取得的成果得到中国佛教界的高度评价。

1990 年 12 月 25 日，赵朴初的同道挚友新加坡原佛教会会长宏船法师圆寂。噩耗传来，赵朴初深感悲痛，但他一时不能脱身，只得委派明旸法师代表他和中国佛教协会出席宏船法师的奉安茶毗仪式。明旸法师在茶毗仪式上宣读了赵朴初会长的唁电。

特别是 1992 年，应美国方面要求，赵朴初会长派明旸法师到万佛城参加启建水陆道场弘传三坛大戒法会，受到各国佛教徒的一致赞扬。法会结束后，万佛城度轮法师邀请明旸法师留在美国当住持。明旸法师婉言谢绝，并积极宣传中国共产党的宗教政策和新时期国内宗教的大好形势，消除了度轮法师头脑中长期存在的误解，加强了中美佛教界的沟通交流。

1993 年 11 月，明旸法师等三人受中国佛教协会派遣去台湾弘法。在台期间大多数台湾同胞对他们很友好，但对少数"台独分子"的不友好言行，明旸法师表现得不卑不亢、有理有节，用大量生动的事例说明改革开放后上海佛教界出现的新气象。这样做，既赢得了台湾佛教界的尊重，又展示了上海佛教界人士的美好形象，受到海内外四众的广泛赞誉。

对明旸法师在佛教国际交流方面所作出的贡献，赵朴初会长说："明旸法师很辛苦，这些年他多次远涉重洋、广施法雨，效果甚佳，功德无量。"

在培育僧才方面，明旸法师更是赵朴初会长的得力助手。

1979 年 8 月，赵朴初选定苏州灵岩山寺创办了灵岩山佛学院，经他提名并报请有关部门批准，聘请明旸法师为院长。当时办学条件可以说是一穷二白。明旸法师认真贯彻赵朴初的指示精神采取各种措施筹集资金、修建校舍、聘请教师、制定办学规划、起草招生简章、研究课程设置……按时举行了开学典礼。1986 年 3 月，在中国佛学院一次会议上，赵朴初说："……明旸法师坚持不懈抓学僧的爱国爱教、学修一体化、学僧生活丛林化，抓学风和道风建设为佛教界培养了一批又一批人才。"

为续佛慧命、绍隆三宝，使毗尼久住、正法永昌，根据佛教信众的要求和意愿，明旸法师先后在宁波天童寺、苏州西园戒幢律寺、上海龙华寺、玉佛寺等地传授三坛大戒。1989 年 12 月，明旸法师在天童寺传戒，就有海内外 600 多名信徒参加。赵朴初对古刹 40 年来第一次举行传戒法会发来贺电。电文说："明旸大和尚：欣悉宝刹今冬举行传戒法会，欣喜赞叹！佛陀涅槃，以戒为师，毗尼久住，正法永昌。祝愿戒期吉祥，功德圆满。"

1997 年 8 月，明旸法师劳累过度，因病住院。赵朴初本人虽然也在住院，但他多次派专人赴上海慰问，送鲜花、送补品、询问法师有什么需求，给予无微不至的关怀。

纵观赵朴初和明旸法师一生的交往，无论在阴云密布的时节，还是在阳光明媚的日子，始终相互信任、相互依靠。忠贞的友谊来自共同的思想基础，他们共同的思想基础便是热爱祖国、热爱佛教、热爱中国共产党，他们共同的无尽意愿是报四恩于万一。

七、与真禅法师

1991 年入夏以后，全国部分省、市、自治区遭到严重水患，亿万灾民深受洪水之苦，迫切需要救济。中国佛教协会会长赵朴初立即在北京广济寺主持召开中佛协办公会议。

根据赵朴初会长的指示，中佛协立即捐献人民币 10 万元，寄往灾区。7 月 11 日，以中佛协名义向各省、市、自治区佛教协会和各大寺院发出赈灾《紧急呼吁书》。号召各地佛教界"紧急行动起来，奉献爱心，捐款捐物，解灾区人民燃眉之急。"

《呼吁书》发出后，赵朴初担心路上耽搁时间长，就指示工作人员直接给上海、广东、江苏、福建等重点省市佛协打电话，通知立即行动。

从反馈材料看，上海市佛教协会在会长真禅法师领导下行动最快。他们接到电话的第二天便在玉佛寺召开动员大会。会上，真禅法师、明旸法师等高僧大德带头捐献，在上海佛教四众弟子中很快掀起为灾区同胞捐款捐物的高潮。

为能募集更多的善款，真禅法师还组织举办了佛教界书画义卖活动。他动员佛教界人士踊跃参展、积极认购。

为深入发动四众赈灾，真禅法师还在玉佛寺举办"祈祷世界和平、国泰民安"水陆大法会。

在真禅法师领导下，通过一系列宣传鼓动，上海佛教界共募集善款人民币 100 多万元，棉被 1000 多条，受到各界一致好评。

赵朴初得知后非常高兴，于 9 月 16 日，亲笔写信对真禅法师进行表彰。信中说："得知真禅法师身体力行，率上海市佛教界为全国范围内的特大洪涝灾害尽心尽力，捐款总数居全国各省、市佛教协会之冠，以实际行动向社会各界表明，佛教徒对两个文明建设是有不可磨灭功绩的。这不但使灾区群众得解燃眉之急，更体现出佛教救世济民利乐有情之旨，座下功德无量，无任欢喜赞叹！……我会将通过《法音》及有关宣传媒体对救灾工作有突出贡献者进行报道，以彰功绩。"

赵朴初的信给了真禅法师和上海四众以巨大鼓舞，该市佛教界的赈灾募捐工作又掀起新高潮，取得更大成绩。于是，9 月 26 日，赵朴初会长提笔写了第二封表彰信。信中说："真禅法师道席：上海佛教界救灾热情甚高，既是财施，亦是无畏施，护国护民，亦是护法，无任欢喜赞叹……今年灾情特重，尚需诸善知识继续发心救助耳。"

赵朴初的两封表彰信极大地鼓舞了真禅法师和上海佛教界的赈灾热情，出色地完成了是年的任务。法师及他所领导的寺庙把慈善事业持之以恒地开展了下去。远近皆知真禅法师是一位慈善家，他关怀残疾儿童，在上海儿童福利院设立"真禅法师残疾儿童福利基金"，年年捐款；他大力扶助贫困儿童，创办真禅学校；他出任儿童福利院名誉院长，为儿童福利事业倾注了大量心血；他多次向敬老院及灾区捐款捐物；他支持希望工程、资助社会办学……据不完全统计真禅法师和玉佛寺多年来共捐款人民币 3000 多万元。

1994 年底，赵朴初在谈及佛教应多做慈善事业时说："佛教扶贫济困的慈悲精神，是人道主义精神的体现，对社会形成'人人为我，我为人人'、'有难同当，相亲相爱'、和谐友爱的社会风尚，使社会变得更文明、更美好有不可忽视的作用，佛教徒应做好这一工作，在这方面上海的真禅法师做得很出色，他一直重视这项工作。"

真禅法师自幼深知受苦人的艰辛。1916年，他出生在江苏省东台县安丰镇一个非常贫困的农民家庭，俗名鹤树。父亲王俊禄、母亲刘永祯都是虔诚的佛教徒，育有三子，而鹤树最幼。他出生后，连年灾荒，田里收的粮连交租子都不够，父亲只得出门打短工，母亲也丢下他给有钱人家当奶妈，他在家中只以米汤度日。这时二哥已经出家，他不忍心看小鹤树被活活饿死，就把他送到安丰镇净土庵净修老和尚那里。净修老和尚可怜这个只有6岁面黄肌瘦的小男孩，就收留了他。从而，他成为一名小沙弥，师父给他起法名真禅，字昌悟。

赵朴初和真禅法师、觉醒法师在一起

1931年，真禅到南京宝华山隆昌律寺依德浩老和尚受具足戒，成为一名比丘。

1945年，真禅法师应苏州祇园寺住持通园老法师之请，出任该寺监院。不久，震华法师召他回镇江竹林寺为他传法授记，从而成为临济正宗第47世法嗣，担任竹林寺监院。翌年，江苏省佛教会成立，他当选为理事。在此期间经常与在上海的中国佛教会主任秘书赵朴初来往，深受赵朴初进步思想的影响，并被赵朴初的人品和能力所折服。

新中国成立后，真禅法师在玉佛寺先后任执事、知客、监院等职，1959年当选为上海市佛教协会理事。

"文革"后，年逾六十的真禅法师重回玉佛寺。随着改革开放的深入，佛教亦从谷底复苏，真禅法师和赵朴初一样，晚年真正焕发出生命的异彩，两人在佛教事业上成为彼此合作、相互支持的典范。

1978年，中国佛教协会组成以赵朴初为团长的访日代表团，赵朴初力荐真禅法师参加。

同年6月，上海市佛协召开第三届理事会，真禅法师被推举为会长，同时，由赵朴初提名、玉佛寺僧人推举，真禅法师成为玉佛寺第十任方丈，举行了隆重的升座庆典，赵会长亲自到场祝贺。

1980年，真禅法师进京出席中国佛教协会第四届全国代表大会。就在这次大会上，赵朴初当选为中国佛教协会会长，而真禅法师当选为常务理事。

通过频繁的工作接触，真禅法师对这位新时期中国佛教的引路人——赵朴初会长的人品、学识、能力更加钦佩，两人感情更加融洽。这些从他为赵朴初八十华诞写的诗及寿序中可以充分领略到：

赵朴初老居士八十华诞

抱朴守真，遂跻仁寿。

觉初离念，顿契圆明。

一九八六年八月

赵朴初老居士八十华诞寿序

故以世间法言之，盛德至善，必获寿考。以佛法言之，具智慧福德者，必将寿命无量，永享安乐。

欣逢赵朴初老居士八十寿诞，真禅不敏，仅献祝辞。

懿哉赵公，天水之裔；人间麟凤，华中兰蕙。

其仪抑抑，其容温温；事佛以诚，接众以恩。

金轮御世，国运隆昌；真人间生，为法金汤。

公以鼎才，护持三实；功逾须达，逾其寿考。

如来大慈，偏覆三千；善根力固，戈戟生莲。

公为佛子，一秉此志；呼吁和平，人受其赐。

华藏世界，即今非远；此土安稳，天之充满。

裔门蓝秀，海屋寿添；仁智居之，是真庄严。

幸预缁门，忝厕末座；谨抒微忱，以当祝贺。

人之所怀，至善盛德；有斐君子，寿乐无极。

一九八六年八月十九日

诗中，真禅法师把赵朴初比作人间麟凤、华中兰蕙、功逾须达。可见，赵朴初在他心中的位置。

赵朴初对真禅法师和上海玉佛寺的重视和支持是有目共睹的。1993年春节前，真禅法师在中佛协汇报时说："赵朴老对玉佛寺的发展和建设给予了很大支持。玉佛寺的每一点成绩与进步，无不凝聚着朴老的心血。朴老多次说，玉佛寺在上海佛教界举足轻重，千万要管好这座寺院并把其建成模范丛林。……朴老每次来上海视察工作，玉佛寺必到，每次来都先到大雄宝殿礼佛，再上玉佛楼瞻礼玉佛，然后才听汇报。……玉佛寺藏经楼的匾额是朴老写的，般若丈室门前抱柱上的楹联也是朴老写的。朴老工作繁忙，身体又不好，每次向他求墨宝，都有求必应。"

1982年，玉佛寺举办建寺100周年法会，赵朴初特地写来贺词，全文如下：

> 法幢之立，仗能兴贤；奕叶耆宿，功秉后先；
> 玉佛南来，龙藏此至；营耕梵宫，庄严海市；
> 解放以还，修葺日新；普摄善信，广接嘉宾；
> 时节因缘，不可思议；饶益有情，威光无极；
> 举佛有教，瞻庭有禅；愿众精进，珍兹百年。

赵朴初在贺词中对玉佛寺取得的成绩做了充分肯定，对未来的发展寄予无限希望。

赵朴初和真禅法师志同道合，在有关佛教事业的重大问题上，二人总是发出同样的声音，采取共同的行动。

赵朴初在讲话和所写文章中一贯主张佛教徒要爱国、爱教；而真禅法师也是如此。他在《回忆圆瑛大师》一文中指出："我经常告诫我的弟子辈，作为新中国的佛教徒，必须坚持爱国、爱教的原则。所谓爱国，在今天条件下，就是要为加快改革步伐，夺取有中国特色社会主义事业的更大胜利作贡献。"

赵朴初领导的中国佛协主要任务之一便是加强对外交流；在这方面真禅法师身体力行。他任方丈的上海玉佛寺自1979年对外开放以来共接待国际友人，港、澳、台同胞，海外侨胞，外国各界人士千万余人次，其中有不少外国国家首脑、政治明星和社会活动家。1994年8月，由赵朴初安排的真禅法师欧洲七国弘法尤其引人注目。他向当地佛教徒、华裔、侨胞介绍中国改革开放以来的大好形势，宣传党和政府宗教信仰自由政策及佛教在中国的健康发展，同时对当地佛教现状、经济、文化等方面加深了了解。在弘法期间，他还为当地信众开示数十次，先后以《佛法与人生》《佛法与做人》《佛法与长寿》《佛法与哲学》作专题演讲，得到当地信众的一致好评，扩大了中国佛教的影响。

赵朴初继承太虚大师的遗志，领导中国佛教高高举起"人间佛教"的大旗，使中国佛教的发展走在充满阳光的坦途上。而作为同道的真禅法师一直在不遗余力地阐述"人间佛教"的真谛。他著文说："一个人觉悟了佛法原理，把佛教作为思想信仰的中心，并以此为出发点，去实行救世济人，建设人类的新道德、新秩序，从而使国家富强，人民安乐，这就是'人间佛教'思想的主要内容。……'人间佛教'指的是重视人间利益，用佛法精神去改造社会和改善人心的佛教。"在谈到"人间佛教"与"净土"的关系时他写道："作为一个佛教徒，不应厌弃现实世界，而要用自己的一片清净之心，去改造和建设现实世界，使之变成'净土'世界。"在谈到禅学思想就是"人间佛教"思想时他写道："禅存在于人间，而且要利于人间，如果离开人间，就不会有禅法，也就谈不上修禅。……禅学思想就是'人间佛教'思想，弘扬禅法即弘扬'人间佛教'。"

赵朴初高瞻远瞩，从佛教的现实需要和长远的发展考虑提出"佛教是文化"这一千古命题。真禅法师在自己写的文章中说："建设社会主义新文化，要吸收传统文化的合理内涵，而佛教文化是传统文化的重要组成部分。"

赵朴初提出僧人要学习佛教经典，要加强佛教学术研究。真禅法师身体力行，他一生讲经，讲得最多的是《华严经普贤行愿品》、华严经中的《妙严品》、《净行品》，还有《地藏菩萨本愿经》、《无量寿经》、《阿弥陀经》、《药师经》等近10种。他禅宗临济，教在华严，行归地藏、普贤，涉猎各派经典，著作等身。

真禅法师同赵朴初一样，抱着对社会、对人民高度负责的精神，敢于面对现实改变佛教中某些不利众生和社会的传统做法，因势利导信众用有利于节约资源、保护环境、保护文物建筑的做法来表达对三宝信仰的虔诚之情，大声呼吁"文明敬香"，要求香客每次只烧一支香，最多烧三支，并限制在寺庙点燃蜡烛、纸人纸马之类有损佛教自身形象的迷信陋习。

1992年，河南开封大相国寺回归佛教界管理，但原有的百余名职工、干部一起转归寺庙负担。可以想见回归后的矛盾一定很多，经济上的压力一定很大。赵朴初认为没有一个年高德劭、有魄力、能服众的方丈，这所寺院很难治理好，而这座寺院治理的好坏又直接关系着佛教的声誉，所以他斟酌再三，决定请真禅法师任方丈。而真禅法师已经76岁，又患有高血压症，还任中国佛教协会副会长、上海市佛教协会会长、玉佛寺住持、上海佛学院院长等职务；还任全国政协委员、上海市政协常委、上海慈善基金会副会长、上海市儿童福利院名誉院长等社会兼职，真是工作繁忙。当他知道赵朴初会长提名他任大相国寺方丈时，正因病住院，很无奈地说："我年岁大了，身体不好，各方面的工作又多，相国寺的工作一定困难很多，从内心讲，我不愿再兼任大相国寺方丈。但看到朴老的信，想到他比我大十来岁还在为中国的佛教事业呕心沥血地工作，我还能再说什么呢？只好听从他老人家的安排，我尽力而为吧！"

真禅法师对赵朴初会长交办的事一贯雷厉风行，出院后立即研究接管大相国寺的问题。当他看到河南省宗教部门关于大相国寺移交佛教界管理的行文中，有"建立相国寺民主管理委员会，主任由真禅法师担任，第一副主任由干部担任"、"行政管理委员会由行政人员组成"、"待条件成熟后由僧人接管"等内容时，便明确表示："寺院领导班子的名称应按中国佛教协会寺院管理办法办，叫'相国寺寺务委员会'，不叫'相国寺民主管理委员会'"、"相国寺寺务委员会是该寺的权力机构，委员会的主任、第一副主任以及下设的行政管理处主任均应由僧人担任，下设机构的副职可选少量表现好的居士担任，但也不宜过多。寺院领导班子应充分体现僧人当家做主的权利，体现僧人的意愿，这才符合宗教政策，符合赵朴老的指示，寺院才能搞好"、"寺院的方丈不是终身制，我搞几年后就得交给河南地方僧人，开始就得给他们打好基础，不能把寺院搞成干部、僧人共同管理，如果那样，僧人纯属陪衬，根本无权可言，寺院也搞不好"、"说'民管会'是个过渡，那什么时间过渡完？开始这样搞，以后很难扭转，我不能开这个头。我既当方丈，就要按宗教政策和朴老的意见办。"

得知真禅法师的意见后，赵朴初高兴地说："真禅法师讲得很好，说明我们选他当大相国寺方丈选对了。解决相国寺问题，非原则问题可以迁就，但原则问题决不能让步，一定要维护佛教界的利益，按国家的宗教政策办事。"

根据真禅法师意见，河南省有关部门修改了原来的行文。

1992年11月初，开封大相国寺隆重举行佛像开光、迎奉藏经、真禅方丈升座典礼。赵朴初百忙中前来参加盛会，并作重要讲话，勉励真禅法师再接再厉把大相国寺建设好。

在真禅法师主持大相国寺的三年中，他狠抓了学风和道风建设，自筹资金2500多万元用于兴建和维修寺院，使大相国寺面貌焕然一新，受到四众弟子和社会各界的一致赞扬。

1995年12月1日，真禅法师劳累过度心脏病突发示寂于玉佛寺，世寿80岁，僧腊74夏，戒腊64夏。

正在住院的赵朴初得知真禅法师圆寂，十分悲痛地说："真禅法师多年带病坚持工作，他太累了。我们要按佛教仪轨办好他的后事，要让四众弟子学习他的精神，把佛教工作搞得更好。"

八、与隆莲法师

赵朴初把隆莲法师称为"当代第一比丘尼"，因为她在中国数百万出家和在家佛教女信徒中第一个被选为全国政协委员、第一个被选为中国佛教协会副会长、第一个担任省级佛教协会会长、第一个获日本佛教传道协会授予的"传道文化奖"……此外，赵朴初在不同场合多次赞扬她才华出众、学习勤奋、持戒严格、重视育人，"在佛门中堪为师表"。

隆莲法师是一位具有传奇色彩的高僧。她的俗名叫游永康，1909年农历三月十三日降生在四川省乐山县上土桥街游宅。

1931年，22岁的游永康第一次随父来到四川省会成都，在成都一所女子中学教数学，还挂牌行医。业余时间则深入三藏、游心佛法、听高僧大德讲经。

1936年深秋，游永康遵父命参加考试院文官检定考试，名列四川全省第一，时人誉为"西蜀才女"。次年又参加四川省县政人员训练班第三届入学考试，游永康依然排到第一名。但游永康拒绝接受参加军训的补充条件，加之写过一些愤世妒俗的诗词发表在当时的《国民公报》上，如七绝："荔枝香随一骑风，民脂染作玉颜红。金盘祸水知多少，殷妲周褒满眼中。"所以她未走上女县长的仕途之路。但当局又考虑到她才华出众、名声在外，不录用影响当局形象，仍将其安置在四川省政府编译室作编译。不久，她便看透了当时官场的腐败，厌恶了机关里沉闷的空气。1941年7月11日下午，留下一张请三天病假的纸条便走入佛门。

游永康离开四川省政府，在成都爱道堂拜当时四川省佛教会主席释昌圆大和尚为师，得法名隆莲。

从而，在中国历史上少了一名女文官，却多了一位女高僧。这不能不谓之佛门大幸。当时，在重庆出版的《新华日报》上曾以《有这样一个女人》为题详细报道了游永康出家的经过。

隆莲法师出家后，立即被安排到成都莲宗女众院（设在铁像寺）作佛学教师，讲授佛教经典，培养佛门弟子。后来法师对人说："粉笔生涯是我命中注定。"此后她为佛门弟子讲经说法数十载，培养了一批批佛教人才，堪称自古至今中外比丘尼史上

1993年10月15日，赵朴初会长与隆莲法师在中国佛教协会第六次全国代表大会上

第一位杰出的佛学女教育专家。

赵朴初与隆莲法师谋面之前便听能海、法尊等高僧讲过她的身世、学问及才华，留下很好的印象。

1950 年春，隆莲法师受命于上师能海将杰操大师的《（入菩萨行论）广解》十卷本由藏文译成汉文。次年译毕，能海上师审阅后很满意。但当时无刊行条件，只等到 34 年后的 1985 年才根据隆莲保存的手稿整理复印若干份作为佛学院的教材。赵朴初阅后认为很有价值，亲自手书全文，并欣然为之作序，交金陵刻经处，刻印成书，收入续藏。

1951 年春天，隆莲法师参加了著名语言学家、藏学家张怡荪教授领导的《藏汉大词典》的编纂工作。她对工作十分认真。大词典出版后，她收到 200 元稿费，全部捐给了四川省残疾人基金会。

1956 年，周恩来总理访问斯里兰卡时，斯方为纪念释迦牟尼佛涅槃 2500 周年，决定编写英文佛教百科全书。他们认为中国是佛教第二故乡，提出请中国学者给予支持。周总理指示赵朴初组织领导这项工作。中国佛协为此成立了"中国佛教百科全书编纂委员会"，请国内著名佛教学者法尊、巨赞等一批人参加。赵朴初深知隆莲法师的佛学造诣和写作才华，特约她加盟该委员会，并向周恩来总理作了汇报。

当总理得知年仅 47 岁的隆莲是一位比丘尼，而且学问又好时，十分惊奇地说："这样的中国女子太少了，我一定要见她。"因周总理日理万机，未能抽出时间，后委托夫人邓颖超代他会见了隆莲。

隆莲法师在编写委员会里负责撰写、编辑和英译工作。她撰写了中国佛教人物中的圆测、怀素、窥基等十几人，中国佛教经籍中的《普贤行愿品》《百喻经》等十余种，以及中国佛教教理中的《别解脱戒》。她工作之认真、治学之严谨得到赵朴初的高度评价。

1957 年 3 月，在中佛协第二届代表大会上，48 岁的隆莲当选为常务理事。

1962 年，在中佛协第三届代表大会上，赵朴初当选为副会长兼秘书长，隆莲法师当选为常务理事兼副秘书长，两人相互信任，在工作上互相支持。

1980 年 12 月是隆莲法师"文革"后第一次进京开会，路上她怀着兴奋的心情作诗二首以记之：

赴京道中（七绝二首）

又上征轮出剑门，十年风雨定惊魂。

喜看慧日拨云出，万岭千峰礼师尊。

千古高风两智炫，蜀人为法好周旋。

宗门有幸开新运，我亦来看雨后天。

就在这次佛代会上 赵朴初当选为会长，而隆莲法师当选为副会长兼副秘书长。两人工作配合更加默契。隆莲法师在会上郑重提出创办一所尼众佛学院的建议，得到赵朴初会长的全力支持，1982 年，赵朴初到四川视察，同隆莲法师商定，尼众佛学院就设在铁像寺，用赵会长的话说是"因为这里有隆莲法师"。

1985 年 1 月 15 日，中国第一所培养尼众的学府——四川尼众佛学院成立，赵朴初任名誉院长，隆莲法师任院长。该院学制三年，开设佛学、佛教史、佛教修持、古代汉语、英语、藏语、历史、地理、书法等课程。

隆莲法师深刻理解赵朴初会长所倡导的"人间佛教"和"佛教是文化"的内涵。她以出世的精神办入世的佛教教育，弘扬"人间佛教"爱国爱教和无私奉献的精神，不知克服了多少困难。在讲授佛教教理时，她说："佛教精神是利益众生，要忘我奉献。只有忍受物质上的艰苦和抵御住各种诱惑，才能在精神上有所超越。"在经堂上她亲自书写对联："利己利人勤修三学，爱国爱教上报四恩。"她还说："佛教文化博大精深。过去出家人，有的为信仰而修行，但更多的是穷苦百姓投靠山门当了僧尼，没有什么文化。现在社会发展了，佛教不仅是宗教信仰，更作为一种文化得到发展，中国的比丘尼传道授业，登堂入室，纳入了国家办学招生系列，为中国佛教培养一代有高等文化的教徒，是一个伟大事业。"

1985 年，日本佛教传道协会授予赵朴初和隆莲法师"传道文化奖"。

1988 年 6 月，赵朴初到四川大足和峨眉山视察，百忙中还是挤出时间到成都铁像寺去看望隆莲法师和四川尼众佛学院师生，并在师生大会上讲话。他鼓励学员心中一刻不忘上报四重恩、下济三涂苦，刻苦学习，将来更好荷担如来家业。

为了弘法度生，与时俱进，隆莲法师提出简化修行的主张。他认为，随着时代的发展，人民日常生活的运转越来越快，广大信众的修行宜依简化的法门。禅宗的行、坐、住、卧修行，简单明了自不待言，净土宗的"纵然忙似箭，不废阿弥陀"也是简化，律宗的"善观三业"，密宗的总持都可以融汇在一起。如此，就可以在终日繁忙的事务中坚持不舍一法，自在解脱。法师的这一主张得到赵朴初会长的全力支持。

1990 年 9 月 11 日，峨眉山金顶华藏寺隆重举行落成典礼及佛像开光法会，隆莲法师应邀出席并受正在住院的赵朴初会长之托代其致贺词，又作《峨眉山华藏寺重建志庆》七律一首。诗云：

西南一挂峙神州，苍翠浮空静不流。

双展黛痕天地秀，半轮玉魄古今秋。

至人大愿恒无尽，游子归心志必酬。

华藏庄严恢佛土，天龙万祀护金瓯。

从 1981 年至 1999 年，由中国佛教协会安排，隆莲法师接待过尼泊尔、日本、斯里兰卡、德国等二十余个国家和港、澳、台等地区来访的佛教人士。客人均为她高深的佛教造诣所折服。

1993 年，隆莲法师写出《未必五首，诃五欲也》一诗，呈赵朴初。诗曰：

未必钱多乐便多，财多累己自招魔。

阮囊何时堪羞涩，富有恒沙是佛陀。

未必芳菲始是春，枯槎老干见精神。

近来学得平心法，罗刹当前化美人。

未必名高位便增，泥中曳尾羡庄生。

青山断发成长往，不识人间有转轮。

未必肥甘便永年，蔬食饮水乐吾天。

道人自有长生诀，物与民胞即是仙。

未必清闲即是仙，金仙原是火中莲。

骄阳当午池塘静，映日荷花别样鲜。

赵朴初阅后非常喜爱，赞赏不已，亲自用毛笔工整抄录全诗，交《佛教文化》杂志发表。

1996 年末，《隆莲法师传》的作者裘山山女士找到因病住院的赵朴初，在病床边提出为该书写题签和作序的请求，赵朴初慨然应允。他在病床上读完全书，出院后立即书写了《当代第一比丘尼隆莲法师传》书签，并写好一篇序言一起寄给了该书作者。序言中说："我从来没见过这样好的比丘尼传，阅读时流了几次泪。隆莲法师为了寻求真理，不辞牺牲一切世间利乐，不避一切艰难困苦，终于掌握到真理的火炬，而又不辞高龄和痛苦，尽一切心力。恳切的悲心、学而不厌诲人不倦的精神在我们佛门中堪为师表。隆莲法师是当代第一比丘尼。"从而，隆莲法师"当代第一比丘尼"

的称号不胫而走传遍四面八方。

1995年9月，在中佛协，隆莲法师向赵朴初及其他领导汇报工作时说："为弘扬'人间佛教'思想、为弘扬佛教文化必须付出艰辛努力，树立无我无私的奉献精神，真正培养一批有学有修的佛教人才。佛门文化博大精深，很多出家人文化水平低，远不能适应社会和佛教的发展。作为佛教不仅是信仰，更重要的是作为一种传统文化来弘扬。不迅速培养一代有较高文化水平和素养的佛教徒，是不能完成时代赋予我们这一光荣而伟大任务的。"隆莲法师的汇报受到赵朴初和其他与会者高度评价和赞赏。

隆莲法师虽然年事已高，但她每周在铁像寺和爱道堂巡回讲课，周一至周五在铁像寺，周六、周日在爱道堂。她每天都有课，有时还半天连堂，毕竟是年近90岁的老人了，由于过度劳累，1997年8月，隆莲法师得了一场病，是病倒在讲台上的。隆莲法师利用病中的空闲时间把以往写的诗词加以整理寄给赵朴初会长请求斧正。赵朴初收到诗稿后，给这位只比仅自己小两岁的法师写了一封情真意切的信，劝他为法珍摄。信件节录如下：

隆莲法师座下：

说偈赐贺，奖劝有加，至深感愧……

兹寄上人民币伍佰元专以供养座下病后营养之需，勿请慈悲摄受。西洋参乃温和之补品，朴初每日除乳酪外，亦饮西洋参汤，年逾九十神志犹明，体气亦健复如常，得力于常服此等营养品。尚祈座下为法珍摄，勿过于俭约。是所企祷，专肃敬祝。

新春安乐吉祥

赵朴初二月六日

1997年《隆莲诗词选》刊印，赵朴初欣然为之作序。他在序言中说："……尼众学院亦规模大备、学制完善、道风整肃，学员结业数届，成才甚众，蔚大西南佛教女众著名学府，尤为法师领导培育之功。当此末法时代，耆宿凋零，后继乏人，居常感慨，有四顾苍茫之叹。遥望黄宇，时深心慰。而20年间，常得吟赏法师抒情言志、抚时感事之作，虽吉光片羽，仅窥一斑，然流光溢彩，迥然不群，每怀赞仰。顷复奉读《隆莲诗词选》集，三复佳什，上规杜陵，诗律严谨，炉锤功深，不仅情词警句，层见叠出，而修持之严，爱国之殷，利生之忧，亦充溢楮墨间，殊愧过去与法师行谊，相知尚有未尽，今乃得窥其全。"在这篇短文中，赵朴初把自己对隆莲法师的了解过程、隆莲法师对佛教的贡献及所写诗词的思想和艺术价值作了概述，可窥到他与隆莲法师之间的同道深情。

1997年10月3日，隆莲法师赠赵朴初会长一方苴却砚。这种砚产于中国大西南攀西大裂谷金沙江沿岸的悬崖峭壁上。此地古称苴却，其砚石品硬度适中，色泽绚丽，尤以鲜活碧翠、如珠似宝的石眼著称。赵朴初收到后喜爱有加、把玩不已，提笔写诗一首。诗曰：

> 苴却之石，磨而不磷。
>
> 千眼观世，灼灼有神。
>
> 天授砚田，供人笔耕。
>
> 磨光九转，五色文龙。
>
> 不损毫末，灵苗日新。
>
> 远展师惠，仰荷佛恩。
>
> 裁菱濡笔，首写《心经》。

该诗从写砚品特点出发，将其喻为千手观音，从而巧妙地赞扬了隆莲法师的佛性。

赵朴初会长多次强调说："寺院应搞四方丛林，不能办成子孙庙。"隆莲法师为此坚持两个"不"。一是不收弟子。法师佛学造诣很深、在佛教界资格老、地位高，成千上万的信徒三番五次地要求拜其为师，而她一个弟子都不收。他曾说过："一个佛教信徒一旦拜你为师，收为弟子，难免对你唯命是从。光听一个人的，不利于佛教培养人才。"二是不当方丈。按佛教寺庙管理办法，隆莲法师所在的爱道堂应有方丈（或叫堂长）。但她拒绝当方丈，也不当监院。由她建议，爱道堂成立了领导小组，统领寺庙事务。

1994年8月，赵朴初会长在一次研究抓道风建设的会议上说："在各地贯彻六届佛代会精神中，应注意宣传推广严持戒律、搞好寺院的典型。隆莲法师这方面堪称表率。现在有些地方乱收徒弟，搞子孙庙；有的争名夺利，搞不团结；有的只抓钱，忽视寺院管理；也有的违犯戒律，败坏道风，影响很坏。对比之下，隆老做得很出色，我们应学习并大力宣传这样的典型。"

原来隆莲法师除前述二"不"之外，还为自己规定第三"不"和第四"不"。第三"不"是不沾钱（持金钱戒，出家二众手不拿钱，身不藏钱）。她视金钱为身外之物，身上从不带钱，银行也不存钱。她常年吃素，生活节俭，省下的生活费和信众的供养全部捐出修桥、补路、赈灾、济贫、助学或交寺庙公用。第四"不"是不一人行。自出家后，法师无论外出开会还是出门办事，从不一人单独行动，一定要比丘尼或女居士陪同。

隆莲法师坚持"四不"，多次受到赵会长的赞扬，成为佛教界严持戒律的典型。

1997年初，赵朴初会长听一位居士说，88岁的隆莲法师每周仍上12节课，而且在铁像寺和爱道堂两头跑，他为法师的健康担忧，对身边工作人员说："请立即告诉隆老，不要再讲那么多课了，可采取讲大课的形式，一两周讲一次，并告诉四川省佛协，隆老讲课来回派车接送。"

赵朴初曾为尼众佛学院题词"多闻多思"，隆莲法师在前面加上"无逸无为"四个字，凑成"依戒定慧为天人师，无逸无为多闻多思。"一副对联。他们是共同切磋诗、词，推敲文字的文友。

2000年5月21日，赵朴初因病在北京逝世，享年93岁。隆莲法师为他所作赞偈如下：

赵朴初会长灵右

当代宗师，木坏山颓。长星遽损，缟素咸悲。

献身佛教，誓志靡田。七十余载，震旦扬辉。

兴庙弘法，振敝扶危。丛林处处，松柏芳菲。

世界和平，奔走匡维。慈祥恺悌，无亢无卑。

刊经印籍，业绩崔巍。弘扬文化，广见丰碑。

雄文伟论，妙理精微。竟珍墨宝，大笔勤挥。

僧才后继，掣化护培。禅净并举，显密同恢。

吾蜀尼院，首赖详规。于今六届，绿树成围。

凤承佳诲，屡挹清徽。关怀提掖，故履曾随。

乍传噩讯，如响惊雷。江河呜咽，砥柱今隳。

群伦安仰，五内如摧。哲人永逝，箕尾难追。

燕京远望，拜祭空违。心香一瓣，泣荐灵帏。

2006年11月9日6时50分，隆莲法师在成都爱道堂安然示寂，享年98岁。茶毗后获玉化舍利子数颗，分别供奉于不同佛塔。

九、与觉光法师

1997年，香港回归前夕，香港佛教联合会会长觉光法师前一个月便向中国佛教协会发来邀请函，希望中佛协届时派遣大型代表团莅港祝贺，赵朴初会长十分高兴。在酝酿组团时，他对身边的工作人员说："觉光法师是我国当代著名高僧，他担任香港佛教联合会会长以来，积极组织香港四众弘扬佛法，使香港佛教得到迅速恢复和发展。他数十年如一日致力于弘法、教育、慈善、养老等事业，成绩卓著，成为香港名副其实的佛教领袖。除担任香港佛教联合会会长、香港佛教僧伽协会会长外，还身兼十几个实际或名誉职衔。觉光法师又是一位爱国高僧，他企盼香港回归，拥护一国两制，为香港回归作出许多旁人不可取代的重大贡献。早在 1984 年 9 月，他即怀着爱国深情应邀率团来京参加国庆观礼，出席建国 35 周年国宴和焰火晚会，受到邓小平同志的接见。他还应邀来京参加中英关于香港问题联合声明的签字仪式，对声明完全拥护、十分赞赏。"

正像赵朴初会长所说，觉光法师一直是香港回归工作的积极参与者和推动者。1985 年他赴北京出席香港基本法起草委员会会议；1992 年赴京接受香港事务顾问聘书；1995 年出任特区筹委。此后觉光法师一直在为香港过渡建言献策。他曾说："保持香港安定、繁荣是香港佛教徒的不动心念。"

众所周知，全国政协副主席、中国佛教协会会长赵朴初对香港大佛的建造倾注了大量心血，受到觉光法师的拥戴和香港各界人士的普遍赞扬。改革开放后，赵朴初带领中国佛教走上复兴的康庄大道，中国佛教的恢复和发展世界有目共睹，从而他本人赢得了包括香港地区在内的全球佛教徒的敬仰。赵朴初也把香港佛教界的事看成中国人自己的事。他曾多次对工作人员说："只要香港佛教界有事需要我们帮助，一定要放在心上，认真去办。他们的困难就是我们的困难。"

觉光法师与赵朴初的友情还有另一因缘，觉光法师的根在大陆，他们出自同一师门。

1919 年 5 月 16 日，法师出生于辽宁营口海城虎庄屯（今营口大石桥市虎庄镇），俗姓谷，为家中次子。父亲为他起名成海。母亲笃信佛教，在成海出生前即长期素食，

香港佛教联合会会长觉光法师拜访中国佛教协会，与赵朴初会长互致祝福

因此成海是胎里素，下生后便厌荤喜素。1928 年，江苏扬州高旻寺的和尚青衣为重修祖庭来东北化缘，成海母亲便布施金钱，而成海每天放学后就到附近佛堂听青衣和尚讲佛经。一年后，青衣和尚离去，成海紧追不舍。老和尚劝成海回家，他却倔强地说："我要出家。"劝说无效，青衣只好把他带到营口一同登船回到上海，在海会寺，青衣亲自为他剃度，从而成为沙弥，法名安童。1930 年，安童 11 岁，赴宁波天童寺受戒，得戒和尚圆瑛亲赐法名觉光，后来又赴宁波观宗寺深造，1939 年，赴港亲近宝静大师，受天台宗教义，为天台宗第 46 代传人。

众所周知，赵朴初当年亦受圆瑛法师点化而皈依。有此殊胜因缘，所以两人一见如故。赵朴初访港常由觉光法师主持的香港佛教联合会邀请，在港往往由觉光法师招待、陪同；而觉光法师来京往往也是赵朴初领导的中国佛教协会发出请帖，在京常由赵朴初亲切接见、设宴招待，在佛教事业上彼此互相支持。

两人所作楹联及题字内容和汉字书法均为之上品，在不少寺院、名山都留有他们的墨迹供人欣赏。

1986 年，广西壮族自治区重修龙华寺，觉光法师捐资。该寺 1990 年落成，觉光法师亲自主持开光典礼，并赠一联：

> 水鸟树音，咸感佛法僧宝；
>
> 灵雾山色，尽显毗卢遮那。

赵朴初会长因事未到场，但他题写了"大雄宝殿"匾额以示祝贺，并赠有一联：

> 勤学五明，弘范三界；
>
> 庄严国土，利乐有情。

四川峨眉山金顶建成华藏寺，赵朴初题写了"华藏寺"金匾，旁边有觉光法师题写的"万法庄严"横匾。

我国东北地区一直有"南有黄山，北有千山"之说，山上松林中有一天然弥勒佛。从远处仔细观看，大佛光光的头、炯炯有神的大眼、长长的耳朵、挂在胸前的佛珠、大肚皮上长着绿毛的脐眼、盆开的双腿、平放的双拳，浑然天成，自然洒脱。中国佛教协会会长赵朴初题写了"千山弥勒大佛"，香港佛教联合会会长觉光法师题写了"天成弥勒道场"刻在山崖上，在当地举行了盛大的开光典礼。从而千山成为北方重要的佛教圣地之一。

香港回归后，每年农历四月初八，港人享有佛诞公众假期，藉以净心省身、涤除业障、自修福慧。然而这一公众假日来之不易。自 1841 年，英国殖民者割占香港后，华洋杂处，但以华人为主。港英政府只许有西方宗教公众假期。从 60 年代起，觉光法师便会同社会各界人士向港英当局要求将佛诞日列为公众假日。1986 年，觉光法师收集全港 80 多万佛教徒和大多数市民的支持签名，郑重交给当局，但问题一直一拖再拖得不到解决。

1994 年 5 月 7 日至 11 日，应国务院宗教事务局的邀请，以香港佛教联合会会长觉光法师为团长、黄久畋居士为副团长的香港佛教联合会代表团一行 12 人来京访问。赵朴初会长亲切接见了全体团员并同他们进行了友好的交谈。代表团此次来访，双方对进一步加强两地佛教界的友好关系、进一步开展佛教文化交流、1997 年香港回归祖国后香港宗教界平稳过渡等问题交换了意见，增进了了解。代表团并向有关部门表达了香港回归后将释迦牟尼诞辰日定为公众假日的愿望。

香港回归后的第二年，经香港佛教联合会申请，香港特别行政区批准，从 1999 年农历四月初八开始，每年佛诞日定为公众法定假日。这一港英政府久拖几十年的老问题终获圆满解决。

这是香港开埠以来全体港人，特别是广大佛教徒的一大盛事。香港佛教界为庆祝第一个佛诞公众假日，通过特区政府向中国佛教协会和中央人民政府提出申请，在 1999 年庆祝佛诞时，恭迎佛牙舍利到香港供奉。对这一要求中国佛教协会赵朴初会长大力支持并积极运筹，不久得到中央政府的批准。

应香港佛教联合会及觉光会长的请求，为支持此次供奉活动，扩大佛教在香港及国际上的影响，中国佛协首先组成以法师为主体的 50 人参加的佛牙舍利赴港护送团，由全国政协副主席、中国佛教协会会长赵朴初亲任名誉团长。

正在住院的赵朴初会长，为支持香港这一盛举，不顾医生、护士的劝阻，于 5 月 20 日，抱病启程赴港。

5 月 22 日上午 10 时 30 分，香港佛教界祝贺佛诞节恭迎佛牙舍利瞻礼大会在红勘体育馆隆重开幕。大会由香港佛教联合会会长觉光法师主持，全国政协副主席、中国佛教协会会长赵朴初出席大会。

首先，觉光法师致开幕词。他说："香港佛教界庆祝佛诞迎请佛牙舍利瞻礼大会，今天在香港体育馆隆重举行。本人代表大会向莅临的全体嘉宾和善信敬表欢迎……尤其年登 93 岁高龄的赵朴初老居士关怀香港佛教事业的发展，此次特别来香港参加，尤其难得……"

接着，护送团名誉团长赵朴初以"佛牙舍利吉祥光耀护佑香港"为题发表演说。他说："今天我能以 93 岁的老龄亲送佛牙舍利到祖国香港巡礼，与全体港胞及国际友人广结佛缘，盛世盛典感到格外亲切、荣幸。"

经过九天瞻礼，由香港佛教领袖觉光法师发起，得到大陆佛教领袖赵朴初居士全力支持的佛牙舍利赴港供奉活动，朝拜者达数百万人，功德圆满，于 5 月 29 日佛牙回到北京灵光寺。

不期，赵朴初在港因年高体弱、过于劳累患上感冒，回京后又引发其他病症，且时轻时重，加之病重住院仍来访者不断，工作劳心，一年后的 2000 年 5 月 21 日病逝于北京医院。

5 月 31 日下午，首都佛教界沉痛悼念赵朴初会长示寂回向法会在广济寺隆重举行。中国佛教协会副会长、部分高僧大德、香港佛教联合会会长觉光法师等匆匆赶来参加，沉痛悼念。

6 月 18 日，香港佛教联合会在香港佛教文化中心隆重举行赵朴初居士追思赞颂法会。香港佛教联合会会长觉光法师对赵朴初居士一生为国家为佛教所作的巨大贡献称颂有加，特别是对赵朴初居士处处关怀和支持香港佛教、协助香港多项佛教工程建设所作巨大贡献进行了充分肯定和赞扬。

在香港佛教联合会同觉光法师亲切交谈

十、与星云法师

台湾佛光山开山宗长星云法师与中国佛教协会会长赵朴初交情深厚，并对赵朴初十分尊重，称赵朴初为"真正成为对佛教救亡图存的人物"。赵朴初会长对星云法师为佛教事业所作贡献给予很高评价。

星云法师，1927年8月19日生于江苏省扬州（江都）市，俗名李国深，父李成保，母刘玉英，上有一兄一姐，下有一弟。李国深7岁入私塾，10岁时父往南京行商失踪，使这一贫困的农民家庭雪上加霜。12岁时他随母亲至南京寻父未果。走投无路的李国深于南京栖霞山寺礼志开上人剃度出家，法名悟彻，号今觉，1941年受具足戒，为临济宗第48代传人。他1945年入栖霞律学院学习佛法，1949年到台湾，主编《人生》《今日佛教》《觉世》月刊等佛学刊物。

赵朴初与星云法师两人的佛缘始于1987年5月。当时泰国国王普密蓬65岁生日，两人同时应邀前往祝寿。庆典开始后，赵朴初的夫人陈邦织突然忍不住咳嗽起来。在鸦雀无声、气氛十分庄严的会场里，赵朴初一时深感歉疚，但很无奈。这时，坐在身旁的星云法师的弟子慈惠法师微笑着，探过身，悄悄地递过一颗润喉糖。陈邦织亦悄悄地接了过来。谁承望，一递一接之间，这颗小小的润喉糖如佛陀手臂一样，牵起两岸佛子的手，又像春雨，滋润了两岸佛子的心。

他们下榻在同一饭店，晚上相约会面。赵朴初在自己的一本著作上签名送星云法师以示感谢。两人谈话中都发现彼此在许多问题上均有共识，大有相见恨晚之感，并约定日后再续前缘。从此，大陆与台湾佛教界开始了春雨润物般的交往。友谊与了解是逐渐积累起来的，两年后的1989年3月28日，应赵朴初的邀请，星云法师率领国际佛教促进会弘法探亲团一行七十余人访问中国佛教协会，赵朴初亲自到机场迎接。他握着星云法师的手说："真是千载一时，一时千载啊！"当天晚上，赵朴初同明旸法师一起在北京广济寺会见星云法师一行。之后，中国佛教协会在人民大会堂设盛宴欢迎。在宴会上赵朴初以《万里香花结胜缘》为题发表演讲。他说："今天晚上，我们在这里设素筵，为台湾佛光山和美国西来寺创始人星云法师率领的国际佛教促进会弘法探亲团一行接风洗尘，请允许我代表中国佛教协会并以我个人的名义向星云法师、各位法师、各位居士们表示热烈的欢迎……佛法久住世间是我们的共同愿望。我们都是法门兄弟，骨肉相连，我们有责任担当起时代赋予我们的历史使命。为佛法的发扬光大，为海峡两岸亲人的早日团聚，我们应该携手并肩，共同努力！"

星云法师在宴会上也发表了满怀深情的讲话。他说："40年前，我在兵荒马乱中离开了中国大陆。40年后的今天，我在比较祥和的气氛中，带着对世界和平的信念和佛陀对世人的祝福，以及对故乡的怀念来到大陆北京……感谢中国佛教协会会长赵朴初大德的邀请，使我有机会率领国际佛教促进会弘法探亲团前来中国大陆做客……我们希望继续努力，能借佛教的弘扬促进世界和平，增进人类幸福。"

赵朴初对星云法师一行在京的参访活动作了周密的安排。团员们瞻仰了佛牙舍利、朝拜了几所寺院、游览了长城，并受到时任全国政协主席李先念的亲切会见。最后，星云法师还在北京图书馆报告厅做了佛学演讲。弘法探亲团全体团员对中国佛协的精心安排、热情招待非常满意。

赵朴初还安排弘法探亲团到西安法门寺瞻仰佛指舍利。星云法师一行在西安亲见佛身，内心澎湃，深深感到佛力的殊胜与不可思议。他当下生起一个念头，这样的法喜应该让台湾所有佛教徒和民众共沾，于是提出希望以台湾佛教界的名义恭迎佛指舍利跨海供奉。这就是十几年后佛指舍利台湾行的缘起。

1989年3月27日至4月24日，星云法师率中国台湾佛光山国际佛教促进会中国大陆弘法探亲团来访。3月28日，星云法师一行拜访中国佛教协会

1989 年 3 月 29 日，全国政协主席李先念在人民大会堂会见中国台湾佛光山国际佛教促进会中国大陆弘法探亲团全体成员

在赵朴初亲自陪同下，星云法师到达南京拜见离别四十年的母亲。星云法师见到耄耋之年的慈母，献上一束鲜花，握住母亲的手，满眼含泪地说："我回来了！"母亲抚摸着他说："回来就好！回来就好！"母子泪光交织，有诉不尽的思念苦，道不尽的离别情。

星云法师探望母亲，陪同的赵朴初非常感动，手书词牌《寄调忆江南》相赠。词曰：

寄调忆江南

经年别，重到柳依依，烟花楼台寻古寺，庄严誓愿历僧只，三界法云垂。

金陵会，花雨满秦堤，登岸何须分彼此？好从当下证菩提，精进共相期。

在南京，星云法师对赵朴初说："我建议成立'金陵印经会'，吸收对佛法有心的人来参加，并提供资助，继而加强印经的力量。至于真正印经处未来的发展，南京现在的地址已不敷应用。听说天宁寺即将发还给佛教界，届时，天宁寺可作刻经处。"赵朴初击掌赞扬星云法师说："智者一言，黄金万两。"

在南京，赵朴初看望了星云法师的母亲。老人家见到赵朴初便说："了不起！了不起！"赵朴初说："老夫人，您好福气呀，有一个既孝顺又了不起的儿子。"老人家说："您才了不起呢！把中国佛教复兴起来，让大家都能修福修慧。"赵朴初环视了一下房间说："您住的地方很大，很气派。"老人说："您复建的寺院更大、更雄伟庄严。"老人的回答既得体又有礼貌。星云法师听后脸上露出满意的笑容。

赵朴初后来曾对人说："我最佩服星云法师的有两件事：一是他是个孝子；二是没有人像星云一样把佛教事业遍及全球五大洲。"

在海峡两岸佛教界，赵朴初和星云法师倡导的"人间佛教"最为接近。他们都不是太虚大师的亲传弟子，但共同继承了太虚大师的人间佛教理论，而且有所发展。他们有理论、有实践，使人间佛教在海峡两岸实实在在扎下了根，人间佛教已成为两岸佛教的主流。赵朴初逝世后，星云法师一次对人谈人间佛教时说："20 年前，我去大陆时，中国佛教协会会长赵朴初先生对我说他倡导人间佛教，我真是高兴得很。我一生可以说，从出家我自觉就有人间的性格，我也倡导人间佛教。所谓人间佛教，我想比禅、净于一方又不同，现在大概这个人间佛教已经像阳光，像佛光普照一样，像慢慢全世界都点亮了般若一样的火炬。我想假以时日，未来必将是人间佛教的时代。"可不是么，在中国大陆，赵朴初所倡导的"人间佛教"思想已经写入中国佛教协会章程的总则。

2007 年 10 月 26 日至 28 日，近千名台胞在无锡参加"两岸和合，共生吉祥"文化交流之旅活动暨第二届无锡灵山盛会。星云法师率领佛光山弟子到无锡参加交流活动。他在赵朴初遗墨和自己的墨迹展品旁说："我出身贫寒，小时候没有学习条件，我的字无法和赵先生的相比，请大家不要看我的字，要看我的心，我的诚心，慈悲心，中国心。佛教与中国文化息息相关，弘扬佛法不能忘记中国文化。"在致辞时他进一步强调："和谐是世界上最美好的事情。和谐生吉祥，两岸如兄如弟，最要紧的是加强文化、宗教交流，让两岸和谐共生。"

"中华团结，万家生佛，社会和谐，人民安乐。"这四句偈道出了星云法师作为一个宗教家所抱有的"中国梦"。他希望中华民族团结起来，不分彼此，平等相待，每个人都各自发挥作用，获得幸福，无有恐怖，活得欢喜自在。

赵朴初与星云法师顺应时代潮流，携手所开创的佛教和睦的两岸关系，无疑已成为两岸关系和平发展的重要支柱之一！两岸未统一，两岸佛教可以先统一。星云法师这一心愿，今天已不是梦。他是海峡两岸宗教首先统一的重要推手。

十一、与宏船法师

宏船法师是新加坡德高望重的高僧，新加坡佛教总会会长、新加坡僧伽联合会主席、施诊所主席、济世之家主席、文殊中学董事长、菩提学校董事长、弥勒学校创始人、并身兼许多佛教中的荣誉职衔。

赵朴初会长在不同场合多次提到："宏船法师身居海外，心怀故国，为中国佛教事业的恢复和发展作出很大贡献，精神令人感佩。"

宏船法师的根在中国。清末光绪三十三年（1907年）他出生于福建省晋江县池店乡霞福村，俗姓朱，名成基，为朱氏独生子，父朱簪甲，母李旺娘。7岁时，父亲为他聘私塾教师在家中授课。9岁时，其母离世，由外祖母和舅父抚养。12岁时，朱成基常随外祖母到附近庆莲寺礼佛诵经，后因看傀儡戏《目连救母》他深受感动，故而萌发出家之志。16岁时，听说会泉法师在泉州承天寺开堂说法，即慕道而至，恳求会泉法师为其剃度。会泉法师见其沉默寡言、具长者相，知其将为佛门法器，遂为其落发，赐法名本慈，字宏船。

宏船法师身居异邦，但热爱祖国，思念故乡。1980年后，中国大陆改革开放，宏船法师应中国佛教协会和赵朴初会长的邀请，从1982年7月10日至1990年10月9日，前后八次率弟子或光明山普觉寺信众朝山团来华礼四大名山及其他佛教圣地、回泉州参礼祖庭、捐款重修与之佛教渊源很深的泉州承天寺、厦门万石岩、虎溪岩、开元寺、雪峰寺及漳州南山寺等。而这些佛家道场"文革"中横遭破坏，寥落已久，宏船法师一一修复，真可谓光前裕后，法门增辉。

宏船法师来大陆参访，第一至第五次都是由赵朴初会长亲自欢迎与宴请。

1984年8月25日，宏船法师率领新加坡佛教朝山观光团来京，赵朴初会长为其作了周密的安排。法师一行在京先后拜访了中国佛教协会、广济寺，朝拜了佛牙舍利，参观了中国佛学院和法源寺，并对上述寺院捐香资和斋僧结缘；参观了故宫、天坛、雍和宫；游览了长城、十三陵地下宫殿、颐和园等名胜古迹。观光团启程赴中国四大佛教名山朝山的前一天，即8月31日晚，赵朴初会长设宴招待法师一行，并致辞表示热烈欢迎。他在致辞中说："今天我们在这里敬备素筵，为宏船老法师亲自率领的新加坡光明山普觉禅寺信徒朝山观光团接风，粗茶薄馔，聊表寸心，请允许我代表中国佛教协会，并以我个人的名义向老法师、向全体嘉宾表示热烈的欢迎和诚挚的谢意，并对国务院宗教事务局任务之代局长的光临，表示感谢。"宏船法师致答辞说："……我们虽生活在海外，但心中十分怀念故土，盼望中国早日富强起来。这回亲眼见到中国的进步，看到中国佛教在赵朴初会长的努力下已经得到恢复和发展，使我感到很高兴……"朝拜中国五台、峨眉、九华、普陀四大佛教名山之外，宏船法师一行还到承德、成都、上海、南京、苏州、常州、镇江、杭州、宁波、温州、福州、仙游、莆田、泉州、晋江、南安、漳州、厦门、广州参访了七十余所寺院，到闽南举行祭拜祖先活动，了却了老法师探访亲人、祭拜祖先、祭扫师父墓塔及母亲墓的心愿。朝山团为所

十世班禅大师、赵朴初会长与来访的新加坡佛教总会会长、光明山普觉禅寺住持宏船法师亲切会面

到之寺院及佛教教育机构共布施人民币 100 多万元，还赠送了不少其他礼物。宏船法师在厦门还主持了由他出资修复的万石莲寺的开光典礼。该团所到之处受到当地政协、统战部门、宗教部门和佛教界人士的欢迎和款待。

参访未毕，9 月已过，中华人民共和国国庆来临，宏船法师欣然给赵朴初会长发来电报祝贺中华人民共和国成立 35 周年。电文如下："中国佛教协会赵朴初会长：此次来祖国观光，欣逢中华人民共和国成立三十五周年，老衲衷心祝愿国运昌隆、四化进展、万民乐业、风雨顺时、佛日生辉、法轮常转。"

1986 年 5 月至 7 月，宏船法师两次来函邀请赵朴初访问新加坡。7 月 8 日赵朴初复函表示感谢，但因双方法务繁忙，未能成行。

1987 年，宏船法师又来函邀请赵朴初组团访新。1988 年 7 月 10 日，赵朴初回函告知拟当月率中国佛教代表团 7 人赴新访问。宏船法师接信后不久，正式发函邀请赵朴初率中国佛教代表团一行 7 人访问新加坡，并表示愿负责代表团在星洲的一切费用及往返机票。

1988 年 9 月 23 日，赵朴初应新加坡光明山普觉禅寺住持宏船法师、普觉寺信托委员会、佛教居士林的正式邀请，率中国佛教代表团由北京飞抵新加坡，进行为期 6 天的访问。宏传法师率弟子到机场亲自迎接。代表团下榻濠景饭店，在新期间参访了普觉寺、自度庵、佛教居士林、双林寺、龙泉寺、菩提学院、福慧讲堂、观音亭、圆明寺、蒼葡院、龙山寺等佛家道场，并去多处作观光旅游。在新期间，代表团接受宴请 11 次，双方畅叙友情、共谋携手精进。

9 月 27 日上午和 28 日上午，由宏船法师和广洽法师陪同，新加坡政府社会发展部部长庄日昆先生和第一副总理王鼎昌先生先后会见了赵朴初及夫人陈邦织女士，进行了亲切友好的谈话。

由于宏船法师的精心安排使赵朴初率团首次访新获得圆满成功，于 9 月 30 日，满载新加坡佛教界的友好情谊飞回北京。

1990 年 10 月 19 日，赵朴初夫妇从北京直飞厦门。他这次赴闽的主要目的之一是出席由宏船法师筹资重建的泉州承天寺落成开光典礼。他提前三天到达是为了能在宏船法师回国时亲往机场迎接。

泉州承天寺是宏船法师早年学修之地，"文革"中被有关单位占用，由于福建省和泉州市党政领导为贯彻落实宗教政策做了大量工作，占用单位先后迁出，承天寺的重建工作才得以顺利进行。整个工程耗资巨大，均由宏船法师向弟子募化。赵朴初亲任承天寺重建委员会名誉主任。建设历经数年，克服了重重困难，如今竣工，赵朴初和宏船法师两位老人的兴奋心情可以想见。

10 月 20 日，赵朴初夫妇到机场恭迎宏船法师。两人见面，欢喜备至，他们首先到南普陀寺暂歇。在那里，宏船法师用北京话和闽南话各自参半的语言对周围人开示说："一佛出世，千佛扶持，赵朴老就是这个出世的佛，我们都要扶持他、拥护他。"

10 月 23 日，泉州市风和日丽、天清气朗，赵朴初和宏船法师共同主持了承天寺的开光典礼，当地党、政领导、来自全国各大寺院和菲律宾等东南亚国家的法师、信众两万多人参加了仪式。真可谓"冠盖云集，淄素齐临、仪式隆重、气象万千，盛世盛典，盛况空前"。

翌日，宏船法师返新，赵朴初到机场送行，二人牵手话别，依依不舍，相许以后再续前缘。此情此景，赵朴初在《闽游杂咏十七首》中专有一首记之。序、诗、注全文如下：

　　泉州承天寺重建落成，宏船法师自新加坡来参加开光典礼，承天寺乃宏师早年出家之地，已为八家工厂所占用，师请得泉州市人民政府之助，一一迁出。其弟子何蕙忠遵嘱捐巨资重建殿宇，前市长王今生受托主其事，得以恢复昔日规模而壮丽过之。开光礼成，师返新。临别依依，眷恋故国之情，令人感动。因作此诗寄赠。

　　蹶而复起承天寺，喜为泉州增胜地。梁栋曾为万牛首，庄严兜率天争丽。

　　宏传老人海外归，堕泪知师喜且悲。佛恩师恩若慈母，师今报得三春晖。

　　如来家业谁担荷？众推耆德师印可❶。平生大愿圆满偿，自是妙音得胜果。

　　临别登车涕又零，拳拳故国特情深。愿师增健常来往，久住人间示化城。

　　宏船老法师悲愿宏大，正拟续展宏图、弘扬佛法、福国利民，孰料，从泉州返回新加坡光明山普觉寺不久就病倒了，并于同年 12 月 25 日 2 时 30 分安然舍报，世寿84 岁。

　　噩耗传来，我国佛教界深为悲痛。赵朴初会长得悉后，当即发了唁电，并委派中国佛教协会副会长明旸法师和中国佛教协会常务理事妙湛法师代表他本人和中佛协前往新加坡参加对宏船法师的吊唁活动。

　　唁电全文如下：

宏船老法师圆寂赞颂奉安委员会主席广洽法师：

　　惊悉新加坡著名佛教领袖、光明山普觉禅寺住持宏船老法师示寂，悲音传来，无任轸悼！宏老生前戒德庄严，解行相应，建法幢于处处，破迷网于重重，化被南洋，功垂震旦。方期寿齐龙树，大扇慈风，遽而舍报，人天同悲。伏希兴无缘慈，运同体悲，不舍众生，乘愿再来。仅此唁电，并祈代献瓣香，以寄哀思。

中国佛教协会会长赵朴初
1990 年 12 月 26 日

　　1991 年 1 月 13 日，中国佛教协会在北京广济寺举行新加坡宏船法师示寂回向法会，沉痛哀悼宏老示寂。追悼仪式由李荣熙副会长住持，赵朴初会长讲话。国务院宗教事务局副局长赤耐参加了追悼仪式。赵朴初为宏传法师亲笔撰写了挽联：

　　泉州别甫月余，最难忘：故国情深，执手抵头，流涕登车自兹去；

　　旅次惊闻噩耗，差堪慰：道场功就，利生弘法，待公乘愿再来时。

　　悼念活动结束后，由明哲法师主持，在大雄宝殿举行了诵经回向法会。

　　宏船法师荼毗后，得各色舍利子 480 颗，根据本人遗愿将其部分供奉于福建省泉州承天寺佛塔内。

---

❶ 师致余书，建议请圆拙法师任承天寺住持，王今生君为顾问，众议佥同。

十二、与大西良庆长老

大西良庆长老，1875 年 12 月生于日本奈良市，为日本佛教北法相宗管长、日本清水寺贯主、日中友好佛教协会名誉会长。早在 1935 年和 1936 年，他两度来华朝礼佛教圣地，学习中国文化，对中国人民怀有深厚的友好感情。新中国成立后，大西长老不畏艰险，挺身而出，为中日友好事业和两国关系正常化进行了坚持不懈的努力。他在不同场合曾多次表示"日本必须同中国友好"。为促进中日友好、反对复活日本军国主义，大西长老、大谷莹润长老等一批佛教界有识之士于 1961 年发起"日中不战之誓"的签名运动。80 多岁的大西长老亲自手持签名簿到街头征求签名。1974 年，日本佛教界为加强日中两国人民和佛教徒友好，联合组织成立了日中友好佛教协会，大西长老担任名誉会长。1975 年，大西长老和京都地区 22 位知名人士联合发表要求缔结日中和平友好条约的呼吁书。他为维护和发展日中友好大业做了一系列铺路架桥的工作。在长期致力于中日两国佛教友好交流大业中，大西长老与中国佛教协会会长赵朴初彼此合作、互相支持、结下了深厚的佛缘，成为忘年之交、莫逆之交。

赵朴初对大西长老的为人及为法献身的精神一直怀有崇高的敬意，对他以"京都佛教徒会议"理事长的身份为中日两国佛教交流与和平事业所作的贡献更是十分钦佩。而大西长老最早是从一位新闻记者所写的报道中知道中国佛教领袖赵朴初大名的。该条新闻写道，中国代表团在饭店进餐时，每位团员都谈笑风生，边吃边谈，好不热闹。唯有一位中国绅士却姿态端庄，默默地享用着素食，这就是中国知名人士赵朴初先生。大西良庆看罢这篇新闻后，赵朴初的形象深深地印在了他的脑海里，并决心要结识这位"绅士"。

1960 年 8 月，赵朴初到日本参加"世界禁止原子弹、氢弹大会"时，特意从中国带去《首楞严经》十卷，准备当面送给大西良庆长老。但当时两国尚未建交，赵朴初没能去京都，是托人转交的。

1961 年 7 月，赵朴初到日本京都参加"世界宗教徒和平会议"，85 岁的大西长老亲自到车站迎接，两人见面互有沐浴春风之感。7 月 25 日，日本《每日新闻》以《我们终于相见了》作标题，刊登了赵朴初和大西长老在京都车站相会的大幅照片。赵朴初又专程到清水寺拜会大西良庆。长老以所绘团扇见赠，题句云："凭君清赏似仙家。"

1963 年初，由赵朴初提议，中日两国佛教界共同举办"鉴真大师圆寂 1200 周年纪念活动"，大西良庆长老积极响应，并发表了《日本佛教与日本文化的恩人》一文，阐述了日本佛教、日本文化与中国佛教、中国文化的渊源关系。在此同时，广东省肇庆市庆云寺隆重举行了荣睿法师纪念碑揭幕仪式。荣睿法师是日本奈良时代法相宗兴福寺高僧。公元733年，他和法友普照法师随遣唐使来中国，恭请鉴真大师同船赴日，但在海上遇到风暴，被吹回广东，并于公元749年圆寂于此。大西长老作为法相宗管长早就希望为荣睿法师在广东立一纪念碑。在荣睿法师圆寂1200多年后的今天，大西长老的愿望成真，他特意绕道香港来广东参加纪念碑的揭幕仪式。赵朴初热情地接待了大西长老一行，使长老深受感动，特别是赵朴初题写的"荣睿大师纪念碑"几个字给他留下极深的印象。他对身边人说："赵朴老不但是一位绅士，还是一位佛爷，我要永远和他结缘。"

1963年9月，日本佛教界组织了"鉴真和尚庆赞访华代表团"，作为顾问的大西长老随团来华，赵朴初接待并陪同，出席了9月30日晚周恩来总理主持的国庆招待会，10月1日还出席了天安门广场的国庆观礼。

同年10月17日，代表数千万佛教徒的亚洲11个国家和地区的佛教代表会议在北京法源寺举行，大西长老出席了大会。在周恩来总理同各国代表团长座谈时，大西良庆对总理说："很高兴听到总理的讲话，我们的力量很有限，希望在加强各国佛教界友好往来方面，中国拿出更大的力量，你们中国有个赵朴初先生，他好像是位佛爷，我们认为由中国负责亚洲佛教徒的联络工作最合适。"周总理听后微笑着回答："谢谢，道义的力量绝不是微小的。朋友们希望我们多做点工作，我们应该多做一点，主要还是靠大家共同努力，赵朴初居士可以为大家服务，作个小沙弥。"总理风趣的话，说得大家都笑了起来，而坐在一旁的赵朴初听后不住谦虚地频频点头。在亚洲各国佛教领袖都在的庄严场合，大西良庆长老提出赵朴初好像一位佛爷并要中国担当各国佛教徒的联络中心，表明赵朴初在亚洲佛教界的崇高声誉和巨大影响。

十年"文革"，大西长老一直没有赵朴初的消息，他十分焦虑地多次打电话询问，还派专人来中国打听赵朴初的情况，当得知赵朴初安然无恙后，他手舞足蹈地连说："太好了！太好了！这回我就放心了。中日佛教不能缺了赵佛爷！"

1973年，大西良庆长老99岁，日本人谓之"白寿"，增一岁为百也。赵朴初以诗相贺：

贺大西良庆长老白寿

清赏仙家清水院，珍贵深情忆团扇。

九十九岁犹华年，烂漫春光三月半。

> 精禽衔石海成桑，兄弟怡怡乐两邦。
>
> 好为和平常住世，平风平浪太平洋。

1978 年 4 月，应日本"日中友好宗教者恳话会""日中友好佛教协会"的邀请，赵朴初率中国佛教代表团访问日本。听说赵朴初要来，104 岁的大西长老特别高兴，并决定亲自到京都车站迎接。

4 月 18 日下午 3 时，赵朴初一行到达京都车站时，百岁老人大西良庆为首的日本诸宗各派的管长、总务总长等 40 多人到车站恭候，热烈欢迎赵朴初一行。赵朴初走出车厢，大西长老迎上前去，两位老人分别 15 年后再相逢都激动不已，热泪盈眶。大西长老拉着赵朴初的双手，凝视良久才开口说："好久不见了，15 年来我天天都期待您，现在重逢的一天终于到来了。"赵朴初也为这位年过百岁的老人来车站迎接非常感动。

在开往饭店的巴士上，赵朴初看到京都市古朴而整洁的街道，街道上到处是鲜花绿草和浓荫。陪同人员告知，京都有寺庙、古刹三千余座，每座都得到很好的保护，他称赞道："堪称此邦不忘本，保护文物到无形。"

第二天，代表团拜访了清水寺，宾主进行了热情而友好的谈话。大西长老看着赵朴初深情地说："我们有句话叫'一人一切人，一切人一人。'赵朴初先生可以说是一个身系亚洲人民幸福的人，我们一定和先生一道，进一步推进友好事业。"赵朴初也很有感慨地说："大西长老既是我的师长，又像我的慈父。中国有个词叫'人瑞'，长老则可称作日本的国宝。"在欢迎仪式上，百岁长老朗诵了他自己为欢迎代表团特意写的诗歌，赵朴初亦以诗答谢：

应邀参访日本诸山，大西良庆长老赐诗欢迎，次韵奉和三章

> 十四年来各一天，重逢几见海成田。
>
> 争看百岁文章健，喜证多生福慧全。

> 杂花如雨散诸天，彩笔成霞拂砚田。
>
> 愧我垢衣初未解，乞公转语为成全。

> 由来风月是同天，绿绕青回水护田。
>
> 渡尽劫波兄弟在，同行同愿万般全。

26 日早晨，代表团即将离开京都，大西长老坐着轮椅车赶到饭店送行，与赵朴初两人相视而坐，默默不语。大西长老把赵朴初的手拉到自己的膝盖上久久不愿松开，

1978 年 4 月，中国佛教协会友好访问团访问大西良庆长老所在寺院、日本北法相宗大本山京都清水寺

代表团要出发时，大西长老才开口说："真舍不得你走啊！真舍不得你走啊！我们一定要再相见！我留着有限的岁月等待着您，中日两国佛教界的友好，不仅有利于两国人民，也有利于世界。"赵朴初眼含热泪慢慢地将这位他最崇敬的日本佛教界第一大长老扶上轮椅车，最后一个登上送行的巴士。

代表团当晚抵达大阪。翌日清晨，京都清水寺的通兴法师赶到代表团下榻的饭店，将大西长老亲笔写的一首惜别诗交到赵朴初团长的手上。诗曰：

春雨如烟惜别情，停车默默仰清容。

待归山水谁知识，再会必期为老生。

赵朴初亦写《奉和大西长老惜别诗二章》让来人带回。诗曰：

迎送亲劳百岁人，奔潮万感一时生。

片言自足千秋意，春雨如烟惜别情。

春雨如烟惜别情，两邦兄弟此心声。

与公珍重他年约，一笑樱花满洛城。

1979 年 4 月，赵朴初陪同全国人大副委员长邓颖超访日，去京都岚山，为周恩来总理诗碑揭幕。4 月 16 日，他抽时间前往清水寺看望 105 岁的大西良庆长老。

1981 年元旦前夕，大西长老寄来祝贺新年诗作。赵朴初展读后，不禁回忆起与大西良庆长老相聚虽然短暂但令人难以忘怀的温馨时刻，一首答诗油然而生：

奉和大西良庆长老新年之作

耿耿心光法界通，众生无尽愿无穷。

欢腾两岸瞻人瑞，春海春山寿此翁。

1982 年 3 月 20 日，赵朴初率团访日，他同夫人陈邦织到清水寺拜访了 108 岁的大西良庆。在招待宴会上，大西长老讲话中三次言及见到赵朴初的喜悦心情。就餐中，他一直饱含深情地注视着赵朴初，那亲切的目光，透露出一种难以言表的关爱。后来赵朴初每当忆及此事，总是百感交集，热泪盈眶，因为这是他与大西长老的最后一面。

东方的茶人，往往把 108 岁称作"茶寿"，因为汉字里"茶"的偏旁部首拆解开来为"廿"（二十之意）和"八十八"，二者相加恰为 108。宴会后，大西长老以茶待客，并赠赵朴初木制茶盘一个，作为"茶寿"留念。上面刻有长老手书"一"字，及禅语"吃茶去"，赵朴初深受感动特献汉俳五首致贺：

汉俳五首

参礼清水寺，赋呈大西良庆长老。长老时年一百有八岁，日人以百零八岁为茶寿。

山花特地红，
三年不见见犹龙。
华藏喜重逢。

茶话又欣同，
深感多情百岁翁。
一席坐春风。

笑语爱神清，
念念关心天下平。
世世弟兄情。

惠我以汤盘，
历历孤明一字禅。
将心与汝安。

发心清水台，

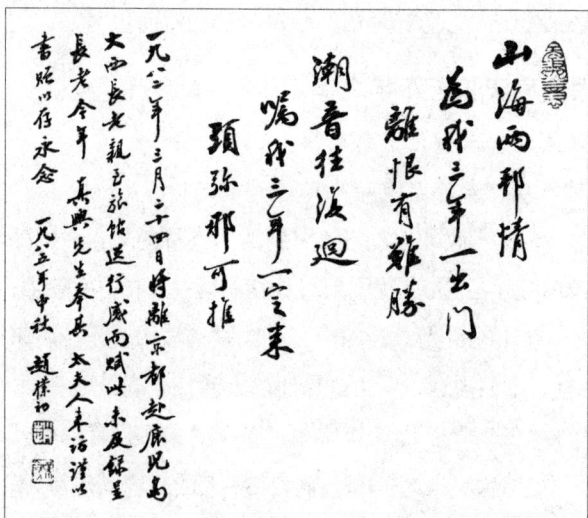

大西良庆圆寂三周年祭

讲堂户牖待翁开 ❶。

听法我当来。

五首汉俳中，三首写到茶。此次相会，主人设茶宴、赠茶盘，客人贺茶诗、祝"茶"寿，二者相得益彰。无疑，这真称得上中日间佛教文化、茶文化交流史上浓墨重彩的一页。

在交谈中，大西长老指着门前的竹影请赵朴初以此为题出一上联。赵朴初略加思索便说出一句饱含禅意的上联"竹影扫阶尘不动"，大西长老思忖良久对出同样只有高深的文学素养和佛学素养的人才能对出的下联"月穿潭底水无痕"。二人拊掌相视而笑。

代表团即将离开京都，108岁的大西长老因病已三年未出家门，但他坚持坐轮椅车来宾馆送行，对长老的盛情赵朴初以诗作答：

汉俳二首

将离京都赴鹿儿岛，大西长老亲至旅馆送行。

山海两邦情，

为我三年一出门。

离恨有难胜。

潮音往复回，

嘱我三年一定来。

此约重崔嵬。

不期，1983年2日15日，大西长老在日本京都逝世。中国佛教协会名誉会长班禅额尔德尼·确吉坚赞、会长赵朴初分别发唁电表示哀悼。

3月11日上午，中国佛教协会在北京广济寺大雄宝殿隆重举行"日本佛教北法相宗管长、日中友好佛教协会名誉会长大西良庆长老追悼法会"，深切哀悼对日本佛

---

❶ 清水寺将建大讲堂，期三年建成。《楞严经》："如来讲堂，户牖开豁。"

教和中日友好作出过重大贡献、受到两国佛教徒和人民崇敬与怀念的一代宗师——大西良庆长老。追悼会由班禅大师主持并向大西长老的遗像敬献了哈达。赵朴初在追悼法会上讲话。他首先介绍了大西长老的生平事迹，追述了他本人 20 多年来在促进中日友好的共同事业中与长老结成的深厚师友之情，然后高度评价了长老为促进中日佛教和中日人民的友好事业作出的重大贡献。

1983 年 3 月 11 日，十世班禅大师、赵朴初会长在中国佛教所在地广济寺参加追悼大西良庆长老法会

3 月 17 日，以中国佛教协会常务理事、江苏省佛教协会副会长明学法师为团长的中国佛协代表团一行五人，代表赵朴初会长在日本京都清水寺参加了大西良庆长老的安葬仪式。

大西长老逝世后，日方来人告知，长老圆寂前九天曾为即将建成的清水寺大讲堂预出楹联之上联"风光千里来"，并嘱寺中人曰："下联应请赵朴初居士续成之。"赵朴初听后十分感动，乃取佛经中"佛以一音演说法，众生随类悉得解"之意接下联云："妙法一音演"，以此赞颂长老弘法利生之功德。又拈一偈以致哀思。偈曰：

联句殷殷嘱托亲，

友师风义感平生。

不堪往事从头记，

春雨如烟惜别情。

第十八章

文化传承　视为己任

一、一份提案三封信

文化是民族的血脉，是人民的精神家园。中华民族优秀的传统文化，积淀着中华民族最深沉的精神追求，蕴含着民族传统美德，为社会提供正能量，是中华民族生生不息、发展壮大的丰厚滋养，为国人提供强大的精神支撑和心灵慰藉。

在其近一个世纪的人生感悟中，赵朴初深感中华民族优秀的传统文化是育人之根、强国之本，是我们家国和民族最强大的精神力量，所以他把弘扬传统文化长系于心，并多次呼吁做好其回归、传承、弘扬工作。

早在1995年，由赵朴初、冰心首倡共九位专家学者在全国政协会议上提出议案。全文如下：

中国人民政治协商会议第八届全国委员会第016号提案
《建立幼年古典学校的紧急呼吁》

提案人：赵朴初、冰心、曹禺、夏衍、叶至善、启功、吴冷西、陈荒煤、张志公，1995年3月

我国文化之悠久及其在世界文化史上罕有其匹的连续性，形成一条从未枯竭、从未中断的长河，但时至今日，这条长河却在某些方面面临中断的危险，此可能中断的方面是代代累积，构成我民族文化重要内容的各类古代典籍的研究和继承。不可讳言，目前我们一代人的古典学科基础已远不如上一代人之深厚，继我们而起的青年一代则更无起码的古典基础可言，多数人甚至对古代文学、历史、哲学的典籍连看也看不懂了。

对这一问题，我们既应认识到：构成我们民族文化的这一方面是我们的民族智慧、

民族心灵的庞大载体，是我们民族生存、发展的根基，也是几千年来维护我民族屡经重大灾难而始终不解体的坚强纽带；如果不及时采取措施，任此文化遗产在下一代消失，我们将成为历史罪人、民族罪人。同时，我们也应认识到：随着人类的进化，知识结构、时代生活、社会环境、教育体系都已发生巨大变化，我们不可能像前人那样终身埋首于古代的经、史、子、集之中；对多数人而言，这一方面研究的抛弃、这一方面知识的萎缩又是不可避免的。基于上述的矛盾，我们的意见是：

（一）在现今时代，不可能改变现行学制，不应要求广大青年学子抱残守缺，只从事古籍的阅读和研究。

（二）现行学制又必须及时考虑民族文化遗产的承传问题，使其在现在和未来永远保持其团结我中华民族的凝聚力量。这一承传任务至少要有一部分人担负起来。

（三）现在我们的大学里虽然有中文系、历史系、哲学系，也有人在从事古典文学及古代历史、哲学的研究，但历代传世的文、史、哲方面的典籍浩如烟海，如果不从幼年起就进行这方面的语文训练、打下这方面的研读基础，仅进入大学后短短四年的攻读，实担负不起继承这份巨大的文化遗产的任务。

从上述意见出发，我们建议：

（一）援音乐、戏剧、舞蹈、体育等有幼年学校或幼年班的前例，可依托两三座力量较强的师范大学的中文系、历史系、哲学系，成立幼年古典学校，也可以就在师范大学的附属小学、附属中学设立古典班，使入学学生除接受一般教育外，重点接受古典学科的基本训练，而教学工作在目前即可由三系的教师兼任。

（二）在此幼年古典学校或古典班中，适当采取传统的教学方法，历代重要的文、史、哲名篇都要背诵，不必分科，因为古典学科在打基础阶段是无法分科的，例如古典文学的阅读与创作就必须有深厚的其他古典学科的基础。除背诵相当数量的历代名篇外，还要指导学生从事古文、骈文、诗、词、曲的写作实践。

（三）此幼年古典学校或幼年班可先在大城市中设立两三个，作为试点，以后也不必遍地开花，在我们这样一个古国、大国中，这方面的人才必不可少，但培养的数量也不必过多。

（四）幼年学校或幼年班的学生将来升入相当于中学的古典专科学校或师范大学附属中学内的古典班，最后升入大学的中文系、历史系、哲学系，这批人毕业后或进入各级学校从事教育工作；或分别进入文学、历史、哲学研究所及部分大学的古籍研究所从事研究工作，而有关部门则为其提供终身从事专业的必要条件和生活保障，使这只由少数人从小接受培养而形成的专业队伍不致流失。上述建议，希望尽快组织讨论，付诸实施，我们必须正视这一问题的紧迫性，仅就师资而言，目前能担负起古典学科教学工作的人已经不多了，而且多年逾花甲、甚至更老。现在采取行动，尚可集中一部分力量勉强对付，再过十年八年，恐怕这样的古典专科学校，想办也办不起来了。

这些专家学者已经看到中国文化传承的断档（主要是"文革"期间），和改革开放后西方各种思想的涌入，在中国现实社会引发的各种问题，包括道德滑坡、腐败滋生、人际关系遭遇种种危机，从而提出紧急呼吁建立青少年古典学校，为中华优秀传统文化的传承留有火种。

1982年，全世界70多位诺贝尔奖获得者在联合国举行会议，共同商讨21世纪化解人类种种危机的最好办法。他们共同的结论是：人类必须回到2500多年前的中国，在中国传统文化的经典当中才能找到解决办法。

这从一个侧面证明了赵朴初、冰心所倡导的提案是及时而正确的，字里行间也不难读出专家学者们心情的迫切。

1988年12月19日，赵朴初访问新加坡回国后给著名教育家、时任南京大学校长的匡亚明先生写信说："今日我国传统文化之所以不受国民之重视，实与二三十年来轻视知识、轻视教育事业及过分强调'厚今薄古'等'左'的思想影响有关。"信中说："我两月前应（新加坡）佛教界邀请前往访问，曾参观一中学，不仅重视现代化的教育，亦有包括儒教（列为必修课）在内的宗教教育。彼邦社会秩序良好，国土清净美丽，人民彬彬有礼。同是炎黄子孙，而其物质文明与精神文明建设均超过吾人，岂不可令人深思乎？"信中最后写道："不可讳言，今日大陆人民一般的文化水平远不及新加坡。新加坡物质资源极为贫乏，而智力资源甚丰富，正当我国大搞运动，举国若狂之时，彼邦则致力振兴文教，30年中赢得翻天覆地之变化，跃居四小龙之列。"信中以新加坡加强传统文化教育，致使各方面飞速发展为例，向教育专家匡亚明说明重视传统文化教育、在培养人才方面的重要性。

1992年9月24日，赵朴初在民进中央参议委员会二届十一次常委会上讲话说："祖国八千年文化中，有很多好的东西要传下去，这是精神财富。毛主席说过，从孔子到孙中山，优秀的东西我们都要继承。"

随着年龄越来越大和对世界各国情况了解得越来越多，赵朴初越加感到传承中华优秀传统文化的重要性和迫切性。1998年1月5日，他拿起笔给时任国务院副总理的李岚清同志写信说："我已是年过九旬的老人，唯有一事长系于心，即近年来深感我国五千年来代代积累、代代传承的文化遗产是民族智慧、民族心灵的庞大载体，是我民族生存、发展的根基，也是维护我民族始终不解体的纽带。而如何使这笔文化遗产不致中断、消失是关系到我民族兴衰的大事。如果我们这一代人不及时采取措施，任其在下一代逐渐消失，我们将成为历史罪人、民族罪人。为此，我与冰心、夏衍、曹禺、吴冷西、陈荒煤、启功、叶至善、张志公诸同志在全国政协八届三次会议上提出了一份题为《建立幼年古典学校的紧急呼吁》的提案。此事曾为海内外媒体广泛报道，得到海内外众多人士的赞同……这是一项不能再拖延的工作。我们寄厚望于国家教委能及时订出实施方案，及时采取有效措施，以使我民族的固有文化真能永不衰替、永不消失。"信中还说，为此事"我于 1996 年 4 月 25 日及 9 月 12 日两次致函教委，陈述我的心愿和意见。"

一位被其称为忘年交的新华社年轻记者刘雅鸣在一篇文章中说："他（赵朴初）曾很忧虑地给我谈到了国人中的道德滑坡问题，'道德滑坡'这个词，我最早还是从朴老那里听到的。他认为应该恢复对中国传统文化经典的学习，他还提出要编一套这样的书籍，让年轻人都来学习。"

1998 年 7 月 23 日，赵朴初在《中国佛学院九四级学僧毕业典礼上的讲话》中又说：我们要"重视中国文化，包括语言文字，我想我们祖国的文字非常好，是世界上非常优美的文字，作为中国人应当为我们的文字而自豪，因为我们中国文字一字一音一义，世界上没有这样好的文字……在联合国每个国家都有档案，中文档案最薄、最少。因为中文非常简单。中国人应该热爱自己的文字。"还讲："古文非常好，怎么保留它呢？……这个保留古文的任务是不是由中国佛教界的佛教徒把它担当起来……把我们古代传统文化继承下来……要把古文捡起来……这也是保存国粹。"

赵朴初在传承中华优秀传统文化方面甘愿做人梯和铺路石子。陈毅之子陈昊苏同志便说，赵朴老是他走上诗歌创作道路的引路人。对"文革"时家中的青年常客后来聚齐来看望他，而这些人中有的已成领导干部，他便以孙子兵法上的话"进不求名，退不避罪，惟民是保"进行教育。对亲属他更是以传统文化进行教育为己任。从他给外甥周以丰（其大姐赵鸣初之子）的信，可见谆谆教诲、不厌其烦。全信如下：

以丰：

前函计已收到，我想起你问的《千字文》上四句话的意思，我只答复了两句。还有"笃初诚美，慎终宜令"两句，现在简单解释如下：办一件事，应当自始至终，认真做好，不少人办事能善始而不能善终，开头很认真，因而获得成就，后来不认真了，因而遭到失败。这便是"笃初"而不慎终。这两句译成白话便是"开头（初）认真（笃）固然（诚）很好（美），末尾"终"还应当"宜"认真"慎"做好"令"。你以为怎样？其实这两句话不仅是对事，也是对人来说的。孔子曾称赞一个人名叫晏平仲的，他说："善与人交，久而敬之"。"久而敬"不就是慎终吗？

我最近翻阅《书谱》这本书，有几句话很好："思虑通审、志气和平、不激不厉，而风规自远"。这是评论王羲之书法的，但和"客止若思"的意思不是也相通吗？

我抄录的古人嘉言，都能引起以芬和你的共鸣，抄给谦谦看，却无反应，可叹。

我就写这些，问你母亲好。

1988 年 1 月 11 日

通过一份提案、三封信和赵朴初在不同场合的多次讲话，我们不难看出，为传承中华文化这一"国粹"，他思虑之深远，用心之良苦。

2011 年 11 月 18 日，中国共产党第十七届中央委员会第六次全体会议通过了《中共中央关于深化文化体制改革推动社会主义文化大发展大繁荣若干重大问题的决定》。决定指出："优秀传统文化凝聚着中华民族自强不息的精神追求和历久弥新的精神财富，是发展社会主义先进文化的深厚基础，是建设中华民族共有精神家园的重要支撑。要全面认识祖国传统文化……使优秀传统文化成为新时代鼓舞人民前进的精神力量。"《决定》明确要求"建设优秀传统文化传承体系，弘扬中国传统文化"。

常寂光中的赵朴初果然有知一定会说："我深感欢喜赞叹！"

二、书法驰名四海

赵朴初是驰名中外的书法大家。1977 年北京市书法研究会成立时，他就被选为会长；1981 年中国书法家协会第一次代表大会召开，他被选为副主席。他的书法作品，集众家之长，形成了自家风格，在我国当代书法界理应占有一席之地。

他从小跟父母练写毛笔字。在那个时代，还没有钢笔、也没有自来水笔，大家都用毛笔写字。私塾中教过他的几位老师毛笔字写得都很好，教学生写字非常认真，赵朴初聪明、伶俐、勤奋，写毛笔字进步很快，经常受到父母和老师的夸奖。

上私塾时，学生每天必须写一张毛笔字，有时照字的样子描，有时临帖。赵朴初较长时间临的是《柳公权玄秘塔》。他对该帖非常喜欢，后来曾对家人说："日本侵略我国时，家乡遭难，家里的藏书被洗劫一空。家中原来藏的不少书，只带出《杜工部集》残本和柳公权字帖。'文革'中'横扫'，《杜工部集》也被红卫兵'扫'掉了，现在唯一存下一本柳公权字帖了。"

赵朴初兴趣广泛，好奇心强，喜欢学习，他临的帖很多，见到喜欢的字帖，都要临一临，练一练。有一次家人问他："要想学书法，开头怎么学呢？要临帖，是不是就依样画葫芦呢？"他笑着说："光画葫芦就没有出息了，要严格地照帖练，练准帖

· 380 ·

上的笔画、结构、特征，你要画出那葫芦美的地方。然后再临多种帖，画多种多样的葫芦。最后连你自己都不知道你的字像哪个葫芦，就算差不多了。"还说："大字小字都要练，过去写大字，有时我把纸挂到墙上写，很痛快。"

赵朴初在回忆自己的习书史时曾说："我 40 年没有见过什么苏轼的墨迹。年轻时候习二王和唐楷之外，平素比较喜欢孙过庭、董其昌、赵孟頫的行草。如果问我印象最深的墨迹是什么？那就是新中国成立前上海看到梁同书的杜诗《秋兴·玉露凋伤枫树林》。"他的挚友同为大书法家的启功曾说过："梁同书那幅中堂给开翁的'第一印象'刻骨铭心，可能对他后来的书法有潜移默化的影响。"

谈到赵朴初练字，他的夫人陈邦织对人回忆说："我很喜欢他的中楷字，圆的。朴老电视也不看的，回到家里还要写字……我有时看他一天到晚都在写字，挺烦的，他说这是文字债，还作过一首诗。他从年轻时一直就写字，应人之请写得不少，有时候简直忙不过来。有时写得高兴时，也会称自己虽不是书法家，但写字笔笔中锋。这倒不是自夸，我觉得这是他认真的结果。无论谁请他写字他都十分认真，他常说：'我听叶圣老说他帮人题一张，起码写五遍，真叫一丝不苟。'我看他为人写字至少三张……人们称他为书法家，他总是很诚恳地说自己不是。我听人和他聊书法，按古人所谓的'匠人之字''文人之字''书法大家之字'，他说他自己的字应属于文人字。作为文人字，他传统文化底蕴深厚，境遇、学养、品格都融于生命之中，因而也不一般。而且他自幼用功，到晚年生病住院，90 岁还临孙过庭贴，写草书。"由此看来赵朴初的字是天才加功夫型的。

书法界公认：赵朴初的字不属柳体、不属赵体、不属颜体……而是吸收了上述各家的优点形成独有的赵体。

赵体书法，秀润飘逸，舒宽博大，而且风骨凛然，矜持沉着。这与赵朴初的道德修养有很大关系；赵体书法，具有潇洒隽永的神韵，变化丰富的内容，这与其丰富的学识、优雅的气质有很大关系；赵体书法，俊朗神秀，苍劲浑厚，豪迈凝重，这与其博采众家之长有很大关系；赵体书法，禅意深蕴，佛韵溢扬，禅书一味，这与其一生信佛，深谙禅意有很大关系。可以说，赵朴初的书法，已经达到书道合一、书文合一、书佛合一的高尚境界。

赵朴初对书法的态度极其严肃认真。书法，必须遵守书法之法，要讲究法度。赵朴初的书法显现出严谨的法度。他的字，行距、间距、甚至启字和落款，都讲究一定的法度。每个字的结构、体势、运笔、线条、点画、使转、提按、入锋、收锋等等，亦有严格的法度。他遵守这些法度，并没感到拘谨，写字时，仍然信手所为，已达到"从心所欲，不逾矩"了。他是在严格遵守传统法度的基础上进行创新的，这是他的书法艺术的又一特点。

赵朴初对书法，不仅表现在法度的严谨与认真，书写的内容也是特别注意的。他对中国古典文学有着十分精湛深入的研究，诗、词、曲达到了很高的造诣。他书写的诸多作品，都不是为书法而书法，而是有感而发、而作。赵朴初作为一位爱国主义者，他写每幅作品都从一定角度反映了时代的精神，表达了人民的愿望。认真品味其每幅书法作品，其书外之境，弦外之音，情外之理，均相互交融。每看一遍都能发现新的妙趣，不但见法，还能见情，不仅书法上得到提高，思想境界上也能得到升华。

赵朴初是一位和平战士、和平使者。他以书法作为"牵引资粮"，开展海外联谊、广交朋友，促进祖国统一、世界和平工作的开展。日常请其赐字的人很多：在国内，上至国家领导人，下至平民百姓；在国外，他出访过几十个国家和地区，求其墨宝的朋友遍天下。他对有求者尤其是热心和平事业的朋友，总以温馨的笑容和关爱之心，欣然应允；总以布施无尽的精神，平等地对待每位有求者，但从不要一分钱；总以自己的慈悲善愿广交朋友，广结善缘，弘扬佛法，开展海外联谊、国际交往。他的书法在促进祖国统一、世界和平等方面功德无量。

赵朴初在《佛教嘉言书法集》序中写道："书法这一门艺术，在我国文化史上，曾起过非常重大的作用，经过许多世纪，至今还为国内、国外广大群众所喜爱，还能在许多方面起着有益的作用。"赵朴初认为，好的书法作品虽片纸数字，但世人看后能起到"看校墨海翻澜处，喷薄风雷震大千"的效果。在为《中国书法协会第三次代表大会献词》中，他写道：

> 学书非小道，譬若整衣冠。
>
> 出门见大宾，俨然而蔼然。
>
> 浮天苍海运，情意动波澜。
>
> 一纸抵万金，异国同笑欢。
>
> 当其独坐时，斗室纳大千。
>
> 神宁而气静，众妙现笔端。
>
> 好学近乎智，养怡可永年。
>
> 今朝逢盛会，少长集群贤。
>
> 芜词申祝贺，书法光乾坤。

同为大书法家的启功先生说过："朴翁善八法。于古人好李泰和（邕）、苏子瞻书，每日临池，未曾或辍，乃知八法功深。至无怪乎于书韵语之罕得传为家宝者矣。"

赵朴初多年担任中国书法家协会名誉主席，对推动中国书法事业的继承和发展、培育书法新人倾注了不少心血。他的书法作品几乎遍布祖国的名山、大寺、旅游景点，也传到异国的梵宇、丛林。其传世作品之多、影响范围之广绝对前无古人。被人们称作"字字如莲花，笔笔有梵音"的赵朴初书法作品，对进一步弘扬我国传统文化，促进中国书法艺术的发展与创新必将起到巨大作用。

三、诗歌享誉五洲

赵朴初的诗、词作品曾先后出版过《滴水集》和《片石集》，2001 年将这两集及其后写的汇总出版了《赵朴初韵文集》。该书共收录了他的诗词曲 1985 首。不可讳言，还有大量作品未收、漏收其中。在现代诗人中用"旧瓶装新酒"即用旧体诗、词、曲写出如此数量表现现代人生活、情感的作者，只有赵朴初一人。

赵朴初受家庭影响，自幼酷爱诗歌。他在《片石集》前言中写道："诗歌不是我的本行。最初只是由爱好而尝试写作，随后又由学古而渐想到创新，希望能在我国新诗歌的创建中起一点'探路人''摸索者'的作用……在探索的道路上，我遇到过问题，碰过壁，有时也曾陷入苦闷与彷徨……在世界形势与国家形势都发生着空前巨变之际，新事物、新问题纷至沓来。外界刺激之强烈，个人感受之深刻与内心思绪之复杂，不仅是前人所未道，并且还是前人所未知。许多心情，许多概念甚至很难从传统词汇中找到适当的表达方式，于是在诗歌中内容与形式之间就出现了圆凿方柄、互不相入的情况……由于个人爱好，对于所谓新旧两种诗体都做过若干尝试，而结果则都不大理想。新事物，新情感，新思想，是否可以入诗？应当如何写？旧形式是否可以用？如果可用，应当如何用？这些都是常在头脑中盘旋的问题……"。

早在 1976 年，他给中国作家协会鲁迅文学院讲课时谈到诗歌的继承与创新时说："我认为，我们要尊重、要继承、要发扬的应当是从《尚书》《诗经》以来三千多年源远流长的民族诗歌传统。我们诗歌的改革和创造只有在基础上发展起来，否则就不能够期望会有什么成就……每个民族的语言都具有它的特征，即它的语音、语调等。我国的古典诗歌开始是四言、五言，发展到七言诗、长短句的词、元明以后的曲。这些东西大多都来自民间大众中。它的音调和谐是人民大众在无意识当中取得的，经过一段时间的沿用慢慢成为定式……我们需要尊重这种形式的存在，不要随便地否定。简单地说它是习惯势力，这种匆匆地、轻率地加以否定，不是科学的态度，对于新诗的发展也没有好处。"

在这里，赵朴初提倡既要尊重中国古典诗词的优良传统，又鼓励青年人在此基础上进行创新。而他自己的诗歌创作也是沿此路前行的。

描摹生活之美、讴歌大好河山、抒发爱国壮志是赵朴初诗歌的主旋律。他观山则情满于山、看海则意溢于海，这些诗读后，使人精神振奋。

登天台山

昔人仙境梦天台，

今我飚轮绝顶来。

路转峰迴看不尽，

江山幅幅画图开。

八月二日下午，抵广州（其二）

开怀南国好风光，

浓翠深红夹道忙。

龙眼凤梨随处买，

悬灯艇子夜游江。

观海

摩星岭上望无边，

万顷深蓝复浅蓝。

立尽清晨看不厌，

云鬟雾鬓海中山。

赵朴初的这些诗文字浅显易懂，读来朗朗上口，语言隽永无穷，给人美的享受。

赵朴初的反战诗具有很强的现实意义。当前的日本，军国主义死灰复燃，右翼政客得了历史健忘症，开始跟在美国后面亦步亦趋，现今，大有绑架美国随其右转之势。如此下去，日本也许重蹈覆辙，使自己陷入战争深渊，使日本人民吃二遍苦，受二茬罪。亚洲人民也应提高警惕，坚决反对日本军国主义化。

1945 年 8 月，美国在日本九州岛长崎市投下原子弹，七万多人当场炸死。赵朴初参访爆炸中心写了如下诗篇：

访长崎原子弹爆炸中心地

当时一弹半长崎，

万屋成尘地满尸。

今日来观犹动魄，

十年教训起深思。

记长崎大会上原子弹受伤者

千万孤儿慈母泪，

一齐倾向讲台前。

看教泪化和平海，

万众潮音响彻天。

同年8月6日，美国在日本广岛投下又一颗原子弹，14万人毙命。赵朴初参访后又写了如下诗篇：

访广岛（四首）

一

向来七水潆洄处，

广岛风姿绰约称。

今日来观尘满面，

十年犹未复伤痕。

二

伤痕遍体一病妇，

背上独有完好处。

当年负儿儿成尘，

儿形永存在母身。

三

盲目妇人断臂女，

诉说十年无限苦。

哀哀欲绝绝复言，

满座闻之摧心肝。

四

人心所向复奚疑，

众怒轻干事可知。

《不许再投原子弹》，

歌声雷震海天弥。

一颗原子弹炸掉半个长崎市，房屋倒塌，尸横遍地，被炸瞎眼的妇人和断臂的女子争相控诉战争的罪行。特别是广岛原子弹爆炸时一位母亲背上的婴儿被烧死，自己的那块背才未受损，留下了孩子的印记。

题材广泛是赵朴初诗歌的第一大特点。他写了国家领导人毛泽东、周恩来、朱德、邓小平、陈毅、邓颖超等老一辈无产阶级革命家；写了刘胡兰、雷锋、王杰、王进喜等英雄人物；也写了公共汽车售票员、民航飞机乘务员、工人、农民、战士、人民教师等普通劳动者；甚至家里原来的保姆去世都使他心绪久久不能平静，只好写诗抒发悼念之情。这是"众生皆有佛性"，因此众生皆平等的佛家思想体现！就地域空间来讲，不说那些歌颂祖国大好河山的诗，只说全世界范围内从东瀛的富士山到埃及的苏伊士运河、从印度首都新德里到美国的普林斯顿到处都留下他的诗作。

赵朴初在写了不少古体诗、词以后，对"曲"这一传统形式也进行了探索。"曲"和"词"一样均来自于民歌，它的优点是比较接近现代人的情感与语言，可吸收各种新的语汇，便于刻画各个阶层的人情世态，模拟各种人物的神气、口吻，适应各种题材和各种表现手法。赵朴初说："在传统的各种诗体中，'曲'是最能容纳那种嬉笑怒骂、痛快淋漓、泼辣尖锐的风格的。""曲"的缺点是，为便于歌唱，需"配乐"，有特殊的"曲律"限制。流行于我国七八百年的"曲"，从19世纪起就逐渐退出了历史舞台。赵朴初根据新生活内容的需要，按照"曲"的基本规律，本着古为今用，取其所长，避其所短的原则，把"曲"只作为一种诗体，不再演唱，不再"配乐"，只照顾到一般平仄、读来顺口、听来入耳，创立了一种新的诗歌形式。他从1959年开始，用'曲'的形式来庆祝党的生日和国庆十周年大典，反应很好。此后，他为反对侵略古巴、越南等地的帝国主义，为反对向我武装挑衅的外国反动派，为反对现代修正主义和霸权主义，曾多次试用'曲'作为愤怒声讨的工具，写了一些曲，觉得这样更能充分地表现当今的社会生活，写起来也得心应手，群众便于接受，也比较喜欢。如，揭露国际上帝修反的《某公三哭》等，都是利用曲的艺术形式写了国内外的尖锐政治斗争，表明了作者鲜明的政治立场。

在继续探索中，赵朴初感到既然可以不用"配乐"能写曲，能撇开种种"合乐"制定的传统曲律，那何必还一定非沿用传统的"曲牌"不可呢？于是他又尝试着自定调式、自定调名，自创了"自度曲"。赵朴初说，自度，就是自己制控，自己作词，"自度曲"的调名、字数、句数不受限制，用起来比较自由，便于表现新时代的生活和作者的情感。1990年返故乡太湖时，赵朴初就满怀深情地写了一首《自度曲》。此曲以简练生动的语言，热情讴歌了家乡所发生的巨大变化，表现了他关心家乡、热爱家乡，对家乡的一片深情，广为流传。

借鉴日本古老的诗词形式俳句，赵朴初创造了"汉文俳句"，名为"汉俳"。1982年3月20日，赵朴初为祝贺日本大西良庆长老108岁茶寿（日本人108为茶寿），就写了五首汉俳。此后，他常用此种诗体。这些"汉俳"日本佛教界和文化界以及其他各界的朋友，都十分喜欢，评价很高，日本为学习研究它还专门成立了"日本汉俳协会"。这是赵朴初在诗歌领域一项洋为中用的创举。

在中国古典诗词如何更好地译成外文的问题上，赵朴初亦有独到见解。他在为艾黎先生《英译李白诗选序》中称赞说："……（艾黎先生）完全摆脱了很多译者对中国诗歌题材与英国诗歌格调的拘泥，例如绝句列为四行，律诗必须列为八行，杂言句法参差错落之处也要设法作相应的凑合等等。艾黎先生丢开这些直接按照自己的特殊风格，用普通自然的口语把原诗的意思表达出来。这样，不仅避免了许多劳而无功的勉强牵合，并且实际可以用另一种方式来表现李白'清水出芙蓉，天然去雕饰'的特色。"在这里，赵朴初反对在翻译中国古典诗词方面的"硬译"，从而失掉不同语言的"等值"性，更失掉原始的韵味。

赵朴初经过多年的探索和创新，解决了用古体诗、词、曲的传统形式，写现代"三新"题材问题。这是对古体诗、词、曲的大解放，是对弘扬传统文化的一大贡献。

赵朴初的诗歌语言生动、感情深厚、书写及时、影响深远。这些诗词曲作品无论艺术性，还是思想性均为精品。每件作品都接地气、贴近实际，贴近生活，贴近群众，都是弘扬主旋律、提供正能量的佳作。随着国家对民族传统文化传承的重视，赵朴初的诗歌和诗歌理论将放射出更加灿烂的光辉，对中国诗坛的影响将越来越大。

四、翰墨广结善缘

享誉中外的诗人、书法大师赵朴初在社会各界好友甚多，海外道友也为数不少，国内外著名佛教寺院的高僧大德常常来访，凡是与他相见的人，几乎无一例外，都有一个强烈的愿望——得到他的一幅字。赵朴初为人慈悲善良，平易近人从来不推脱别人的请求。夫人陈邦织回忆说："他写字只需方寸之地，不必正襟危坐。在书桌上就研墨、铺宣纸，很多作品都是侧着身子临时写好就送人的，很少有作品自己留下，甚至连底稿备案都没有……他急活儿，总想用最短时间完成。"

早期，即便慕名而来素不相识的普通人请他写字，他都欣然允诺。随着工作日益繁重，年龄不断增长，体力越来越差，而各界向其求字的人却与日俱增。有时中国佛协教务部一天就可收到五六封求字的信或电话，对于一个多病的老人来说确实难以应付。

20世纪80年代初，他的体力尚好，甚至连旅馆、饭店、酒家的牌匾，只要有人求，从没拒绝过。1986 年 10 月，一个饭店的老板托他身边的工作人员，请赵朴初写一块牌匾。他没有写，而且写了一个便条，给身边的工作人员传看。便条上写着："饭店、酒家之类我一律不再写招牌了。请原谅。"从那以后，这类牌匾他就没再写过。

20 世纪 80 年代末，因不堪过多题字重负，赵朴初几次书面和口头要求中佛协教务部帮其减少题字数量。1989 年 8 月 19 日，他在教务部请其题写四川某大佛寺匾额的材料上批示说："各地佛寺要我写匾额的不少，我一般是答应写的。现在觉得写得太多了，一则应防'滥'，应该有所限制；二则自己年老事繁，应接不暇。今后为佛寺写匾额、对联事请教务部掌握，你们了解后，认为可写的，送给我写。这个大佛寺的匾额，我就不写了。"

1992 年 10 月 8 日，他又书面通知教务部："教务部，各地寺院要写匾额的，我从未拒绝过。今后请控制一下。因精力不堪应付。有些字已有复印的。"后来他又当面对教务部的人说："你们要帮我挡一挡。我现在要做的事情太多，天天都搞得很累，我都八十多岁的人了，还像年轻人一样工作，每天的工作做不完。求字的人有增无减，实在应接不暇。我现在很累很苦啊！……有些题字是很费时间的，要反复思索，要符合题写对象的身份、情况，不是一下就能写出的。1988 年，有人求我给'云南蒙自闻一多纪念亭'写副对联，我翻阅了不少闻一多的诗作和有关他生平事迹的材料，经过反复琢磨才写了出来。对联是：仰止高亭，永忆春之末章，粉碎琉璃，一生奋斗为民主；长吟遗作，忍看你的脂膏，泪流蜡炬，千秋不息向人间。"他接着解释这副对联说："比如上联吧，'仰止高亭'表示对闻一多纪念亭的敬仰，'春之末章'用的是闻一多的一首诗名，'粉碎琉璃'是从该诗'坍碎了一座琉璃宝塔一般'演化而来。把这句和'一生奋斗为民主'联系起来，整个上联颂扬了闻一多先生为国为民勇于奋斗，不怕牺牲的伟大精神。这说明题字有时是相当耗

文债

费精力的。"为此，1996年，已届90高龄的赵朴初写了一首小诗：

文债

漫云老矣不如人，

犹是蜂追蝶逐身。

文债寻常还不尽，

待将赊欠付来生。

一首4句28个字情真意切的小诗表现出他不能让求字者各个满意而归感到的遗憾与无奈，想到只有把此文债拖到来生再还了。

赵朴初深知为人题字的苦衷，所以，在这方面，他为自己或家人从没麻烦过别人。他与郭沫若、启功等著名书法大家都是至交，还为别人向郭沫若求过字。夫人陈邦织很喜欢郭沫若的字，一次她对赵朴初说："你经常见郭老，还为别人向他求过字，怎么就不为自己求几张啊？"赵朴初解释说："我替别人求就已经够麻烦郭老了，自己再求，岂不是更麻烦郭老了？还是算了吧！"

我国许多名山大寺和不少城市的标志性建筑物上及不少喜欢书法人士的家庭里都有赵朴初的字。古人云："书者，如也，如其才、如其学、如其风骨、如其为人。"欣赏他的书法作品可以受到多方面的启迪，是一种高尚的精神享受。然而，他从没给自己的家里写上几幅。一次夫人陈邦织对他说："你总是给别人写字，我们家里却一张都没有，你就不能写几张挂在咱家墙上，让我们也可以经常看到啊！"他漫不经心地回答说："好吧！以后我写了好的就留几张。"但是，直到逝世他也没有张嘴求朋友为自己写字，也没为自己家写几幅好的留传下来。

赵朴初身后留有《片石集》《滴水集》和《赵朴初韵文集》。出国访问，所到的国家大多留下他有纪念意义的诗文；国内视察，所到的城市、寺院、单位几乎都有他写的诗、词、楹联、匾额留在那里。他才华横溢、思维敏捷、成文迅速，走一路、写一路，高质、高产，凡眼见者无不十分钦佩。

1992年4月，赵朴初赴河南郑州、开封、洛阳、登封等地考查。4月12日他来到登封著名古刹少林寺。到各大殿参观时，老人走路缓慢、脸色苍白，显得十分疲倦，保健大夫立刻扶他坐下休息。缓解后，他来到接待室喝茶。过了十来分钟，寺里的知客便要求朴老留墨宝。随行人员见赵朴初累了，就对那位法师说："朴老今天累了，以后再留墨宝吧。"然而，那位法师仍很执著地说："朴老来一趟少林寺很不容易。今天见到朴老，我寺僧人都特别高兴，大家热切盼望您老人家能留下墨宝。"赵朴初听后笑着说："看来真是盛情难却呀，那就写几句吧。"寺内一个机警的小沙弥马上拿来笔、墨、纸、砚放在桌上。赵朴初慢慢站起，缓步走到桌前，提起笔，不到一刻钟便为少林寺写下四首诗：

少林寺（四首）

一

大勇立雪人，断臂得心安。

天下称第一，是禅不是拳。

二

十年面壁时，未曾动一指。

各有光明拳，问你如何使。

三

世若无惠能，宗风应早歇。

嵩山见六祖，佛法无南北。

四

少林宜多林，禅林松柏林。

还期十年后，来看万山青。

前三首讲了禅宗祖庭发生的动人故事以及禅和拳的关系。第四首一语双关地指出少林寺要发扬造林、护林的优良传统，希望十年后漫山遍野广植树木，一片葱绿；人才济济，学者如林弘扬禅法。在场者无不为一位85岁老人的敏捷才思和遒劲笔力交口称赞。

1994年4月，北京文物博物馆经一年多筹备即将举办"佛教美术展"。博物馆的人想：赵朴初是中国佛教协会会长、佛学专家、书法大家，这次美展如能得到他的一幅墨宝，无疑会锦上添花。于是派人和中佛协教务部联系，并告知写什么都行，内容请朴老自定。3月27日（星期天）教务部负责人来到赵朴初家说明此事。他听后高兴地说："搞佛教美术展很好，佛教美术是我国美术文化的重要组成部分，对我国美术的发展起了重要作用。譬如，甘肃的莫高窟中的雕刻和壁画非常精美，艺术水平很高。历代搞美术、雕塑的人都去那里学习。北京文物博物馆举办佛教美术展很好，我们应该支持，我写，明天就给你。"夫人陈邦织在一旁插话："后天你要去南京，许多事还没准备好，还有时间写吗？"赵朴初低头沉思片刻说："干脆，现在就写，走前忙起来别再忘了。"他立刻站在大条桌前研墨、铺宣纸，提笔写出条幅"无限奇珍供世眼，一轮圆月耀天心"。字体苍劲有力、条幅内容贴切，前后用时不足一刻，完活儿，对一位87岁的老人来说实属不易。

这里应该大书一笔的是，赵朴初与大西良庆长老等日本友人的诗歌唱答、楹联巧对已成为中外佛教文化交流史上千古佳话。他受日本俳句的启发创造了汉俳。赵朴初应为在中国写汉俳之第一人。

在改革开放初期的1981年，为振兴佛教并纪念弘一大师生平德业，中国佛教协会在法源寺举办"弘一大师书画金石音乐展"，赵朴初专门为此写了牟言（即前言）。牟言中说："大师以书画名家而为出世高僧，复以翰墨因缘为弘法接引资粮，成熟有情，严净佛土，功钜利博，润泽无疆，岂止艺事超绝，笔精墨妙而已哉。"用赵朴初评价弘一大师"翰墨因缘"的这段话反过来评价他自己同样准确精当。

五、当代中华道德楷模

"国无德不兴，人无德不立"是亘古不变的至理名言。

赵朴初一生丰富多彩，思想博大精深。他批判继承了中国古代多家，特别是儒、释两家伦理思想体系的精华，吸收了西方道德有益的成分，形成了自己高尚的道德和完美的人格。

老年作书用退笔

赵朴初逝世后，他的挚友雷洁琼在悼念文章中说："早在大革命时期他就立下了救国救民的远大抱负。"

立志是做人的开端，是成才的基础；志向要远大，要不达目的决不罢休。正所谓"无志之人常立志，有志之人立志长"。作为有志之人的赵朴初，爱祖国、爱人民，救国、救民的思想红线贯穿一生。

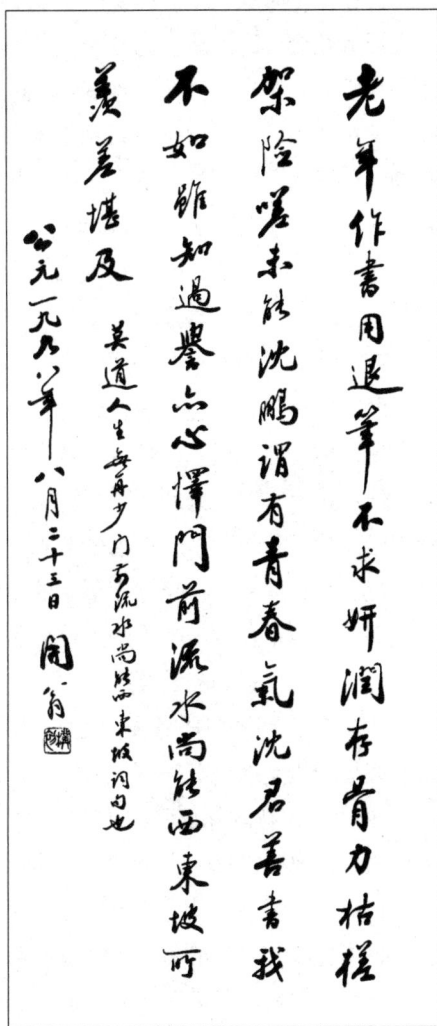

远在孩提时代，受到祖辈的影响、父母和私塾先生的教育，关心社稷民生，准备长大后为社会、为民族、为国家贡献一切，在幼小的心灵里便深深地扎下了根。通过读书和听大人讲述，抗倭英雄戚继光的"封侯非吾意，但愿海波平"，东林党人顾宪成的"风声雨声读书声声声入耳，家事国事天下事事事关心"，明末清初思想家顾炎武的"天下兴亡，匹夫有责"，虎门焚烟英雄林则徐的"苟利国家生死以，岂因福祸避趋之"等嘉言警句他已经烂熟于心，并决心以先贤为榜样做好事、做大事。

青年时代在上海，赵朴初由圆瑛大师点化皈依佛教。此后他把报四重恩作为自己行为准则。而报国土恩、众生恩就是要把国家的利益、人民的利益放在高于一切的地位。

在灾难深重的旧中国，通过亲身体验，他认定只有共产党才能救中国，所以共产党在做的事情赵朴初也在做，赵朴初所做的事情正符合共产党的需要。他因积极声援"五卅"运动而被通缉，抗击日寇他随僧侣救护队往往出现在沪淞战役最危险的阵地上，他不顾个人安危为新四军和游击队办少年无线电培训班，他千方百计把七百多名青年难民输送给新四军，他为争取民主、反对独裁和其他进步人士共同发起成立中国民主促进会，他在白色恐怖笼罩下的上海保护了大批地下党的干部，他冒着生命危险在上海为新四军和游击队采购大批装备和物资并千方百计安全运送出去……

热爱祖国，祖国的利益高于一切，是赵朴初一生遵从的最高道德准则。

1950年，朝鲜战争爆发，他发表多篇文章谴责美帝国主义的野蛮侵略行径，号召佛教徒积极支援抗美援朝、保家卫国，捐献"佛教号"飞机。

1959年，在国际反华势力的策动下，西藏发生反革命暴乱，赵朴初以中国佛教领导人的名义对新华社记者发表谈话，愤怒谴责达赖集团的叛国行径。

1961年3月，在印度纪念泰戈尔诞辰的集会上，有人突然发难颠倒是非攻击中国，赵朴初事先没有思想准备，但他镇定自若，走上讲台，怒斥卡比尔，捍卫了祖国尊严。

儒家的"仁者爱人"、佛家的"报众生恩"、墨家的"兼相爱"思想体现在赵朴初的身上就是一心一意地为大众服务。新中国成立前他以办慈善事业而闻名于上海滩。

1933年，他同关絅之一起创办上海佛教慈幼社，深得社会好评；1936年"八·一三"前大批难民涌入上海，上海佛教界成立"慈联会"救济难民，赵朴初任常务理事兼总干事，救济难民50多万；8月14日，设在上海大世界的临时难民收容所被炸，死伤1000多人，赵朴初和朋友吴大琨手拿小红旗舍生忘死救难民；1938年，河南省发生严重旱灾和蝗灾，他同净严法师联手筹集资金，救济了大批灾民；1940年他创办上海净业儿童教养院；1946他创办少年村……要知道，赵朴初当时并无分文工资，他的生活费用每月要靠母亲寄来。赵朴初这种"大慈大悲"、"克己奉公"甘为众生作奉献的无私精神是多么难能可贵呀！

　　中华民族自古很讲究"气节"，也就是俗话所说的"冻死迎风站、饿死不弯腰"、"不吃嗟来之食"的硬骨头精神。赵朴初面对日寇的威逼利诱，自己坚决不上贼船，还鼓动别人挺得住、不屈服。抗战时期，国民政府每月发给他两百块大洋的生活补贴，他认为来路不正，自己一分不用，全部作为公事开销，并留有发票。气得蒋介石大骂"娘希匹"。"文革"后期，"四人帮"追查"四五"运动的后台。赵朴初确实写过、还给别人改过不少悼念周总理的诗歌。有的人自己写的诗干脆签上赵朴初的名字挂在天安门广场的树枝上。在一次政协会议上，他坦然承认，并说，人同此心，心同此理，大家都真正从内心怀念周总理。他敢作敢当，表现了仁人志士身上固有的浩然正气。

　　赵朴初办慈善事业、做救济工作并没人去监督检查，可账目清楚，分文不错。关大姨分家所得三万大洋给了他，他自己半点不留，全部拿来办儿童教养院。母亲按月给他寄钱，他舍不得花，除留少许生活费外，也全部拿出来做慈善事业。新中国成立前后他所领导的"临救会"那么一个大摊子，钱过亿、物无数，可他去北京办事，还要向朋友吴企尧借路费，真正做到了"两袖清风，一尘不染"。经历"三反""五反"，不但证明赵朴初本人清正廉洁，而且整个他领导的团队无一贪污分子。正像唐代魏征所言"用一君子则君子皆至。"难怪周恩来总理欣喜地赞扬赵朴初是国家的宝贝，值得信任。

　　孔子得意门生曾参的"吾日三省吾身"、孟子的"反求诸己"、佛家的"自反"和"自净其意"都讲的是"自我检讨，纠正错误"。赵朴初终生"见贤思齐"、"自强不息"、积极进取，努力塑造自己理想的人格。他有一个小本子，名曰"自律格言"，上面积累了许多古今中外的名人名言，不时翻阅，对照先贤，找出自己的不足，与时俱进，使自己的人格、道德不断完善。为使大家共同进步，他还把自己积累的"自律格言"复印出来发给身边的工作人员、邮寄给亲属晚辈。甚至要求晚辈读后谈感想。其中两个外甥谈得很好，他很满意；一个侄子不以为然。他责怪："可叹！可叹！"

　　"自古忠孝不能两全。"赵朴初把封建社会对皇帝的"忠"变为对祖国、对人民的无限忠诚。一般情况下，祖国、人民和个人利益是一致的。但国家利益、人民利益同家庭利益、个人利益发生矛盾的时候，赵朴初选择的是无条件地服从国家和人民的利益。解放初为照顾老人，赵朴初把父亲和弟弟一家接到上海一起生活。他受陈毅市长的指派那时负责上海全市的人口疏散工作。按当时的政策，父亲赵炜如和弟弟一家应返回原籍。他毫无二话舍去亲情、维护政策，带头把父亲和弟弟一家送往安庆。

　　《诗经·小雅·蓼莪》写道："哀哀父母，生我劬劳。"《论语·学而》写道："事父母，能竭其力。"唐代诗人孟郊的《游子吟》中有"谁言寸草心，报得三春晖"

的名句。佛教讲报四恩，其中亦有报父母恩。在中国传统文化中"百德孝为先"。一个连父母都不孝敬的人很难想象会考虑民族、众生、国家的利益并为此而献身。用夫人陈邦织的话说："朴初是个大孝子"。他14岁离家，定期给父母写信，汇报自己的进步，让父母分享欢乐；母亲离世后，他把老父接到上海亲自侍奉，与父亲谈古论今、诗词唱和，使老人享受天伦之乐，以尽人子之责；工资制后，他每月拿出70元，供养老父、妹妹和弟弟一家，还经常给岳父、岳母家买东西，而自己只留五六元钱的生活费；三年困难时期，他把自己的特供食品全部寄给住在安庆的父亲……赵朴初虽为孝子，但对封建孝道中的糟粕，例如"父母在，勿远游""厚葬久丧""不孝有三，无后为大"等是不屑一顾的。他一贯主张厚养薄葬，亲人往生，按一般乡俗办理后事，绝不铺张浪费。

家庭中夫妇之间礼多于情、义多于爱、生育重于一切等极其不平等、不正常的关系是中华传统道德中的糟粕，应该予以扬弃。赵朴初坚决摒弃妻子对丈夫的从属地位。他与陈邦织是由志趣相同而走到一起的，两人生活上相互照顾、工作上相互支持、终生膝下无儿无女、相濡以沫半个多世纪。顺境中两人自然是高高兴兴地生活和工作，而特别时期更显真情的可贵。新中国成立前夕，在白色恐怖笼罩下的上海为革命事业出生入死的工作往往二人一同去做；"文革"中陈邦织担心赵朴初遭人暗算，每天上下班她都要亲自接送。传统文化的初级读物《幼学琼林》一书中说："夫妻和而家道成。"赵朴初一生为国家、为人民、为佛教作出重要贡献是与夫妻和睦、夫人的支持分不开的。

唐初诗人陈子昂在《座右铭》一诗中写道："兄弟敦和睦，朋友笃信诚。"意为"兄弟之间和睦很重要，朋友之间要讲究诚信"。赵朴初视自己的兄弟姐妹为手足，对他们献出无私的爱。小小的年纪，他用压岁钱为整日劳作的哑姐默买了一双手套，哑姐舍不得用，一直保存到离世。经济上他总是资助有困难的亲人。解放初，父亲和同父异母妹妹赵荣锦及弟弟赵署初一家来到上海，尽管生活困难，他还是坚持把小妹送到学校读书。兄弟姐妹谁家遇到难事总是找他商量，他也总是尽全力相助。赵朴初的慈悲之心岂止对待兄弟姐妹，他家的保姆顾阿调带着女儿来到他家，这本身就让常人难以理解，但老两口对待保姆像自己的女儿，对她的孩子像自己的亲孙女儿。保姆或他的女儿有病，赵朴初请大夫、买药，陈邦织亲自熬药，到医院陪护。保姆离世，赵朴初写诗悼念。保姆说："老两口是天下最好的雇主，赵爷爷和陈奶奶的恩情我们母女终生难报。"在他领导的中佛协，可以说所有法师和工作人员工作上都受过他的耐心指导、生活上都受他无微不至的关怀、经济上不少人得到过他的周济。他领导的中佛协成了一个欢乐、和谐的大家庭。

　　赵朴初老朋友很多，还特别喜欢和青年人交朋友。正像夫人陈邦织所说："他喜欢年轻人，自己没有孩子，喜欢年轻人围着自己，他对年轻人很平等，一点没架子，没有凶巴巴，总是嘻嘻哈哈的。"

　　1986年11月6日，赵朴初忽然构思成一副对联立刻写下来勉励自己："诚以待人花明月朗，敏以处事雷厉风行。"这是赵朴初终其一生为人处世的写照。对朋友他以诚相待，"一身正气、一身善气、一身和气"，谨遵佛陀"慈、悲、喜、舍"的教导，始终把国家、民族的利益放在第一位。他对父母尽人子之道、对兄弟姐妹有手足之情。上至国家领导人，下到平民百姓，老、中、青、少都可以成为他的好朋友。朋友无论身处顺境还是逆境，他都一视同仁。他甚至为一个出生不久的婴儿写了陶行知"每日四问"的条幅，嘱其父母等孩子长到8岁再拿给他看。一个90多岁的老人给了孩子多么深厚的爱、在孩子身上寄托了多么美好的希望啊！莫怪有人说："如果有佛的话，赵朴老就是当今的佛。"

　　赵朴初的嘉言懿行将永远被人们所铭记。他是当代中华民族的道德楷模。

第十九章

烈士暮年　壮心不已

一、喜迎香港回归

1997 年 7 月 1 日，香港回归，全国人民欢呼雀跃，世界瞩目东方。

身经清末、民国、新中国三个时期，年近 91 岁的赵朴初抚今追昔、心潮澎湃、感慨万千、豪情满怀。

为了这一天的到来，他长期开展和香港佛教界的友好交往，使香港和大陆佛教界和广大人民群众相互沟通、增进了解。他曾数次接待香港佛教代表团及其他友好人士来访，也曾六次率团访港，协助香港佛教界完成了多项善举，表达了老人家对香港佛教界和香港同胞的无比深情。

回归之日越来越近，每个中华儿女都以不同的方式庆祝这一天的到来：

有一位名叫胡孟祥的年轻人，身背自制的中国地图卷，创意并实施"情系港澳神州万里行"文化活动。在几年的"苦旅文化"征途中北抵漠河，南到天涯海角，东达图们江口，西至伊犁河谷，走遍了祖国的山山水水，拜访了数百位不同门类的艺术大师。一天，他在北京找到了宗教学家、诗人、作家赵朴初，为其摄影留念，并要求他亲笔在照片上题字。赵朴初挥笔写下"众星依北斗，灵景耀神州"十个字，充分表达了这位九旬老人对香港回归的豪迈之情。

1997 年 6 月 1 日下午 13 时 19 分 7 秒，香港著名爱国艺人柯受良为展示中华民族的凌云之志、中华儿女的爱国之心，驾一辆白色三菱跑车成功飞越雄浑壮美、气势磅礴的黄河壶口瀑布，飞跃距离五十多米，被称为"惊世一跃"，柯受良也成为名副其实的"亚洲第一飞人"。正在住院的赵朴初从报纸上得知这一消息，诗情在胸中激荡。恰巧中央广播电台来电话向其索要诗词，他在病房中马上铺笺、提笔写就一诗：

报载柯受良驾车飞越黄河，以庆香港回归。中央人民广播电台索诗，立书付之。

雄心驾重车，一跃过黄河。

不徒惊技艺，忠勇实足多。

东岸晋人舞，西岸秦人歌。

香港庆回归，盛事如星罗。

6月20日上午，香港回归前夕，正住北京医院的赵朴初不顾医生、护士、秘书的劝阻，兴致勃勃地来到中国佛教协会所在地——广济寺主持了"中国佛教协会在京理事喜迎香港回归座谈会。"

会上，他抑制不住内心的喜悦，高兴地说："从今年七月一日起，我国政府将对香港恢复行使主权，这是中国历史上一件具有划时代意义的大事，我们佛教界同全国各界同胞一样，为此感到骄傲和自豪。从五月下旬起，我每天写一遍林则徐《高阳台·焚鸦片词》。从四十多天前开始，一直写到回归那一天，以此表达喜悦心情。"这时，赵朴初拿出他预先工工整整抄好的一篇《高阳台·焚鸦片词》让大家看，并兴高采烈地一边抑扬顿挫地朗读一边解释：

玉粟收余，金丝种后，蕃航别有蛮烟❶。双管横陈，何人对拥无眠❷。不知呼吸成滋味，爱挑灯，夜永如年❸。最堪怜，是一泥丸，捐万缗钱❹。春雷歘破零丁穴，笑蜃楼气尽，无复灰燃❺。沙角台高，敌帆收向天边❻。浮槎漫许陪霓节，看澄波，似镜长圆❼。更应传，绝岛重洋，取次回舷❽。

待赵朴初朗读和解释完全诗，有人提议："林则徐这首焚鸦片词写得非常好，为便于学习，给与会者每人复印一份好吗？"话音一落，会场顿时响起赞同的掌声。赵

---

❶ 玉粟、金丝均指烟草。玉粟：罂粟也。金丝：吕宋烟草金丝醺也。"高阳台"这一词牌开头两句讲究对仗，所以用"玉粟"、"金丝"代指烟草。蕃航：指外（英）国船舰。蛮烟：指洋烟，这里特指鸦片，与一般烟草区别。

❷ 双管：指烟枪。因下句有"对拥"一词，故此处用"双"。对拥无眠，两人相对成夜（无眠）地吸食鸦片烟。

❸ "不知"句，不知不觉的吸上了瘾。不知，不知不觉的缩略语。呼吸：吸食。成滋味：成瘾。挑灯，这里特指点了鸦片烟灯。夜永：夜长。

❹ 堪怜：意同可怜。辛弃疾《破阵子》："了却君王天下事，赢得生前身后名，可怜白发生。"泥丸：指鸦片烟膏。捐万缗钱：损失许多钱财之意。捐：损失。万缗：极言其多。缗：原意为穿铜钱的绳子，亦指成串的钱。

❺ "春雷"三句，像春雷一样的炮声打破珠江口外零丁洋面的沉寂，敌people的气数已尽，就像死灰一样，再也燃烧不起来了。歘（音xu）破，突然打破。歘，突然。张衡《西京赋》："神山崔巍，歘从背见。"零丁穴：即零丁洋，在今广东珠口外。宋末文天祥被元军所追至此，作过零丁洋诗，有"人生自古谁无死，留取丹心照汗青"之句。鸦片战争前，英国的鸦片贩子曾用趸船和快艇抢占零丁洋面，进行鸦片走私。蜃楼：原指因光线折射出现在海面或沙漠里的幻景，这里借指英国侵略者的船舰。

❻ 沙头台，即沙头炮台。敌帆：敌人的船舰。收向天边：逃向远方。

❼ "浮槎"三句，我陪你乘船出巡，看海面上风平浪静，水面如镜，一片安宁。浮槎：原指竹筏、木筏，也可指船。这里名词用为"乘船"。霓节：原指古代使臣及封疆大吏所执持节，这里借指邓廷桢。霓：彩色的。

❽ "更应"两句，更应告诉那些远方的（烟贩），应该先先后后地回去了。传：传告，告诉。绝岛重洋，指远方。舷：船的两侧，这里代指船舰。

朴初笑着说："可以复印，可以复印！"

老人家喝了一口水，接着又说："大家都知道林则徐是爱国志士、英雄，而知道他是位虔诚佛教徒的人恐怕就不多了。林则徐每天诵念《金刚经》《阿弥陀经》《般若心经》《往生咒》《大悲咒》。他用工整的楷书把这几种经文写在一个小本子上，起名曰'行舆日课'。这就是说他出行坐在车上或坐在轿子里天天都要念这些经，这是许多佛教徒难以坚持的。"

听完几个与会者的发言，赵朴初又说："香港回归是一百多年来我国人民为之奋斗的目标，人们用不同的形式表达这一强烈愿望。清朝末年有一位爱国诗人叫黄遵宪，他到香港时写过一首诗：

> 水是尧时日夏时，衣冠又是汉宫仪。
>
> 登楼四望真吾土，不见黄龙上大旗。

这首诗里说，香港的一山一水，风土人情，全是中国的，用的黄历还是中国的夏历（阴历），人们的穿着也是中式服装，但中国大清王朝的黄龙旗却不能在管理机关的上空飘扬。这首诗充分表达了诗人对祖国失去香港的感慨和悲痛之情。民国以来的历届政府，乃至第二次世界大战后的蒋介石政府也曾在有关国际会议上向英国当局提出归还香港之事。但当时的英国首相丘吉尔只轻轻地摇了一下头就予以驳回，蒋介石也毫无办法，'弱国无外交'啊！回顾历史，中国有三次收回香港的机会，都因国势太弱而失去了。只有今天，我们国家强盛了，香港才能顺利回归。邓小平同志在香港回归问题上是有很大功劳的。他同撒切尔夫人的那番谈话，说得多么好啊！小平同志曾说，香港回归时，他哪怕坐轮椅也要亲眼去看看，可是他没等到这一天就逝世了。'一国两制'、'港人治港'、'高度自治'都是邓小平同志讲的，我们称为'伟大构想'，这保证了香港的顺利回归和回归后的繁荣稳定，真是了不起！我也为香港回归填了一首词，朗诵给大家听。"接着，他抑扬顿挫地朗诵起来：

> 澄波似镜长圆，如今正合林公语。贩毒蕃航，收向天边去。　　远虑精思，光焰辉千古。紫荆花长伴五星旗，教重洋翘首观吾土。

赵朴初对自己所作的词解释说，词中的"远虑精思，光焰辉千古"，讲的就是邓小平同志"一国两制"的伟大构想。词的最后两句"紫荆花长伴五星旗，教重洋翘首观吾土"，是和林则徐的，也是答复黄遵宪的。其意是说，7月1日英国旗降下来了，我们的五星红旗要升上去。香港有它的区旗，上面有紫荆花，紫荆花有五个花瓣，每个瓣里有一个红星，旗子也是红的，而紫荆花是白色的，那就表示"一国两制"吧。所以我说"紫荆花长伴五星旗"。"教重洋翘首观吾土"，"重洋"指西方国家，意思是说今天让西方国家仰起头来看看我们回归祖国后的香港吧！

接着，老人家欣喜地对与会者说，7 月 1 日，香港佛教界将要举办大型的庆祝活动，香港佛教联合会会长觉光法师已向我会发来邀请函，我们要派大型代表团前往祝贺。

6 月 24 日，中共中央统战部、全国政协民族宗教委员会和国务院宗教事务局在北京联合举办"首都宗教界喜迎香港回归座谈会"，会议由统战部副部长李德洙主持，全国政协副主席、中国佛教协会会长赵朴初在发言中同样讲到林则徐虎门销烟的正义之举，慷慨激昂地为大家朗读他的焚鸦片词。中国佛教

1997 年 6 月 24 日，91 岁高龄的赵朴老在首都宗教界喜迎香港回归座谈会上朗诵他书写的林则徐焚鸦片词和他的和词

协会还向与会者展示了十世班禅大师逝世前用藏文书写的条幅"喜迎香港回归祖国"。

6 月 30 日，中国政府代表团赴港出席香港政权交接仪式前夕，党和国家领导人为代表团送行。赵朴初作为国家领导人带病出席了在人民大会堂举行的送行仪式。江泽民在讲话中说，香港回归祖国，是永载中华史册的民族盛事。中央决定组成具有广泛代表性的代表团赴港参加庆祝活动。

欢送仪式结束，赵朴初从人民大会堂回到医院病房，心情久久不能平静。他抚今追昔、感慨万端，一首诗油然而生：

自度曲·香港回归和林则徐焚鸦片词

归字谣

庆祝香港回归

归，百载阴霾逐浪飞。香水海，共仰五星旗。

华，吾土庄严还到家。港人治，月耀紫荆花。

7月1日，香港佛教界组织广大四众弟子隆重举行庆祝香港回归祈福法会，这是香港佛教界有史以来组织的规模最大的活动。与会者有来自中国大陆和新加坡、马来西亚、泰国、斯里兰卡、美国及香港地区各大寺院的千余名高僧大德和四万名信徒，共同为香港繁荣稳定、世界永久和平诵经祈福。中国佛教协会派出了以明旸法师为团长、一诚法师为副团长、圣辉法师为秘书长的大型代表团，参加祈福法会。中国代表团规模之大、威仪之好、唱念之洪亮受到香港各界一致好评。这一切都应归功于赵朴初对组团的精心指导和赴港后的周密安排。代表团出发前，他亲自会见大家。

为庆祝香港特区政府决定自1999年起将每年农历四月初八佛诞节定为全港居民公共假日，香港佛教联合会迎请佛牙舍利赴港供奉。1999年5月22日，香港佛教界举行迎请释迦牟尼佛牙舍利瞻礼大会，赵朴初会长与香港特区行政长官董建华、新华社香港分社社长姜恩柱、国家宗教事务局局长叶小文、香港佛教联合会会长觉光法师同时按下电钮，为瞻礼大会亮灯

在祈福法会上，明旸法师代表因病未能来港的赵朴初会长向大会表示祝贺、向香港佛教联合会赠送锦旗、赠送 97 册由赵朴初倡印并题签的《林文忠公写经》、赠送 97 枚由中国佛教协会发行的香港回归纪念章。明旸法师还代表他向多年来为香港回归和与中佛协进行友好交流作出贡献的觉光法师等高僧大德一一表示问候和致谢。

代表团回京后，赵朴初会长听了详细的汇报。他高兴地说："香港回归是我国的特大喜事，举国欢庆，举世瞩目。在我们国家，不论哪一个民族，不论从事哪一种行业，也不论尊奉哪一种信仰，只要是中国人，是爱国的中国人，无不为香港回归而自豪，都会以各种不同形式表达喜悦之情。"

一个年逾九旬的老人，在香港回归的日子里带病出席各种庆祝活动，写诗、填词抒发豪情壮志，赤子之心苍天可鉴，爱国之情令人景仰。

二、心系祖国统一

众所周知，中华佛教文化是架通海内外炎黄子孙之间彼此了解、相互沟通、共同发展的重要桥梁。身为中国佛教协会会长的赵朴初，始终关心祖国的和平统一大业，积极开展与港、澳、台佛教界的友好交流与联系。与澳门、台湾佛教界的来往虽因各种缘故起步较晚，但扎扎实实，富有成效。

澳门佛教文化是中华佛教文化不断向澳门传播和影响的结果，二者之间有着密不可分的关系。中国大陆迎来改革开放的新时期，1979 年，香港宝莲禅寺组织了一个佛教代表团到内地参访，代表团成员中就有澳门著名高僧、菩提禅院住持智圆法师、健钊法师等人。这是自 1949 年新中国成立以来，澳门佛教界首次派人访问大陆。自 20 世纪 80 年代起，澳门与内地间的佛教交流活动日渐频繁。1996 年，澳门佛教代表团来京拜访中国佛教协会，受到赵朴初的欢迎与宴请。1999 年 5 月 25 日，92 岁的赵朴初随佛牙舍利赴港供奉中国佛教协会送迎团顺访澳门，受到澳门佛教总会初慧、健钊、心慧等法师的热情接待。

赵朴初时刻心系台湾法门兄弟。

1982 年 2 月，佛教临济宗第 52 代传人弘川法师从台湾回大陆定居。弘川法师，1927 年农历六月初九生于河南省偃师市岳滩乡后堤村一个贫苦农民家中，俗名王金城，1953 年自军中退役，翌年在台湾高雄县大岗山超峰寺依开照老和尚披剃出家，法名弘川。1984 年 8 月，他冲破层层阻力，毅然乘飞机从台湾经香港回到祖国大陆，被赵朴初称为"中国第一爱国僧人"。赵朴初在百忙中热情地接待了他并同他进行了友好的交谈，为他安排赴全国各地参访。他回国当年便由赵朴初会长推荐任河南白马寺首座。1987年，法师当选为中国佛教协会理事，由赵朴初会长安排到河北工作，次年夏当选为河北省佛教协会副会长，任正定临济寺首座，并当选为河北省政协常委。

弘川法师回归祖国大陆后的最大功绩是修复普彤寺。1992年，由赵朴初推荐，南宫市政府邀请，弘川法师到普彤寺主持工作。不久，他曾给赵朴初写信汇报工作，请求资金支持。信中有"从普彤塔原址发掘出南北朝到明朝的铜铸佛像44尊"、"保护佛教文物，资金困难，恳请朴老及中国佛协慈悲，给予大力支持"等话语。赵朴初接信后，立即指示工作人员："我会再困难也要大力支持。"不久，中佛协为其寄去人民币5万元。在弘川法师的领导下，经十多年的艰苦努力，普彤寺——这一名副其实的中华首刹大放异彩。1996年，法师当选为邢台市佛教协会会长，2001年兼任邢台市净土寺住持，2004年圆寂于南宫市普彤寺。

1994年9月，赵朴初在北京广济寺与来大陆访问的台湾当代佛学泰斗印顺法师亲切会面

1989年春，应赵朴初之邀，星云法师率台湾"国际佛教促进会"赴大陆弘法探亲访问团来访，受到赵朴初和中国佛教协会的热情招待。在京期间，时任国家主席杨尚昆和全国政协主席李先念亲切接见了他们。1994年9月，当代佛学泰斗印顺法师以88岁高龄来大陆参访，事先未通知中国佛教协会就坐着轮椅由几位居士陪同来到广济寺。当有一法师发现马上向会里有关人员作了报告，有关人员又通知正在全国政协开会的赵朴初，赵朴初立即从会场出来赶到广济寺热情迎接，两位久未见面的同参道友进行了长时间的亲切交谈。事后，赵朴初语重心长地对身边工作人员说："印老这个人很了不起，早年他随太虚大师投身近代佛教复兴运动，曾先后于闽南佛学院、武昌佛学院、汉藏教理学院任教。曾担任过香港佛教联合会会长，后来赴台弘法。他深入教海，精通三藏，造诣很深，著作颇丰，是当代佛学泰斗、文化巨匠。他也是'人间佛教'的倡导者和实践者，在两岸佛教界影响很大。我们祈望这位老人健康长寿。"

对台湾佛教界所提出的要求，赵朴初竭尽全力给予满足。1998年，台湾佛教界提出迎请玄奘法师顶骨舍利赴台供奉的请求，赵朴初会长在中佛协多次主持开会，反复研究具体实施办法，还多次亲自向上级有关部门汇报、和下面有关部门协商，为这一善举付出不少心血。1998 年 9 月 25 日，以世界佛教僧伽联合会会长、台湾玄奘大学董事长悟明长老为名誉团长，世界佛教僧伽联合会副会长、台湾玄奘大学创始人了中法师为团长的台湾三藏法师舍利奉迎团一行 198 人来北京访问。赵朴初十分重视，于 9 月 26 日晚在人民大会堂设素宴款待。宴会前，赵朴初偕夫人陈邦织、国家宗教事务局局叶小文局长、杨同祥副局长等人亲切会见了悟明长老、了中法师，及副团长净良法师、明乘法师、今能法师，首席顾问郭俊仁居士等代表团领导人。

在欢迎宴会上，赵朴初致辞说："今天，我们中国佛教协会为以悟明长老、了中法师为首的台湾迎请玄奘法师顶骨舍利代表团来访举行盛大的欢迎宴会，我代表中国佛教协会和我本人向各位来宾表示热烈欢迎！特别是同我们阔别半个世纪的台湾高僧悟明长老首次回来访问表示由衷的高兴和热烈的欢迎……"

悟明长老在答谢辞中说："今天来大陆见到赵朴老，又参加如此盛大的宴会，我感到十分高兴。是迎奉玄奘舍利的因缘，使我们能与赵朴老及各位大德在北京相见。我感到既欢喜，又痛苦。欢喜的是阔别五十年后，还能与赵朴老有缘相见；痛苦的是我现在仍然漂泊在外。希望借观音菩萨大慈大悲的力量，使我们两岸早日统一，一道弘扬佛法。"

了中法师讲话说："今天参加这个宴会，心中充满无量的欢喜和深深的感谢。欢喜的是我们多年来迎奉玄奘三藏法师舍利到台湾玄奘大学供奉的愿望即将圆满实现；深深感谢帮助我们成就这一心愿的赵朴老和中国佛教协会。"

此后，两岸佛教界来往日益频繁。可以说，在构建两岸和谐气氛，使两岸关系发展沿着正确轨道前进，两岸佛教界功不可没。

1989 年 9 月 25 日，赵朴初与叶小文局长在人民大会堂会见台湾玄奘三藏法师舍利奉迎团一行

1999 年 9 月 21 日凌晨一时，台湾发生 7.6 级强烈地震，2321 人遇难，8000 余人受伤，财产损失巨大。赵朴初会长和全国佛教四众弟子感同身受。他指示中国佛协向台湾佛教界、诸山长老发了慰问电，对在地震中不幸遇难的台湾同胞表示沉痛哀悼，对受灾同胞、遇难者家属、佛教界同仁致以亲切慰问。中国佛教协会首笔赈灾捐款很快通过中国红十字会送达受灾地区，帮助台湾受灾同胞克服困难、早日重建家园。

李登辉自 1988 年 1 月上台后，逐步抛弃一个中国的政策，与岛内"台独"势力沆瀣一气，千方百计进行分裂活动。1999 年，即将于 2000 年 5 月下台的他，出版了《台湾的主张》一书，鼓吹把中国分成七块各自享有"充分自主权"的区域。接着，又公然将两岸关系定位为"国家与国家、至少是特殊的国与国的关系"。

李登辉逆世界和平潮流而动，悖中华民族统一意志而行，公然鼓吹"两国论"，已届耄耋之年而又久卧病榻的赵朴初仍然郑重发表谈话，严厉谴责其谬论，直至生命垂危，还念及台湾老友故旧，心系祖国统一大业，赤子之情令人起敬。

"两国论"一出台，便引起两岸华人的强烈反对。7 月 16 日，中国和平统一促进会第六届理事大会在北京闭幕。与会的两百多位理事以极大义愤痛斥李登辉提出"两国论"妄图分裂祖国的政治本质，一致通过了《李登辉分裂祖国的阴谋不能得逞》声明。赵朴初获聘为中国和平统一促进会顾问。

自从 20 世纪末，日本右翼势力，不断挑起"钓鱼岛之争"，具有强烈爱国情怀的赵朴初看在眼里，气在胸中。他认真研读太高祖赵文楷的遗诗，从中寻找钓鱼岛属于中国的历史证据。1992 年，他曾给同为全国政协副主席而负责外事工作的王任重写有一信，全文如下：

任重同志：

关于钓鱼岛的领权问题，我国掌握的史证很多，而近来日本人又提出争议。我想起我的太高祖父赵文楷（字介山）于 1800 年出使琉球册封琉球国王时，曾有一卷《槎上存稿》诗集。集中从福州开船，过五虎门，过钓鱼台（即钓鱼岛）皆有诗。过了钓鱼台之后的一首诗才说："手持龙节向东指，一别中原今始矣"，明明指钓鱼岛在当时国人心目中的"中原"之内，甚至谈不上边界地方。

这也可以当做一件历史证明。特此提供您参考，并转有关方面参考。

顺致敬礼

赵朴初

后来，赵朴初也把先人遗留资料寄给江泽民同志，证明钓鱼岛自古属于中国。

三、揭批"法轮功"

邪教在世界不同地区、不同历史时期都时有滋生。

1992年，"法轮功"鬼影出现，李洪志以"最高佛法"相标榜，肆意歪曲、污蔑、盗用佛教名词术语，其无耻行径引起佛教界的广泛注意和强烈不满。

陈星桥居士是中国佛教界同李洪志及他的"法轮功"邪教斗争的杰出代表。在斗争中他一直得到赵朴初的大力支持。1994年，他在黑龙江省哈尔滨市担任省、市两级佛教协会副秘书长的时候就与法轮功有所接触，还亲自听过李洪志所谓的"讲法"。基于对佛学知识的积累，他很快发现"法轮功"集伪气功与伪佛法于一身，是当时中国大陆气功热中出现的借气功敛财，把气功宗教化、巫术化的一个典型。李洪志既借用佛教又歪曲、贬损佛教，欺骗、愚弄法轮功练习者，伤害广大佛教徒的感情，在群众中制造混乱。他运用自己掌握的佛教知识，分析了李洪志是如何盗用、歪曲、篡改佛教名词术语，神化自己，胡编滥造歪理邪说的，从而得出结论：法轮功是一种具有民间宗教特点的"附佛外道"，站在佛教的角度看，它是一种邪教。于是，他写出《还法轮功本来面目———一种新型的民间宗教》一文。1996年9月，他给时任国家宗教事务局政策法规司司长的段启明写了一封信，并附上他这篇研究法轮功的文章，提请政府有关部门多关注法轮功的问题。与此同时，他将该文也寄给了中国佛教协会综合研究室主任徐玉成先生，请他报送赵朴初会长审阅，希望能在佛教刊物上发表。徐玉成看后，打算在《研究动态》上发表陈文。按陈星桥的要求，他把该文报赵朴初审阅，以决定是否刊发。赵会长阅后，充分肯定了陈星桥对李洪志及法轮功的看法，同意在《研究动态》发表，还在文前批示，刊登前请佛学专家、中国佛教文化研究所所长吴立民先生一阅。该文在《研究动态》发表后，引起各界广泛关注，反映很好，一些参与法轮功但中毒尚未很深的人认清了李洪志及其法轮功的真实面目，纷纷退出。此后该文经作者修改、补充，赵朴初过目，连载于《法音》杂志1998年第三期至第四期上。这是第一篇系统揭露和批判法轮功邪教有分量的文章。

赵朴初非常重视中国佛教界对法轮功的研究。鉴于受骗者多，而且其中不少是高级知识分子，他特别要求佛教文化研究所组织撰写正面宣传佛教知识和佛教气功的文章。根据赵会长的要求，陈星桥居士先后写了《佛教"气功"概说》和《佛教"气功"参考书概观》，分别发表在《法音》杂志1977年第一期至第十二期上。

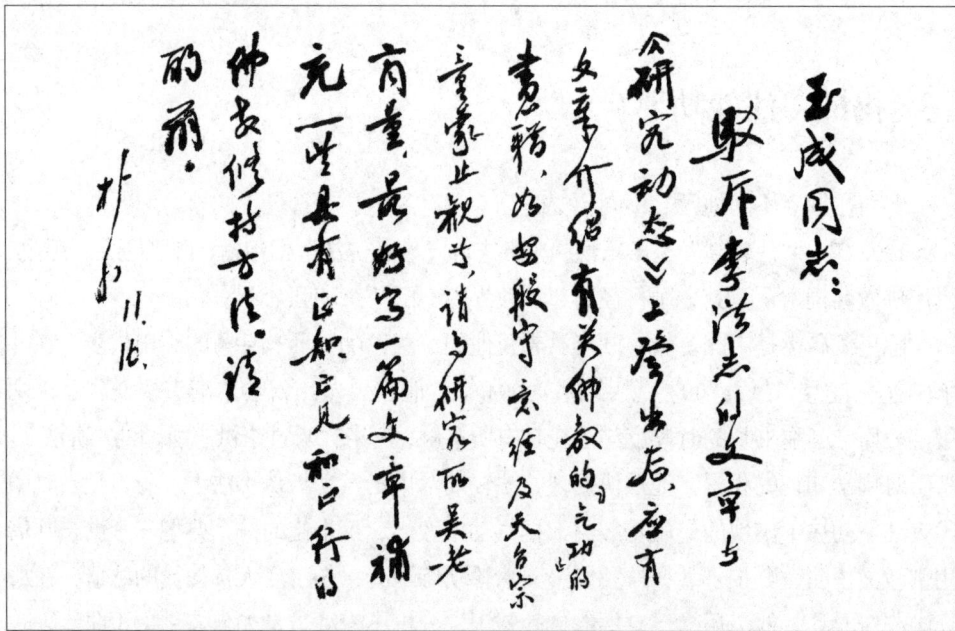

为揭批"法轮功",赵朴初写给玉成同志的信

"法轮功"的斑斑劣迹引起赵朴初的高度警觉。1996年11月他在《还"法轮功"本来面目——评李洪志〈转法轮〉及其"法轮功"》这篇文章上批示:"佛教界要多刊文章,使众人看穿'法轮功'的真实面目。"11月24日和25日,赵朴初在连续写的两封信中提出,"法轮功"是个大问题,不仅要从宗教的角度,还要从维护社会治安的角度考虑"法轮功"现象。11月28日,赵朴初又提出对"法轮功"问题"要组织座谈,付诸公论",并斩钉截铁地说:"'法轮功'是一种邪教。"这是赵朴初首次明确判定"法轮功"为邪教。12月7日,他给中国佛教协会研究室送去一本《转法轮》并附有一封长信。信中写道:"对'法轮功'光是取缔还不够,还需以理催伏其谬论。"此时,赵朴初不仅坚持"法轮功"是邪教的观点,而且提出取缔"法轮功"组织,深入揭批其荒谬论点的必要性。

1998年元月,根据赵朴初会长的建议,中国佛教协会召开了针对"法轮功"邪教的座谈会。会上佛教界人士和有关方面的专家、学者对"法轮功"进行了深入剖析,进一步明确了"法轮功"是"附佛外道",是彻头彻尾、彻里彻外的邪教。在"法轮功"邪风愈刮愈烈之时,这次会议再一次表明了佛教界在赵朴初会长的领导下与李洪志及其创建的邪教"法轮功"势不两立的立场和斗争到底的决心。

同年 6 月，由陈星桥居士编写，经赵朴初审阅的《佛教气功与"法轮功"》一书由国家宗教事务局所属宗教文化出版社出版，并登上国际互联网。这本书通过大量无可辩驳的事实明确指出："法轮功"充满虚伪和谬误，自相矛盾之处比比皆是，而李洪志篡改、盗用现行宗教气功的有关内容而又肆无忌惮地大肆贬低、指责现行宗教的气功。他片面强调科学的局限性和当代社会危机，其目的无非是想让人们无条件地服从他，拜倒在"法轮功"的旗下。文章最后的结论是，如果任其发展下去，必将产生四大危害：

（一）有害于科学气功的健康发展；

（二）有害于宗教界的团结和稳定；

（三）有害于我国的改革和开放及对外交往；

（四）有害于人民群众正常的生产、生活秩序。

这本书不啻投向邪教"法轮功"的一枚重磅炸弹，引起李洪志一伙的极度紧张和恐惧。"法轮功"的一批骨干分子策动痴迷者告状、上访、写恐吓信、造谣污蔑、无理纠缠，卑鄙伎俩无所不用其极。在法轮功被取缔之前，中国佛教协会、宗教文化出版社及与批揭"法轮功"的有关人士共收到威胁恐吓信件六百余封。一个"法轮功"的骨干分子甚至扬言筹集 100 万资金将出版社这本书的库存全部买下、予以焚毁。

1999 年 7 月，中共中央作出坚决处理和解决"法轮功"问题的决定。7 月 22 日，民政部宣布"法轮大法研究会"及其操纵的"法轮功"组织为非法组织，依法予以取缔。7 月 29 日，公安部向全国公安机关发布通缉令，公开通缉自任邪教组织"法轮大法研究会"会长的李洪志，并通过国际刑警组织中国国家中心局向国际刑警组织各成员国国际协查通报，缉拿李洪志。

中国政府解决"法轮功"问题所采取的措施受到全国广大人民群众的热烈拥护。

8 月 1 日，耄耋之年而又久卧病床的赵朴初高兴地对新华社记者就中共中央关于处理"法轮功"问题的决定发表谈话。他说："我坚决拥护中共中央关于处理'法轮功'非法组织的决定。这个决定是十分必要，非常及时，完全正确的。这是一件大快人心的大好事，它为人民消除了一个大祸害，为国家消除了一个大隐患，为社会割掉了一个大毒瘤，为科学扫除了一个大障碍，为佛教消除了一

2001 年 2 月 26 日，在人民大会堂举行的表彰大会上，中国佛教协会荣获同"法轮功"斗争先进集体称号

个最大最毒的附佛外道。这是我们党和国家在思想政治战线上的一个伟大胜利。"

2000 年 5 月 21 日，赵朴初会长舍报西归，但佛教界和全国人民与法轮功的斗争远未结束。

新世纪的第一个春天，蒸蒸日上的中国"两会"正在北京召开。赵朴初的学生、中国佛教协会副会长释圣辉法师代表宗教界在神圣庄严的人民大会堂就"法轮功"问题发言说，正信佛教与"法轮功"邪教有天壤之别。一为慈、悲、喜、舍，关怀众生；一为戕害生命，危害社会。佛教教人慈悲不杀，邪教诱人纵火焚身。佛教教人知恩报恩，邪教诱人六亲不认。佛教教人以社稷为重，邪教教人"挟洋以自重"。不知邪教教主李洪志犯下的滔天罪行，自己将如何"消业"？

与此同时，中国佛教协会向全国佛教界发出公开信。信中说，应继承朴老遗志，为海潮音、为狮子吼、为金刚怒，积极投身反对"法轮功"的斗争。

附佛外道"法轮功"已经成为全世界佛教徒的公敌。台湾的星云法师在 2006 年主持召开的世界佛教徒联谊会第二十三届大会上通过的《十项宣言》即指出："维护正法，反对'法轮功'窃取佛教法轮之名，做危害佛教之事。"并要求全世界佛教徒"共同正视并声讨'法轮功'。"不少国家的佛教组织反对"法轮功"在本国注册。

中国内地的"法轮功"组织已经土崩瓦解。在国外李洪志及其邪教虽然作为国际反华势力的走卒得到主子各方面的关照，但因其本来面目逐渐被人认清，连西方报纸都不得不哀叹："'法轮功'正在泡沫化和边缘化。"

随着时间的推移，人们越来越认识到赵朴初在"法轮功"出现的起始阶段对其批判所表现出的远见卓识和超人的勇气。2007 年 11 月 6 日，中国佛教协会会长一诚法师在纪念赵朴初同志诞辰 100 周年座谈会的发言中指出："20 世纪 90 年代，邪教'法轮功'肆虐中国大地，气焰极为嚣张。朴老以当代维摩的大智大勇，在 1996 年 11 月 20 日就一针见血地指出'法轮功'是一种邪教，并运筹帷幄、高屋建瓴地领导佛教界对'法轮功'的批判、斗争。从 1996 年 11 月 16 日至 1996 年 12 月 7 日的 21 天中，年事已高、体弱多病的朴老，就'法轮功'问题连续写了一次批示、五封信，不但揭露了'法轮功'的邪教本质，还明确指出，对于'法轮功'光是取缔还不够，还要以理摧毁其谬论，才能有效。可谓高瞻远瞩、一语中的。而这一切都是在 1999 年 7 月中央宣布'法轮功'为非法组织、决定予以取缔之前，所需要的不仅是远见卓识，更需要的是非凡的胆略和超人的勇气。这种胆略和勇气来自朴老一生一以贯之的至大至刚、至坚至利的金刚精神。"

四、怒斥北约暴行

1999 年春天，92 岁，因病住北京医院的赵朴初心情很不平静。

3 月 25 日，以美国为首的北约绕开联合国安理会，开始对一个主权国家——南斯拉夫联盟共和国进行空袭，南联盟的七个地区的 20 多个军事目标被击中，科索沃战争爆发。

科索沃战争爆发的消息使这位终生奉行慈、悲、喜、舍，爱憎分明的佛教徒非常义愤。他对身边的工作人员说："冷战结束后，北约未经联合国授权悍然发动战争，军事干涉一个主权国家，在国际关系中开了一个非常恶劣的先例。按照他们的逻辑，今后想打谁就可以打谁。"后来的历史证明了老人预见的正确。2003 年 3 月 20 日开始到 2011 年 12 月结束，历时七年的伊拉克战争和 2011 年的利比亚战争就是科索沃战争模式的再现。

赵朴初密切关注事态的进展，每天坚持听中央人民广播电台的有关报道，看《人民日报》的有关消息。

5 月 8 日凌晨 6 时，位于贝尔格莱德市中心的中国驻南斯拉夫联盟共和国大使馆遭到北约飞机轰炸。从美国本土密苏里州怀特空军基地起飞的 B-2 轰炸机，投出五颗精确制导武器，毫无偏差地击中了新贝尔格莱德樱花路 3 号的中国使馆。新华社记者邵云环、光明日报记者许杏虎和朱颖当场遇难，二十余人受伤。

赵朴初一遍遍听广播、一遍遍看报纸，悲愤的心情难以平复，往日正常的午休时间难以入睡，北约的暴行深深地刺痛了老人那颗慈悲、善良的心。

5 月 8 日下午开始，我国各界对以美国为首的北约暴行的声讨一浪高过一浪，全国各大中城市的学生不断举行游行示威，工厂、农村、群众团体纷纷举行座谈会强烈谴责美国的霸权主义行径，坚决拥护我国政府的严正立场，通过多种形式向美国驻中国大使馆发出抗议信和抗议电。

北京各大高校的学生手举"反对霸权、反对侵略"、"捍卫主权、还我使馆"等横幅，高呼"坚决拥护我国政

1999 年 5 月 10 日，中国佛学院师生前往美国驻华大使馆抗议北约暴行

府严正声明"、"最强烈地抗议以美国为首的北约轰炸我驻南斯拉夫大使馆"等口号到美国驻华使馆门前示威,表示强烈愤慨和抗议。这时,素来慈悲善良的佛门弟子——中国佛学院的师生也按捺不住愤怒,要求上街游行。赵朴初院长得知后,明确表示:"北约暴行令我佛学院师生无比愤怒,他们上街游行,我坚决支持……佛学院学生要拿抗议的旗帜和佛教旗帜。我九十多岁了,无法参加游行,但我认为,以美国为首的北约的暴行天理难容,我们应当游行,表达我们的愤怒。我们宗教界是爱好和平的,是坚决反对战争的,我的话代表全国佛教徒的共同心声。"

一周后,中佛协举行干部职工座谈会,赵朴初从医院赶回参加。他在会上说,在中国传统文化里,素有"霸道""王道"之说,"以力服人者霸","以德服人者王"。以美国为首的北约狂轰滥炸一个主权国家南联盟,又炸毁中国大使馆,这是典型的不折不扣的霸权主义行径。当今的世界,美国到处插手,谁不听他的就把谁当成眼中钉、肉中刺,想打谁就打谁,想制裁谁就制裁谁,所依靠的还不是它强大的经济和军事实力!一个世纪以来,美帝给中国人民带来的流血牺牲太多了,现在又用我们的鲜血给我们上了一课,其教训是:"落后就要挨打,国弱就会受欺。"从而使我们更加领悟到小平同志提出的"发展才是硬道理"的伟大和正确。要让历史悲剧不再重演,必须尽快提高我们的综合国力,使我们的国家尽快真正强大起来!

"使我们国家尽快真正强大起来!"这是一位中国老人留给后人的最大希望。

五、"黄金纽带"构想

赵朴初晚年对国际佛教友好交流的特殊贡献体现在他提出的"黄金纽带"构想。

何谓"黄金纽带"?黄金者,贵重之物也。纽带者,联系之物也。在不同时期,佛教传入不同国家,但它都保有相同的价值观、而且由于长时期的弘传,所以有广泛的覆盖面、强大的影响力。它能将这些国家,具体讲就是中国、韩国和日本紧密联系起来,促进沟通、增进了解、加深友谊。所以佛教是中、韩、日三国间宝贵的联系之物,冠名曰"黄金纽带"。

佛教界的合作与交流是中、韩、日三国文化交流史上重要的核心内容之一。

中韩佛教界的交流较之中日之间有着更加悠久的历史。远在公元 4 世纪后期,中国南北朝时期,朝鲜半岛上的高句丽就接受了中国北朝佛教的影响,而南部的百济则接受了南朝佛教的影响,新罗虽从 5 世纪才从中国传入佛教,但后来居上,发展很快。

中国代表团名誉团长赵朴初
居士、韩国代表团团长宋月
珠长老、日本代表团名誉团
长中村康隆长老紧紧握手，
象征中韩日三国佛教"黄金
纽带"关系牢不可破

公元 7 世纪中叶，新罗统一朝鲜半岛，中韩佛教的交流进入一个全盛时期，佛教在朝鲜半岛得到发扬光大。现在韩国佛教有 26 个宗派，寺庙 9200 余座，信众 1100 万，占全国人口的 1/5 强。

关于日本佛教的传入，《日本书纪》一书记载始于飞鸟时代。公元 552 年（日本钦明皇帝 13 年）有百济圣明王赠予释迦牟尼文佛金像与经论，日本佛教开始。但亦有记载，这之前中国大陆南梁人司马达东渡扶桑给日本带去佛教。隋唐时代是中国封建社会的鼎盛时期，政治稳定、经济繁荣、文化辉煌。当时的中日文化交流以佛学最为活跃，双方人员来往不断，其特点是中国佛教向日本传播，而鉴真东渡是典型的代表案例之一。后来日本佛教加速本土化，广泛弘传，至今以形成 13 宗、56 派，信众达 9000 多万，占全国人口的 67%。

所以赵朴初说："从历史渊源看，三国佛教界有着深厚的亲缘关系和悠久的传统友谊，如果打个比喻的话，中国是母亲国度、韩国是哥哥、日本是弟弟。"

1993 年 9 月 28 日，赵朴初访问日本，素以宗派林立、互不隶属的日本佛教界联合起来，为中国佛教协会成立 40 周年举行庆祝活动，韩国佛教界领导人亦来日本同庆。在这种场合，赵朴初正式提出：中、韩、日三国佛教界的友好交流从古到今已形成一条"黄金纽带"。此话一出，立即得到韩、日佛教界的赞同与共鸣。韩、日一起提议要求召开一次三国佛教首脑会议，以便进一步发展友好关系。第二年 9 月和 12 月，三国佛教界代表两次聚会北京，通过协商取得共识，为三国佛教友好交流会议的召开打下了基础。

1995 年 5 月 22 日，中、韩、日三国佛教代表齐聚北京以"友好、合作、和平"为主题召开佛教友好交流会议，赵朴初参加并主持了这次会议，三天中讲了四次话。

1995年5月22日至23日，中国、韩国、日本佛教友好交流会议第一次大会在北京国际会议中心隆重举行

在前一天，即5月21日的预备会议上他发表讲话，全面回顾了中、韩、日古代、近代佛教友好交流的历史及现状，最后得出结论说："回顾这些历史，充分说明三国佛教友好交流会议的召开来之不易，意义深远。我相信，我们这次会议一定能开得圆满，使联结我们的'黄金纽带'更加辉煌，在'友好、合作、和平'的主题上做出好文章、大文章。"

5月22日，他在开幕词中说："今天的人类依然为重重烦恼所困扰。无论是自然生态，还是精神生态，都面临着种种危机；民族之间、国家之间的沟通与理解仿佛比以前更加困难；核战争仍然威胁着人类的生存。这样的时代环境对我们佛教徒来说是挑战，更是机遇。我们三国佛教徒正可以抓住这一机遇，继承和发扬长期友好合作的历史传统，使我们之间的'黄金纽带'延伸下去、扩展开来，连接更多的国家和民族，为亚洲的繁荣与稳定，为人类的和平与幸福披精进铠，作大功德。"

5月23日上午，在中、韩、日三国佛教代表祈祷世界和平法会上，赵朴初说："今天，我们中国、韩国、日本三国佛教界的代表在此聚会，为世界和平、人民幸福举行祈祷法会，这不仅是我们三国佛教界为人类福祉携手合作的一大事因缘，也是我们三国人民和平友好交流的一大事因缘……我们祈求三宝慈光加被：中、韩、日三国人民世代友好，和平共处；世界各国风调雨顺，兵戈永息；人民安居乐业，六时吉祥；中、韩、日三国佛教友好交流会议圆满成功，三宝的光明永照全球！"

5月23日下午，会议闭幕。赵朴初在闭幕词中说："这是一次和平友好的大会，也是一次富有成果的大会。这次会议的圆满成功，必将对中、韩、日三国佛教界未来发展友好合作关系，对团结三国佛教界共同维护亚洲和平及世界和平事业产生深远的影响……我相信，只要我们珍惜我们之间的传统友谊，把握时代机缘，携手合作，就一定能使佛法的光明照亮人类走向幸福生活的道路，就一定能使世界变成一个依正庄严的人间净土。"

会议发表了《北京宣言》，产生了良好积极的影响，对于积极推动三国人民的友好交流，维护亚洲和世界和平都有重要意义。

我国政府对中、韩、日三国佛教"黄金纽带"关系十分重视。国家主席江泽民接见与会代表并与代表合影留念；国务院总理李鹏向大会发来贺电；全国政协主席李瑞环接见代表时说："中国佛教协会会长赵朴初先生说，'佛教如黄金纽带'。我赞成这句话，希望今后这条'黄金纽带'继续发扬光彩。"

佛教为联系三国"黄金纽带"的提法也得到当时韩国政府和日本政府的首肯。

1996年9月10日至11日，第二次中、韩、日佛教友好交流会议以"21世纪中韩日佛教的使命"为主题在汉城举行。赵朴初因健康原因没有出席会议，但他在中国代表团启程前会见了全体团员。鉴于日本国内政治右倾抬头的迹象已经显现：内阁成员拜鬼、修改历史教科书、美化侵略战争，赵朴初在对将要启程的中国代表团团员们讲话时说："日本对韩国进行殖民统治上百年，对中国除对部分地区进行殖民统治外，对全中国实行军事侵略，给中、韩人民制造了深重的灾难……当然，强调'黄金纽带'，受伤害的中、韩两国不能忘记历史教训，特别是日本人更不能忘记。"

汉城会议如期举行，赵朴初以中国人民政治协商会议全国委员会副主席、中国宗教界和平委员会主席、中国佛教协会会长的名义给大会发去贺电，并由中国佛教代表团副团长茗山法师代他宣读了贺电。

1997年10月26日至28日，第三届中韩日佛教友好交流会议在日本京都举行。以中国佛教协会会长赵朴初为名誉团长、中国佛教协会副会长明旸为团长、国务院宗教事务局副局长刘书祥为顾问的中国佛教代表团参加了会议。该次会议的主题是"让佛陀的声音传遍世界"。

赵朴初同样因身体原因未能出席这次会议，但他写来热情洋溢的贺信。信中说："际此世纪之交，将逢两千满数，播和平于三千界内，演法音于万国之中，是为'黄金纽带'转大法轮之共同急务。遥寄片语，仅作馨香之敬。恭敬盛会满月中天，清辉无尽，继往开来，圆满成就。"会上由代表团副团长净慧法师宣读了他的贺信。

历史证明，赵朴初的"黄金纽带"构想得到中、韩、日佛教界以及三国其他各界人士的广泛认同，因而具有强大的生命力。根据这一构想，由日本佛教界倡议，旨在"通过三国佛教文化交流，增进三国佛教徒的友谊，为世界和平作贡献"的中、韩、日佛教友好交流会议依次在三国轮流召开。

光阴似箭、日月如流。在提出"黄金纽带"构想的赵朴初会长逝世十年后，即2010年10月19日，第十三次中韩日佛教友好交流会议在江苏省无锡市灵山梵宫召开，主题是："黄金纽带"的和谐精神，怀念赵朴初先生。

中国佛教协会会长传印法师在开幕式上以《黄金纽带十五年成果丰富》为题致辞说："以'黄金纽带'为宗旨的中、韩、日佛教友好交流会议是在已故会长赵朴初居士和韩、日佛教界长老大德共同倡议下发起的，至今已有 15 年历史，回顾我们共同走过的道路，成果丰硕。'黄金纽带'不但加强了三国佛教界的友好交往，而且在人员互访、文化交流、学术研究、信息共享、人才培养等方面取得了可喜成绩。特别是对于维系和巩固三国佛教界、三国人民之间的友好往来和真挚友谊真正起到了桥梁和纽带作用，对东北亚、亚洲、乃至世界的和平也产生了深远影响。今年是赵朴初居士逝世十周年。本次三国佛教友好交流会议以'黄金纽带的和谐精神——怀念赵朴初先生'为主题，既表达了对赵朴初居士的深切怀念，也充分表明赵朴初居士所倡导的'黄金纽带'构想的生命力，同时，也是对'黄金纽带'精神的延续和发展，具有很强的现实意义……"

韩国佛教宗团协会会长、大韩佛教曹溪宗总务院院长慈乘以《铭记赵朴初的遗志，为佛教发展合作努力》为题发表致辞说："本次大会在对增进韩、中、日佛教界友好交流有特殊贡献的已故赵朴初先生逝世十周年召开意义殊胜。我们韩、中、日三国的佛教徒将回顾先生对佛教的坚信与愿行，铭记先生的遗训，为佛教的发展合作而努力。"

日本日、中、韩国际佛教交流协议会理事长、延历寺长腊小林隆彰在开幕式上以《难忘赵朴初先生》为题的致辞中说："日、中、韩三国佛教的交流体现了三国佛教的发展历史。倡导三国佛教'黄金纽带'关系的赵朴初先生就是三国佛教和世界佛教的象征"，"三国佛教'黄金纽带'是世界和平的基础、是永不熄灭的航标灯。"

日、中友好宗教者恳话会会长、日莲宗本山藻原寺住持持田日勇致辞说："如果没有赵朴初先生，日、中佛教界就无法实现如此亲密的来往……赵朴初先生的言行正体现了释尊广大无边的慈悲。它加强了全世界佛教徒以及其他宗教界人士为实现和平而更加紧密的团结在一起……作为佛教徒，应当正视被错误的污点扭曲的历史，坚信'黄金纽带'，为实现世界和平和繁荣，以献身精神精修佛道。'四弘誓愿'的具体化正是赵朴初先生以实现和平为目的思想的具体化。誓愿：继承伟大的佛教徒、思想家、圣人赵朴初的遗志。"

赵朴初的名字将永远刻在中外佛教友好交流的历史丰碑上，他将永远活在各国佛教徒的心中。

六、人在米寿之年

我们中国人习惯上将 88 岁称为米寿。因为汉字中的"米"字拆解开来，上面的两点是一个倒"八"字，下面的一撇一捺是一个正"八"字，中间恰是一个"十"字，合在一起读为"八十八"。这就是米寿的由来。

赵朴初米寿之年，中国佛学院向其赠送"光寿无量"条幅

1994年11月5日是赵朴初88岁，即米寿之年、寿诞之日。

生日前两天，刀述仁副会长和会里的几位副秘书长到医院看望赵朴初。说是看望，主要还是有些工作需要汇报和请示。谈完工作后，刀副会长高兴地提醒说："朴老啊，大后天是您88岁寿辰，米寿之年哪！会里的干部和僧众都惦记着这件事，都想在那天来医院向您老祝寿。可我们考虑，来的人多了不方便，医院方面也不会允许。所以我们商议，如果您身体状况可以，请您在11月4日下午5时回会里一趟，到时会里派车来接，和大家见个面，您老讲几句话，与大家一起共同吃一顿长寿面。这样，根据您平时一贯对大家勤俭节约的教导，既少花钱、节省时间，又满足了大家的心愿。您看行不行？"赵朴初略加思索爽快地回答："可以，但只限本会人员，外单位一律代我婉谢。"

赵朴初年高德劭，凡同他打过交道的人无不对其十分尊重，但他一直反对别人为他祝寿，更反对以祝寿的名义给他送贺礼。每年如有人提出为他举行祝寿活动，他总是严肃地说："有时间还是花在工作上，有钱还是花在最需要的地方，千万不要在为某人做生日这类问题上浪费时间和精力。"会里的几位领导深知赵朴初的脾气，所以今年提出这样一个既能满足大家对朴老表示祝贺的愿望，又不浪费时间和金钱两全其美的办法。得到赵朴初的点头，大家很高兴。

赵会长过生日，佛教协会的干部和僧众在大食堂一起吃顿长寿面，移风易俗，旧事新办，真是别开生面。

生日前几天，不断有人通过电话问中国佛教协会是否有为朴老的祝寿活动，有的单位甚至派专人前来询问。会里几位"知情人"怕来的人多，会长不高兴，挨批评，一直保密。别人问起来，只好违背佛教教规——打妄语，说没有任何活动。

可万万没想到，是日4点过后，就不断有人走进中国佛教协会的会客大厅，大厅里没有横幅，也没有任何其他摆设，人越来越多，4点半过后已座无虚席，没有座位的人只好站在门口。5点整，赵朴初由夫人陈邦织陪同走进大厅，全体起立，热烈鼓掌。"朴老您好！""祝朴老健康长寿！""祝朴老生日快乐！"的祝福声此起彼伏。中国佛学院师生向老院长赠送了裱好的条幅。条幅上写着"光寿无量"四个大字。赵朴初接过条幅，非常高兴。

接着，那些未请自到的单位代表，向寿星敬献了花篮。这些单位有北京市佛教协会、北京市宗教事务局、中国藏语系高级佛学院、北京广济寺、灵光寺、法源寺、广化寺、通教寺、雍和宫、北京居士林等。

赵朴初激动地说："为我小小的生日，耽误大家的时间，又让大家破费，很不好意思。我只有为佛教发挥余热、发奋工作，报答诸位的关怀。"

外地佛协组织和寺院了解赵朴初生日的，也有祝贺赵会长生日的自发行动。

正在赵朴初同大家一起高高兴兴吃长寿面时，他对刀述仁副会长等人说："近几天我的病好多了，精神头也好多了，我打算出院后到会里来上班，你们给我准备个办公室，这样一来研究工作更方便，免得你们有事不是打电话，就是到医院找我，浪费许多时间。"这时，夫人陈邦织插话说："你现在说得还不要这么肯定，还得看看你本人身体的恢复情况和医生们的意见。"刀副会长劝他说："朴老，您还是在医院巩固一段时间好，不要着急。请您老放心，办公室我们马上着手准备。"赵朴初高兴地说："那好，那好！这事就这么定了。"

饭后，在回医院的车上，赵朴初又对送行的一位副秘书长说："现在会里房子紧，经济上也不宽裕，我的办公室不要大了，有间房子办公就行了。办公室里不要再花钱添什么设备，有张办公桌，有把椅子就行了，能省的地方就不要多花。过几天我来会里时要看看我的办公室。"

几天后的一个下午，赵朴初从医院来会里听取工作汇报，听完佛协机关的改革方案及其他方面的情况天色已晚，他高兴地说："今天的会就开到这里吧！"接着又问："前几天我跟你们说，我要到会里来上班，给我准备办公室了吗？"一位副秘书长回答："准备好了，就在旁边，请朴老看看吧！"大家从会议室出来陪赵会长去看他的办公室。办公室就在广济寺舍利阁小院的东侧靠南边，坐东朝西，有十五平方米左右。屋内窗前摆着一个写字台，一把普通的椅子，一部电话。右侧放着一个长沙发和一对小沙发，长沙发前有一长条茶几，茶几上放一把白瓷茶壶和四个茶碗。东北角上放一个一米高的茶几，茶几上有一尊约50公分高，由日本朋友赠送的赵朴初铜像。整个房间布置得看上去简朴、明快而实用。赵朴初进屋环顾四周高兴地说："很好，很好！很豁亮。以后我就在这儿办公，这样研究与解决问题更方便……把日本朋友送我的礼物放在这儿挺好，时刻不忘中日友好嘛！"

萧秉权副秘书长说:"朴老米寿之年还一心想着上班、工作,真是锐气不减当年,恐怕咱们全国也没几个人,实在让人钦佩呀!"

是的,一位年近90岁的老人,按常理说,早就该颐养天年了,可他比谁都忙。1994年3月份是赵朴初最忙最累的一个月。刚刚开完全

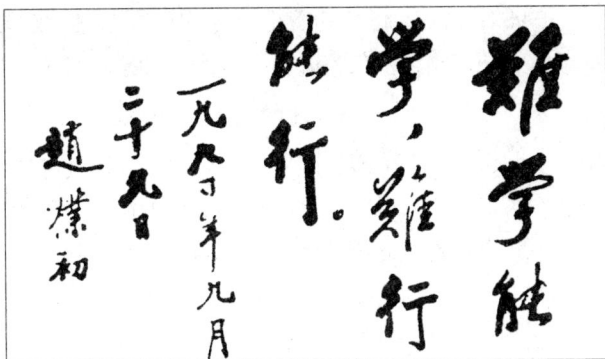

难学能学,难行能行

国政协会议,3月20日接着开中国佛教协会会长扩大会议,会上要讲话,会下有好多事情要亲自过问。3月26日下午听取中国佛协正副秘书长的工作汇报、了解会长扩大会议工作落实情况、研究佛协全年的工作计划。3月27日是星期天,他又会见客人并题字,同时准备出差去南京的事。真是连周末、假日搭进去时间也不够用。

3月29日下午6点半游骧和倪强两位副秘书长将赵朴初会长及夫人陈邦织准时送上开往南京的列车。

略显疲惫的赵朴初一进软卧车厢便坐下闭目养神。倪强关切地问:"朴老,您今天太累了吧?"夫人陈邦织接过话说:"可不嘛!这几天也太累了,又有点感冒。"赵朴初笑着说:"这几天是有些累,27日我整整忙了一天,那天你也去了,也看到了。28日又有很多事情,又忙了一天,晚上睡得很晚。上了年纪,体质差,抵抗力也不行了,稍一累加上不注意就感冒……现在要办的事情太多了。特别是一些朋友求我办事,人家很难开次口,求你一次,关系又很好,不能不管。可有些事办起来很劳神。再说,一般小事人家就不求我了,求办的事,都得花费不少时间和精力。我都快90岁的人了,现在还像青壮年一样干工作,身体不行了,人不服老不行啊!"游骧说:"您太累了,早点休息吧。"赵朴初笑着说:"没事,没事。"边说边从一本书中拿出一张写有毛笔字的纸打开来让两个人看。上面写着"老骥伏枥,志在千里。烈士暮年,壮心不已"十六个大字,字体苍劲有力。赵朴初指着字对二人说:"我在疲倦时,感到累时,需要这样不断给自己打气、长精神,给自己鼓劲儿。一个人就得这样,不能老迁就自己,要自己给自己提精神。我把这些诗句带在身上,随时翻看一下,就可以给自己提提精神。"

两位副秘书长突然明白了,朴老经常书写一些古诗、词名句放在办公桌上或夹在书页里不时翻看原来是在借此给自己加油,崇敬之情油然而生。

1995 年 8 月，赵朴初曾把下面的话和一首诗同时写在一张纸上："或问：'您何以有如此好精神？'答云：'我的精神是打起来的'，有诗为证。"诗曰："打起井中水，喜见生波澜。不为自饮濯，亦可溉良田。"赵朴初以"打水"为喻阐释了"打精神"的用意。不单为自己饮用和洗涤，更要"溉良田"以利众生。在年老体衰的赵朴初看来，一个人只要一息尚存，就应工作，不能懈怠。为报四恩，就应该不停做事情、不断作贡献，真正做到"鞠躬尽瘁，死而后已"。

七、床板、鸡蛋、滑竿

赵朴初经常在讲话中或和身边工作人员的谈话中说："要多做有利于国家的事，多做有利众生的事，不做不利于国家和众生的事。佛教说：'诸恶莫作，众善奉行'，自己要常常用此提醒自己，勉励自己，看自己是否真正做到了。"

他平日喜欢做的事之一就是抄写名人名言，放在书桌上、贴在书房的墙上作为自己的座右铭或写出来送给青年朋友，鼓励他们不断进步。除佛教经典上的嘉言警语外，爱因斯坦"每天的提醒"是他最喜欢的一段话。

爱因斯坦对自己每天提醒说："我每天上百次地提醒自己，我的精神生活和物质生活都依靠别人（包括活着的人和死去的人）的劳动，我必须尽力以同样的分量来报偿我领受了的和至今还在领受的东西，我强烈地向往着简朴的生活，并且常常为发现自己占有了同胞过多的劳动而难以忍受。"

赵朴初一生简朴，素食七十余年，烟酒不沾，在南小栓胡同一号这所北京清朝皇家宫廷里马夫住的房子里过着和老百姓一样的普通生活。他就像雷锋同志讲的："工作上向高标准看齐，生活上向低标准看齐。"

他的住室非常简单，屋中摆放的都是 20 世纪 50~60 年代的旧桌椅、旧橱柜，没有一件上档次的名牌家具。装热水，他使用的仍是解放初购置的竹皮暖瓶。就说老两口的睡床吧，竟是建国初期定居北京时用两张单人木板床拼合起来的一张所谓双人床。因两张木板床无法对得严丝合缝，所以夜间翻身发出声响，如果夏天铺的薄，睡觉很不舒服。下边的工作人员多次劝他换一张新床，但他一直说："没事，没事，几十年都过来了，挺好的。"因赵朴初坚持不换，1987 年秋季，夫人陈邦织，让工作人员请来了中国佛学院的木工，刨了一块薄木板，铺在床上，躺下才比较地舒服了。事后，赵朴初知道了还给佛学院付了工时和材料费。

1995年7月19日下午4时，由中佛协工作人员陪同，浙江省舟山市委统战部王玉亮副部长和普陀山佛教协会普净法师在南小栓一号汇报完在普陀山建造观音像的事，从客厅出来，赵朴初高兴地请他们看重新布置后的小佛堂。小佛堂设在东屋，面积约有十多平方米，地上铺着红地毯，屋内供奉着释迦牟尼佛像，像前设一香炉和一拜垫，陈设虽简单，但显得格外庄严。走到门口时，赵朴初笑着说："进佛堂得先脱掉鞋子。"说着他先把鞋子脱掉。那天，他穿一双白色的袜子，后跟磨出一个洞，用一块蓝色的布从里面补上了，而白色的袜子和蓝色的后跟补丁看得清清楚楚，再注意看一下他穿的衬衣，因多次洗涤已经褪色，领子和袖口明显的磨破了，布的绒毛挓挲着，但他舍不得扔掉，一遍遍洗净后再穿。在场的人看在眼里记在心上，无不为他艰苦朴素的精神所感动。

一双老式的三接头皮鞋，赵朴初穿了多年，已经破旧了，他也舍不得再买一双。有一次他穿着这双皮鞋接见日本客人，日本客人当场没说什么，回国后就为他定做了一双新皮鞋寄给了他。这双新皮鞋，平时他舍不得穿，只有在大的场合或接见外宾时才穿上。

赵朴初吃饭同样是简单得不能再简单了。早餐几乎都是一小碗稀饭，一个鸡蛋，半个小馒头，一小碟咸菜，有时加上一两小块蒸红薯。一天，他边吃早餐，边同一位工作人员谈工作，保姆在旁边剥鸡蛋，不留神滑掉到地上。白白的鸡蛋滚到茶几底下。保姆赶紧捡起来往外走，想再去煮一个。而赵朴初面带笑容站起来说："没关系，没关系，给我吧。"说着，从保姆手中接过鸡蛋，用茶杯里的剩水冲了一下，便放在嘴里吃了下去。平时他吃完饭，碗里绝不留下米粒，而掉在桌子上的米粒、干粮渣他也捡起来吃掉。

进入20世纪90年代，铺张浪费讲排场的不正之风蔓延到佛教界，根据赵朴初会长的指示，1991年12月20日，中国佛教协会向全国各地佛协及所属寺庙发出通知。通知中说："现在各地佛教寺院举行落成典礼、佛像开光、方丈升座等活动日益增多，许多寺院按照佛教传统举行了庄严的仪式和简朴的庆祝活动，群众反

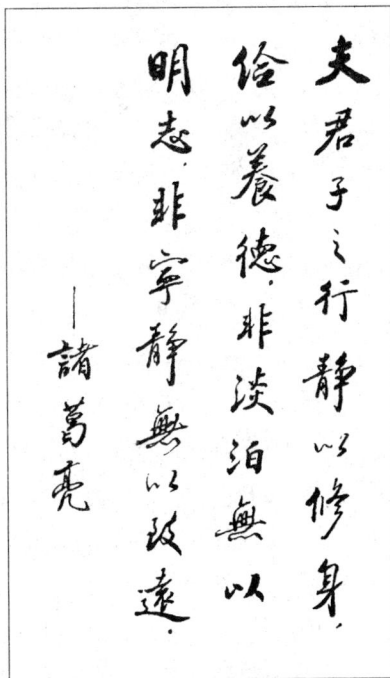

夫君子之行，静以修身，俭以养德，非淡泊无以明志，非宁静无以致远。

——诸葛亮

书诸葛亮语

映很好……也有一些寺院，在举办这类活动时，不顾社会影响，大搞请客送礼，摆阔气，铺张浪费。这种庸俗的风气，似有蔓延之势，群众对此意见较多……这种不顾自身条件，大操大办的做法不符合‘双增双节’的精神，不利于寺庙自养，是一种不好的风气……在举办有关落成、开光和升座活动中，

每天的提醒

既要庄严，又要简朴，不可讲排场、摆阔气、铺张浪费。”这一文件的下发对抑制佛教界的铺张浪费之风起到很大作用。

赵朴初提倡勤俭从自身做起，也从他直接领导的中国佛教协会做起。对会里修缮房屋、粉刷墙壁、添置办公用品等所有开支都是能不花的钱决不花、能少花的钱决不多花一分。方方面面坚持因陋就简的原则。1986年8月的一天，他到中国佛学院的教室、寮房、食堂等地方检查新学期开学的准备情况。当经过一间做僧衣的房子时，他走了进去，看到工人们正紧张地裁剪制作僧衣（对新招收的学僧，到校后每人发给四季服装，市场上买要贵得多，所以赵朴初吩咐自己买布请工人制作），地上有一堆剪裁下的新布条。他马上让人通知总务科废物利用，将其绑成墩布，省得再花钱去买。

9月18日（农历七月三十），是地藏菩萨的圣诞。1990年的这一天，九华山为重建的“十轮宝殿”举行落成典礼，赵朴初和夫人陈邦织应邀参加。

庆典结束后，赵朴初要去月身宝殿参拜。月身宝殿是九华山最重要的寺庙之一，是安葬金地藏肉身的地方，亦称地藏塔。明朝万历赐额“护国肉身宝殿”、清光绪为月身宝殿门上悬挂“东南第一山”匾额、民国时期黎元洪书赠“地藏大愿”匾额。

然而，从山下到月身宝殿山高路陡，还要攀登近百级石阶。九华山佛教协会会长仁德法师考虑到赵会长年迈体弱，预先准备了一付滑竿，让他乘坐。

到山下，仰面看去，上上下下的人群熙熙攘攘，也有不少乘坐滑竿的。

可赵朴初来到山下，大家劝他乘滑竿，他坚决不从，一定要坚持和大家一同步行而上，并对大家说：“你们看看，我是人，抬滑竿的也是人，我怎么能忍心看着他们

满身大汗抬着我走呢！"抬滑竿的人追着赵朴初要抬他走，旁边的法师和陪同人员也劝他坐上去。可无论别人怎么说，他就是不坐。一位当地陪同干部灵机一动说："朴老，您坐上去照张相留个纪念吧！"旁人也附和着这样说。赵朴初才接受他们的好意上了滑竿，但照完相刚走出两步他就一定要下来，别人只好依他下滑竿，步行上山。仁德法师怕他吃不消，劝他上十几级休息一下，然而他一直上了三十多级才坐下来休息，并风趣地说："有地藏菩萨加持，我的身体不是很好吗！"

进入月身殿，赵朴初在地藏菩萨像前边诵经边叩头，站起来又边念经边围着地藏菩萨像转了七周，才走进方丈室休息。在场者无不为老人的精神所感动。

1983年，在全国政协第六届一次会议上，赵朴初当选为副主席，进入国家领导人系列。国家机关事务管理局根据国家领导人的待遇提出为赵朴初配备警卫员、换高档汽车、换大房子，都被他婉言谢绝了。后来夫人陈邦织回忆说："中央给他配警卫员，他不要；换高档车，他不要；换大房子，他不要。朴老当时有三个考虑。有了警卫员，我到朋友家去，人家还要给警卫员安排房子住；现在的车能用，何必换高档的呢；自己家人口不多，房子够住，不用再换大的造成浪费。"

赵朴初当了国家领导人后的"三不"，在熟人圈子中成为美谈。朋友们戏称他为"三不"副主席。

2007年11月5日，时任中国佛教协会会长的一诚法师在赵朴初居士诞辰100周年座谈会上说："朴老一生俭朴……布衣蔬食，所用无几，但为帮助受灾群众、为援助孟加拉和非洲灾民，他无比慷慨，倾囊相助。据概略统计，1986年至1998年12年间，他个人捐款就达二百四十余万元，其视民如伤，人溺己溺的情怀，不正是菩萨心肠的体现吗？……朴老的伟大悲愿、不舍有情的菩萨精神，可用一句流行语概括：他心中装着的是众生，唯独没有他自己。"

八、坚持"反求诸己"

"反求诸己"一语最早见于《孟子》。《孟子·公孙丑上》中曰："仁者如射，射者正己而后发，发而不中，不怨胜己者，反求诸己而已矣。"又《孟子·离娄上》中曰："行有不得者，皆反求诸己，其身正而天下归之。"

"反求诸己"：求，寻找；诸，之、于的合音。大意是遇到挫折时，切莫责怪别人，而应该反过来从自己身上找出问题的症结并努力加以改正。

朴老给倪强的信

早在 1992 年 12 月 18 日，赵朴初在民进第三届中央参议委员会第一次会议的讲话中就说过："一个团体，一个政党，一个国家，遇到事情，首先查查自己，不要先去怪别人，这很重要。我们要建设社会主义，这件事是很困难的，所以邓小平同志讲基本路线'一百年不动摇'，遇到困难，也应反求诸己……活到老，做到老，学到老，改造到老。这是周总理留给我们的话。我时时警惕自己，不敢倚老卖老。老年人不当心的话，也可能会犯大错误。我希望通过学习，不犯大错误。"

1994 年 10 月 5 日，赵朴初写给中国佛教协会一位领导同志的便条中说："……古人有一句经验之谈，叫做'反求诸己'。这便是，遇到什么为难的事或不如意的事，首先看看自己方面有没有什么问题。现在是我们'反求诸己'的时候了。人家说了一些不利佛教的话，而我们莫名其妙，照此下去，我们会跌跤子的。因此，先选一个省去做做调研，实有必要……"

1993 年 10 月 15 日至 21 日，中国佛教协会第六次全国代表会议在北京举行。赵朴初会长在报告中指出："……寺院僧尼要具足正信，勤修三学，遵守戒律，严肃道风……必须坚持早晚课诵、过堂用斋、修禅念佛、讲经说法、半月诵戒、夏季安居、冬季打七以及在佛教传统节日举行法会……"

会开过了，不等于会上的决定就得到了落实。所以赵会长在便条中提到不"反求诸己"会"摔跤子"的问题。

一些信众反映：个别省、市级佛协领导不领众熏修，主观臆断，搞一言堂，作风霸道，所属寺院的建筑、维修、经济、人事，甚至外来僧人挂单，内部僧人外出看病都得经过他的同意，僧众意见很大。有些寺院道风不好、戒律松弛、寺不像寺、僧不像僧，有些僧人不上殿诵经，只卖旅游票或当导游。有的僧人素质太低，连"四摄""五明""六度""十善"都不知道或说不全，可以说是佛盲，靠这些人怎能弘扬佛法呢！有些寺院搞封建迷信，有些地方的僧人甚至违法乱纪，造成的影响极坏……

对工作"抓而不紧等于不抓"，由赵朴初会长提议于1994年10月9日召开了中国佛教协会会长会议，统一领导层的意见。他在讲话中说："现在仍然有人认为宗教或者佛教是封建迷信……为什么人家说我们是封建迷信呢？这个问题我们自己要检查一下，古人有一个经验之谈，叫做'反求诸己'"、"不如意的事会经常碰上，碰上了怎么办？应先找一找自己有没有问题，叫做'反求诸己'。我们在这方面还有什么缺点没有？并不是我们自己的教义上有什么封建迷信，而是外来的迷信的东西影响了我们。比方说，我们有的寺院里烧纸人、纸马、甚至荒唐到做一个纸收音机、电视机

见善则迁闻过则喜
爱日以学及时以行

之类的东西烧掉了。简直荒唐得很。这样的东西还是有的。外面迷信的、民间的习俗玷污了我们……希望大家注意这件事。""各位大德们注意不断提醒大家，不要把一些迷信的东西搞进庙里来……要把寺院管理得好一些，把寺院弄干净一些。自己这方面干净了，人家也就不好再说我们的闲话了。"会后，在全国佛教界掀起认真落实六届佛代会精神、搞好自身建设、提高四众素质、认真"反求诸己"的高潮，获得佛教四众及社会各界普遍好评。

接着，1995年2月下旬，又召开了省级佛协工作会议。与会代表进一步研究讨论了佛教加强自身建设、提高四众素质的具体措施，进一步完善了有关制度。会上赵朴初的讲话进一步强调了"反求诸己"的问题。他说："大家都知道中国基督教有个三自爱国运动组织，我们佛教是否也可以有个'三自'？当然其内涵是不一样的。我们的'三自'是什么呢？就是'自知、自反、自强'。从自知来说，我们到底知道自己多少？自己认识自己多少？很难说。在这方面，由于过去的忽视没有下很大工夫，现在应当下点工夫。孔孟讲'自反'，就是'事有不得者反求诸己'。我们佛教讲'自净其意'，这个非常重要。我曾经到梅兰芳的家里去过，他有一个房子设有很多面镜子，前边、旁边、后边都有镜子，他不仅要从前边看到自己的表演姿态，也要从各个方面看到自己的形态……在建设有中国特色社会主义现代化强国的当今时代，我们佛

教界应当找到自己的位置，知道现在所处的地位和将来努力的方向，过去、现在、将来都应知道……这里谈到的自知，就是自己知道自己，自己认识自己。自反呢？就是通过刚才说的那些问题，反省自己有没有错误。先不要怪人家，要看看自己有没有问题。有问题就要认错，改正。自己没有问题那就好，因为事实胜于雄辩，这就是自反。这是我们今天应当做的事，也是我们这次会议所讨论的问题。"

为搞好佛教自身建设、提高四众素质，赵朴初所提出的"反求诸己"和进一步引申出的"三自"的精辟论述引起与会代表和佛教界有识之士的一致赞同。一段时间后，经佛教界上下一致共同努力，佛教内部存在的不正之风得到有效抑制，四众素质得到显著提高。

1996 年 11 月，赵朴初写了一首诗：

九十述怀

> 九十犹期日日新，读书万卷欲通神。
>
> 耳聋不畏迅雷震，谈笑能教远客亲。
>
> 曾助新军旗鼓振，力摧谬论海天清。
>
> 千年盲圣敦邦谊，往事差堪启后生。

诗中抚今追昔，充分表现出一位耄耋老人的豁达、乐观、进取、向上，充满青春朝气。

赵朴初自幼接受儒学教育，深知修身、齐家、治国、平天下的道理，坚持"活到老、学到老、做到老、改造到老"。他终生以佛教高僧大德，中、外、古、今贤人为榜样，严格自律。真正做到了"法古今之完人"。

抄写高僧、大德、伟人、名人的警句嘉言作为自己的座右铭是他远从青少年时代便已养成的良好习惯，久之而成册，取名曰《自律格言》。接受佛协工作人员请求，经他同意将其复印出来，供大家一起学习。

另外，赵朴初还自己编纂了一些自律格言，如：

俭不期骄禄不期侈，食不求饱居毋求安。——朴初自儆

菩萨无恐怖，圣人不怨尤。——朴出自撰联

讲职业道德，认真是总则。认真对自己，谦恭而严格。认真对待事，勤学而敬业。认真对待人，忠诚而尽力。认真要仁爱，利人心恳切。认真要智慧，精思出奇迹。认真要勇气，甘愿受折磨。认真可成才，认真可成德。能如此认真，可以兴百业，利民而利国。——赵朴初为《职业教育》刊物题词。

在将近一个世纪的生活中，赵朴初从古、今、中、外的先进文化里汲取营养，面

对现实世界，时时、事事、处处按先贤的标准严格要求自己，勇猛精进，百折不挠，终于成为著名的社会活动家、伟大的爱国主义者、中国共产党的亲密朋友、杰出的爱国宗教领袖、著名作家、诗人和书法大师。

九、故乡情比海深

1911年，赵朴初5岁时从安庆"世太史第"返回太湖县寺前镇"状元府"，到1920年，14岁时离开，去上海投奔关静之姐弟，在故乡生活了整整十年。就在这十年当中，他深受故乡青山绿水的滋养、家庭文化氛围的熏陶、父母人格的影响、私塾老师的教育、父老乡亲的关爱，为他以后的发展打下了坚实的基础。世事纷繁，他只在1926年20岁时回乡探亲一次，直至64年后的1990年他才又一次也是最后一次回到故乡。但他无时无刻不在怀念着家乡的一草一木，惦记着家乡的父老乡亲。

1994年5月，赵朴初抱病为《太湖县志》写的序言中说："太湖是我的父母之乡，我是太湖的儿子，对故乡人民的盛情和嘱托自当应命。……愿故乡人民以史为鉴，励志建树，扶正祛邪，兴利除弊，为建设一个文明、美好、繁荣、昌盛的新太湖作出新贡献。"

赵朴初一直以自己的行动实践着"家乡人的嘱托自当应命"的诺言。

1978年秋天太湖县文化馆创办了一文艺刊物《长河文艺》。为了扩大该刊的影响，文化馆的负责同志以试试看的心情贸然给赵朴初写信请求其在百忙中为刊物题写刊名。收到信后，赵朴初便于8月1日按要求为该刊题写了刊名并为创刊号题词，一并寄出。题词为："攀科学之高峰，溯真理之长河；开百花之芳园，扬革命之洪波；记衷情于片纸，望故乡而高歌。"刊名和题词同时见于杂志创刊号在全县引起极大反响，广大业余作者热情高涨，写出很多好作品。至今《长河文艺》仍在出刊，培养

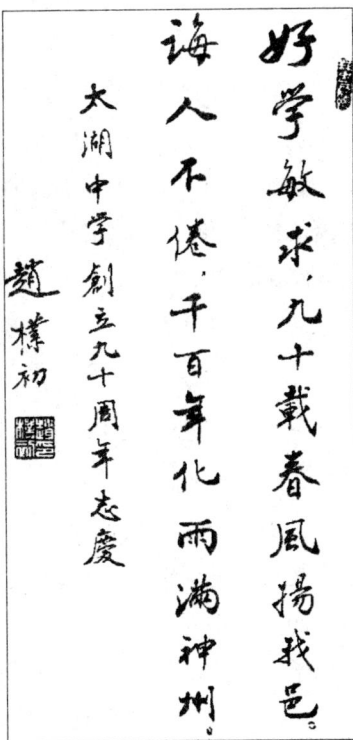

朴老为太湖中学创立九十周年题字

了一大批文艺创作骨干。按规定，编辑部给赵朴初寄去30元稿费。但他原数退回，并回信说："承寄稿费30元，我不敢收，特此寄还。为家乡的刊物写点东西，是我应该做的，也高兴做的。"

1983年6月，太湖县来人到北京拜访赵朴初，请他为最近编成的《太湖县志》题写书名，因其外出，未得谋面。回京后他立即写好寄往太湖。

1986年4月，太湖茶农和茶厂在专家指导下生产出"天华谷尖"茶叶，县领导托人给赵朴初带去两斤。身兼中国茶文化协会会长的赵朴初品尝后欣然赋诗一首：

咏天华谷尖茶

> 深情细味故乡茶，莫道云踪不忆家。
>
> 品遍锡兰和宇治，清芬独赏我天华。

1989年6月15日，聚谈朋友家，朋友以故乡新茶相送，他再次欣然赋诗。

与述之兄晤聚于方行、辛南伉俪家，谈笑竟日，述兄以故乡新茶相赠，漫成一绝，以博一笑。

> 相逢白首老娃娃，前进终输历史车。
>
> 阅世但当开口笑，举杯相劝太湖茶。

赵朴初的咏茶诗极大地提高了太湖茶的文化品位和知名度，先后被评为省优、部优产品，并荣获国家颁发的"绿色食品"证书，成为太湖县一大名牌。

1990年9月29日，时隔64年，84岁高龄的赵朴初偕夫人陈邦织一起回到魂牵梦绕的故乡，受到乡人的热烈欢迎。他赠送文物、视察中学、参观工厂、谒哑姐墓、访司空山，用乡音同故人谈心、吃乡土可口饭菜、忆童年美好岁月、念慈母养育之恩，睹物思人，感情激荡，一首首感人的诗篇自胸中出：

临江仙

二十五日晚，抵安庆；二十六日、二十七日，访迎江寺，谒先君墓，过天台里故宅及锡林街访诸弟、侄，游菱湖公园及市内老街；二十八日，参观空军机场，访陈独秀墓。

> 三十年前曾一过，再来惊换新荣。万间广厦耸天空。地平思掌喻❶，浪阔唤心雄。
>
> 星拱北辰今益信，移山自有神功。江山万里看飞鹏。昔人如何作，感奋应无穷。

29日，由安庆至太湖。和、厚、庆三侄及立言侄婿随行，住龙山宫宾馆；30日，往狮子山瞻望二祖禅堂，归途经寺前区午饭，即席作：

> 桑田沧海一弹指，六十四年归故乡。

❶佛经：地平如掌。

地理人文惊八变❶，山情水意共天长。

过默初四姐墓时，作诗表达怀念与追思：

悲思吾四姊，敏慧过常人。

默默劳先众，怡怡意倍亲❷。

燃须虚宿愿❸，停棹别孤坟。

何处寻踪迹？青天望片云。

10月1日夜，乡人于宾馆庭前放焰火，并特制素月饼置室内，为余与诸侄团聚，欢庆国庆与中秋节。

月饼圆圆满桌盛，火花焰焰满园明。

乡人情意如山重，皓首犹兴壮士心。

时值国庆佳节，又逢中秋良夜，赵朴初就要与故乡说再见了。他在龙山宾馆观看了绚丽的烟火，与亲友们举行了一个中秋团圆会。而后十分高兴的赵朴初填词一阕：

卜算子

月是故乡明，情是乡人重。少小离家老大回，此句循环诵。　　喜见乱云开，意兴洪波动。改造山河战万难，愿献兴邦颂。

第二天早晨，即将登车离去，赵朴初将他连夜填好的一阕词，用他那支如椽大笔写在纸上送给县领导：

自度曲，书赠太湖县人民政府

老大始还乡，惊见人天尽换装。喜学舍公房，新兴穷镇，茂林佳桔，旧日荒岗。更雄心三年五载熙湖，绿遍东西南北方。

神驰远景无疆，仅尽情领受，千重山色，万顷波光。不教往事惹思量，任故宅水深千尺，抑又何伤？问还余几多光热，报我乡邦？

10月2日上午9时许，送行的小轿车开动了。赵朴初夫妇坐在车里向夹道欢送的父老乡亲挥手告别。

1991年，安徽省发生特大洪灾。为此，赵朴初向海内外募捐多达数百万元，经他亲手转交有关部门的救灾款物就折合人民币40余万元。

1991年8月，赵朴初得知太湖县望天乡文凯小学房屋倒塌，他从自己的积蓄中拿出一万元资助重建，并为学校题写了校名。

---

❶ 花凉亭水库建成后，余幼时住屋及寺前河街尽入水中。区长介绍本区情况有八大变化。

❷ 姊幼时倾跌，死而复生，遂不能言。性敏而仁厚，勤于家务。《论语·子路》："兄弟怡怡。"

❸ 唐李世勣为姊煮粥而燃其鬚。

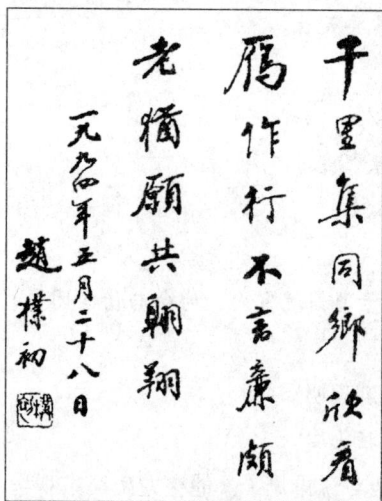

为北京振兴太湖县联谊会题词

1992 年 5 月 12 日，赵朴初从报纸上惊悉花凉亭水库一客船遇大风沉没，立即给安徽省政协写信，促有关部门全力抢救，个人寄去人民币两万元予以救助。

太湖县在京工作的人不少，1993 年，大家出于共同振兴家乡的美好愿望酝酿成立"北京振兴太湖县联谊会"并得到赵朴初的赞许。在同乡第一次聚会商谈时，赵朴初因病未能出席，但他从医院打电话说："祝太湖在京同乡联谊会胜利召开，希望故乡太湖县兴旺发达。"1994 年 5 月，太湖县政府领导进京召集在京同乡欢聚一堂，正式成立"北京振兴太湖县联谊会"。会上选举赵朴初为名誉会长，赵国青同志为会长。赵朴初因病未到场，他特为会议赋诗一首：

为北京振兴太湖县联谊会题词

千里集同乡，欣看雁作行。

不言廉颇老，犹愿共翱翔。

1998 年 1 月，太湖医院迁址，为解决资金短缺，赵朴初专门给国家计委和卫生部写信，获得国家补助 60 余万元。同年 12 月，为恢复受灾后的太湖教育事业，他积极同中国慈善总会联系，该会拨出 200 万元给太湖县，还为"寺前中学"建教学楼筹集资金 102 万元。

要想让家乡甩掉贫穷的帽子，迅速发展经济，必须培养出各方面的人才，因此赵朴初为家乡的教育事业出谋划策、慷慨解囊。1990 年 9 月，他回乡时首次拿出 10 万元人民币，在寺前镇设立了"拜石奖学金"（拜石为赵朴初之母的笔名，设此奖亦有纪念母亲之意）。镇里为此专门成立了"赵朴初拜石奖学基金委员会"，并报省、市政府批准，用该基金的利息，每年 9 月份奖励寺前镇中学和太湖中学的优秀教师和优秀学生。2002 年 9 月，"拜石奖学金"已是第 9 次发放，共奖励 1000 余人次，由于赵朴初的捐款数额多次追加该基金已达 35 万余元。他在世时，每次学校颁奖，只要他知道一定发去贺电。

第四次颁奖大会他发去的贺电是："欣闻拜石奖学金第四次颁奖大会举行，敬祝故乡文明进步，教学事业日新又新。"

　　第五次颁奖大会他发去的贺电是："欣悉第五届拜石奖学金颁奖大会举行，特电致贺。祝全镇经济文化事业日益振兴。"

　　第六次颁奖大会他发去的贺电是："欣悉拜石奖学金第六次颁奖大会举行，特此致贺，祝英才辈出，学业日新。"

　　1996年5月1日，赵朴初对来京的太湖县领导同志说："我希望太湖县的老百姓都过上好日子……太湖县要重视发展教育、科技，寺前镇也要重视发展教育和科技。我捐的钱不多，目的是为家乡发展教育和科技。"

　　为了给教师、学生精神上的鼓励，他多次为学校题词。1990年视察太湖中学时，他为该校题写了"难学能学、难行能行"的校训；1991年元月他为太湖师范写了"必须学而不厌，才能诲人不倦"的题词；1993年5月，太湖中学迁址之后，他又为该校写了"学问日新，德业日新"的题词；1995年4月8日，为太湖中学十年校庆，他撰写了"好学敏求九十载春风扬我邑，诲人不倦千百年化雨满神州"的贺联；还为该校新建的"庆同楼"、"勤学楼"、"邵逸夫楼"、"实验楼"题写了楼名。

　　一位来自太湖的老乡在赵朴初的家里动情地对他说："朴老，您这么大年纪，身体又不好，千万不能因为给家乡捐款而影响自己的生活啊！"赵朴初听后笑着说："不要紧，我给家乡捐的这点钱，其中一部分是国外发给我的世界和平奖金，另外我的工资也花不了，也没什么用，取之于民、还之于民、用之于民吧！"

　　夫人陈邦织也在一旁插话说："取之于民、还之于民、用之于民吧！老百姓太辛苦了。"

　　作为中国佛教的掌门人，赵朴初对家乡的佛教事业也给予了特别关注。

　　太湖县山川秀丽、历史悠久、民风淳朴、文化发达、佛教文化源远流长、珈蓝胜迹遍布全境、有据可查的禅宗寺院曾有百余座、垂名青史的高僧大德有近百人。

　　据史料记载，早在西晋时，西域高僧佛图澄即来太湖寺前镇建佛图寺；南北朝时，二祖慧可为弘扬禅宗，从河南少林寺来到司空山（原在太湖县界内）开设禅堂、弘扬禅法达30年之久；三祖僧璨也在司空山驻锡8年，至今司空山中讲经的葫芦石、禅床和神光塔等遗迹仍保存完好。禅宗经二祖、三祖的继承和大力弘扬，才形成了中国的禅宗文化。所以赵朴初满怀深情地说："没有慧可就没有中国佛教的禅宗。而中国禅宗不仅影响着中国文化，而且逐渐影响着整个世界文化。"

　　为促进故乡宗教政策的落实、支持故乡佛教事业的发展，1986年，赵朴初应当地佛协的请求题写了"司空山""二祖禅堂"几个大字，于是，童年时的一些往事浮现脑际，填了一阕格调高雅、情深意浓的小令：

江城子

故乡来人，为司空山索题

久萦魂梦故乡山，赤崖悬，彩云间。太白书声，流水听潺潺。欲问可公消息在，空谷石，与心安。

1990年10月，赵朴初亲临司空山，为恢复二祖禅堂做实地考察，当场赋诗三首：

十月一日，访司空山（三首）

一

早闻太白读书堂，梦想登观恨未尝。

不意耄年行脚到，谪仙不见见空王。

二

名号司空实不空，分明妙相现高峰。

乡人指道如来卧，那识安禅制毒龙？

三

无相真成无相寺，观空观坏得安心，

愿于空后能成住，不负当年立雪人。

寺前镇原有一座弥陀寺，就在状元府附近，是赵朴初童年经常玩耍之所。该寺始建于唐代贞观年间，1942年被日军焚毁，1993年经有关部门批准重建，1996年赵朴初应寺僧要求题写了"弥陀寺"匾额，并捐款两万元作修复经费。

由于赵朴初的关切和大力支持，恢复二祖道场的工作进展顺利。1992年，成立了"二祖道场修复委员会"。赵朴初应安徽省佛协聘请，欣然同意担任该委员会名誉主任，安徽省佛教协会会长仁德法师任主任。

1993年8月31日，仁德法师一行来京向赵朴初会长和中佛协领导汇报工作时，赵朴初当场指示说："二祖道场，不要照明朝寺庙的样式修。明朝是朱洪武下的令，所有寺庙都要造天王殿，因反元时，弥勒教起了作用。二祖是南北朝时代的人，比唐还早。日本寺庙没有天王殿，韩国也没有。二祖道场要按唐代寺庙样式修建。要把修建二祖道场的图纸搞好，最好请一些老专家看看。二祖道场不是哪一个县的，大家要共同努力，把道场修好。即是二祖道场，就要以二祖为主，不要供很多神像。祖师殿供二祖，也可以供初祖。"

修复二祖道场资金短缺，除按会长指示，中佛协带头捐款10万元外，赵朴初千方百计想办法。1993年10月，召开中佛协六届代表大会期间，赵朴初召集较富裕地区寺院的高僧大德六十余人开会。在会上他对大家讲："今天请各位开会，主要讲讲修复二祖道场问题。大家都知道。安徽的无相寺、二祖寺均系佛教禅宗二祖的道场，原在太湖县，现在在安徽岳西、太湖二县毗邻的司空山和狮子山。慧可于公元520年，在嵩山少林寺访菩提达摩，立雪断臂求法，达摩感而许之，赐法名慧可，继禅宗法嗣，受达摩衣钵，为禅宗二祖。二祖于公元552年驻锡皖地，以石室为其缘地，开阐正宗，弘扬达摩学说，使禅宗佛法日盛，宇内传播。二祖于司空山传法于三祖僧璨，璨传四祖道信，信传五祖弘忍，忍传慧能、神秀，南能北秀，弘扬禅法。自此以后，东渡西来者日盛，中华禅宗又传入朝鲜、日本，并扩大到东南亚及西欧北美各国。二祖慧可承前启后，向为佛教界所推崇。二祖道场历经沧桑，几度兴废。在公元629年，元僧本净在司空山建无相寺、造下院九庵四寺，是时香客云集、游人跻踵，一时名扬中外，后经唐、宋、元、明、清，二祖道场几度劫难，至'文革'期间，所存无几……为了落实宗教政策，经安徽省政府批准，决定修复二祖道场。二祖道场修复后，将使二、三、四、五祖的道场连成一片，成为举世瞻观的宗教圣地。仰请各位高僧大德大力支持，随缘乐助，共襄盛举。中国佛教协会虽然经济困难，但为这座寺院尽快修复，先捐助10万元。"与会者听完赵朴初的简洁讲话，捐款十分踊跃。5万、10万、20万、30万，时间不长便为二祖寺重建筹资数百万元。安徽省佛教协会会长、二祖寺修复委员会主任仁德法师会后对赵朴初说："您老亲自为二祖寺的修复化缘募捐，我们十分感动。我们决不辜负您老人家的期望，把二祖寺建好。"赵朴初听后高兴地说："那好，那好！说实话，就开佛代会之机，我亲自出面为一座寺院修复化缘募捐尚属首次。愿我们共同努力把这所寺院建好。"

赵朴初为家乡做的好事一桩桩、一件件历数不清。家乡人民永远不会忘记那个唱出"莫道云踪不忆家"的游子，永远不会忘记那位已届耄耋之年仍思考着"问还余几多光热，报我乡邦？"的老人。

十、仁者养生之道

赵朴初在世的93个春秋中，历经三个时代（清朝、"中华民国"、中华人民共和国）。他生活坎坷，饱受磨难，20岁时感染过肺结核，40多岁得了冠心病，后来又加上糖尿病，可以说他的一生是在坚持养生之道、不断同病魔斗争中度过的。他自己曾经说过："一个人不怕身体底子差，关键是个人要注意养生，既要注意多活动、做好养身，又要不断净化心灵，做好养心。身体再好，自己不注意保养，不坚持养生也不行。"

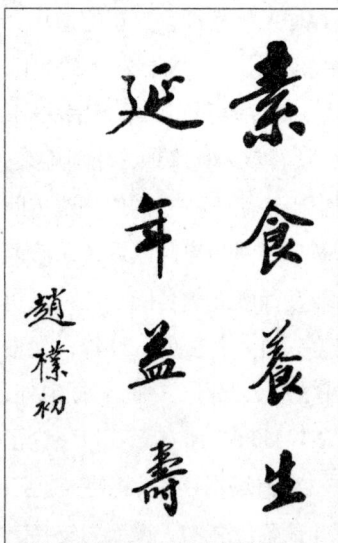

素食养生
延年益寿
赵朴初

素食养生，延年益寿

1999 年，也就是赵朴初逝世的前一年，他给自己的老朋友，原南京"金陵刻经处"主任管恩琨写有一信，几乎完全说出了他的养生秘诀。全文如下："弟今年九十有二，在同辈人中，堪称健者。蔬食已七十年，每日两菜一汤，饭二两左右；每晨起床前摩腹二百次左右，消化系统良好，所谓养生之道，唯此而已。近有诗云：'不知肉味七十年，虚度自惭已九十。客来问我养生方，无可奉告惟蔬食。'质诸姚先生或亦暗合道妙欤。弟仍住院，遇有重要活动，向医生请假外出。此间医护条件好，亦可以略避人事烦嚣耳。"

养生学家姚品荣得知该信内容后评论说："一是蔬食，二是按摩，三是'梦想'，这三条内容实在很全面。蔬食是营养，按摩是运动，梦想是一个人的精神支柱。这三条中，精神最重要，一个人没有了'梦想'，精神就振作不起来，更谈不到长寿了。"

赵朴初的"梦想"是什么呢？他在世 93 年，其中 70 年与佛教紧密连在一起。20 世纪 60 年代，他为自己的书房命一雅号——"无尽意斋"。无尽意，按佛家解释乃圆融无碍之意。佛教中有无尽意菩萨，观一切事物之因缘果报皆为无尽意，而发誓上求无尽意诸佛功德，下度无尽意之众生。赵朴初就是当代的无尽意菩萨，实现"人间佛教"是他毕生的追求，也是他的"梦想"所在。

曾有人问他："你真信佛教吗？"他回答道："那当然是真的，这怎么能假呢！……信，先是对佛的信赖，然后是对佛的理解，再将这种理解付诸实行，最后得到证悟。这样一个信、解、行、证的过程循环往复，日益达到更高的境界。"对他来说，佛法中"缘起性空，如实观照的认识论；诸法无常，时空无尽的宇宙观；无我利他，度生无尽的人生观；诸恶莫作，众善奉行的道德观"已融进他的血液、落实在日常的一切行动上，经过无数次证悟，其思想境界已达到远非常人所能想象的高度。

有了坚定的信仰，一息尚存即为之奋斗，这是长寿的精神基础。

赵朴初还自撰对联一副：

蔬食七十年未尝不饱，

曲巷半世纪足以忘忧。

上联写他吃素 70 年（不忌鸡蛋和牛奶），粗茶淡饭足以养生也；下联写居住条件。

"曲巷"指偏僻的小巷。南北朝时，南梁萧统曾写诗曰：
"京华有曲巷，曲巷不通舆。"这里是说自己住在
曲巷简陋的宅院里，生活清贫、闲适、恬淡、安静，
始终保持平和的心态。

作为虔诚的佛教徒，赵朴初一生精进不懈。
1999年初，他写有一诗：表达了一个93岁老人生
命不息、冲锋不止的精神：

> 九十三翁挺腰脊，日可步行六百米。
>
> 仰天长拄一枝藤，白云苍狗皆随喜。
>
> 人间万事需调理，跃跃壮心殊未已。

该诗充分表达了一位93岁老人为国、为民、为
教生命不息、冲锋不止的奋斗精神。这是一个人长
寿的心理支柱啊！

除坚持素食外，赵朴初滴酒不进，惟好饮茶。
他曾兼任中国茶文化协会会长，自称为"茶篓子"。
小时候他就喝母亲"轻手藏荷花"制作的荷花茶，
吃茶泡饭，晚年回忆起来，口中尚留余香；青年时期，

圣人心日月，仁者寿山河

人往往喝酒取暖、消愁，而他却"冷意初凝借茗浇"，喝茶驱寒；在此后漫长的岁月
中，每天晨起，早饭前他先饮茶，而后用餐。参加宴会，他以茶代酒；朋友知他喜欢
饮茶，从外地来京给他带上一二斤本地产的茶叶对他来说便是最贵重的礼物了。

就赵朴初的才学和身份，一般人会想象，他的饮茶用具一定非常考究。可谁会想
到他常常手捧一玻璃罐头瓶子代替茶杯，同乡野村夫毫无二至。这和他朴实无华的做
人风格如出一辙。

茶的药用功能在《本草》《华佗食论》《茶谱》等古籍中都有明确记载。它有止
渴、消食、利尿、祛痰、明目益思、消炎解表的功效。唐代陈藏器在《本草拾遗》这
本书中称："诸药为各病之药，茶为万病之药。"简直把茶说神了。

近年，多种实验和临床观察证明茶确有减肥、降压、强心、补血、抗动脉硬化、
降血糖、抗癌、抗辐射等多种用途。

终生嗜茶对赵朴初确实起到延年益寿的作用。

1999年4月15日，赵朴初写有《老人何所好》二首，其中有："老人何所好？
陈醋与新茶。陈醋助饱食，百忧驱海涯。新茶烫心胸，文思发奇葩……北友许我醋，
南友许我茶。不嫌酸与苦，洋洋乐有加……老人何所好？偏好线装书。轻软便携带，

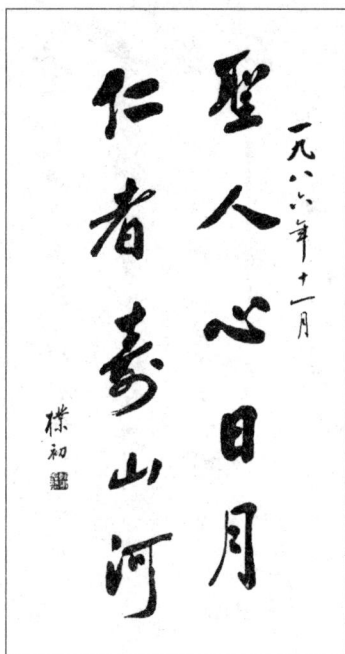

老人何所好

卧榻与行舆。杜诗与韩笔，随时得与俱……安得信手翻，一目十行下……"

这里透露了他的一些养生信息。赵朴初终生好饮茶，喜好优秀的古典文化，对线装书手不释卷人所共知。但喜好食醋，未听人说，也未见任何其他文字记载。而食醋对人体确实大有裨益。

中国人历来有"开门七件事，柴、米、油、盐、酱、醋、茶"的说法，可见醋是人们的传统食品之一。当今山西一带流传的健身民谚说："少喝酒，多喝醋；少打麻将，多散步。"适量食醋确实有健脾胃、助消化、预防高血压的功能。近来有人发现茶醋共饮对消食健胃有奇效。

赵朴初在那封谈养生的信中还说："每晨起床前摩腹200次左右，消化系统良好。"摩腹健身自古亦为名医和注意养生者所推崇。成书在战国时期的《黄帝内经》上说："腹部按揉，养生一绝。"唐代名医孙思邈说："腹宜常摩，可祛百病。"宋代苏东坡的诗中也有"一夜丹田手自摩"之句。

赵朴初在健体方面除晨起前摩腹外，还坚持打太极拳和步行。他对身边工作人员说："我现在都80多岁了身体还这么好，和多年坚持打太极拳关系很大。太极拳每个动作都有一定要领，身体各个部位都能得到锻炼。太极拳动中有静，不止养身，还可养心。"在他为《陈微明太极拳遗著汇编》所写的序中说："太极拳不仅运动健身，且有习定增智之妙。"即便住院，病情缓解后，他也因地制宜地锻炼身体。每天早、午、晚三次在屋中、院内各走 3000 步，并对别人说："走为百炼之祖，走得远，活得长。"

赵朴初一生酷爱书法，他博采众家之长，自成一家，被人称作"赵体"。他曾对身边工作人员说："练习书法是一种很好的健身活动，长期坚持下去对一个人的身心健康和文化素质的提高都有很大好处。""练习书法可以调节一个人的情绪，忘却烦恼。"

1963 年 9 月，著名书法家沈伊默先生的新作《二王书法管窥——关于学习王字的经验谈》出版，寄赵一本。赵朴初阅后作诗一首：

次韵七律复次

好凭一勺味汪洋，剖析精微探二王。

运腕不违辩证法，凝神自是养生方。

功深化境人书老，花盛东风日月长。

一卷感公相授意，岂止墨海作津梁。

诗中明确指出，凝神练字是很好的养生方法。

乙卯仲春偶然得句

我国从古至今的书法家大都健康长寿，这与书法的养生作用不无关系。同为唐代书法大家的颜真卿活了 76 岁，柳公权活了 88 岁，欧阳询活了 85 岁，写《夫子庙堂碑》的虞世南活了 89 岁。这些人和现代人相比也许不算长寿，但在"人活七十古来稀"的古代已经算是凤毛麟角了。现代的书法家寿命更长些，不少人八九十岁，依然精神抖擞、泼墨挥毫。

综上所言，赵朴初的养生之道主要方面不外乎：行善报恩的人生理念（道德高尚、心态良好）、低热量的清淡食品（素食）、合理适量的健身运动（揉腹、打太极拳、散步）、去火降脂的益寿饮料（饮茶）、养神静气的业余爱好（写诗、填词、练习书法）。

20 世纪便已流传，近年，各地报纸多次登载、大小网站日益走红的一首"宽心谣"署名作者是赵朴初。生前他多次对人说，该歌谣不是他所写。那么，这位无名作者为什么要盗用赵朴初的名字呢？这从一个侧面证明了人们已经公认他是养生方面的行家里手和学习榜样。个中因由，岂有他哉！

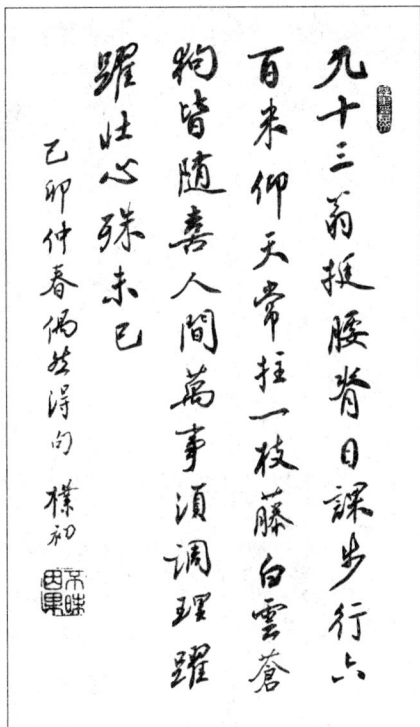

第二十章

花落还开　水流不断

一、举世同声哀悼

1996年，赵朴初得了一场重病。意识清醒的时候，他便口占五言诗一首。诗曰：

> 一息尚存日，何敢怠微躬。

> 众生恩不尽，世世报无穷。

病情稍有缓解，他要家人把他多年前写好放在书房抽屉里的遗嘱找出来，结果没找到，只好在病房里又补写了一份。全文如下：

关于遗体的处理，我曾在二十多年前写过遗嘱，置书橱屉内，不知缘何失去。今尚记忆原文大概，再书之。

遗体除眼球献给同仁医院眼库外，其他部分凡可以移作救治伤病者，请医师尽量取用。用后以旧床单包好火化。不留骨灰，不要骨灰盒，不搞遗体告别，不要说："安息吧"。

> 生固欣然，死亦无憾。

> 花落还开，水流不断。

> 我今何有，谁欤安息。

> 明月清风，不劳寻觅。

> 一九九六年十月　书于北京医院

> 赵朴初

从通篇遗嘱和这短短8句32个字的遗偈，我们可以领略到一个智者、哲人、禅师的高风亮节和广阔胸怀。世上的万事、万物无不经历生、住、坏、空（亦称生、住、异、灭，对人来说就是生、老、病、死）的过程，这是不可抗拒的自然规律。佛家将其看成"如更衣、如搬家、如睡眠，色身虽毁，但佛性不减。"所以没有任何遗憾可言。虽说"生死事大、无常迅速"，但赵朴初圆融于世间法和出世间法，对生死早已参透了、真正觉悟了，并且了断了。从一生的所作所为和遗嘱的字里行间我们处处可见他的"无我"二字，可见他彻底挣脱了精神枷锁，体会了生命的自然本质。有人称他为"无尽释尊、维摩再世"绝不为过。他真正做到了"春蚕到死丝不断，留予他人御风寒；蜡炬成灰心无憾，但存光热在人间"。

1999 年 5 月 21 日，赵朴初不顾诸病缠身、婉谢多方劝阻，毅然任名誉团长，护送佛牙舍利赴香港供奉。在港期间他活动频繁，身体劳累，渐感不支，5 月 30 日回到北京，立即住进北京医院，

赵朴初在病房工作

6 月 5 日病情转危，经医生全力抢救脱离危险，此后一直在医院边治病、边工作，病房成了他的办公室。在这里，他接待上至国家领导人、高僧大德、下至普通佛教居士的来访者；在这里，他会见外宾；在这里，他写信、著文、作批示。其工作量不亚于健康人。

他在病房接待的最后一位客人是著名画家、书法家、文化学者，曾任中国红楼梦学会名誉会长、中国汉画学会会长、中国炎黄研究会副会长、中国戏曲研究会副会长、《红楼梦学刊》主编、敦煌吐鲁番学会顾问、中国文字博物馆首任馆长的冯其庸先生。此前，冯曾托邱嘉伦先生给赵朴初带去一篇名为《玄奘取经东归入境古道考实》（帕米尔高原明铁盖山口）的文章。赵朴初读后十分高兴，立即给冯先生回信一封，全文如下：

其庸先生：

承惠大作《玄奘取经东归入境古道考实》，具见跋涉艰辛，考察周详，不胜感佩。窃拟转载佛教会刊《法音》，不知能见许否？如荷慨允，更愿赐予有关照片，以满足佛教信众之瞻慕，功德无量。

顺颂

吉祥如意，并贺新禧！

赵朴初拜伏

1999 年 1 月 18 日

不久，该文与照片在《法音》一并刊发，学术界引起轰动。此后，他与赵朴初时有往来。

2000 年 4 月 28 日，冯其庸接到邱嘉伦约其一同去医院看望赵朴初的电话，他买了一束鲜花，欣然前往。那天，他的日记是这样写的：

4 月 28 日

下午 4 时半，在北京医院门口与邱嘉伦会合，一同进去，朴老在 9 层。见到朴老和师母，朴老已能起坐，脸色已恢复到病前差不多。看见我去，非常高兴，连连握手，我将鲜花献给他，师母随即叫人来将鲜花插入花瓶，然后我们一起拍照。并告诉他喀什政府要将玄奘古道确定下来，他非常高兴。他耳朵听力很差，都是师母在耳边讲话转述给他，然后他再说话。他的思维很好，眼睛表情等一如既往的正常，神气、神情基本上已恢复到原样。我们告辞时，他频频示意，我快出门时回头看他，他还目送我，举手示意，可见老人已基本上完全正常了。

冯其庸到家后，还接到邱嘉伦的电话说："朴老说：'冯先生坐的时间太短了。'"

此后，他的病情时轻时重，5 月 21 日 15 时 37 分，病危，医护人员全力抢救，江泽民、李瑞环、胡锦涛等中央领导同志先后来电话询问病情。时钟敲过 17 时，一位负责抢救的副院长从抢救室出来，脸色凝重地对等候在外面的亲属和好友说："很遗憾地告诉大家，朴老经全力抢救无效已经逝世，准确地说，应该是在 17 时整。"

噩耗传出，海内外佛教界及各界群众无不深感悲痛。有关方面领导和亲朋好友均来医院看望并同家属商谈有关后事。

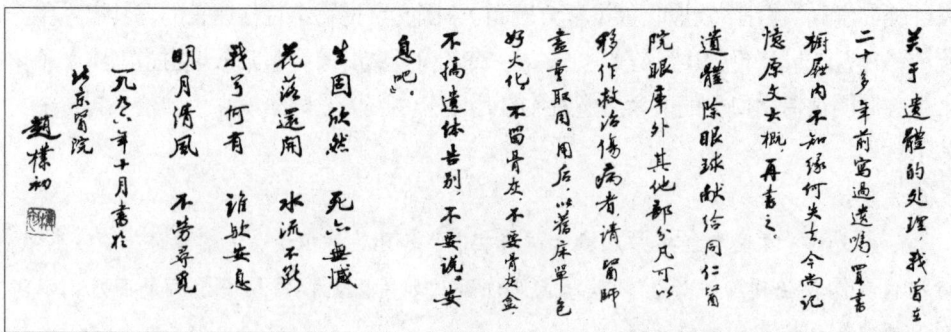

赵朴初遗嘱

从 5 月 22 日至 31 日，中国佛教协会在广济寺开设灵堂供人凭吊。广济寺大客厅里布置的灵堂庄严肃穆，赵朴初和蔼、安详的巨幅遗像挂在大厅正前方，周围簇拥着鲜花。遗像的上方是"沉痛悼念赵朴初会长"大字横标。各界以团体和个人名义送的花圈、花篮、挽联、挽幛从厅内摆、挂到厅外，一直到马路两旁。院内树木的枝枝杈杈上挂满了小白花。

2000 年 5 月 21 日，赵朴初在北京逝世

每天上午 7 时到下午 18 时，灵堂两侧始终有 20 位法师、居士在不停诵经。下面等候陪同诵经的信众排成长队，其中有男有女、有老有少，有的是附近居民、有的来自远郊区。因人太多，只好两小时轮换一次，为了使愿意陪伴诵经者人人满意而去，后两天改为一小时轮换，最后一天竟改为半小时轮换。一位八十多岁、下肢瘫痪的老人坐着轮椅来了。他坚决不肯坐着轮椅吊唁，让人扶下轮椅，在赵朴初遗像前顶礼三拜，同时小声默念着："敬爱的老会长，这是我最后一次看您了，盼您老乘愿再来！"还有一位双目失明的老奶奶，被人搀扶着在赵朴初遗像前深深鞠了三个躬，口里默念说："会长啊，我虽看不到您的面容，可我知道您崇高的精神和品格，您是我最敬佩的人……"

9 天内，前来吊唁的四众弟子和各界群众多达五六千人。中国佛协根据赵朴初"丧事从简"遗嘱，并未邀请各省、市、自治区佛协，各大寺院和海外人士，但国内外仍有不少高僧大德闻讯赶来。日本十几个宗派、团体的负责人或代表数十人来京。他们坚持要亲自与尊敬的赵朴老告别，说这是报恩，并表示要继承赵朴老的遗志，将日、中佛教界的友好关系世世代代发展下去。韩国佛教几大宗派及韩国宗教协议会的代表、香港佛教联合会会长觉光法师、香港菩提学会会长永惺法师、澳门佛教总会理事长剑钊法师等数十位高僧大德也专程来京与朴老告别。

悼念活动期间，中国佛教协会共收到海内外团体或个人发来的唁电、唁函 700 多份；送来的挽幛、挽联 150 多幅，花圈、花篮 170 多个。这在中国佛教史上是绝无仅有的。

一幅幅挽联、一份份唁电、一封封唁函表达了四众弟子对赵朴初会长的热爱和沉痛哀悼。

中国佛教协会的挽联是：

仰望一代宗师道融真俗圆觉生涅慧光不寂法水长流；

缅怀千秋功业国念肱骨教思领袖愿行无尽宝花还开。

一诚法师送的挽联是：

容貌在目，德泽铭心。

嘉木样副会长在悼念时说：

在中国共产党的领导下，我国三大语系佛教徒才实现了历史上前所未有的大团结。在这当中，中国佛教协会发挥了重要作用。特别是朴老作为杰出的宗教领袖，对三大语系佛教的团结、交流、发展、提高做了大量工作，为我们树立了光辉榜样。我们应好好向他学习，高举爱国爱教的旗帜把我们的佛教事业搞好。

上海龙华寺明旸法师等人送的挽联是：

具足慈悲乘愿再来数十年爱国爱教弘法渡生公之德业未能数；

圆满福慧示现寂归三千界济世利人遗恩沐众我之哀思岂有穷。

刀述仁副会长兼秘书长在悼念时说：

朴老从事佛教工作半个多世纪。他品德高尚、学识渊博、为国为教无私奉献，赢得我国各族佛教徒的崇敬和爱戴。在协助党和政府拨乱反正，落实宗教信仰自由政策方面，朴老作出了不朽的贡献。我们要学习朴老艰苦朴素、平易近人、慈悲济世、不讲索取、专讲奉献的精神和高尚品德，要化悲痛为力量，继承他的遗志，努力完成他的未竟事业。

圣辉法师的唁电是：

赵朴初会长一生爱国爱教，为中国佛教的振兴鞠躬尽瘁，深受海内外佛教界的敬重和爱戴。他为国为教的风范足以永垂青史，感化后人。我们要化悲痛为力量，按照赵朴老生前的教导奋勇前进。

河北省佛教协会和柏林寺的唁电是：

朴老生前领导全国佛教四众弟子投身爱国爱教事业垂五十年，使极度衰落的中国佛教重新步入健康发展之路。其功其德在中国佛教史上可谓旷古未有。朴老的逝世是中国佛教界无法弥补的重大损失。

香港佛教联合会会长觉光法师送的挽联是：

现世完人护教为国存续文化丰功留青史；

当代大老弘愿树德阐扬佛理遗泽在金莲。

澳门佛教联合会理事长剑钊法师在悼念时说：

赵朴老通过佛教大力开展海外联谊工作，为推动香港、澳门回归促进祖国统一、维护世界和平大业奉献了毕生精力，是海内外佛教界最敬佩的人，是大家公认的学习典范。

台湾佛光山星云大师悼念的挽句是：

人天眼灭

中国残疾人联合会的唁电是：

赵朴初同志一贯关心广大残疾人，积极支持我国残疾人事业，作出了不可磨灭的贡献，在广大残疾人中享有崇高威望，受到衷心的拥护和爱戴。

中国书画家联谊会送的挽联是：

德高学富名远归真；

桃李悲戚痛失尊师。

中国科学技术发展基金会高士奇基金委员会的唁电是：

赵朴初先生的一生，为中国社会的精神文明建设与发展，为中国与世界佛教事业的发展作出了卓越贡献。他是杰出的爱国宗教领袖，在人民群众中享有崇高威望，有很强的精神感召力。赵朴老的精神与人品永远留在人们心中，鼓舞和激励人们更加正直的生活、工作和进行社会创造，并保持自身良好的品行与操守。祖国的山山水水、名山大川，将永远留存赵朴初先生的英名和不朽精神。

家乡安徽省太湖县的唁电写道：

赵朴初同志生前十分关注家乡建设，将自己节省的资金捐赠给家乡，为家乡的脱贫致富，为家乡的经济发展和建设作出了很大贡献。

日本前首相中曾根康弘的唁电写道：

赵朴初先生为促进日中两国友好关系的发展作出了重大贡献，建立了殊勋，令人赞叹不已。我今后将愿继承赵先生的遗志，为日中友好关系的进一步发展尽绵薄之力。

日、中、韩国际佛教交流协议会会长、净土门主中村康隆的唁电写道：

赵朴初先生的逝世，对日本佛教界的法师和信徒，如同黑夜中失去了光明。先生把中国佛教寺院，特别是日本佛教的祖庭，恢复到今天的样子，为日、中佛教交流开辟了道路，建立了史无前例的友好关系。先生高洁的人格和渊博的知识，出自于对佛教的虔诚信仰和对世界和平的鞠躬尽瘁。先生提出中、日、韩三国"黄金纽带"的金玉良言，已成为三国佛教的基本理念，并取得了可喜成果。这是先生为实现世界和平的进一步体现，是致力于世界和平的大菩萨精神，会永远留在三国佛教徒心中，并将得到继承和发扬。

日本庭野财团理事长常沼基之的唁电写道：

我们庭野和平财团最敬仰赞叹赵朴初先生为实现日、中友好的伟大事业贡献了毕生的精力和智慧并授予他庭野和平奖。我们愿与赵先生的家人、中国的朋友和全世界的朋友一起，为进一步加强日、中两国友好、促进世界和平作不懈努力。

澳大利亚黄金海岸市华人会王树芳女士的挽联是：

> 星陨长空华夏齐悲无尽意；
>
> 花开见佛海天同哭大宗师。

欧美同学基金会的挽联是：

> 千心行愿无尽意花落还开水流不断；
>
> 一生伟业留青史生固欣然死亦无憾。

这些唁函、唁电、挽联表达了人们对赵会长深深的热爱与敬仰。赵朴初就像一朵圣洁的莲花，永远绽放在人们的心中。

5月27日，民进中央在北京举行追思会。会上，时任全国人大副委员长、民进中央主席的许嘉璐同志说："……朴老一身正气，一身和气，一身善气，是民进的骄傲。他的逝世是中国统一战线事业的巨大损失，也是中国民主促进会的巨大损失。"民进中央雷洁琼名誉主席、副主席、秘书长、在京的中央委员50多人参加了追思会。

5月30日上午，八宝山革命公墓礼堂庄严肃穆、哀乐低回。赵朴初的遗体上覆盖着国旗，下衬黄色绸缎，遗体前摆放着亲属送的花圈。

9时整，中共中央总书记、国家主席江泽民，中共中央政治局常委、全国政协主席李瑞环，中共中央政治局常委、国家副主席胡锦涛，中共中央政治局常委、国务院副总理李岚清等党和国家领导人缓步走到赵朴初同志的遗体前肃立默哀，向这位一生追求进步、探索真理、与中国共产党风雨同舟、亲密合作，为中国人民的解放事业和社会主义建设事业、为造福社会、振兴中华作出无可替代卓越贡献的老人三鞠躬作最后悼别，与其亲属一一握手表示深切慰问。中央和国家机关有关部门负责人以及宗教界代表、赵朴初同志的生前好友、家乡代表也前往送别。第十一世班禅额尔多尼·确吉杰布也前来为这位杰出的宗教领袖送行并敬献了洁白的哈达。参加遗体告别仪式的各界人士多达四千余人，其中包括来自港、澳、台及日本、韩国、新加坡佛教界的代表。

赵朴初同志病重期间和逝世以后，前往医院看望或以各种形式向其亲属表示慰问的有李鹏、朱镕基、尉健行、李长春、吴邦国、吴官正、罗干、贾庆林等同志，还有香港特别行政区行政长官董建华、澳门特别行政区行政长官何厚铧。

5月31日下午，首都佛教界沉痛悼念赵朴初会长示寂回向法会在广济寺院内举行。

中国佛教协会副会长、咨议委员会副主席、秘书长、副秘书长，香港佛教联合会会长觉光法师，澳门佛教联合会会长剑钊法师，日、中、韩国际佛教交流协会、日中友好宗教者恳话会和日本各宗派的负责人等日本佛教界著名人士三十余位，韩国宗教协议会及曹溪宗、太古宗、天台宗、真觉宗等佛教界代表二十余人，以及部分省市佛教协会负责人，北京市各寺院的法师、居士和一些地方寺院的代表三千余人参加了法会。

　　法会由中国佛教协会副会长兼秘书长刀述仁居士主持，中国佛教协会副会长、江苏省佛教协会会长茗山法师致辞并主法。致辞中茗山法师说："今天我们悼念赵朴老，尤其要学习他爱国爱教、行菩萨道、庄严国土、利乐有情的精神，继承并发扬他提出的'人间佛教'思想，完成赵朴老生前一再强调的信仰建设、道风建设、人才建设等未竟遗愿。"他希望佛家四众不忘朴老教导、继承朴老遗志，使佛教与社会主义社会相适应，在社会主义精神文明建设和祖国统一大业中作出佛教徒的应有的贡献，以慰朴老于常寂光中。之后，他宣读了对老会长的赞颂词。词曰：

> 伟哉朴老，夙种慧根，
> 宗教领袖，一代伟人。
> 爱国爱教，社会适应，
> 庄严国土，利乐有情。
> 人间佛教，内外相应，
> 自身建设，全国遵行。
> 后继僧才，学院培训，
> 北京法音，金陵刻经。
> 弘法护教，身体力行，
> 大愿大行，菩萨化身。
> 教徒典范，音容犹存，
> 福慧双全，人天钦敬。
> 舍报安详，位登上品，
> 花开见佛，果满功成，
> 乘愿再来，普度众生。

　　上海是赵朴初早年生活和学习的地方，他在这里度过了 26 个冬夏，对这里怀有特别深厚的感情。根据赵朴初"不留骨灰"的遗愿和亲属的意愿，次年在上海吴淞口外的海面上举行骨灰撒海仪式。

　　2001 年 6 月 1 日，赵朴初的骨灰被恭送到上海龙华寺灵堂。上海佛教界人士、各界群众、有关领导怀着沉痛的心情，到灵堂追思朴老的光辉业绩并看望朴老夫人陈

2001 年 6 月 2 日，根据赵朴初生前"不留骨灰"的遗嘱和亲属的心愿，朴老夫人陈邦织女士将骨灰缓缓撒入上海吴淞口的大海里

邦织女士。6 月 2 日上午，上海市四众弟子、各界来宾共同为朴老举行骨灰撒海仪式。会后，乘军舰到吴淞口外。在低回的哀乐声中，亲属、生前好友和有关部门负责人臂戴黑纱肃立默哀，朴老夫人陈邦织女士含泪将骨灰连同瓣瓣鲜花撒入长江口滚滚的波涛中。

我们无比敬仰和爱戴的赵朴老伴随着鲜花和哀乐化作清风、化作月光、化作流水、化作花香，回归到大自然母亲的怀抱，融入浩瀚缥缈的大海、融入广袤无垠的天空、融入时空无尽的宇宙、融入无我无常涅槃寂静的境界、融入四众弟子的心中。

二、逝者风范长存

为祖国、为佛教建立了丰功伟绩的赵朴初斯人虽逝，但身后留下一笔宝贵的精神财富。将其继承下去、弘扬开来必将对促进国家的社会主义精神文明建设、振兴中华，发挥越来越大的作用。十几年来纪念和弘扬其精神的活动从未间断且逐步深入。

赵朴初逝世不久，他的故乡太湖县委、县人民政府应全县人民、海内外高僧大德的请求便决定为公众提供一处凭吊、瞻仰、学习的场所——在赵朴初故里寺前镇兴建赵朴初文化公园。因原来位于唐家冲的状元府已被花凉亭水库淹没，所以另选新址——

麒麟村万年冲。该地背靠凤凰山峰峦竞秀，面对华亭湖碧波粼粼，周围佳木葱茏，蕙草如茵，环境优美，景色宜人。

公园坐北朝南，占地46公顷。中轴线以山向为基础，因势随形，折转自然、群山环抱。

整座公园，山水参半，由赵朴初和夫人陈邦织树葬地、赵朴初纪念馆、诗词碑廊、报恩禅寺、拜石湖、东方第一佛塔等几个主要部分组成。在树葬地下面的瞻仰平台上矗立着一尊材质为汉白玉，高9.3米的赵朴初立像，象征着他走过93年不平凡的历程。

树高千丈，落叶归根，2004年10月4日，应故乡人民要求，赵朴初的部分骨灰回故乡树葬。夫人陈邦织女士在中央统战部、国家宗教事务局、中国佛教协会等有关单位领导陪同下亲送骨灰还乡。安徽省、安庆市、太湖县有关领导人到合肥火车站迎接并一同恭送骨灰到太湖县。太湖乡亲，万人空巷，十里长街迎送，场面感天动地。10月5日上午，树葬仪式在太湖县寺前镇赵朴初文化公园隆重举行。当天下午，"恭迎赵朴初居士骨灰回乡树葬回向法会"在太湖西风禅寺举行，中国佛教协会学诚副会长兼秘书长主法拈香。陈邦织及其他亲属与有关领导参加了法会。

《赵朴初先生骨灰回乡树葬》被评为当年度佛教十大新闻。

2011年4月7日，夫人陈邦织逝世。11月5日，正值赵朴初诞辰104周年，她的骨灰由有关部门负责人和亲友护送到赵朴初树葬地同其合葬，两位风雨同舟半个多世纪，真情相伴到白头的老人从此相守在故乡的土地上。近千名家乡父老怀着极其恭敬的心情参加了合葬仪式。

由瞻仰平台到树葬地要攀登石阶186级，象征着赵朴初、陈邦织夫妇阳寿之和为186岁。树葬地周围祭扫平台为半圆形，建筑以石料为主，显得古朴庄重。从此鸟瞰花亭湖，"千重山色，万顷波光"尽收眼底。

2011年，两位老人合葬后，根据中央统战部及省、市有关部门的要求纪念馆进行布局调整。计划开设24个展厅。除原来的展厅外增加"邦织生平""无尽意斋"，扩大"民主运动""翰墨飘香"展厅，依北京南小栓胡同一号式样设计赵朴初办公室、卧室等。

该馆自2007年11月5日，赵朴初诞辰百年之际对外正式开放以来，至今已接待海内外访客30多万人次。2011年5月，民进中央将其确定为首批16个"民进会史教育基地"之一，现正申报省级爱国主义教育基地。

位于安徽省安庆市迎江区天台里街的赵朴初故居（世太史第）是纪念和缅怀赵朴初的另一重要场所。从2001年开始，安庆市人民政府多方筹资修复故居并对外开放。它作为赵氏文化的孕育地和聚集地，是赵氏家族文物资料的研究中心、保管中心和展

2002 年 5 月 21 日安徽省太湖县政府在寺前河文化公园隆重举行赵朴初居士雕像落成揭幕仪式

示中心，是纪念赵朴初的爱国主义教育基地。

故居占地面积 4463 平方米，建筑面积 2773 平方米。花岗岩铺地广场、造型别致的古井置于院中。建筑群坐北朝南，外墙为青砖勾缝，古朴典雅。马头墙高低起伏，富有韵律。主体建筑为砖木结构，平面呈长方形，东西长 42 米，南北宽 84 米，分东路四进，西路三进，共七进。

东二进与东一进以东西侧回廊连接，正面悬挂着原中共中央政治局常委、全国政协主席李瑞环的题匾。此进设赵朴初先生生平简介和家史陈列。东三进上下两层，上层陈列赵朴初先生百余幅书法作品的复制品，下层为生活起居住房复原。故居西北部有 982 平方米的后花园，配以小桥、瀑布、六角亭、古树、荷花池，一派生趣盎然。园内西侧建有 32 米长的碑廊，镶嵌赵朴初先生书法作品碑刻 11 块。

2006 年 5 月 25 日国务院公布，安庆市赵朴初故居为全国重点文物保护单位。

为了更好的纪念、学习、研究赵朴初，2004 年 10 月 5 日，安徽省赵朴初研究会挂牌成立。该会在安徽省民政厅正式登记注册，其业务主管机关为安徽省宗教事务局，现有会员单位 55 个，个人会员 1700 余位。建会后，出版内部季刊《赵朴初研究动态》，并建有网站。会刊主要栏目有"刊首语""重要文献""无尽意论坛""片石滴水""明月清风"。每年赵朴初诞辰、逝世纪念日及清明节，研究会都举办不同形式的纪念、缅怀活动。特别是 2006 年所主办的赵朴初百年诞辰系列纪念活动搞得有声有色。召开了各种形式的座谈会、研讨会，吸引了不少专家、学者参加，推动了对赵朴初研究工作的全面展开。收录了赵朴初先生诞辰一百周年大会上的发言，编辑、出版了《名月清风》小册子、搜集整理赵朴初在上海生活工作 26 年中的亲朋好友的回忆文章，编辑出版了《雪地红旗飞吼》一书……

2013 年，安徽省赵朴初研究会与安徽大学签约联合开展赵朴初研究。双方约定：由安徽大学中国哲学与安徽思想家研究中心负责并筹建"安徽大学赵朴初研究中心"。双方本着"立足安徽，面向全国"的原则联合起来长期开展赵朴初研究，共同确定研究方向和课题，其研究资源和研究成果共享。计划组织省内外专家、学者根据研究方向和课题，对赵朴初的家事、生平、"人间佛教"思想、诗词美学、书法艺术、"宗教与社会主义社会相适应"思想、和平外交思想等进行系统深入的研究，并将研究成果通过开设"赵朴初讲堂"进行宣讲。研究、宣讲后通过论文、专著、光碟等形式，依法依规向国内外发行、流布。整个研究活动自 2013 年开始，每三年为一阶段，共三阶段完成。那时将出版赵朴初研究专著及赵朴初研究成果论文集，结集出版《赵朴初全集》。

2012 年 9 月 22 日，上海市赵朴初研究会成立。

2012 年 11 月 25 日，广东省赵朴初研究会成立。

2013 年 10 月 7 日，由曲阜孔子书院发起，安徽、上海、广东赵朴初研究会等二十几个单位参加，在安庆市赵朴初故居召开了"弘扬赵朴初文化思想与崇高道德座谈会"。会上交流了经验、讨论了一些下一步工作的想法。

目前有些省市也在酝酿成立赵朴初研究会，有的寺庙和居士林的佛家四众在酝酿着成立赵朴初研究小组。他们不约而同，发自内心地认为，不同人通过学习、研究赵朴初都能首先使个人受益：青年人可以学到奋发向上、志存高远，老年人可以学到宽容豁达、老有所为；顺境者能保持头脑清醒、戒骄戒躁，逆境者绝不灰心气馁、振作精神；富贵者长慈悲之心，绝骄奢淫逸，贫贱者穷且益坚，靠勤劳致富；为官者做到拒腐蚀、永不沾，两袖清风，一尘不染，为民者做到奉公守法，为国家有一分热，发一分光。总而言之，通过学习、研究赵朴初，如果人人都按他那样以身作则，严格做到"诸恶莫作，众善奉行，自净其意"，将会为实现中华民族伟大复兴的中国梦提供更多的正能量。

主要参考书目

[1] 赵朴初：《佛教常识答问》 中国佛教协会 1983 年

[2] 赵朴初：《赵朴初文集》(上、下卷) 华文出版社 2007 年版

[3] 赵朴初：《赵朴初诗词曲手迹选》 上海古籍出版社 2001 年版

[4] 赵朴初：《赵朴初韵文集》 上海古籍出版社 2003 年版

[5] 沈去疾：《赵朴初年谱》 上海辞书出版社 2008 年版

[6] 中国佛教协会：《赵朴初居士纪念集》 2001 年 5 月

[7]《现代佛学》（1950 年至 1964 年有关文章） 法音杂志社出版

[8]《法音》（1981 至今有关文章） 法音杂志社出版

[9] 中国佛教协会：《中国佛教协会五十年》 2003 年 9 月

[10] 赵国青：《太湖的儿子赵朴初》 中国世界语出版社 2000 年版

[11]《赵朴初研究动态》有关文章 安徽省赵朴初研究会编

[12] 上海市宝山区史志学会、安徽省赵朴初研究会驻上海办事处：《雪地红旗飞吼》
上海市新闻出版局 2007 年

[13] 余世磊：《母兮吾土》 安徽教育出版社 2010 年版

后　记

　　经过近五年的努力，《赵朴初传》一书终于顺利面世。我们内心十分喜悦，也充满了感激。

　　感激的是，在该传的写作过程中得到了各方大力支持和帮助：原全国政协常委、第七届中国佛教协会会长一诚大和尚，年高体弱，带病为该传作序；原全国政协常委、第八届中国佛教协会会长传印大和尚，在百忙中为该传作序，并对写好此传提了很好的意见；现任全国政协常委、中国佛教协会会长学诚大和尚，不顾工作异常繁忙，不仅为该传题写书名，还从多方面给予支持；原港区全国人大代表、现任香港佛教联合会会长智慧大和尚，不顾年高事繁，在百忙中为该传作序。刀述仁、圣辉、明生、演觉、宗性等副会长，王健、刘威秘书长，张琳、陈文尧、怀善、宗家顺、卢浔、常藏、慧庆、吴国平、延藏、印乐、慧明、宏度、刘宇等副秘书长，均为写好该传讲了很好意见，介绍了有关情况，从不同的方面给予了大力支持与帮助；中国佛教协会名誉理事、中国佛教文化研究所执行所长、香港宝莲寺方丈净因法师，对该传特别关心和支持，默默地做了不少工作。

　　佛教界很多法师、居士、朋友，如传正、圣富、光明、耀智、演法、昌善、传广等法师，帮助收集材料，介绍有关情况；原国务院秘书局汪涛局长、原全国政协民族宗教委员会办公室王春景主任、朴老的亲友原《人民文学》文艺部赵国青主任、朴老亲友原武汉大学陶天申教授等主动介绍有关情况、提供有关书籍；安庆市"赵朴初故居"管理处方文伟、金忠阳两位主任和马晶女士，太湖县"赵朴初纪念馆"和"赵朴初文化公园"的聂万健主席、胡文飞主任，广东省赵朴初研究会陈国华会长、陈芊彤副会长，上海市赵朴初研究会常务副会长慧量法师等都从不同的方面给予了热情支持。

中国佛教协会和作者一块工作过的老战友萧秉权、李月珍、任有群、徐京华、武子羽、景伟等同志，他们有求必应，对此事十分热心并予以帮助；还有一些朋友、家人，如冯乃华、王志俊、刘志立、赵海鸿、耿聆、田立坚、陈双成、王景山、暴洪颖、岑育云、惠梦、王爱俗、关秀华、黄薇、包鹏、岳巍、邓嘉、倪爱斌等，他们为帮我们写好此传，不厌其烦地出主意、想办法，耐心帮助查阅资料、打印、校对等，默默地做了大量细致而繁琐的工作。

华文出版社的李庆副社长，中国和平出版社的何龚副社长，人民出版社的黄书元社长、王萍主任、孙兴民主任及该社的罗少强、陈佳冉编辑等，对此传极其重视，从多方给予帮助指导；该传的特约编辑黄鲁、责任编辑李琳娜、装帧设计徐晖和周晓四位女士及有关同志，对该传的编辑、装帧设计等工作认真负责，尽心尽力，做了大量细致工作。

在该传付梓之际，谨对以上各位领导、高僧大德、居士、亲友以及对此传从不同方面给予支持、帮助的所有教内外朋友，一并表示最诚挚的谢意！并望对该传疏漏或不当之处，给予批评指正。

作者

2017 年 1 月 20 日

责任编辑:孙兴民　李琳娜
特约策划:赵海鸿　黄　鲁
特约编辑:赵海鸿　黄　鲁
封面设计:徐　晖
责任校对:张　彦

图书在版编目(CIP)数据

赵朴初传/倪强,黄成林 著.—北京:人民出版社,2017.10
ISBN 978－7－01－017923－0

Ⅰ.①赵… Ⅱ.①倪…②黄… Ⅲ.①赵朴初(1907—2000)-传记
Ⅳ.①B949.92

中国版本图书馆 CIP 数据核字(2017)第 170740 号

赵 朴 初 传
ZHAOPUCHU ZHUAN

倪　强　黄成林　著

人民出版社 出版发行
(100706　北京市东城区隆福寺街 99 号)

保定市北方胶印有限公司印刷　新华书店经销

2017 年 10 月第 1 版　2017 年 10 月北京第 1 次印刷
开本:710 毫米×1000 毫米 1/16　印张:29.75
字数:512 千字

ISBN 978－7－01－017923－0　定价:78.00 元

邮购地址 100706　北京市东城区隆福寺街 99 号
人民东方图书销售中心　电话 (010)65250042　65289539